Géographie

1er cycle
du secondaire

Nathalie **Boudrias**
Danielle **Marcheterre**
Geneviève **Paiement-Paradis**
Mélanie **Langlais**

Avec la collaboration d'**André Roy**,
Ph. D. en géographie

Enjeux et territoires
Géographie, 1er cycle du secondaire

Manuel B

Nathalie Boudrias, Danielle Marcheterre,
Geneviève Paiement-Paradis et Mélanie Langlais

Édition : Ginette Lambert
Coordination : Liane Montplaisir, Samuel Rosa, Geneviève Paiement-Paradis
Révision linguistique : Claire St-Onge, Liane Montplaisir, Anne-Marie Trudel
Correction d'épreuves : Marthe Bouchard, Renée Léo Guimont
Révision scientifique : André Roy
Conception graphique : Accent tonique
Adaptation de la maquette et infographie : Matteau Parent
Conception de la couverture : Accent tonique
Illustrations : Bertrand Lachance, Franfrou
Recherche iconographique : Marie-Chantal Laforge, Patrick St-Hilaire
Retouches des photographies : Pierre Rousseau
Recherche : Hélène Lesage, François Turcotte-Goulet
Cartes : Julie Benoit, Stéphane Bourelle

Remerciements

Pour le soin qu'elles et qu'ils ont apporté à leur travail d'évaluation et pour leurs commentaires avisés sur la collection, nous tenons à remercier tout particulièrement Christian Labrèche, enseignant, Collège Villa Maria ; Lucille Asselin, enseignante, Lester-B.-Pearson School Board ; Julie Blackburn, enseignante, CS du Lac-Saint-Jean ; Jean-Philippe Boisvert, enseignant, CS de la Seigneurie-des-Mille-Îles ; Nancy Boulianne, enseignante, CS de la Capitale ; Nicole Gobeil, enseignante, CS de la Région de Sherbrooke ; Hélène Guimond, enseignante, CS des Monts-et-Marées ; Chantal Loisel, enseignante, CS René-Lévesque ; Danny Morin, enseignant, CS des Monts-et-Marées ; Sylvie Perron, enseignante, CS des Premières-Seigneuries ; Norbert Viau, enseignant, Collège de l'Assomption.

GRAFICOR
CHENELIÈRE ÉDUCATION
7001, boul. Saint-Laurent
Montréal (Québec)
Canada H2S 3E3
Téléphone : (514) 273-1066
Télécopieur : (514) 276-0324
info@cheneliere.ca

ISBN 2-89242-987-0

Dépôt légal : 2e trimestre 2006
Bibliothèque et Archives nationales du Québec
Bibliothèque et Archives Canada

Imprimé au Canada

1 2 3 4 5 ITIB 10 09 08 07 06

Nous reconnaissons l'aide financière du gouvernement du Canada par l'entremise du Programme d'aide au développement de l'industrie de l'édition (PADIÉ) pour nos activités d'édition.

Gouvernement du Québec – Programme de crédit d'impôt pour l'édition de livres – Gestion SODEC.

Table des matières

Module 4

Module 5

Module 6

Ressources géo 338

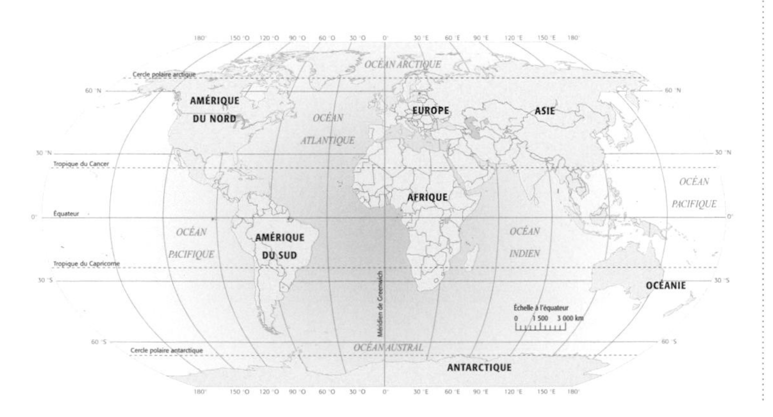

Atlas 384

L'organisation du manuel

La structure du manuel

Les modules du manuel sont subdivisés en deux ou trois parties :

Module 6

Un territoire urbain : la ville patrimoniale

262 Module 6

Qu'est-ce qui caractérise les villes patrimoniales ?

263

Blocs communs

Dans le manuel B, il y a six modules. Chacun contient deux blocs communs qui te permettent de découvrir un type de territoire.

Enjeux

Les enjeux présentés dans chaque module sont des choix de problématiques à l'échelle d'un territoire ou de la planète.

B Le territoire énergétique et ses enjeux

Ton défi

50 Module 1

Gérer le développement d'un territoire énergétique

Territoire 1 L'Alberta

Territoire 2 La région du golfe Persique

Territoire 3 La Côte-Nord

Territoire 4 La Jamésie

51

B Des enjeux planétaires

Ton défi

298 Module 6

Protéger les villes patrimoniales

Enjeu 1 La protection des villes par l'Unesco

Enjeu 2 La protection des villes et la diversité culturelle mondiale

299

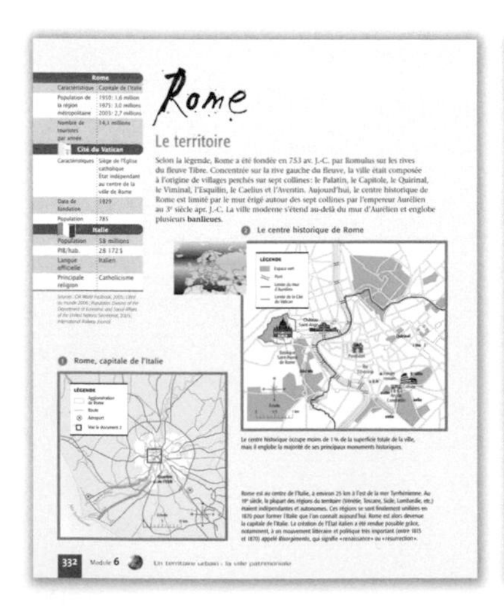
Rome

Le territoire

332 Module 6

Les sites patrimoniaux

333

Dossiers

Le module 6 contient des Dossiers qui te permettent de découvrir divers milieux aux prises avec des enjeux territoriaux et planétaires.

En annexe, le manuel inclut aussi :

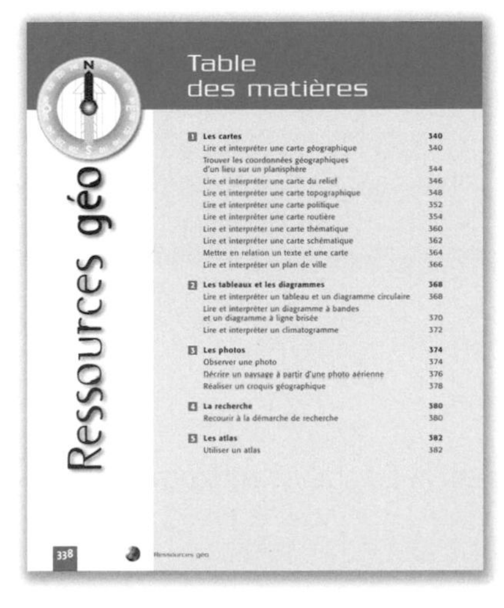
Ressources géo

Table des matières

338

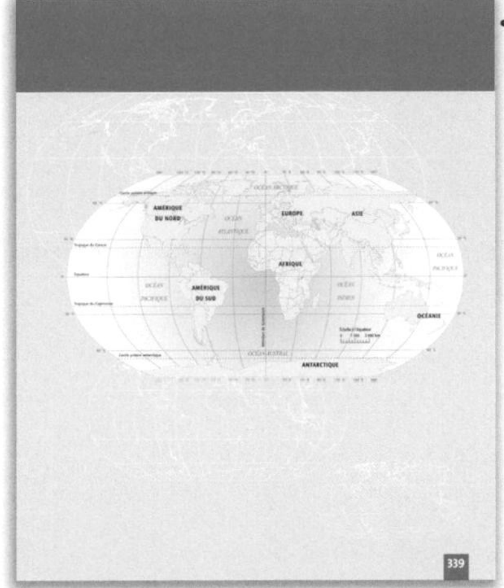

339

Ressources géo

Les techniques présentées dans la section Ressources géo t'aident à lire et à interpréter divers documents tels que des cartes, des tableaux, des photos, etc.

Atlas

Table des matières

384

385

Atlas

Dans l'atlas, tu trouveras des cartes très utiles pour situer les pays dont on parle dans ton manuel.

Les compétences transversales

Les activités qui te sont proposées dans ce manuel te permettront aussi de développer des compétences transversales qui te serviront dans toutes les matières ainsi que dans ta vie de tous les jours. Ces compétences sont les suivantes :

- *Exploiter l'information*
- *Résoudre des problèmes*
- *Exercer ton jugement critique*
- *Mettre en œuvre ta pensée créatrice*
- *Te donner des méthodes de travail efficaces*
- *Exploiter les technologies de l'information et de la communication*
- *Actualiser ton potentiel*
- *Coopérer*
- *Communiquer de façon appropriée*

Pictogrammes

Ce pictogramme renvoie à une fiche reproductible fournie dans le guide d'enseignement.

Ce pictogramme désigne des documents à insérer dans le portfolio.

Ce pictogramme renvoie à la section Ressources géo.

La structure des modules

Phase de préparation

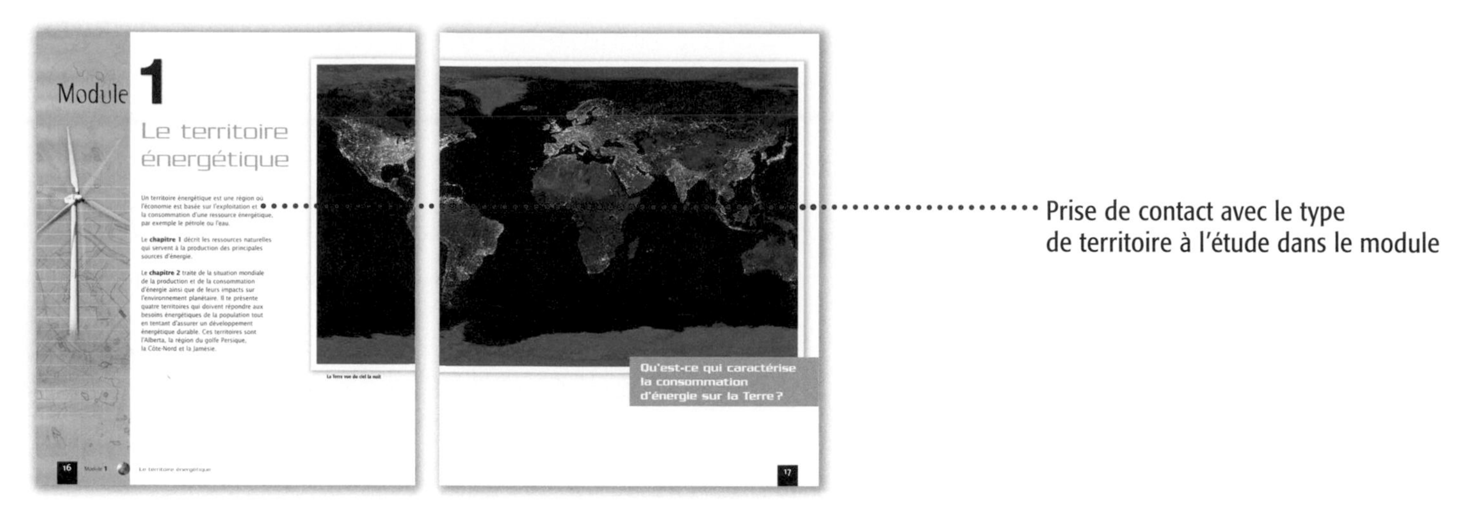

Prise de contact avec le type de territoire à l'étude dans le module

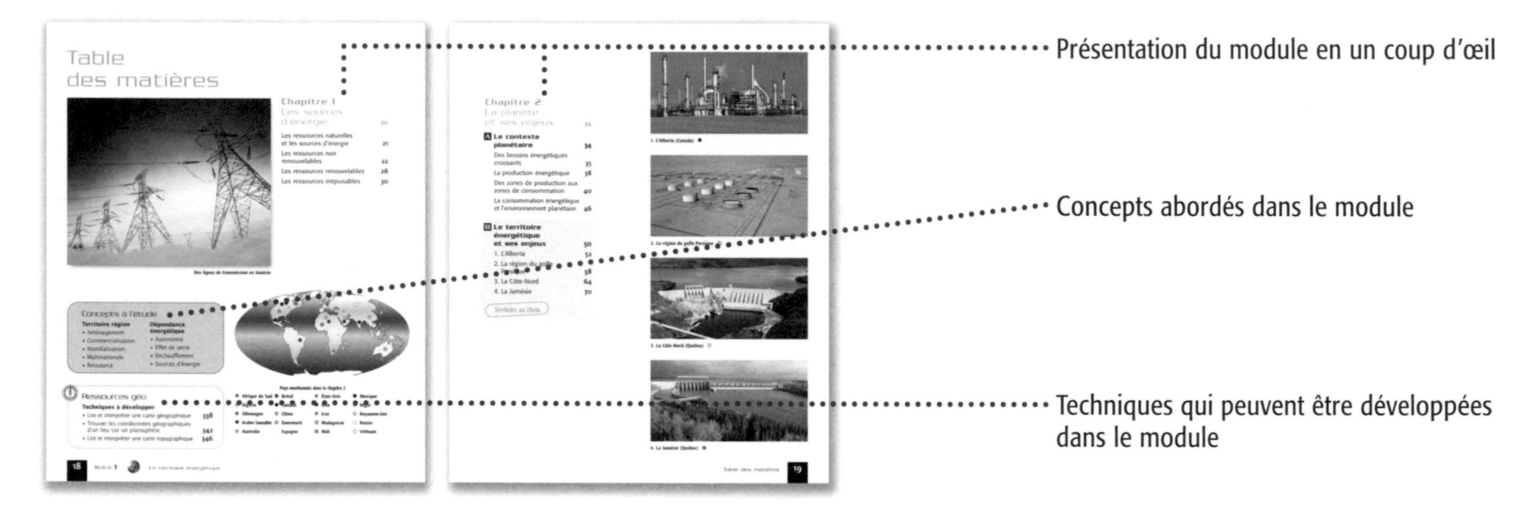

Présentation du module en un coup d'œil

Concepts abordés dans le module

Techniques qui peuvent être développées dans le module

Phase de réalisation

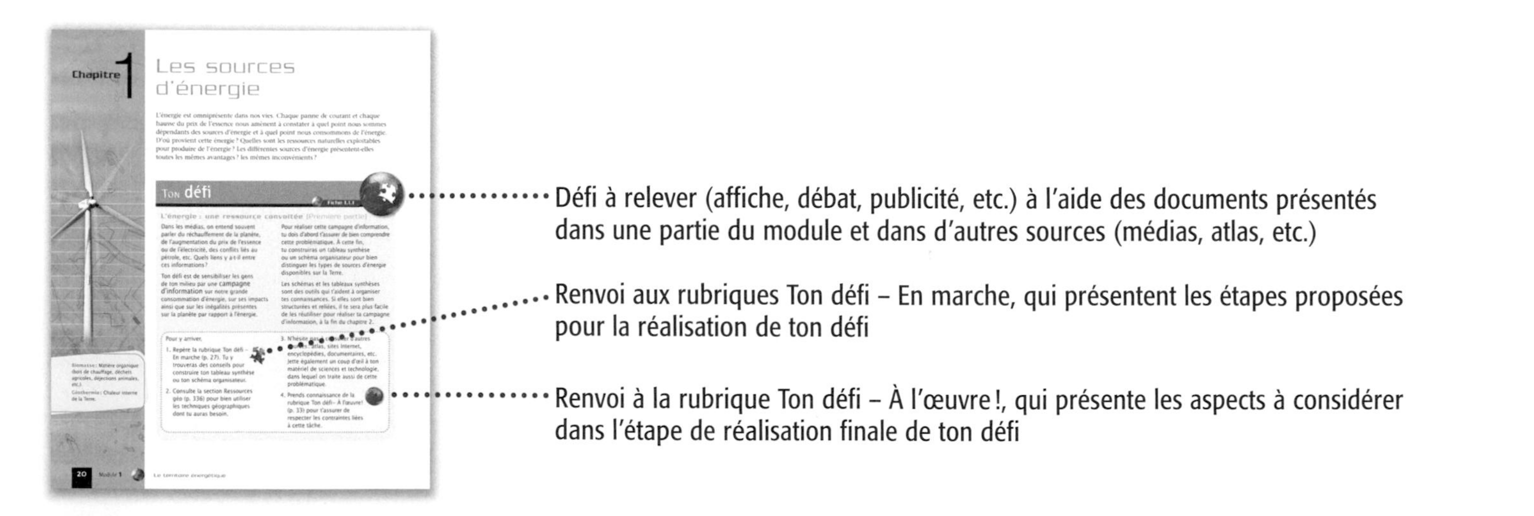

Défi à relever (affiche, débat, publicité, etc.) à l'aide des documents présentés dans une partie du module et dans d'autres sources (médias, atlas, etc.)

Renvoi aux rubriques Ton défi – En marche, qui présentent les étapes proposées pour la réalisation de ton défi

Renvoi à la rubrique Ton défi – À l'œuvre !, qui présente les aspects à considérer dans l'étape de réalisation finale de ton défi

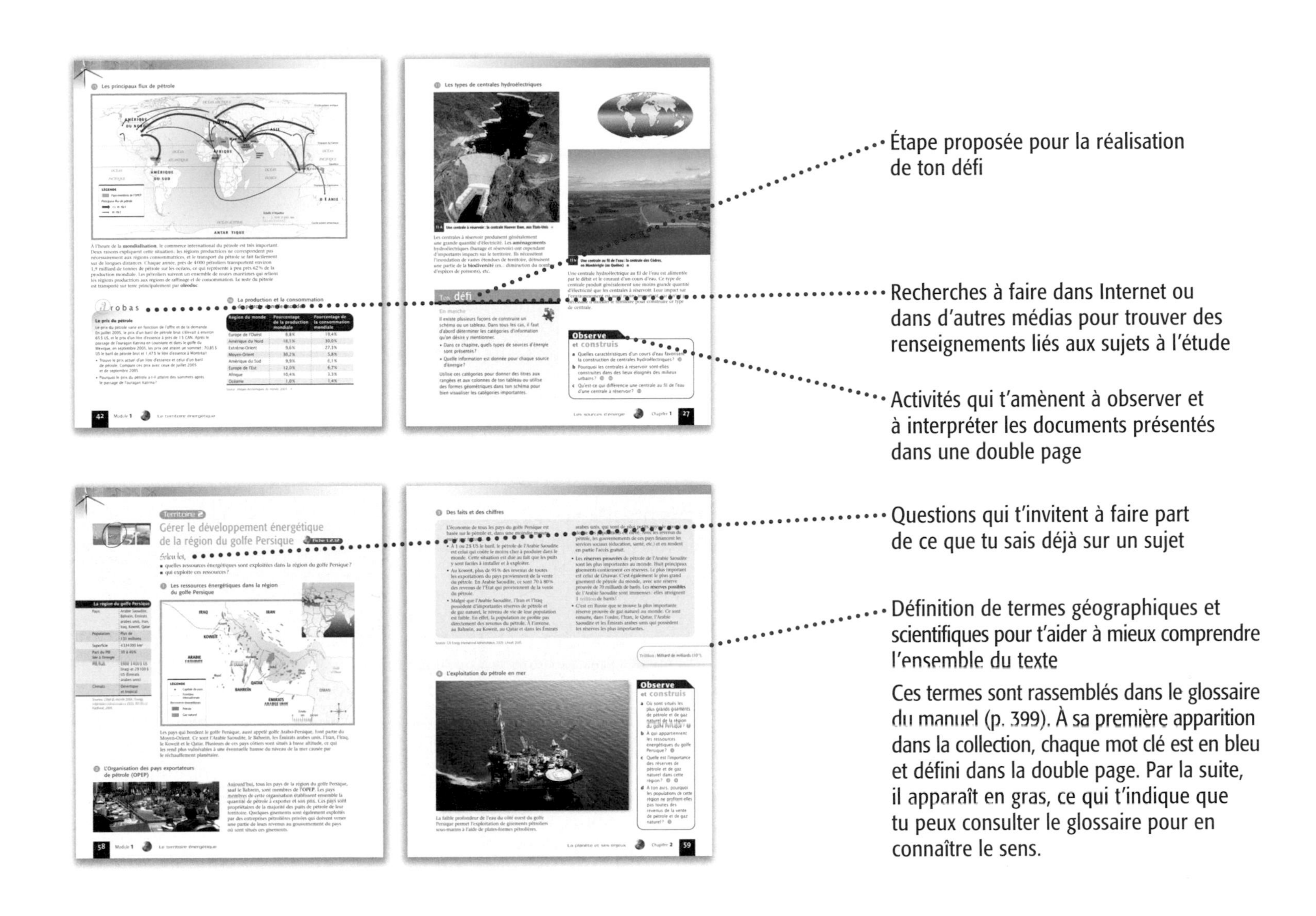

Étape proposée pour la réalisation de ton défi

Recherches à faire dans Internet ou dans d'autres médias pour trouver des renseignements liés aux sujets à l'étude

Activités qui t'amènent à observer et à interpréter les documents présentés dans une double page

Questions qui t'invitent à faire part de ce que tu sais déjà sur un sujet

Définition de termes géographiques et scientifiques pour t'aider à mieux comprendre l'ensemble du texte

Ces termes sont rassemblés dans le glossaire du manuel (p. 399). À sa première apparition dans la collection, chaque mot clé est en bleu et défini dans la double page. Par la suite, il apparaît en gras, ce qui t'indique que tu peux consulter le glossaire pour en connaître le sens.

Phase d'intégration et de réinvestissement

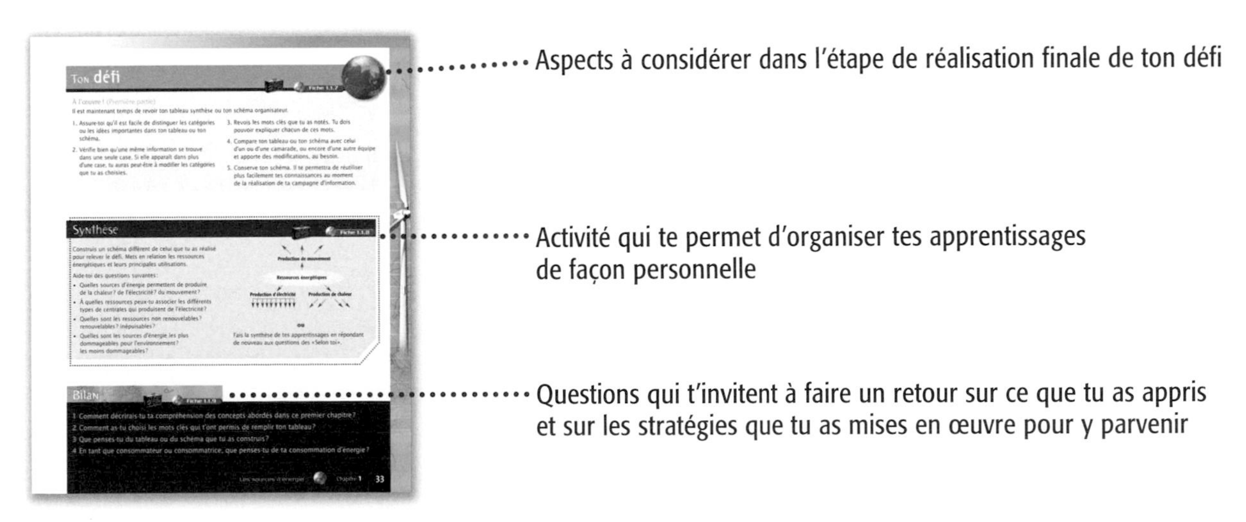

Aspects à considérer dans l'étape de réalisation finale de ton défi

Activité qui te permet d'organiser tes apprentissages de façon personnelle

Questions qui t'invitent à faire un retour sur ce que tu as appris et sur les stratégies que tu as mises en œuvre pour y parvenir

Rappel

Les types de territoires

Selon ce que tu as déjà appris,

- qu'est-ce qu'un territoire ?
- comment reconnais-tu un territoire urbain ? un territoire agricole ? un territoire protégé ? un territoire région ?

Une bonne façon d'apprendre est d'organiser tes connaissances actuelles afin de les relier plus facilement à celles que tu vas acquérir cette année. Aussi, avant de poursuivre tes apprentissages en deuxième secondaire, pourquoi ne pas faire le point sur ce que tu as déjà appris et prendre connaissance des territoires que tu exploreras au cours de cette nouvelle année scolaire ?

1 Qu'est-ce qu'un territoire ?

LE TERRITOIRE

Un territoire est un espace habité que des êtres humains ont organisé, aménagé et transformé au fil du temps pour répondre à leurs besoins. L'aménagement d'un territoire peut donc évoluer avec le temps. Les **paysages** d'un territoire révèlent les marques de l'activité humaine passée et présente.

Le territoire agricole

Espace aménagé par les êtres humains où dominent les activités agricoles (ex. : culture, élevage). Le territoire agricole se caractérise par un habitat dispersé et la présence de bâtiments liés aux activités agricoles (ferme, usine agroalimentaire, porcherie, etc.).

- L'espace agricole national
- Le milieu agricole à risque

Le territoire urbain

Espace aménagé par les êtres humains où il y a une forte concentration de population, de bâtiments, de rues, etc. Le territoire urbain englobe à la fois la ville centre et ses banlieues. Les activités qui y sont pratiquées sont très diversifiées (commerce, industrie, éducation, etc.).

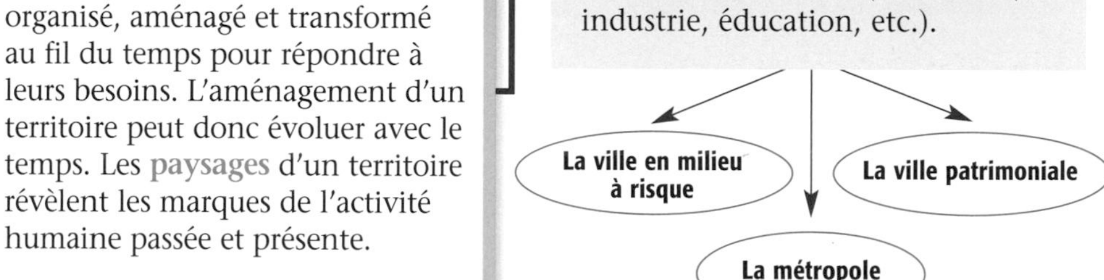

Le territoire région

Espace aménagé par les êtres humains dont l'organisation est principalement liée à des activités économiques telles que le tourisme, l'exploitation forestière, l'exploitation de ressources énergétiques et l'industrie.

- Le territoire touristique
- Le territoire industriel
- Le territoire énergétique
- Le territoire forestier

Le territoire protégé

Espace naturel dont l'accès et l'exploitation sont contrôlés. Le territoire protégé est organisé de façon à protéger le patrimoine naturel. Les activités humaines doivent y être pratiquées dans le respect de la nature.

Le territoire autochtone

Espace occupé par les autochtones, c'est-à-dire les descendants des premiers habitants d'une région. Les autochtones revendiquent ou ont obtenu l'autonomie sur leurs territoires. L'organisation de ces terres reflète leur culture et leur identité.

Paysage : Partie d'un territoire telle que perçue par ceux qui l'observent.

❷ Le territoire agricole

L'espace agricole national

2 A Un paysage agricole de la région de Lotbinière, au Québec ●

L'espace agricole national est l'ensemble des terres qui peuvent être utilisées pour l'agriculture dans un pays. Comme le territoire agricole est souvent menacé par l'étalement urbain, des mesures doivent être prises pour le protéger. Par ailleurs, la présence de quartiers résidentiels ou de petites fermes à proximité de grandes exploitations agricoles provoque parfois des tensions.

Le milieu agricole à risque

2 B Un paysage agricole d'un milieu inondable au Bangladesh

Plusieurs territoires agricoles du monde sont soumis à des risques naturels. Le développement de ces territoires doit donc tenir compte de conditions particulières liées à ces risques. Pourtant, pour répondre aux besoins alimentaires des populations qui ne cessent de croître, la productivité de ces terres agricoles fragiles doit sans cesse augmenter. Comme certaines pratiques agricoles peuvent aggraver les risques naturels, les agriculteurs doivent prendre des mesures appropriées pour concilier l'agriculture et l'environnement.

Observe et construis

a Qu'est-ce qui caractérise chacun des territoires présentés? ❶

b Qu'est-ce qui caractérise un paysage agricole? ❷

c À ton avis, quels risques naturels peuvent survenir en milieu agricole?

d Trouve dans ton manuel des photos qui représentent des paysages agricoles ou des aménagements qu'on peut voir sur des territoires agricoles.

3 Le territoire urbain

La métropole

3 A **Une métropole : Chicago, aux États-Unis**

Une métropole est une très grande ville qui a une influence sur un vaste territoire. Elle exerce un fort pouvoir d'attraction sur la région environnante, sur l'ensemble du territoire national et même sur le plan international. Les gens qui vivent et travaillent dans les métropoles diffèrent parfois d'opinion sur la façon de gérer les déchets, d'organiser les déplacements et d'assurer à tous un logement adéquat.

La ville en milieu à risque

3 B **Une ville entourée de volcans : Quito, en Équateur**

Plusieurs grandes villes du monde sont exposées à des risques naturels dont les conséquences peuvent être tragiques. Ces villes ne peuvent pas toutes prendre les mêmes mesures de prévention, de sorte qu'il y a moins de dommages liés aux catastrophes naturelles dans certaines d'entre elles.

La ville patrimoniale

3 C **Une ville patrimoniale : Paris, en France**

De nombreuses villes du monde sont reconnues pour leur patrimoine culturel exceptionnel. Ces villes cherchent à protéger des sites qui présentent des attraits patrimoniaux. Même si elles ont un caractère patrimonial, ces villes sont généralement habitées. Si certaines personnes tiennent à conserver le patrimoine culturel d'une ville, d'autres le considèrent comme un obstacle au modernisme. Par ailleurs, les habitants d'une ville patrimoniale ne voient pas tous d'un même œil la façon de vivre avec ses particularités.

❹ Le territoire autochtone

Un village inuit : Kangiqsualujjuaq, au Québec

La plupart des peuples autochtones partagent aujourd'hui leurs territoires avec des non-autochtones. Les autochtones revendiquent ou ont obtenu leur autonomie sur leurs territoires et désirent les développer en harmonie avec leur mode de vie.

❺ Le territoire protégé

Un paysage des montagnes Rocheuses canadiennes

Certains territoires protégés, par exemple les parcs naturels, sont aménagés dans le but de préserver les écosystèmes tout en favorisant certaines activités de loisirs. Ils font cependant l'objet de préoccupations contradictoires. On désire à la fois faire découvrir ces milieux naturels à un grand nombre de personnes pour les sensibiliser à la protection de la nature et protéger ces milieux de la présence d'un trop grand nombre de visiteurs.

Observe et construis

- **e** En quoi les métropoles et les villes patrimoniales sont-elles différentes ? En quoi sont-elles semblables ? ❸
- **f** À quels risques naturels sont soumises certaines villes du monde ?
- **g** Pourquoi les autochtones revendiquent-ils leur autonomie sur leur territoire ? ❹
- **h** Qu'est-ce qui caractérise un parc naturel ? ❺
- **i** Trouve dans ton manuel des photos qui représentent des paysages urbains ou des aménagements qu'on voit habituellement sur les territoires urbains.

❻ Le territoire région

Le territoire touristique

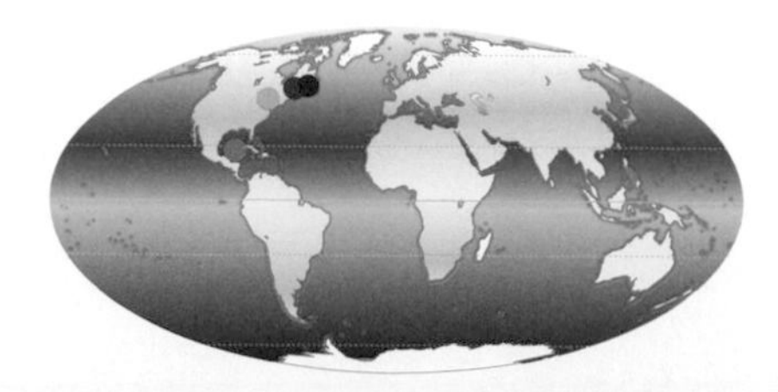

6 A **Un paysage touristique : la station balnéaire de Cancún, au Mexique**

Un territoire touristique est organisé autour d'un ou de plusieurs attraits. L'affluence de milliers de visiteurs par année peut avoir des impacts sur l'environnement et la vie des habitants d'une région. Le défi est alors de développer le tourisme tout en conservant le caractère particulier de cette région et en préservant le mode de vie de ses habitants.

Le territoire forestier

6 B **Un paysage forestier en Abitibi-Témiscamingue, au Québec**

Un territoire forestier est un espace organisé autour de l'exploitation de la forêt comme ressource naturelle. Partout dans le monde, le défi est le même : gérer les territoires forestiers de façon responsable pour en favoriser le développement à long terme, afin que les générations futures puissent aussi en profiter. Cette gestion doit évidemment tenir compte de tous les types d'activités qui se déroulent en forêt.

Le territoire énergétique

6C **Les aménagements hydroélectriques de Manic-5, au Québec** ●

Un territoire énergétique est un espace où l'économie est basée sur l'exploitation et la commercialisation d'une ressource énergétique, par exemple le pétrole ou l'eau. Comme les ressources énergétiques sont inégalement réparties sur la Terre, plusieurs régions doivent importer de l'énergie produite sur d'autres territoires pour répondre aux besoins énergétiques de leur population. Ces régions sont alors en situation de dépendance énergétique. La production d'énergie peut avoir d'importants impacts négatifs sur l'environnement. Il est donc essentiel de gérer le développement des territoires énergétiques de manière à respecter l'environnement.

Le territoire industriel

6D **Un paysage industriel de la région des Grands Lacs américains et canadiens** ●

Un territoire industriel est un espace organisé autour d'une concentration d'usines. L'industrialisation contribue au développement économique et social d'une région. Cependant, les activités industrielles peuvent avoir des impacts négatifs sur le milieu. Dans les pays industrialisés, les entreprises industrielles ont l'obligation de produire des biens en respectant les normes environnementales. Elles doivent en même temps prendre des mesures pour conserver leur place dans l'économie mondiale, car la concurrence des pays en développement est de plus en plus forte.

Observe et construis

j Quels aménagements peut-on trouver sur chacun des types de territoires présentés dans ces deux pages ? ❻

k Qu'ont en commun le territoire forestier et le territoire énergétique ? 6B 6C

l Quel lien ces quatre types de territoires ont-ils avec l'économie d'une région ? ❻

m À l'aide de ton manuel, trouve un exemple pour chacun des territoires à l'étude au cours de l'année.

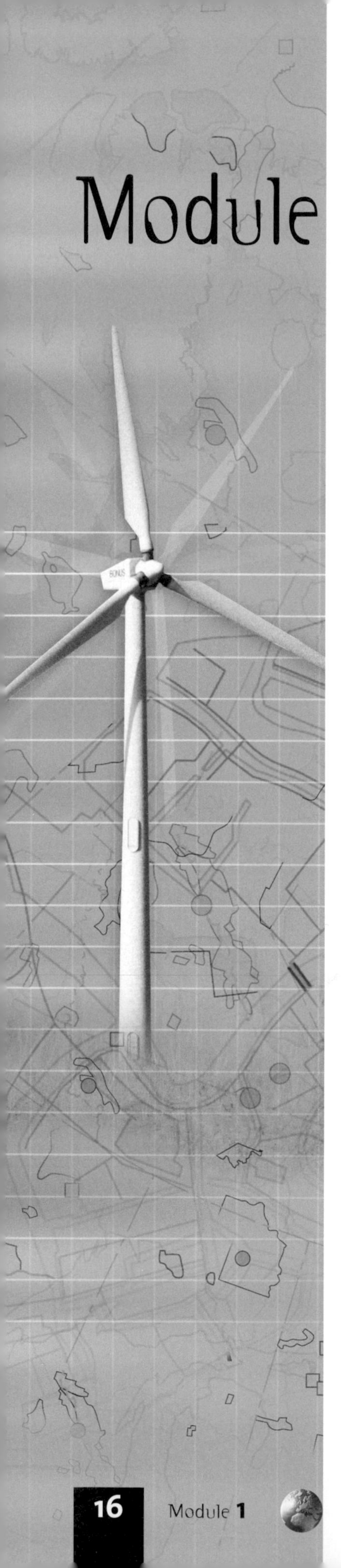

Module 1

Le territoire énergétique

Un territoire énergétique est un espace où l'économie est basée sur l'exploitation et la commercialisation d'une ressource énergétique, par exemple le pétrole ou l'eau.

Le **chapitre 1** décrit les ressources naturelles qui servent à la production des principales sources d'énergie.

Le **chapitre 2** traite de la situation mondiale de la production et de la consommation d'énergie ainsi que de leurs impacts sur l'environnement planétaire. Il te présente quatre territoires qui doivent répondre aux besoins énergétiques de la population tout en tentant d'assurer un développement énergétique durable. Ces territoires sont l'Alberta, la région du golfe Persique, la Côte-Nord et la Jamésie.

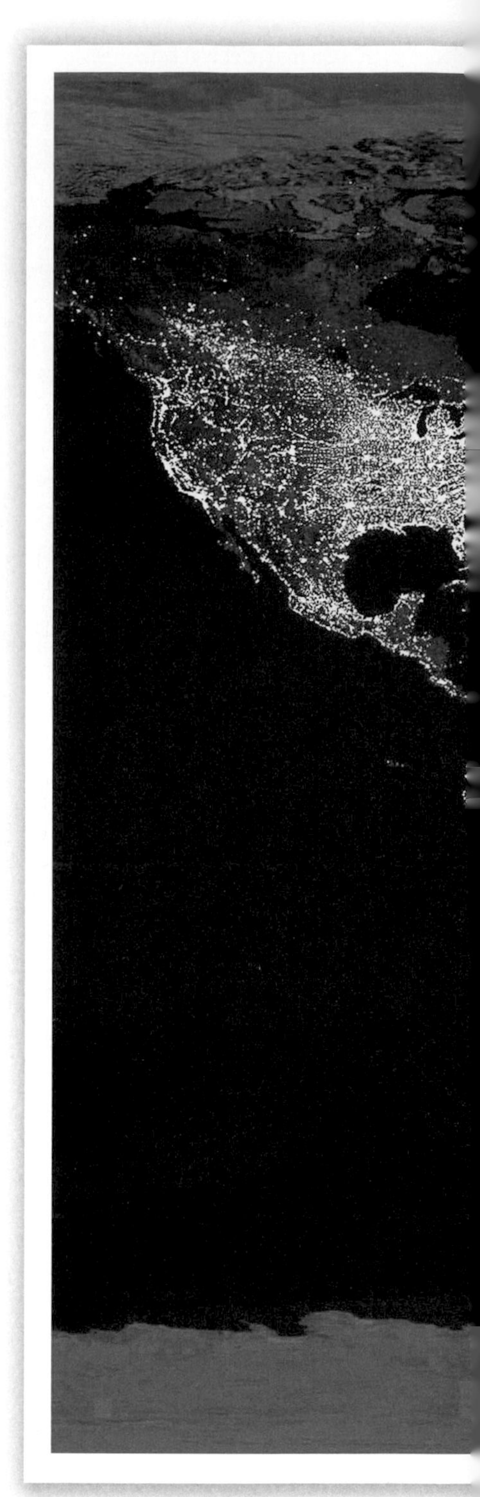

La Terre vue du ciel la nuit

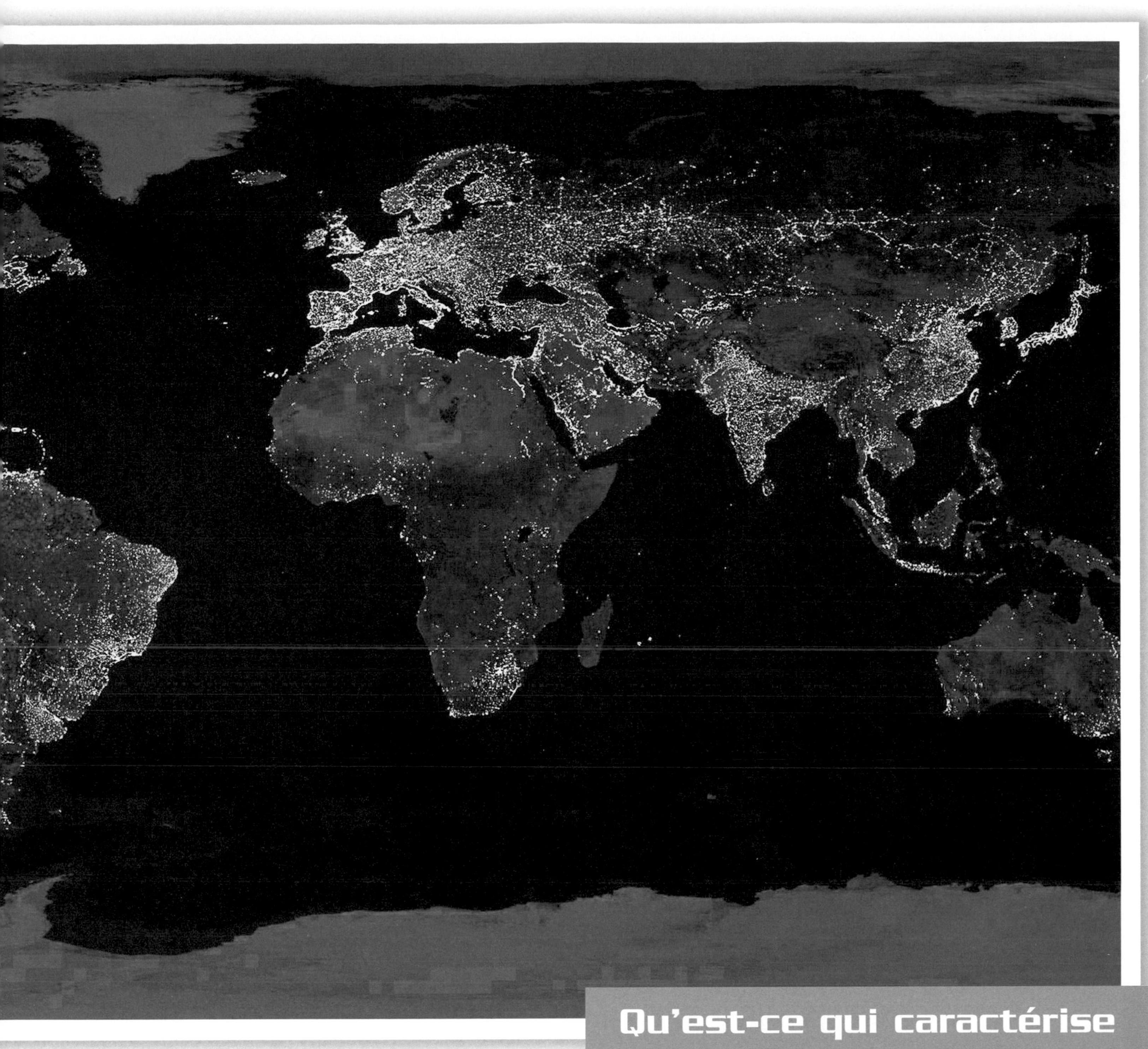

Qu'est-ce qui caractérise la consommation d'énergie sur la Terre ?

Table des matières

Des lignes de transmission en Jamésie

Chapitre 1 Les sources d'énergie

Concepts à l'étude

Territoire région
- Aménagement
- Commercialisation
- Mondialisation
- Multinationale
- Ressource

Dépendance énergétique
- Autonomie
- Effet de serre
- Réchauffement
- Sources d'énergie

Ressources géo

Techniques à développer

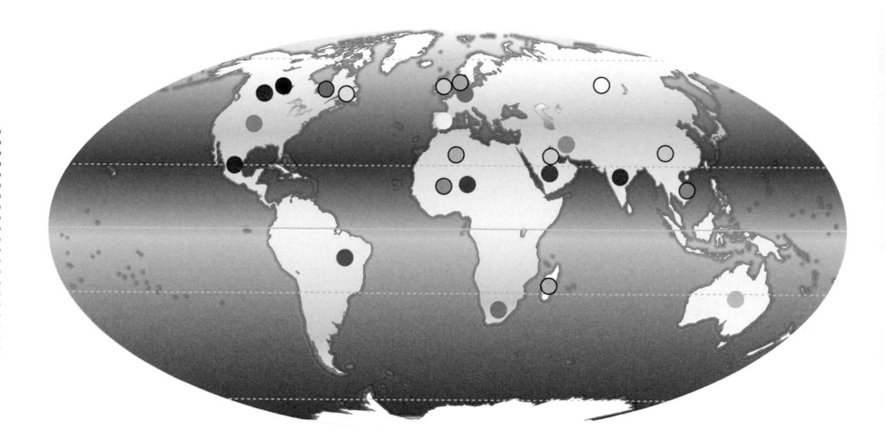

Pays mentionnés dans le chapitre 2

Afrique du Sud	Brésil	États-Unis	Mexique
Algérie	Canada	Inde	Niger
Allemagne	Chine	Iran	Royaume-Uni
Arabie Saoudite	Danemark	Madagascar	Russie
Australie	Espagne	Mali	Viêtnam

Chapitre 2 La planète et ses enjeux 34

Territoire au choix

1. L'Alberta, au Canada ●

2. La région du golfe Persique, au Moyen-Orient ○

3. La Côte-Nord, au Québec ○

4. La Jamésie, au Québec ●

Chapitre 1

Les sources d'énergie

L'énergie est omniprésente dans nos vies. Chaque panne de courant et chaque hausse du prix de l'essence nous amènent à constater à quel point nous sommes dépendants des sources d'énergie et à quel point nous consommons de l'énergie. D'où provient cette énergie ? Quelles sont les ressources naturelles exploitables pour produire de l'énergie ? Les différentes sources d'énergie présentent-elles toutes les mêmes avantages ? les mêmes inconvénients ?

Ton défi

Fiche 1.1.1

L'énergie : une ressource convoitée (Première partie)

Dans les médias, on entend souvent parler du réchauffement de la planète, de l'augmentation du prix de l'essence ou de l'électricité, des conflits liés au pétrole, etc. Quels liens y a-t-il entre ces informations ?

Ton défi est de sensibiliser les gens de ton milieu par une **campagne d'information** sur notre grande consommation d'énergie, sur ses impacts ainsi que sur les inégalités présentes sur la planète par rapport à l'énergie.

Pour réaliser cette campagne d'information, tu dois d'abord t'assurer de bien comprendre cette problématique. À cette fin, tu construiras un tableau synthèse ou un schéma organisateur pour bien distinguer les types de sources d'énergie disponibles sur la Terre.

Les schémas et les tableaux synthèses sont des outils qui t'aident à organiser tes connaissances. Si elles sont bien structurées et reliées, il te sera plus facile de les réutiliser pour réaliser ta campagne d'information, à la fin du chapitre 2.

Pour y arriver,

1. Repère la rubrique Ton défi – En marche (p. 27). Tu y trouveras des conseils pour construire ton tableau synthèse ou ton schéma organisateur.
2. Consulte la section Ressources géo (p. 338) pour bien utiliser les techniques géographiques dont tu auras besoin.
3. N'hésite pas à consulter d'autres sources : atlas, sites Internet, encyclopédies, documentaires, etc. Jette également un coup d'œil à ton matériel de sciences et technologie, dans lequel on traite aussi de cette problématique.
4. Prends connaissance de la rubrique Ton défi – À l'œuvre ! (p. 33) pour t'assurer de respecter les contraintes liées à cette tâche.

Biomasse : Matière organique (bois de chauffage, déchets agricoles, déjections animales, etc.).

Géothermie : Chaleur interne de la Terre.

Les ressources naturelles et les sources d'énergie

Selon toi,

- qu'est-ce qu'une source d'énergie ? Quelles sont les principales sources d'énergie ?
- à partir de quelles ressources naturelles est-il possible de produire de l'énergie ?

1 Des faits et des chiffres

Les **ressources** naturelles sont toutes les richesses fournies par la nature (pétrole, forêts, faune, métaux, rayonnement solaire, etc.). Certaines servent de sources d'énergie.

On les divise en trois grandes catégories : les ressources non renouvelables, les ressources renouvelables et les ressources inépuisables.

- Les *ressources non renouvelables* sont présentes en quantité limitée dans la nature. Elles comprennent le pétrole, le gaz naturel, le charbon et l'uranium.
  - Le charbon a été la principale source d'énergie de la planète jusqu'à la fin des années 1960. Par la suite, le pétrole a devancé le charbon. Même si on a fortement recours au pétrole aujourd'hui, on prévoit que l'utilisation du gaz naturel connaîtra une importante croissance au cours des prochaines années.
  - Dans les centrales nucléaires, on arrive à libérer l'énergie contenue dans les noyaux des atomes de substances radioactives (ex. : l'uranium).
- Les *ressources renouvelables* ne s'épuisent pas si elles sont gérées de façon durable. Elles incluent l'eau et la **biomasse**.
  - Le courant des rivières et la force des marées servent principalement à produire de l'électricité.
  - On brûle directement la biomasse pour produire de la chaleur ou on s'en sert comme combustible pour générer de l'électricité.
- Les *ressources inépuisables* sont parfois considérées comme des ressources renouvelables, puisqu'elles seront toujours disponibles. Elles comprennent le rayonnement solaire, le vent et la **géothermie**.

2 L'utilisation des sources d'énergie dans le monde

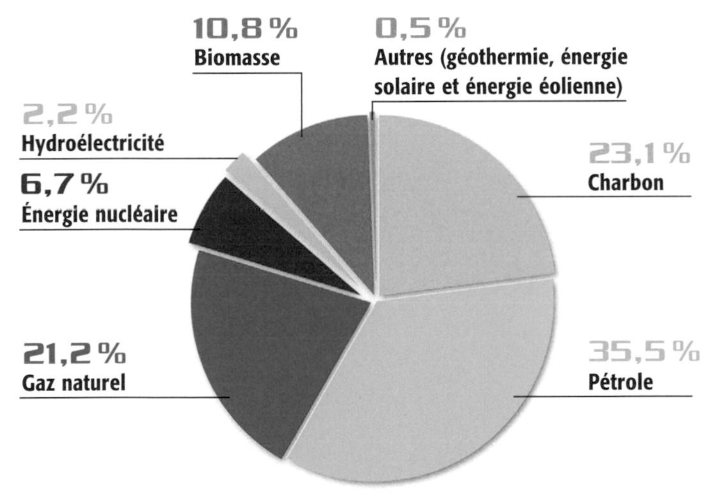

Source : International Energy Agency, *World Energy Outlook 2004*.

Toutes les sources d'énergie servent à produire de l'électricité, de la chaleur ou du mouvement.

Observe et construis

a Quelles ressources naturelles sont utilisées pour produire de l'énergie ? 1

b À quoi sert l'énergie produite à partir des ressources naturelles ? 1 2

c Quel type de ressource naturelle est le plus utilisé comme source d'énergie dans le monde ? 2
À ton avis, pourquoi ?

Les ressources non renouvelables

Selon toi,

- quels sont les avantages de l'utilisation du pétrole, du gaz naturel, du charbon et de l'uranium comme sources d'énergie ?
- quels en sont les inconvénients ?

3 De l'extraction à la commercialisation du pétrole

3 A

Le pétrole est d'abord extrait du sous-sol de la terre ou des océans par des tours de forage.

3 B

Il est ensuite acheminé par oléoduc ou par bateau jusqu'aux raffineries. Les oléoducs peuvent être enterrés dans le sol ou installés au-dessus du sol sur des supports. Le pétrole y voyage à une vitesse moyenne de 5 km/h.

3 C

Les raffineries transforment le pétrole en produits pétroliers qui servent de sources d'énergie (essence, diesel, mazout lourd, propane, etc.) ou de matières premières dans certaines industries, par exemple la pétrochimie (bitumes, lubrifiants, bases pétrochimiques, etc.). Les raffineries ne produisent pas toutes les mêmes produits.

4 De l'extraction à la commercialisation du gaz naturel

Comme le pétrole, le gaz naturel est extrait du sous-sol de la terre ou des océans par forage. Il est transporté principalement par gazoduc, mais il est également possible de le transporter par bateau. Dans ce cas, il est d'abord transformé en liquide. Le gaz naturel est traité avant d'être distribué aux consommateurs sous forme de produits raffinés. Il sert de combustible pour les centrales thermiques, le chauffage et la cuisson. De plus, on l'utilise comme carburant dans certaines automobiles.

⑤ La formation des combustibles fossiles

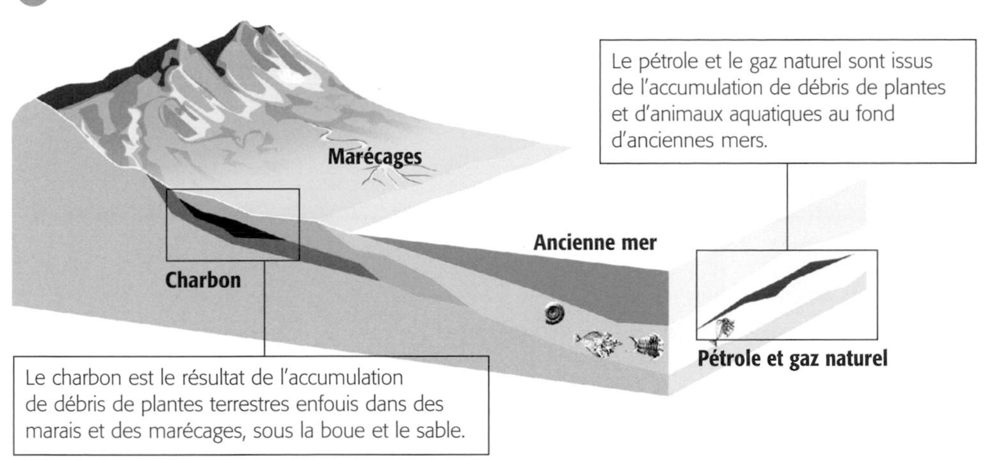

Les **combustibles fossiles** ont mis des millions d'années à se former. Ils proviennent de la décomposition de restes de plantes et d'animaux. Ces restes ont été transformés au fur et à mesure de leur enfouissement sous d'importantes quantités de sable et de boue, sous l'effet de la chaleur et de la pression.

3D

Les produits pétroliers sont généralement transportés par wagons-citernes ou par camions-citernes vers les stations-service et les usines qui s'en servent comme matière première. D'autres sont acheminés par oléoduc ou par bateau vers les centrales thermiques.

3E

Certains produits pétroliers servent de carburant pour les automobiles, les avions, etc. D'autres sont utilisés comme combustible pour le chauffage des bâtiments et la cuisson des aliments. C'est le mazout lourd qui sert à produire de l'électricité dans les centrales thermiques.

Par ailleurs, de nombreux sous-produits sont dérivés du pétrole. Le bitume entre dans la composition de l'asphalte. Les lubrifiants sont employés dans les huiles à moteur et les cires. Les bases pétrochimiques sont utilisées dans les matières plastiques, le nylon, les détergents, les pesticides, etc.

Centrale thermique : Centrale qui produit de l'énergie électrique. Cette énergie est générée par les combustibles fossiles ou la biomasse.

Gazoduc : Canalisation qui sert au transport du gaz naturel. Ce type de canalisation peut être souterrain.

Oléoduc : Canalisation servant au transport du pétrole brut. Ce type de canalisation peut être souterrain.

Observe et construis

a Décris le cheminement du pétrole de son extraction à sa consommation. ③

b Quelles utilisations fait-on des combustibles fossiles ? ③ ④

c Pourquoi les réserves de combustibles fossiles sont-elles limitées ? ⑤

6 De l'extraction à la commercialisation du charbon

6 A Un mineur dans une mine de charbon

6 B Le transport du charbon

On exploite le charbon dans des mines à ciel ouvert ou souterraines. Une fois que le charbon est extrait du sous-sol, on le traite pour en éliminer les impuretés. La façon dont il est acheminé vers les consommateurs dépend des distances à parcourir. Sur de faibles ou de moyennes distances, on utilise le camion ou le train. Pour le transport sur de plus longues distances, on emploie le cargo, un navire qui sert au transport des marchandises. Même si le charbon sert surtout de combustible pour les **centrales thermiques**, on l'emploie également comme matière première dans la fabrication de la fonte et de l'acier.

7 Les centrales nucléaires

La centrale de Fiddlers Ferry, au Royaume-Uni ●

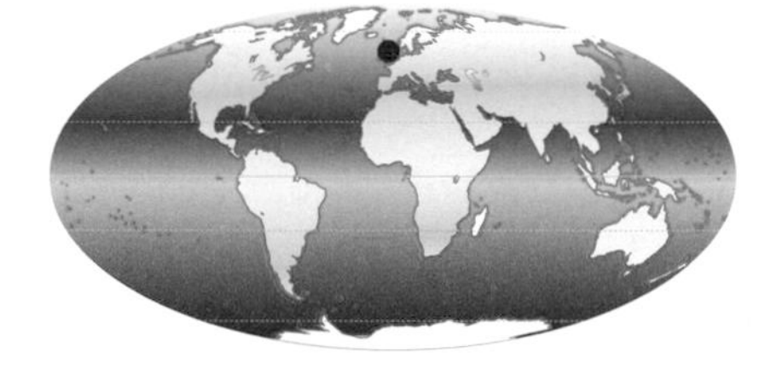

Le Canada est le principal pays producteur d'uranium, un métal radioactif extrait de mines. Il faut très peu d'uranium pour produire de grandes quantités d'électricité dans une centrale nucléaire. Ces types de centrales ne coûtent généralement pas très cher à exploiter et produisent très peu de polluants atmosphériques. Elles nécessitent cependant d'importants investissements financiers. Par contre, les centrales nucléaires sont l'objet de débats de société parce qu'elles produisent des déchets radioactifs néfastes pour la santé s'ils ne sont pas traités convenablement. La gestion de ces déchets et les risques de problèmes techniques et d'accidents constituent les principaux arguments invoqués par les militants antinucléaire.

8 Les émissions de CO_2 provenant des centrales électriques

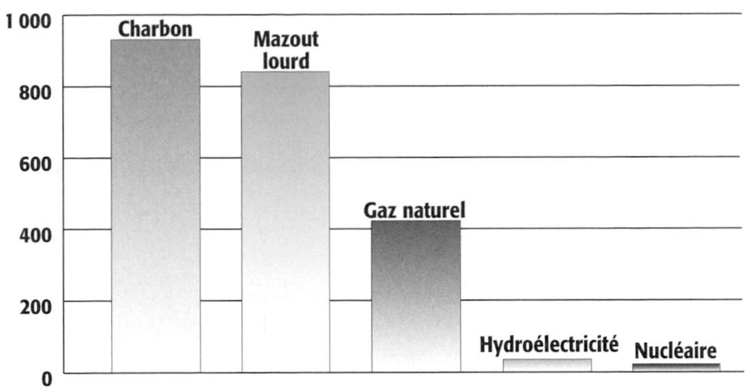

* Un TWh correspond à un milliard de **kWh.**

Source : Hydro-Québec, 2005.

Les combustibles fossiles qui brûlent dans les centrales thermiques ou dans les moteurs des automobiles dégagent une grande quantité de polluants dans l'air. En plus de polluer l'atmosphère et de causer des problèmes de santé, ils contribuent au réchauffement climatique.

TOPO

Fiche 1.1.4

Quelle quantité d'énergie consommes-tu ?

Mène une enquête pour découvrir la quantité d'énergie que ta famille et toi consommez en une journée. Dresse la liste des activités quotidiennes qui vous amènent à consommer de l'énergie (ex. : utiliser le grille-pain ou le lave-vaisselle, prendre une douche, etc.). Compare ta liste avec celle de tes camarades et réponds aux questions suivantes :

- Est-ce que ta famille consomme plus, autant ou moins d'énergie que celles de tes camarades ?
- Dans ta famille, prenez-vous des mesures pour réduire votre consommation d'énergie ? Si oui, lesquelles ? Sinon, quelles mesures pourriez-vous prendre ?

9 Les réserves de combustibles fossiles

Source : Programme des Nations Unies pour l'environnement, 2001.

Les réserves de **ressources** non renouvelables sont limitées. Il existe deux types de réserves : les **réserves prouvées** et les **réserves possibles**. Les réserves prouvées sont exploitables présentement. Comme la technologie n'est pas assez développée, certains gisements de combustibles fossiles sont considérés comme des réserves possibles parce qu'ils sont actuellement très difficiles ou très coûteux à extraire. Les réserves qui seront éventuellement découvertes font également partie des réserves possibles.

kWh (Kilowatt/heure) : Quantité d'électricité utilisée ou produite au cours d'une période d'une heure. Un kilowatt correspond à 1 000 watts.

Réserves possibles : Portion des combustibles fossiles qu'il serait possible d'extraire si les moyens techniques étaient plus avancés ou si le coût de la matière première augmentait suffisamment pour en rendre l'exploitation rentable.

Réserves prouvées : Portion des combustibles fossiles qui est extraite à l'aide de la technologie existante.

Observe et construis

d À quoi sert le charbon ? 6

e Quels sont les avantages de l'énergie nucléaire ? Quels sont ses inconvénients ? 7

f Quel type de centrale électrique est la plus polluante ? la moins polluante ? 8

g À ton avis, pourquoi devons-nous réduire notre consommation de combustibles fossiles ? 8 9

Les ressources renouvelables

Selon toi,

- en quoi est-il avantageux d'exploiter la force de l'eau, la biomasse et la force des marées pour produire de l'énergie ?
- quels sont les inconvénients liés à l'exploitation de ces ressources ?

10 De la centrale hydroélectrique à la maison

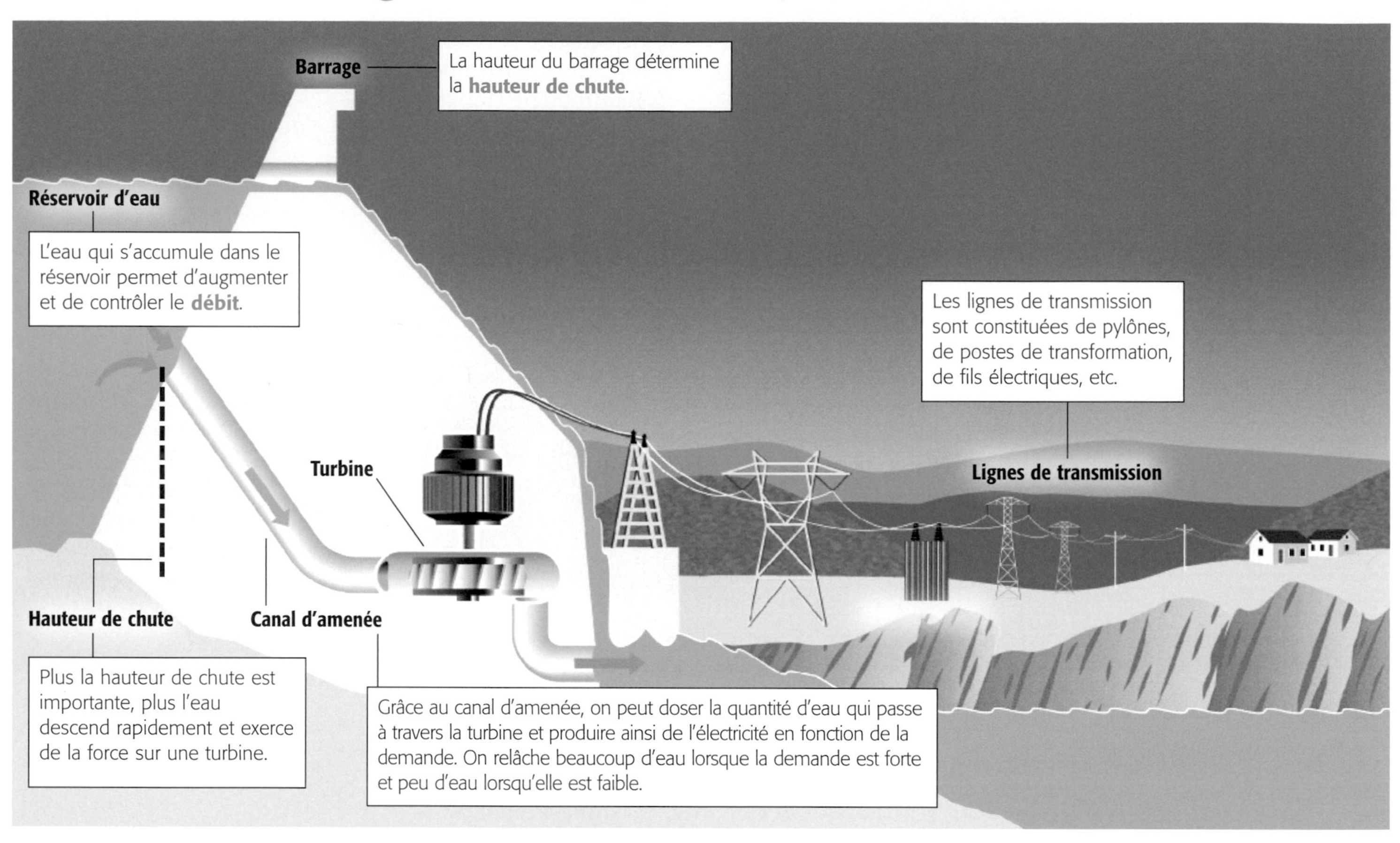

Le passage de l'eau d'une rivière ou d'un fleuve à travers une turbine permet de produire de l'électricité. Pour obtenir une force suffisante pour faire tourner une turbine, il faut que le débit de la rivière et sa hauteur de chute soient assez élevés. Plus ils sont élevés, meilleur est le potentiel hydroélectrique de la rivière.

L'hydroélectricité est souvent produite dans des centrales éloignées des lieux où on la consomme. Il faut donc aménager un réseau complexe de lignes de transport pour que l'électricité se rende jusqu'à nous. Ces lignes de transport ont un impact visuel sur le paysage. Par contre, l'hydroélectricité est une source fiable et propre qui émet très peu de gaz à effet de serre.

Débit : Volume d'eau qui s'écoule en un endroit donné d'un cours d'eau par rapport à une unité de temps. Le débit s'exprime généralement en mètres cubes par seconde (m^3/s).

Hauteur de chute : Différence d'altitude entre la prise d'eau et la sortie d'eau. La hauteur de chute est aussi appelée « dénivellation ».

⑪ Les types de centrales hydroélectriques

11 A Une centrale à réservoir : la centrale Hoover Dam, aux États-Unis

Les centrales à réservoir produisent généralement une grande quantité d'électricité. Les **aménagements** hydroélectriques (barrage et réservoir) ont cependant d'importants impacts sur le territoire. Ils nécessitent l'inondation de vastes étendues de territoire, détruisent une partie de la **biodiversité** (ex. : diminution du nombre d'espèces de poissons), etc.

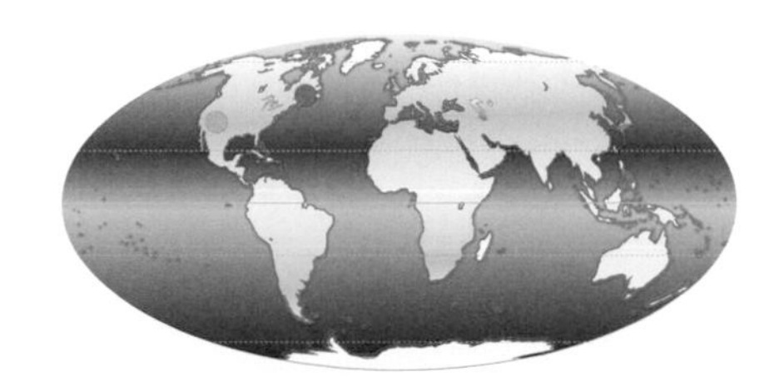

11 B Une centrale au fil de l'eau : la centrale des Cèdres, en Montérégie (au Québec)

Une centrale hydroélectrique au fil de l'eau est alimentée par le débit et le courant d'un cours d'eau. Ce type de centrale produit généralement une moins grande quantité d'électricité que les centrales à réservoir. Leur impact sur l'**environnement** est aussi moins important, car il n'est pas nécessaire d'inonder le territoire pour construire ce type de centrale.

Ton défi

En marche

Il existe plusieurs façons de construire un schéma ou un tableau. Dans tous les cas, il faut d'abord déterminer les catégories d'information qu'on désire y mentionner.

- Dans ce chapitre, quels types de sources d'énergie sont présentés ?
- Quelle information est donnée pour chaque source d'énergie ?

Utilise ces catégories pour donner des titres aux rangées et aux colonnes de ton tableau ou utilise des formes géométriques dans ton schéma pour bien visualiser les catégories importantes.

Observe et construis

a Quelles caractéristiques d'un cours d'eau favorisent la construction de centrales hydroélectriques ? ⑩

b Pourquoi les centrales à réservoir sont-elles construites dans des lieux éloignés des milieux urbains ? ⑩ 11A

c Qu'est-ce qui différencie une centrale au fil de l'eau d'une centrale à réservoir ? ⑪

12 La centrale au fil de l'eau de La Gabelle (échelle 1 : 50 000)

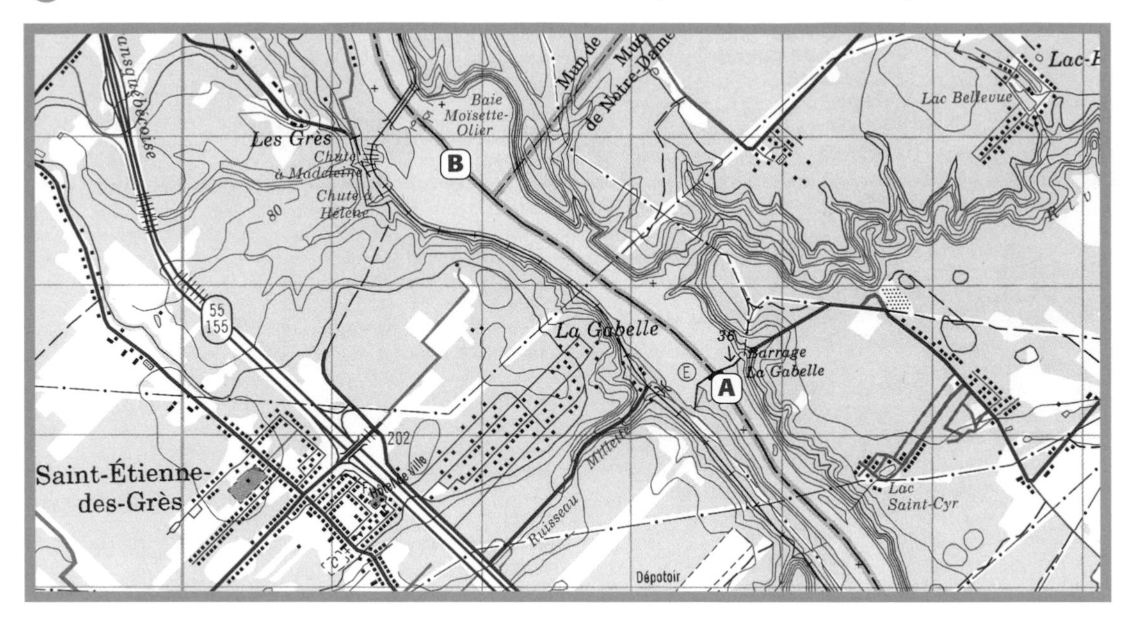

Aménagée en 1924, la centrale au fil de l'eau de La Gabelle est située sur la rivière Saint-Maurice, qui s'écoule du nord au sud. Habituellement, le courant est plus important à l'endroit où la rivière se rétrécit. C'est la raison pour laquelle cette centrale a été construite à l'emplacement A et non à l'emplacement B.

13 La force des marées comme source d'énergie

La centrale marémotrice de la Rance, en France

Le mouvement perpétuel des vagues et des marées peut générer une immense quantité d'énergie, qu'on appelle l'énergie marémotrice. Il est possible de récupérer cette énergie en retenant, à l'aide d'un barrage, l'eau océanique à marée montante. Cette eau est ensuite libérée, à marée descendante, dans des turbines hydroélectriques.

Il existe très peu de centrales marémotrices dans le monde, parce que la hauteur des marées doit être très grande pour produire une importante quantité d'énergie. Ces installations génèrent très peu de gaz à effet de serre, mais la construction des barrages nécessite souvent l'inondation de territoires. De plus, elle perturbe la faune aquatique, notamment la **migration** de certaines espèces de poissons.

La centrale de la Rance est la plus importante centrale marémotrice du monde. Elle produit annuellement assez d'électricité pour alimenter la ville de Rennes, qui compte environ 333 000 habitants. En comparaison, la centrale marémotrice de la baie de Fundy, au Nouveau-Brunswick, produit chaque année de l'électricité pour répondre aux besoins d'environ 11 700 personnes.

Arobas

Le programme Proalcool

Depuis que le gouvernement du Brésil a lancé le programme Proalcool, en 1975, ce pays est le plus important producteur d'éthanol au monde.

- Pourquoi ce programme a-t-il été créé ? À partir de quelle matière première l'éthanol est-il majoritairement produit au Brésil ?

14 La biomasse comme source d'énergie

14 A

14 B

La combustion du bois pour le chauffage et la cuisson constitue la principale source d'énergie de 2,4 milliards de personnes qui vivent dans les **pays en développement** (14 A). Dans les **pays industrialisés**, il s'agit surtout d'une source de chauffage d'appoint. À moins d'utiliser un poêle à bois évolué à combustion lente, la fumée qui s'échappe des poêles libère de grandes quantités de polluants nocifs pour l'**environnement** et la santé. On peut aussi produire de l'électricité dans des **centrales thermiques** grâce à la combustion de la **biomasse** issue de déchets forestiers, urbains et agroalimentaires (14 B). La réutilisation des déchets pour la combustion permet d'éviter des coûts d'enfouissement et de prévenir ainsi la contamination des sols et des nappes d'eau souterraines.

15 Les biocarburants

À partir de la biomasse, il est aussi possible de produire des carburants dits « écologiques » tels que le biodiesel (fait d'huile végétale usée) et l'éthanol (alcool obtenu par la fermentation des sucres contenus dans la biomasse). Ces carburants remplacent alors l'essence ou y sont mélangés. Par exemple, certains autobus de la Société de transport de Montréal, les biobus, roulent au biodiesel. Ce carburant permet de réduire les émissions polluantes et les émissions de gaz à effet de serre. En 2006, ces biocarburants coûtaient beaucoup plus cher que l'essence.

Observe et construis

d Décris le relief des rives de la rivière qui s'écoule près de la centrale de La Gabelle. (12) Au besoin, utilise la légende de la carte topographique de la page 348 de ton manuel.

e Pourquoi construit-on peu de centrales marémotrices dans le monde? (13)

f À ton avis, pourquoi la combustion du bois est-elle très utilisée comme source d'énergie dans les pays en développement? (14)

g Pourquoi y a-t-il peu de véhicules qui carburent au biodiesel et à l'éthanol dans le monde? (15)

Les ressources inépuisables

Fiche 1.1.6

Selon toi,

- quels sont les avantages d'utiliser l'énergie solaire et éolienne ainsi que la chaleur interne de la Terre?
- quels en sont les inconvénients?

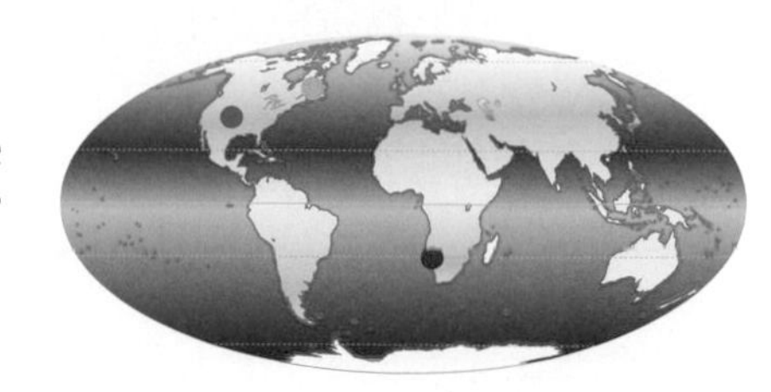

16 Le soleil comme source d'énergie

Une maison alimentée par des panneaux solaires au Colorado, aux États-Unis

L'énergie solaire provient de la transformation du rayonnement solaire qui atteint la Terre. La quantité d'énergie solaire disponible dans la journée dépend de la position du Soleil dans le ciel et de la quantité de nuages. Lorsque l'ensoleillement est suffisant, l'utilisation de panneaux solaires permet de transformer l'énergie solaire en électricité. Comme il ne fait pas toujours soleil et qu'il est difficile de stocker l'électricité, il faut disposer d'une source d'énergie d'appoint si l'on désire assurer un approvisionnement constant en énergie.

L'énergie solaire est non polluante. Elle peut être utilisée directement pour le chauffage et l'éclairage, ou indirectement lorsqu'elle est transformée en électricité. Par exemple, dans les régions éloignées, l'utilisation de panneaux solaires permet d'alimenter les installations humaines en électricité. Comme les panneaux solaires sont coûteux, cette façon de produire de l'électricité est de loin la plus chère, bien que la source d'énergie soit gratuite.

17 Le vent comme source d'énergie

Éolienne : Machine qui sert à capter l'énergie du vent.

Vitesse moyenne du vent (30 m au-dessus du sol)	Impacts sur les éoliennes
16 km/h	Vitesse minimale du vent pour qu'une éolienne se mette à tourner.
30 km/h	Vitesse moyenne annuelle idéale pour installer une éolienne.
55 km/h	Vitesse idéale pour produire de l'électricité. Les propriétaires de parcs éoliens désireraient que les vents soufflent à cette vitesse tous les jours!
90 km/h	Les petites éoliennes doivent être arrêtées. Les grandes éoliennes fonctionnent bien, mais des mécanismes automatiques en réduisent la capacité pour éviter que les pales ne se brisent.
115 km/h	Toutes les éoliennes sont arrêtées, car le vent est trop fort. Les éoliennes risquent de subir des dommages importants : perte des pales, rupture de la tour.

Source : Adapté de l'*Atlas des vents Éole*, 2005.

En faisant tourner les pales des **éoliennes**, la force du vent permet de produire de l'énergie. Pour qu'un site soit considéré comme intéressant pour générer de l'énergie électrique d'origine éolienne, il faut que les vents soient forts, réguliers et constants. En effet, s'il n'y a pas de vent, les éoliennes cessent de produire de l'électricité. Il est d'ailleurs possible d'installer des éoliennes aussi bien en mer que sur la terre. L'électricité produite par les éoliennes ne peut pas être stockée.

⑱ Les éoliennes

18 A Namibie, en Afrique ●

18 B Cap-Chat, au Québec ●

Dans certains pays, notamment les **pays en développement**, les éoliennes servent principalement à pomper l'eau destinée à l'alimentation de la population et du bétail ainsi qu'à l'**irrigation** (18 A). Dans les **pays industrialisés**, elles sont surtout employées pour produire de l'électricité (18 B). Ces grandes éoliennes modifient considérablement le paysage. De plus petites éoliennes sont également installées dans les endroits éloignés où les lignes de transport d'électricité ne se rendent pas (plates-formes de forage en mer, stations météorologiques, chalets, etc.).

⑲ La géothermie comme source d'énergie

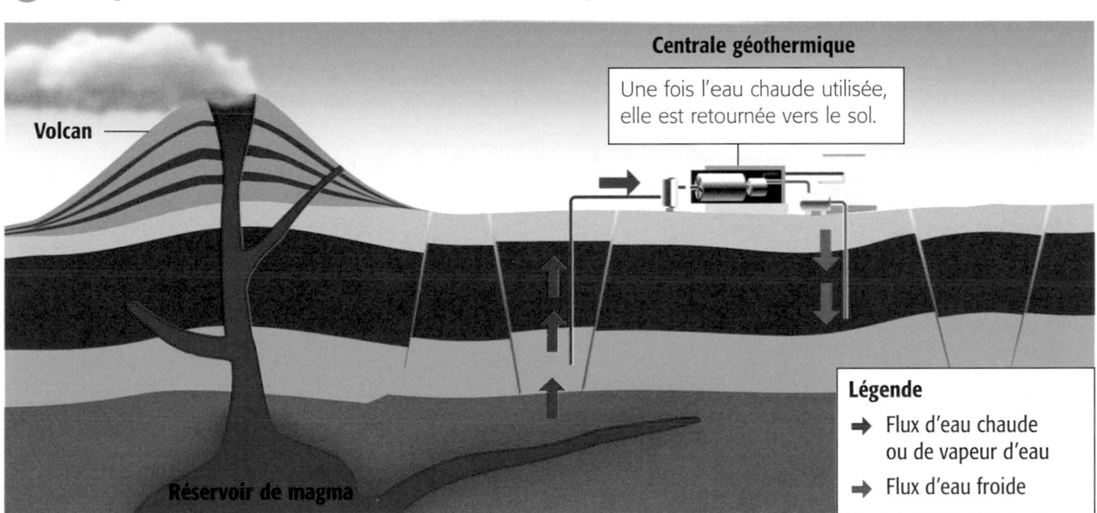

La chaleur qui se trouve entre la surface de la Terre et une profondeur de 10 000 m contient 50 000 fois plus d'énergie que toutes les ressources de pétrole et de gaz naturel du monde. L'extraction de cette chaleur (**géothermie**) permet de produire de l'énergie géothermique. Cette forme d'énergie produit peu de gaz à effet de serre. Lorsque le potentiel géothermique est élevé, l'énergie produite sert à générer de l'électricité. Les régions qui ont le plus fort potentiel géothermique sont situées dans les zones où se trouvent des volcans actifs, notamment dans la ceinture de feu du Pacifique. C'est là qu'on observe les températures souterraines les plus élevées de la planète (ex. : Nouvelle-Zélande et Philippines).

Observe et construis

a Où peut-on exploiter l'énergie solaire ? ⑯

b Si la vitesse moyenne du vent est de 25 km/h et que les vents sont irréguliers sur un territoire, serait-il opportun d'y installer des éoliennes ? Pourquoi ? ⑰

c Comment les éoliennes modifient-elles le paysage ? ⑱

d Comment sont-elles utilisées dans les pays industrialisés ? dans les pays en développement ? ⑱

e Où peut-on exploiter l'énergie géothermique ? ⑲

20 La centrale géothermique de Svartsengi, en Islande •

Il n'est pas nécessaire d'être dans une zone volcanique pour utiliser la **géothermie**. Il existe une technique qui permet d'utiliser directement la chaleur du sol située à proximité de la surface pour chauffer les édifices. En Islande, 87 % des maisons sont chauffées de cette façon. De plus, comme le pays est situé au cœur d'une zone volcanique, 15 % de l'électricité est produite dans des centrales géothermiques.

21 Le coût de production de l'électricité en 2002 et en 2030

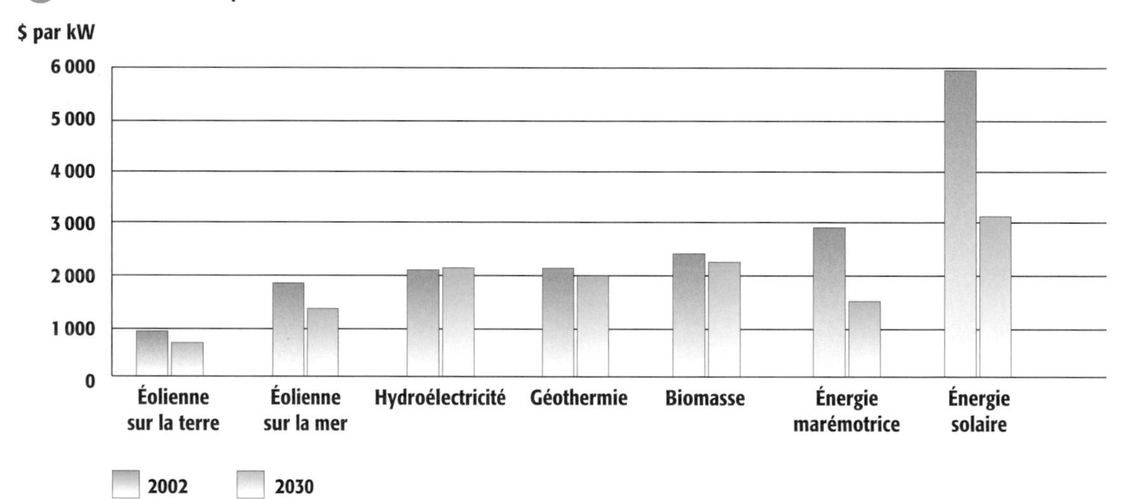

Source : International Energy Agency, *World Energy Outlook 2004*.

Grâce au développement de nouvelles technologies plus fiables et moins coûteuses, on prévoit que le coût de production de l'électricité à partir des ressources renouvelables et inépuisables diminuera au cours des prochaines années. Par contre, le coût de l'hydroélectricité ne devrait pas baisser, car c'est une source d'énergie dont la technologie est déjà très développée. Pour assurer un **développement durable**, il faudrait exploiter davantage les ressources inépuisables et renouvelables.

Développement durable : Développement qui répond aux besoins du présent sans compromettre la capacité des générations futures de répondre aux leurs.

Observe et construis

f À ton avis, pourquoi y a-t-il autant de gens qui se baignent à Svartsengi, en Islande ? 20

g Énonce deux observations sur le coût de production de l'électricité en 2002 et en 2030. 21

Ton défi

À l'œuvre ! (Première partie)

Il est maintenant temps de revoir ton tableau synthèse ou ton schéma organisateur.

1. Assure-toi qu'il est facile de distinguer les catégories ou les idées importantes dans ton tableau ou ton schéma.
2. Vérifie bien qu'une même information se trouve dans une seule case. Si elle apparaît dans plus d'une case, tu auras peut-être à modifier les catégories que tu as choisies.
3. Revois les mots clés que tu as notés. Tu dois pouvoir expliquer chacun de ces mots.
4. Compare ton tableau ou ton schéma avec celui d'un ou d'une camarade, ou encore d'une autre équipe, et apporte des modifications, au besoin.
5. Conserve ton schéma. Il te permettra de réutiliser plus facilement tes connaissances au moment de la réalisation de ta campagne d'information.

Synthèse

Construis un schéma différent de celui que tu as réalisé pour relever le défi. Mets en relation les ressources énergétiques et leurs principales utilisations.

Aide-toi des questions suivantes :

- Quelles sources d'énergie permettent de produire de la chaleur ? de l'électricité ? du mouvement ?
- À quelles ressources peux-tu associer les différents types de centrales qui produisent de l'électricité ?
- Quelles sont les ressources non renouvelables ? renouvelables ? inépuisables ?
- Quelles sont les sources d'énergie les plus dommageables pour l'environnement ? les moins dommageables ?

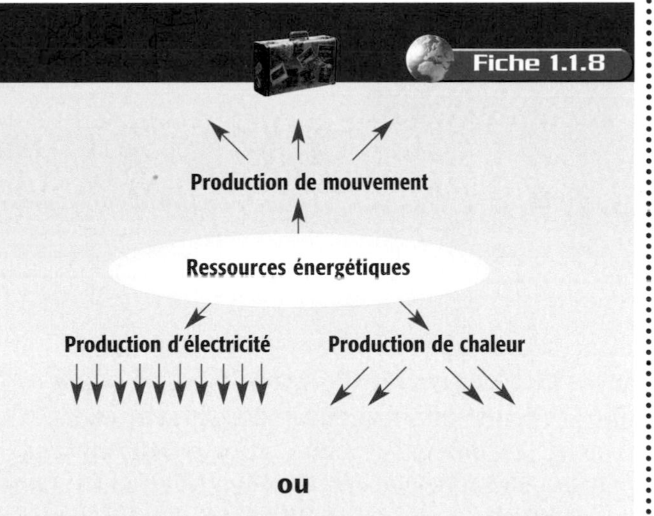

ou

Fais la synthèse de tes apprentissages en répondant de nouveau aux questions de la rubrique « Selon toi ».

Bilan

Fiche 1.1.9

1. Comment décrirais-tu ta compréhension des concepts abordés dans ce premier chapitre ?
2. Comment as-tu choisi les mots clés qui t'ont permis de remplir ton tableau ?
3. Que penses-tu du tableau ou du schéma que tu as construit ?
4. En tant que consommateur ou consommatrice, que penses-tu de ta consommation d'énergie ?

Chapitre 2

La planète et ses enjeux

A Le contexte planétaire

Dans ce chapitre, tu verras que les ressources énergétiques sont inégalement réparties sur la Terre, ce qui donne lieu à de nombreux échanges entre les pays du monde. La **croissance** de la population et de l'économie mondiale entraîne une augmentation constante de la consommation d'énergie sous différentes formes. Quels sont les besoins énergétiques actuels et futurs des populations de la Terre? Où sont situés les principaux territoires énergétiques? Quels seront les impacts de la croissance de la consommation énergétique sur l'**environnement** à l'échelle planétaire?

Ton défi

Fiche 1.2.1

L'énergie, une ressource convoitée (Deuxième partie)

Pour que ta campagne d'information sur l'utilisation mondiale de l'énergie soit convaincante, tu dois faire ressortir certaines informations importantes et mettre en évidence les différences entre les pays industrialisés et les pays en développement. Rassemble les informations de la partie A de ce chapitre (p. 34 à 48) dans un tableau synthèse semblable au suivant.

	Pays industrialisés	Pays en développement
Besoins actuels		
Besoins futurs		
Principales sources d'énergie utilisées		
Utilisation des sources d'énergie		
Niveau de dépendance énergétique		
Émissions de gaz à effet de serre		

Dans ta campagne, tu devras illustrer la problématique énergétique sur une carte du monde.

Prévois un moyen pour appuyer ta campagne d'information: une affiche, un exposé, un questionnaire, etc.

Pour y arriver,

1. Repère les rubriques Ton défi – En marche (p. 35 et 43). Tu y trouveras des conseils pour réaliser ta carte du monde.

2. Consulte la section Ressources géo (p. 338) pour bien utiliser les techniques géographiques dont tu auras besoin dans ce chapitre.
3. N'hésite pas à consulter d'autres sources: atlas, sites Internet, documentaires, etc.
4. Prends connaissance de la rubrique Ton défi – À l'œuvre! (p. 49) pour finaliser ta campagne d'information et connaître les contraintes à respecter.

Des besoins énergétiques croissants 

Selon toi,

- dans quelles parties du monde consomme-t-on le plus d'énergie? le moins d'énergie?
- pourquoi la consommation d'énergie mondiale augmente-t-elle constamment?

1 La consommation énergétique dans le monde

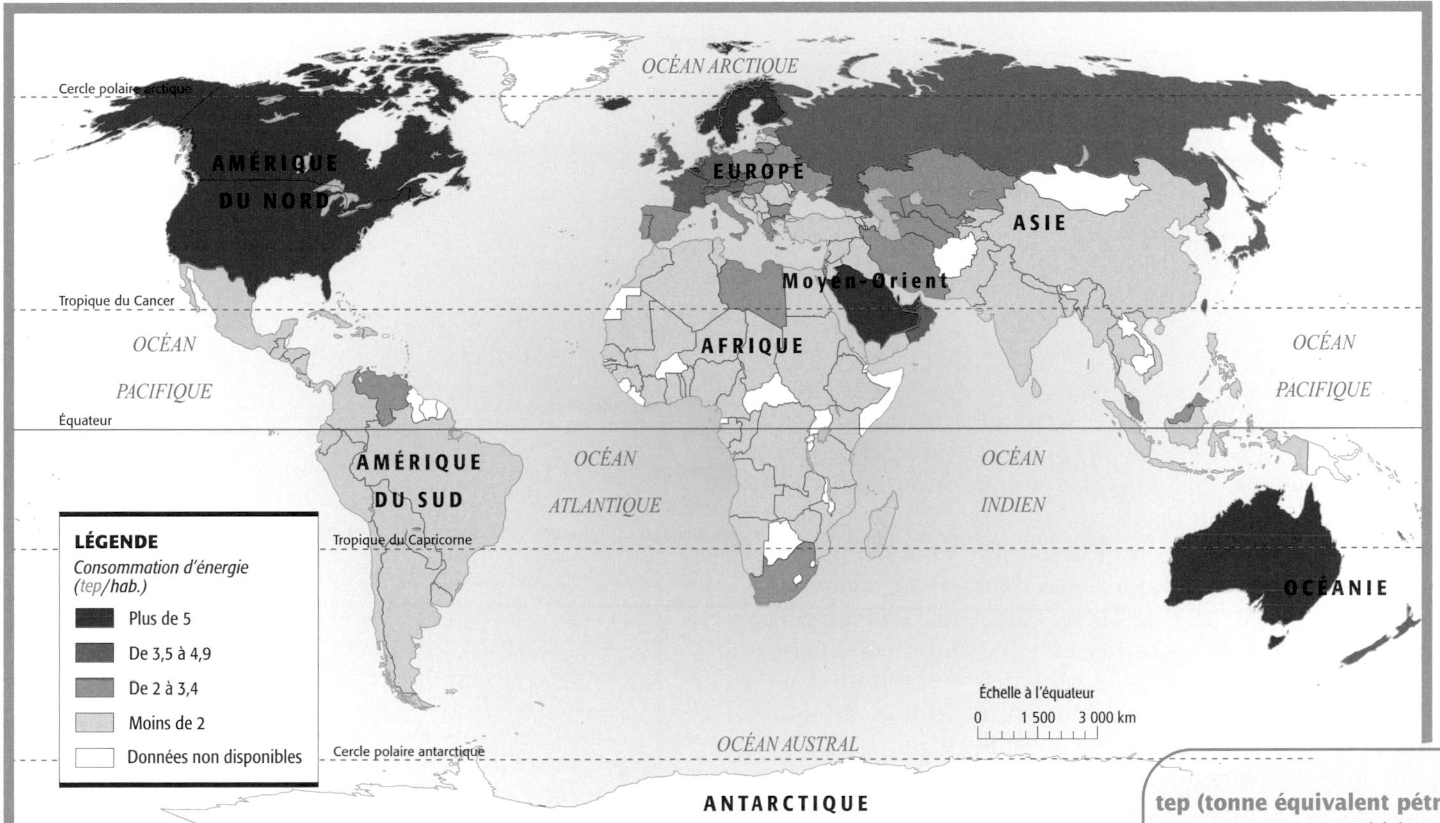

La consommation énergétique par habitant varie en fonction du **niveau de développement** économique et des développements technologiques.

tep (tonne équivalent pétrole): Mesure qui correspond à la quantité d'énergie contenue dans une tonne de pétrole. On utilise cette mesure pour exprimer et comparer différentes sources d'énergie (pétrole, charbon, électricité, gaz naturel, etc.). Par exemple, une tep correspond à 1 000 m³ de gaz naturel et à 11 626 kWh d'électricité.

Ton défi

En marche

Sur ta carte du monde, localise les pays où la consommation énergétique par habitant est la plus élevée et les pays où elle est la plus faible.

Observe et construis

a À l'aide de l'atlas de ton manuel (p. 384), nomme deux pays qui ont une consommation énergétique par habitant élevée et deux qui ont une consommation faible. 1

b Dans quelles parties du monde les habitants consomment-ils le plus d'énergie? le moins d'énergie? 1 À ton avis, pourquoi?

c À ton avis, quel lien y a-t-il entre le climat et la consommation d'énergie?

2 Une consommation énergétique croissante

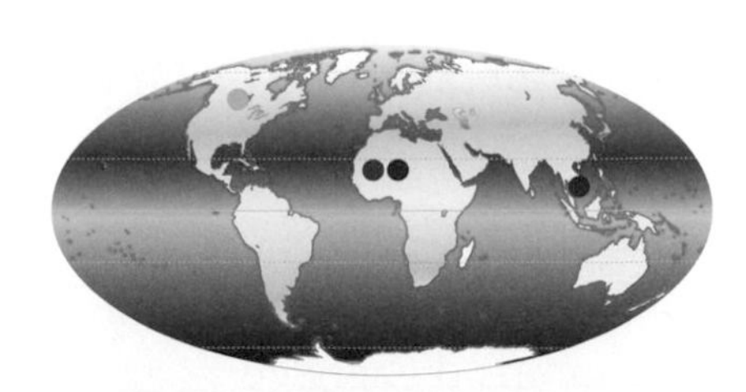

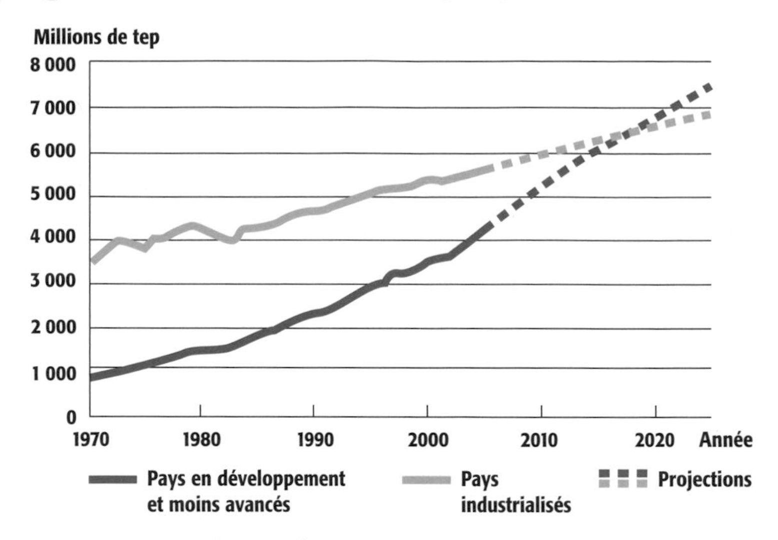

Source : Energy Information Administration, 2005.

À elles seules, la Chine et l'Inde devraient représenter plus de 20 % de la demande d'énergie mondiale en 2020 contre 13 % en 1997. Les principaux facteurs qui expliquent cette forte augmentation sont la **croissance** économique et le développement industriel rapides, la forte croissance du nombre d'automobiles, l'**urbanisation** ainsi que le remplacement des combustibles traditionnels (ex. : bois de chauffage, bouse séchée) par des combustibles modernes (ex. : électricité, pétrole).

3 La croissance du nombre d'automobiles dans le monde

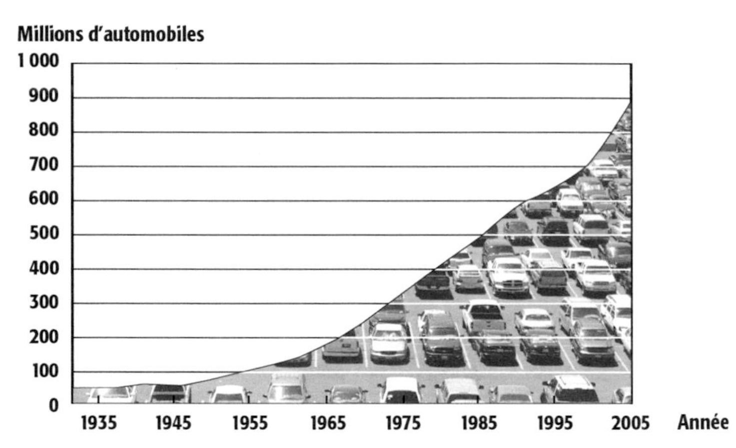

Source : Worldwatch – Carfree France, 2005.

La croissance la plus importante du nombre d'automobiles survient dans les **pays en développement**, en particulier en Chine et en Inde. En Chine, le nombre d'automobiles est passé de 10 à 24 millions entre 1990 et 2003, et il devrait augmenter à plus de 130 millions en 2030. Par contre, le nombre d'automobiles par habitant y est encore relativement bas avec 15 autos/1 000 hab., comparativement à 600 autos/1 000 hab. en France et à 800 autos/1 000 hab. aux États-Unis. Plus de 98 % des véhicules du monde utilisent le pétrole comme carburant. À lui seul, le secteur des transports consomme près de 60 % du pétrole disponible sur la planète.

4 Des faits et des chiffres

Il existe un lien entre le **niveau de développement**, la quantité d'énergie consommée par habitant et les sources d'énergie utilisées.

- En 2005, deux milliards d'habitants de la Terre, soit environ une personne sur trois, n'ont toujours pas accès à l'éclairage électrique ou à des équipements de cuisson de base.
- 20 % des gens les plus riches de la Terre utilisent 55 % de l'énergie disponible, alors que 20 % des gens les plus pauvres n'en utilisent que 5 %.
- Dans les pays en développement, l'énergie coûte proportionnellement plus cher aux gens pauvres, car ils doivent souvent utiliser des combustibles moins efficaces sur le plan énergétique (bois, kérosène) que les gens riches (électricité, pétrole). De plus, ils les achètent en petites quantités, ce qui en augmente les coûts.

Sources : Agence internationale de l'énergie, *World Energy Outlook*, 2004 ; Banque mondiale, 2005.

5 Un village électrifié à l'énergie solaire au Niger •

Grâce à l'aide d'organismes internationaux, des panneaux solaires ont été installés dans plusieurs villages d'Afrique. L'accès à l'électricité a entraîné une réduction de la pauvreté et une amélioration des conditions de vie des villageois. Ceux-ci bénéficient aujourd'hui de l'énergie nécessaire au fonctionnement des appareils essentiels utilisés dans les maisons, les écoles, les centres médicaux, etc. Et ils peuvent aussi regarder la télévision !

6 Le profil énergétique du Canada, du Viêtnam et du Mali

Pays	PIB/hab.	Consommation totale d'énergie par habitant par année	Pourcentage de la population ayant accès à l'électricité	Consommation annuelle d'électricité par habitant	Sources d'énergie utilisées par ordre d'importance	Usage de l'énergie
Canada (Amérique du Nord)	26 251 $	7,93 **tep**	Presque 100 %	15 124 **kWh**	Pétrole : 44 % Gaz naturel : 26 % Électricité : 22 % Biomasse : 6 % Charbon : 2 %	Industriel : 41 % Transport : 27 % Résidentiel : 32 %
Viêtnam (Asie)	1 860 $	0,45 tep	82 % (50 % en milieu rural)	252 kWh	Biomasse : 66 % Pétrole : 22 % Charbon : 6 % Électricité : 5 % Gaz naturel : 1 %	Industriel : 10 % Transport : 14 % Résidentiel : 76 %
Mali (Afrique)	753 $	0,19 tep	8 %	34 kWh	Biomasse : 74 % Pétrole : 24 % Électricité : 2 %	Industriel : 2 % Transport : 21 % Résidentiel : 77 %

Source : Institut de l'énergie et de l'environnement de la Francophonie, 1999.

L'énergie est indispensable au développement socio-économique et à l'amélioration de la qualité de vie.

Observe et construis

d Quels types de pays connaîtront la plus forte croissance de consommation énergétique d'ici 2025 ? Pourquoi ? Comment cette croissance se manifestera-t-elle ? 2 3

e Quels changements l'électrification a-t-elle apportés dans certains villages d'Afrique ? 5

f Quelle relation peux-tu établir entre le PIB/hab. et la consommation énergétique par habitant ? entre le PIB/hab. et les sources d'énergie utilisées ? 4 6

La production énergétique

Selon toi,

- dans quelle partie du monde produit-on le plus d'énergie? le moins?
- quels sont les principaux pays producteurs de pétrole? de gaz naturel? de charbon? d'hydroélectricité?

7 La production d'énergie dans le monde

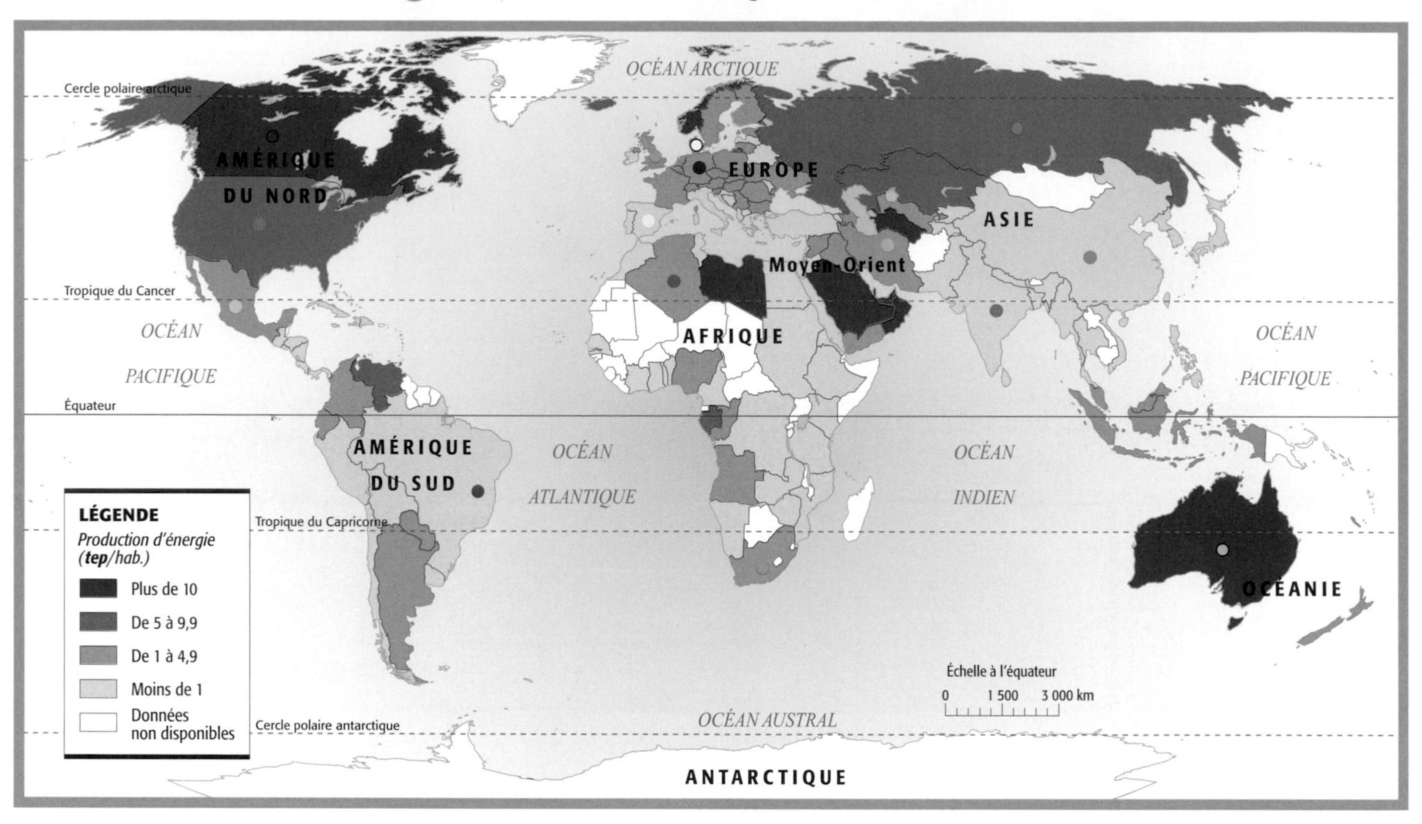

Les **ressources** énergétiques sont inégalement réparties à la surface de la Terre. Ce fait explique en partie pourquoi certains pays produisent plus d'énergie que d'autres. Par exemple, la région du Moyen-Orient détient environ 70% des réserves mondiales de pétrole et produit plus de 30% du pétrole consommé dans le monde. La production d'énergie varie également en fonction des besoins énergétiques d'un pays. Ainsi, les **pays en développement** produisent en général moins d'énergie que les **pays industrialisés**, car leur consommation d'énergie par habitant est moins grande. Certains pays consomment toute l'énergie qu'ils produisent alors que d'autres en exportent une partie.

8 Les principaux pays producteurs de pétrole en 2004

Pays producteur	Pourcentage de la production mondiale
Arabie Saoudite	12,7%
Russie	11,7%
États-Unis	8,7%
Iran	5,2%
Mexique	4,9%

Source: Agence internationale de l'énergie, *Key World Energy Statistics*, 2005.

Les pays de l'OPEP (Organisation des pays exportateurs de pétrole) détiennent 78% des réserves mondiales de pétrole et produisent 40% du pétrole utilisé sur la planète. En créant cette organisation, en 1960, cinq pays exportateurs (l'Arabie Saoudite, l'Iran, l'Iraq, le Koweït et le Venezuela) se sont groupés pour contrôler eux-mêmes l'exploitation et le prix du pétrole sur leur territoire. Outre les pays de l'OPEP, plusieurs **multinationales** gèrent l'exploitation pétrolière dans le monde.

9 Les principaux pays producteurs d'énergie éolienne en 2004

Pays producteur	Pourcentage de la production mondiale
Allemagne	34,9 %
Espagne	17,4 %
États-Unis	14,2 %
Danemark	6,5 %
Inde	2,4 %

Source : World Wind Energy Association, 2004.

L'énergie éolienne est la source d'électricité qui connaît la plus forte **croissance** au monde, soit 32 % au cours des cinq dernières années. En 2002, l'énergie éolienne couvrait 18 % des besoins en électricité au Danemark, ce qui représente le pourcentage d'utilisation le plus élevé parmi les pays du monde.

Afrique subsaharienne : Partie de l'Afrique située au sud du désert du Sahara.

OPEP : Organisation des pays exportateurs de pétrole. Elle groupe 11 pays membres : l'Algérie, l'Arabie Saoudite, les Émirats arabes unis, l'Indonésie, l'Iran, l'Iraq, le Koweït, la Libye, le Nigeria, le Qatar et le Venezuela.

10 Les principaux pays producteurs de gaz naturel en 2004

Pays producteur	Pourcentage de la production mondiale
Russie	22,2 %
États-Unis	19,0 %
Canada	6,5 %
Royaume-Uni	3,6 %
Algérie	3,2 %

Source : Agence internationale de l'énergie, *Key World Energy Statistics*, 2005.

11 Les principaux pays producteurs de charbon en 2004

Pays producteur	Pourcentage de la production mondiale
Chine	42,3 %
États-Unis	20,2 %
Inde	8,1 %
Australie	6,2 %
Afrique du Sud	5,1 %

Source : Agence internationale de l'énergie, *Key World Energy Statistics*, 2005.

D'ici 2030, les pays qui vont connaître les plus fortes augmentations de leur production de charbon sont la Chine ainsi que les pays de l'Asie du Sud, de l'Afrique subsaharienne et de l'Amérique du Nord.

12 Les principaux pays producteurs d'hydroélectricité en 2003

Pays producteur	Pourcentage de la production mondiale
Canada	12,4 %
Brésil	11,2 %
États-Unis	11,2 %
Chine	10,4 %
Russie	5,8 %

Source : Agence internationale de l'énergie, *Key World Energy Statistics*, 2005.

En 2000, le tiers des pays du monde comblaient plus de 50 % de leurs besoins en électricité en ayant recours à l'hydroélectricité. Environ 70 % du potentiel de production d'énergie hydroélectrique a été exploité dans les **pays industrialisés**, contre seulement 10 % dans les **pays en développement**.

Observe et construis

a Quels pays sont les plus importants producteurs d'énergie ? Au besoin, consulte l'atlas de ton manuel (p. 384). 7

b Dans quel pays produit-on le plus de pétrole ? 8 de gaz naturel ? 10 de charbon ? 11

c Dans quel pays exploite-t-on le plus l'énergie éolienne ? 9 l'hydroélectricité ? 12

d Le Canada fait partie des principaux pays producteurs de quelles sources d'énergie ? 8 9 10 11 12

Des zones de production aux zones de consommation

Fiche 1.2.4

Selon toi,

- quelle relation y a-t-il entre les pays qui produisent beaucoup d'énergie et ceux qui en consomment en grande quantité?

⑬ La dépendance énergétique dans le monde

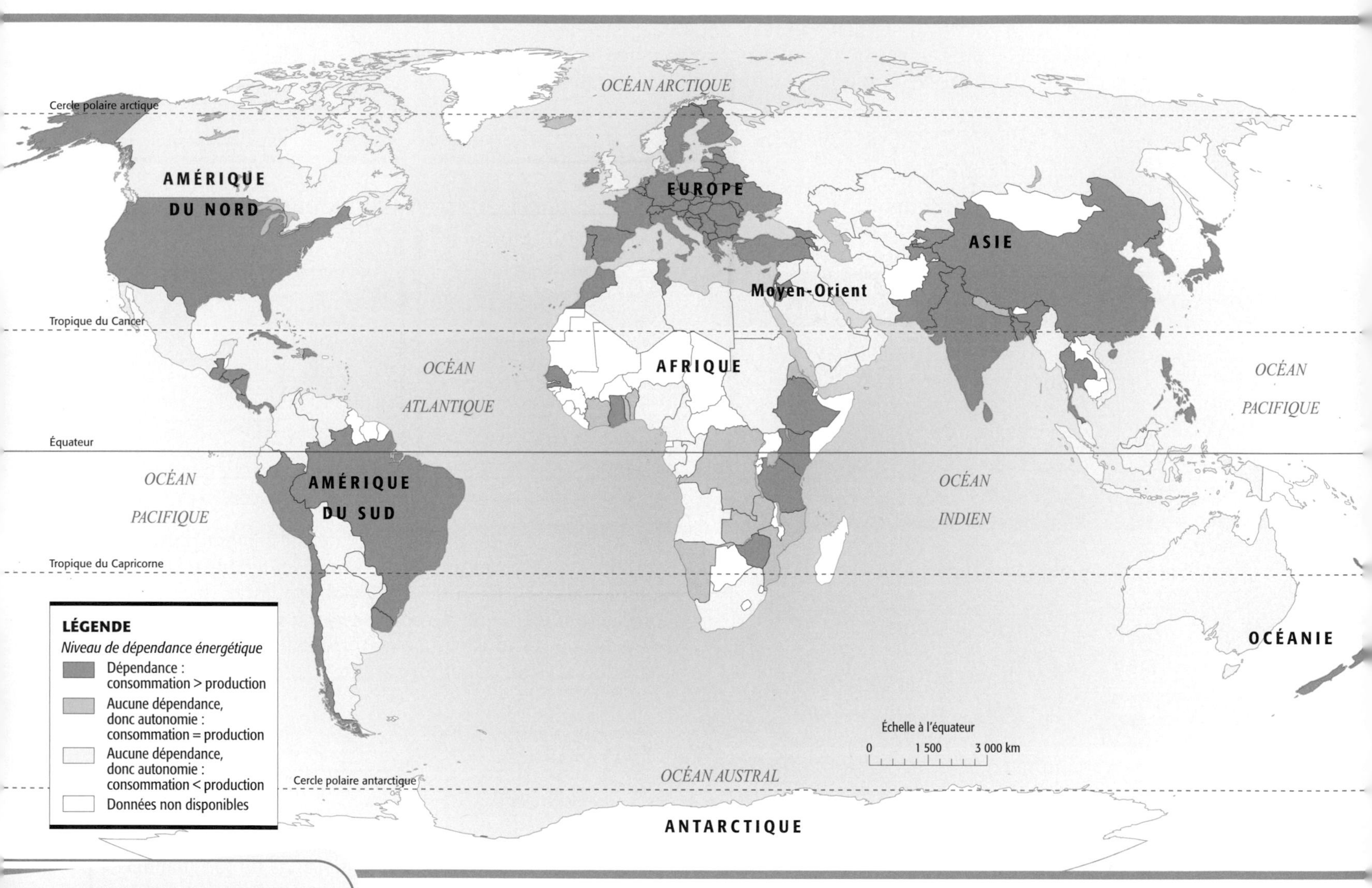

Baril de pétrole: Unité qui correspond à 159 L.

Niveau de dépendance énergétique: Rapport entre la consommation et la production énergétique d'un territoire. Par exemple, un pays qui consomme plus de ressources énergétiques qu'il n'en produit a une dépendance énergétique.

Ce ne sont pas tous les pays qui ont une autonomie sur le plan énergétique. Les inégalités dans la répartition mondiale des **ressources** énergétiques et dans les niveaux de vie amènent certains pays à un **niveau de dépendance énergétique** plus important que d'autres. Un pays peut même avoir un niveau de dépendance différent pour chacune des sources d'énergie qu'il utilise. Par exemple, les États-Unis consomment plus d'énergie qu'ils n'en produisent. Ce pays a une autonomie en ce qui a trait au charbon, mais il doit importer du gaz naturel et du pétrole. En 2003, les États-Unis ont consommé 20 millions de **barils de pétrole** par jour, mais n'en ont produit que 7,8 millions.

14 Le réseau d'électricité dans l'est de l'Amérique du Nord

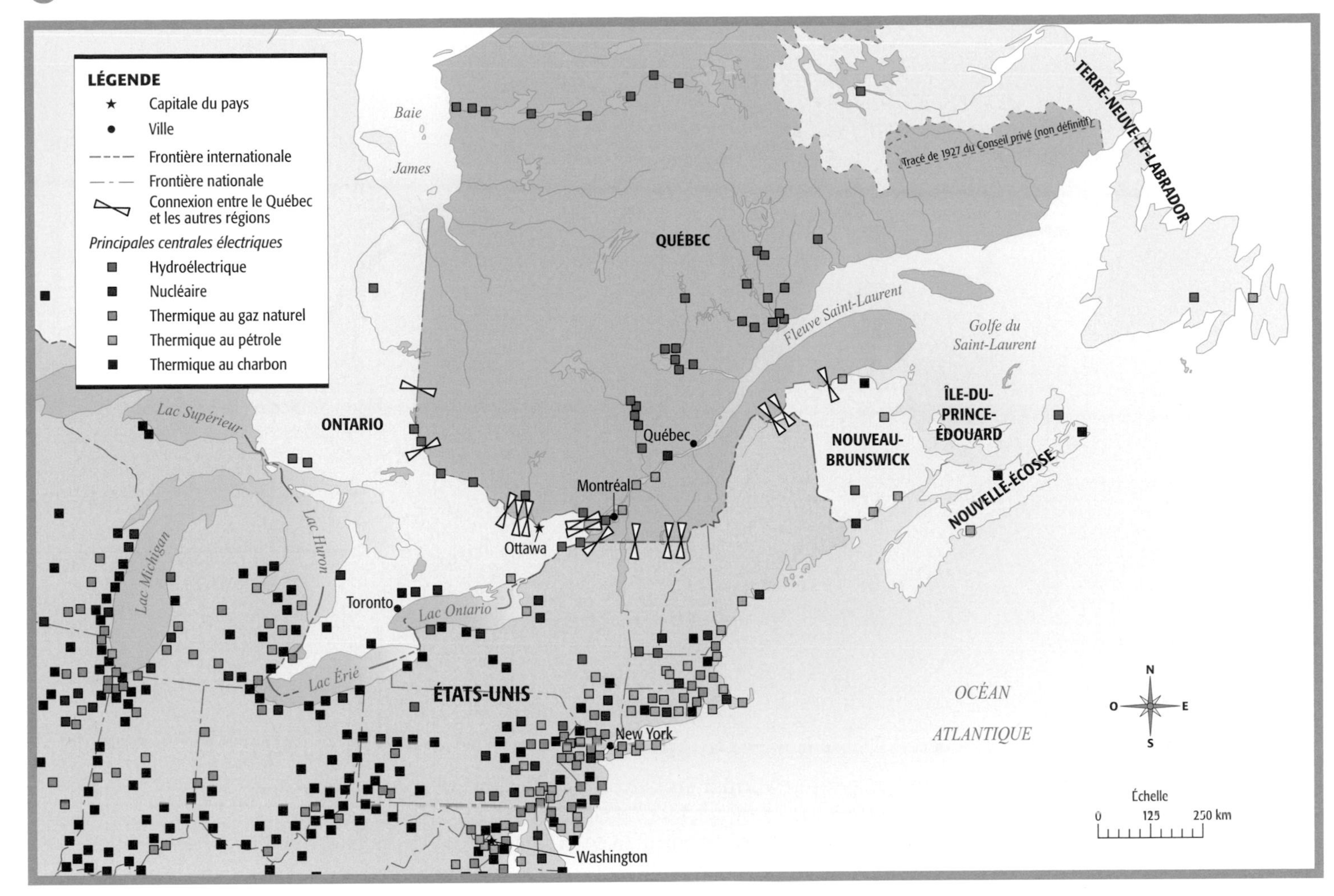

Le transport d'électricité sur de longues distances est coûteux et complexe. C'est la raison pour laquelle les pays producteurs n'exportent que chez leurs proches voisins.

En 2002, plus de 9 % de l'électricité produite au Québec, soit 19,7 milliards de **kWh**, a été exportée vers les autres provinces et vers les États-Unis. À eux seuls, les États-Unis ont acheté plus des trois quarts de ces exportations. Durant la même période, le Québec a importé environ 5,3 milliards de kWh d'électricité.

L'accumulation d'eau dans des réservoirs permet de gérer la production d'hydroélectricité en fonction de la demande, qui varie selon la période du jour et la saison. Pour leur part, les centrales thermiques génèrent la même quantité d'électricité 365 jours par année, jour et nuit. Lorsque la demande est faible, l'électricité produite est perdue, car elle ne peut pas être stockée. Alors, plutôt que de perdre cette électricité, on l'exporte à faible coût.

Observe et construis

a Quel est le niveau de dépendance énergétique du Canada ? du Brésil ? du Mozambique ? Pourquoi ces inégalités existent-elles ? 13
Au besoin, consulte l'atlas de ton manuel (p. 384).

b Où le Québec exporte-t-il majoritairement son électricité ? Pourquoi ? 14

c Quelles ressources énergétiques sont surtout utilisées pour produire de l'électricité dans le nord-est des États-Unis ? 14

d À ton avis, pourquoi dit-on que le transport de l'électricité est coûteux et complexe ?

15 Les principaux flux de pétrole

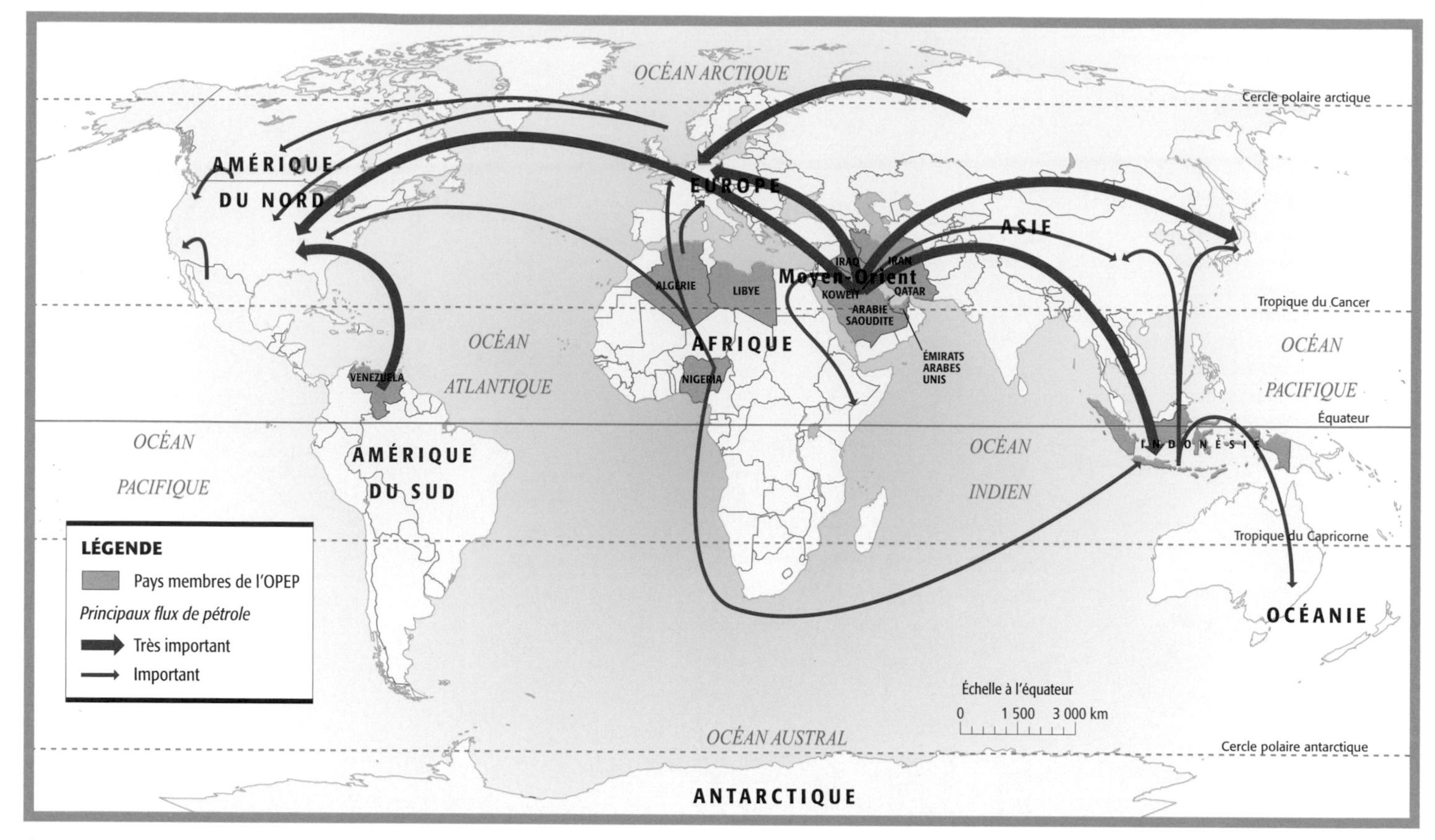

À l'heure de la **mondialisation**, le commerce international du pétrole est très important. Deux raisons expliquent cette situation: les régions productrices ne correspondent pas nécessairement aux régions consommatrices, et le transport du pétrole se fait facilement sur de longues distances. Chaque année, près de 4000 pétroliers transportent environ 1,9 milliard de tonnes de pétrole sur les océans, ce qui représente à peu près 62% de la production mondiale. Les pétroliers suivent un ensemble de routes maritimes qui relient les régions productrices aux régions de raffinage et de consommation. Le reste du pétrole est transporté sur terre principalement par **oléoduc**.

Le prix du pétrole

Le prix du pétrole varie en fonction de l'offre et de la demande. En juillet 2005, le prix d'un baril de pétrole brut s'élevait à environ 65 $ US, et le prix d'un litre d'essence à près de 1 $ CAN. Après le passage de l'ouragan Katrina en Louisiane et dans le golfe du Mexique, en septembre 2005, les prix ont atteint un sommet: 70,85 $ US le baril de pétrole brut et 1,47 $ le litre d'essence à Montréal!

- Trouve le prix actuel d'un litre d'essence et celui d'un baril de pétrole. Compare ces prix avec ceux de juillet 2005 et de septembre 2005.
- Pourquoi le prix du pétrole a-t-il atteint des sommets après le passage de l'ouragan Katrina?

16 La production et la consommation de pétrole dans le monde

Région du monde	Pourcentage de la production mondiale	Pourcentage de la consommation mondiale
Europe de l'Ouest	8,8%	19,4%
Amérique du Nord	18,1%	30,0%
Extrême-Orient	9,6%	27,3%
Moyen-Orient	30,2%	5,8%
Amérique du Sud	9,9%	6,1%
Europe de l'Est	12,0%	6,7%
Afrique	10,4%	3,3%
Océanie	1,0%	1,4%

Source: *Images économiques du monde*, 2003.

17 Les principaux flux de gaz naturel et de charbon

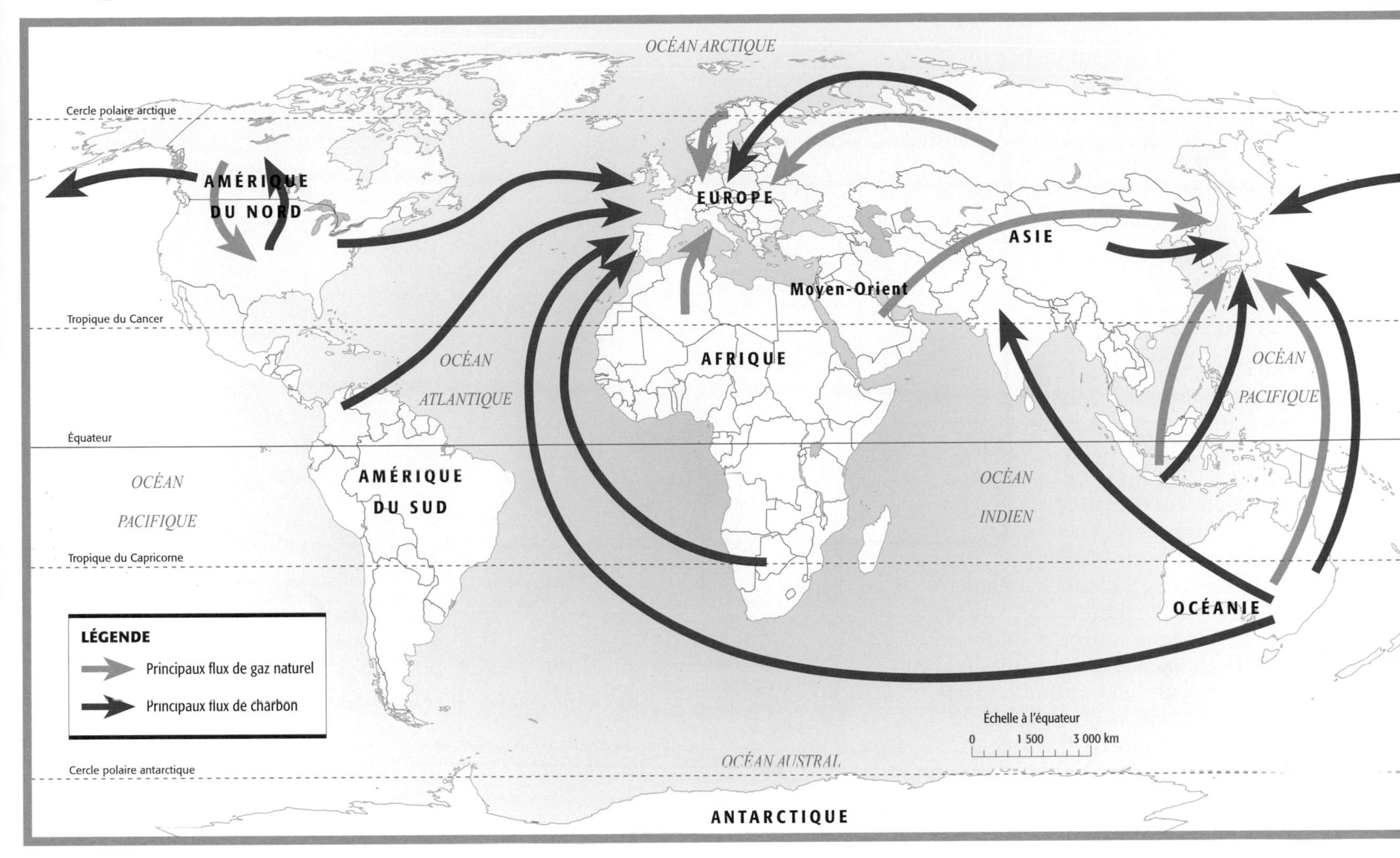

Aujourd'hui, plus de 75 % des flux mondiaux de gaz naturel se font par **gazoduc**, bien qu'il soit également possible de transporter le gaz naturel par bateau. Dans ce cas, le gaz est auparavant transformé en liquide. Seulement 18 % du charbon consommé sur la planète est transporté par bateau sur de longues distances, car ce moyen de transport est très coûteux. C'est la raison pour laquelle on privilégie habituellement le camion ou le train.

Ton défi

En marche

Indique sur ta carte du monde les principaux flux de pétrole, de gaz naturel et de charbon.

Observe et construis

e Donne deux exemples de flux internationaux pour chacun des combustibles fossiles. 15 17

Combustible fossile	D'où part-il?	Où va-t-il?
Pétrole		
Charbon		
Gaz naturel		

f Dans quelles parties du monde sont situés les pays de l'OPEP? 15

g Nomme deux régions du monde qui produisent plus d'énergie qu'elles n'en consomment. Nomme trois pays qui font partie de ces régions. 16

h Nomme deux régions du monde qui consomment plus d'énergie qu'elles n'en produisent. Nomme trois pays qui font partie de ces régions. 16 Consulte au besoin l'atlas de ton manuel (p. 384) pour répondre aux questions **g** et **h**.

Réduire la dépendance énergétique en Chine

La Chine est le pays le plus peuplé de la Terre et connaît actuellement une forte **croissance** économique. Ses 1,3 milliard d'habitants constituent à la fois le plus grand marché pour écouler des produits et le plus important bassin de main-d'œuvre au monde pour en produire.

La situation

En Chine, la croissance des besoins énergétiques est fulgurante et dépasse de loin ses capacités de production actuelles. Depuis 1993, la production chinoise de pétrole ne suffit plus à répondre à la demande. En 2004, le pétrole importé permettait de répondre à 41 % des besoins de la population chinoise. Les estimations indiquent que ce chiffre pourrait atteindre 60 % en 2015. Certains experts considèrent que les problèmes d'approvisionnement en énergie deviendront un obstacle important pour le développement économique du pays. Par ailleurs, la Chine possède la plus grande réserve de charbon au monde, si bien que les **centrales thermiques** alimentées au charbon fournissent près de 80 % de l'électricité produite dans le pays.

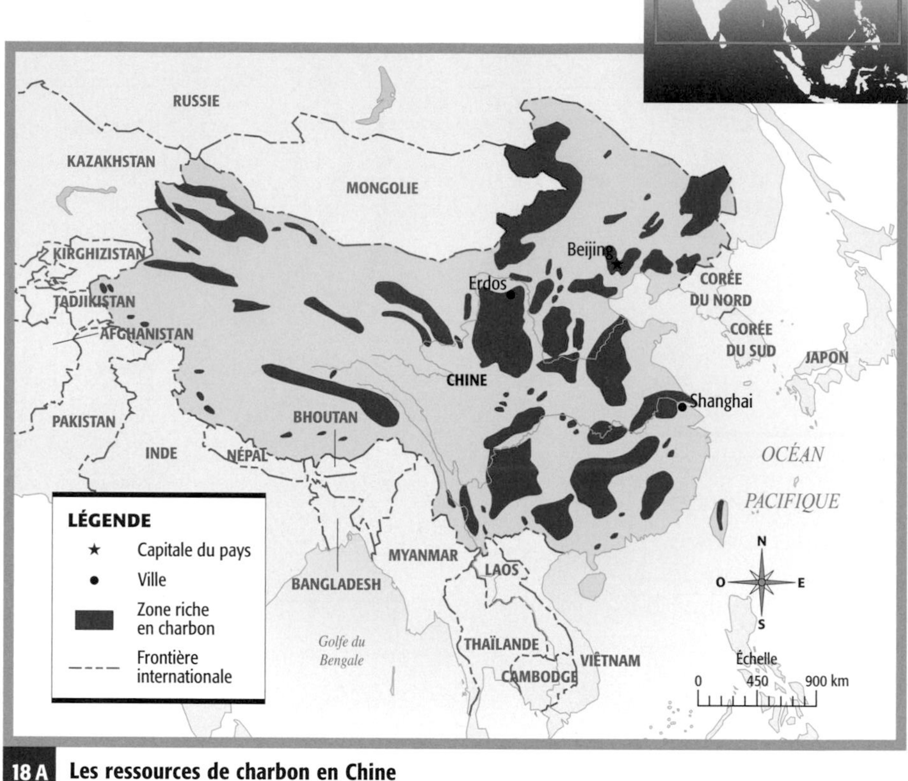

18 A **Les ressources de charbon en Chine**

Les mesures

Pour réduire ses importations de pétrole, la Chine s'est mise à la recherche de nouvelles réserves de pétrole et de solutions de rechange à cette ressource. Comme les réserves de pétrole sont limitées sur le territoire chinois, les entreprises chinoises sont prêtes à payer très cher pour obtenir le droit d'exploiter des gisements étrangers (ex. : au Kazakhstan, en Russie, en Indonésie, au Venezuela, etc.).

En 2004, le gouvernement chinois a annoncé la création d'un centre de recherches sur la liquéfaction du charbon à Shanghai. Cette initiative avait pour objectif de mettre en valeur les immenses réserves de charbon du pays et de réduire ses importations de pétrole. La liquéfaction du charbon est un procédé qui permet de transformer une tonne de charbon en environ une demi-tonne de carburant liquide qui peut être utilisé pour remplacer l'essence dans les automobiles. Ce procédé est beaucoup plus coûteux que la production de l'essence, mais les autorités chinoises misent sur les améliorations technologiques pour réduire ce coût et rendre ce carburant accessible. Une usine de liquéfaction du charbon devrait ouvrir ses portes en 2007 dans la ville d'Erdos, au nord de la Chine, et produire 5 millions de tonnes de carburant.

Selon certaines estimations, ce procédé permettra une réduction de 10 % des importations de pétrole d'ici 2013. À cause de la technologie de traitement du charbon, la liquéfaction de ce combustible a également l'avantage de produire moins d'émissions polluantes que sa combustion dans les centrales thermiques.

La production et la demande de pétrole en Chine

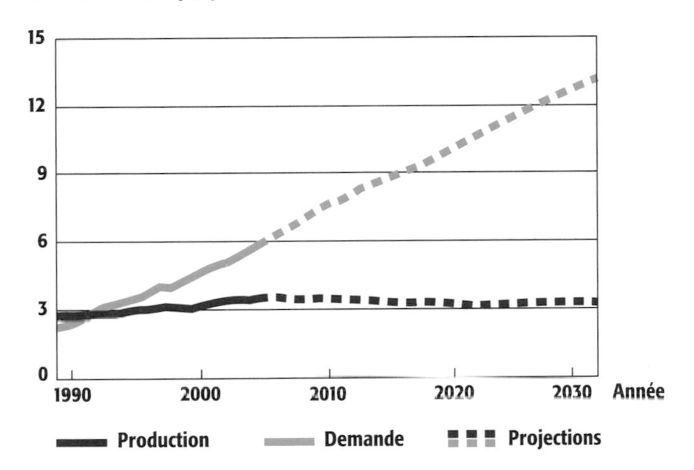

18 B **En 2005, la Chine était le deuxième plus important pays importateur de pétrole au monde, derrière les États-Unis.**

18 C **Les Chinois délaissent progressivement leur traditionnel vélo : ils sont de plus en plus nombreux à posséder une automobile. En 1999, il s'est vendu 220 000 voitures en Chine. En 2003, ce chiffre a bondi à plus de deux millions !**

Observe et construis

- **i** Quels problèmes énergétiques vit actuellement la Chine ? 18
- **j** Quelles solutions le gouvernement chinois a-t-il mises en œuvre pour régler ce problème ? 18
- **k** Dans quelle mesure ces solutions aideront-elles le pays à régler ses problèmes énergétiques ? 18

La consommation énergétique et l'environnement planétaire

Selon toi,

- quels sont les impacts environnementaux de l'utilisation de l'énergie ?
- quels liens y a-t-il entre la consommation d'énergie et le réchauffement planétaire ?

19 L'effet de serre

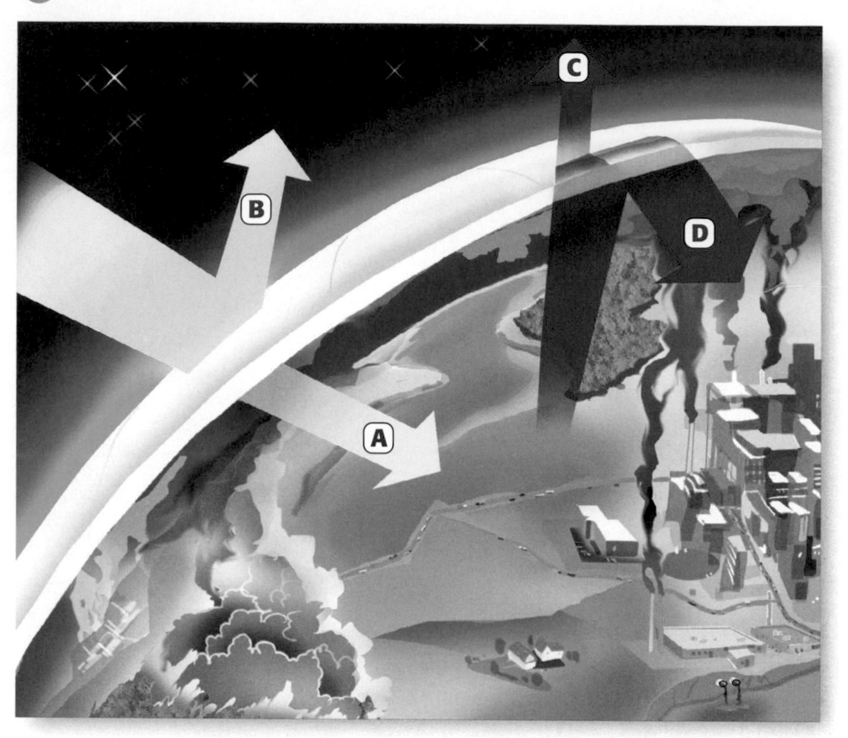

L'effet de serre est un phénomène naturel permettant le réchauffement de la couche d'air qui entoure la Terre. Les êtres humains amplifient ce phénomène en rejetant dans l'atmosphère des gaz qui augmentent artificiellement l'effet de serre, ce qui provoque une accélération du réchauffement de l'atmosphère. Depuis la fin du 19e siècle, la température moyenne a augmenté d'environ 0,6 ºC sur la Terre. Selon les prévisions des scientifiques, le réchauffement devrait s'accélérer : la température moyenne de la Terre pourrait augmenter de 1 à 4,5 ºC d'ici la fin du 21e siècle. Cependant, les augmentations de température varieront en fonction des endroits de la Terre.

(A) L'énergie du Soleil traverse l'atmosphère.

(B) Une partie de l'énergie solaire est retournée vers l'espace.

(C) Le Soleil réchauffe la surface de la Terre, qui retourne la chaleur vers l'espace.

(D) Les gaz à effet de serre retiennent une partie de la chaleur dans l'atmosphère.

Le dioxyde de carbone (CO_2) est le principal gaz à effet de serre produit par l'activité humaine. La production et la consommation d'énergie à l'échelle de la planète entraînent le rejet annuel de plus de 22 milliards de tonnes de CO_2 dans l'atmosphère, une quantité en constante augmentation. Dans les **pays industrialisés**, près de 50 % des émissions de CO_2 proviennent de la combustion du pétrole.

20 Les émissions de CO_2 causées par la production et la consommation d'énergie

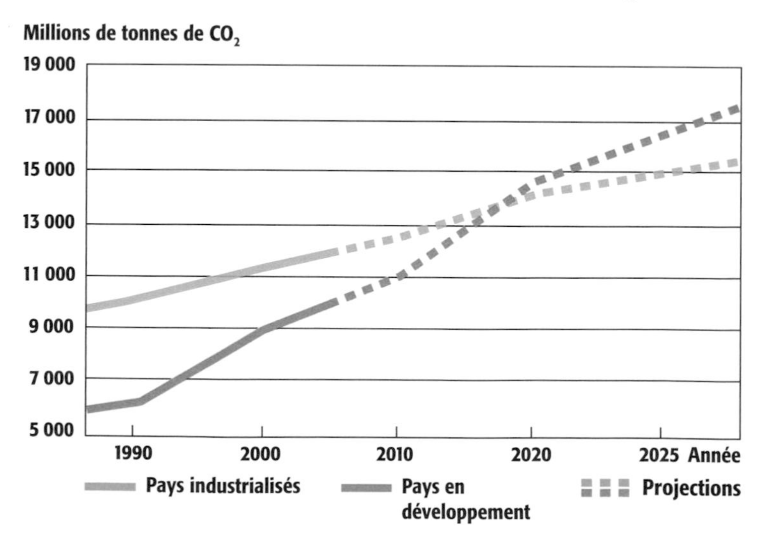

Source : Energy Information Administration, *International Energy Outlook*, 2004.

21 Les gaz à effet de serre et le protocole de Kyōto

Principaux gaz à effet de serre	Principales sources
Dioxyde de carbone (CO_2)	Combustion des combustibles fossiles.
Méthane (CH_4)	Produit naturel de la végétation brûlée ou pourrie sans présence d'oxygène. D'importantes quantités proviennent des dépotoirs et des rizières. Le méthane est également produit par tous les animaux au cours de la digestion.
Oxyde nitreux (N_2O)	Engrais chimiques utilisés en agriculture.

Le protocole de Kyōto est une entente internationale signée par plus de 180 pays en 1997 et entrée en vigueur en février 2005. Elle impose à une trentaine de **pays industrialisés** une importante réduction de leurs émissions de gaz à effet de serre entre 2008 et 2012. L'Australie et les États-Unis n'ont pas accepté cette entente, car ils soutiennent qu'elle freinerait leur économie. Pourtant, ces deux pays, en particulier les États-Unis, émettent plus du tiers des gaz à effet de serre du monde industrialisé. Par ailleurs, un grand nombre de **pays en développement** perçoivent tout engagement pour maîtriser ou réduire leurs émissions de gaz à effet de serre comme un obstacle à leur développement.

22 Les conséquences du réchauffement planétaire

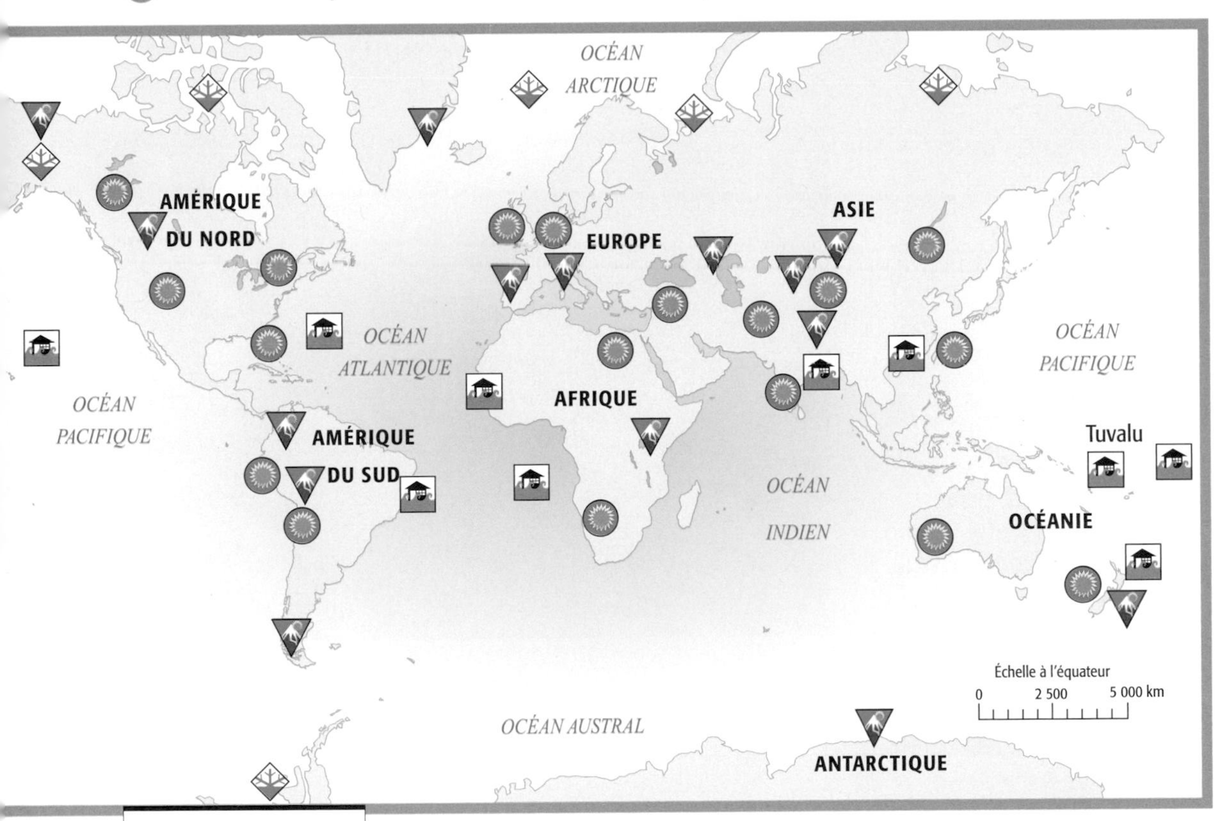

LÉGENDE

Conséquences du réchauffement planétaire

 Période de chaleur anormalement élevée

 Hausse du niveau de la mer et inondation côtière

Fonte des glaciers

 Réchauffement du climat en région polaire

Les scientifiques prévoient que, d'ici 80 ans, le niveau moyen de la mer s'élèvera de 40 cm, ce qui aura des conséquences importantes pour les populations côtières. Par exemple, l'île de Tuvalu, dans l'océan Pacifique, dont le point le plus élevé est situé à 4,5 m au-dessus du niveau de la mer, est menacée de disparaître d'ici les 50 à 100 prochaines années.

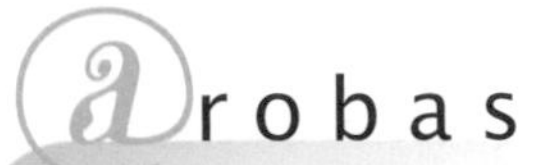

La réduction des gaz à effet de serre

Au Canada, chaque individu génère en moyenne plus de cinq tonnes de gaz à effet de serre par année. Il est possible de limiter les émissions de gaz à effet de serre à l'aide de trois mesures générales :

- améliorer l'efficacité énergétique ;
- réduire la consommation d'énergie ;
- utiliser des sources d'énergie renouvelables ou inépuisables.

Trouve des exemples d'actions que ta famille et toi pouvez accomplir au quotidien pour réduire vos émissions de gaz à effet de serre.

Observe et construis

a Dans quel type de pays la croissance des émissions de CO_2 associées à l'utilisation de l'énergie est-elle la plus forte ? Comment l'expliques-tu ? 20

b Quelles sont les populations les plus menacées par le réchauffement planétaire ? À ton avis, pourquoi ? 22

c Pourquoi est-il important de réduire nos émissions de gaz à effet de serre ? 19 21

d Quel lien vois-tu entre les pays qui connaîtront la plus importante croissance d'émissions de CO_2 dans les années à venir et les pays signataires du protocole de Kyōto ? 20 22

23 La déforestation à Madagascar •

À Madagascar, une grande île située dans l'océan Indien, la combustion de la **biomasse** qui provient des arbres constitue 82 % de l'énergie consommée, notamment pour la cuisson des aliments. L'une des conséquences directes de l'utilisation de cette source d'énergie est la diminution radicale des forêts de l'île, qu'on surnommait autrefois « l'île verte ». La combustion de la biomasse cause également des problèmes de pollution de l'air.

Chaque année, dans les **pays en développement** et dans les **pays moins avancés**, plus de deux millions de personnes meurent après avoir respiré les polluants chimiques qui émanent de cette combustion.

24 Le naufrage du *Prestige* sur la côte de l'Espagne •

Marée noire : Vaste nappe de pétrole répandue à la surface de la mer à la suite d'un accident maritime.

En 2002, le naufrage du pétrolier *Prestige* a provoqué une gigantesque marée noire qui a souillé des dizaines de kilomètres de côtes du nord du Portugal et de l'Espagne, et du sud-ouest de la France. Les pêcheurs ont été privés de travail, car les poissons ont été contaminés. Cette marée noire a également eu un important impact sur le **tourisme** et sur les paysages. Les dommages ont été évalués par le gouvernement espagnol à environ 1,4 milliard de dollars CAN.

Observe et construis

e Quels sont les impacts de l'exploitation des ressources énergétiques et de la consommation d'énergie sur les populations et sur l'environnement ? 23 24

f À ton avis, est-ce que les effets de cette situation sur l'environnement et la santé sont les mêmes dans les pays en développement et dans les pays industrialisés ? Pourquoi ?

g Comment les gens de ton entourage réagissent-ils aux mesures visant à réduire leurs émissions de gaz à effet de serre ? Pourquoi ? Quel argument pourrais-tu apporter pour les convaincre de réduire leurs émissions ?

Ton défi

À l'œuvre ! (Deuxième partie)

Il est maintenant temps de compléter ta campagne d'information sur la consommation d'énergie dans le monde.

1. Vérifie d'abord si tous les renseignements demandés apparaissent sur ta carte :
   - les pays où la consommation énergétique par habitant est la plus élevée et ceux où elle est la plus faible ;
   - les principaux flux de combustibles fossiles dans le monde.
2. Assure-toi d'indiquer sur ta carte le nom des parties du monde et des océans.
3. Vérifie si ta carte a un titre lié aux informations qui y sont présentées et si tu as bien ajouté une légende.
4. Examine les informations que tu as sélectionnées dans ton tableau. Retiens celles qui te semblent les plus pertinentes pour convaincre les gens de ton entourage de diminuer leur consommation d'énergie.
5. N'hésite pas à ajouter des informations (données, photos, tableaux, etc.) que tu trouves particulièrement intéressantes ou pertinentes pour appuyer ton propos. Indique les sources de ces données.
6. Présente ton opinion sur la croissance de la consommation d'énergie planétaire et justifie-la. Invite tes lecteurs ou tes auditeurs à réagir à ton opinion.
7. En tenant compte du moyen que tu as choisi pour réaliser ta campagne d'information, explore différentes façons de joindre le plus de personnes possible : un titre accrocheur, une mise en page attrayante, une caricature, etc.
8. Fais relire tes textes par d'autres personnes pour t'assurer de leur qualité et de leur intérêt.

Synthèse

Fiche 1.2.6

Fais la synthèse de tes apprentissages en répondant de nouveau aux questions des « Selon toi » ou construis un schéma organisateur à partir des mots indiqués ci-contre et des questions suivantes :

- Qu'est-ce qui caractérise la consommation énergétique des pays industrialisés ? des pays en développement ?
- Quels sont les principaux pays producteurs d'énergie ?
- Quelles sont les conséquences d'une croissance de la consommation ? de la production énergétique ?
- Quels sont les principaux pays exportateurs ? les principaux pays importateurs ?
- Comment les ressources énergétiques sont-elles transportées ?

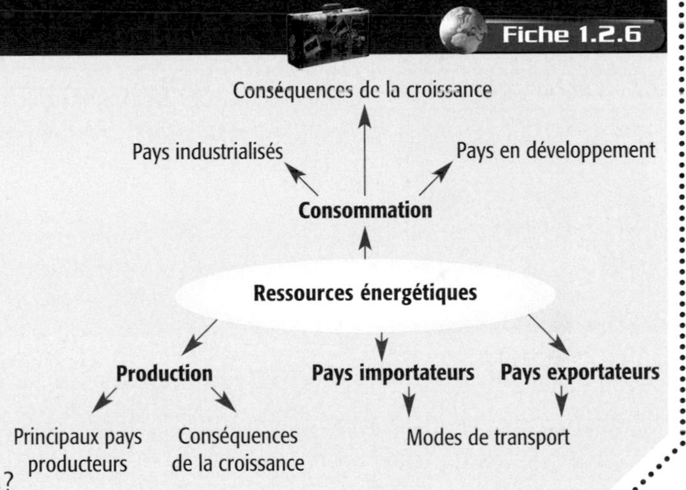

Bilan

1 Comment qualifierais-tu ta campagne d'information ?
2 Quelles informations ont vraiment intéressé tes lecteurs ou tes auditeurs ?
3 Comment as-tu utilisé ta carte ?
4 Quelles difficultés as-tu éprouvées en relevant ce défi ?
5 Comment as-tu fait appel à ta créativité pour relever ce défi ?
6 Que changerais-tu si tu refaisais une activité semblable ?

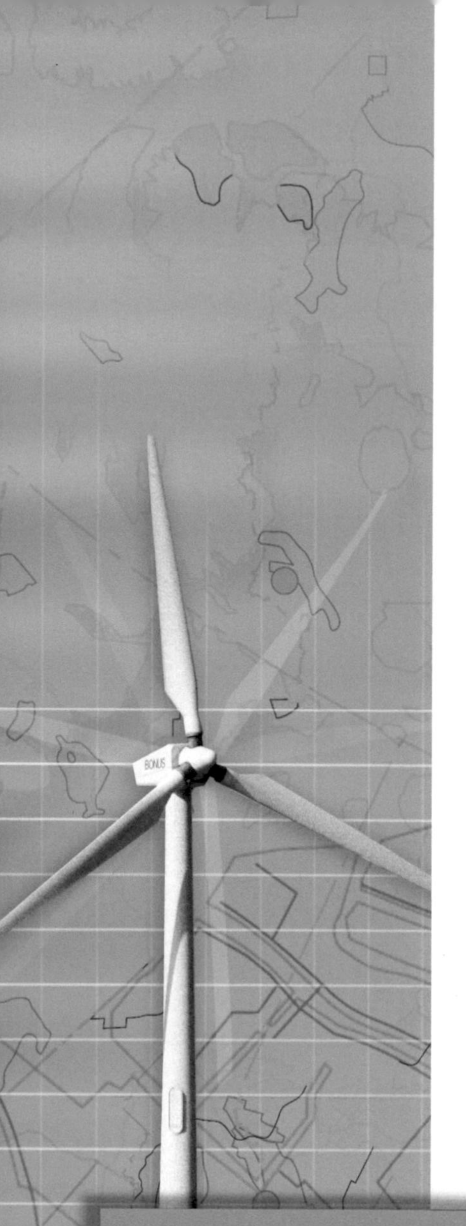

B Le territoire énergétique et ses enjeux

Dans la première partie de ce chapitre, tu as vu que les ressources énergétiques sont inégalement réparties sur la Terre et que plusieurs d'entre elles ne sont pas renouvelables. Tu as également appris que certains territoires dits « énergétiques » ont une économie basée sur l'exploitation et la **commercialisation** d'une ressource énergétique et que cette production est inégale d'un territoire à l'autre. De plus, tu as constaté que la production d'énergie peut avoir des impacts négatifs importants sur l'**environnement**.

Comme tu sais aussi que l'on consomme de plus en plus d'énergie dans le monde, tu es maintenant en mesure de comprendre les enjeux auxquels font face les territoires énergétiques. Comment ces territoires répondront-ils aux besoins énergétiques croissants des populations ? Comment pourront-ils produire davantage d'énergie tout en tenant compte du caractère limité de certaines ressources et des impacts de leur exploitation sur l'environnement ? Bref, comment répondre aux besoins énergétiques des populations tout en assurant un développement énergétique durable ?

Cette partie du chapitre 2 présente quatre territoires énergétiques confrontés à ces enjeux : la province de l'Alberta, au Canada, la région du golfe Persique, au Moyen-Orient, et les régions de la Côte-Nord et de la Jamésie, au Québec.

Ton défi

Fiche 1.2.8

Qu'arriverait-il si... ?

Nous consommons de plus en plus d'énergie sur la Terre. Tôt ou tard, la planète sera confrontée à des problèmes énergétiques.

Ton défi consiste à décrire un **scénario** réaliste en réponse à l'hypothèse suivante : qu'arriverait-il sur le territoire choisi si les habitants augmentaient leur consommation d'énergie de façon radicale dès l'an prochain ?

Pour t'aider à élaborer ce scénario :

1. Fais le portrait du territoire énergétique choisi :
   - principales ressources énergétiques ;
   - autres ressources énergétiques nécessaires pour répondre aux besoins de la population ;
   - niveau de dépendance énergétique.
2. Évalue les points de vue des intervenants :
   - favorables à une augmentation de la production des ressources déjà exploitées ;
   - favorables au développement des sources d'énergie alternatives.
3. Consulte la rubrique Ton défi – À l'œuvre ! (p. 77) pour t'aider à tenir compte de certains aspects à traiter. N'hésite pas à consulter d'autres sources d'information au besoin.

Gérer le développement d'un territoire énergétique

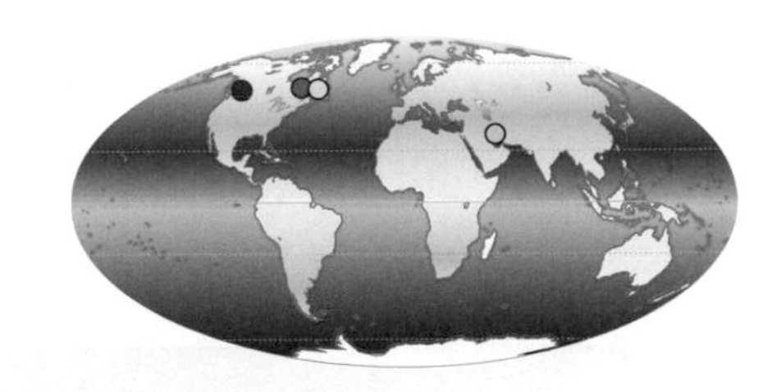

Territoire 1

L'Alberta

pages 52 à 57

L'Alberta possède une importante réserve de gaz naturel. De plus, notamment à cause de ses sables bitumineux, elle possède 15 % des réserves mondiales de pétrole, soit la deuxième plus importante réserve derrière celle de l'Arabie Saoudite.

Une raffinerie de pétrole à Edmonton

Territoire 2

La région du golfe Persique

pages 58 à 63

Près de 60 % des **réserves** mondiales **prouvées** de pétrole et environ 45 % des réserves de gaz naturel gisent dans les profondeurs du golfe Persique et sous les déserts des pays qui l'entourent.

Des réservoirs de pétrole en Arabie Saoudite

Territoire 3

La Côte-Nord

pages 64 à 69

Hydro-Québec développe le potentiel hydroélectrique des rivières de la Côte-Nord depuis les années 1950. Aujourd'hui, les centrales de la région fournissent plus du quart de l'électricité produite au Québec.

La centrale hydroélectrique Manic-2

Territoire 4

La Jamésie

pages 70 à 76

Le complexe hydroélectrique La Grande est l'un des plus importants au monde. Il fournit plus de la moitié de l'électricité produite au Québec.

La centrale hydroélectrique La Grande-1

Comment répondre aux besoins énergétiques des populations?
Comment assurer un développement énergétique durable?

Territoire 1

Gérer le développement énergétique de l'Alberta

Selon toi,

- quelles sont les ressources énergétiques exploitées en Alberta ?
- qui exploite ces ressources ?

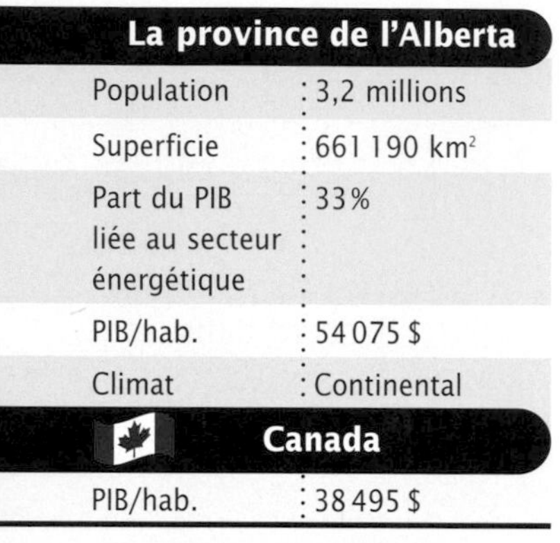

La province de l'Alberta	
Population	: 3,2 millions
Superficie	: 661 190 km²
Part du PIB liée au secteur énergétique	: 33 %
PIB/hab.	: 54 075 $
Climat	: Continental
Canada	
PIB/hab.	: 38 495 $

Sources : Statistique Canada, 2004 ; Département de l'énergie de l'Alberta, 2005.

1 Les ressources énergétiques de l'Alberta

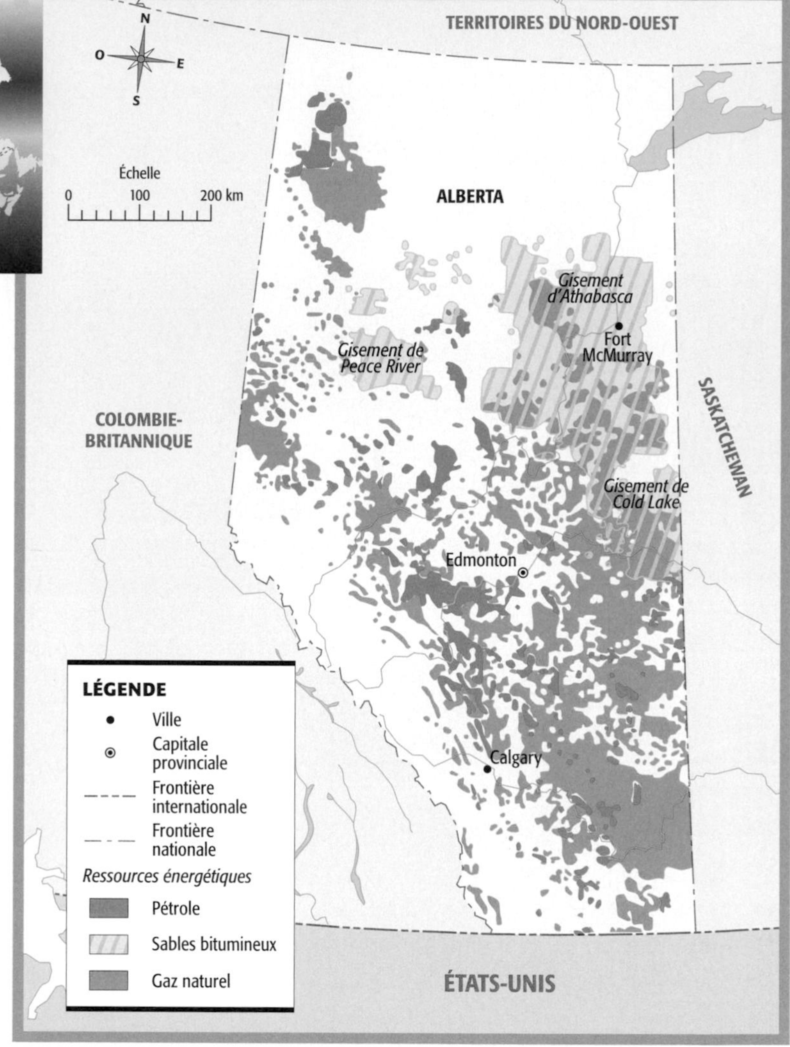

Source : Département de l'énergie de l'Alberta.

2 Les sables bitumineux de l'Alberta

Le bitume est une forme de pétrole brut très lourd et difficile à traiter. Pour produire un **baril de pétrole** à partir de sables bitumineux, il faut traiter environ deux tonnes de sables bitumineux et utiliser de deux à trois barils d'eau. Les gisements de sables bitumineux de l'Alberta couvrent une superficie de 140 800 km², soit deux fois la superficie de la province du Nouveau-Brunswick. Au rythme de production actuel, ces gisements pourront être exploités pendant encore 175 ans. En 2003, ils fournissaient plus de la moitié de la production pétrolière de l'Alberta.

En Alberta, comme ailleurs au Canada, les **ressources** du sous-sol sont la propriété du gouvernement provincial même lorsque le terrain appartient à des particuliers (agriculteurs, autochtones, etc.). Pour exploiter un puits de pétrole ou un gisement de **sables bitumineux**, les compagnies pétrolières doivent signer des ententes avec le gouvernement et s'engager à payer une compensation financière à tous les propriétaires des terres privées qui sont touchées par l'exploitation.

3 Des faits et des chiffres

L'exploitation et la transformation du pétrole et du gaz naturel sont les moteurs de l'économie albertaine.

- En 2003-2004, ces activités ont généré des revenus de 7,7 milliards de dollars, soit le tiers des revenus de cette province. Ces revenus permettent à l'Alberta de financer les secteurs de l'éducation et de la santé, ainsi que de réduire les impôts des Albertains.
- En 2003, ces deux secteurs d'activité ont procuré de l'emploi à près d'une personne sur cinq en Alberta.
- La ville de Calgary, capitale de l'énergie du Canada, accueille les sièges sociaux de plusieurs importantes entreprises pétrolières canadiennes.
- L'économie de Calgary est étroitement liée au prix du pétrole : la ville connaît une forte croissance lorsque le prix est élevé et un déclin lorsqu'il est en baisse.

Source : Département de l'énergie de l'Alberta, 2005.

4 Les méthodes d'extraction du pétrole

4 A Une tour de forage (*derrick*)

4 B Une mine à ciel ouvert

Une tour de forage (4 A) est une charpente métallique dressée à l'endroit où l'on creuse un puits. Ce puits sert à pomper le pétrole qui se trouve sous forme liquide dans le sous-sol. Les sables bitumineux sont surtout exploités dans des mines à ciel ouvert (4 B) creusées à même la surface du sol par d'énormes pelles alimentées au gaz naturel.

Sables bitumineux : Mélange principalement composé de bitume, de sable, d'eau et d'argile.

5 Le coût de production approximatif d'un baril de pétrole

Région	Coût de production ($ US)
Alberta	13 $
Golfe Persique (Moyen-Orient)	1 à 2 $
Mer du Nord (Europe du Nord)	5 à 8 $

Parce qu'elle est très coûteuse, l'exploitation des sables bitumineux n'est rentable que lorsque le prix du baril de pétrole atteint plus de 50 $ US le baril sur le marché. En juillet 2005, ce prix se situait autour de 65 $ US le baril, et on prévoit qu'il coûtera de plus en plus cher au cours des prochaines années.

Observe et construis

a Où sont situés les gisements de sables bitumineux ? de gaz naturel ? de pétrole ? 1

b Pourquoi le secteur énergétique est-il important pour l'économie albertaine ? 3

c Comment s'annonce l'avenir économique de la ville de Calgary et de l'Alberta en général ? 3 5

d Pourquoi les sables bitumineux ne peuvent-ils pas être exploités de la même façon que les autres réserves de pétrole ? 2 4

Répondre aux besoins énergétiques des populations

Fiche 1.2.10

Selon toi,

- qui consomme le pétrole et le gaz naturel de l'Alberta ?
- quel est le niveau de dépendance énergétique de l'Alberta ?

6 Les principaux flux de pétrole en partance du Canada

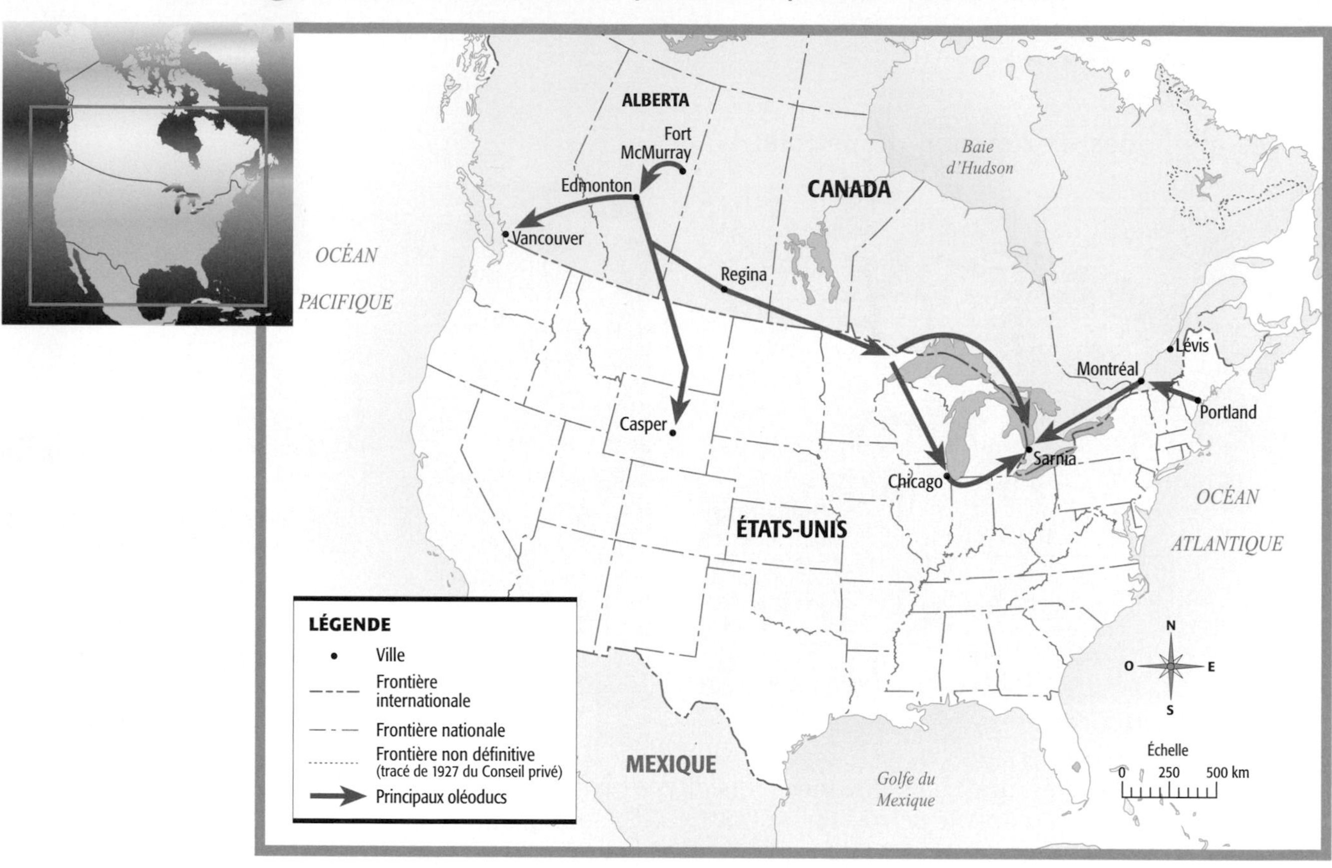

La plus grande partie du pétrole exploité en Alberta est d'abord acheminée vers Edmonton, la capitale de cette province, avant d'être distribuée par trois gros **oléoducs** vers les raffineries nord-américaines. Il n'est pas transporté vers le Québec, car il en coûte moins cher à cette province d'importer le pétrole dont elle a besoin. Le pétrole que le Québec importe arrive principalement par bateau (surtout de l'Europe du Nord et de l'Afrique) à Portland, dans l'État du Maine (États-Unis), d'où il est transporté par oléoduc jusqu'aux raffineries de Montréal. Le pétrole qu'importe la raffinerie de Lévis est transporté à bord de navires qui passent par le fleuve Saint-Laurent.

7 La consommation de pétrole et de gaz naturel albertains en 2003

Région	Pétrole	Gaz naturel
Alberta	24 %	14 %
Autres provinces du Canada	14 %	24 %
États-Unis	62 %	62 %

Source : The Alberta Energy and Utilities Board.

En 2003, l'Alberta a exporté pour plus de 30 milliards de dollars de pétrole et de gaz naturel. Le pétrole albertain compte pour environ 5 % de la consommation de pétrole et 12 % de la consommation de gaz naturel des États-Uniens. Cette proportion devrait augmenter au cours des prochaines années, car les États-Unis veulent réduire leur dépendance à l'égard du pétrole du Moyen-Orient.

8 La production de pétrole à partir des sables bitumineux en Alberta

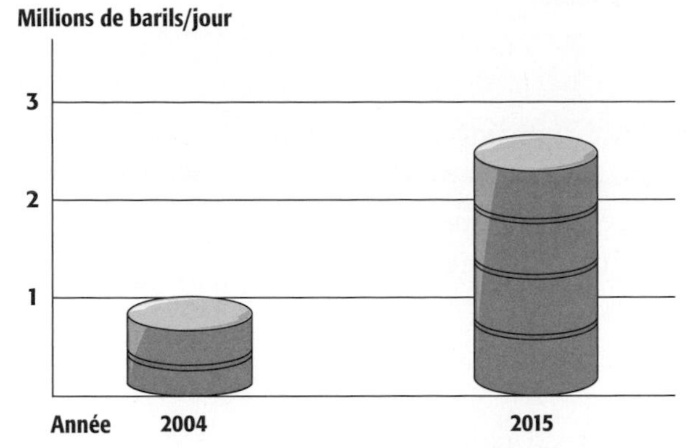

Source : Association canadienne des producteurs de pétrole, 2005.

En plus du pétrole provenant des **sables bitumineux**, l'Alberta a produit quotidiennement près de 630 000 barils de pétrole en 2003. Au cours des prochaines années, on prévoit qu'une grande partie du pétrole produit à partir des sables bitumineux albertains sera vendue en Chine, un marché en très forte **croissance**.

9 La consommation d'énergie en Alberta

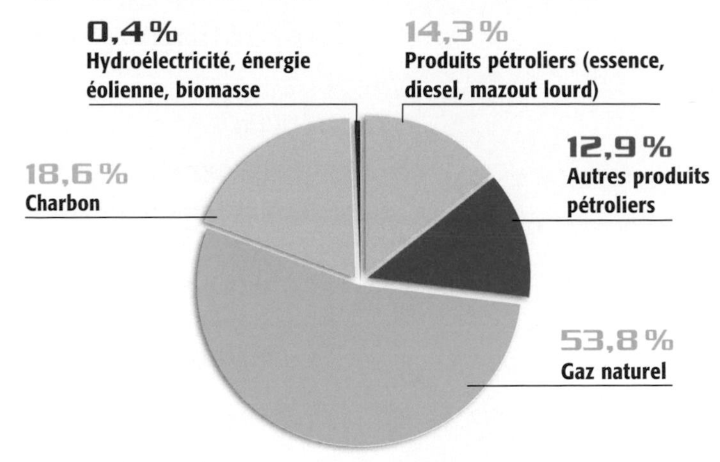

Source : Statistique Canada, 2005.

Plus de 99 % du charbon et plus de 7 % du gaz naturel consommés en Alberta servent à produire de l'électricité.

10 La consommation d'énergie moyenne par habitant au Canada en 2003

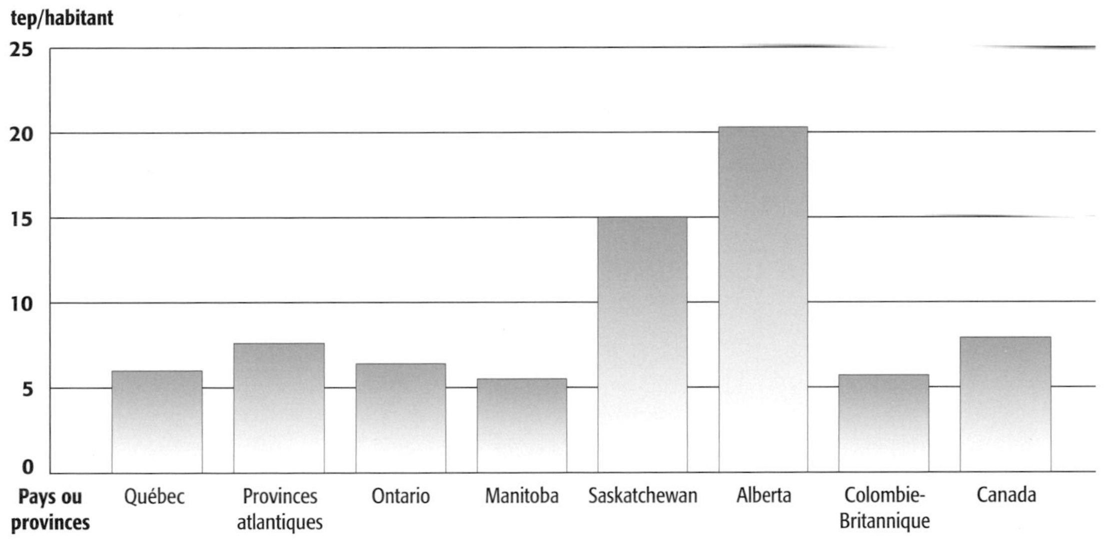

Source : Statistique Canada, 2005.

Le Canada est, avec les États-Unis, l'un des plus grands consommateurs d'énergie au monde. En Alberta, l'exploitation des sables bitumineux pendant un an nécessite à elle seule l'utilisation d'une quantité de gaz naturel qui équivaut à la consommation totale du Québec au cours de la même période !

Observe et construis

- **a** Vers où sont acheminés les principaux flux de pétrole de l'Alberta ? 6 7
- **b** De quelle façon les Albertains répondent-ils à leurs besoins énergétiques ? 9
- **c** Comment expliquer que l'Alberta consomme beaucoup plus d'énergie que les autres provinces canadiennes ? 10
- **d** L'Alberta est-elle dépendante ou autonome sur le plan énergétique ? Explique ta réponse. 7
- **e** Qu'est-ce que l'observation du document 8 te permet de constater ?

Assurer un développement énergétique durable

Fiche 1.2.11

Selon toi,

- quelles sont les conséquences environnementales de l'exploitation du pétrole en Alberta?
- quelles mesures sont prises pour réduire ces conséquences?
- quelles sont les sources d'énergie alternatives pour cette province?

11 Des nouvelles des médias

L'ALBERTA OPPOSÉE AU PROTOCOLE DE KYŌTO

L'Alberta s'oppose au protocole de Kyōto, même si cette province est responsable de plus du tiers des émissions de gaz à effet de serre au Canada. Les dirigeants de cette province affirment que le respect du protocole entraînera la perte de 450000 emplois en Alberta, une augmentation des impôts et du prix de l'essence, et une diminution des investissements dans le secteur énergétique.

Source: Adaptation d'une nouvelle de Radio-Canada, 2005.

Le boom pétrolier en Alberta

Fais une recherche pour trouver l'événement qui a déclenché le boom pétrolier en Alberta.

- En quelle année cet événement a-t-il eu lieu?
- Pourquoi a-t-il été important dans l'histoire de l'économie albertaine?

12 Un parlement alimenté à l'énergie solaire

Près de 90% de l'électricité de l'Alberta est produite dans des **centrales thermiques** alimentées au charbon ou au gaz naturel et 10% de l'électricité est produite à partir de sources d'énergie renouvelables (hydroélectricité, énergie éolienne et **biomasse**). Des projets visent à exploiter davantage ces sources d'énergie. Par exemple, l'édifice du parlement de l'Alberta, à Edmonton, est devenu en 2003 le premier bâtiment gouvernemental de cette province alimenté à l'énergie solaire. Depuis janvier 2005, près de 90% des édifices gouvernementaux sont en partie chauffés et éclairés avec de l'électricité produite par des sources d'énergie renouvelables.

⓭ Points de vue

13 A Nous travaillons dans le respect de l'environnement

Notre province a la deuxième plus importante réserve de pétrole au monde. Il est donc normal de continuer à augmenter notre production afin de satisfaire les besoins des Canadiens, des Américains et, un jour peut-être, des Chinois. Depuis 1999, les entreprises pétrolières et gazières de la province ont réalisé plus de 300 projets visant à réduire leurs émissions de gaz à effet de serre et essaient toujours d'améliorer leur bilan environnemental. Nos ingénieurs ont élaboré un système qui permet de réutiliser l'eau nécessaire à l'exploitation des sables bitumineux. De plus, nous étudions sans cesse de nouvelles façons de réduire nos besoins en eau. Nous avons également des politiques pour remettre les terrains dans leur état original une fois qu'ils ont été exploités. C'est très simple : avant que les opérations de mines à ciel ouvert commencent, on enlève la couche superficielle du sol. Une fois les opérations terminées, on remplit les trous avec de la terre, puis on remet cette couche de sol en place, on la fertilise et on y plante des arbres. Des chercheurs ont même découvert que le fumier composté pouvait aider à décontaminer les sols. Comme le secteur de l'élevage est en croissance dans l'Ouest canadien, c'est une bonne façon d'utiliser les quantités croissantes de fumier qui y sont produites.

Jack Tait
Porte-parole d'une compagnie pétrolière, Calgary

13 B La façon la moins écologique de produire de l'énergie sur Terre

L'exploitation des sables bitumineux n'est pas du tout du développement énergétique durable ! La production d'un seul baril de pétrole issu des sables bitumineux génère plus de gaz à effet de serre que l'utilisation de quatre voitures en une journée ! En plus, il faut des quantités phénoménales d'eau pour extraire le bitume. L'eau est directement puisée des rivières et des nappes souterraines, ce qui entraîne l'assèchement des cours d'eau et la baisse du niveau des nappes d'eau souterraines, sans compter la contamination possible de l'eau par le bitume. Pour extraire les sables bitumineux situés en profondeur, il faut raser la forêt boréale, un milieu d'une grande biodiversité. Plutôt que d'exploiter les sables bitumineux, il faudrait encourager le développement de sources d'énergie renouvelables et inépuisables, mais également encourager la population (albertaine, canadienne, américaine, etc.) à réduire sa consommation d'énergie !

Rose-Anne Carlson
Écologiste, Fort McMurray

Observe et construis

a Pourquoi la province de l'Alberta s'oppose-t-elle à la mise en œuvre du protocole de Kyōto ? ⓫

b Est-ce que les ressources énergétiques de l'Alberta sont exploitées dans le respect de l'environnement ? Quel est le point de vue des intervenants à ce sujet ? ⓭ Quelle est ton opinion ?

c Quelles solutions proposent les deux intervenants pour répondre aux besoins énergétiques croissants des populations ? ⓭

d À ton avis, pourquoi exploite-t-on si peu les sources d'énergie renouvelables et inépuisables en Alberta ? ⓬

Pour poursuivre, rends-toi à la page 77.

Territoire 2

Gérer le développement énergétique de la région du golfe Persique

Fiche 1.2.12

Selon toi,

- quelles ressources énergétiques sont exploitées dans la région du golfe Persique ?
- qui exploite ces ressources ?

1 Les ressources énergétiques dans la région du golfe Persique

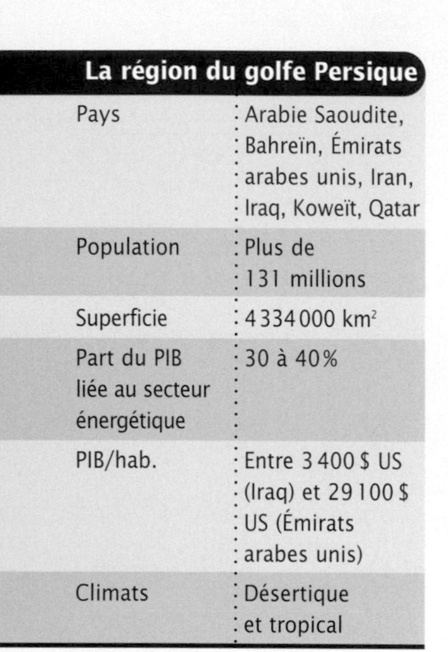

La région du golfe Persique	
Pays	Arabie Saoudite, Bahreïn, Émirats arabes unis, Iran, Iraq, Koweït, Qatar
Population	Plus de 131 millions
Superficie	4 334 000 km²
Part du PIB liée au secteur énergétique	30 à 40 %
PIB/hab.	Entre 3 400 $ US (Iraq) et 29 100 $ US (Émirats arabes unis)
Climats	Désertique et tropical

Sources : *L'état du monde 2006* ; Energy Information Administration, 2005 ; *CIA World Factbook*, 2005.

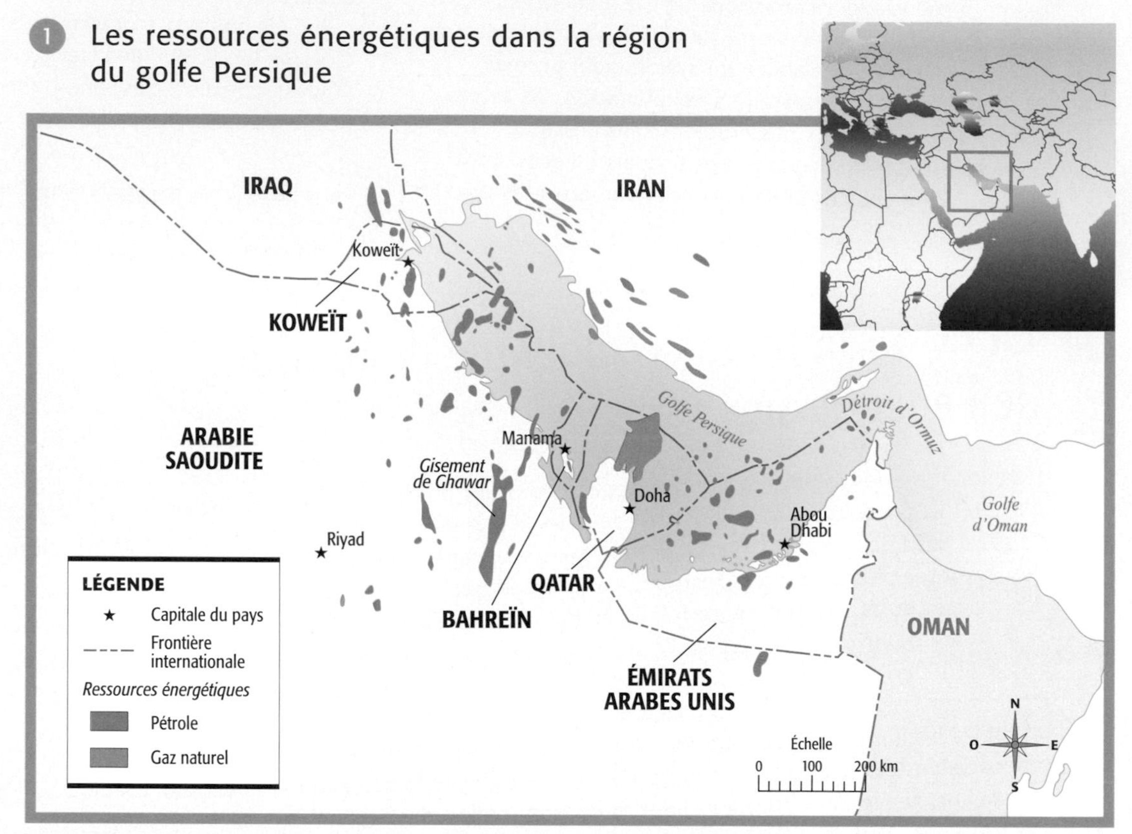

Les pays qui bordent le golfe Persique, aussi appelé golfe Arabo-Persique, font partie du Moyen-Orient. Ce sont l'Arabie Saoudite, le Bahreïn, les Émirats arabes unis, l'Iran, l'Iraq, le Koweït et le Qatar. Plusieurs de ces pays côtiers sont situés à basse altitude, ce qui les rend plus vulnérables à une éventuelle hausse du niveau de la mer causée par le réchauffement planétaire.

2 L'Organisation des pays exportateurs de pétrole (OPEP)

Aujourd'hui, tous les pays de la région du golfe Persique, sauf le Bahreïn, sont membres de l'**OPEP**. Les pays membres de cette organisation établissent ensemble la quantité de pétrole à exporter et son prix. Ces pays sont propriétaires de la majorité des puits de pétrole de leur territoire. Quelques gisements sont également exploités par des entreprises pétrolières privées qui doivent verser une partie de leurs revenus au gouvernement du pays où sont situés ces gisements.

3 Des faits et des chiffres

L'économie de tous les pays du golfe Persique est basée sur le pétrole et, dans une moindre mesure, sur le gaz naturel.

- À 1 ou 2 $ US le baril, le pétrole de l'Arabie Saoudite est celui qui coûte le moins cher à produire dans le monde. Cette situation est due au fait que les puits y sont faciles à installer et à exploiter.
- Au Koweït, plus de 95 % des revenus de toutes les exportations du pays proviennent de la vente du pétrole. En Arabie Saoudite, ce sont 70 à 80 % des revenus de l'État qui proviennent de la vente du pétrole.
- Malgré le fait que l'Arabie Saoudite, l'Iran et l'Iraq possèdent d'importantes réserves de pétrole et de gaz naturel, le niveau de vie de leur population est faible. En effet, la population ne profite pas directement des revenus du pétrole. À l'inverse, au Bahreïn, au Koweït, au Qatar et dans les Émirats arabes unis, qui sont de plus petits pays, le niveau de vie des populations est élevé. Avec les revenus du pétrole, les gouvernements de ces pays financent les services sociaux (éducation, santé, etc.) et en rendent en partie l'accès gratuit.
- Les **réserves prouvées** de pétrole de l'Arabie Saoudite sont les plus importantes au monde. Huit principaux gisements contiennent ces réserves. Le plus important est celui de Ghawar. C'est également le plus grand gisement de pétrole du monde, avec une réserve prouvée de 70 milliards de barils. Les **réserves possibles** de l'Arabie Saoudite sont immenses : elles atteignent un **trillion** de barils !
- C'est en Russie que se trouve la plus importante réserve prouvée de gaz naturel au monde. Ce sont ensuite, dans l'ordre, l'Iran, le Qatar, l'Arabie Saoudite et les Émirats arabes unis qui possèdent les réserves les plus importantes.

Sources : US Energy International Administration, 2005 ; Unicef, 2005.

Trillion : Milliard de milliards (10^{18}).

4 L'exploitation du pétrole en mer

La faible profondeur de l'eau du côté ouest du golfe Persique permet l'exploitation de gisements pétroliers sous-marins à l'aide de plates-formes pétrolières.

Observe et construis

a Où sont situés les plus grands gisements de pétrole et de gaz naturel de la région du golfe Persique ? 1

b À qui appartiennent les ressources énergétiques du golfe Persique ? 2

c Quelle est l'importance des réserves de pétrole et de gaz naturel dans cette région ? 3

d À ton avis, pourquoi les populations de cette région ne profitent-elles pas toutes des revenus de la vente de pétrole et de gaz naturel ? 3

Répondre aux besoins énergétiques des populations

Fiche 1.2.13

Selon toi,

- qui consomme le pétrole et le gaz naturel des pays du golfe Persique?
- quel est le niveau de dépendance énergétique de ces pays?

5 Les routes du pétrole en partance du golfe Persique

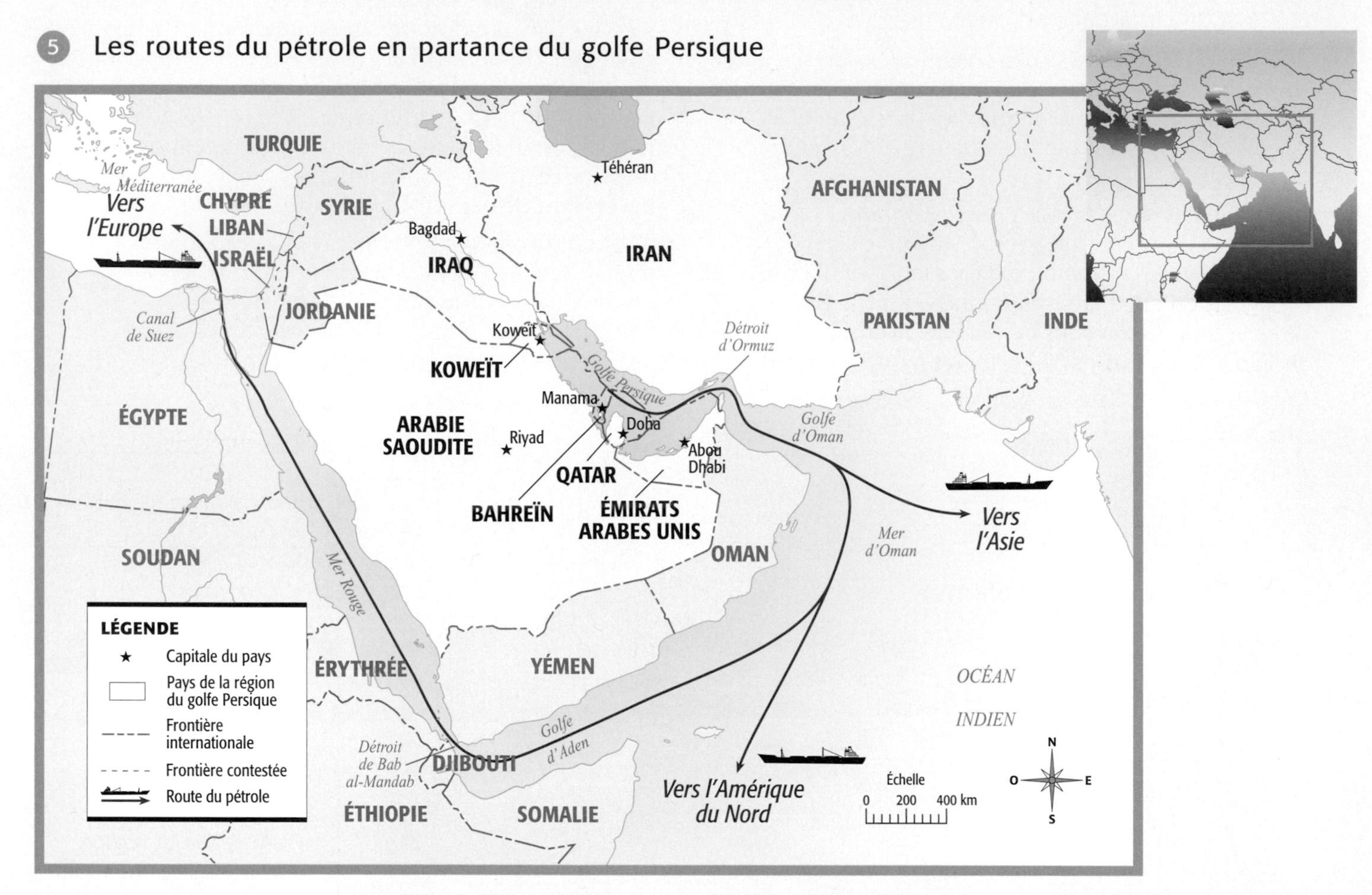

Environ 40 % du pétrole produit dans le monde transite en pétrolier par le détroit d'Ormuz. L'Arabie Saoudite est le troisième plus important fournisseur de pétrole des États-Unis, derrière le Canada et le Mexique, et le plus important fournisseur de pétrole du Japon. Le pétrole du golfe Persique permet de répondre à 12 % des besoins pétroliers des États-Uniens et à 78 % des besoins des Japonais.

Arobas

Les pétroliers

Les pétroliers sont importants pour le commerce mondial du pétrole. Il en existe différentes catégories divisées en fonction de la taille des navires. Les plus gros sont les VLCC et les ULCC.

- Que signifient ces abréviations?
- Quelle quantité de pétrole ces navires peuvent-ils transporter?

6 La destination des exportations de pétrole en 2004

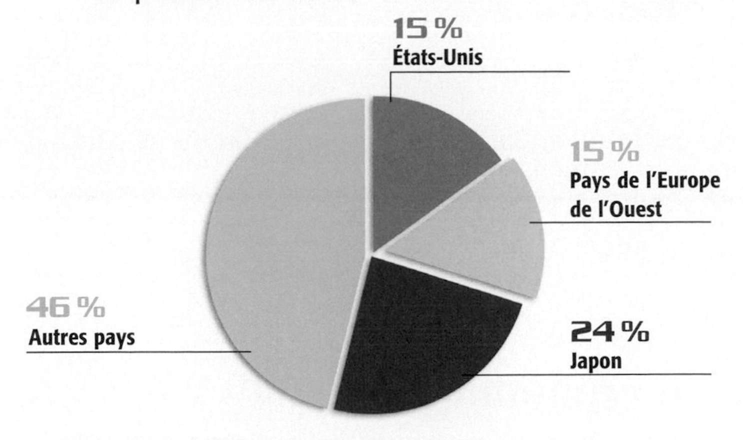

Source: US Energy Information Administration, 2004.

En 2003, les pays du golfe Persique ont exporté en moyenne plus de 17 millions de **barils de pétrole** par jour.

7 La production et la consommation de pétrole au Koweït

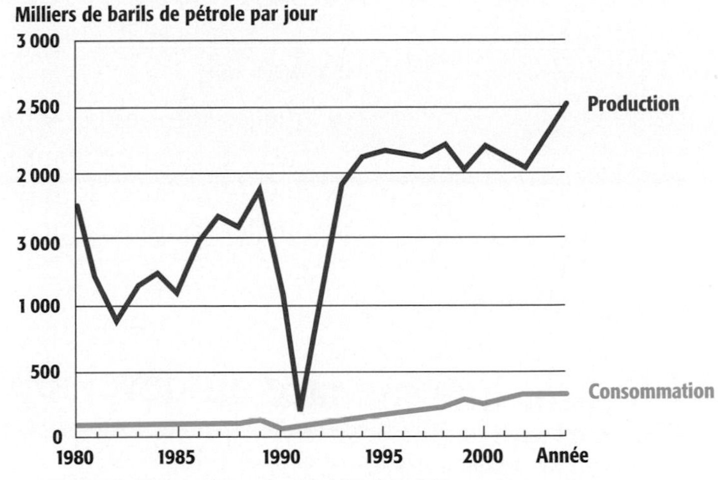

Source: US Energy Information Administration, 2005.

Le contrôle du pétrole est une source de tensions et de conflits entre les pays de la région du golfe Persique. Au cours de l'histoire récente de cette région, trois conflits majeurs y ont éclaté: la guerre qui a opposé l'Iran à l'Iraq au cours des années 1980, l'invasion du Koweït par l'Iraq au début des années 1990 et celle de l'Iraq par les États-Unis en 2003. Avec l'incendie et la destruction de plus de 700 puits de pétrole, l'invasion iraquienne a eu de lourdes conséquences sur l'**environnement** du Koweït (pollution de l'eau, de l'air, etc.). Elle a également provoqué une diminution de la quantité de pétrole disponible sur le marché international et une augmentation du prix du baril de pétrole.

8 La production et la consommation de pétrole dans la région du golfe Persique en 2004

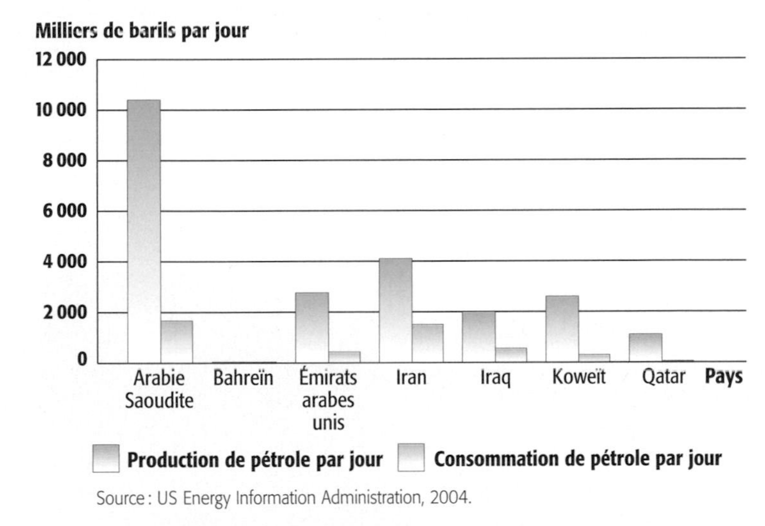

Source: US Energy Information Administration, 2004.

Plus de 99 % de l'énergie consommée dans les pays situés autour du golfe Persique provient du pétrole et du gaz naturel. Même l'électricité est produite dans des **centrales thermiques** alimentées au mazout lourd (pétrole) ou au gaz naturel.

Observe et construis

a Nomme les pays dont les côtes pourraient être touchées lors d'un déversement accidentel de pétrole. 5

b Quels pays importent la majorité du pétrole de la région du golfe Persique? Lequel en importe le plus? 6

c De quelle façon les habitants de la région du golfe Persique répondent-ils à leurs besoins énergétiques? 8

d Les pays de la région du golfe Persique sont-ils dépendants ou autonomes sur le plan énergétique? Explique ta réponse. 8

e Qu'arrive-t-il au prix du pétrole lorsqu'il y a des conflits dans la région du golfe Persique? Pourquoi? 7

Assurer un développement énergétique durable

Fiche 1.2.14

Selon toi,

- quelles sont les conséquences environnementales de l'exploitation du pétrole et du gaz naturel dans la région du golfe Persique?
- quelles mesures sont prises pour réduire ces conséquences?
- quelles sont les sources d'énergie alternatives?

9 Points de vue

9A Kyōto, une menace au développement économique de mon pays

Mon gouvernement a approuvé le protocole de Kyōto. Même s'il émet plus de CO_2 par habitant que la moyenne des pays du monde, mon pays n'a pas l'obligation de réduire ses émissions de gaz à effet de serre, car c'est un pays en développement. Une chance! Mon gouvernement estime que, d'ici 2010, il perdra au moins 26 milliards de dollars. Cette perte est due au fait que, pour réduire leurs émissions de CO_2, les pays industrialisés adoptent des mesures qui visent à réduire leur consommation d'énergie et, donc, de pétrole. Je sais que la production de pétrole est polluante, mais notre économie dépend beaucoup de cette ressource, et mon pays irait très mal s'il fallait arrêter de l'exploiter. La population ne profite déjà pas des revenus du pétrole autant qu'on pourrait s'y attendre! J'adopte totalement la position de mon gouvernement: je pense qu'il faut limiter les impacts de la production de pétrole sur l'environnement, mais en même temps, il ne faut pas stopper notre croissance économique. Il faudrait que mon pays reçoive une aide financière des pays industrialisés pour l'aider à diversifier son économie.

Abdullah Al-Biz
Riyad, Arabie Saoudite

Pays	Émissions de CO_2 (tonnes/hab. en 2002)
Arabie Saoudite	13,8
Bahreïn	22,4
Émirats arabes unis	27,5
Iran	5,3
Iraq	3,4
Koweït	24,7
Qatar	45,2
Monde (moyenne)	3,9

Source: International Energy Agency, *Key World Energy Statistics*, 2004.

9B Des mesures pour un développement durable

Nous savons que la production pétrolière a des impacts néfastes sur l'environnement. Cependant, depuis quelques années, nous avons fait des efforts considérables pour réduire ces effets. Notre entreprise est membre de la Regional Clean Sea Organisation (RESCO), une organisation de coopération qui groupe les principales compagnies pétrolières de la région. Nous prenons des mesures pour protéger l'environnement marin du golfe Persique de la pollution de l'eau causée par les fuites de pétrole. Nous avons des bateaux spécialement conçus pour pomper rapidement le pétrole qui est répandu dans les eaux du golfe lors de déversements accidentels. Chaque nouveau projet d'exploitation proposé doit être approuvé par l'Agence de recherche environnementale et de développement de la nature d'Abu Dhabi (ERWDA) et parfois, nous devons les modifier pour limiter davantage l'impact de notre production sur l'environnement.

Ali Al-Romihi
Porte-parole d'une entreprise pétrolière à Abu Dhabi, Émirats arabes unis

Ce bateau appartient à une pétrolière de la région. Lors d'une marée noire, il peut pomper 600 barils de pétrole à l'heure.

9C Les ressources renouvelables

Les pays de la région du golfe Persique doivent réduire leur dépendance envers les produits pétroliers et le gaz naturel et développer des sources d'énergie alternatives, au moins pour produire de l'électricité. Actuellement, moins de 0,1 % de la consommation énergétique de ces pays provient de sources d'énergie renouvelables, et l'électricité y est presque exclusivement produite dans des centrales thermiques alimentées au mazout lourd et au gaz naturel. Il est impossible de développer l'hydroélectricité dans la plupart des pays de la région du golfe Persique, car le climat y est aride et les cours d'eau peu importants. Cependant, cette région possède l'un des plus grands potentiels d'énergie solaire au monde. Selon certaines estimations, on pourrait y produire 105 trillions de kWh d'électricité par jour, soit l'équivalent de l'énergie contenue dans 10 milliards de barils de pétrole!

Fatima Al-Athel
Membre d'un groupe écologiste

10 La pollution des eaux du golfe Persique

La pollution de l'eau est le plus important problème environnemental de la région du golfe Persique. On estime qu'un million de **barils de pétrole** sont rejetés chaque année dans le golfe par les pétroliers. Par ailleurs, plus de 25 % des accidents pétroliers qui se produisent annuellement dans le monde ont lieu dans cette région (ex.: bris d'un **oléoduc**, fuite d'un puits de pétrole, accident de pétrolier qui provoque une **marée noire**). Ces accidents ont un impact majeur sur la vie marine et sur la pêche dans le golfe Persique, qui abrite une riche **biodiversité** animale et végétale (entre autres, plus de 1 000 espèces de poissons). À cause de la pollution de l'eau, certaines espèces ont disparu alors que d'autres sont devenues plus vulnérables. Au moins, les chaudes températures locales permettent une évaporation assez rapide du pétrole, ce qui réduit l'ampleur des dégâts sur l'**environnement**.

Observe et construis

a Quels sont les impacts négatifs de l'exploitation du pétrole et du gaz naturel dans la région du golfe Persique? 9 10

b Pourquoi l'Arabie Saoudite ne veut-elle pas réduire ses émissions de gaz à effet de serre? 9A

c Donne des exemples de mesures prises par les pétrolières pour limiter l'impact de leurs activités sur l'environnement. 9

d Est-ce que les ressources énergétiques de la région du golfe Persique sont exploitées dans le respect de l'environnement? Quel est le point de vue des intervenants sur le sujet? 9 10 Quelle est ton opinion?

Pour poursuivre, rends-toi à la page 77.

Territoire 3

Gérer le développement énergétique de la Côte-Nord

Selon toi,

- quelle est la ressource énergétique exploitée sur la Côte-Nord ?
- qui exploite cette ressource ?

1 Les aménagements hydroélectriques de la Côte-Nord

La Côte-Nord	
Population	96 861
Superficie	298 471 km²
Nombre d'emplois directs dans le secteur de l'énergie	1 600
Taux de chômage	11,6 %
Climats	Continental humide et subarctique

Québec	
Population	7,5 millions
Superficie	1 667 926 km²
PIB/hab.	27 599 $
Part du PIB liée au secteur énergétique	3,6 %, dont 3,2 % pour l'électricité
Taux de chômage	8,5 %

Sources : Institut de la statistique du Québec, 2005 ; ministère des Ressources naturelles et de la Faune, 2004 et 2005.

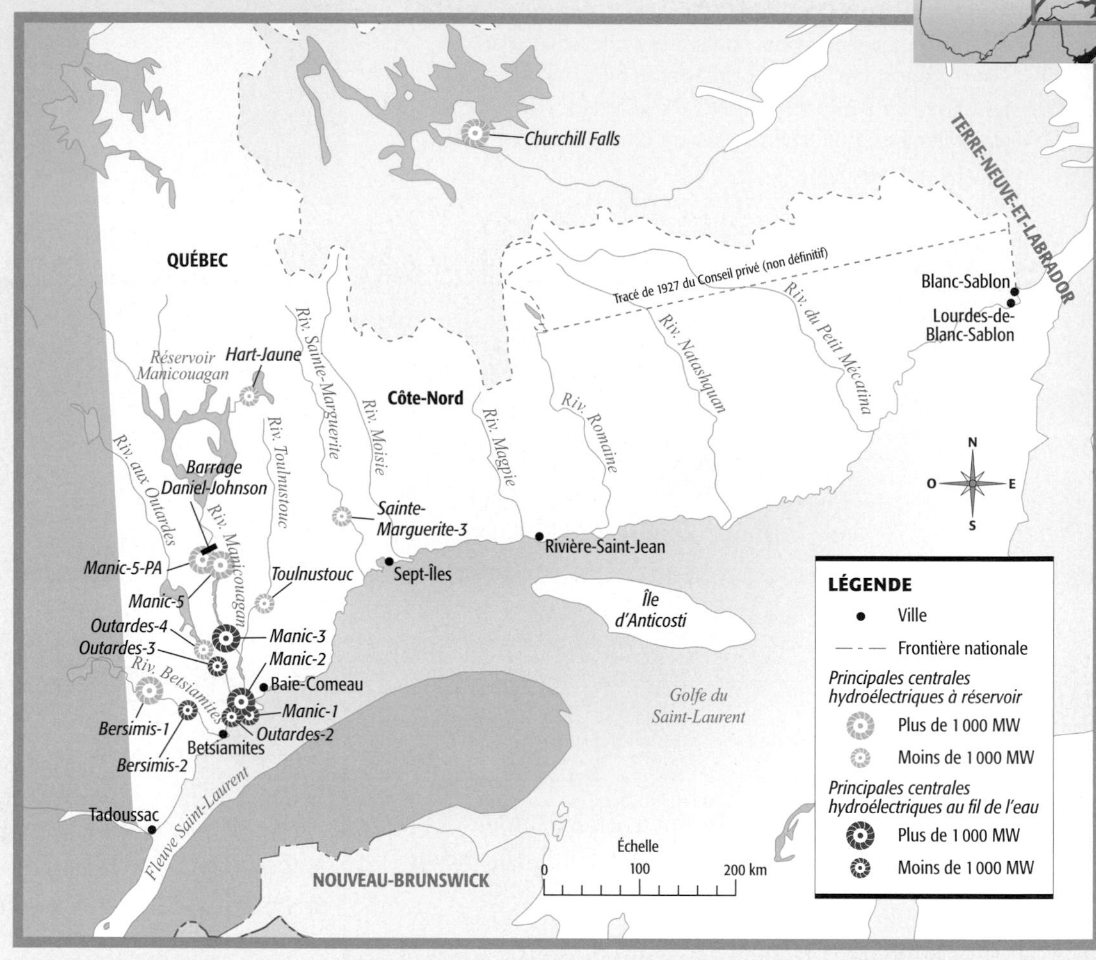

Plusieurs rivières de la **région administrative** de la Côte-Nord ont un très grand potentiel hydroélectrique, notamment à cause de leur fort **débit**. On y compte une dizaine de grandes centrales hydroélectriques appartenant à Hydro-Québec. Ces centrales génèrent 99 % de l'électricité produite dans la région, comparativement à 1 % pour les petites centrales privées. Ensemble, les petites et les grandes centrales fournissent de l'électricité à près de deux millions de résidences. Et le potentiel hydroélectrique de la Côte-Nord est loin d'être entièrement exploité ! Hydro-Québec estime que les rivières de cette région pourraient fournir deux fois plus d'électricité qu'elles n'en produisent actuellement. La Côte-Nord a également un fort potentiel éolien, notamment à Lourdes-de-Blanc-Sablon, où les vents soufflent en moyenne de 25 à 30 km/h. Cette vitesse est idéale pour le fonctionnement des éoliennes.

2 Des faits et des chiffres

La Côte-Nord est une région qui possède de nombreuses **ressources**.

- Les mines, la forêt, l'hydroélectricité et les activités de chasse et de pêche constituent la base de l'économie de la région.
- L'industrie énergétique de la Côte-Nord procure environ 3 % des emplois de cette région. La majeure partie de ces emplois sont exercés dans les secteurs de l'électricité et de la distribution des produits pétroliers.
- De 2002 à 2005, les travaux d'aménagements hydroélectriques de la centrale de la Toulnustouc ont créé en moyenne 425 emplois par année. Au plus fort de la construction, en 2003, Hydro-Québec a fourni de l'emploi à 950 personnes, dont 70 % habitaient la région.
- Le taux de chômage de la Côte-Nord est parmi les plus élevés du Québec. Même si cette région est riche en hydroélectricité, elle en tire peu de revenus, car les profits vont au gouvernement du Québec, qui administre Hydro-Québec, et non directement à la population de la région.

Sources : Hydro-Québec, 2005 ; ministère des Ressources naturelles et de la Faune du Québec, 2004 ; Institut de la statistique du Québec, 2005.

3 Les aménagements hydroélectriques de Manic-5

Le barrage Daniel-Johnson

Le barrage Daniel-Johnson, qui retient l'eau dans le réservoir Manicouagan, est le plus grand barrage à voûtes multiples et à contreforts au monde. Il atteint la hauteur d'un gratte-ciel de 50 étages (214 m) et a une largeur de 1,3 km !

4 La rivière Moisie, un cours d'eau presque vierge

La rivière Moisie est mondialement réputée pour la pratique de la pêche au saumon et le rafting. En 2003, le gouvernement du Québec en a fait la première réserve aquatique de la province, ce qui la protège des projets d'**aménagements** hydroélectriques.

Observe et construis

a Quelles rivières de la Côte-Nord sont exploitées pour leur potentiel hydroélectrique ? 1

b Quelle est l'importance du secteur énergétique dans l'économie de la région ? 2

c Quelle autre ressource énergétique pourrait être exploitée sur la Côte-Nord d'ici les prochaines années ? 1 À ton avis, pourquoi ?

d Quelles sont les particularités du barrage Daniel-Johnson ? 3

e Quel est l'intérêt touristique des rivières à fort débit ? 4

Répondre aux besoins énergétiques des populations Fiche 1.2.16

Selon toi,

- qui consomme l'hydroélectricité produite sur la Côte-Nord ? dans l'ensemble du Québec ?
- quel est le niveau de dépendance énergétique de la Côte-Nord ? du Québec ?

5 La consommation énergétique au Québec en 2002

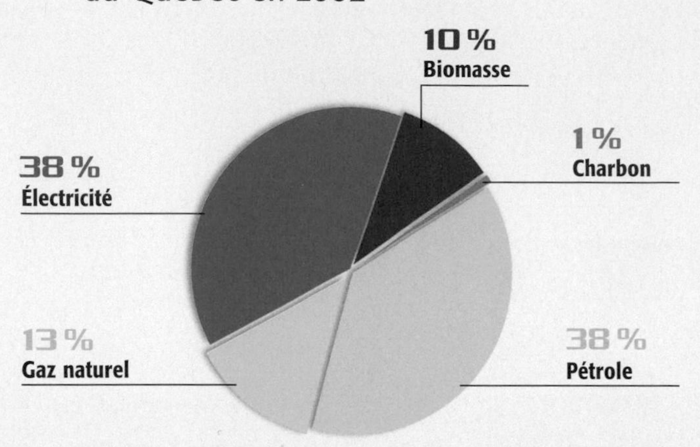

Source : Gouvernement du Québec, *L'énergie au Québec*, édition 2004, 2005.

Les Québécois font partie des plus importants consommateurs d'énergie au monde. En 2002, les Nord-Côtiers ont consommé près de 11,4 milliards de **kWh** d'électricité. Ce chiffre constitue près de 6 % de l'électricité totale consommée au Québec (environ 207 milliards de kWh), même si les habitants de la Côte-Nord représentent moins de 1,3 % de la population de la province. À elles seules, les industries québécoises, en particulier celle de l'aluminium, en ont consommé plus de 5 %. Par ailleurs, le Québec importe presque tous les **combustibles fossiles** qu'il consomme, car il en produit très peu.

6 L'origine de l'électricité au Québec en 2002

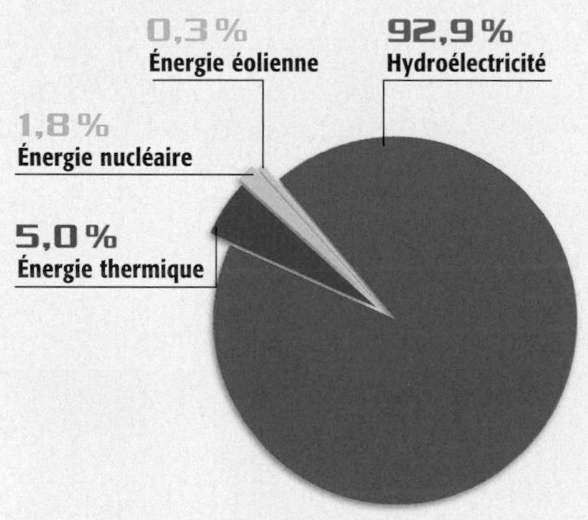

Source : Gouvernement du Québec, *L'énergie au Québec*, édition 2004, 2005.

Au Québec, près de 93 % de la production totale d'électricité est d'origine hydroélectrique. Après les centrales de la Jamésie, ce sont celles de la Côte-Nord qui fournissent le plus d'hydroélectricité au Québec, avec 27 % de la production totale. Hydro-Québec a conclu avec le gouvernement de la province de Terre-Neuve-et-Labrador une entente qui lui permet d'acheter à bas prix l'électricité produite par le complexe hydroélectrique des chutes Churchill, au Labrador. Sans cette entente, la production électrique du réseau d'Hydro-Québec serait insuffisante pour répondre à la demande de la population québécoise.

@robas

Le barrage Daniel-Johnson

Le barrage Daniel-Johnson porte le nom d'un important personnage politique du Québec.

- Qui était Daniel Johnson père ?
- Pourquoi ce barrage porte-t-il son nom ?
- À quelles centrales est associé ce barrage ?

Pour t'aider dans ta recherche, tu peux consulter le site de la Commission de toponymie du Québec.

Daniel Johnson

7 Une ligne à haute tension

La production hydro-électrique de la Côte-Nord est distribuée par Hydro-Québec. Elle sert principalement à alimenter les grands centres urbains du Québec et est en partie exportée vers les États-Unis et les autres provinces du Canada. Plusieurs élus de la Côte-Nord estiment que leur région devrait recevoir une part des revenus de la vente d'électricité.

8 Alumineries + hydroélectricité = milliers d'emplois

Les alumineries font venir leur matière première, la bauxite, par bateau. Elles ont besoin d'une grande quantité d'énergie pour transformer cette matière en aluminium. Sur la Côte-Nord, les centrales hydroélectriques permettent de les approvisionner en électricité à très bas prix. Les alumineries de Baie-Comeau et de Sept-Îles sont la propriété de **multinationales** et procurent de l'emploi à plus de 3000 travailleurs. Selon l'Association canadienne du droit de l'environnement, elles font partie des 10 usines qui rejettent le plus de polluants dans l'atmosphère au Québec.

Observe et construis

a Pourquoi les aménagements hydroélectriques de la Côte-Nord sont-ils importants pour le Québec? pour les gens de la région? 5 6 7 8

b À qui profitent les ressources énergétiques de cette région? 6 7 8

c La Côte-Nord est-elle dépendante ou autonome sur le plan énergétique? Explique ta réponse. 6 7

d Comment les Nord-Côtiers et les Québécois répondent-ils à leurs besoins énergétiques? 5 6

Assurer un développement énergétique durable 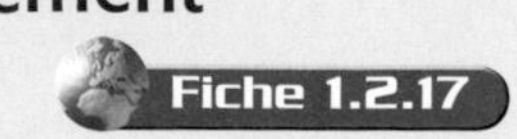

Selon toi,

- quelles sont les conséquences environnementales de l'exploitation hydroélectrique sur la Côte-Nord ?
- quelles mesures sont prises pour atténuer ces conséquences ?
- quelles sont les sources d'énergie alternatives ?

9 Communiqués

HYDRO-QUÉBEC ET LE DÉVELOPPEMENT DURABLE

Pour assurer la sécurité énergétique des Québécois, nous avons poursuivi le développement hydroélectrique par des investissements globaux de cinq milliards de dollars [au Québec]. À l'heure des changements climatiques, nous sommes convaincus que l'hydroélectricité demeure la meilleure option pour le Québec. Propre et renouvelable, l'hydroélectricité permet de maintenir des écosystèmes et des habitats productifs. Elle contribue aussi au développement social et économique du Québec et de ses régions. Par l'apport combiné [d'autres sources d'énergie], notamment l'énergie éolienne, nous faisons des choix énergétiques durables pour répondre aux besoins.

9 A Source : Hydro-Québec, *Rapport sur le développement durable*, 2004.

L'AMÉNAGEMENT DE LA RIVIÈRE MAGPIE

Le gouvernement du Québec est heureux d'annoncer qu'il autorise la construction d'une petite centrale hydroélectrique sur la rivière Magpie, dans la municipalité de Rivière-Saint-Jean, sur la Côte-Nord.

Cette centrale contribuera à sécuriser nos approvisionnements énergétiques.

Les communautés locales et innue profiteront largement des retombées économiques de ce projet.

En acceptant ce projet, le gouvernement impose au promoteur des mesures pour limiter les impacts sur la migration de l'anguille d'Amérique et de la ouananiche. Ce projet est donc acceptable sur les plans environnemental, économique et social.

9 B Source : Adaptation d'un communiqué du ministère des Ressources naturelles et de la Faune, 2005.

10 Des mesures pour réduire les impacts de l'aménagement de la centrale de Toulnustouc

Action	Raison liée à l'action
Aménagement de 2 000 m² de frayères (lieux où les poissons déposent leurs œufs) pour les ombles de fontaine sur les cours d'eau qui se jettent dans la rivière Toulnustouc.	Deux frayères d'ombles de fontaine ont été perdues à la suite de l'inondation du territoire.
Indemnisation des villégiateurs dont les chalets ont été déplacés ou achetés.	Ces chalets se trouvaient dans la zone inondée.
Production d'un dépliant sur la question du mercure et sur les habitudes de consommation à adopter par les femmes enceintes, celles qui prévoient le devenir et celles qui allaitent.	Le mercure est un élément toxique pour les êtres humains : il peut causer des problèmes de santé s'il est consommé en grande quantité. Son taux va augmenter dans la chair de certains poissons (grand brochet et omble de fontaine) qui vivent à proximité de la centrale, ce qui pourrait causer des problèmes aux consommateurs.
Signature d'une entente avec la communauté autochtone montagnaise de Betsiamites qui prévoit, entre autres, une indemnisation de 9,6 millions de dollars.	L'inondation du territoire entraînera la perte de sites de chasse et de pêche des Montagnais. Ces autochtones ont également dû composer temporairement avec les inconvénients causés par les travaux (circulation accrue sur les routes, bruit, présence des travailleurs).

Source : Hydro-Québec, 2005.

Hydro-Québec prend généralement les mesures nécessaires pour éliminer ou réduire à un niveau acceptable les effets négatifs de la construction de ses centrales sur l'**environnement** naturel et humain. Un programme de suivi est prévu pour s'assurer que les actions entreprises par Hydro-Québec sont efficaces.

⓫ Points de vue

11 A Non à une centrale privée sur la rivière Magpie!

La rivière Magpie est l'une des plus belles rivières du monde pour faire du canot et du kayak, selon la revue *National Geographic*. Si on y construit une petite centrale au fil de l'eau, on détruira des rapides uniques mondialement reconnus! Plusieurs projets touristiques, s'ils étaient réalisés sur la rivière Magpie, pourraient engendrer des retombées évaluées à trois millions de dollars par année. La centrale ne fournira que 0,1 % de la production électrique québécoise! Cette quantité d'énergie est presque insignifiante. On devrait plutôt favoriser des sources d'énergie alternatives, comme l'énergie éolienne, et prendre des mesures pour inciter les Québécois à consommer moins d'énergie plutôt que de détruire les belles rivières de notre région avec des aménagements hydroélectriques. Rappelons-nous que l'électricité la plus propre est celle qu'on ne produit pas! D'ailleurs, Hydro-Québec a déjà annoncé que, d'ici 2013, elle comptera sur 3500 MW d'électricité supplémentaires d'origine éolienne, soit l'équivalent de l'électricité nécessaire pour approvisionner environ 700000 résidences.

Jean-Nicolas Martin
Porte-parole d'un groupe environnementaliste

11 B Les grands projets, un outil de développement régional

Les nouveaux projets de développement hydroélectrique sont généralement bien reçus par les habitants de ma région. Plusieurs considèrent qu'il s'agit d'un moyen de réduire le taux de chômage, qui est élevé chez nous. Par exemple, à lui seul, le projet de la centrale de la Toulnustouc a coûté un milliard de dollars, et les retombées régionales se chiffrent à 200 millions de dollars! Sans de tels projets, Hydro-Québec ne sera pas en mesure de fournir l'énergie dont la population aura besoin au cours des prochaines années. Je comprends que l'aménagement des barrages perturbe l'environnement, mais je trouve qu'Hydro-Québec prend des mesures appropriées pour limiter les effets négatifs des impacts. De plus, il ne faut pas croire que les barrages détruisent tout le potentiel récréotouristique de nos rivières. Malgré l'aménagement de trois centrales hydroélectriques sur la rivière aux Outardes, ce cours d'eau est encore utilisé pour la pêche, la baignade et la navigation de plaisance.

Noëlla Manseau
Femme d'affaires de Baie-Comeau

Observe et construis

a À ton avis, est-ce que le développement de l'hydroélectricité sur la Côte-Nord peut-être considéré comme du développement énergétique durable? Pourquoi? ⑨ ⑩

b Quel est le point de vue des groupes qui sont en faveur du développement de l'hydroélectricité dans la région? ⑨ ⑪ Quel est le point de vue de ceux qui sont contre? ⑪

Pour poursuivre, rends-toi à la page 77.

Territoire 4

Gérer le territoire énergétique de la Jamésie

Fiche 1.2.18

Selon toi,

- quelle est la ressource énergétique exploitée en Jamésie ?
- qui exploite cette ressource ?

1 Les aménagements hydroélectriques de la Jamésie

Baie d'Hudson
Whapmagoostui
Grande rivière de la Baleine
Robert-Bourassa
La Grande-2-A
La Grande-1
Réservoir Robert-Bourassa
La Grande-3
Laforge-1
Laforge-2
Brisay
La Grande-4
Réservoir de Caniapiscau
Chisasibi
Radisson
Baie James
La Grande Rivière
QUÉBEC
Wemindji
Jamésie
Réservoir Opinaca
Eastmain-1 (entrée en fonction : 2007)
Rivière Eastmain
Eastmain
Réservoir Eastmain 1
Baie de Rupert
Waskaganish
Nemiscau
Rivière Rupert
Rivière Nottaway
Rivière Broadback
ONTARIO
Mistissini
Oujé-Bougoumou
Chibougamau
Matagami
Waswanipi
Chapais
Lebel-sur-Quévillon
N
O
E
S
Échelle
0
100
200 km

LÉGENDE
- Ville ou village
- Village autochtone
- Frontière nationale
- Principale route

Centrales hydroélectriques à réservoir
- Plus de 1 000 MW
- Moins de 1 000 MW

Centrales hydroélectriques au fil de l'eau
- Plus de 1 000 MW
- Moins de 1 000 MW

La Jamésie	
Population	29 700
Superficie	312 518 km²
Nombre d'emplois directs dans le secteur de l'énergie	1 100
Climat	Subarctique
Québec	
Population	7,5 millions
PIB/hab.	27 599 $
Part du PIB liée au secteur énergétique	3,6 %, dont 3,2 % pour l'électricité

Sources : Institut de la statistique du Québec, 2005 ; ministère des Ressources naturelles et de la Faune, 2004 et 2005.

2 Robert Bourassa en 1973

Au début des années 1970, le Québec importait 80 % de l'énergie qu'il utilisait, en particulier du pétrole. En 1971, le premier ministre Robert Bourassa a annoncé le lancement du « projet du siècle » : le développement d'un vaste complexe hydroélectrique à l'est de la baie James, une zone à fort potentiel hydroélectrique. Le développement de l'hydroélectricité a permis de réduire la dépendance du Québec envers les **importations** de pétrole.

La Jamésie, aussi appelée Baie-James, occupe la partie sud de la **région administrative** du Nord-du-Québec. Elle s'étend sur environ 20 % de la superficie du Québec, à l'est de la baie James. La région compte près de 30 000 habitants dont presque 13 000 Cris, des autochtones qui habitent dans des villages dispersés sur le territoire. Les villes de Chapais, Chibougamau, Lebel-sur-Quévillon et Matagami groupent la grande majorité de la population non autochtone.

③ Des faits et des chiffres

Le complexe La Grande est l'un des plus grands complexes hydroélectriques au monde.

- Avec ses 176 000 km², ce complexe couvre un peu plus de 10 % de la superficie du Québec.
- La Grande Rivière est le principal cours d'eau de la Jamésie. Elle atteint 893 km de longueur.
- Les huit centrales du complexe La Grande produisent annuellement 78,3 milliards de **kWh**, soit plus de 50 % de l'électricité produite au Québec. La centrale Robert-Bourassa est la plus puissante du Québec : elle a une capacité de production de 5 616 MW. Elle produit assez d'électricité pour alimenter 1,4 million de personnes, soit le total des habitants des villes de Québec, Longueuil, Laval et Sherbrooke !
- La réalisation de ce projet a nécessité la construction de six aéroports, de sept villages et de 2 100 km de routes.
- Trois rivières (Eastmain, Opinaca et Caniapiscau) ont été déviées vers le bassin versant de la Grande Rivière pour augmenter le volume des réservoirs du complexe La Grande.
- Au plus fort des travaux de construction, 18 000 travailleurs, principalement des jeunes adultes, ont travaillé sur le chantier. Aujourd'hui, 700 personnes vivent en permanence dans la région pour assurer la maintenance et l'entretien des installations électriques d'Hydro-Québec.

Source : Hydro-Québec, 2005.

④ Les réservoirs du complexe La Grande

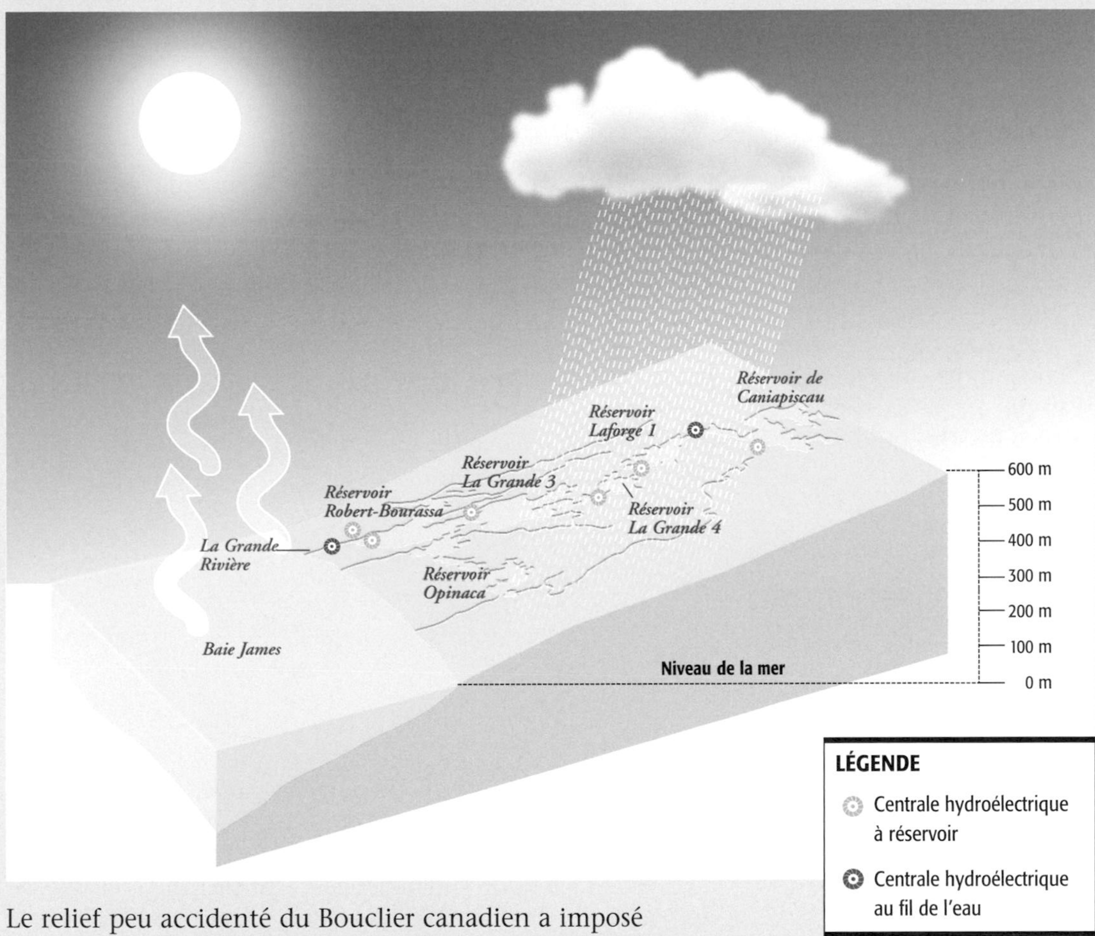

Le relief peu accidenté du Bouclier canadien a imposé la construction de barrages pour créer de vastes réservoirs, dont le réservoir Robert-Bourassa. Ces barrages ont amélioré le potentiel hydroélectrique de la Grande Rivière. Les réservoirs ont permis d'augmenter le **débit** de cette rivière et les barrages, d'augmenter la **hauteur de chute**.

Observe et construis

a Pourquoi le gouvernement du Québec a-t-il entrepris de développer le potentiel hydroélectrique de la Jamésie dans les années 1970 ? ②

b Quels aménagements ont été faits sur le territoire de la Jamésie ? ① ③

c Quels aménagements ont permis d'augmenter le débit de la Grande Rivière ? ④

d Pourquoi le complexe La Grande est-il très important pour le Québec ? ③

Répondre aux besoins énergétiques des populations

Fiche 1.2.19

Selon toi,

- qui consomme l'hydroélectricité produite en Jamésie?
- quel est le niveau de dépendance énergétique du Québec? de la Jamésie?

5 La consommation énergétique au Québec en 2002

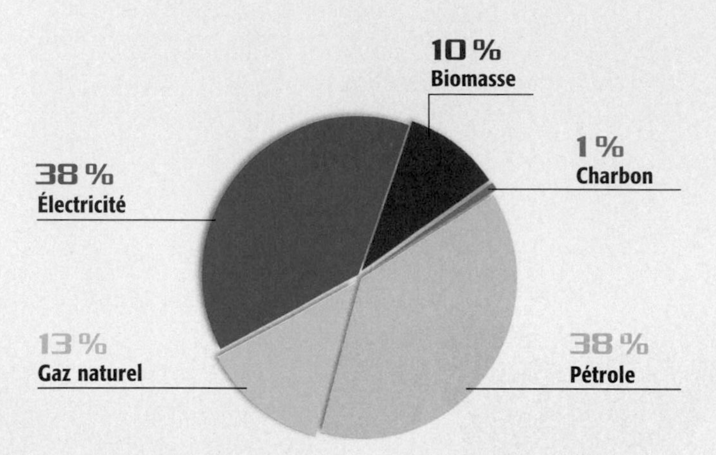

Source : Gouvernement du Québec, *L'énergie au Québec*, édition 2004, 2005.

Les Québécois font partie des plus importants consommateurs d'énergie au monde. Hydro-Québec estime qu'à long terme, la consommation d'électricité des Québécois augmentera de 1 % par année. En 2002, les résidants du Nord-du-Québec, un territoire qui inclut la Jamésie, n'ont consommé que 1,3 milliard de **kWh** d'électricité. Cette quantité représente moins de 1 % de toute l'électricité consommée au Québec (environ 207 milliards de kWh). Par ailleurs, le Québec importe presque tous les **combustibles fossiles** qu'il consomme, car il en produit très peu.

6 L'origine de l'électricité au Québec en 2002

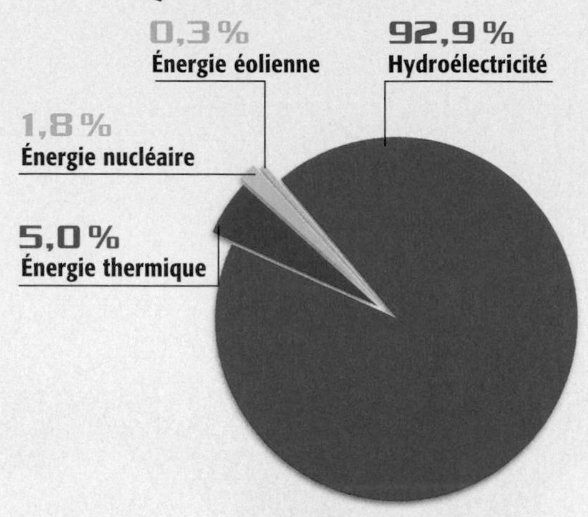

Source : Gouvernement du Québec, *L'énergie au Québec*, édition 2004, 2005.

Hydro-Québec produit plus de 70 % de l'énergie électrique au Québec. Le reste est produit par des producteurs privés (entreprises, municipalités, etc.) et acheté au gouvernement de Terre-Neuve-et-Labrador. Hydro-Québec a conclu avec ce gouvernement une entente qui lui permet d'acheter chaque année, à faible coût, une partie de l'électricité produite par le complexe hydroélectrique des chutes Churchill, au Labrador. Sans cette entente, la production électrique du Québec serait insuffisante pour répondre à la demande de la population québécoise.

7 Une ligne à haute tension

Sept lignes de transport d'énergie électrique, qui totalisent plus de 10 000 km de longueur, ont été construites pour acheminer l'électricité de la Jamésie vers les grands centres de consommation du sud du Québec. Par exemple, l'électricité doit parcourir environ 1 000 km pour parvenir à Montréal. Une partie de la production électrique de la Jamésie est également acheminée vers le nord-est des États-Unis et l'Ontario. L'**exportation** fournit des revenus supplémentaires à Hydro-Québec, qui vend cette électricité à un prix plus élevé qu'au Québec.

8 La centrale de l'Eastmain-1

Le Québec consomme actuellement presque autant d'électricité qu'il en produit. Pour répondre aux besoins futurs de la province et augmenter ses exportations, Hydro-Québec a entrepris la construction de nouvelles centrales hydroélectriques telles que la centrale de l'Eastmain-1, sur la rivière Eastmain, qui doit entrer en fonction en 2007. Cette centrale devrait produire suffisamment d'électricité pour alimenter environ 96 000 résidences. Elle nécessite la création du réservoir Eastmain, d'une superficie totale de 603 km^2.

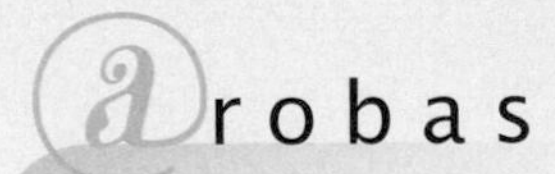

L'aménagement d'une centrale hydroélectrique

La construction d'une nouvelle centrale hydroélectrique demande de nombreux travaux d'aménagement. Fais une recherche pour trouver quels aménagements devront être faits sur la rivière Eastmain. Si la centrale est déjà en fonction, mentionne les aménagements qui ont été exécutés (ex.: barrage, ligne de transport d'électricité, etc.).

Observe et construis

a Comment les Québécois répondent-ils à leurs besoins énergétiques? (5) (6)

b Comment l'électricité produite en Jamésie parvient-elle au sud du Québec? (7)

c La Jamésie est-elle dépendante ou autonome sur le plan énergétique? Explique ta réponse. (5) (6) (7)

d Comment Hydro-Québec compte-t-elle répondre aux besoins énergétiques croissants de la population québécoise? (8)

Assurer un développement énergétique durable
Fiche 1.2.20

Selon toi,

- quelles sont les conséquences environnementales de l'exploitation hydroélectrique en Jamésie ?
- quelles mesures sont prises pour atténuer ces conséquences ?

9 L'inondation de territoires de chasse

La création de réservoirs nécessite l'inondation de vastes territoires sur lesquels des Cris pratiquent leurs activités traditionnelles de chasse et de piégeage.

10 La contamination des poissons par le mercure

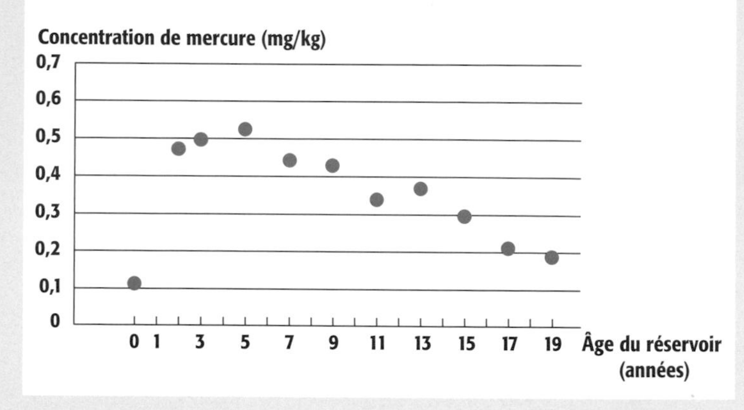

Source : Hydro-Québec, 2001.

Le mercure est un élément toxique qui peut causer des problèmes de santé aux êtres humains. La création de réservoirs entraîne une augmentation de la concentration de mercure dans la chair des poissons. Dans les réservoirs du complexe La Grande, on a observé chez certains poissons des teneurs en mercure de trois à six fois plus élevées que chez ceux qui vivent en milieu naturel ! Cet effet est plus marqué au cours des années qui suivent la construction d'un réservoir, et la concentration de mercure diminue avec le temps. Comme le poisson est une importante source de nourriture pour les Cris, ceux-ci ont dû réduire leur consommation pour éviter des problèmes de santé.

11 Une menace à la biodiversité

L'inondation des territoires entraîne souvent la destruction ou la modification des habitats de certaines espèces d'oiseaux, de mammifères et de poissons. Les castors, par exemple, doivent trouver un nouvel habitat après la création d'un réservoir. Certains d'entre eux risquent de mourir s'ils n'y arrivent pas. C'est la raison pour laquelle Hydro-Québec a effectué une expérience pilote dans le bassin de la rivière Eastmain au cours de l'été 2003. Cette expérience consistait à capturer des castors qui vivaient dans des secteurs du futur réservoir, puis à les transporter dans un nouvel habitat. La plupart des animaux déplacés ont survécu à leur relocalisation.

⑫ Communiqué

HYDRO-QUÉBEC ET LE DÉVELOPPEMENT DURABLE

Pour assurer la sécurité énergétique des Québécois, nous avons poursuivi le développement hydroélectrique par des investissements globaux de cinq milliards de dollars [au Québec]. À l'heure des changements climatiques, nous sommes convaincus que l'hydroélectricité demeure la meilleure option pour le Québec. Propre et renouvelable, l'hydroélectricité permet de maintenir des écosystèmes et des habitats productifs. Elle contribue aussi au développement social et économique du Québec et de ses régions. Par l'apport combiné [d'autres sources d'énergie], notamment l'énergie éolienne, nous faisons des choix énergétiques durables pour répondre aux besoins.

Source : Hydro-Québec, *Rapport sur le développement durable*, 2004.

⑬ Des mesures pour réduire les impacts de l'aménagement de la centrale de l'Eastmain-1

Action	Raison liée à l'action
Aménagement de frayères (lieux où les poissons déposent leurs œufs) pour aider diverses espèces de poissons, principalement le doré et le grand corégone, à se reproduire.	Cet aménagement doit compenser la perte d'habitats occasionnée par la création du réservoir Eastmain-1.
Aménagement de frayères pour l'esturgeon jaune et d'installations qui ont pour objectif de permettre la migration des poissons et l'introduction de larves de poissons dans la rivière Eastmain.	L'esturgeon jaune de la rivière Eastmain est très important dans l'alimentation des Cris. Il présente également un grand intérêt écologique. Les aménagements sont effectués pour compenser la perte d'habitats.
Aménagement de plates-formes qui permettront au balbuzard (espèce d'oiseau) de construire des nids autour du réservoir Eastmain-1.	La création du réservoir Eastmain-1 devrait entraîner la perte de sites de nidification. Les plans d'eau créés ou modifiés présenteront un bon potentiel pour l'alimentation du balbuzard.
Plantation d'environ 2 460 000 semis d'arbustes sur 800 **ha**, dont 170 ha le long des routes.	Ces mesures limiteront les impacts des travaux sur le paysage et le milieu naturel tout en améliorant le potentiel faunique.

Avant même de réaliser un projet, Hydro-Québec en évalue les impacts sur l'**environnement** naturel et humain, et présente des mesures qui visent à en réduire les conséquences négatives. Un programme de suivi est également toujours prévu. Ces mesures ont généralement un bon taux de réussite.

Observe et construis

a Quelles sont les conséquences de la création d'un réservoir? ⑨ ⑩ ⑪

b Les aménagements d'Hydro-Québec assurent-ils un développement énergétique durable? Explique ta réponse. ⑫ ⑬

c Pourquoi les Cris sont-ils particulièrement affectés par le développement hydroélectrique de la Jamésie? ⑨ ⑩

14 Un projet abandonné

Au début des années 1990, le projet d'**aménagement** hydroélectrique de la Grande rivière de la Baleine, au nord du complexe La Grande, a été abandonné à la suite de pressions des Cris et des environnementalistes. Ce projet prévoyait l'inondation de plus de 1 600 km² de territoire. Pour sensibiliser l'opinion internationale, un groupe de Cris et d'Inuits a parcouru en canot le trajet entre la Grande rivière de la Baleine et New York, un geste dont les médias ont beaucoup parlé.

15 Point de vue

Une des plus belles rivières du Québec menacée

Pour augmenter sa production électrique, Hydro-Québec pense présentement à construire une nouvelle centrale sur la rivière Eastmain (Eastmain 1-A), un projet qui inclut le détournement de l'eau de la rivière Rupert vers la rivière Eastmain. Comme plusieurs Cris de la région, nous nous opposons farouchement à la destruction de la rivière Rupert par Hydro-Québec, d'autant plus que l'électricité produite l'été sera majoritairement exportée. Il faut absolument protéger une des dernières rivières vierges du Nord, une rivière reconnue par les amateurs de pêche. La truite mouchetée et l'esturgeon jaune risquent d'être grandement affectés par ce projet, sans compter tous les autres impacts négatifs sur l'estuaire de la baie de Rupert et sur la baie James. Nous voudrions donc que le projet soit annulé comme ce fut le cas pour l'aménagement de la Grande rivière de la Baleine. Nous désirons un développement durable. Plutôt que de détourner des rivières pour alimenter les centrales hydroélectriques, il faudrait favoriser le développement de sources d'énergie alternatives et prendre des mesures pour diminuer notre consommation d'énergie. D'ailleurs, comme il y a des vents d'une vitesse moyenne de 30 km/h sur la côte de la baie James, on devrait plutôt penser à y développer un parc d'éoliennes !

Camille Turcotte
Membre d'un groupe environnementaliste, Chibougamau

16 Communiqué

HYDRO-QUÉBEC CONTRIBUE AU DÉVELOPPEMENT RÉGIONAL

Hydro-Québec est heureuse d'annoncer la conclusion d'une entente de partenariat avec la municipalité de Baie-James concernant le projet de centrale Eastmain-1-A/dérivation Rupert/la Sarcelle. Par cette entente, Hydro-Québec versera à la région près de 310 millions de dollars sur 50 ans pour favoriser la réalisation de projets à caractère social, environnemental et économique. Le projet de construction de la centrale Eastmain-1-A/ dérivation Rupert/la Sarcelle représente le plus important projet d'aménagement hydroélectrique de la présente décennie au Québec. D'une puissance de 768 MW, la centrale Eastmain-1-A sera érigée à proximité de la centrale Eastmain-1, actuellement en construction. La centrale de la Sarcelle, d'une puissance de 120 MW, s'ajoutera au complexe.

Source : Hydro-Québec, 28 janvier 2005.

Observe et construis

d Pourquoi le projet de la Grande rivière de la Baleine a-t-il été abandonné ? 14

e Quelle solution propose Hydro-Québec pour répondre aux besoins énergétiques croissants des Québécois ? 16 Comment réagissent les environnementalistes ? 15

f À ton avis, quelle solution faudrait-il privilégier ?

Pour poursuivre, rends-toi à la page 77.

Ton défi

À l'œuvre !

Il est maintenant temps d'utiliser tout ce que tu as appris dans ce module ainsi que le portrait du territoire énergétique que tu as choisi pour élaborer ton scénario.

1. Pour t'aider, pense aux conséquences qu'une importante croissance de la consommation d'énergie pourrait avoir :
   - sur le territoire choisi ;
   - sur la population de ce territoire ;
   - à l'échelle de la planète ;
   - sur les autres sources d'énergie ;
   - sur tout autre élément de ton choix.
2. Appuie-toi sur des données présentées dans ce module pour décrire ces conséquences.
3. Compare les conséquences que tu as énumérées avec celles mentionnées par tes camarades ou par les autres équipes et retenez celles qui vous semblent particulièrement pertinentes.
4. Termine la description de ton scénario en présentant ton opinion sur la consommation énergétique dans le monde dans un court texte.

Synthèse

Fiche 1.2.22

Fais la synthèse de tes apprentissages en répondant de nouveau aux questions des rubriques « Selon toi ».

ou

Construis un schéma organisateur à partir des questions suivantes.

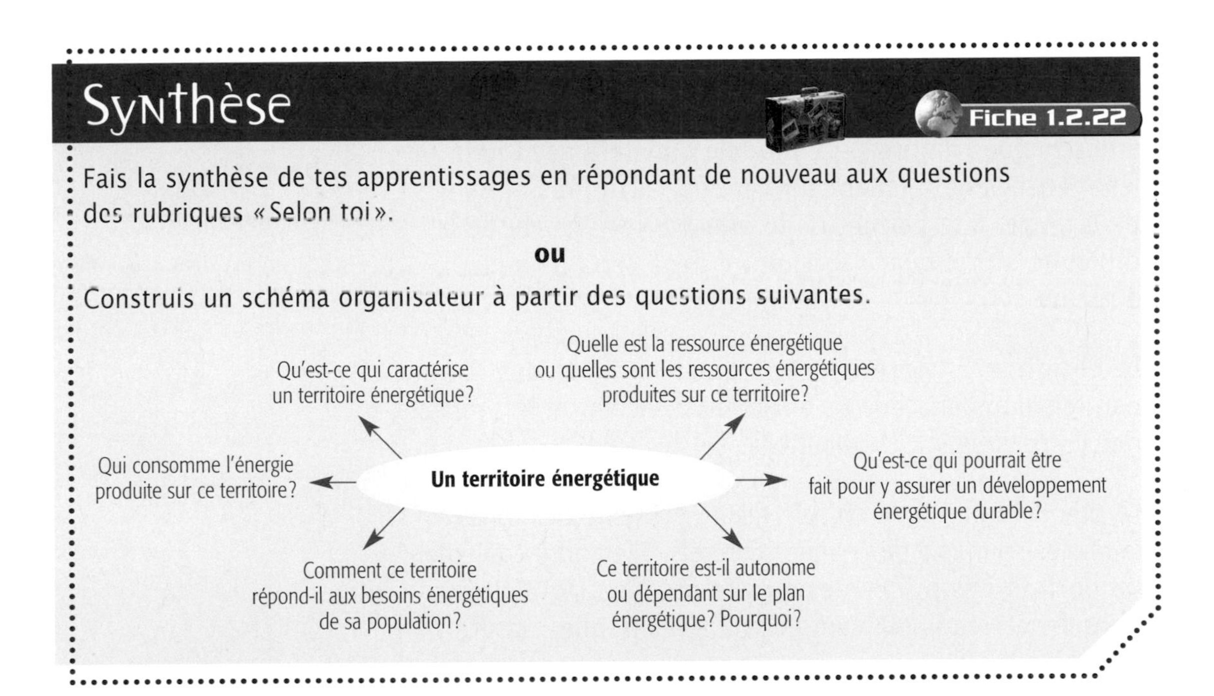

Bilan

Fiche 1.2.23

1 Comment as-tu procédé pour déterminer les conséquences possibles d'une augmentation radicale de la consommation d'énergie ?

2 Que penses-tu d'un tel scénario ? Est-il plausible ? Pourquoi ?

3 Que devraient faire les territoires énergétiques du monde compte tenu de la croissance de la demande d'énergie ?

4 Que peux-tu faire pour réduire ta consommation personnelle d'énergie ?

Module 2

Le territoire agricole en milieu à risque

Les territoires agricoles sont des espaces où dominent les activités agricoles. Plusieurs de ces territoires sont soumis à des risques naturels. Ce module t'invite à découvrir les menaces qui planent sur certains territoires agricoles de la Terre. Il te permettra de prendre conscience de la difficulté à pratiquer l'agriculture dans certains milieux à risque.

Le **chapitre 1** te présente les caractéristiques des risques naturels qui menacent les territoires agricoles et les impacts de ces risques sur l'agriculture.

La première partie du **chapitre 2** te présente des milieux agricoles soumis à des risques naturels. Elle t'offre également un portrait des problèmes qu'affrontent les agriculteurs dont les activités peuvent accroître les risques naturels et la fragilité du milieu. Tu découvriras des moyens qui permettent de développer un territoire agricole en tenant compte de conditions particulières. Dans la deuxième partie de ce chapitre, tu découvriras trois territoires agricoles à risque : la Prairie canadienne, le Bangladesh et le Sahel. Tu apprendras comment on concilie l'agriculture et l'environnement et de quelle manière on gère l'eau sur ces territoires agricoles.

Oasis de Dakhla, en Égypte

Qu'est-ce qui caractérise les milieux agricoles à risque ?

Table des matières

Pakistan

Chapitre 1 Les milieux agricoles à risque 82

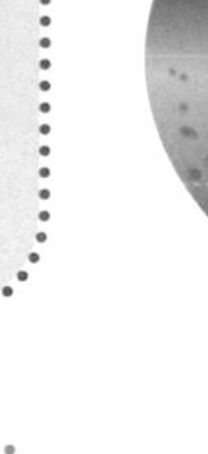

Concepts à l'étude

Territoire agricole
- Environnement
- Mise en marché
- Mode de culture
- Productivité
- Ruralité

Milieu à risque
- Catastrophe naturelle
- Dégradation
- Risque naturel
- Risque artificiel

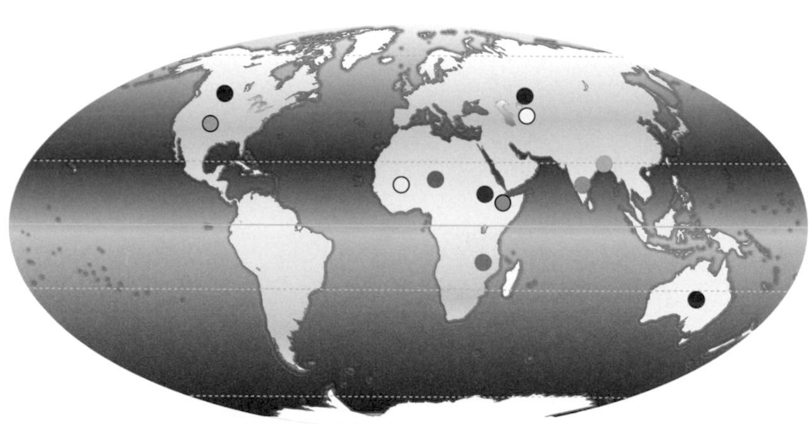

Pays mentionnés dans le chapitre 2

- Australie
- États-Unis
- Éthiopie
- Inde
- Kazakhstan
- Malawi
- Mali
- Ouzbékistan
- Soudan

Ressources géo

Techniques à développer

Chapitre 2
La planète et ses enjeux 90

1. La Prairie canadienne ●

2. Le Bangladesh ●

3. Le Sahel ●

Chapitre 1

Les milieux agricoles à risque

Sur la Terre, les territoires agricoles sont principalement limités par des facteurs liés au relief, au sol et au climat. Certains de ces territoires réunissent toutes les conditions favorables à la pratique agricole alors que d'autres doivent composer avec un manque d'eau, un relief accidenté ou un sol pauvre. Par ailleurs, certaines conditions climatiques extrêmes (températures anormalement élevées, pénuries ou surplus de précipitations, etc.) peuvent entraîner de véritables catastrophes pour les populations dont la survie dépend de l'**agriculture**. Quels **risques naturels** menacent particulièrement les territoires agricoles ? Comment ces risques naturels affectent-ils l'**environnement** ? la population ?

Ton défi

Les risques naturels en milieu agricole
[Première partie]

Chaque année, les médias nous montrent des catastrophes naturelles telles que des sécheresses, des inondations ou des invasions d'insectes. Ces catastrophes ont la plupart du temps des conséquences désastreuses.

Ton défi consiste à faire un **exposé** sur les catastrophes naturelles qui touchent les territoires agricoles afin de répondre aux principales questions que se posent les gens à ce sujet. Quelles sont les caractéristiques de ces catastrophes ? Où surviennent-elles ? Pourquoi ? Quelles en sont les conséquences ? etc.

Pour relever ce défi, tu devras :

- déterminer la forme de ton exposé : une émission informative, un reportage fictif, une entrevue avec une personne experte, etc.
- recueillir, tout le long de ce chapitre, les informations nécessaires dans un tableau semblable au suivant.

Menaces pour les territoires agricoles

Types de menaces	Inondation	Sécheresse	Invasion d'insectes
Description			
Exemples			
Causes			
Conséquences			

Ce tableau, une fois rempli, te sera utile pour élaborer ton exposé.

Tu pourras ensuite compléter ta collecte de données au cours du chapitre suivant.

Pour y arriver,

1. Consulte, au besoin, les rubriques Ton défi – En marche (p. 85, 87 et 89). Tu y trouveras des conseils pour mener à bien ton exposé.
2. Consulte aussi la section Ressources géo (p. 338) pour bien utiliser les techniques dont tu auras besoin.
3. Consulte d'autres sources : documentaires, cartes géographiques, sites Internet, atlas, etc.
4. Prends connaissance de la rubrique Ton défi – À l'œuvre ! (p. 99) pour finaliser la première partie de ton exposé.

Les principales menaces pour les territoires agricoles

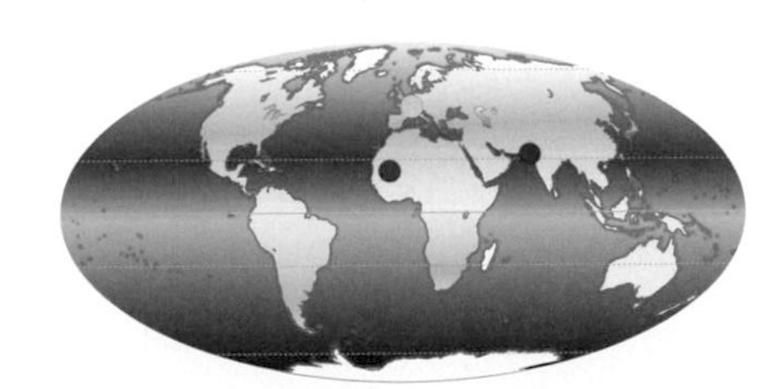

Selon toi,

- quels risques naturels menacent les territoires agricoles ?

1 Une sécheresse au Pakistan

Après trois années consécutives de sécheresse, l'année 2002 a été catastrophique pour la population du Pakistan. Le pays a perdu une grande partie de ses récoltes et de son bétail, ce qui a entraîné la famine. En plus de ces conséquences, la sécheresse a causé de lourdes pertes de revenus, car l'économie de ce pays dépend en grande partie de l'activité agricole.

2 Une inondation en France

En septembre 2002, le sud de la France a connu des **précipitations** exceptionnelles. Il est tombé plus de 600 mm de pluie en 48 heures à certains endroits, ce qui a entraîné une importante inondation. L'eau a recouvert et détruit jusqu'à 60 % des vignes de la région. Les dommages matériels liés à l'agriculture ont été estimés à près de 300 millions de dollars. Cette inondation n'est pourtant qu'une des 2 200 **catastrophes naturelles** mondiales liées à l'eau depuis le début des années 1990.

3 Une invasion de criquets en Mauritanie

Dans 57 pays du monde, les terres agricoles sont menacées par des invasions d'insectes. La Mauritanie a connu en 2004 la pire invasion de criquets pèlerins depuis celles de 1987 à 1989. Les insectes ont infligé de lourdes pertes aux agriculteurs mauritaniens en détruisant jusqu'à 50 % des récoltes. Ces dommages se sont ajoutés aux problèmes des familles d'agriculteurs dépendantes de **cultures vivrières** déjà fortement affectées par les sécheresses des dernières années. Seuls l'aide alimentaire et les dons de semences et de fourrage pour le bétail ont réussi à assurer la sécurité alimentaire des populations touchées par cette invasion d'insectes.

Observe et construis

a Quelles catastrophes naturelles peuvent survenir sur les territoires agricoles ? 1 2 3

b Quelles sont les conséquences de ces catastrophes ? 1 2 3

L'inondation : quand les éléments se déchaînent

Fiche 2.1.3

Selon toi,

- qu'est-ce qu'une inondation ?
- quelles sont les conséquences des inondations ?
- pourquoi les gens habitent-ils et cultivent-ils des territoires qui risquent d'être inondés ?

4 Les causes naturelles des inondations

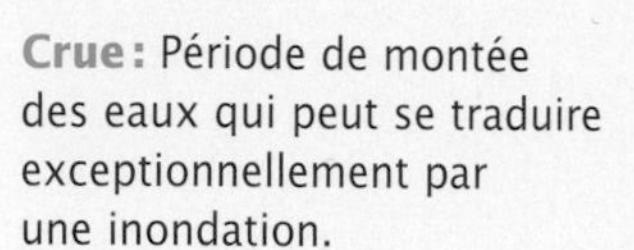

Crue : Période de montée des eaux qui peut se traduire exceptionnellement par une inondation.

Mousson : Vent soufflant de la mer vers le continent (mousson d'été) ou du continent vers la mer (mousson d'hiver) dans les régions tropicales d'Asie du Sud et du Sud-Est. La mousson d'été apporte de très fortes pluies.

4 A Précipitations importantes d'une durée limitée (ex. : tempête) à Taiwan, en Chine

4 B Précipitations abondantes durant la mousson d'été au Bangladesh

Inondation

4 C Crue causée par une fonte des neiges rapide à Terre-Neuve-et-Labrador

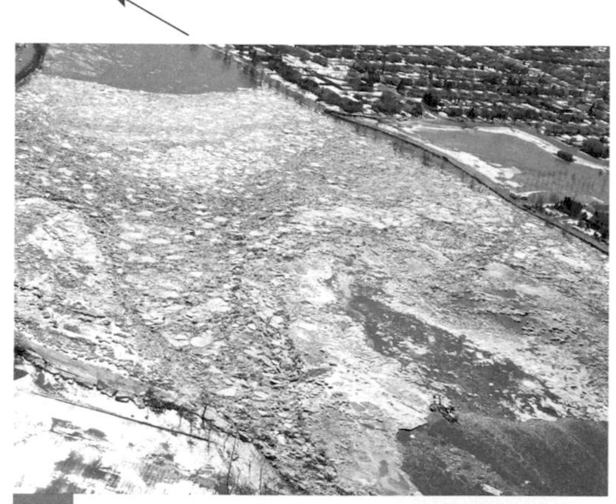

4 D Crue causée par un embâcle (accumulation de glace ou de débris sur un cours d'eau) sur la rivière Châteauguay, au Québec

Une inondation a habituellement lieu lorsqu'un cours d'eau déborde sur les terrains avoisinants. L'inondation peut être causée par une crue, de grandes marées, un raz de marée, de fortes **précipitations**, un embâcle, etc. Lorsqu'une inondation est causée par des précipitations, son importance varie en fonction de la quantité d'eau reçue, de la durée de l'épisode de pluie et de la superficie de terrain touchée.

5 La plaine inondable

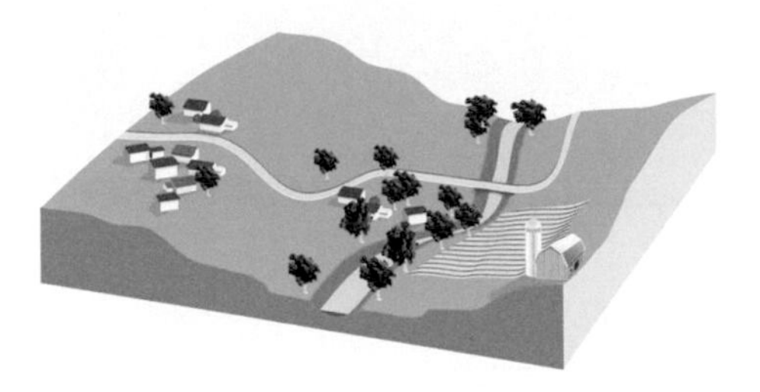

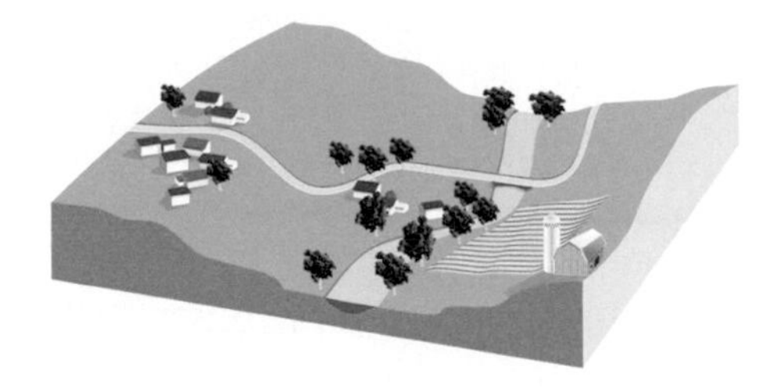

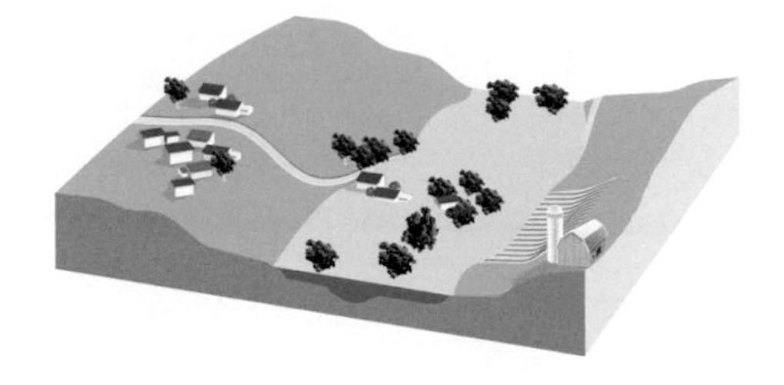

5 A Lit mineur ou étiage
Niveau minimal des eaux d'un cours d'eau. Au Québec, ce niveau est souvent atteint à la fin de l'été.

5 B Lit moyen ou niveau plein bord
Niveau qu'un cours d'eau peut atteindre avant de déborder.

5 C Lit majeur ou plaine inondable
Zone basse riveraine d'un cours d'eau allant de quelques mètres à quelques kilomètres. Cette zone est souvent recouverte d'eau en période de crue.

Les plaines basses situées de chaque côté d'un cours d'eau peuvent être inondées. Malgré cette situation, elles attirent depuis toujours les êtres humains qui s'y établissent parce qu'ils sont certains d'y trouver de l'eau, parce que le relief relativement plat permet la construction d'habitations et parce que les sols sont généralement fertiles. Pourtant, les inondations peuvent avoir des conséquences catastrophiques. Elles risquent d'entraîner vers les cours d'eau une partie des sols fertiles et de détruire en tout ou en partie les installations humaines et le bétail des fermes. Les inondations causent donc des pertes économiques et, parfois, des pertes de vies humaines.

6 Une inondation essentielle au Mali •

Les conséquences des inondations ne sont pas toujours désastreuses. Par exemple, les crues du fleuve Niger déposent sur les rives inondées des sédiments et des **nutriments** qui fertilisent les sols lorsque l'eau se retire. Ces crues profitent également aux pêcheurs qui vivent sur les rives de ce fleuve, car les poissons sont plus abondants lorsqu'un cours d'eau atteint ou dépasse son niveau plein bord.

Ton défi

En marche

Note les informations que tu juges pertinentes sur les causes des inondations et leurs conséquences sur les territoires agricoles. Consulte d'autres sources pour enrichir ces informations de divers exemples.

Observe et construis

a Quelles sont les causes naturelles les plus fréquentes des inondations? 4

b Quelles sont les caractéristiques des zones où il y a des risques d'inondation? 5

c Quelles menaces représentent les inondations pour les territoires agricoles? 5

d Pourquoi les plaines inondables sont-elles habitées? 5 Pourquoi sont-elles cultivées malgré les risques d'inondation? 5 6

La sécheresse : quand les champs meurent de soif

Fiche 2.1.4

Selon toi,

- qu'est-ce qu'une sécheresse ?
- quels sont les impacts de la sécheresse ?

7 Les précipitations au Sahel entre 1950 et 1996

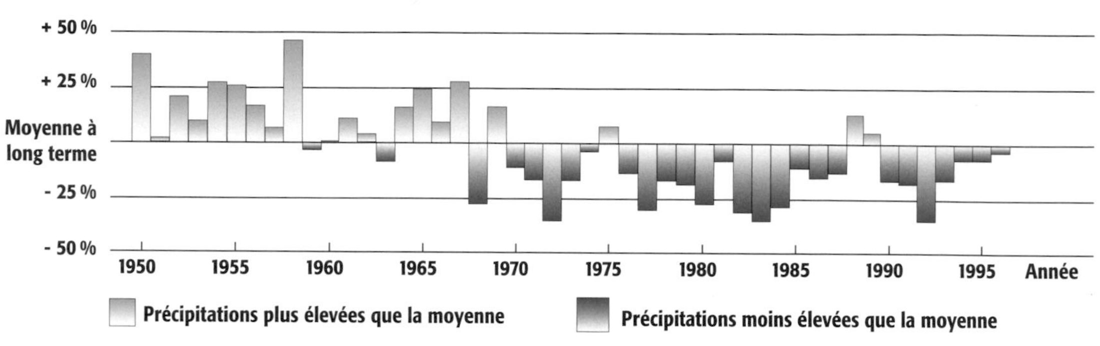

Source : *Atlas mondial Oxford*, Les Éditions de la Chenelière, 2004.

La sécheresse est une période prolongée de temps sec, c'est-à-dire sans pluie. Il s'agit d'un état temporaire et inhabituel dans une région donnée à un moment précis.

En période de sécheresse, les températures sont élevées et se maintiennent au-dessus de la moyenne. De plus, les **précipitations** sont inférieures aux moyennes saisonnières. Les critères qui définissent la sécheresse varient selon l'endroit où l'on se trouve sur la Terre. Par exemple, aux États-Unis, on parle de sécheresse quand une zone reçoit 30 % de moins de précipitations que la normale durant un minimum de 21 jours ; en Inde, quand elle en reçoit 75 % de moins que les normales saisonnières ; en Australie, quand elle en reçoit moins de 10 % de la moyenne annuelle.

Avec les changements climatiques dus au réchauffement de la planète, les sécheresses ont tendance à devenir de plus en plus fréquentes dans les régions **arides** et semi-arides de la Terre et elles risquent d'être plus nombreuses et plus longues à l'avenir. En Mauritanie, un pays du Sahel, la moyenne des précipitations annuelles n'est que de 100 à 400 mm. Lorsque les précipitations annuelles sont inférieures à cette moyenne, on parle de sécheresse.

8 La famine en Somalie

Depuis une quarantaine d'années, les famines provoquées par les sécheresses sont responsables de millions de morts dans le monde. En Somalie, selon la FAO, près de 2 millions de personnes ont nécessité une aide humanitaire suite à la grave sécheresse que le pays a connue au début de l'année 2006. La sécheresse a confronté les familles d'agriculteurs somaliens aux plus faibles récoltes enregistrées depuis 10 ans.

9 Une sécheresse en Australie

Dans le Queensland, une province du nord-est australien, les précipitations moyennes en janvier et en février atteignent environ 150 mm. En 2001 et en 2002, la région n'a pas reçu l'apport habituel d'eau. Cette situation a provoqué une sécheresse qui a eu des effets dramatiques sur l'**agriculture** : on a enregistré une baisse d'environ 20 % du **PIB** agricole au cours de ces deux années.

Lors de sécheresses, certains **écosystèmes** sont détruits parce que des espèces animales ou végétales ne peuvent se reproduire ou périssent à cause d'un manque d'eau. Dans les milieux arides et semi-arides, les sécheresses sont plus fréquentes. Elles dénudent les sols, ce qui entraîne leur érosion et, à plus ou moins long terme, leur **désertification**. Il devient alors impossible de cultiver les sols, qui ont perdu toute leur valeur productive. Ces sols ne peuvent pas non plus nourrir le bétail, puisque toute la végétation a disparu.

Désertification : Transformation de terres fertiles en déserts. Ce phénomène survient surtout dans les régions arides et semi-arides de la Terre.

Ton défi

En marche

Consigne des informations sur les causes et les conséquences de la sécheresse. Consulte d'autres sources pour enrichir ces informations de divers exemples.

Observe et construis

a Qu'est-ce qu'une sécheresse ? 7

b Quelles sont les conséquences de la sécheresse sur un territoire ? 8 9

c Quelles régions de la Terre sont les plus touchées par les sécheresses ? 7 9

L'invasion d'insectes : quand les récoltes s'envolent

Selon toi,

- quels risques les insectes constituent-ils pour les territoires agricoles ?
- quelles parties du monde sont particulièrement touchées par les invasions d'insectes ?

10 Les insectes ravageurs

10 A **Criquet pèlerin adulte**
10 B **Charançons du riz**
10 C **Pyrale du maïs**
10 D **Cécidomyie orangée du blé**
10 E **Cucujides roux**

On parle d'invasion d'insectes lorsque des quantités phénoménales d'insectes s'attaquent au même moment à une surface végétale et la dévorent.

Il est très difficile de déterminer le nombre d'espèces d'insectes de la planète. On estime qu'il y en aurait environ un million ! Certains pensent même qu'il pourrait en exister beaucoup plus.

De ce nombre, environ 500 espèces d'insectes sont nuisibles aux cultures. Parmi les plus ravageuses, on trouve le criquet pèlerin, qui sévit dans les pays au climat chaud et sec de l'Afrique du Nord, du Moyen-Orient, de l'Asie du Sud et de l'Europe méditerranéenne. D'autres insectes ravageurs, dont le charançon du riz, s'attaquent aux cultures de riz en Asie, au Moyen-Orient, en Amérique du Nord, en Amérique centrale, en Amérique du Sud et en Europe méditerranéenne. En Amérique du Nord et en Europe, la pyrale du maïs, le cucujide roux et la cécidomyie orangée du blé causent des dégâts au point de provoquer la perte de récoltes entières.

⓫ Une invasion de criquets dans un champ

Les invasions de criquets pèlerins ne se produisent pas selon des cycles réguliers. On sait cependant que ces insectes migrent vers certains lieux en fonction des vents. Pour se reproduire, ils vont, par exemple, dans la zone du fleuve Niger, au Mali. Les sols humides des plaines inondées constituent un lieu favorable à la ponte des œufs.

Après l'éclosion, les criquets, solitaires au départ, se rassemblent en groupes de millions, voire de milliards d'insectes. Poussés par les vents dominants, ils entreprennent leur **migration** vers des zones plus sèches, où ils trouveront les champs couverts de végétation dont ils se nourrissent. Après leur passage, il ne reste pratiquement aucun plant intact.

⓬ Des ravages dans les silos

Même à l'abri dans un silo, les grains de blé recueillis par les exploitants agricoles de l'Ouest canadien sont la proie des insectes ravageurs. Le cucujide roux est le plus dévastateur. Attiré par l'odeur et l'humidité des grains récoltés, il s'infiltre jusque dans les greniers à grain, les silos, les cargos, les wagons de train, les moulins et les entrepôts. Le grain infesté moisit et ne peut plus être transformé en produit de boulangerie, ce qui occasionne d'importantes pertes économiques pour les producteurs.

Ton défi

En marche

Note les causes et les conséquences des invasions d'insectes. Consulte d'autres sources pour ajouter des exemples à ta présentation. Si les nuages d'insectes sont spectaculaires à voir, le son qu'ils émettent est aussi impressionnant. Trouve une façon de faire vivre ce phénomène à tes auditeurs.

Observe et construis

a Dans quelles parties du monde les insectes nuisibles font-ils des ravages? ❿

b Quelles conditions sont favorables aux invasions de criquets pèlerins? ⓫

c Comment les insectes peuvent-ils être nuisibles à l'agriculture? ❿ ⓫ ⓬

Chapitre 2

La planète et ses enjeux

A Le contexte planétaire

Les **risques naturels** comme les sécheresses, les inondations et les invasions d'insectes constituent de véritables **catastrophes naturelles** lorsqu'ils surviennent dans certains milieux agricoles. Tous les milieux agricoles de la Terre ne sont pas soumis aux mêmes types de risques naturels. Quelles sont les caractéristiques des milieux agricoles les plus à risque ? Où se trouvent ces territoires ?

À cause de divers facteurs liés au relief, au sol et au climat, environ 10% de la surface terrestre est propice à la culture. La pratique de l'agriculture sur de moins bonnes terres est coûteuse et comporte des risques de mauvaises récoltes ou de dégradation de l'**environnement**. Les agriculteurs doivent recourir à des pratiques de plus en plus productives pour répondre à la demande de produits agricoles, qui ne cesse d'augmenter. En quoi ces pratiques peuvent-elles accroître la fragilité de certains milieux ? Quels impacts ont ces pratiques sur l'environnement ? Comment les agriculteurs gèrent-ils une pénurie ou un surplus d'eau ?

Ton défi

Les risques naturels en milieu agricole (Deuxième partie)

Pour poursuivre la préparation de ton exposé, présente des milieux agricoles à risque de la Terre. Note les informations qui te semblent essentielles dans un tableau semblable au suivant. Ces notes t'aideront à préparer ton exposé et à répondre aux questions de tes auditeurs.

Types de menaces	Inondation	Sécheresse	Invasion d'insectes
Une partie du monde touchée par ces menaces			
Pratiques agricoles :		Comment ces pratiques accroissent-elles les risques naturels ?	
Solutions possibles :			

Pour t'aider à compléter tes notes,

1. Repère les rubriques Ton défi – En marche (p. 91, 93 et 97) et suis les étapes suggérées.
2. Prépare les documents dont tu auras besoin pour expliquer cette problématique : carte du monde, photos, statistiques, etc.
3. Consulte la section Ressources géo (p. 338) au besoin.
4. N'hésite pas à consulter d'autres sources : cartes, documentaires, sites Internet, atlas, etc.
5. Consulte la rubrique Ton défi – À l'œuvre ! (p. 99) afin de t'assurer que tu as les informations nécessaires pour finaliser ton défi.

Les territoires agricoles dans les milieux à risque

Selon toi,

- où se trouvent les territoires agricoles à risque sur la Terre?
- quels risques menacent ces territoires?

1 Le territoire agricole planétaire

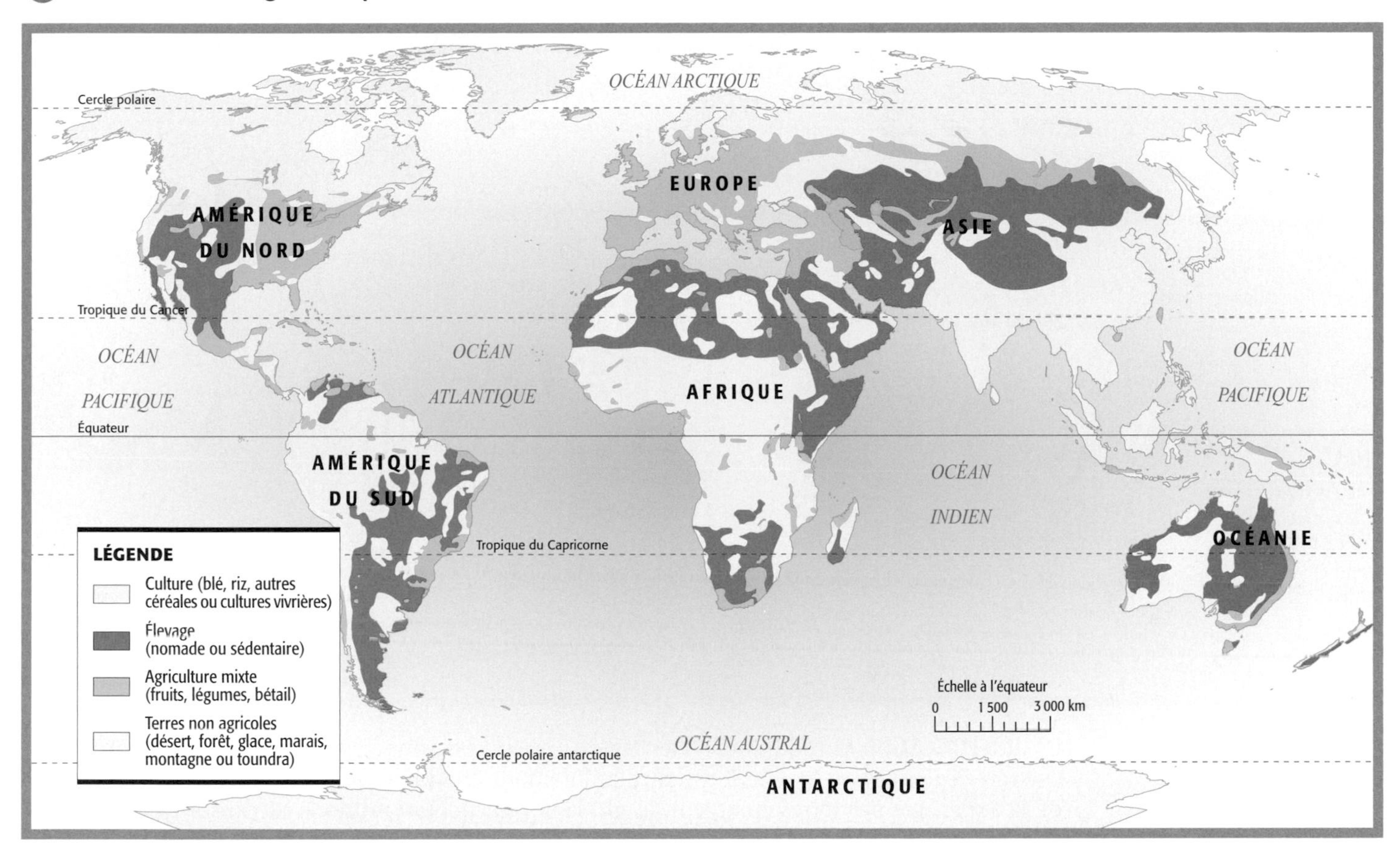

Selon la **FAO**, l'espace agricole mondial occupe 4 900 millions d'**hectares**, dont environ 1 500 millions sont constitués de terres arables et de cultures permanentes, et 3 400 millions sont composés de prairies ou de pâturages. Même si elles occupent une superficie moins importante que les pâturages, les terres cultivées fournissent la majeure partie de la production agricole mondiale.

Ton défi

En marche

Prépare-toi à commenter la carte 1 lors de ton exposé. Note au besoin les informations que tu voudrais transmettre à tes auditeurs. Assure-toi de pouvoir utiliser les noms des parallèles et des parties du monde, de situer l'équateur, etc.

Observe et construis

a De quel type de carte s'agit-il? Au besoin, consulte la page 360 de la section Ressources géo pour expliquer ta réponse. 1

b Quelle information te fournit cette carte? Indique la partie de la carte qui te donne cette information. 1

c Quel type d'agriculture domine l'espace agricole planétaire? Indique la partie de la carte qui te donne cette information. 1

2 Les zones du monde soumises à une sécheresse croissante

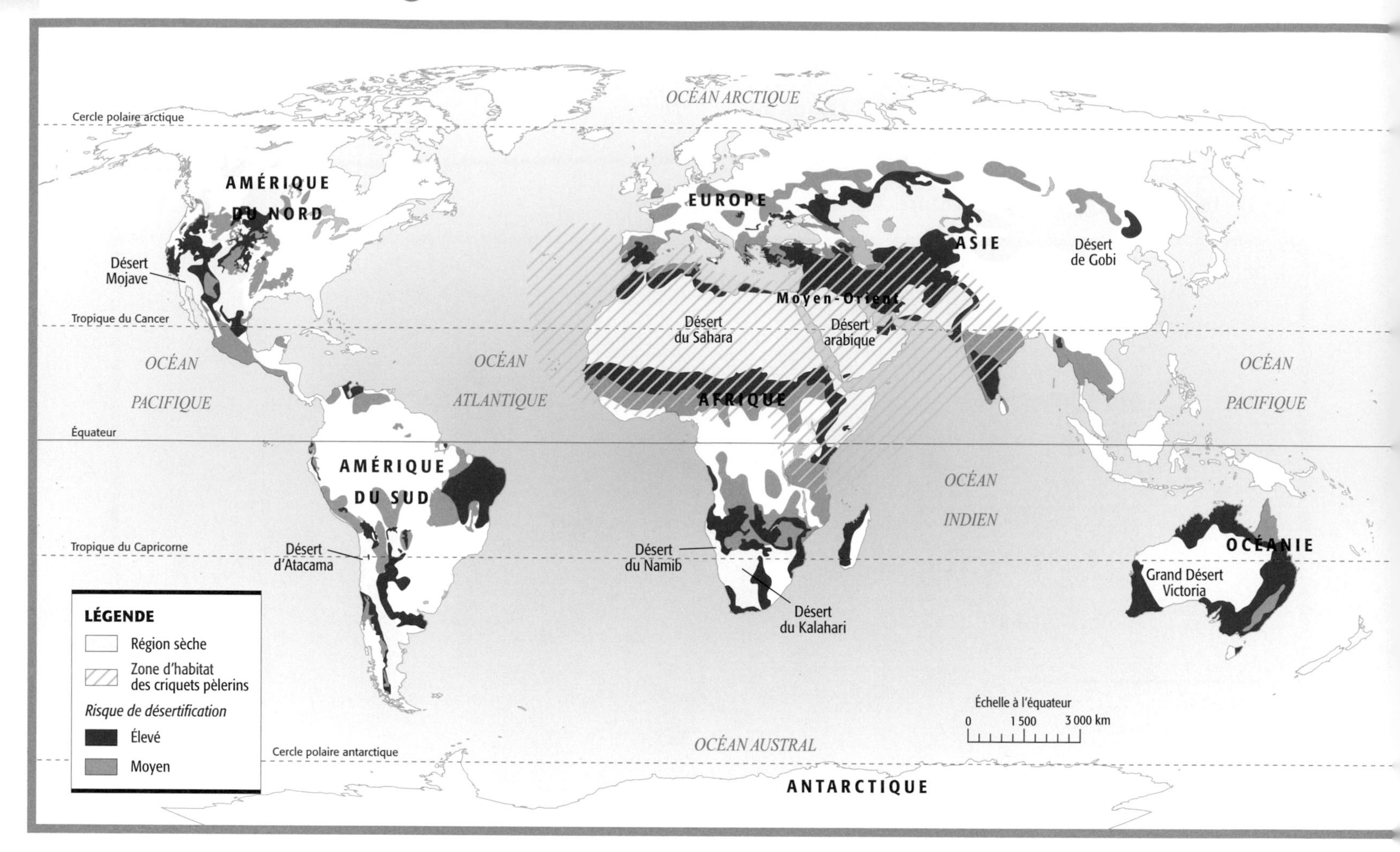

Productivité : Quantité de produits fabriqués par unité de ressource utilisée (ex. : 100 automobiles/10 ouvriers ; 2 tonnes de riz/hectare).

La **désertification** se produit dans les régions où les sols sont fragiles, où il y a peu de couvert végétal et où le climat est particulièrement chaud et sec. Elle menace un tiers de la superficie des terres émergées du globe et plus de 250 millions de personnes.

Selon les experts, la désertification va s'accentuer, car, d'ici la fin du 21e siècle, il y aura une augmentation de la température moyenne de 1 à 4,5 °C sur la Terre. Cette hausse de température sera en grande partie due aux activités humaines (industrie, agriculture, etc.) qui contribuent à une augmentation des gaz à effet de serre. Dans certaines régions du monde, les sécheresses seront plus fréquentes, plus longues et plus graves à cause de l'évaporation plus rapide de l'eau. Elles aggraveront le problème de la désertification et entraîneront une diminution de la productivité des terres, ce qui pourra accroître les risques de famine. De plus, les insectes envahiront les vastes surfaces dénudées par la sécheresse dès qu'elles se couvriront de végétation après les premières pluies.

3 Les zones inondées dans le monde en 2005

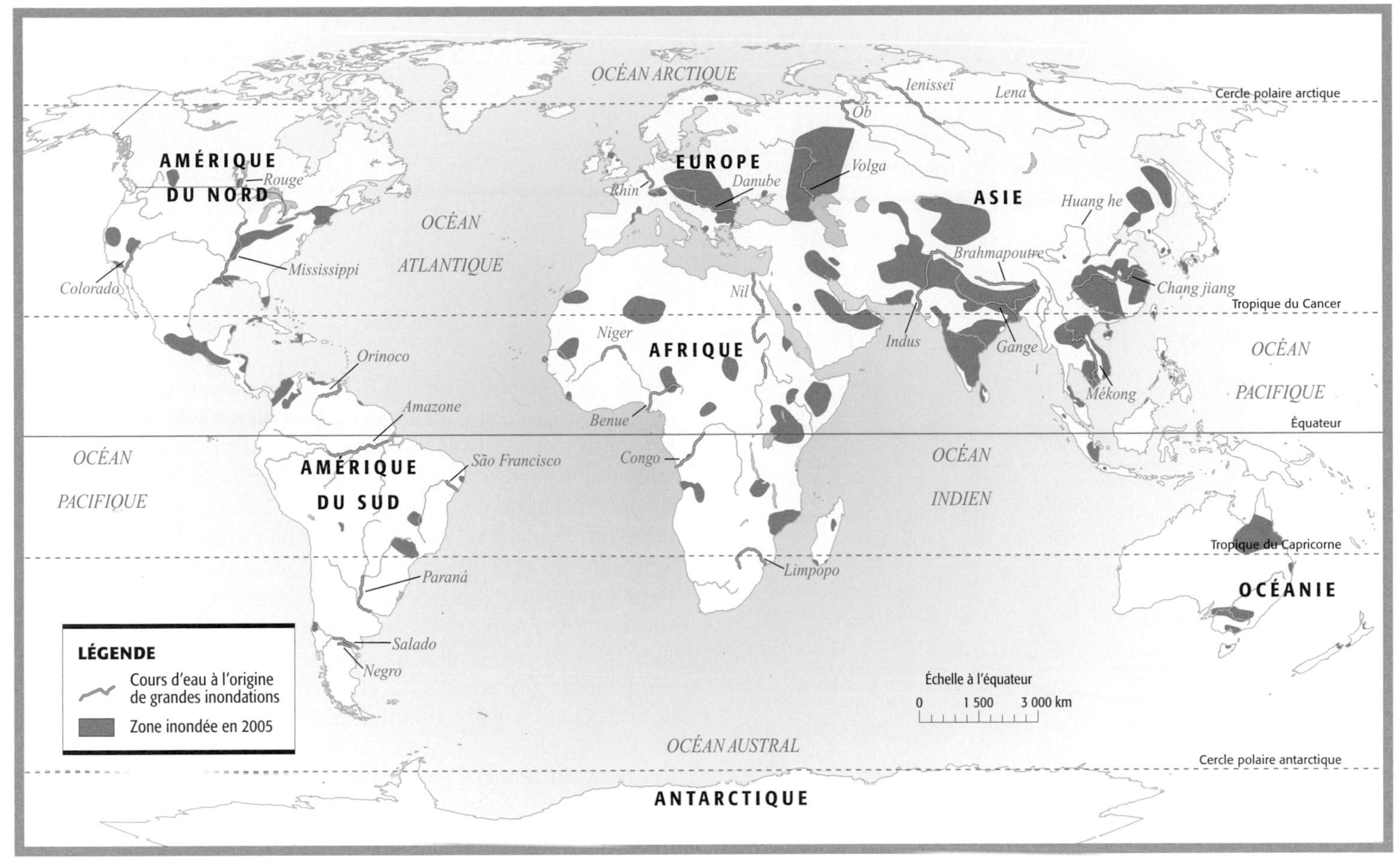

Les zones inondables de la Terre sont situées en bordure des océans et des fleuves dans les régions chaudes et tempérées. Avec le réchauffement planétaire, les scientifiques prédisent des **précipitations** plus fréquentes et plus intenses. Ils prévoient également une hausse du niveau de la mer qui variera de 10 à 90 cm d'ici le prochain siècle, selon les endroits de la Terre. Certaines régions côtières seraient alors plus touchées par des risques d'inondation.

Environ 45 millions de personnes sont actuellement susceptibles d'être affectées par des inondations dans le monde. On estime que ce nombre pourrait grimper à 200 millions si le niveau de la mer s'élevait de 40 cm.

Ton défi

En marche

Note le nom d'une partie du monde menacée par les risques naturels qui touchent les milieux agricoles.

Observe et construis

d Quelles parties du monde sont menacées par la désertification et les invasions de criquets pèlerins? 2 par les inondations? 3

e En quoi les êtres humains sont-ils responsables de l'aggravation de ces risques? 2

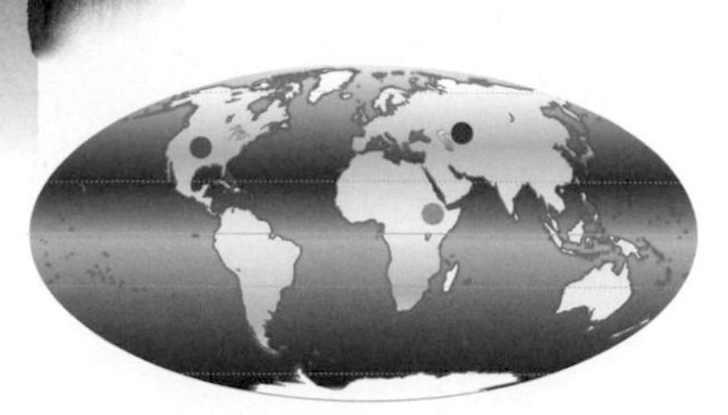

La gestion de l'agriculture dans les milieux agricoles fragiles

Selon toi,

- pourquoi certains territoires agricoles doivent-ils être plus productifs?
- comment les activités agricoles peuvent-elles accroître la fragilité de certains milieux agricoles?

4 La croissance de la population mondiale entre 1750 et 2150

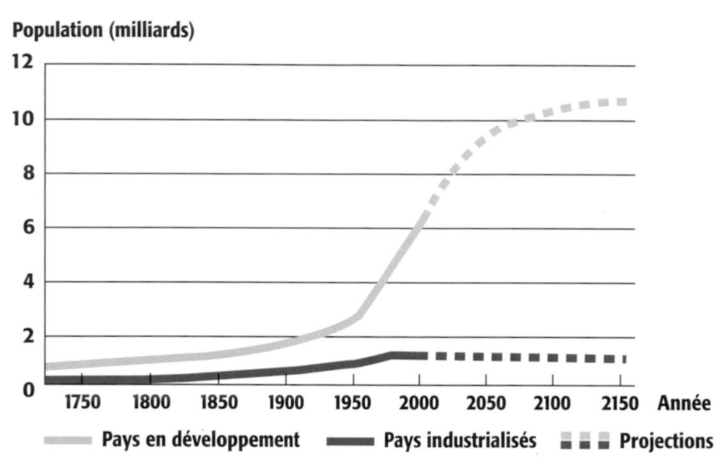

Source: ONU, *World Population Prospects, The 1998 Revision*; Population Reference Bureau.

Selon les prévisions de la **FAO**, la population mondiale continuera de croître au cours du prochain siècle. Par exemple, une personne sur trois naîtra en **Afrique subsaharienne**, où sont situés plusieurs **pays en développement**. La demande de produits agricoles demeurera donc très importante dans ces pays. Pour répondre à la demande croissante de produits agricoles, les agriculteurs ont généralement le choix entre trois solutions: augmenter l'étendue des terres cultivées (documents 5 A, 5 B et 5 C), intensifier les cultures, c'est-à-dire la fréquence des récoltes (document 6, p. 96), ou améliorer les rendements (documents 7 A et 7 B, p. 96 et 97). Ces pratiques agricoles peuvent cependant accroître la fragilité de certains milieux lorsqu'elles sont mal gérées. Elles constituent des « risques artificiels » s'ajoutant aux **risques naturels** qui menacent certains territoires agricoles.

5 Augmenter la superficie agricole

5 A Les risques d'inondation sur les rives du Mississippi, aux États-Unis

Les sols de la vallée du fleuve Mississippi, aux États-Unis, sont aujourd'hui parmi les plus fertiles au monde. Pourtant, ce territoire n'a pas toujours été voué à l'**agriculture**. En effet, pour accroître la superficie des terres agricoles dans la région, on a labouré et cultivé les terres humides situées dans des plaines inondables le long du fleuve.

L'**aménagement** de ces plaines a cependant augmenté les risques d'inondation. Auparavant, les terres humides qui bordaient les rives du Mississippi agissaient comme des éponges. Elles absorbaient les surplus d'eau lors des **crues**, ce qui en limitait les conséquences négatives. Aujourd'hui, les crues occasionnelles du fleuve ont des conséquences beaucoup plus graves, car les sols compactés par la machinerie ne jouent plus ce rôle.

Au début des années 1960, un vaste plan d'**irrigation** a fait passer la superficie agricole irriguée de 4,5 à 7 millions d'**hectares** dans la région de la mer d'Aral, en Asie centrale. Pour augmenter la superficie agricole, on a détourné les deux principaux affluents de la mer : le fleuve Amou Darya et le fleuve Syr Darya. Cette irrigation intensive a provoqué l'assèchement des cours d'eau qui alimentaient la mer. Avec l'évaporation due à la sécheresse que la région a connue dans les années 1980, la superficie de la mer d'Aral a diminué de moitié en 40 ans, et son niveau a baissé de 15 m.

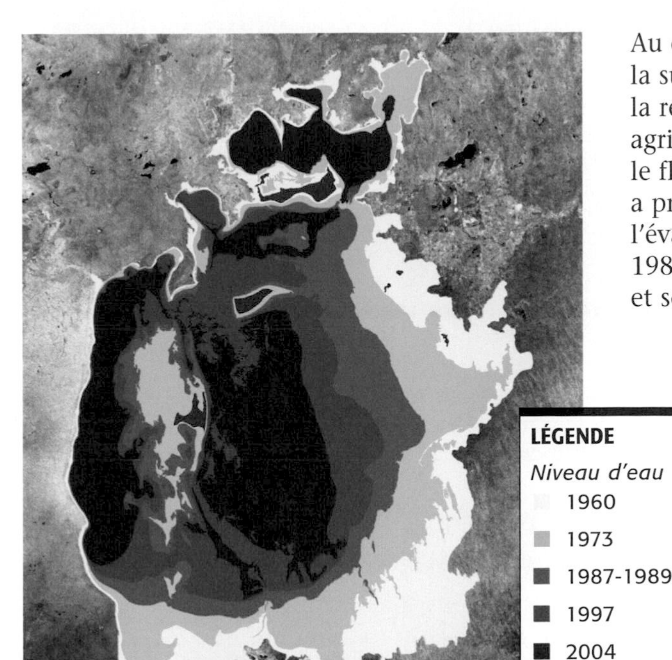

5 B L'assèchement de la mer d'Aral, entre le Kazakhstan et l'Ouzbékistan

Déforestation : Nette diminution de la forêt.

Dans les régions tropicales où la **croissance** démographique est forte, le besoin de terres agricoles et de bois de feu conduit les populations les plus démunies à défricher les forêts. C'est le cas dans plusieurs pays pauvres d'Afrique. En Éthiopie et en Mauritanie, par exemple, les forêts couvraient respectivement 40 % et 20 % du territoire au début du 20e siècle, contre seulement 3 % aujourd'hui.

Le couvert végétal de la forêt maintient le sol humide, car les racines des arbres retiennent l'eau. Cependant, quand il y a déforestation, les sols s'assèchent et s'érodent sous l'effet des vents. Le ruissellement des pluies sur ces sols mis à nu entraîne la mince couche de terre fertile et peut provoquer des glissements de terrain sur les sols en pente. La perte du couvert forestier augmente également le risque d'inondation dans les plaines inondables lors des grandes crues.

5 C La déforestation en Éthiopie

Observe et construis

a Pourquoi l'agriculture des pays en développement devra-t-elle être plus productive ? 4

b Quelles solutions s'offrent aux agriculteurs pour répondre à la demande croissante de produits agricoles ? 4

c Comment les agriculteurs parviennent-ils à accroître la superficie agricole ? 5

d Comment les interventions humaines peuvent-elles accroître les risques naturels dans les milieux agricoles fragiles ? 5

6 Intensifier les cultures

Le risque de dégradation des sols en Inde

D'ici 2030, la **FAO** estime que l'intensification des cultures sera la pratique la plus importante pour augmenter la production agricole. Cette pratique est déjà utilisée au Nagaland, une région du nord-est de l'Inde, où on a diminué le nombre des terres en jachère pour pratiquer une exploitation intensive des sols.

Plus de 90% de la population de cet État dépend de l'**agriculture**. Traditionnellement, les habitants du Nagaland, les Nagas, pratiquaient une agriculture incluant la jachère. Ils cultivaient certaines parcelles pendant que d'autres étaient au repos pour permettre au sol de se renouveler.

Aujourd'hui, la demande de produits agricoles due à la forte **croissance** démographique force les agriculteurs à écourter les périodes de jachère. Autrefois d'une durée de 15 à 20 ans, la jachère dure maintenant moins de 10 ans. Malheureusement, cette exploitation intensive des sols mène à leur dégradation et n'assure que des rendements moyens aux agriculteurs en raison de la moins grande fertilité des sols.

7 Améliorer les rendements

7A Augmenter le nombre de bêtes d'élevage : le surpâturage au Soudan

Pour accroître leur **productivité**, certains éleveurs augmentent le nombre de bêtes de leur troupeau. Cette pratique peut se révéler rentable à court terme mais très dommageable à long terme, particulièrement dans les régions arides et semi-arides. Il y a surpâturage lorsqu'un trop grand nombre de bêtes broutent et piétinent un territoire, empêchant la végétation de se reconstituer.

Les sols ainsi mis à nu sont plus sensibles à l'action du vent et de l'eau. Cette situation conduit à l'érosion des couches supérieures du sol riches en éléments nutritifs, ce qui entraîne la dégradation des sols. La sécheresse peut ensuite aggraver et accélérer ce processus. À long terme, les zones de surpâturage peuvent devenir quasi désertiques.

7 B **Améliorer le rendement des terres: la salinisation en Australie**

Selon la FAO, 20 % des terres agricoles du monde sont irriguées et elles produisent 40 % de notre approvisionnement alimentaire. Grâce à l'**irrigation**, le rendement de ces terres est plus de deux fois supérieur à celui des terres agricoles qui ne sont pas irriguées.

Cependant, l'**irrigation** cause la salinisation, un processus qui touche environ 30 % des terres irriguées de la Terre, en particulier dans les milieux **arides**. L'eau de pluie contient naturellement une certaine quantité de sels minéraux. Dans les régions arides, la quantité d'eau qui s'évapore des terres irriguées est généralement plus importante que celle qui s'y infiltre, à cause des températures élevées et des faibles **précipitations**. En s'évaporant, l'eau laisse dans le sol des sels minéraux. Lorsqu'ils se trouvent en grande quantité dans les sols, ces sels nuisent à la croissance des plantes.

Jachère : Terre cultivable qu'on laisse en repos pendant un certain temps afin qu'elle se régénère.

Salinisation : Processus d'accumulation des sels dans le sol.

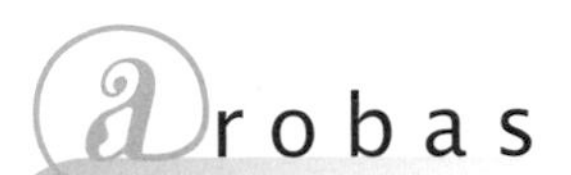

Un arbre unique au monde

Il existe un arbre aux vertus exceptionnelles pour les êtres vivants (humains et animaux) qui vivent dans les zones arides de l'Afrique.

Trouve dans Internet le nom de cet arbre qui pousse notamment au Maroc et fait partie du patrimoine naturel selon l'ONU. Utilise les mots suivants : Maroc, arbre, unique.

Nomme certaines des caractéristiques de cet arbre et quelques usages qu'en font les populations.

Ton défi

En marche

Réserve une partie de ton exposé à une explication sur la façon dont les interventions humaines peuvent accroître la fragilité d'un milieu agricole. Consulte d'autres sources pour trouver des exemples qui enrichiront ton exposé.

Observe et construis

e Comment les agriculteurs parviennent-ils à intensifier les cultures ? 6 à augmenter les rendements ? 7

f De quelles façons ces pratiques agricoles peuvent-elles accroître les risques dans les milieux fragiles ? 6 7

Des pratiques agricoles adaptées aux milieux à risque

Fiche 2.2.3

Selon toi,

- comment les agriculteurs peuvent-ils tenir compte de la fragilité de certains milieux agricoles?

8 La culture du mil au Mali

Des spécialistes des cultures en zones **arides** et semi-arides considèrent que le mil est la plante de l'avenir pour les populations touchées par les famines liées à la sécheresse. Le mil fait partie des céréales les plus résistantes à la sécheresse. Cette plante peut freiner sa croissance en cas de manque d'eau ou de chaleur excessive et la reprendre lorsque les conditions s'améliorent. On la cultive beaucoup en Afrique pour ces raisons. Les grains sont moulus et utilisés en cuisine, tandis que les tiges et les feuilles servent à nourrir le bétail.

9 L'irrigation à l'aide d'une pompe à pédales en Zambie

On peut intensifier la culture en plantant du riz ou d'autres cultures qui ont un cycle de **croissance** court. En Zambie, un pays d'Afrique, l'usage de pompes à pédales pour irriguer les terres cultivées a permis aux paysans de faire trois récoltes par année sur le même terrain. Ils ne pouvaient pas atteindre un tel rendement auparavant, car il leur était impossible de pratiquer l'**agriculture** pendant la saison sèche.

Ce moyen efficace permet de pomper l'eau des nappes souterraines peu profondes (jusqu'à 6 m), ce qui a l'avantage de ne pas épuiser toute la nappe d'eau souterraine.
La pompe à pédales est un outil peu coûteux dont le fonctionnement ne requiert que l'énergie humaine. Grâce à ce type de pompe, certains cultivateurs ont doublé leur superficie cultivée et se sont mis à la culture de nouvelles variétés qui nécessitent plus d'eau (tomate, chou, colza, oignon). En plus de fournir une meilleure alimentation aux familles, l'usage de la pompe à pédales a généré des revenus supplémentaires.

10 L'agroforesterie en Inde •

L'agroforesterie est un mode d'exploitation des terres qui consiste à intégrer la culture des arbres et des arbustes à l'agriculture. Par exemple, au Nagaland, en Inde, les agriculteurs pratiquent des **cultures vivrières** et commerciales entre les arbres (ex.: le safran, la cardamome, le poivre noir, le piment et le maïs). Cette façon de faire améliore l'état de l'**environnement**, puisque les racines des arbres retiennent le sol et limitent l'érosion. Les arbres qui ont atteint leur maturité sont coupés et vendus à l'extérieur du Nagaland. Ces ventes augmentent les revenus des agriculteurs, qui plantent d'autres arbres sur leurs terres pour maintenir le cycle. Le brûlage des déchets forestiers après la coupe des arbres permet également d'augmenter les éléments nutritifs dans les sols. Enfin, cette pratique avantageuse permet d'améliorer les rendements par unité de terre cultivée.

Ton défi

En marche

Utilise cette partie (p. 98 et 99) pour élaborer la conclusion de ton exposé. Sers-toi des exemples présentés auparavant pour démontrer que l'engagement des collectivités contribue à la recherche de solutions.

Observe et construis

Quels moyens peuvent être mis en œuvre pour augmenter la productivité agricole sans aggraver la fragilité des milieux? 8 9 10

Ton défi

Fiche 2.2.4

À l'œuvre! (Première et deuxième parties)

Il est maintenant temps de préparer une partie de ton exposé à partir des informations que tu as notées dans ton tableau.

1. Revois les éléments que tu as notés et assure-toi que tu peux utiliser chacun de ces éléments lors de ton exposé. Au besoin, consulte de nouveau les renseignements donnés dans ce module et les concepts à l'étude, et fais une liste de mots qui te permettront de bien décrire les milieux agricoles à risque de la Terre.
2. Note les particularités des zones menacées (climat, situation sur la Terre, niveau de développement, etc.). Assure-toi de choisir un vocabulaire géographique qui permettra à tes auditeurs de visualiser tes propos.
3. Prépare-toi à recourir à des termes précis pour situer des lieux (points cardinaux, noms des hémisphères, etc.), pour décrire les climats, les niveaux de développement, etc.
4. Prévois des témoignages fictifs que tu feras écouter à tes auditeurs, des statistiques, des données quantifiables que tu citeras, etc.

B Le territoire agricole à risque et ses enjeux

Afin de répondre aux besoins alimentaires des populations qui ne cessent d'augmenter, les territoires agricoles doivent être de plus en plus productifs, même lorsque ce sont des milieux fragiles comme la Prairie canadienne, inondables comme le Bangladesh ou **arides** comme le Sahel. Comment parvient-on à concilier **agriculture** et **environnement** dans ces milieux agricoles à risque ? Comment les agriculteurs gèrent-ils l'eau, essentielle aux cultures, mais qui peut également devenir une menace ? Quelles pratiques agricoles peuvent aggraver les **risques naturels** déjà présents sur ces territoires ?

Ton défi

Fiche 2.2.5

Les risques naturels en milieu agricole (Troisième partie)

Pour rendre ton exposé plus concret, présente le portrait d'un des trois territoires suivants :

- un territoire agricole fragile : la Prairie canadienne ;
- un territoire agricole en milieu inondable : le Bangladesh ;
- un territoire agricole en milieu aride : le Sahel.

Assure-toi de décrire les activités agricoles du territoire et de répondre aux questions liées aux enjeux.

Pour y arriver,

1. Consigne les données essentielles dans un tableau semblable au suivant.

Nom du territoire	
Description – Situation – Relief et climat	
Types de menaces	
Comment les pratiques agricoles peuvent-elles accroître le risque naturel ?	

2. Consulte d'autres sources : atlas, sites Internet, documentaires, encyclopédies, etc., pour obtenir plus d'information sur le territoire choisi.
3. Au besoin, réfère-toi aux techniques présentées dans la section Ressources géo (p. 338).
4. Enfin, consulte la rubrique Ton défi – À l'œuvre ! (p. 119) pour finaliser ton exposé.

Trois milieux agricoles à risque

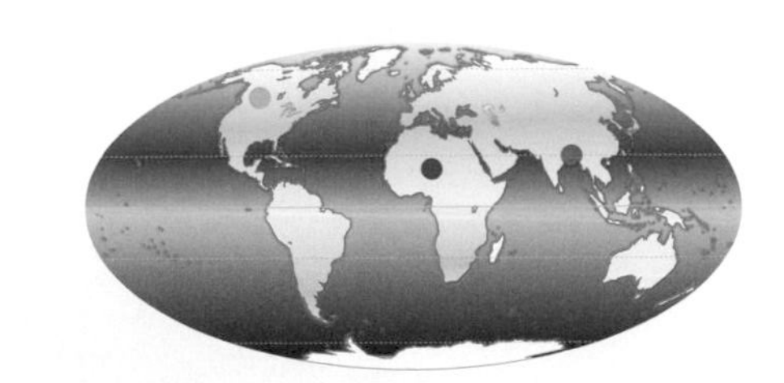

Territoire 1

La Prairie canadienne, un milieu fragile

pages 102 à 107

La Prairie canadienne est le plus important territoire agricole du Canada. Ce territoire est fragile car, sous l'effet du vent et des températures chaudes et sèches, le sol se dénude. On compte d'ailleurs plusieurs champs de dunes sur ce territoire.

Territoire 2

Le Bangladesh, un milieu inondable

pages 108 à 113

Le Bangladesh possède de grandes étendues de terres agricoles. Le climat tropical et les précipitations y favorisent l'agriculture. Cependant, les catastrophes naturelles sont fréquentes dans ce pays. Par exemple, lors d'inondations, le sol cultivé peut être recouvert de 0,3 à 2,5 m d'eau, notamment dans les parties basses des plaines inondables. Dans certaines zones, le niveau d'eau peut même atteindre 5 m.

Territoire 3

Le Sahel, un milieu aride

pages 114 à 118

Le Sahel est une région semi-aride située au sud du désert du Sahara. La vie au Sahel est naturellement rythmée par le cycle annuel d'une saison sèche et d'une saison de pluies. Le caractère variable du climat rend toutefois cet environnement instable pour l'agriculture, particulièrement au cours des années où la saison des pluies n'apporte aucune précipitation.

Comment concilier l'agriculture et l'environnement?
Comment gérer l'eau lorsqu'il y a une pénurie ou un surplus d'eau?

Territoire 1

La Prairie canadienne : un milieu fragile

Fiche 2.2.6

Le portrait du territoire

Prairie canadienne	
Superficie	46,7 millions d'hectares
Population	Près de 4,2 millions
Population agricole active	Alberta : 5,6 % Saskatchewan : 12,6 % Manitoba : 6,1 %
PIB/hab.	Alberta : 54 075 $ Saskatchewan : 40 228 $ Manitoba : 34 173 $
Climat	Continental sec
Relief	Plaines
Végétation	Prairie (plantes herbacées)
Principales productions agricoles	Culture céréalière (blé, canola, orge) Élevage bovin et porcin

Canada	
PIB/hab.	38 495 $

Source : Statistique Canada, 2001, 2004.

Selon toi,

- où est située la Prairie canadienne ?
- quelles sont les caractéristiques de ce territoire ? de sa population ?
- pourquoi la Prairie canadienne est-elle un milieu agricole à risque ?

1 La Prairie canadienne

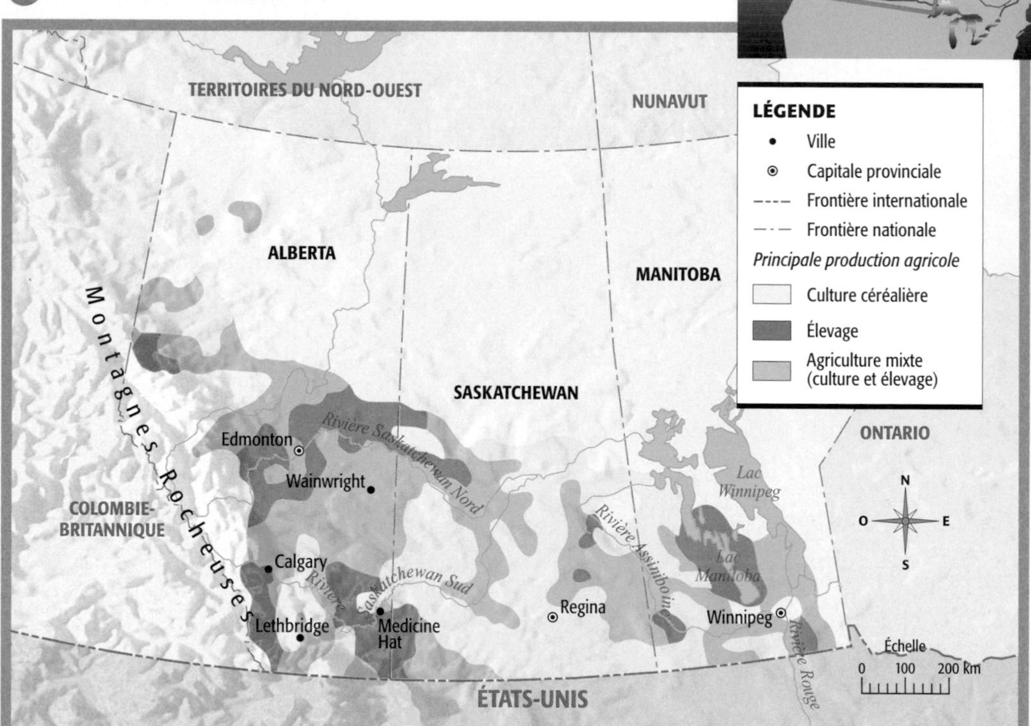

2 Le climat de la Prairie canadienne

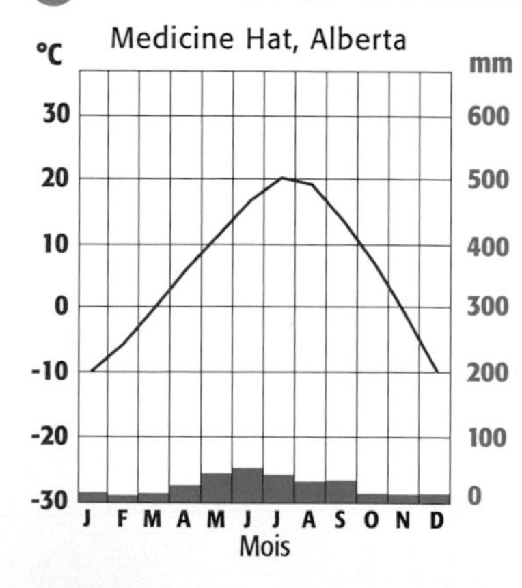

Le climat de la Prairie canadienne est marqué par des étés courts et chauds, et des hivers longs et froids. La **saison végétative** d'environ 200 jours s'étend d'avril à octobre dans la partie la plus au sud.

Située dans l'Ouest canadien, la Prairie s'étend au sud des trois provinces de l'ALSAMA (**Al**berta, **Sa**skatchewan, **Ma**nitoba) dans l'ensemble des Grandes Plaines. Elle s'étale des montagnes Rocheuses, à l'ouest, jusqu'à la vallée de la rivière Rouge, à l'est. Son relief peu accidenté est constitué de vallées basses et d'immenses plaines fertiles principalement vouées à la culture céréalière et à l'élevage.

③ Des faits et des chiffres

Le climat de la Prairie canadienne est généralement favorable à l'**agriculture**, même s'il est parfois capricieux.

- Les **précipitations** annuelles, peu abondantes mais suffisantes, varient de 250 mm dans les secteurs les plus secs du sud, à un peu moins de 700 mm dans la région du lac Manitoba, la plus chaude et la plus humide. En comparaison, la ville de Québec reçoit en moyenne 924 mm de pluie et 316 cm de neige annuellement.
- Dans la Prairie canadienne, les vents soufflent à une intensité moyenne de 18 à 21 km/h. Les sols dont la texture est fine s'érodent facilement sous l'effet du vent. En 1992, à Lethbridge, en Alberta, on a mesuré des pertes de sol allant jusqu'à 30 tonnes par **hectare** après un épisode venteux de sept heures.
- Des tempêtes de grêle détruisent en moyenne 3% des récoltes chaque année. Les dommages causés peuvent s'élever à 100 millions de dollars annuellement.
- Des masses d'air chaud et humide venant du sud causent de violents orages en été, ce qui provoque des inondations comme celles de l'été 2005 au Manitoba. Certaines régions au sud de Winnipeg ont reçu, cet été-là, 90 mm de pluie en une heure.
- Environ 60% des tornades signalées au Canada touchent la Prairie canadienne.

Source : Gouvernement du Canada, 2003 ; Gouvernement du Manitoba, 2005.

④ Les effets de la sécheresse dans la région de Wainwright, en Alberta

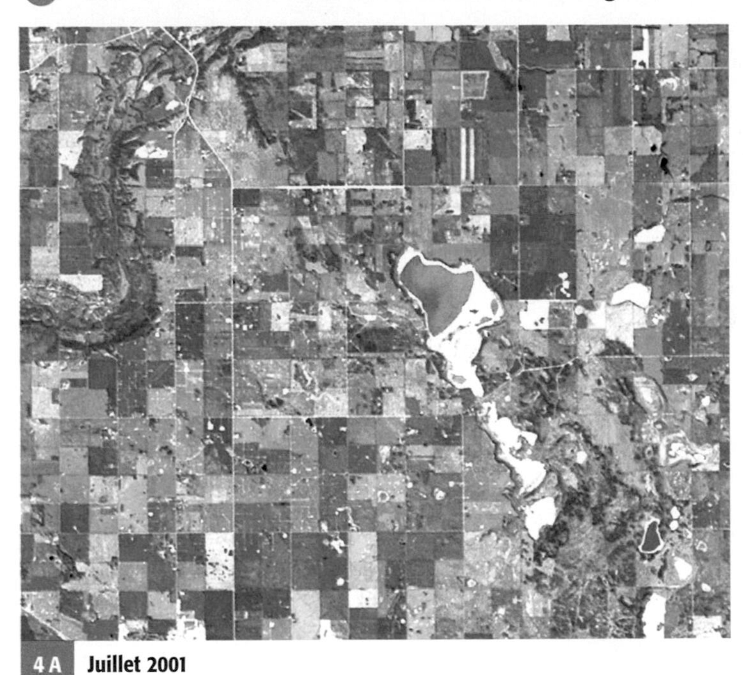

4 A **Juillet 2001**

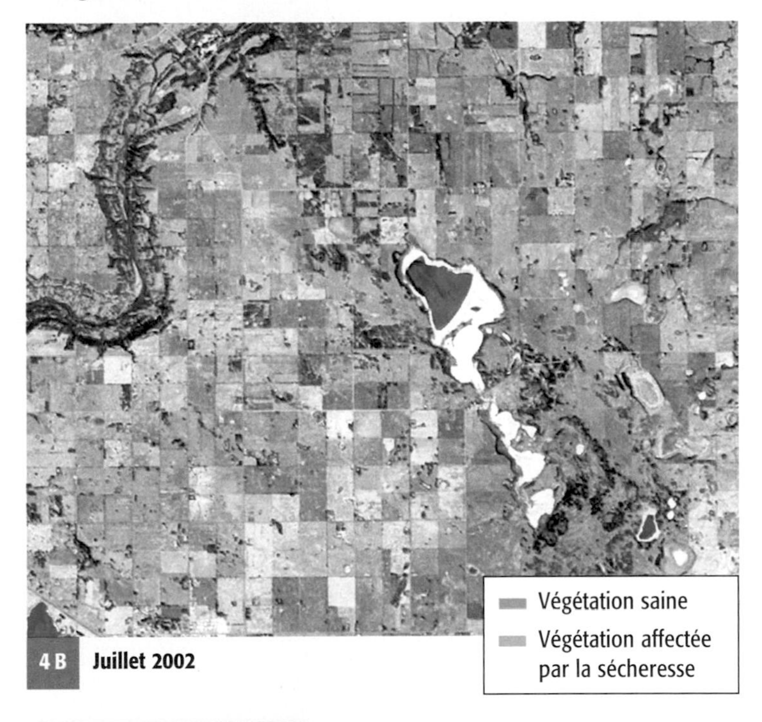

4 B **Juillet 2002**

Au cours des 200 dernières années, près de 40 sécheresses graves ont touché les trois provinces de l'ALSAMA. Entre 1979 et 2002, quatre grandes sécheresses ont coûté près de 10 milliards de dollars à la région de l'ALSAMA. Celle de l'été 2002 a dévasté entre 70 et 75% du territoire de l'Alberta et a particulièrement touché la région de Wainwright.

En plus de la diminution des récoltes, la sécheresse a entraîné la multiplication des sauterelles, qui ravagent les récoltes. La sécheresse aggrave également les problèmes d'érosion sur les territoires agricoles. Les images satellites sont utilisées pour évaluer l'état de la situation.

Observe et construis

a Où est situé le territoire de la Prairie canadienne? Quelles caractéristiques de ce territoire favorisent l'agriculture? ❶ ❷

b Pourquoi la Prairie canadienne est-elle un milieu fragile? ❷ ❸ ❹

c Comment mesure-t-on les effets de la sécheresse dans cette région du Canada? ❹

Les activités agricoles dans un milieu fragile

Selon toi,

- qu'est-ce qui caractérise l'agriculture dans un milieu fragile comme la Prairie canadienne ?
- quels sont les impacts de l'agriculture sur l'environnement ?
- en quoi les activités agricoles peuvent-elles aggraver la fragilité de ce territoire ?

5 Une agriculture de grands espaces

Les terres agricoles occupent près de 95 % du territoire de la Prairie canadienne. Les longues journées d'ensoleillement en été, les **précipitations**, généralement peu abondantes mais suffisantes, les sols fertiles et les terrains relativement plats y favorisent la **croissance** des céréales.

5 A Des cultures céréalières à perte de vue

5 B De grandes exploitations bovines en Alberta

Dans la province de l'Alberta, le voisinage des grandes fermes d'élevage et des fermes à grains est fréquent. Des millions de bovins sont nourris grâce aux céréales cultivées dans la Prairie canadienne.

❻ Des faits et des chiffres

Le territoire de l'Alberta, de la Saskatchewan et du Manitoba est principalement voué à l'**agriculture**. On y compte près de 125 000 exploitations agricoles, soit près de la moitié des fermes du Canada.

- L'Alberta est au premier rang de la région des Prairies pour ses revenus agricoles, qui dépassaient 8 milliards de dollars en 2004.
- Deux organismes, la Commission canadienne du blé (CCB) et la Commission canadienne des grains (CCG), sont chargés du contrôle de la qualité de toute la production de blé des provinces de l'Ouest et de sa **mise en marché** au Canada et à l'étranger.
- L'Alberta compte près de 40 % du cheptel bovin canadien (bœufs de boucherie et vaches laitières), et la Saskatchewan, environ 20 %.
- Le Canada est le septième plus important producteur de blé au monde. Plus de 60 % de cette production provient de la province de la Saskatchewan.

Source : Gouvernement du Canada, 2006.

❼ Des pratiques agricoles efficaces

Dans la Prairie canadienne, on pratique une **agriculture commerciale**, tant pour la production de céréales que pour l'élevage bovin. La production est destinée à la consommation canadienne et à l'**exportation**.

Les fermes occupent une grande superficie de la Prairie canadienne, soit 18,3 millions d'**hectares** contre 3,4 millions au Québec. La taille des fermes y est également plus importante qu'au Québec, soit en moyenne 361 ha au Manitoba, 393 en Alberta et 519 en Saskatchewan, contre 106 ha au Québec.

Ces grandes fermes exigent d'énormes machines perfectionnées et coûteuses. Pour rentabiliser leurs investissements, les agriculteurs de la Prairie canadienne recherchent une **productivité** élevée.

Pour augmenter la production, ces agriculteurs ont progressivement remplacé les pâturages d'herbes naturelles par d'immenses champs de céréales. Mais après la récolte, en l'absence de couvert végétal, la couche superficielle du sol fertile s'envole, ce qui nécessite un usage de plus en plus important d'engrais pour maintenir les rendements. Les rivières dans lesquelles se déversent les eaux de ruissellement des terres agricoles finissent par être contaminées par ces engrais et les pesticides.

@robas

Les *badlands*

Les *badlands* (« mauvaises terres ») constituent une portion très particulière du territoire de la Prairie canadienne. Ces terres se démarquent tant par leurs caractéristiques naturelles que pour les découvertes qu'on y a faites sur l'étonnant passé de cette région du Canada. Cherche dans Internet des informations sur les *badlands* de la Prairie canadienne.

Observe et construis

a Qu'est-ce qui caractérise l'agriculture dans la Prairie canadienne ? ❺ ❻ ❼

b Quelles données démontrent l'importance de l'agriculture dans cette région ? ❻

c De quelles façons les agriculteurs tiennent-ils compte de l'environnement ? ❺ ❼

d Quels sont les impacts de l'agriculture sur l'environnement dans la Prairie canadienne ? ❼

@robas

Un lac glaciaire dans la Prairie canadienne

Les sols de la Prairie canadienne comptent aujourd'hui parmi les plus fertiles du Canada. Tout comme dans les basses-terres du Saint-Laurent, une étendue d'eau provenant de la fonte des glaciers a recouvert la plaine qui domine aujourd'hui la Prairie canadienne. Au moment où les eaux glaciaires se sont retirées, de nombreux sédiments se sont déposés sur les terres et les ont fertilisées.

- Quel est le nom de cette étendue d'eau qui a été le plus grand lac glaciaire de l'Amérique du Nord?
- À quand remonte son existence?
- Quand ses eaux se sont-elles retirées?
- Quels lacs de la Prairie canadienne sont des vestiges de cette étendue d'eau?

8 Un nouveau type de paysage

Au cours des années 1980, des études ont démontré qu'il y avait une forte proportion de sols dégradés dans la Prairie canadienne. Pour lutter contre la dégradation des sols, les exploitants ont adopté de nouvelles pratiques agricoles. Ils ont réduit les labours pour mieux conserver le sol. Ils ont également diminué le nombre de parcelles en **jachère** exposées aux vents et aux **précipitations** en y pratiquant des cultures de remplacement. Des champs colorés, par exemple de canola ou de moutarde, remplacent certaines étendues de blé. Ce couvert végétal rend le sol plus résistant à l'érosion entre les périodes de culture céréalière. Depuis, les risques d'érosion ont diminué de 30 % sur ces terres.

9 L'irrigation, une pratique agricole indispensable

En 2001, au Canada, un million d'**hectares** de terres étaient irriguées. Plus de 75 % de ces terres étaient situées dans la Prairie canadienne, dont plus de 60 % en Alberta. Or, les **modes de culture** qui favorisent un important usage de l'**irrigation** augmentent les possibilités de **salinisation**, surtout lorsque les températures sont élevées et que les pluies sont peu abondantes. La salinisation des sols peut faire diminuer de moitié le rendement annuel des cultures céréalières.

⑩ Les changements climatiques au cours du prochain siècle en Saskatchewan

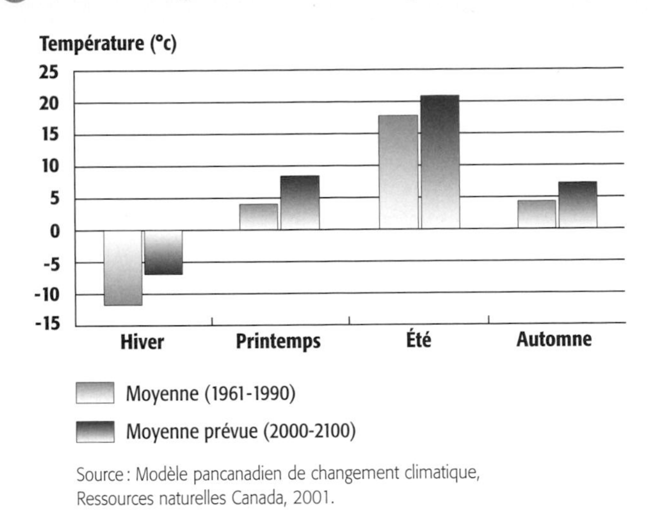

10 A L'effet potentiel du changement climatique sur les températures

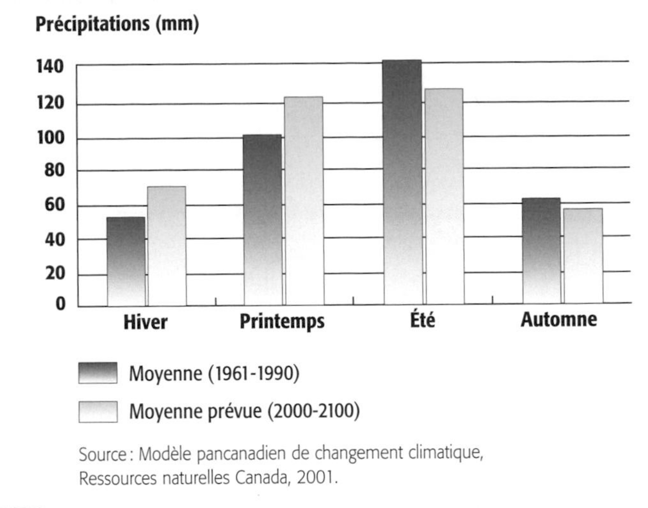

10 B L'effet potentiel du changement climatique sur les précipitations

Les changements climatiques prévus d'ici la fin du 21e siècle par le monde scientifique fragiliseront davantage le milieu agricole de la Prairie canadienne. La baisse des précipitations et la hausse des températures favoriseront l'érosion du sol sous l'effet du vent chaud et sec, freinant la croissance de la végétation. Cette situation obligera les agriculteurs à intensifier l'irrigation de leurs cultures. La zone située dans le sud de l'Alberta et de la Saskatchewan sera la plus vulnérable aux changements climatiques. Cette portion de la Prairie canadienne connaît déjà les conditions climatiques les plus **arides** du pays.

Gabrielle Roy, une auteure canadienne réputée, est née en 1909 à Saint-Boniface, près de Winnipeg, au Manitoba. Ses œuvres littéraires transmettent magnifiquement la réalité du paysage naturel de la Prairie canadienne. Son père, Léon Roy, a été agent d'**immigration** pour le gouvernement fédéral. Il a aidé de nombreux colons immigrants à s'établir dans l'Ouest canadien entre 1896 et 1913. En un peu plus d'un siècle, deux millions de colons venus d'Europe et des États-Unis ont transformé les prairies naturelles en une région agricole qui fait aujourd'hui partie des plus nourricières de la planète.

Observe et construis

e Quelles pratiques agricoles les agriculteurs de la Prairie canadienne ont-ils adoptées pour lutter contre la dégradation des sols ? ⑧

f En quoi l'agriculture commerciale ou industrielle fragilise-t-elle le milieu naturel de la Prairie canadienne ? ⑧ ⑨

g De quelle façon les agriculteurs gèrent-ils l'eau sur ce territoire ? ⑨ ⑩

h Quel phénomène planétaire menace de fragiliser davantage le territoire de la Prairie canadienne ? Pourquoi ? ⑩

i Pourquoi l'auteure Gabrielle Roy est-elle associée à la Prairie canadienne ? ⑪

Pour poursuivre, rends-toi à la page 119.

Le Bangladesh : un milieu inondable

Le portrait du territoire

Selon toi,

- où est situé le Bangladesh ?
- quelles sont les caractéristiques de ce pays ?
- pourquoi le Bangladesh est-il un milieu agricole à risque ?

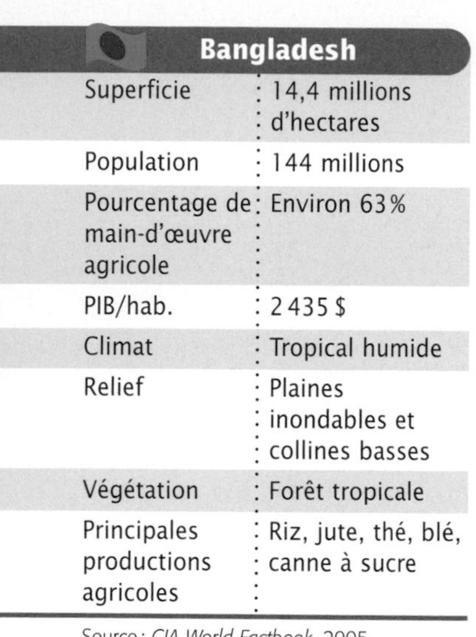

Bangladesh	
Superficie	14,4 millions d'hectares
Population	144 millions
Pourcentage de main-d'œuvre agricole	Environ 63 %
PIB/hab.	2 435 $
Climat	Tropical humide
Relief	Plaines inondables et collines basses
Végétation	Forêt tropicale
Principales productions agricoles	Riz, jute, thé, blé, canne à sucre

Source : *CIA World Factbook*, 2005.

1 Le Bangladesh, un pays presque au niveau de la mer

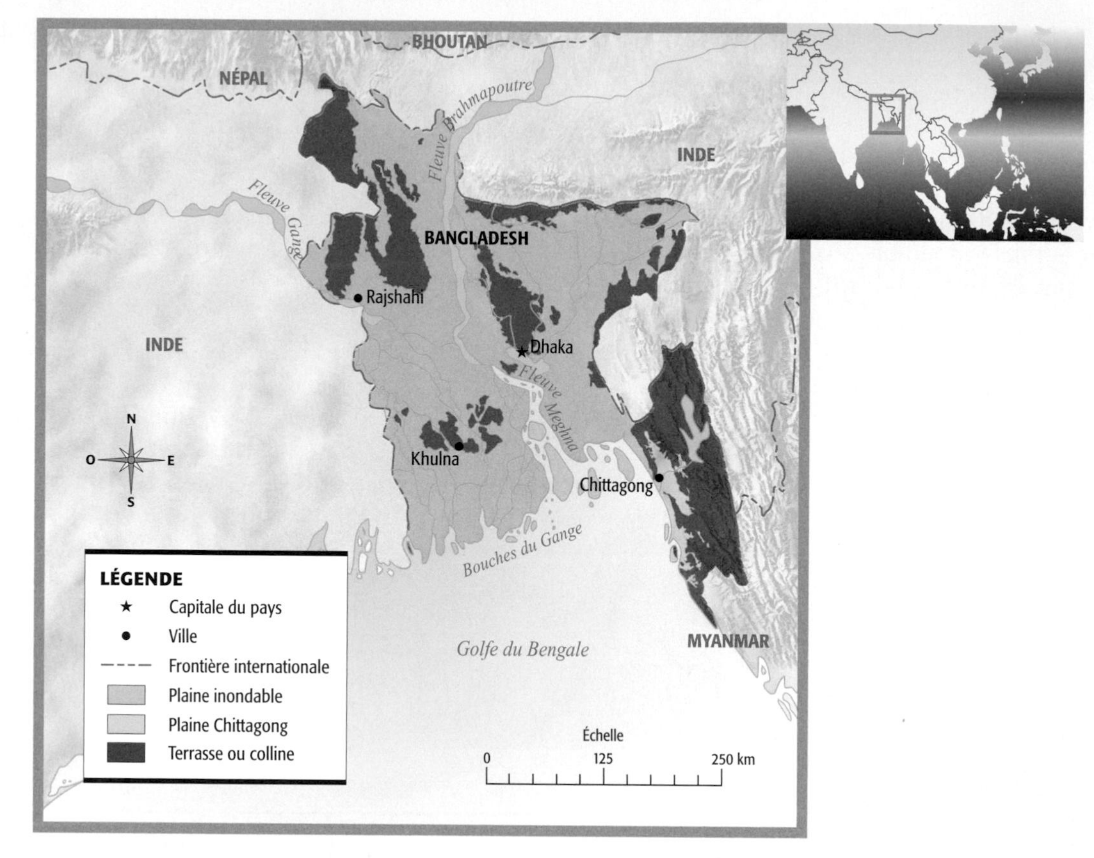

Au Bangladesh, un pays enclavé dans l'Inde, les terres cultivées occupent près des deux tiers du territoire. Ce pays est baigné par plus de 200 cours d'eau, dont les trois principaux sont les fleuves Gange, Brahmapoutre et Meghna, qui prennent leur source au nord, dans la chaîne de l'Himalaya. Ces trois grands fleuves se rejoignent au cœur du pays pour former le plus vaste **delta** intérieur au monde. La présence de ces cours d'eau et les **précipitations** abondantes facilitent la pratique de l'**agriculture** dans ce pays. De plus, le territoire du Bangladesh est majoritairement composé de plaines inondables aux sols recouverts d'une mince couche de terre arable, ce qui favorise aussi l'agriculture. Dans les zones tropicales humides de la Terre, les sols nécessitent peu de labourage pour être productifs.

② Le climat tropical du Bangladesh

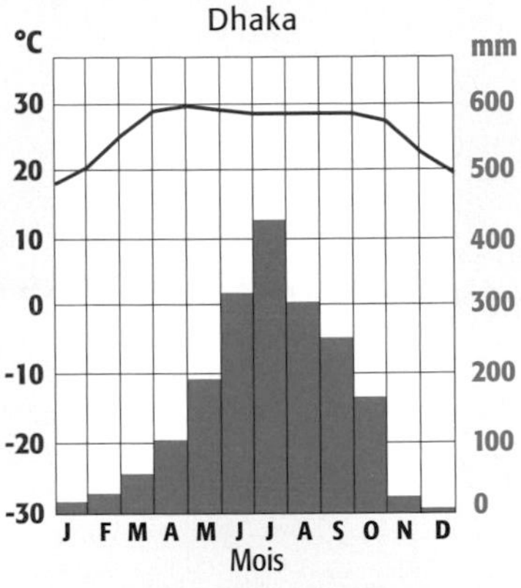

Quelque 2 m de pluie s'abattent en moyenne chaque année sur le Bangladesh. Ces précipitations surviennent en majeure partie de la fin mai au début d'octobre (**mousson** d'été). Le climat tropical du Bangladesh permet la culture d'une centaine de produits différents. Bien que ce pays possède de l'eau en abondance, il connaît une saison sèche en hiver (mousson d'hiver). Les agriculteurs doivent alors procéder à l'**irrigation** des terres pour lutter contre la sécheresse.

④ Des terres agricoles inondées

③ Des faits et des chiffres

Le climat tropical humide n'a pas que des effets positifs sur l'agriculture du Bangladesh.

- De nombreux cyclones prennent naissance dans le golfe du Bengale et frappent la côte du Bangladesh, comme cela s'est produit en avril 1991. Cette **catastrophe naturelle** a fait plus d'une centaine de milliers de victimes dans la région côtière et perturbé les activités agricoles.
- Les **crues** printanières liées aux grandes marées saisonnières, les pluies qui accompagnent les tempêtes tropicales et la mousson d'été provoquent régulièrement des inondations dans les plaines des trois grands fleuves du pays. Ces crues causent des dommages importants aux cultures.
- Les agriculteurs bangladais redoutent l'érosion autant que les inondations. Lors des inondations, l'érosion dérobe une partie des terres cultivables de dizaines de milliers de familles établies sur les berges des fleuves et des rivières.
- Le Bangladesh est situé dans une zone d'**instabilité** sismique et volcanique. Certains séismes sous-marins prennent naissance au large des côtes. Ces séismes peuvent parfois provoquer des tsunamis destructeurs pour la pêche et l'agriculture dans les régions côtières. Le tsunami de décembre 2004, en Asie du Sud-Est, en est un exemple.

Sources : *BBC Online Network*, 1999 ; FAO, 2005 ; *Le monde diplomatique*, 2006.

Tous les 10 ans, environ le tiers du Bangladesh est gravement affecté par des inondations. Certaines années, par exemple en 1988 et en 1998, cette proportion a grimpé jusqu'à 60 %. Cependant, ces inondations sont nécessaires à l'agriculture. On estime à 3 millions de tonnes les sédiments laissés par l'eau qui enrichissent les sols. Les sols fertiles des plaines inondables attirent les populations vivant de l'agriculture, de sorte que la **densité** démographique approche 1000 hab./km² dans ces plaines.

La moitié des terres du Bangladesh ne dépassent le niveau de la mer que de quelques mètres. Au moment des grandes crues, près des trois quarts de la surface du pays se retrouvent sous l'eau.

Observe et construis

a Où est situé le Bangladesh ? Quelles caractéristiques de ce territoire favorisent l'agriculture ? ① ②

b Pourquoi le Bangladesh est-il un milieu à risque ? ③ ④

Les activités agricoles dans un milieu inondable

Selon toi,

- qu'est-ce qui caractérise l'agriculture dans un milieu inondable comme le Bangladesh ?
- quels sont les impacts de l'agriculture sur l'environnement ?
- de quelle façon les activités agricoles peuvent-elles aggraver la fragilité de ce territoire ?

5 Un paysage agricole

L'économie du Bangladesh repose en grande partie sur une **agriculture** favorisée par de grandes étendues de terres fertiles. Ce secteur compte pour plus de 20 % du **PIB** du pays et emploie près des deux tiers de la main-d'œuvre. Les agriculteurs bangladais pratiquent surtout une **agriculture de subsistance**. Le taux de **croissance** de cette population (2,1 %), l'un des plus élevés au monde, atteint près du double de la moyenne mondiale (1,1 %). Au Bangladesh, fournir des revenus et de la nourriture à tout le monde constitue un très grand défi qui nécessite une augmentation constante de la production. Les cultures commerciales comme le thé, qui rapportent des revenus au pays, s'ajoutent aux **cultures vivrières** destinées aux habitants.

6 Les productions agricoles au Bangladesh

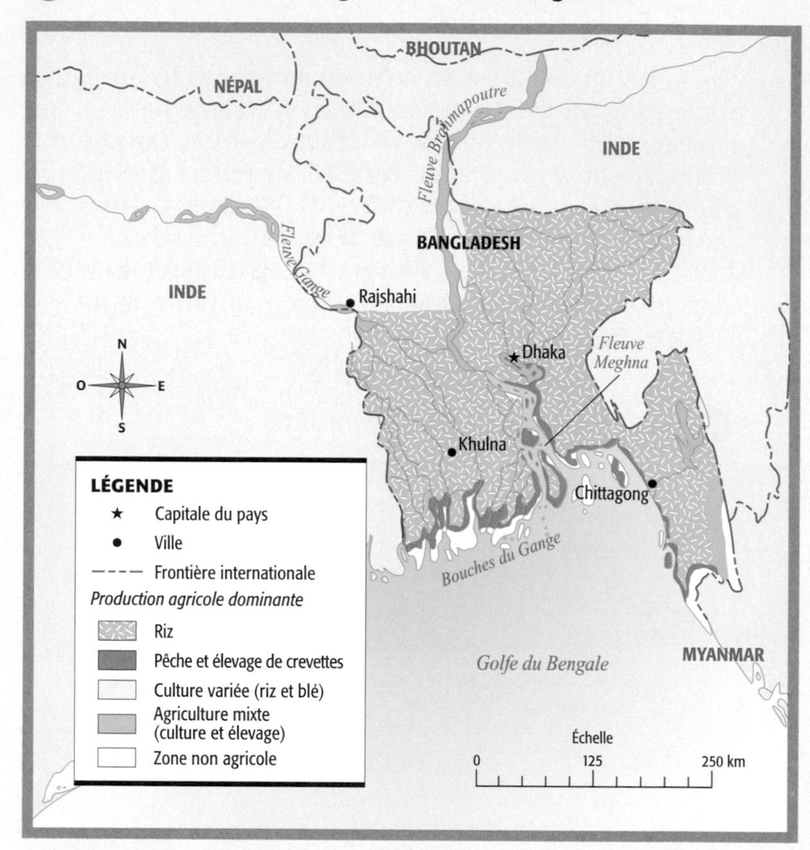

Les productions agricoles du Bangladesh varient en fonction des particularités des régions du pays. Dans les zones côtières de la plaine Chittagong et des bouches du Gange, on pratique la pêche et on fait l'élevage des crevettes. Dans les plaines inondables du **delta** intérieur, on cultive un type de riz adapté à la montée des eaux lors des crues.

Dans le reste du pays, l'agriculture est variée. Par exemple, sur les hautes terres des collines du Chittagong, les paysans pratiquent depuis toujours une **agriculture mixte** traditionnelle. Ils cultivent en alternance le riz et le maïs ou le mil et possèdent un bœuf, une vache et quelques chèvres. Dans la région du nord-ouest, on cultive à la fois du blé et du riz dans le lit d'anciennes rivières.

⑦ La culture du riz

La plus importante culture du Bangladesh est le riz. Cette culture occupe près de 80 % de la superficie des terres cultivables. Les Bangladais cultivent plusieurs variétés de riz. Certaines sont adaptées aux plaines inondables, alors que d'autres nécessitent de l'**irrigation** au cours de la saison sèche. Les agriculteurs peuvent obtenir deux ou trois récoltes de riz par année.

La culture du riz exige une importante main-d'œuvre, car plusieurs opérations doivent être faites manuellement, par exemple le repiquage des plants. Le riz est à la base de l'alimentation des Bangladais et constitue donc une ressource essentielle.

⑧ Des cultures variées dans le nord-ouest

Les agriculteurs du nord-ouest du Bangladesh utilisent le fond des anciennes rivières pour pratiquer la riziculture. Les terrasses des niveaux plus élevés sont réservées au blé ou à d'autres cultures. Les villages sont construits sur les parties les plus hautes de cette région. De cette façon, ils sont protégés des inondations qui surviennent fréquemment au fond des vallées.

Observe et construis

a Qu'est-ce qui caractérise l'agriculture du Bangladesh? ⑤ ⑥ ⑦ ⑧

b Quelles données démontrent l'importance de l'agriculture au Bangladesh? ⑤

c De quelle façon les agriculteurs du Bangladesh tiennent-ils compte de l'environnement? ⑥ ⑦ ⑧

d De quelle façon les agriculteurs gèrent-ils l'eau sur ce territoire? ⑥

9 L'amélioration du rendement des rizières par l'irrigation

Plusieurs **pays en développement** comme le Bangladesh ont transformé leurs pratiques agricoles à partir des années 1960. Leur objectif était d'assurer l'autosuffisance alimentaire de leur importante population.

Au cours de cette ère de changement, surnommée « la révolution verte », on a utilisé des variétés améliorées de blé et de riz, irrigué des zones sèches et administré des doses d'engrais plus élevées. Ces changements ont permis aux agriculteurs de ces pays de multiplier par deux leur production de riz et par près de cinq leur production de blé en seulement trois décennies.

Cependant, les terres agricoles ont maintenant atteint leur plein potentiel, et la **croissance** des rendements commence à diminuer dans de nombreuses zones agricoles. Cette situation découle de l'épuisement de la fertilité des sols, qui est attribuable à l'**agriculture** intensive des dernières décennies. Aujourd'hui, de nombreux pays en développement doivent relever le défi de maintenir l'autosuffisance en pratiquant une agriculture plus écologique et plus durable qui ménage la fragilité des milieux agricoles.

@robas

Les chars

Au Bangladesh, plus de 5 millions de personnes habitent des chars. Non, il ne s'agit pas de véhicules! À toi de découvrir ce que sont ces chars très utiles aux Bangladais.

- Où se trouvent ces chars?
- Quelle est leur utilité en agriculture?

Pour t'aider, cherche dans Internet à l'aide des mots suivants : char et Bangladesh.

10 L'élevage des crevettes

Pour répondre à la demande internationale croissante, l'élevage des crevettes s'est beaucoup développé au cours des dernières années dans le sud-ouest du Bangladesh. La **mise en marché** des crevettes en Europe et en Amérique procure d'importants revenus aux grands producteurs de ce pays. Cependant, cette activité ne permet pas d'assurer l'autosuffisance alimentaire du pays et elle contribue à la détérioration du milieu naturel.

Les grands producteurs ont converti des terres agricoles en bassins d'élevage de crevettes. Pour y arriver, ils ont ouvert des digues protectrices entre les eaux côtières et les plaines inondables cultivables. Cette opération a recouvert d'eau salée les terres agricoles. Les sols, devenus jusqu'à cinq fois plus salins, sont maintenant impropres à la culture. Les producteurs ont également abattu d'importantes étendues de mangrove, une forêt côtière essentielle à la vie sous-marine tropicale et à la protection des berges contre l'érosion. Ces interventions ont augmenté le risque de perdre des propriétés et des récoltes lors du passage de cyclones ou de tsunamis.

⓫ Des réserves d'eau contaminée

L'arsenic est un élément chimique naturellement présent en forte concentration dans les sols du Bangladesh. Tant qu'il demeure enfoui sous la terre, il ne cause pas de problèmes. Cependant, le pompage excessif de l'eau pour l'**irrigation** des terres lors de la saison sèche fait remonter une partie de l'arsenic à la surface des champs et dans les puits. En conséquence, un grand nombre de Bangladais s'approvisionnent à des puits dont l'eau est souvent contaminée par de l'arsenic. L'absorption de ce produit peut causer le cancer ou des problèmes de peau et affecter le fonctionnement des poumons et des reins. Heureusement, des chercheurs ont mis au point un filtre qui peut capter des contaminants. Il faut maintenant assurer l'accessibilité de l'eau filtrée à tous les Bangladais, ce qui n'est pas une mince affaire.

Observe et construis

e Comment les agriculteurs ont-ils augmenté la productivité des terres au Bangladesh? ⑨

f Quels problèmes sont liés à la gestion de l'eau dans ce pays? ⑨ ⑩ ⑪

g En quoi les activités agricoles augmentent-elles le risque sur ce territoire? ⑩ ⑪

h À ton avis, comment les agriculteurs du Bangladesh peuvent-ils concilier l'agriculture et l'environnement?

Pour poursuivre, rends-toi à la page 119.

Territoire 3

Le Sahel : un milieu aride

Fiche 2.2.10

Le portrait du territoire

Le Sahel	
Pays du Sahel*	Burkina Faso, Gambie, Mali, Mauritanie, Niger, Sénégal, Soudan, Tchad
Superficie du Sahel	Environ 250 millions d'hectares
Superficie des pays du Sahel	Environ 780 millions d'hectares
Population du Sahel	Environ 50 millions
Population des pays du Sahel	Environ 103 millions
Population agricole des pays du Sahel	Environ 88 %
PIB/hab. des pays du Sahel	Environ 1 855 $
Climats	Désertique et semi-désertique
Relief	Plaines, dunes, massifs montagneux
Végétation	Savane
Principales productions agricoles	Cultures vivrières (sorgho, mil) Élevage (bovins, chameaux, chèvres) Cultures d'exportation (arachide et coton)

* Cette liste peut varier selon les sources.

Sources : *CIA World Factbook 2005* ; Comité permanent inter-États de lutte contre la sécheresse dans le Sahel, 2006.

Selon toi,

- où est situé le Sahel ?
- quelles sont les caractéristiques de cette région du monde ?
- en quoi le Sahel est-il un milieu agricole à risque ?

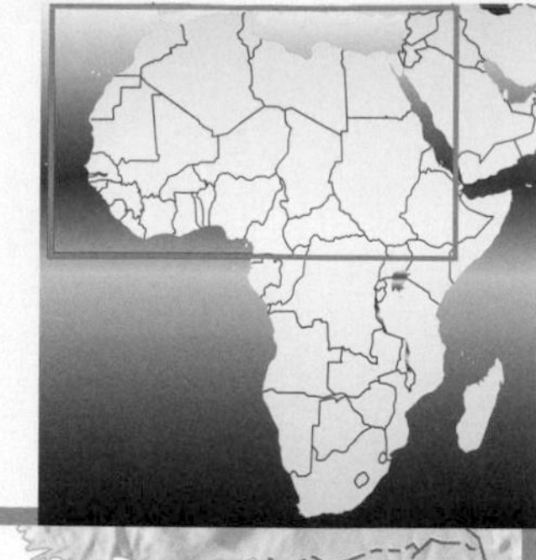

1 Le Sahel, une zone mouvante

Le Sahel climatique est une bande de terre de quelques centaines de kilomètres de largeur sur près de 5 000 km de longueur. Il s'agit d'une zone de transition entre le très **aride** désert du Sahara, au nord, et une zone tropicale humide, au sud. Ce territoire s'étend de l'océan Atlantique à la mer Rouge. Les limites du Sahel sont imprécises, car elles ne sont pas définies par des frontières politiques et géographiques, mais par les **précipitations** annuelles moyennes. Ces précipitations sont très variables, passant de 100 mm, au nord, jusqu'à 800 mm, au sud. L'étendue de ce territoire varie donc au fil du temps. Le terme « Sahel » désigne également un ensemble de pays de la région subsaharienne situés à la limite sud du désert du Sahara. Ce désert, le plus grand au monde, atteint une superficie de 900 millions d'**hectares**.

2 Le climat semi-aride du Sahel

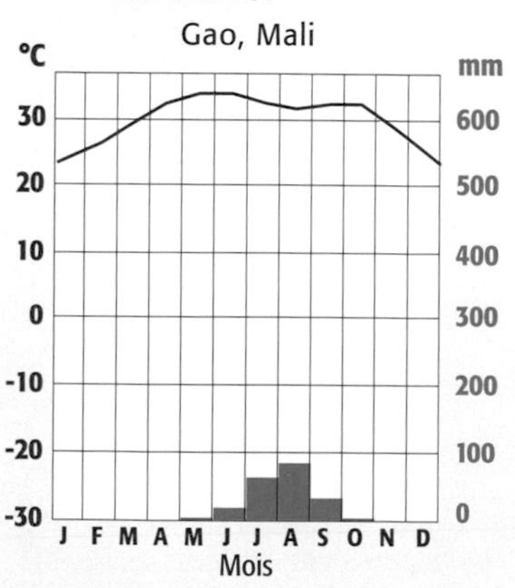

Dans la zone sahélienne, 90 % des précipitations surviennent au cours de la saison humide, qui a lieu de juin à septembre. Les sols pauvres et secs de cette région retiennent très peu de cette eau. Certaines années, il arrive même qu'il ne pleuve pas au cours de la saison humide. La **saison végétative**, étroitement liée aux précipitations, dure entre 90 et 120 jours.

③ Une agriculture à la merci des précipitations

3 A Des pâturages au Niger

Il y a des pâturages et, parfois, des cultures céréalières dans les zones de très faibles précipitations (100 à 200 mm par année).

3 B Un champ de mil au Mali

On pratique des cultures à cycle de végétation de 90 jours (sorgho et mil) là ou les précipitations sont moyennes (200 à 600 mm par année). Ces cultures couvrent environ 60 % des surfaces cultivables.

3 C Un champ de coton au Burkina Faso

On pratique des cultures à cycle de végétation de 120 jours (ex.: maïs, coton) là où les précipitations sont abondantes (600 à 800 mm par année).

④ Des faits et des chiffres

Le territoire agricole du Sahel est constamment menacé par la sécheresse.

- Pendant la saison des pluies, les précipitations sont souvent insuffisantes. Au cours de la grande sécheresse qui a eu lieu de 1968 à 1973, le volume des précipitations a été de 15 à 40 % inférieur à la moyenne. Aucune récolte n'a été faite au cours de ces années.
- Au Sahel, l'alternance d'une saison humide et d'une saison sèche favorise les invasions de criquets pèlerins. Les sols humides des plaines inondables après la période des pluies sont propices à la ponte des œufs. Quelques mois plus tard, les insectes migrent vers les champs cultivés des régions sèches pour s'alimenter.
- Depuis le début du 20e siècle, le réchauffement planétaire entraîne des variations climatiques parfois extrêmes. Entre 1960 et 1990, par exemple, les températures se sont maintenues au-dessus des normales et les précipitations ont considérablement chuté, ce qui a provoqué de grandes sécheresses.

Sources : Banque Mondiale, 2003 ; Institut français de recherche agronomique au service du développement des pays du Sud et de l'outre-mer français (CIRAD), 2006.

L'économie du Sahel repose essentiellement sur l'**agriculture** même si les sols sont pauvres et que le territoire est soumis aux particularités d'un climat semi-aride. Du nord au sud, les précipitations annuelles déterminent trois milieux agricoles différents (3 A, 3 B et 3 C).

Les céréales cultivées au Sahel sont des **cultures vivrières**. La plus grande partie des productions agricoles proviennent de petites exploitations familiales qui utilisent des modes de culture traditionnels. D'autre part, les grandes cultures de coton rapportent de 60 à 80 % des revenus de l'agriculture du Sahel, bien qu'elles n'occupent qu'une petite partie des terres arables.

Observe et construis

a Où est situé le territoire du Sahel ? Quelles sont les caractéristiques de ce territoire ? Quelles caractéristiques de ce territoire favorisent l'agriculture ? ① ②

b Pourquoi le Sahel est-il un milieu naturel fragile ? ④

c Comment les Sahéliens ont-ils adapté leurs cultures aux conditions climatiques ? ③

Les activités agricoles dans un milieu aride

Selon toi,

- qu'est-ce qui caractérise l'agriculture dans un milieu aride comme le Sahel?
- quels sont les impacts de l'agriculture sur l'environnement?
- de quelle façon les activités agricoles peuvent-elles aggraver la fragilité de ce territoire?

@robas

Le Guerewol et la Cure salée

Le nomadisme traditionnel des peuples du Sahel a engendré des rituels qui sont aujourd'hui récupérés par l'industrie touristique. Par exemple, la migration vers de nouveaux pâturages occasionne deux grandes fêtes, le Guerewol, chez les Peuls et la Cure salée, chez les Touaregs.

Pour répondre aux questions qui suivent, fais une recherche dans Internet à l'aide des mots suivants: Guerewol et Peuls, Cure salée et Touaregs.

- En quoi consistent ces fêtes?
- À quels moments de l'année ont-elles lieu?
- Quelle est leur durée?
- Comment se déroulent-elles?

5 La désertification au Mali •

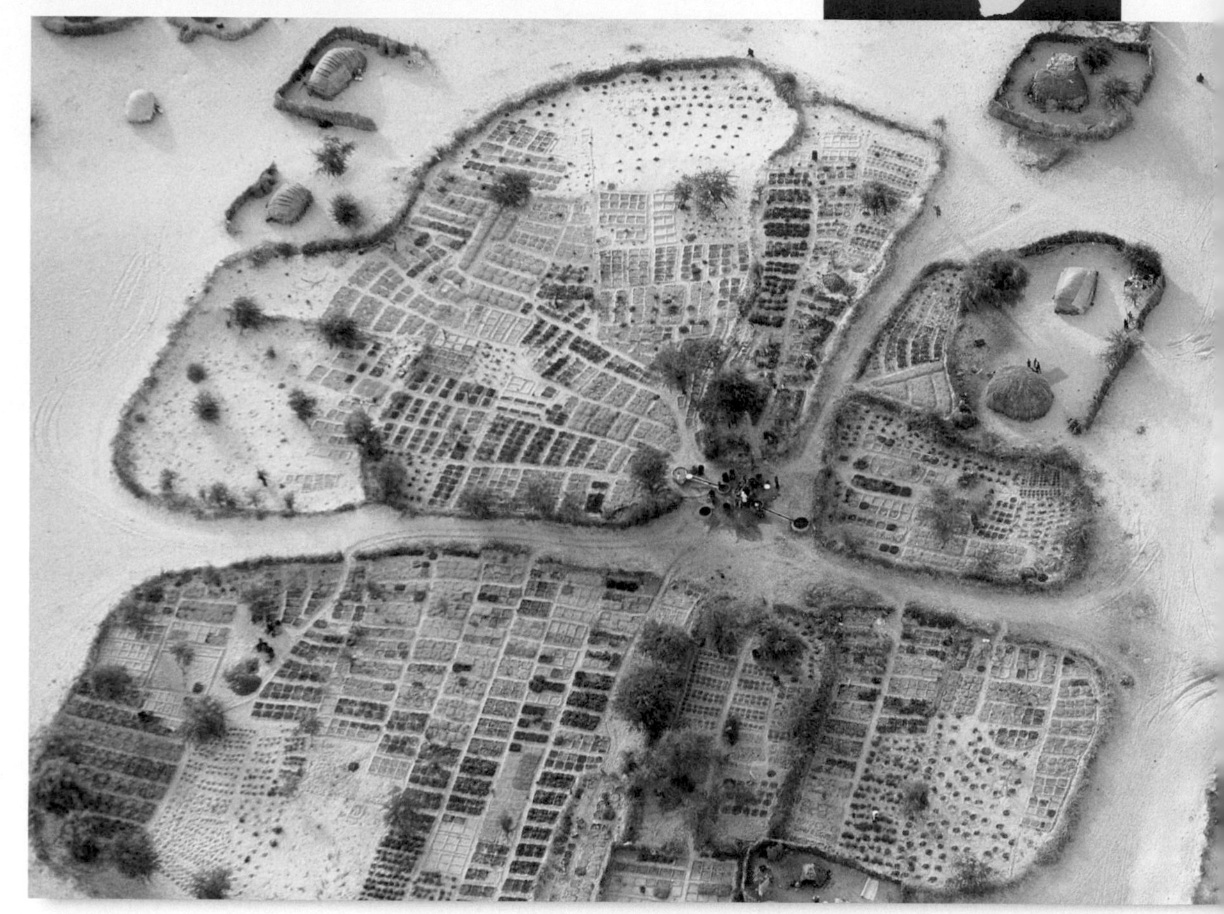

Les longues sécheresses ne suffisent pas à elles seules à expliquer l'ampleur du problème de **désertification** au Sahel. Ce phénomène est aussi relié à la **croissance** de la population dans ce milieu fragile ainsi qu'aux activités humaines, en particulier l'**agriculture**. La population des pays du Sahel connaît une croissance démographique moyenne de 3,1 % par année, l'une des plus élevées au monde, alors que la croissance annuelle mondiale est de 1,1 %. D'ici 2015, la population pourrait passer de 50 à plus de 80 millions d'habitants.

Les effets de la désertification sont surtout visibles dans les régions les plus densément peuplées du Sahel. Cette situation est due à l'expansion et à l'intensification de l'agriculture dans ces régions.

Plusieurs années consécutives de sécheresse accentuent la désertification des terres. Ces terres deviennent alors moins productives, ce qui entraîne des famines chez les populations qui vivent d'une **agriculture de subsistance**.

Nomade: Se dit d'un groupe d'êtres humains ou d'animaux qui se déplace à la recherche de nourriture et d'eau.

Sédentaire: Se dit d'un groupe d'êtres humains ou d'animaux dont le lieu de vie est fixe.

6 L'augmentation de la production agricole au Burkina Faso

À cause de la faible **productivité** des sols, les agriculteurs du Burkina Faso ont longtemps pratiqué des **modes de culture** qui incluaient une période de **jachère**. Cependant, la forte demande de produits alimentaires a entraîné un changement dans cette pratique. Les terres sont maintenant cultivées en tout temps sans période de repos, ce qui nuit au renouvellement des éléments nutritifs du sol. De plus, les moyens qui permettent d'améliorer la productivité (semences, engrais, meilleure machinerie, etc.) sont rarement disponibles.

7 Des éleveurs touaregs au Mali

Au sud du Sahel, les éleveurs de tradition nomade, les Peuls et les Touaregs, possèdent des troupeaux de bovins. Au nord, ils élèvent des chameaux ou des chèvres, car ces animaux résistent bien aux conditions des milieux plus **arides**.

Ces éleveurs ont toujours déplacé leurs troupeaux au gré des saisons sèches et des saisons humides pour leur fournir du pâturage. Comme ils sont aujourd'hui confrontés aux sécheresses de plus en plus fréquentes, ils migrent en masse vers les régions humides et ont tendance à s'établir autour des points d'eau où se déroulent les activités des agriculteurs sédentaires. Le nombre de bêtes a triplé depuis les années 1960 pour répondre à la demande alimentaire croissante. Le piétinement de tous ces animaux autour des puits et l'accroissement des superficies cultivées accentuent la diminution du couvert végétal et les problèmes d'érosion du sol.

@robas

Le Sahel est une région très particulière de l'Afrique. Fais une recherche dans Internet pour répondre aux questions qui suivent.

- D'où vient le mot Sahel?
- Que signifie-t-il?
- Pourquoi a-t-on nommé ainsi cette région?

Observe et construis

a Pourquoi l'agriculture doit-elle être productive au Sahel? 5

b De quelle façon les activités agricoles fragilisent-elles ce milieu aride? 6 7

c De quelles façons les agriculteurs du Sahel tiennent-ils compte des particularités du climat, en particulier de la disponibilité de l'eau? Au besoin, n'hésite pas à consulter les pages précédentes pour trouver d'autres exemples. 7

8 L'assèchement du lac Tchad

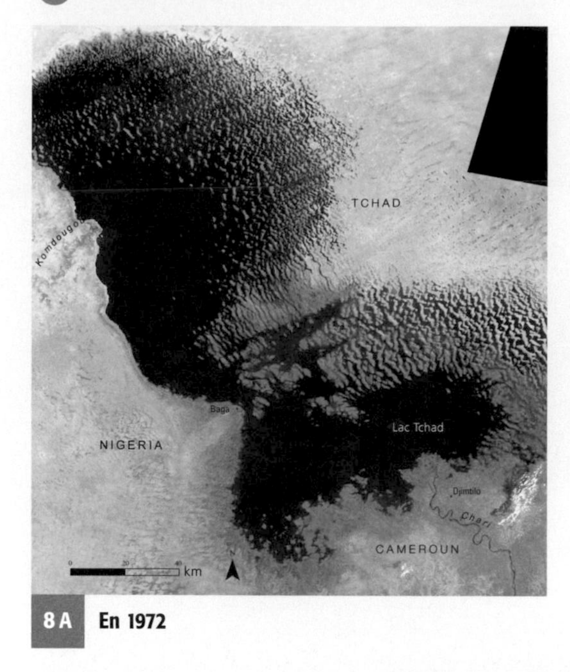

8A En 1972

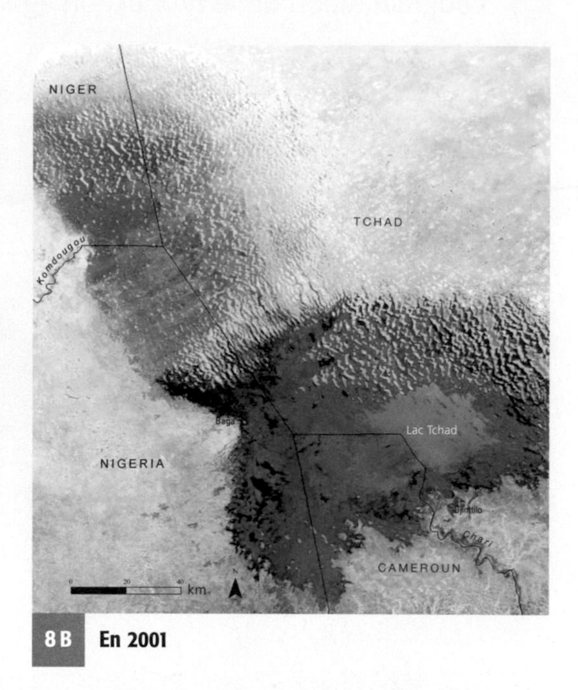

8B En 2001

Depuis les années 1960, les habitants de la région du lac Tchad font d'importants prélèvements dans les eaux de ce lac pour répondre aux besoins d'une population d'environ 20 millions de personnes. La superficie du lac Tchad est ainsi passée d'environ 2,5 millions à moins de 150000 **ha** en 2001. Les changements climatiques et la demande en eau croissante des populations environnantes ont contribué à la dégradation de ce milieu. L'**irrigation** nécessaire aux cultures est en partie responsable de ce phénomène.

@robas

Les pays du Sahel se mobilisent pour sauvegarder leur environnement. Plusieurs comités et organismes sont mis en place pour protéger ce milieu fragile.

Trouve dans Internet de l'information sur ces comités et ces organismes à l'aide des mots suivants : Sahel et solidarité, Sahel et développement, Sahel et agriculture.

- Comment se nomment ces comités et ces organismes ?
- Qui en fait partie ?
- Quelle est leur mission ?

9 La gestion de l'eau du fleuve Sénégal

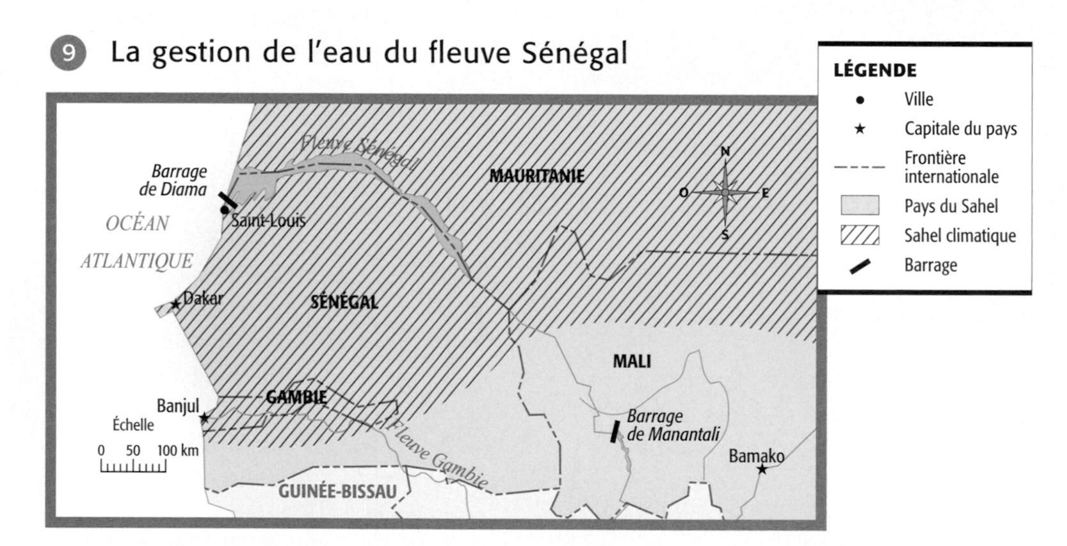

Au cours des années 1980, deux barrages ont été construits sur le fleuve Sénégal. Le barrage de Diama a pour fonction d'empêcher l'infiltration d'eau salée dans le fleuve, car cette eau nuit à la fertilité des terres du **delta**. Le barrage de Manantali est un barrage réservoir qui permet le développement de cultures irriguées, la navigation intérieure permanente et la production d'énergie. La construction de ces barrages a atteint ses objectifs, mais elle a aussi des impacts négatifs, par exemple la dégradation des terres voisines.

Derrière le barrage de Diama, les possibilités d'irrigation ont encouragé le déboisement excessif de terres en bordure du fleuve pour la culture, ce qui a conduit à l'érosion des berges. De plus, l'augmentation de l'élevage y a accentué les problèmes de surpâturage.

Observe et construis

d Quels moyens sont utilisés par les agriculteurs pour accroître la production agricole au Sahel ? 8 9

e En quoi ces moyens aggravent-ils la fragilité de ce milieu aride ? 8 9

f Quels sont les impacts positifs de la gestion de l'eau sur ce territoire ? 9 Quels en sont les impacts négatifs ? 8 9

Pour poursuivre, rends-toi à la page 119.

Ton défi

À l'œuvre ! (Troisième partie)

Il est maintenant temps de préparer ton exposé.

1. Pour t'aider à procéder efficacement, considère les informations données dans le chapitre 1 (p. 82 à 89) et dans la première partie du chapitre 2 (p. 90 à 99). Fais ensuite le portrait du territoire agricole à risque choisi.
2. Prévois des capsules que tu inséreras dans ton exposé. Ces capsules pourraient, par exemple, être de courts échanges avec des personnes qui jouent les rôles d'agriculteurs ou d'intervenants du milieu.
3. Prépare ton exposé en répétant à l'avance et en demandant à des camarades de te faire part de leurs commentaires. Tu pourras ainsi présenter un exposé qui tiendra compte de ton auditoire.

Synthèse

Fiche 2.2.12

Pour faire le point sur ce que tu as appris, réponds de nouveau aux questions des rubriques « Selon toi » de ce module.

ou

Construis un schéma organisateur. Réutilise le plus possible les concepts à l'étude présentés à la page 80 pour démontrer ta compréhension d'un milieu agricole à risque.

Milieu agricole à risque
- Qu'est-ce que c'est ?
- Pourquoi y a-t-il plus de risques naturels dans certains milieux ?
- Où sont situés les territoires agricoles à risque sur la Terre ?
- Quelles sont les conséquences des catastrophes naturelles en milieu agricole ?
- Quelles pratiques agricoles nuisent à l'environnement ? Lesquelles aggravent les possibilités de risques naturels ?

Bilan

Fiche 2.2.13

1. Comment as-tu procédé pour organiser l'information dans ton exposé ?
2. Quels moyens techniques t'ont été utiles pour intéresser tes auditeurs et faciliter leur compréhension ?
3. Quelle est la plus grande difficulté que tu as affrontée pour illustrer clairement tes propos ? Comment l'as-tu surmontée ?
4. Quelle partie de ton exposé a particulièrement intéressé tes auditeurs ? Pourquoi, selon toi ?
5. À ton avis, pourquoi faut-il favoriser le développement durable dans les milieux agricoles à risque ?

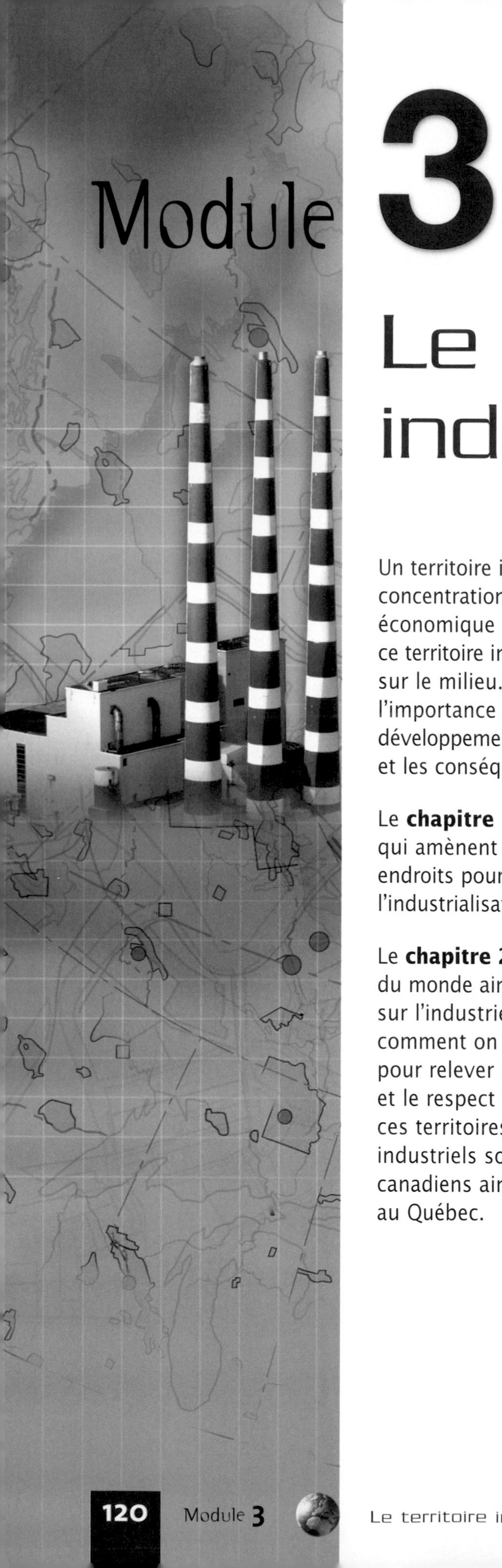

Module 3

Le territoire industriel

Un territoire industriel est un espace organisé autour d'une concentration d'usines qui contribuent au développement économique d'une région. Les productions associées à ce territoire industriel ont des effets positifs et négatifs sur le milieu. Ce module te permettra de comprendre l'importance des entreprises industrielles dans le développement d'une ville, d'une région ou d'un pays et les conséquences de leur présence sur l'environnement.

Le **chapitre 1** décrit l'industrialisation et les raisons qui amènent les entreprises industrielles à choisir certains endroits pour s'établir. Il te fera aussi connaître les effets de l'industrialisation sur l'économie, les gens et les paysages.

Le **chapitre 2** présente les zones industrielles importantes du monde ainsi que les conséquences de la mondialisation sur l'industrie. Il te permettra également de découvrir comment on s'y prend sur deux territoires industriels pour relever deux défis de taille : concilier l'industrie et le respect de l'environnement et conserver la place de ces territoires dans l'économie mondiale. Ces territoires industriels sont la région des Grands Lacs américains et canadiens ainsi que la région du Saguenay–Lac-Saint-Jean, au Québec.

Le port de Rotterdam, aux Pays-Bas

Qu'est-ce qui caractérise un territoire industriel ?

Table des matières

Trois-Rivières, au Québec

Chapitre 1

Concepts à l'étude

Territoire région
- Aménagement
- Commercialisation
- Mondialisation
- Multinationale
- Ressource

Industrialisation
- Concentration
- Délocalisation
- Développement
- Pays atelier

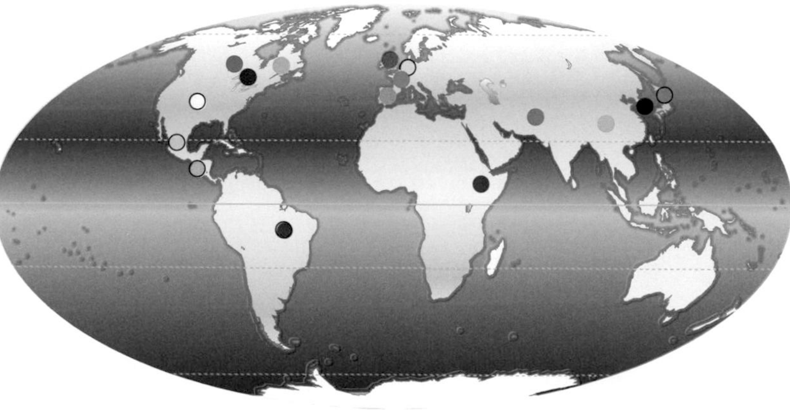
Pays mentionnés dans le chapitre 2

- Afghanistan
- Allemagne
- Brésil
- Canada
- Chine
- Corée du Sud
- El Salvador
- Espagne
- États-Unis
- Éthiopie
- France
- Japon
- Mexique
- Royaume-Uni

Ressources géo

Techniques à développer

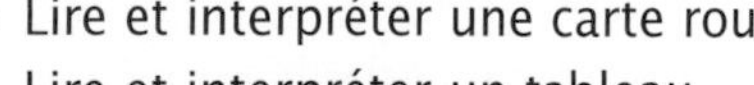
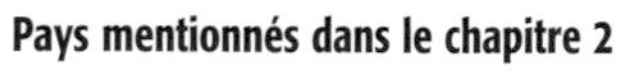

Chapitre 2
La planète et ses enjeux 136

1. La région des Grands Lacs américains et canadiens

2. La région du Saguenay–Lac-Saint-Jean, au Québec

Chapitre 1

L'industrialisation

L'industrie est l'ensemble des activités économiques liées à la production d'énergie et de biens matériels. Jusqu'à la fin du 18e siècle, la plupart des biens étaient fabriqués par des artisans. Aujourd'hui, la plupart des biens que nous consommons proviennent d'usines qui transforment des matières premières (bois, fer, plantes, métaux, etc.) en une infinité de produits. Comment s'est effectué ce changement? Quelles en sont les conséquences?

La localisation des entreprises n'est pas due au hasard. Les dirigeants d'entreprises choisissent l'endroit qui leur semble le plus avantageux. Quelles sont les raisons qui influencent leur décision au moment de choisir un emplacement? Comment se développe un territoire industriel? Quels sont les effets de l'**industrialisation**?

Industrialisation: Processus d'extension et d'intensification des activités industrielles dans une région ou un pays.

Ton défi

Fiche 3.1.1

Ici plutôt qu'ailleurs?

Pour déterminer le meilleur endroit où implanter une entreprise industrielle, il est important de considérer plusieurs facteurs, que tu découvriras dans ce chapitre.

Ton défi consiste à **résoudre un problème**: quel type d'entreprise industrielle pourrait s'implanter dans une région fictive? Où devrait-elle s'installer?

Pour résoudre ce problème, tu devras:

- tenir compte des particularités de la région fictive représentée sur la carte qu'on te remettra;
- déterminer le type d'entreprise industrielle qui pourrait avoir intérêt à s'établir dans cette région;
- désigner ensuite le meilleur emplacement pour l'entreprise ainsi que les raisons de ton choix;
- décrire enfin les impacts possibles de l'implantation de l'entreprise dans cette région.

Pour y arriver,

1. Repère les rubriques Ton défi – En marche (p. 130 et 134). Elles t'aideront à relever ce défi.
2. Consulte la section Ressources géo (p. 338) pour bien utiliser les techniques dont tu auras besoin.
3. Fais aussi appel à d'autres sources: atlas, sites Internet, encyclopédies, documentaires, etc.
4. Consulte la rubrique Ton défi – À l'œuvre! (p. 135) pour t'assurer que tu respectes les contraintes liées à cette tâche.

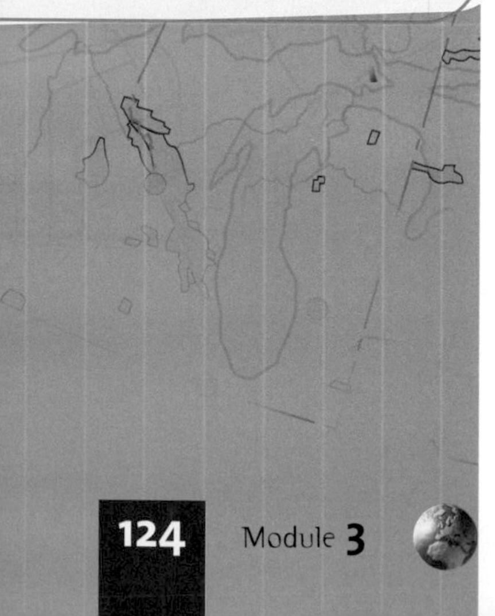

Les secteurs de l'activité économique et l'industrialisation Fiche 3.1.2

Selon toi,

- quels sont les secteurs de l'activité économique?
- qu'est-ce que l'industrialisation?
- à quelle époque de l'histoire et à quelle partie du monde associes-tu les débuts de l'industrialisation?

Développement: Processus global d'amélioration des conditions de vie (économie, société, culture, etc.) dans une ville, une région ou un pays.

1 Les trois secteurs de l'activité économique

1 A Le secteur primaire

Le secteur primaire comprend les activités d'exploitation des ressources naturelles (agriculture, mines, pêche, etc.).

1 B Le secteur secondaire

L'essentiel du secteur secondaire est constitué d'activités de transformation de la matière première en produits de consommation. Ces activités sont effectuées dans les usines des entreprises industrielles. Il existe plusieurs grandes catégories d'industries, par exemple l'industrie de l'automobile, l'industrie du textile, l'industrie agroalimentaire, etc.

1 C Le secteur tertiaire

Le secteur tertiaire rassemble les activités de production de services telles que le commerce, le transport, la santé, l'éducation, les communications, l'administration, etc.

Le développement d'un territoire dépend d'une grande variété d'activités, qui sont groupées en trois secteurs: le secteur primaire, le secteur secondaire et le secteur tertiaire. Les activités du secteur secondaire dominent sur un territoire industriel.

Observe et construis

a Quels sont les trois secteurs de l'activité économique? 1

b Donne d'autres exemples d'activités économiques liées à chacun des secteurs. 1

2 La technologie et l'industrialisation

2A

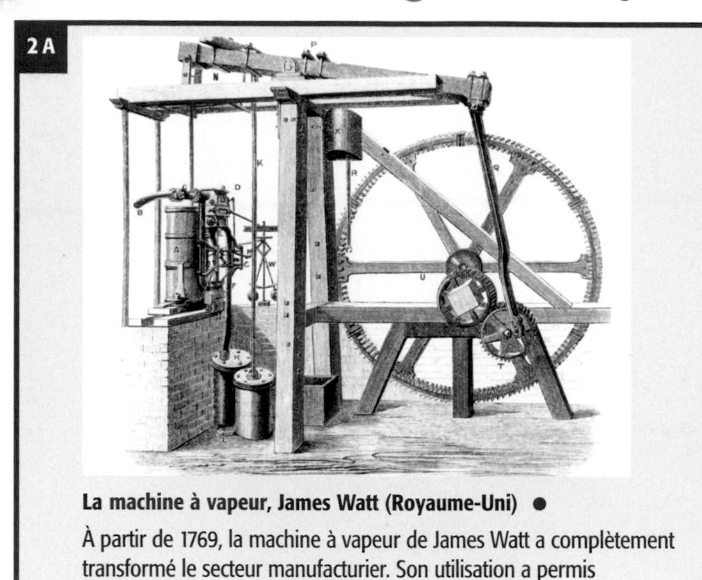

La machine à vapeur, James Watt (Royaume-Uni) ●

À partir de 1769, la machine à vapeur de James Watt a complètement transformé le secteur manufacturier. Son utilisation a permis l'accélération du processus de fabrication d'un produit.

2C

La locomotive à vapeur, George Stephenson (Royaume-Uni) ●

En 1815, l'arrivée de la locomotive à vapeur a révolutionné les transports. Grâce à l'énergie produite par la combustion du charbon, les matières premières étaient acheminées plus rapidement vers l'usine et les produits étaient livrés aux différents marchés.

1700 — 1769 — **1800** — 1815

2B

Le métier à tisser mécanique, Joseph Marie Jacquard (France) ●

Apparu en 1800, le métier à tisser Jacquard effectuait toutes les opérations de tissage. En 1825, grâce à l'énergie produite par la vapeur, cette invention a radicalement transformé le domaine du textile. Le métier semi-mécanisé etait actionné par un seul ouvrier au lieu de plusieurs, ce qui augmentait grandement la **productivité**.

Révolution industrielle: Période (1750-1900) qui a complètement bouleversé l'histoire du travail. La révolution industrielle a donné lieu à des transformations techniques, économiques, sociales et culturelles importantes.

2D

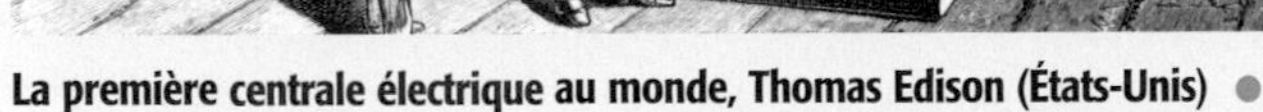

La première centrale électrique au monde, Thomas Edison (États-Unis)

Le 4 septembre 1882, à New York, on inaugurait la première centrale électrique au monde. Cette centrale pouvait alimenter en électricité une soixantaine de clients résidentiels, commerciaux et industriels. Au moyen d'un simple câble, l'énergie était livrée instantanément aux usines, ce qui était beaucoup plus efficace que le transport du charbon, une ressource volumineuse et lourde.

1882 — **1900** — 1951 — **2000**

2E

L'ordinateur, John Presper Eckert et John William Mauchly (États-Unis)

En 1951, le premier ordinateur capable de traiter des nombres et du texte occupait un espace considérable. On était encore loin du modèle qui tient dans le creux de la main ! Malgré tout, la vitesse d'exécution et la précision de ce premier ordinateur ont permis d'accroître la performance des procédés industriels. Aujourd'hui, plusieurs entreprises ont un système de production entièrement programmé sur ordinateur, depuis la conception du produit jusqu'à sa livraison.

Les êtres humains ont toujours su tirer profit du milieu dans lequel ils vivent. Ils ont appris à exploiter la terre, l'eau et la forêt et ont transformé les **ressources** disponibles pour se nourrir, se vêtir et s'abriter. Pour répondre à des besoins de plus en plus précis (ex. : se soigner, se divertir, se déplacer), ils ont créé de nouveaux médicaments, inventé le cinéma, construit des automobiles, etc. Grâce aux découvertes technologiques, ils sont parvenus à produire, à moindre coût, des biens en plus grande quantité, avec plus de rapidité, d'efficacité et de précision. Les revenus générés par la vente de ces produits ont permis d'améliorer le niveau de vie des populations. L'ensemble de tous les changements apportés par l'activité industrielle s'appelle l'**industrialisation**.

L'industrialisation a débuté en Europe à la fin du 18e siècle, avec la révolution industrielle. L'abondance et la concentration de la main-d'œuvre à un même endroit, une conséquence de l'**urbanisation**, a largement contribué à cet essor. Les nombreuses innovations techniques dans différents domaines, les nouvelles sources d'énergie (ex. : le charbon, l'électricité, le pétrole) et la disponibilité de capitaux ont aussi joué un rôle essentiel dans ce processus. L'industrialisation s'est ensuite progressivement étendue à d'autres parties du monde.

Observe et construis

- **c** Où a commencé l'industrialisation ? À quelle époque ? 2
- **d** À ton avis, pourquoi dit-on que la technologie joue un rôle important dans l'industrie ? 2
- **e** Quelles sources d'énergie ont favorisé le développement des industries aux 18e et 19e siècles ? 2
- **f** Nomme deux inventions liées à l'industrialisation et explique ce qui a changé grâce à ces inventions. 2

La localisation d'une entreprise industrielle

Fiche 3.1.3

Selon toi,

- comment fonctionne une entreprise industrielle ?
- comment les entrepreneurs industriels choisissent-ils un endroit où établir leur entreprise ?

3 L'entreprise industrielle

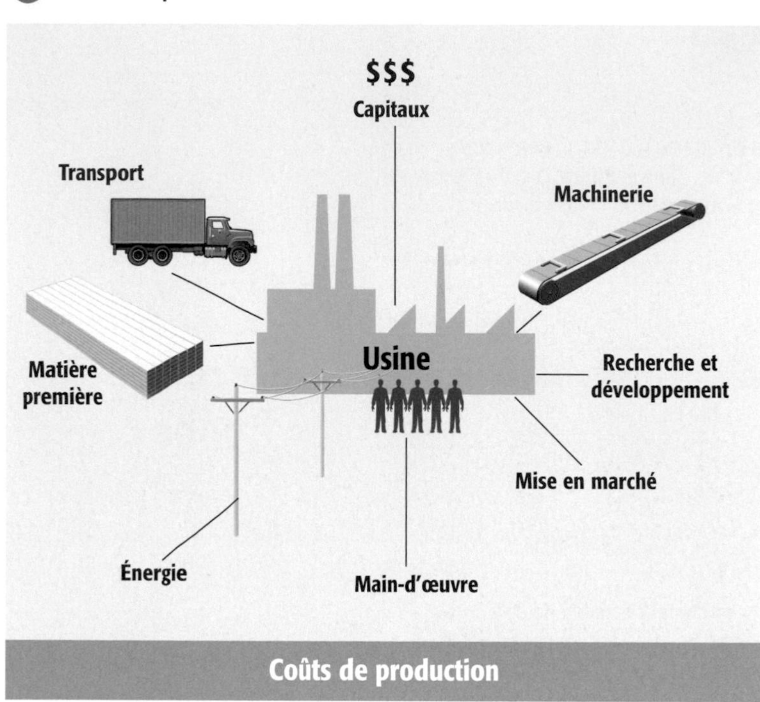

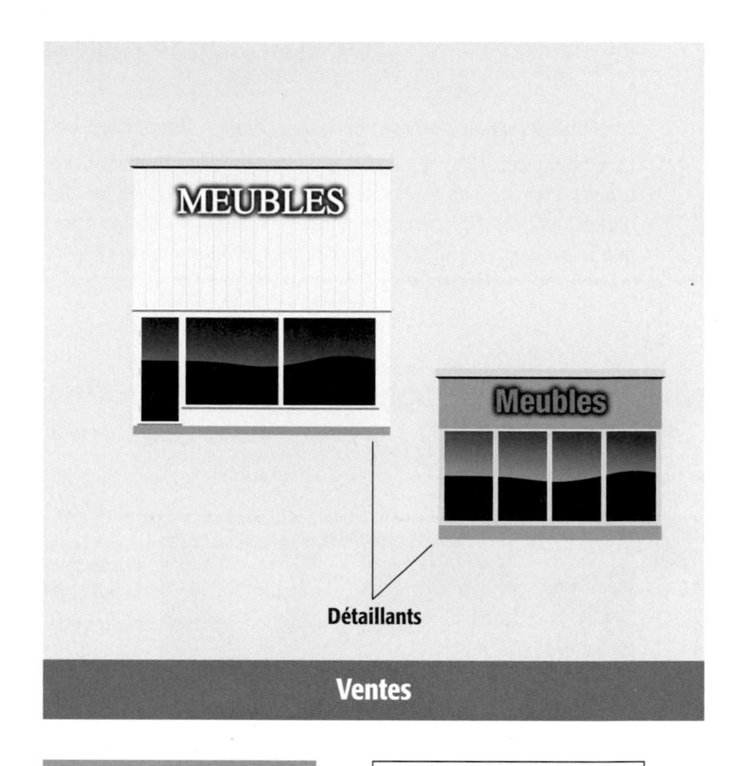

Revenus des ventes – **Coûts de production** = **Profits**

Comme toutes les entreprises, les entreprises industrielles recherchent la rentabilité, c'est-à-dire le profit. La formule suivante permet de calculer les profits : revenus des ventes – coûts de production = profits. Les entreprises recherchent un maximum de rentabilité en visant des revenus de vente élevés et des coûts de production le plus bas possible. Pour y arriver, elles doivent tenir compte du coût des ressources nécessaires (matière première, source d'énergie, main-d'œuvre, etc.) pour produire des biens qui répondront aux besoins des consommateurs. Le choix d'un bon emplacement contribue à augmenter la rentabilité d'une entreprise.

Fiche 3.1.4

Fabriqué chez nous

- Fais une enquête sur une entreprise industrielle de ta région. Cherche dans l'annuaire téléphonique, dans Internet ou à la bibliothèque des informations sur l'entreprise que tu auras choisie. Indique de quel type d'entreprise il s'agit, la matière première utilisée, le nombre d'employés, etc.

④ Les facteurs de localisation

Un moyen efficace de rentabiliser les activités d'une entreprise consiste à choisir l'emplacement le plus avantageux, selon les ressources nécessaires à la production. Un seul facteur peut être déterminant, mais l'entreprise peut aussi rechercher la combinaison de deux ou de plusieurs facteurs.

La source d'énergie

4 A **Une aluminerie à Baie-Comeau** ●

La proximité d'une centrale électrique et la possibilité d'obtenir de l'électricité à faible coût influencent grandement la localisation des alumineries, qui sont de grandes consommatrices d'énergie. Cette aluminerie, établie à Baie-Comeau, bénéficie de l'immense potentiel énergétique de la Côte-Nord.

La matière première

4 B **Une papetière à Trois-Rivières** ●

Les copeaux, un résidu produit par les scieries qui coupent les billots de bois, constituent la matière première des papetières. L'installation d'une papetière à proximité des scieries de la Mauricie, une région forestière, permet de réduire les coûts de transport.

Observe et construis

a Comment calcule-t-on les profits dans une entreprise? ③

b À ton avis, que peut faire une entreprise pour augmenter ses profits? ③

c Pourquoi est-il important pour une entreprise de s'établir près d'une ressource énergétique? près des matières premières? ④

4 Les facteurs de localisation (suite)

Les infrastructures de transport

4 C Une raffinerie à Lévis ●

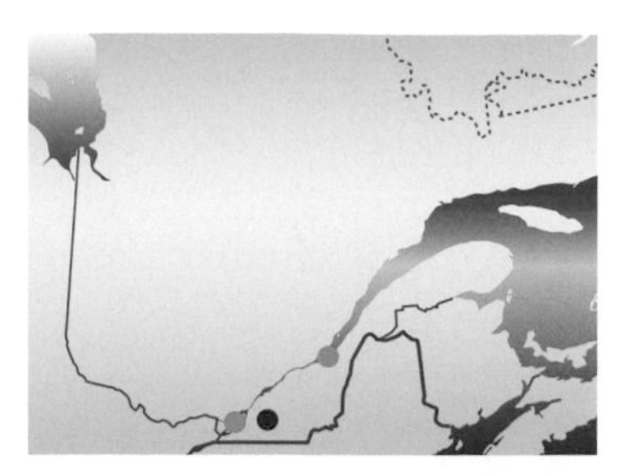

Les entreprises ont besoin d'infrastructures de transport pour s'approvisionner en matières premières et pour distribuer leurs produits. Par exemple, les raffineries de Lévis, dont les installations nécessitent beaucoup d'espace, sont situées près d'un port et d'une voie ferrée.

Le marché

Plusieurs entreprises de l'industrie agroalimentaire (production et transformation des aliments) ont choisi de s'implanter à Saint-Hyacinthe, une ville située à une cinquantaine de kilomètres de la région métropolitaine de Montréal et de ses millions de consommateurs. Comme la plupart des produits agroalimentaires sont périssables, ils doivent être expédiés dans un court délai. La proximité des marchés est donc un important facteur de localisation.

4 D Une entreprise agroalimentaire à Saint-Hyacinthe ●

Haute technologie : Technologie qui utilise les procédés scientifiques et techniques les plus récents dans des domaines tels que la microélectronique, le traitement de l'information, le génie génétique, l'ingénierie et les télécommunications. On l'appelle aussi « technologie de pointe ».

Ton défi

En marche

Note les facteurs qui doivent être considérés avant de choisir l'emplacement d'une entreprise industrielle. Examine ensuite la région représentée sur ta carte afin de voir les possibilités qu'elle peut offrir. Choisis une entreprise fictive qui pourrait s'implanter dans cette région.

La main-d'œuvre

4 E **Une entreprise de fabrication de matériel électronique à Montréal**

Des dizaines d'entreprises des secteurs de l'industrie aérospatiale, des télécommunications, des technologies de l'information et de la santé se sont installées dans le Technoparc Saint-Laurent, à Montréal. La **concentration** des entreprises de **haute technologie** et la présence de centres universitaires et technologiques dans la région métropolitaine facilitent le recrutement d'une main-d'œuvre spécialisée. Par ailleurs, d'autres types d'entreprises nécessitent une main-d'œuvre moins spécialisée et ne sont pas contraints de s'installer dans une région particulière.

L'aide gouvernementale

Certains programmes gouvernementaux (subventions, faibles taux d'imposition sur le revenu, exemptions de taxes, etc.) constituent des mesures incitatives qui influencent les entreprises lorsque vient le temps de choisir un emplacement. En Europe, par exemple, au début des années 2000, l'Irlande bénéficiait du plus bas taux d'imposition : 12,5 %. En 2005, plus de 1 000 entreprises étrangères employant près de 130 000 personnes ont choisi de s'y installer pour bénéficier de ce faible taux d'imposition.

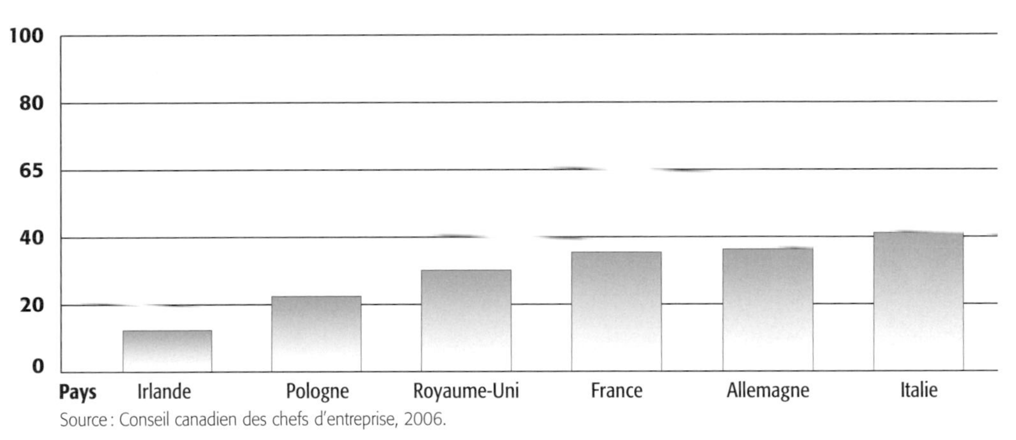

4 F

Observe et construis

d Indique un type d'entreprise lié à chacun des facteurs de localisation et explique pourquoi la proximité de ce facteur est importante. 4A 4B 4C 4D 4E

Facteur de localisation	Type d'entreprise	Justification
Source d'énergie		
Matière première		
Infrastructures de transport		
Marché		
Main-d'œuvre		

e Comment les programmes gouvernementaux ont-ils influencé le développement économique de l'Irlande ? 4F

Les effets de l'industrialisation

Selon toi,

- quels sont les impacts de l'industrialisation sur les conditions de vie des gens ? sur l'environnement ?

6 L'industrie, un moteur de développement

Le secteur industriel favorise le **développement** de nombreux autres secteurs. Par exemple, l'industrie de l'automobile a entraîné la construction de vastes réseaux routiers. Elle a nécessité la création de stations-service, de centres de réparation, de lave-autos, de centres de récupération de pièces et de voitures hors d'usage. De plus, l'industrie de l'automobile a permis le développement de nombreuses entreprises du secteur tertiaire : compagnies d'assurances, écoles de conduite, etc.

7 Des faits et des chiffres

Malgré le sort souvent peu enviable des ouvriers d'usine aux 18e et 19e siècles, l'**industrialisation** a tout de même permis d'améliorer les conditions de vie des populations au fil du temps. L'**urbanisation** qui accompagne l'industrialisation a facilité l'accès aux installations sanitaires, aux services publics (eau, électricité), aux soins médicaux et à l'éducation. Ces progrès ont favorisé la **croissance** démographique dans les pays industrialisés.

Au cours du 20e siècle, les **pays en développement** sont entrés à leur tour dans un processus d'industrialisation et d'urbanisation. Voici quelques effets de ce processus :

- Entre 1950 et 1990, la population des villes des pays en développement a connu une croissance de 4,4 % par année.
- Entre 1955 et 1985, l'**espérance de vie** moyenne s'y est accrue de 16 ans.
- La mortalité infantile y a diminué : il y a eu 220 décès d'enfants pour 1 000 naissances en 1913, comparativement à 83 décès pour 1 000 naissances en 1990.
- En 1900, le **taux d'alphabétisation** moyen était de 16 % dans ces pays ; il atteignait 64 % en 1990.

Source : Centre de recherche et d'information pour le développement, 1997.

8 Un paysage transformé par l'industrie à Montréal

8 A L'entrée du canal de Lachine en 1839

8 B Le canal de Lachine en 1896

À mesure qu'une ville s'industrialise, elle s'urbanise. À l'époque de l'industrialisation de Montréal, l'**aménagement** des usines s'effectuait en bordure du canal de Lachine, des routes et des voies ferrées. Au 19e siècle, le canal de Lachine était à la fois une voie navigable et une source d'énergie hydraulique essentielle au développement industriel de Montréal. Les **quartiers** résidentiels ouvriers étaient construits à proximité des quartiers industriels, car, à cette époque, la plupart des travailleurs se déplaçaient à pied. Les quartiers ouvriers étaient bruyants et pollués par les rejets des usines.

9 La pollution industrielle dans le fleuve Saint-Laurent

Au cours du dernier siècle, des usines ont déversé plus de 30000 produits chimiques toxiques dans les eaux des Grands Lacs. La pollution a atteint le fleuve Saint-Laurent et contaminé la chaîne alimentaire des animaux qui y vivent. Par exemple, des bélugas (petites baleines blanches qui mangent environ 25 kg de poissons par jour) sont trouvés morts presque chaque année sur les berges du fleuve.

Observe et construis

a Pourquoi dit-on que l'activité industrielle est un moteur de développement? 6

b Quels sont les effets positifs de l'industrialisation? Quels en sont les effets négatifs? 6 7 8 9

c Nomme des aménagements que l'on peut voir dans une zone industrialisée. 8

⑩ Le parc industriel et portuaire de Bécancour

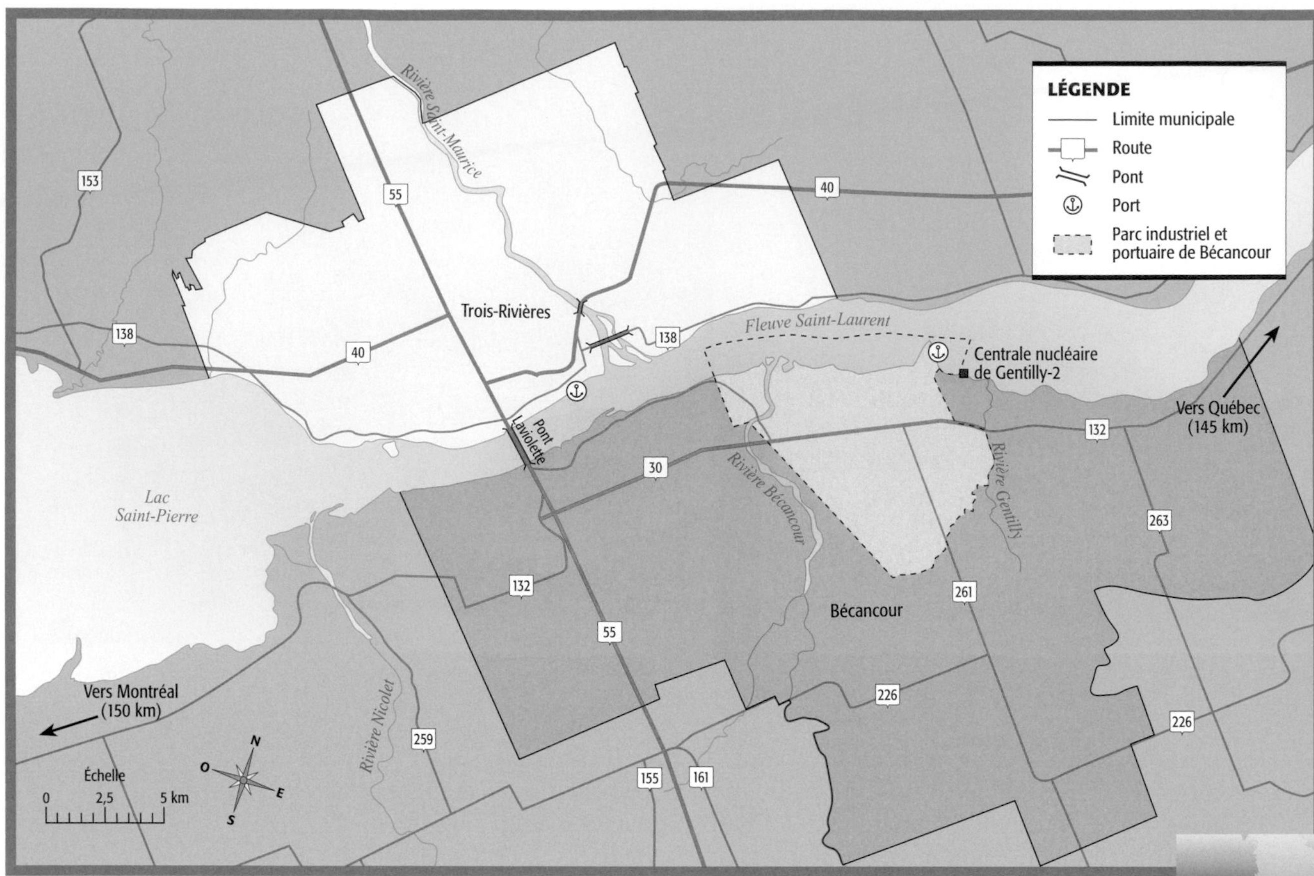

Un parc industriel est un espace destiné à accueillir des entreprises de fabrication, de distribution et de services. La **concentration** de ces activités est un atout pour les entreprises, qui y voient des possibilités d'échanges de matières premières, de produits ou de services.

Autrefois, les zones industrielles s'étendaient près des centres-villes. Les parcs industriels modernes sont plutôt aménagés dans les **banlieues** ou en périphérie des grands centres urbains. Le parc industriel et portuaire de Bécancour, situé à proximité d'un port, du réseau routier, de sources énergétiques et des marchés urbains, offre aux entreprises une combinaison intéressante de facteurs de localisation.

Le tourisme industriel

Les installations industrielles d'autrefois font aujourd'hui partie du patrimoine culturel. Dans l'une des plus vieilles régions industrielles d'Allemagne, on propose même un circuit touristique complet sur ce thème.

Pour te renseigner sur ce circuit, lance une recherche dans Internet à l'aide des mots suivants : tourisme, industriel, Allemagne.

- Comment s'appelle cette région ?
- Que peut-on y voir ?

Ton défi

En marche

Pour ton entreprise fictive, choisis un emplacement qui tiendra compte des besoins de l'entreprise et minimisera les impacts de sa présence sur le territoire et ses habitants.

Observe et construis

d Quelles sont les caractéristiques d'un parc industriel ? ⑩

e Qu'est-ce qui a changé dans la localisation des activités industrielles ? ⑩

Ton défi

À l'œuvre !

Il est maintenant temps de finaliser la présentation de ta solution au problème de localisation de ton entreprise.

1. Décris l'entreprise industrielle fictive que tu as choisie.
   - De quelle matière première a-t-elle besoin? D'où provient cette ressource?
   - Quels produits fabrique-t-elle?
   - De quel type de main-d'œuvre a-t-elle besoin: spécialisée? non spécialisée?
   - Quelle source d'énergie utilise-t-elle?
   - Quels moyens de transport utilise-t-elle pour s'approvisionner? pour livrer ses produits?
   - Quel type de commerce vendra ses produits?
   - Où sont situés ses clients?
2. Indique sur ta carte le meilleur emplacement pour ton usine. Donne trois raisons pour justifier ton choix.
3. Décris en quelques lignes les conséquences de la présence de cette usine sur le paysage, sur la vie des habitants de cette région, etc.
4. Présente ta solution en classe et invite tes auditeurs à te faire part de leurs commentaires et de leurs opinions.

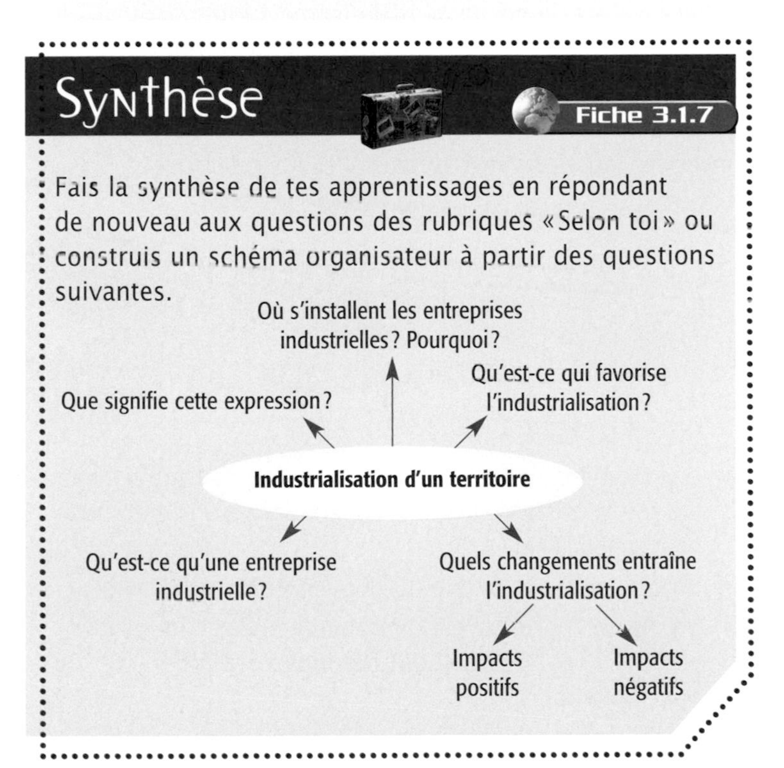

Synthèse

Fiche 3.1.7

Fais la synthèse de tes apprentissages en répondant de nouveau aux questions des rubriques «Selon toi» ou construis un schéma organisateur à partir des questions suivantes.

Bilan

Fiche 3.1.8

1. Comment as-tu procédé pour résoudre le problème de localisation de ton entreprise industrielle?
2. De quels aspects as-tu tenu compte?
3. En quoi ta solution est-elle originale?
4. Qu'as-tu appris sur le monde du travail?

Chapitre 2 La planète et ses enjeux

A Le contexte planétaire

De nos jours, l'efficacité des réseaux de transport et de communication permettent d'abolir les distances. Les entreprises aéronautiques du Canada fabriquent des appareils destinés à des usines d'aviation japonaises. Des ouvriers thaïlandais assemblent des ordinateurs pour des entreprises américaines qui les vendront à des consommateurs québécois. Des **multinationales** des **pays industrialisés** font fabriquer des pièces d'équipement dans des **pays en développement**.

Quels bénéfices les entreprises tirent-elles de ces façons de faire ? Quels sont les avantages pour les consommateurs ? pour les travailleurs ? Dans quelles conditions travaille la main-d'œuvre des pays en développement ? En tant que consommateurs, comment devons-nous réagir à cette situation ? Quels sont les impacts de ces façons de procéder sur l'**environnement** et les **ressources** des pays où s'installent ces entreprises ?

Ton défi

Fiche 3.2.1

Une table ronde sur la délocalisation (Première partie)

Ton défi consiste à participer à une table ronde sur la délocalisation, c'est-à-dire sur le déplacement de certaines activités industrielles vers des pays en développement.

Pour participer à cette table ronde, tu devras d'abord présenter le ou les points de vue que l'on t'attribuera parmi les suivants :

- Un entrepreneur ou une entrepreneure qui ferme une de ses usines pour l'implanter dans un pays en développement.
- Une travailleuse ou un travailleur d'ici qui a été mis à pied lors de la fermeture de l'usine qui l'employait.
- Une ouvrière ou un ouvrier d'un pays en développement qui travaille dans une usine appartenant à une entreprise nord-américaine.
- Un ou une porte-parole du gouvernement canadien.
- Un ou une porte-parole du gouvernement d'un pays en développement où sont fabriqués des produits pour l'étranger.
- Un ou une porte-parole d'un organisme qui défend les droits de la personne dans le monde.

Tu pourras utiliser la partie B du chapitre 2 pour fournir des exemples concrets.

Pour y arriver,

1. Repère les rubriques Ton défi – En marche (p. 137, 141 et 143) et suis les étapes suggérées.
2. Consulte, au besoin, la section Ressources géo (p. 338).
3. Fais appel à d'autres sources : cartes, documentaires, sites Internet, atlas, etc.
4. Lis la rubrique Ton défi – À l'œuvre ! (p. 147) pour t'aider à préparer tes interventions.

L'industrialisation dans le monde

Selon toi,

- quels pays du monde se sont industrialisés en premier ?
- quels sont les effets de l'industrialisation sur le niveau de développement d'un pays ?

1 Les grandes régions industrielles du monde

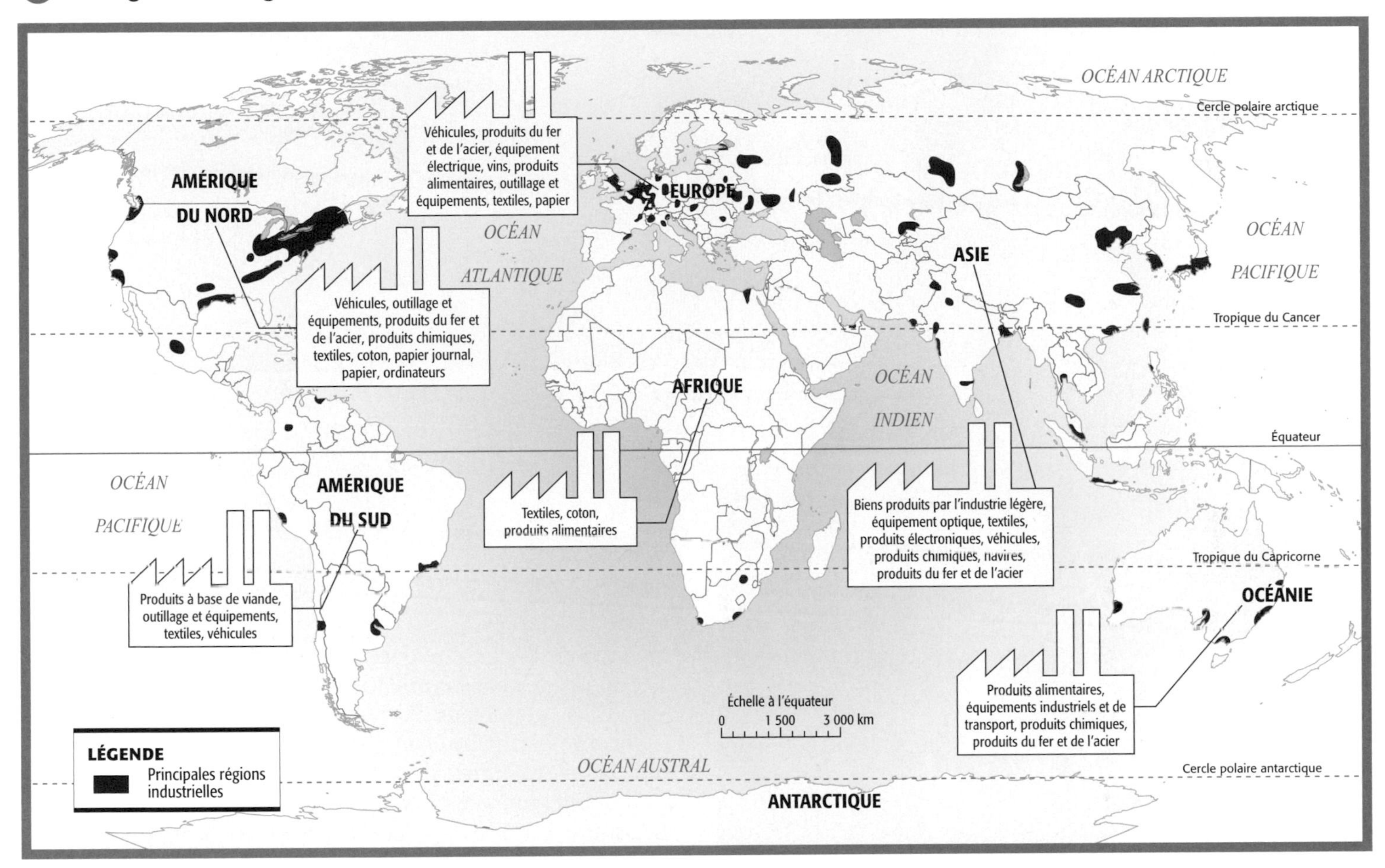

Les premiers pays à s'être industrialisés sont aujourd'hui des pays où le niveau de vie est élevé. Dans ces pays industrialisés, l'industrie fournit une grande partie des biens dont la population a besoin. L'Organisation des Nations Unies (ONU) reconnaît que l'**industrialisation** est un moyen pour les **pays en développement** et les **pays moins avancés** de faire reculer la pauvreté et de prendre place dans l'économie mondiale. Or, selon l'ONU, l'économie de ces pays s'appuie encore trop sur l'exploitation des **ressources** naturelles et pas assez sur la transformation de leurs ressources. De plus, leur main-d'œuvre n'est pas suffisamment qualifiée.

Ton défi

En marche

Sur la carte du monde que l'on te remettra, situe les principales zones industrielles du monde. Choisis un symbole pour illustrer ces zones.

Observe et construis

a Dans quelle partie du monde trouve-t-on la plus grande concentration de zones industrielles ? 1

b Où trouve-t-on la plus grande variété d'industries ? 1

c Que peut apporter l'industrialisation dans les pays en développement ? 1

❷ Différents types d'industries

Avec plus de 400 entreprises et 80 000 employés qualifiés, le Canada est un géant dans le domaine de l'aérospatiale. L'industrie de la **haute technologie** a pu s'y développer grâce à l'expertise des travailleurs et aux efforts consacrés à la recherche.

Le Canada est l'un des pays les plus industrialisés du monde. Son **taux d'alphabétisation** (99 %) et son **PIB/hab.** (38 495 $) sont parmi les plus élevés, et son taux de **croissance** industrielle (3 %) est assez stable.

2 A **L'industrie aérospatiale au Canada**

2 B **L'industrie automobile en Chine**

Au cours de la dernière décennie, l'industrie chinoise de la **sidérurgie** a connu une forte croissance. La Chine est le premier producteur d'acier au monde et en est aussi le plus important consommateur. Ce pays doit fournir en acier ses nombreuses industries, dont l'industrie automobile, un secteur en pleine effervescence. En 2003, les usines chinoises ont fabriqué environ 400 000 voitures en seulement trois mois !

La Chine présente un extraordinaire taux annuel de croissance industrielle (28 %). L'économie chinoise est en plein essor. En 2005, le taux d'alphabétisation de la Chine était de 92 %, mais son PIB/hab. demeurait faible (6 642 $).

Sidérurgie : Ensemble des opérations de fonte et de transformation du fer en acier.

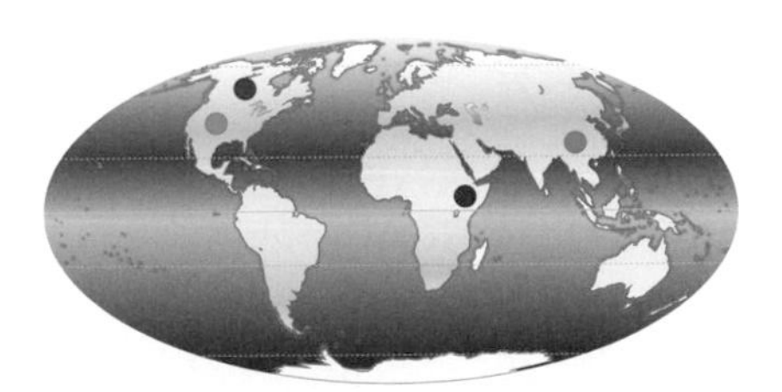

Les activités industrielles de l'Éthiopie sont encore peu développées. Le secteur agricole et le secteur minier y assurent l'essentiel de la croissance économique. En 2002, l'Éthiopie a adopté une stratégie de **développement** industriel. Le pays compte sur la hausse des **exportations**, le recours aux technologies et le partenariat avec des entreprises étrangères pour stimuler l'industrie manufacturière.

Avant 2002, les équipements désuets des fabriques éthiopiennes empêchaient les entrepreneurs locaux de concurrencer les pays mieux équipés. Aujourd'hui, le pays connaît une bonne croissance industrielle (taux annuel de 6,7 %). Cependant, le taux d'alphabétisation (42 %) et le PIB/hab. (800 $) révèlent que le **niveau de développement** de ce pays demeure très faible.

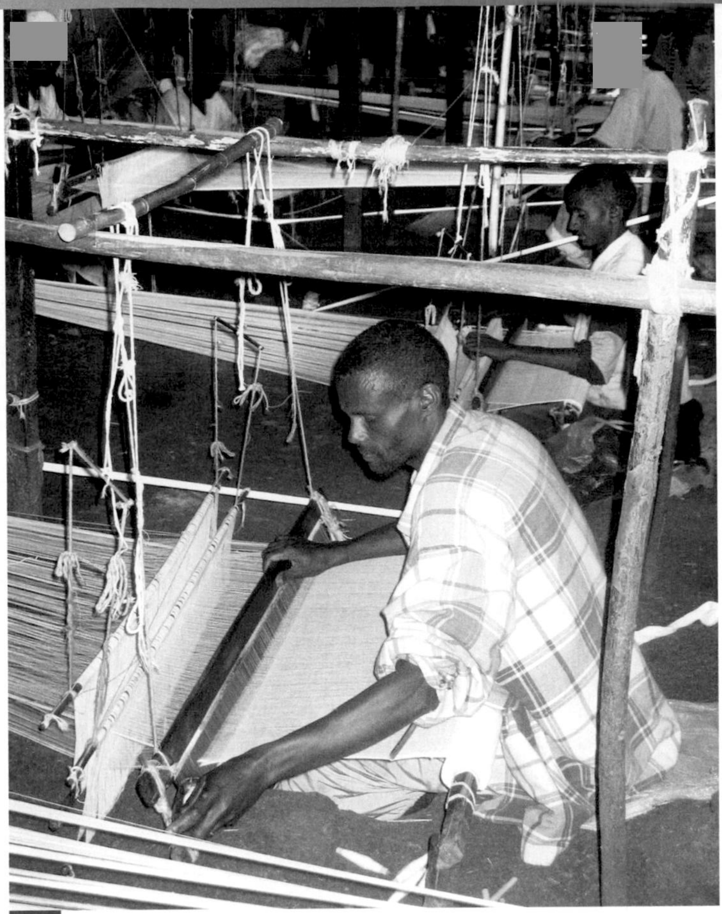

2C **L'industrie textile en Éthiopie** ●

2D **L'industrie de la biotechnologie aux États-Unis** ●

Le secteur de la biotechnologie groupe des entreprises qui utilisent des techniques mettant en œuvre des microorganismes. Les applications de ce secteur sont diverses : la génétique, l'**agriculture**, l'industrie pharmaceutique, etc. Aujourd'hui, l'industrie de la biotechnologie affiche un chiffre d'affaires de quelque 55 milliards de dollars dans le monde. Avec une part de 80 % de ce chiffre d'affaires, les États-Unis occupent la première place de ce secteur industriel. Dans ce pays, 300 des 1 300 entreprises cotées en bourse sont des entreprises de biotechnologie. Les États-Unis comptent parmi les pays les plus industrialisés de la planète, avec un PIB/hab. de 40 540 $ et un taux d'alphabétisation de 99 %. Le taux de croissance industrielle de ce pays est de 3 %.

Observe et construis

b À quel niveau de développement est associé chaque pays présenté sur cette double page ? Au besoin, consulte la carte « Les niveaux de développement des pays du monde » dans l'atlas de ton manuel (p. 386). ❶ ❷

c Quel lien y a-t-il entre le taux de croissance industrielle et le niveau de développement de ces pays ? Que remarques-tu ? ❷

Un nouveau contexte économique : la mondialisation

Selon toi,

- quels sont les impacts de la mondialisation ?
- que recherchent les entreprises multinationales dans les pays où elles s'installent ?

3 La multinationale

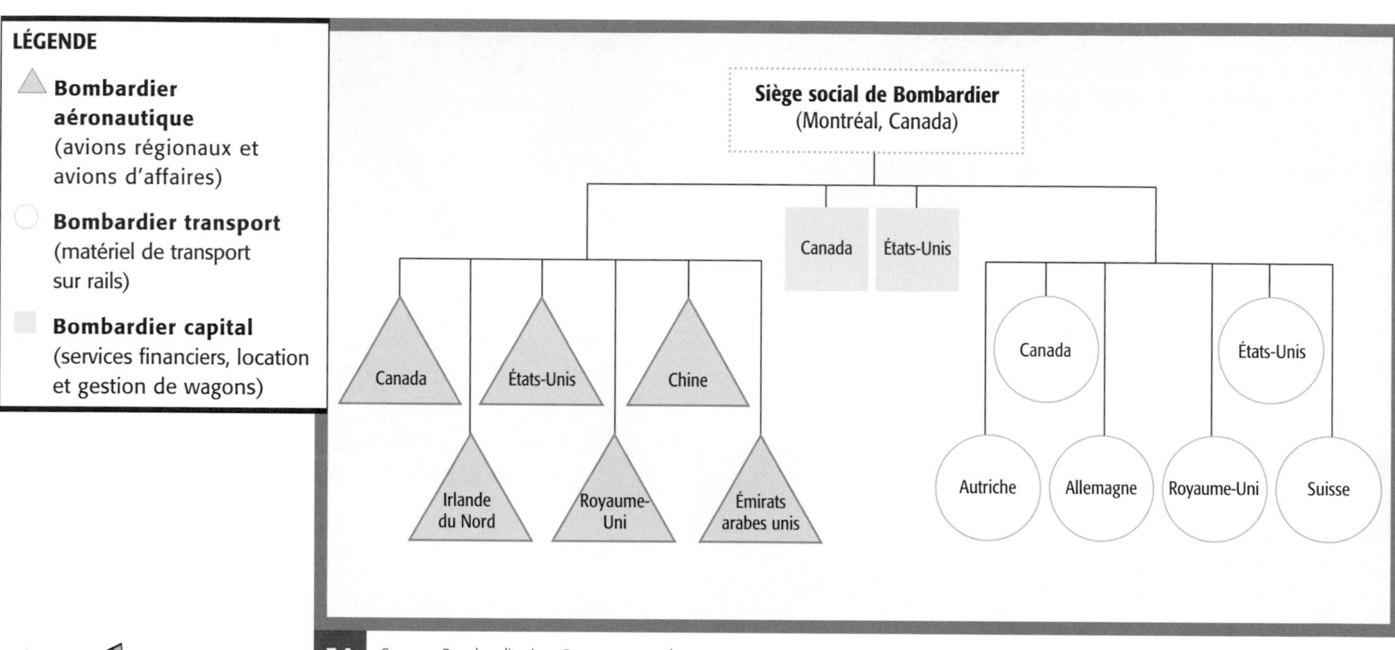

3A Source : *Bombardier inc., Rapport annuel 2004-2005.*

Les principaux établissements de la multinationale Bombardier

Bombardier, la célèbre entreprise québécoise fondée en 1942 à Valcourt, est aujourd'hui une **multinationale**. Les activités de cette entreprise vont de la conception jusqu'à la **commercialisation**. Le siège social de l'entreprise est situé à Montréal, mais ses activités de fabrication ou de distribution de produits et de services se déroulent à l'échelle de la planète.

Rang	Entreprise	Lieu d'origine	Secteur d'activité
1	Wal-Mart	États-Unis ●	Vente au détail
2	BP	Royaume-Uni ●	Pétrole
3	Exxon Mobile	États-Unis ●	Pétrole
4	Royal Dutch/Shell Group	Royaume-Uni ●	Pétrole
5	General Motors	États-Unis ●	Automobile
6	DaimlerChrysler	Allemagne ●	Automobile
7	Toyota Motor	Japon ●	Automobile
8	Ford Motor	États-Unis ●	Automobile
9	General Electric	États-Unis ●	Électronique
10	Total	France ●	Pétrole

3B **Les 10 plus grandes multinationales du monde selon leur chiffre d'affaires en 2005**

Source : *Fortune*, 2006.

Fiche 3.2.4

Pour mieux saisir l'importance de la mondialisation dans ton quotidien, relève le lieu de fabrication sur les étiquettes de tes vêtements ou de tes articles scolaires.

- Quels noms de pays reviennent le plus souvent ?
- Quel lien fais-tu avec la mondialisation ?
- Quand tu fais des achats, quels critères guident tes décisions ? Le prix ? La marque ?
- T'arrive-t-il d'acheter un produit en fonction de son lieu de fabrication ? Si oui, dans quel cas ? Pourquoi ?

❹ La division internationale du travail

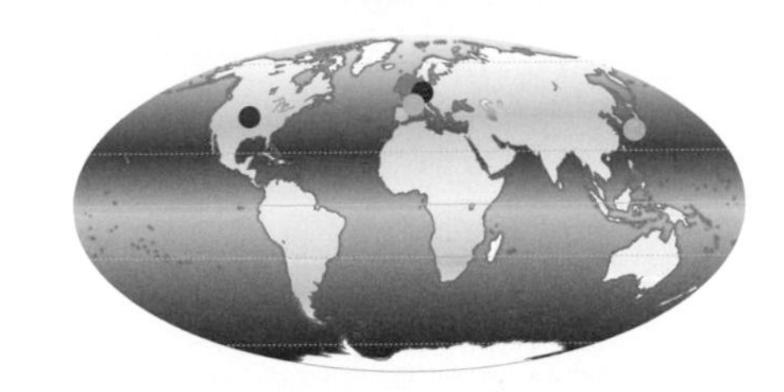

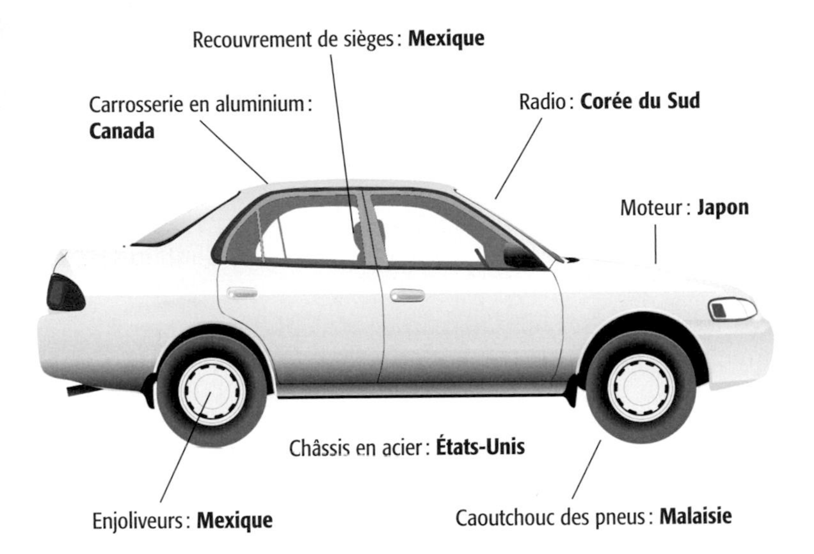

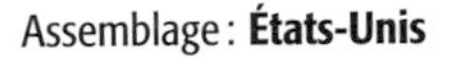

La division internationale du travail (DIT) est le partage des activités de production entre différents pays. Les étapes de fabrication sont réparties aux quatre coins du monde, puis le produit est assemblé dans le pays d'origine de l'entreprise, qui en fait également la commercialisation.

Dans l'industrie de l'automobile, la concurrence est très forte, car plusieurs multinationales en produisent. Devant le vaste choix de marques et de modèles, les consommateurs optent souvent pour la voiture qui leur offre le plus grand nombre d'avantages au plus bas prix.

Dans un contexte aussi concurrentiel, chaque entreprise cherche à diminuer ses coûts de production dans le but d'offrir un produit abordable tout en s'assurant un maximum de profits. Pour y arriver, les multinationales font fabriquer des pièces dans les pays où les **ressources** sont les moins coûteuses : main-d'œuvre à bas salaire, matières premières à bon marché, etc.

❺ Des faits et des chiffres

Les effets de la **mondialisation** sont visibles dans tous les secteurs d'activité. Plusieurs indices démontrent l'ampleur de ce phénomène.

- Le développement de plusieurs réseaux depuis les années 1950 : réseaux de transport, réseaux de communications, réseaux de capitaux, etc.
- L'augmentation du nombre de multinationales. L'Organisation des Nations Unies (ONU) en recensait 60 000 en 2004 alors qu'il n'y en avait que 7 000 en 1970. Ces entreprises sont au cœur de la mondialisation.
- La **concentration** des multinationales dans les **pays industrialisés**, qui comptent 80 % des sièges sociaux de ces entreprises. Les multinationales représentent plus du tiers des exportations mondiales.
- La concentration des entreprises étrangères dans certaines parties du monde où les conditions d'accueil sont alléchantes (faible taux de taxation, programmes de subventions, etc.). Par exemple, en 1998, les entreprises étrangères contrôlaient 70 % de la production en Irlande et en Hongrie, où il y a un faible taux de taxation. Par ailleurs, les entreprises étrangères contrôlaient 18 % de la production aux États-Unis et seulement 2 % au Japon, car les taux de taxation y sont élevés.

Source : Organisation de coopération et de développement économiques (OCDE), 2004.

Ton défi

En marche

Note des caractéristiques de la mondialisation qui te permettront d'expliquer ses avantages pour les entreprises.

Observe et construis

a Qu'est-ce qui fait de Bombardier une multinationale ? ❸

b À quels types d'entreprises profite la mondialisation ? Quels pays en profitent le plus ? ❹ ❺

c Pourquoi certaines entreprises font-elles fabriquer des pièces à plusieurs endroits ? ❹

6 La délocalisation : une solution ?

Les entreprises d'ici et d'ailleurs se disputent les marchés. Pour rester concurrentielles ou le devenir, plusieurs d'entre elles n'hésitent pas à se tourner vers les **pays en développement** pour y faire effectuer leurs activités de production.

Le salaire minimum au Québec et dans quelques pays en octobre 2004

Province ou pays	Salaire minimum
France	12,48 $/h
Royaume-Uni (21 ans et plus)	12,48 $/h
Australie	12,31 $/h
Nouvelle-Zélande	7,74 $/h
Québec (Canada)	7,45 $/h
États-Unis (moyenne des États)	6,30 $/h
Hongrie	2,50 $/h
Mexique	0,67 $/h

6 A Source : Jobboom, 2005.
Des salaires aussi bas que possible

Le salaire minimum est la rémunération minimale que la direction d'une entreprise doit payer pour une heure de travail. Au Québec, la Loi sur les normes du travail détermine le taux du salaire minimum et les conditions de travail minimales (durée de la semaine de travail, congés fériés, etc.). Par ailleurs, plusieurs entreprises offrent à leurs employés des avantages sociaux (remboursement des soins dentaires, régime de retraite, etc.).

Certaines entreprises manufacturières voient de nombreux avantages à s'implanter dans des pays en développement où il n'y a pas de lois sur les conditions de travail. Elles deviennent ainsi des concurrentes de taille pour les entreprises des **pays industrialisés** qui doivent se soumettre à de telles lois.

De nombreux pays industrialisés se sont dotés de lois environnementales. Ainsi, la Loi canadienne sur la protection de l'environnement (LCPE) comporte des règlements pour inciter les grandes entreprises émettrices de gaz à effet de serre à respecter leurs engagements. Ces entreprises devront réduire leurs émissions de gaz de 45 Mt d'ici 2008-2012. Cette réduction entraînera une augmentation des coûts de production de ces entreprises, qui devront investir les sommes nécessaires à la mise en place de systèmes antipollution.

La délocalisation vers les **pays en développement** constitue souvent un moyen d'échapper à ce type d'obligations, car les lois environnementales sont souvent inexistantes ou très peu sévères dans ces pays.

6 B **Les lois environnementales**

7 Point de vue

Achetons les produits fabriqués chez nous !

De quelle marque est votre automobile ? D'où proviennent vos vêtements ? Où a été fabriqué votre téléviseur ? votre téléphone portable ? Si vous répondez « au Québec » ou « au Canada » à l'une de ces questions, vous contribuez quelque peu à conserver les emplois chez nous. Sinon, comme bien d'autres consommateurs, vous êtes en partie responsable du chômage de plusieurs d'entre nous. La surconsommation qui atteint de plus en plus de pays nous incite à choisir le produit le moins cher afin de pouvoir acheter davantage. Sommes-nous prêts à faire un effort ? Sommes-nous prêts à acheter des produits fabriqués chez nous ? à payer un peu plus cher pour nos produits ? à agir pour que les emplois d'ici restent ici ? Pensons-y donc !

Sébastien Mandeville
Machiniste au chômage

Délocalisation : Changement d'implantation géographique des activités d'une entreprise, notamment pour réduire les coûts de production.

Mt (mégatonne) : Unité de mesure qui désigne les millions de tonnes.

8 Des nouvelles des médias

La ville de Huntingdon sous le choc

L'économie de la petite ville de Huntingdon, située à 90 km au sud-ouest de Montréal, subit un coup dur avec la fermeture de six usines de textile. Environ 800 personnes perdent leur emploi.

Source : Radio-Canada, 2004.

8 A **Des pertes d'emplois dues à la délocalisation**

Un nombre croissant de grandes entreprises industrielles européennes et américaines s'implantent en Asie ou en Amérique du Sud, où la main-d'œuvre est bon marché. La délocalisation des activités d'une entreprise a des conséquences importantes : des travailleurs perdent leur emploi, les gouvernements subissent une diminution de leurs revenus de taxation, des commerçants sont touchés par la baisse du pouvoir d'achat des travailleurs au chômage, etc.

Bombardier transfère 300 emplois de Valcourt au Mexique

Bombardier Produits Récréatifs supprimera 300 emplois à son usine de Valcourt, en Estrie, d'ici la fin de 2008. L'entreprise transférera au Mexique l'assemblage et la fabrication des moteurs de VTT dans une nouvelle usine.

Source : *Le Devoir*, 2005.

8 B **La délocalisation d'une usine de Bombardier**

Ton défi

En marche

Note les conséquences de la délocalisation pour les travailleurs, ainsi que pour les villes ou les pays où il y a eu des fermetures d'usines. Consulte Internet et questionne les gens autour de toi pour trouver d'autres conséquences possibles.

Observe et construis

d Comment les lois salariales et environnementales peuvent-elles favoriser la délocalisation ? 6

e À ton avis, quelles sont les conséquences de la délocalisation pour les travailleurs des entreprises d'ici ? 7 8

f À ton avis, quelles conséquences la délocalisation entraîne-t-elle pour les pays riches ? pour les pays en développement ? 6 7 8

Les pays ateliers

Fiche 3.2.5

Selon toi,

- qu'est-ce qu'un pays atelier ?
- où trouve-t-on ce type de pays ?

9 Du pays atelier à la boutique de vêtements

Sous-traitant : Entreprise qui exécute une commande pour le compte d'une autre.

Pays atelier : Pays qui accueille les activités de production d'une entreprise à la suite d'une délocalisation.

Détaillants Ils vendent les vêtements aux consommateurs dans les boutiques et les grands magasins.

Entrepreneurs manufacturiers Ils vendent et distribuent les vêtements aux détaillants sous différentes marques.

Sous-traitants Les entrepreneurs manufacturiers font appel à des sous-traitants qui s'occupent de faire confectionner les vêtements.

Ouvriers Dans les pays ateliers, des millions d'ouvriers travaillent entre 10 et 12 heures par jour dans des ateliers ou des usines.

10 Un enfant au travail à Kaboul, en Afghanistan

Le secteur manufacturier est au cœur de la **mondialisation**. De grandes entreprises négocient des ententes avec des sous-traitants pour faire fabriquer leurs produits dans les **pays en développement**. Ces entreprises n'hésitent pas à magasiner ces ententes d'un pays à l'autre : ce qui leur importe, c'est de produire au plus bas coût possible. Cette situation empêche l'amélioration des conditions de travail des ouvriers, car les pays ateliers se font concurrence pour obtenir des contrats.

Plusieurs pays membres des Nations Unies ont signé la Déclaration des droits de l'enfant, qui précise que « l'enfant ne doit pas être admis à l'emploi avant d'avoir atteint un âge minimum approprié ». Pourtant, on estime à environ 200 millions le nombre d'enfants âgés de 5 à 14 ans qui travaillent dans les **pays en développement**. La misère ou la guerre expliquent en partie cette situation inacceptable. Ces enfants défavorisés sont obligés de travailler comme les adultes pour survivre. Les entreprises des pays ateliers ont accès à une main-d'œuvre docile et bon marché.

⓫ La pollution industrielle à la frontière des États-Unis et du Mexique •

Une zone franche, c'est-à-dire un lieu où les taxes douanières ne s'appliquent pas, s'étend le long de la frontière des États-Unis et du Mexique. Des centaines de milliers de personnes ont migré vers cette zone pour y trouver du travail. Les entreprises y font produire à faible coût des marchandises destinées à l'**exportation** (vêtements, appareils électroniques, pièces d'automobiles, etc.).

La forte **concentration** d'activités industrielles pollue l'**environnement** de cette zone (déversements de produits toxiques dans les cours d'eau, rejet de fumées polluantes dans l'atmosphère) et expose sa population à de graves problèmes de santé. La situation est aggravée par l'absence de réglementation et de contrôle efficace.

⓬ La délocalisation : à quel prix ?

Des couturières en Chine

En plus d'accroître leurs profits, les entreprises qui délocalisent leur production créent ailleurs des emplois qui stimulent l'économie locale. C'est ainsi que des pays comme la Chine et le Mexique ont pu profiter d'un essor économique généré par des **délocalisations**. Cependant, dans la course au profit que se livrent les entreprises dans les pays ateliers, les droits des travailleurs sont souvent ignorés.

Les **multinationales** qui pratiquent la délocalisation constituent aussi une menace pour la survie des industries et des producteurs locaux. Par exemple, certains pays en développement ont déjà essayé de lancer sur le marché leurs propres marques de boissons gazeuses, mais il leur a été impossible de concurrencer les marques des multinationales américaines.

@robas

Des conditions difficiles

Les ouvriers des pays ateliers sont soumis à des conditions de travail difficiles, parfois même inacceptables.

- Comment surnomme-t-on les usines où des ouvriers travaillent très durement?

Pour trouver comment on désigne ces usines dans différentes langues, lance une recherche dans Internet à l'aide des mots clés suivants : atelier – conditions de travail – mondialisation ou Amérique du Sud – conditions de travail.

Observe et construis

a Pourquoi certaines entreprises font-elles appel à des sous-traitants dans les pays ateliers? Quelles en sont les conséquences? ❾ ❿ ⓬

b À ton avis, pourquoi les ouvriers des pays ateliers ne protestent-ils pas contre leurs faibles salaires et leurs mauvaises conditions de travail? ❿ ⓬

c À qui profite la délocalisation? À qui nuit-elle? ❾ ❿ ⓫ ⓬

Une multinationale change de stratégie

La situation

En 1995, un organisme militant pour les droits de la personne dénonçait publiquement un important entrepreneur américain de l'industrie du vêtement. Selon cet organisme, les **sous-traitants** de la **multinationale** ne respectaient pas les droits de la personne dans ses usines situées en zone franche au El Salvador. Pour éviter une mauvaise publicité, l'entreprise a accepté que des représentants de l'organisme aillent vérifier sur place les conditions de travail offertes aux employés par ses sous-traitants.

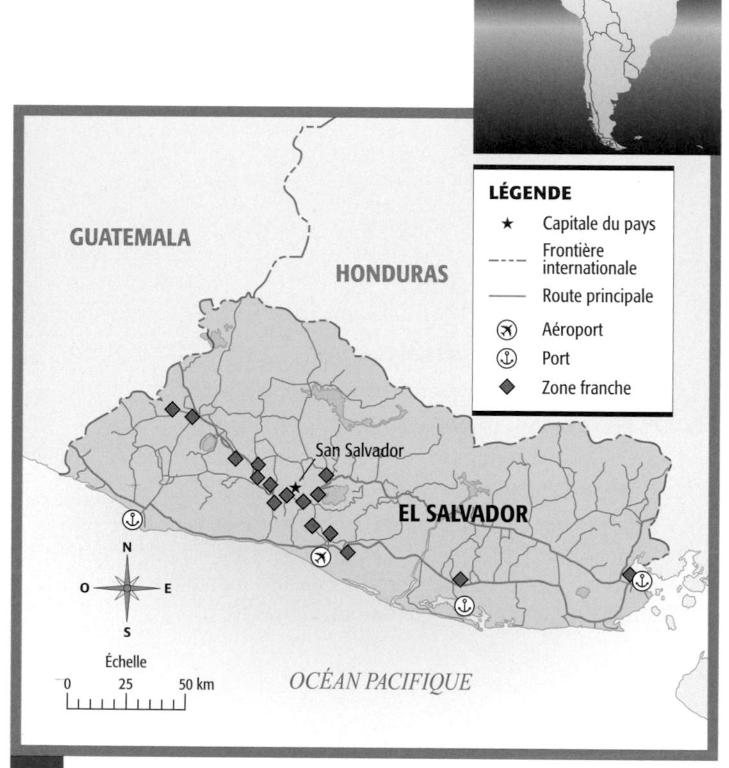

13 A Les zones franches au El Salvador

Des centaines de milliers d'ouvriers travaillent dans les usines des zones franches de l'Amérique centrale, dont 75 000 au El Salvador.

- Exemption des taxes à l'importation de machinerie et d'équipement de production
- Exemption d'impôt sur le revenu des entreprises
- Exemption de taxes municipales
- Salaire minimum des travailleurs : 7,36 $ par jour (1998)
- Semaine de travail : 44 h (6 journées de 8 h) incluant un septième jour payé
- Infrastructures : eau, stationnements, espaces verts, installations manufacturières qui respectent les normes internationales
- Proximité des grands centres urbains, des aéroports et des ports
- etc.

Source : Gouvernement du El Salvador, 1998.

13 B Quelques attraits des zones franches

- Présence d'ouvrières âgées de moins de 16 ans
- Salaires très bas (5,39 $ par jour)
- Longues journées de travail (18 h/jour dans certains cas)
- Chaleur accablante et manque de ventilation
- Punitions imposées aux ouvrières les moins productives

13 C Les conditions de travail selon les résultats de l'enquête de 1997

Les changements de stratégie

À la suite de ce rapport, une vaste campagne de dénonciation des pratiques de l'entreprise a été mise en branle au Canada et aux États-Unis. Soucieuse de préserver sa réputation et ses revenus, l'entreprise a décidé de corriger la situation, notamment en faisant inspecter toutes ses usines. Elle a remplacé les sous-traitants qui ne respectaient pas ses normes de travail par des sous-traitants qui offrent de meilleures conditions de travail et des avantages sociaux aux employés. Bien qu'il reste des progrès à faire, la dénonciation de cette situation a permis de faire passer le nombre d'usines fautives de 136 (en 2003) à 70 (en 2004).

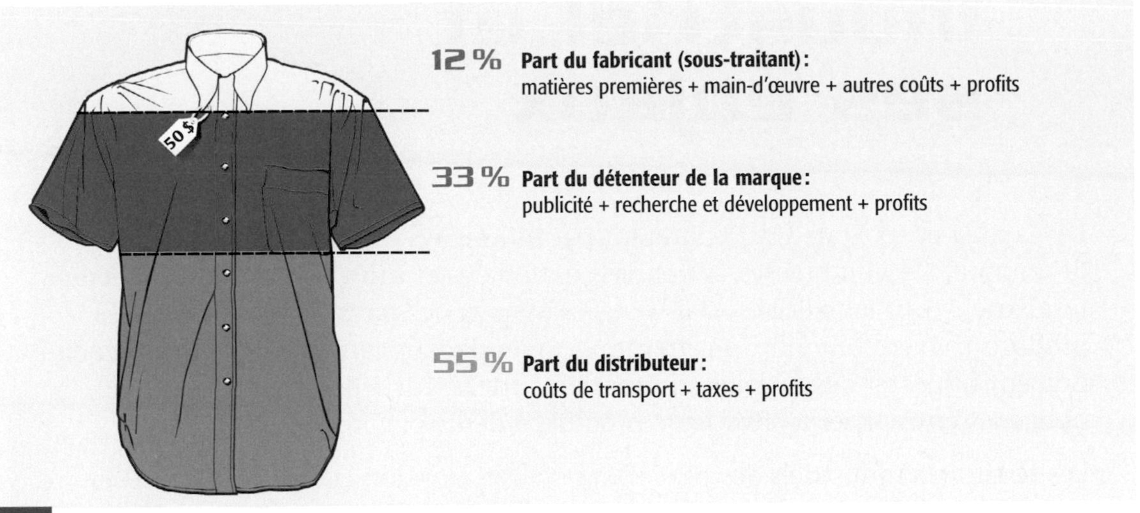

13 D La répartition des coûts de fabrication d'une chemise

Sur l'ensemble des coûts de production d'un vêtement, un très petit montant est lié à la main-d'œuvre. Par exemple, seulement 2 $ de la vente d'une chemise vendue 50 $ revient aux travailleurs de l'usine. Cette somme ne représente que quelques sous par ouvrier ou ouvrière qui a participé à sa confection.

@robas

Qui soutiens-tu dans tes achats?

Effectue une recherche sur les marques de produits que tu consommes.

- Est-ce que les entreprises qui les fabriquent respectent les droits humains? l'environnement?

Lance une recherche dans Internet à l'aide des mots suivants: droits de la personne + nom d'une marque de commerce, environnement + nom d'une marque de commerce, etc.

Partage tes découvertes avec tes amis et ta famille. Qui sait? Les discussions et les comportements de consommation qui en résulteront inciteront peut-être les entreprises à modifier certaines de leurs politiques...

Observe et construis

d Quels sont les attraits des zones franches? 13

e Quelles sont les conditions de travail dénoncées par l'enquête? 13

f Comme consommateur ou consommatrice, tu as un lien avec les entreprises dont tu achètes les produits. En t'appuyant sur l'exemple de ce Point de mire, peux-tu expliquer ce que signifie l'affirmation «Acheter, c'est voter»? 13

Ton défi

À l'œuvre! (Première partie)

Fais le point sur les notes que tu as recueillies pour appuyer le point de vue de la personne que tu représenteras.

1. Assure-toi de pouvoir expliquer les aspects positifs ou négatifs de la mondialisation et de la délocalisation pour cette personne.
2. Prépare des documents qui t'aideront à présenter ce point de vue: statistiques, tableau de données, témoignages, photos, etc.
3. N'hésite pas à faire des recherches dans Internet ou à questionner ton entourage pour enrichir le point de vue que tu représenteras lors de la table ronde.
4. Prépare-toi aussi à exprimer ton opinion personnelle sur la mondialisation et la délocalisation.

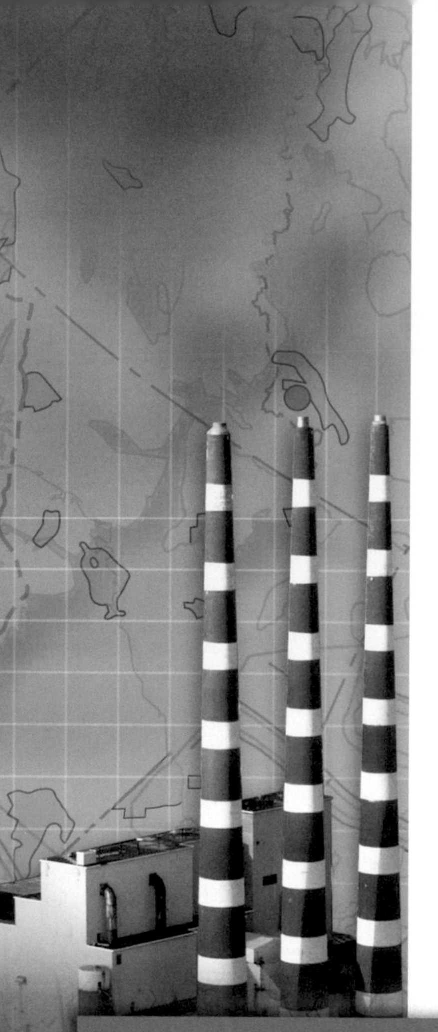

B Le territoire industriel et ses enjeux

Le Canada et les États-Unis comptent parmi les pays les plus industrialisés du monde. De nombreuses entreprises nationales et **multinationales** du secteur industriel y ont leur siège social. Dans la plupart des **pays industrialisés**, les produits doivent répondre à certaines normes de fabrication, et les entrepreneurs doivent respecter des normes environnementales. Par ailleurs, la concurrence oblige les entreprises à offrir leurs produits à des prix compétitifs.

Les territoires industriels des pays industrialisés ont donc deux défis à relever : produire des biens dans le respect des normes environnementales et conserver leur place dans l'économie mondiale, où la concurrence est de plus en plus forte.

Cette partie te présente deux territoires industriels aux prises avec ce double défi : la région des Grands Lacs américains et canadiens et la région du Saguenay–Lac-Saint-Jean, au Québec.

Ton défi

Fiche 3.2.7

Une table ronde sur la délocalisation [Deuxième partie]

Prends connaissance des documents qui se rapportent à l'un des deux territoires industriels présentés : la région des Grands Lacs américains et canadiens ou la région du Saguenay–Lac-Saint-Jean. Tu y trouveras des informations qui te seront utiles pour étoffer le point de vue que tu auras à défendre au cours de la table ronde.

Assure-toi de bien comprendre les enjeux auxquels est confronté le territoire industriel choisi.

Consulte les pages consacrées au territoire choisi et décris-le en répondant aux questions suivantes.

1. Où est situé ce territoire ?
2. Qu'est-ce qui a permis à l'industrie de se développer dans cette région ?
3. Quelle activité industrielle est très présente dans cette région ?
4. Quels sont les impacts de cette activité industrielle sur l'environnement ?
5. Que fait-on pour diminuer ces impacts ?
6. Quels concurrents doit affronter l'industrie de cette région ?
7. Que fait cette industrie pour demeurer concurrentielle ?
8. Quelles données ou quels faits pourraient être utilisés au cours de la table ronde sur la délocalisation ?

Pour y arriver,

1. N'hésite pas à consulter de nouveau le chapitre 1 (p. 124 à 135), la première partie du chapitre 2 (p. 136 à 147) ainsi que d'autres sources d'information (cartes, documents, sites Internet, journaux, atlas, etc.).
2. Consulte la rubrique Ton défi – À l'œuvre ! (p. 161) pour connaître le déroulement de la table ronde.

Développer un territoire industriel

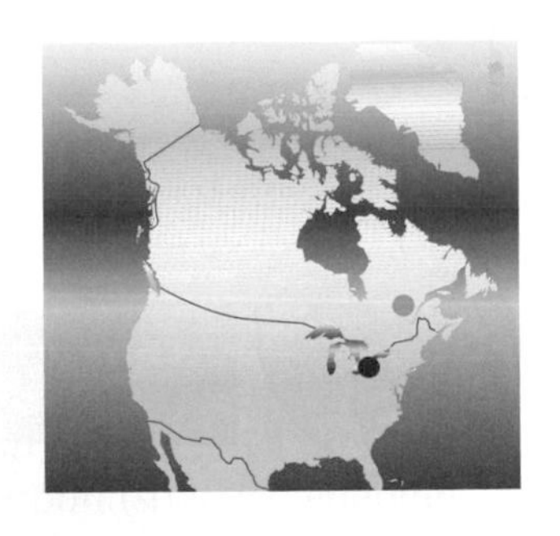

Territoire 1

La région des Grands Lacs américains et canadiens

pages 150 à 155

Une aciérie à Cleveland, aux États-Unis

On trouve dans la région des Grands Lacs américains et canadiens les principaux centres industriels de l'Amérique du Nord. Cette région fournit 40 % des produits manufacturés aux États-Unis et les deux tiers de la production industrielle du Canada. Cette région est reconnue pour son industrie manufacturière, particulièrement son industrie automobile.

Territoire 2

La région du Saguenay–Lac-Saint-Jean, au Québec

pages 156 à 160

L'aluminerie d'Alma, au Saguenay–Lac-Saint-Jean

La région du Saguenay–Lac-Saint-Jean compte près de 450 entreprises manufacturières. Son activité industrielle est largement dominée par les industries de production d'aluminium et de bois. Par exemple, les alumineries québécoises représentent 90 % de la production canadienne, et près de la moitié de la production québécoise provient du Saguenay–Lac Saint-Jean.

Comment harmoniser industrie et environnement?
Comment conserver sa place dans un contexte compétitif mondial?

Territoire 2

La région du Saguenay–Lac-Saint-Jean, au Québec

Fiche 3.2.12

Le portrait du territoire et l'harmonisation de l'industrie et de l'environnement

Le Saguenay–Lac-Saint-Jean	
Population	275 400
Superficie	104 008 km²
PIB/hab.	27 765 $
Québec	
Population	7,5 millions
PIB/hab.	27 599 $
Nombre d'établissements manufacturiers	15 338
Expéditions manufacturières	130 milliards $

Source : Institut de la statistique du Québec, 2006.

Selon toi,

- où est située cette région dans le Québec ?
- quelles activités industrielles dominent sur ce territoire ?
- qu'est-ce qui a favorisé le développement industriel de cette région ?
- quels sont les impacts de l'industrie sur l'environnement de cette région ?

1 La région du Saguenay–Lac-Saint-Jean

Les **ressources** naturelles de la région du Saguenay–Lac-Saint-Jean sont abondantes. Ses forêts denses et ses grandes rivières sont à l'origine du **développement** industriel de la région. En effet, la forêt fournit du bois aux papetières, et les puissantes rivières fournissent aux alumineries et aux papetières les énormes quantités d'eau et d'électricité dont elles ont besoin.

Situé à 200 km au nord de la ville de Québec, le Saguenay–Lac-Saint-Jean semble géographiquement isolé, mais il est bien pourvu en infrastructures de transport. La rivière Saguenay est une voie navigable où circulent des navires qui ont accès à deux ports. Un réseau routier et un chemin de fer relient les villes de la région au reste du Québec. Pour réduire ses coûts d'électricité, l'aluminerie Alcan a localisé ses usines à proximité de rivières et construit ses propres centrales hydroélectriques. C'est un grand avantage si l'on considère que l'énergie représente 35 % des coûts de production de l'aluminium. La matière première de l'aluminium, la bauxite, est importée des régions tropicales et transportée par bateau.

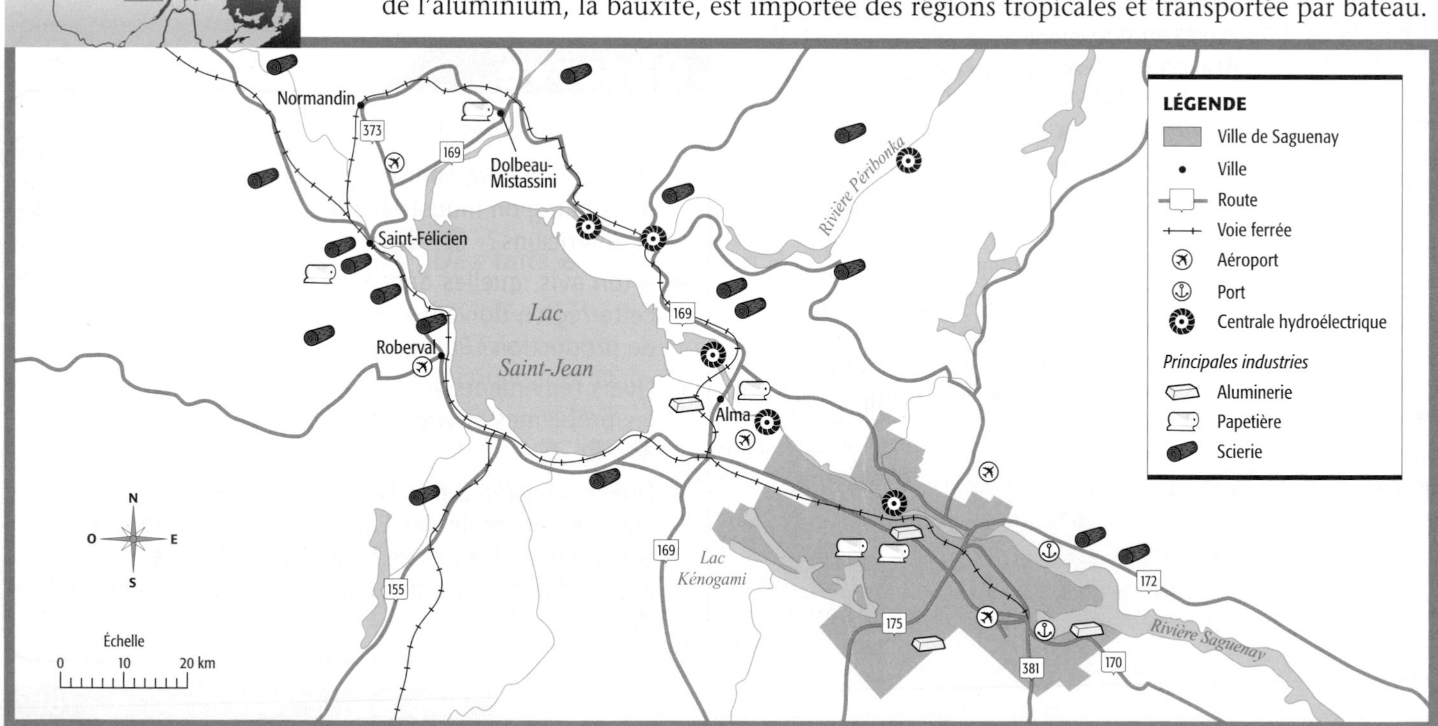

❷ L'industrie et les problèmes environnementaux

2 A Les rejets des alumineries

L'industrie de l'aluminium produit des déchets dangereux, les brasques usées, qu'il faut éliminer. Les brasques sont des résidus chimiques solides provenant des cuves qui servent à produire de l'aluminium. Les alumineries québécoises génèrent chaque année environ 50 000 tonnes de brasques, dont près de la moitié est stockée à Saguenay. Le stockage et l'élimination efficace des brasques usées constituent un problème de taille pour cette industrie. À la suite des mesures environnementales adoptées par les gouvernements, les alumineries du Québec ont diminué leurs rejets de produits toxiques et de poussières et ont amélioré la sécurité des lieux d'entreposage. Par exemple, entre 1991 et 2004, l'usine Grande-Baie a réduit sa production de résidus de 60 %.

Les papetières rejettent d'énormes quantités d'eaux usées qui contiennent, entre autres, de la fibre de bois et des produits toxiques. Ces rejets constituent une menace pour les **écosystèmes** aquatiques.

En 1988, les gouvernements provincial et fédéral ont mis en place le Plan d'action Saint-Laurent Vision 2000, qui visait à contrer la pollution du fleuve Saint-Laurent. Ce plan a porté fruits. En une dizaine d'années, les papetières québécoises ont réduit de 52 % la quantité d'eau nécessaire à la production d'une tonne de papier ou de carton.

2 B Les rejets des papetières

Observe et construis

a Où est située la région du Saguenay–Lac-Saint-Jean? Quelles sont les caractéristiques naturelles de cette région? ❶

b Quelles ressources ont favorisé le développement industriel de cette région? ❶

c Quelles productions industrielles dominent dans cette région? ❶ ❷ De quelles infrastructures spécialisées dépendent-elles directement? ❶

d De quelle nature sont les problèmes de pollution dans la région du Saguenay–Lac-Saint-Jean? ❷

e Quels moyens ont été mis en œuvre pour régler les problèmes environnementaux de la région? ❷

Conserver sa place dans l'économie mondiale

Selon toi,

- comment la région du Saguenay–Lac-Saint-Jean est-elle touchée par la concurrence étrangère ?

3 Des faits et des chiffres

L'économie du Saguenay–Lac-Saint-Jean repose principalement sur les activités de **multinationales** de transformation du bois et de fabrication d'aluminium. La région est donc vulnérable aux changements qui surviennent dans l'économie mondiale et qui ont des effets sur la vente de ces produits.

- Une aluminerie moderne doit produire environ 500 000 tonnes d'aluminium par année pour être rentable. Les plus vieilles alumineries de la région du Saguenay–Lac-Saint-Jean ont procédé à la modernisation et à la mécanisation de leurs installations. Ces entreprises peuvent maintenant produire deux fois plus avec deux fois moins d'employés.
- Face à la concurrence internationale, les papetières se sont moins bien adaptées que les alumineries. Par ailleurs, les entreprises forestières canadiennes doivent respecter les règlements qui s'appliquent à la récolte du bois, ce qui restreint leurs activités de transformation.
- Pour une multinationale, la fermeture d'une usine est parfois préférable à sa modernisation. Ainsi, la fermeture de l'aluminerie de Jonquière, en 2004, a entraîné la perte de 500 emplois directs. Ces emplois, comme bien d'autres emplois des **pays industrialisés**, seront probablement relocalisés ailleurs dans le monde.
- Le manque de diversité nuit à l'économie de la région. Une grande partie des activités de production sont des activités de première transformation, c'est-à-dire de transformation de la matière première en produits destinés à d'autres transformation (fabrication de fils, de tubes, de tuyaux et de feuilles d'aluminium, sciage du bois, production de pâte à papier)...
- En décembre 2005, la région affichait un taux de chômage de 10,7 %, alors que le taux provincial était de 7,4 %.
- Depuis 1991, la population de la région est en déclin. On prévoit que d'ici 2026, elle aura diminué de 10,8 %. Cette **migration** touche surtout les jeunes, qui vont s'établir ailleurs au Québec.

Sources : Institut de la statistique du Québec, 2006 ; ministère du Développement économique, innovation, exportation (MDEIE) 2005.

4 La fermeture de la papetière de Port-Alfred

Les **multinationales** de pâtes et papiers veulent des usines modernes, plus productives, une matière première et une main-d'œuvre moins coûteuses, comme il s'en trouve dans certains **pays en développement**. Elles ferment donc les usines les moins performantes dans les pays industrialisés, notamment au Saguenay–Lac-Saint-Jean. C'est le cas de la papetière de Port-Alfred, située dans l'arrondissement de La Baie dans la ville de Saguenay, qui a dû mettre fin à ses activités en 2003. Cette fermeture a entraîné la perte de 600 emplois directs, mais également la perte d'emplois indirects (entreprises de récolte de bois, scieries, usines de fabrication d'équipements et de pièces, etc.).

5 Du lingot d'aluminium aux produits finis

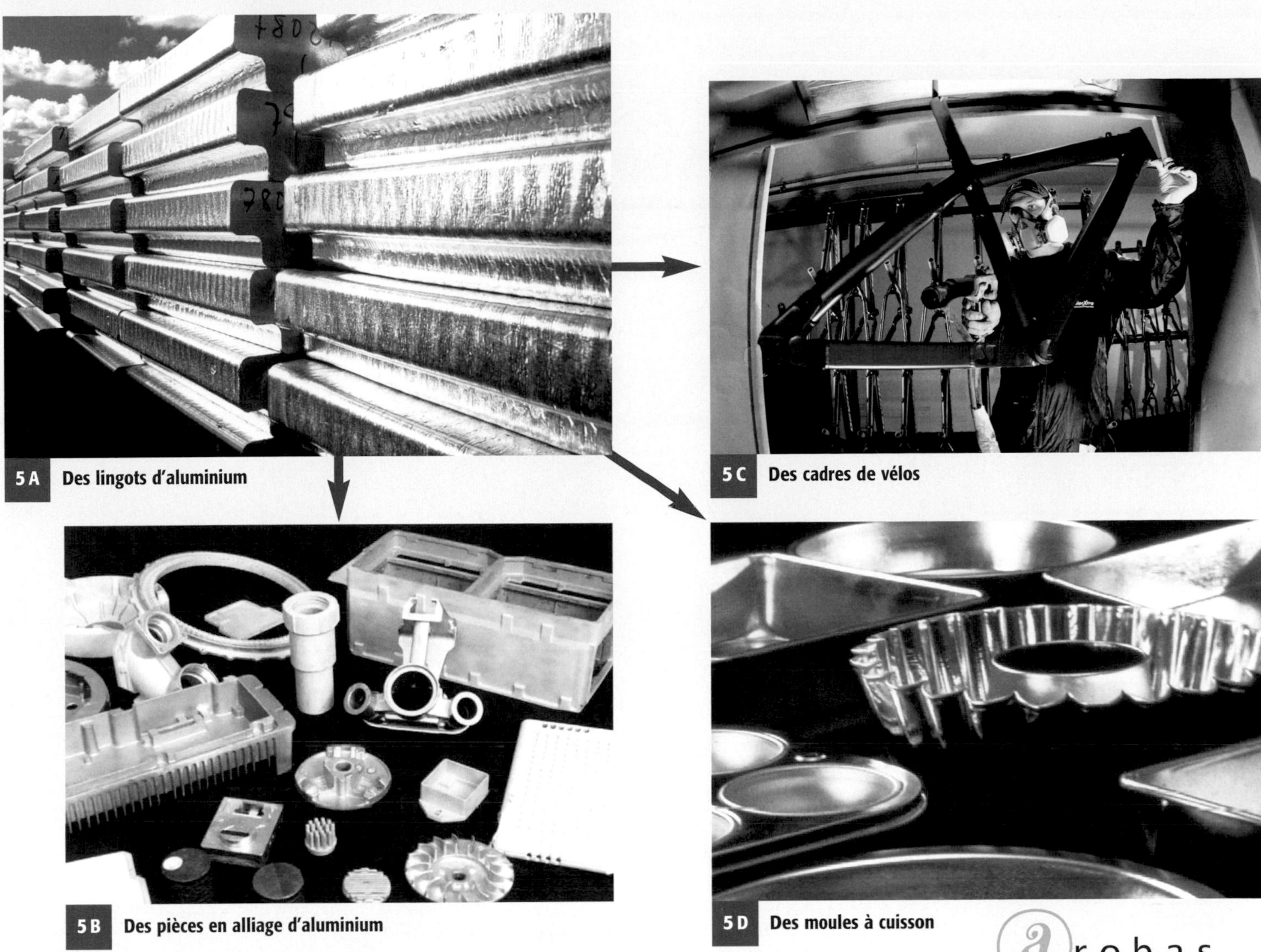

5 A Des lingots d'aluminium

5 B Des pièces en alliage d'aluminium

5 C Des cadres de vélos

5 D Des moules à cuisson

L'aluminium primaire (plaques, billettes, fils ou lingots) a longtemps été un important produit d'**exportation** du Saguenay–Lac-Saint-Jean. Aujourd'hui, la modernisation et la concurrence internationale éliminent des emplois dans ce secteur. Il semble que l'avenir de la région repose maintenant sur les entreprises qui transforment l'aluminium en d'autres produits. Déjà, une vingtaine d'entreprises fabriquent de nouveaux produits en aluminium, par exemple des bicyclettes, des pare-chocs et des supports de tableaux de bord pour l'industrie automobile, des ventilateurs de salles de bains, etc. Depuis les années 1980, la région mise sur la « Vallée de l'aluminium », un concept qui vise à faire du Saguenay–Lac-Saint-Jean le centre mondial de l'aluminium. On veut former une main-d'œuvre spécialisée et favoriser la **concentration** de centres de **haute technologie** et d'entreprises qui transformeront l'aluminium sur place plutôt que de l'exporter.

Observe et construis

a À quels problèmes font face les industries de cette région? 3 4

b Quelles solutions sont mises de l'avant pour contrer ces problèmes? 5

La ville de l'aluminium

La ville d'Arvida était autrefois surnommée la «ville de l'aluminium». Aujourd'hui, Arvida fait partie de la grande ville de Saguenay. Pour en savoir plus sur le lien qui unit Arvida à l'aluminium, fais une recherche dans Internet à l'aide des mots suivants: naissance + Arvida + aluminium.

- Quand la ville a-t-elle été fondée?
- Quelle est l'origine de son nom?
- La ville d'Arvida possédait une infrastructure dont la conception est unique au monde. De quoi s'agit-il?

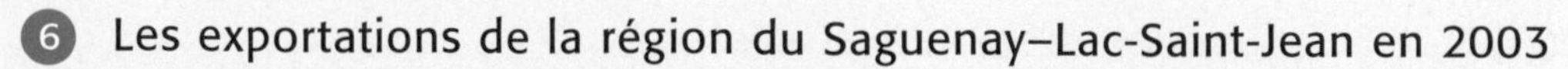

6 Les exportations de la région du Saguenay–Lac-Saint-Jean en 2003

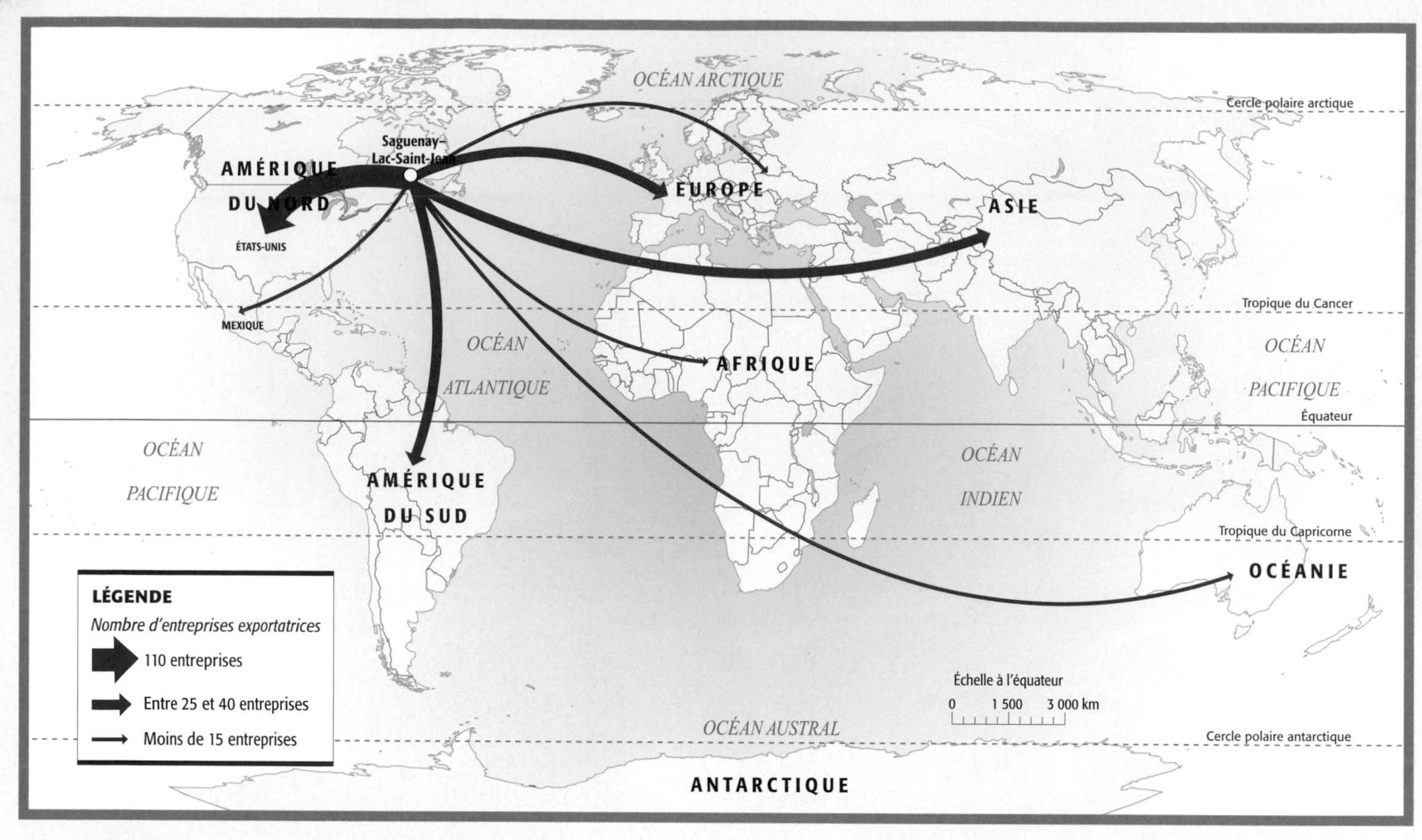

Avec la **mondialisation** une grande variété de produits circulent à l'échelle de la planète. Pour jouer un rôle dans l'économie mondiale, la région du Saguenay–Lac-Saint-Jean doit donc orienter ses produits vers les marchés internationaux. Des entreprises de la région ont déjà commencé à prendre des mesures dans ce sens. Entre 1994 et 2003, le nombre d'établissements manufacturiers exportateurs a doublé. Il y en a maintenant plus de 120, soit le tiers des entreprises manufacturières de la région. L'essentiel des **exportations** de la région est constitué de produits du bois (35 %), de machinerie et de matériel de transport (14 %) ainsi que de produits métalliques (12 %). En 2002, le Saguenay–Lac-Saint-Jean a exporté 1,7 milliard de dollars de produits, soit une augmentation de 30 % par rapport à l'année précédente.

La région possède un avantage considérable sur d'autres régions du monde : des **multinationales** sont déjà établies sur son territoire. Si ces entreprises trouvent sur place des conditions favorables à leur **développement** (soutien gouvernemental, technologies de pointe, travailleurs spécialisés, etc.), elles y resteront. Et si, en plus, les petites et moyennes entreprises peuvent jouir des mêmes conditions, la région pourra se tailler une place dans l'économie mondiale. La transformation de l'aluminium, par exemple, présente un fort potentiel de **croissance**. Les produits fabriqués à partir de l'aluminium répondent à des besoins extrêmement variés et ils s'adressent autant aux entreprises qu'aux consommateurs.

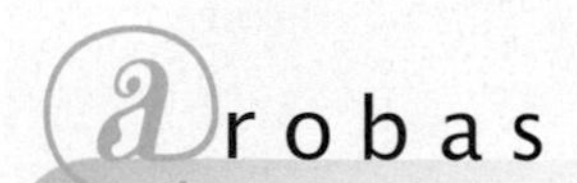

Un métal rare

La région du Saguenay–Lac-Saint-Jean possède une mine unique au Canada. Pour répondre aux questions qui suivent, lance une recherche dans Internet à l'aide des mots suivants : exploitation minière + Saguenay–Lac-Saint-Jean.

- Quel est ce minerai si particulier?
- À quoi sert-il?
- Où est située la mine?
- Qui l'exploite?

Observe et construis

c Dans quels secteurs sont concentrées les exportations du Saguenay–Lac-Saint-Jean? Vers quelles parties du monde ces produits sont-ils principalement exportés? 6

d À quelles conditions la région pourra-t-elle conserver sa place dans l'économie mondiale? 6

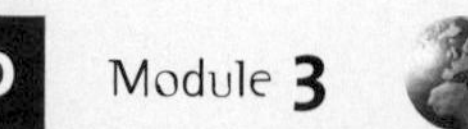

Ton défi

À l'œuvre !

Il est temps de te préparer pour la table ronde, qui se déroulera en trois parties.

Première partie : Discussion sur la mondialisation

Dans cette partie, tu devras expliquer cette réalité et donner des exemples. Les questions présentées dans la synthèse de cette page pourront aussi t'être utiles.

Deuxième partie : Échange de points de vue sur la délocalisation

Dans cette partie, tu devras faire part du point de vue de la personne ou du groupe que tu représentes en répondant à la question suivante :

- Quelles sont les conséquences de la délocalisation pour cette personne ou pour les gens qu'elle représente ?

Troisième partie : Expression de ton opinion personnelle

Dans cette partie, tu devras répondre aux questions suivantes :

- Comment un territoire industriel peut-il être affecté par la mondialisation ?
- De quelle façon un territoire industriel peut-il développer son économie en tenant compte de la mondialisation ?
- Qu'est-ce que la mondialisation change dans le mode de vie des gens ? dans tes comportements de consommation ? dans la répartition de la richesse ?

Pour te préparer,

1. Assure-toi d'avoir en main des faits, des données, des statistiques, etc., qui te permettront de soutenir tes arguments à toutes les étapes de la table ronde.
2. Prépare-toi à te référer à une carte du monde pour situer les villes ou les pays dont il sera question au cours de la discussion.

Synthèse

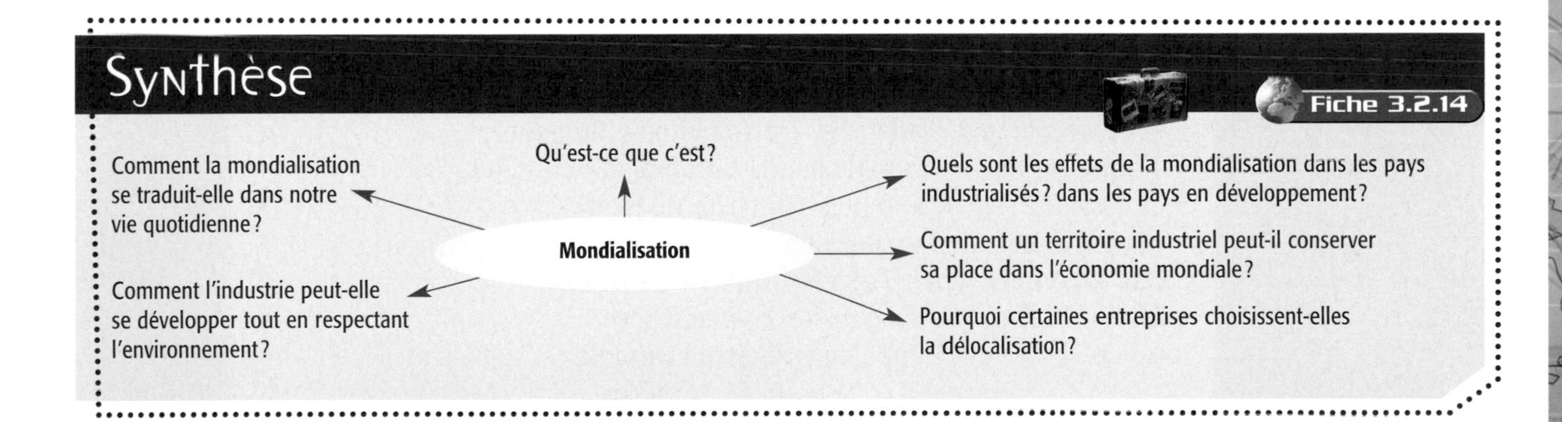

Bilan

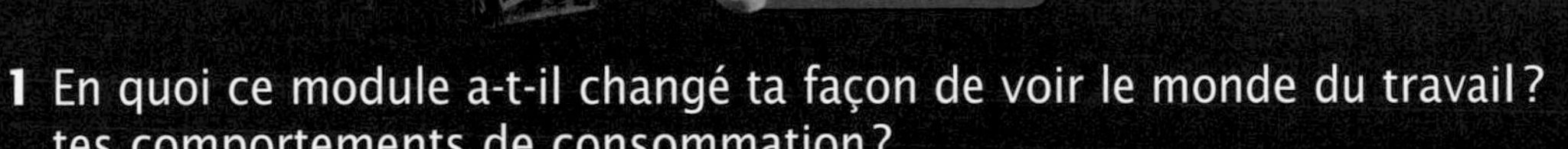

1 En quoi ce module a-t-il changé ta façon de voir le monde du travail ? tes comportements de consommation ?

2 Comment as-tu procédé pour présenter le point de vue que tu représentais ?

3 Qu'est-ce qui a été le plus difficile : exprimer l'opinion de la personne que tu représentais ou énoncer ta propre opinion ? Pourquoi ?

4 Quelles étaient les caractéristiques des opinions les plus nuancées ?

5 Que feras-tu autrement lorsque tu auras à exprimer ton opinion ?

Module 4

Le territoire forestier

Un territoire forestier est un espace organisé autour de l'exploitation de la forêt comme ressource naturelle.

Le **chapitre 1** décrit les activités qui dépendent de la forêt sur les plans économique, écologique et social. Ces différentes activités ne sont pas toujours faciles à concilier.

Le **chapitre 2** expose la situation des territoires forestiers dans le monde. Il te fera connaître les conséquences de l'exploitation forestière sur l'environnement planétaire. Trois territoires forestiers y sont présentés : l'Amazonie, la Colombie-Britannique et l'Abitibi-Témiscamingue. On traite de leurs particularités, de la coexistence parfois difficile des différents types d'activités qui s'y déroulent ainsi que des solutions mises en place pour y assurer un développement forestier durable.

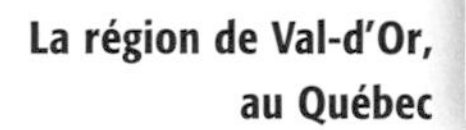

La région de Val-d'Or, au Québec

Qu'est-ce qui caractérise un territoire forestier ?

Table des matières

Parc de la Gatineau, au Québec

Concepts à l'étude

Territoire région
- Aménagement
- Commercialisation
- Mondialisation
- Multinationale
- Ressource

Exploitation forestière
- Déforestation
- Récréotourisme
- Sylviculture

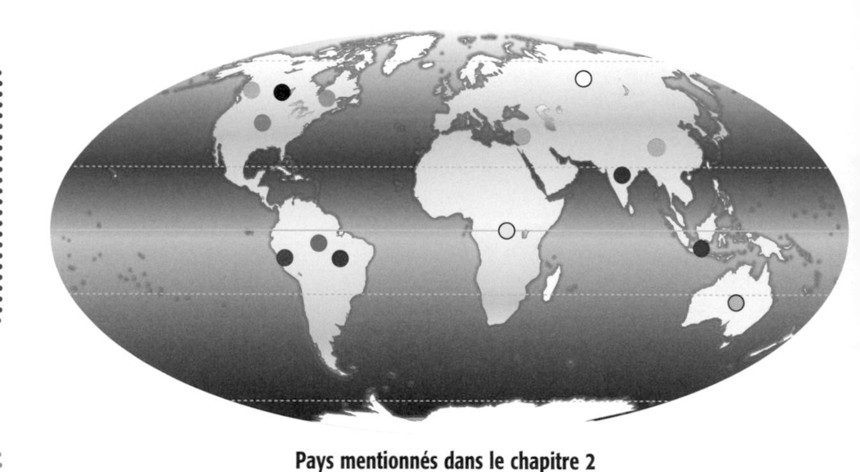
Pays mentionnés dans le chapitre 2

- Australie
- Brésil
- Canada
- Chine
- États-Unis
- Inde
- Indonésie
- Liban
- Pérou
- République démocratique du Congo
- Russie

Ressources géo

Techniques à développer

Chapitre 2
La planète
et ses enjeux 178

1. L'Amazonie

2. La Colombie-Britannique

3. L'Abitibi-Témiscamingue

Chapitre 1 L'importance de la forêt

La forêt est indispensable pour plusieurs raisons : c'est l'habitat naturel de nombreux animaux, un milieu de vie pour certaines personnes, un lieu de loisirs pour d'autres, etc. Par ailleurs, la forêt est aussi une **ressource** que nous exploitons pour en tirer une grande variété de produits. Quelle est l'importance écologique, sociale et économique de la forêt ? Pourquoi et comment exploite-t-on des territoires forestiers ? Quelles activités doivent coexister sur ces territoires ? Quels sont les intérêts des utilisateurs de ce territoire ? Quelles mesures peuvent être mises en place pour conserver cette ressource ?

Ton défi

Exploiter et protéger le territoire forestier (Première partie)

Depuis 1969, un événement a lieu chaque printemps au Québec : la Semaine des sciences forestières. Cet événement se veut un lieu de rencontre, d'éducation et de sensibilisation au monde forestier québécois pour l'ensemble de la population. Dans le cadre de cette semaine thématique, ton défi est de réaliser une planche descriptive pour informer ton entourage sur les enjeux liés aux territoires forestiers.

Ta planche descriptive comportera trois parties. Dans la première partie, tu décriras l'importance de la forêt.

Cette description peut être présentée sous différentes formes : un schéma organisateur, un tableau synthèse, un montage d'illustrations et de photos avec légendes, etc. Elle devra occuper le tiers de ta planche descriptive.

Dans la deuxième partie, tu présenteras, à l'aide d'une carte, la problématique des territoires forestiers sur la planète. Enfin, dans la troisième partie, tu décriras les enjeux liés à un territoire forestier de ton choix.

Pour y arriver,

1. Repère les rubriques Ton défi – En marche (p. 171 et 173). Tu y trouveras des conseils pour réaliser cette partie du défi.
2. Consulte au besoin la section Ressources géo (p. 338) et d'autres sources pertinentes.
3. Consulte la rubrique Ton défi – À l'œuvre ! (p. 177) pour finaliser la première partie de ta planche descriptive.

La forêt : une richesse écologique

Selon toi,

- qu'est-ce qu'une forêt ?
- quel est son rôle sur le plan écologique ?

1 Des écosystèmes forestiers

1 A **Une forêt de feuillus dans la région de Charlevoix, au Québec** ●

1 B **Une forêt de conifères en Colombie-Britannique** ●

1 C **Une forêt tropicale humide au Costa Rica** ●

On trouve sur la Terre plusieurs types d'**écosystèmes** (milieux humides et aquatiques, forêts, prairies, déserts, etc.), dont un grand nombre d'écosystèmes forestiers. Un écosystème forestier est une zone dans laquelle il y a un peuplement d'arbres relativement dense, mais aussi des plantes, des animaux, des insectes, des microorganismes, etc. Les différentes espèces interagissent entre elles et avec leur milieu. Comme dans tous les écosystèmes, lorsqu'on modifie un élément de ce milieu, la survie des espèces qui y vivent est menacée. La diversité des écosystèmes constitue l'une des composantes de la **biodiversité**. La biodiversité comprend deux autres aspects interdépendants : la diversité des espèces et la diversité génétique, c'est-à-dire les différences entre les individus d'une même espèce.

Observe et construis

a Qu'est-ce qu'un écosystème forestier ? 1

b À ton avis, qu'est-ce qui explique la présence de différents écosystèmes forestiers ? 1

c Que se passe-t-il lorsqu'on modifie un élément d'un écosystème forestier ? 1

2 La forêt primaire et la forêt exploitée

2 A Une forêt primaire

On appelle *forêt primaire* ou *forêt vierge* une forêt dans laquelle il n'y a pas eu d'interventions humaines. On appelle *forêt exploitée* ou *forêt artificielle* une forêt qui a été modifiée par les êtres humains. Aujourd'hui, on trouve des forêts primaires uniquement dans des régions difficiles d'accès et peu peuplées.

2 B Une forêt exploitée

3 La forêt, les sols et le climat

La forêt joue un rôle de protection extrêmement important dans la nature.

Les racines des arbres et des plantes retiennent la terre, ce qui empêche l'érosion du sol. Le feuillage intercepte les gouttes d'eau lors des **précipitations**. En empêchant l'eau de tomber trop rapidement, le feuillage protège le sol.

Le sol forestier est constitué d'humus et de mousses qui absorbent l'eau de pluie à la manière d'une éponge. Ainsi, l'eau de pluie ne ruisselle pas en surface, ce qui diminue les risques d'**érosion** et d'inondation.

La forêt contribue au maintien de l'équilibre du climat. Elle atténue la force du vent, rafraîchit l'air ambiant en filtrant les rayons du soleil et dégage de l'humidité. De plus, elle diminue les gelées hivernales et les pointes de chaleur estivales.

Lorsque la forêt est jeune, les arbres sont en croissance. Ils jouent alors un rôle essentiel dans la purification de l'air. En effet, grâce à la photosynthèse, les arbres, comme toutes les plantes, absorbent du CO_2 (gaz carbonique) et libèrent de l'oxygène. Lorsqu'ils parviennent à maturité, ils absorbent cependant moins de gaz carbonique. Leur rôle de purificateur d'air est alors plus limité.

❹ Un cerf de Virginie dans un habitat forestier

Les deux tiers des espèces végétales et animales de la Terre vivent dans les forêts. Les **écosystèmes** forestiers sont essentiels à leur survie. Ainsi, la forêt fournit aux animaux un abri, de la nourriture et des sites de reproduction. Le cerf de Virginie, par exemple, a besoin d'un habitat qui lui assurera protection et nourriture pour survivre à l'hiver. À cette époque de l'année, il se réfugie dans les peuplements de conifères, où il trouve des pousses de feuilles à manger et des arbres matures pour s'abriter du vent. Les arbres servent aussi de couvert forestier à plusieurs autres espèces de plantes, mousses, champignons, etc. Cette **biodiversité** représente pour les êtres humains un immense réservoir de **ressources.** La forêt leur procure de la nourriture, des fibres pour la confection de vêtements, du bois pour le chauffage et les habitations, des plantes médicinales, des substances qui servent à la fabrication de cosmétiques, etc.

@robas

Une forêt, un nom

La langue française propose plusieurs mots pour nommer les différents types de forêts. Par exemple, une forêt principalement composée d'érables se nomme une érablière.

- Quel nom donne-t-on à une forêt de pins ? de chênes ? de hêtres ? de sapins ? d'épinettes ? de cèdres blancs ? de thuyas ?

❺ Un habitat pour les espèces menacées

Plusieurs forêts sont protégées parce qu'elles abritent des espèces menacées de disparition. Par exemple, au Canada, environ 60 % des espèces en péril sont touchées par des problèmes liés à leur habitat. Le parc national du Mont-Riding, au Manitoba, comprend une vaste forêt boréale, des forêts de feuillus et de vastes prés. Cette région abrite des loups, des orignaux, des ours noirs et des couguars (photo), une espèce en voie de disparition.

Observe et construis

d Qu'est-ce qui distingue une forêt primaire d'une forêt exploitée ? ❷

e D'après toi, quelles seraient les conséquences écologiques d'une réduction importante du territoire forestier ? ❷ ❸ ❹ ❺

La forêt : un milieu de vie et de loisirs

Fiche 4.1.3

Selon toi,

- qui utilise la forêt comme lieu de loisirs ou comme milieu de vie ?
- quelles activités de plein air peut-on pratiquer en forêt ?

6 Des activités récréotouristiques

6 A La chasse

6 B La pêche récréative

6 C Une activité d'intérêt faunique

La forêt est un lieu propice au récréotourisme. On peut y pratiquer plusieurs activités de plein air : randonnée, pêche sportive, piégeage, chasse, observation de la faune, vélo de montagne, canotage, etc. Au Canada, on évalue à plus de 1,5 million par année le nombre de touristes canadiens qui, depuis 1996, ont fait de l'observation de la nature le but principal de leur voyage.

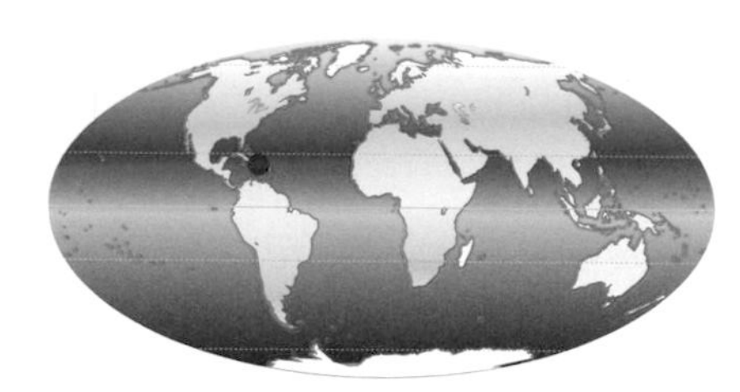

7 Le parc national de la Guadeloupe

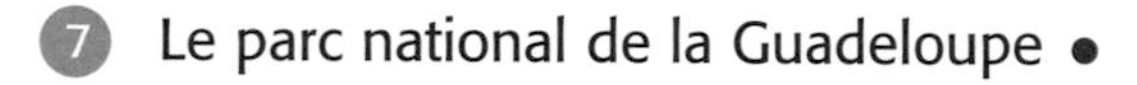

La forêt est un attrait touristique important. Dans certains pays, on crée des parcs naturels en territoire forestier et on les aménage (sentiers balisés, ponts, escaliers, etc.) dans le but de préserver les **écosystèmes** tout en favorisant certaines activités de loisirs. C'est notamment le cas du parc national de la Guadeloupe. En 30 ans, la fréquentation du parc est passée de quelques dizaines de milliers de visiteurs à plus de 500 000 par année !

Récréotourisme : Activités de plein air qui présentent un potentiel touristique.

8 Un milieu de vie pour les autochtones

Depuis des milliers d'années, les autochtones du monde entier entretiennent une relation particulière avec la forêt. Au Canada, les autochtones pratiquent encore des activités traditionnelles telles que la chasse, la pêche et le piégeage. La forêt constitue également un élément essentiel de leur **patrimoine**, car elle a façonné leur identité, leur culture et leur spiritualité. Environ 80 % des communautés autochtones du Canada (près d'un million de personnes) sont établies sur des territoires forestiers.

9 La forêt, une source d'inspiration pour les artistes

La forêt est une source d'inspiration pour un grand nombre d'artistes. Tous les types de forêts ont été représentés par les peintres. Ce tableau d'Arthur Lismer, intitulé *Sombre Hill, Algoma* (*Une colline sombre à Algoma*) représente une forêt de l'Ontario. Le style de Lismer se caractérise par la simplicité des formes et par l'utilisation de couleurs crues appliquées à grands coups de pinceau.

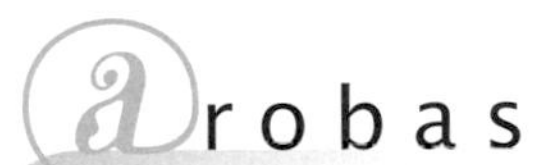

La durée de vie d'un arbre

La croissance et la durée de vie des arbres dépendent de leur environnement. Cherche dans Internet la durée de vie de certains arbres de la planète. Exemples : pin Douglas, cèdre du Liban, mélèze, hêtre.

Ton défi

En marche

Trouve une façon efficace d'organiser l'information dans un tableau synthèse ou un schéma organisateur pour bien montrer l'importance écologique et sociale de la forêt.

Observe et construis

a Trouve d'autres activités récréotouristiques que celles déjà nommées. 6 7

b À ton avis, que recherchent les personnes qui s'adonnent à des activités récréotouristiques en forêt ?

c Que représente la forêt pour les autochtones ? 8 pour les artistes ? 9

La forêt : un apport économique

Selon toi,

- quelle exploitation fait-on de la forêt ?
- quels changements cette exploitation a-t-elle connus au fil des ans ?
- quels produits sont fabriqués à partir des matières premières que fournit la forêt ?
- quelle est l'importance de l'industrie forestière ?

10 L'exploitation artisanale de la forêt québécoise

10 A Un bûcheron à l'œuvre

10 B Le flottage du bois

Dès le début de la colonisation du territoire québécois et jusqu'au milieu des années 1970, chaque hiver, des milliers d'hommes montaient aux chantiers pour abattre des arbres. Le bois coupé était ensuite transporté par flottage de la « pitoune » jusqu'aux usines. En une journée, un bon bûcheron pouvait scier de 35 à 40 billots. Les entrepreneurs forestiers régnaient en maîtres absolus sur les immenses territoires qu'ils exploitaient, avec des contrats qui pouvaient parfois durer jusqu'à 100 ans ! L'économie de plusieurs régions du Québec comme l'Abitibi-Témiscamingue, la Mauricie et l'Outaouais, s'est développée au rythme de l'exploitation de la forêt.

11 L'exploitation intensive

11 A Une machinerie moderne efficace

La mécanisation est apparue au milieu des années 1970. Elle nécessite moins de main-d'œuvre et permet une plus grande **productivité**. Cette technologie est aussi plus sécuritaire. L'abattage et la récolte s'effectuent principalement au moyen d'une seule machine qui abat, ébranche, tronçonne et empile le bois sur des camions.

11 B **Une coupe à blanc vers 1970**

Avec un équipement très efficace, un opérateur pouvait couper plus de 1 000 arbres en une seule journée de travail ! C'était l'ère de la coupe à blanc qui ne laissait rien derrière : aucun plant, aucune semence.

12 L'exploitation et le reboisement

12 A **Un jeune plant d'épinette transplanté lors du reboisement**

12 B **Une jeune épinette après une coupe avec protection de la régénération et des sols**

En 1986, avec la Loi sur les forêts, le gouvernement québécois a modifié de façon importante les règles d'exploitation des entreprises forestières. La taille des territoires qu'elles peuvent exploiter et la durée de leurs contrats sont maintenant limitées. De plus, les entreprises forestières ne peuvent plus se contenter de couper : elles doivent assurer la régénération de la forêt, notamment en reboisant.

Depuis 1994, le gouvernement québécois impose d'autres obligations aux entreprises forestières. Premièrement, les quantités de bois que ces entreprises peuvent récolter sont limitées. Deuxièmement, en plus de reboiser, elles doivent employer des méthodes de coupe qui assurent la protection de la régénération et des sols. Par exemple, la machinerie doit protéger le sol et les jeunes pousses afin que la forêt se régénère naturellement. En effet, contrairement aux petits arbres plantés manuellement, les plants qui ont germé sur place sont déjà bien adaptés au terrain et leurs chances de survie sont donc meilleures.

Ton défi

En marche

Ajoute deux données qui démontrent l'importance économique de la forêt.

Observe et construis

a Qu'est-ce qui a changé dans les techniques utilisées pour l'exploitation forestière ? 10 11 12

b Qu'est-ce qui a changé dans les obligations des compagnies forestières ? 10 11 12

c Pourquoi favorise-t-on maintenant la régénération naturelle des forêts plutôt que le reboisement ? 12

d À ton avis, pourquoi la coupe à blanc menace-t-elle la forêt à long terme ? 11B

13 La sylviculture

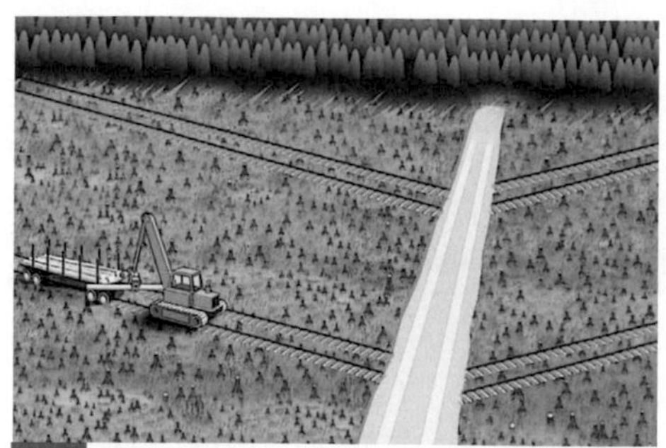

13 A La *coupe avec protection de la régénération et des sols* consiste à récolter les arbres d'un secteur en évitant d'écraser les pousses qui vont former une nouvelle forêt. Au Québec, ce type de coupe remplace la coupe à blanc.

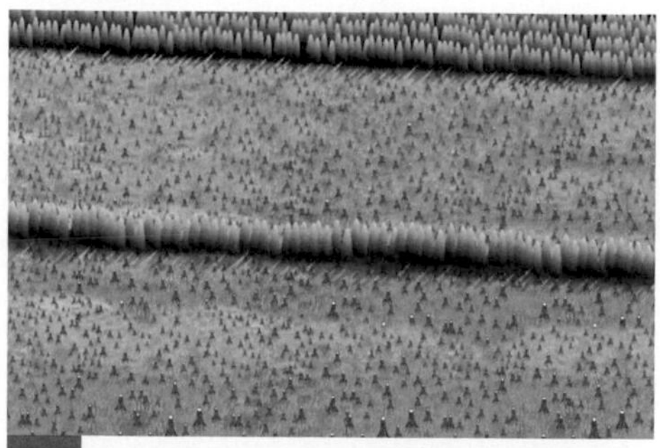

13 B La *coupe avec réserve de semenciers* consiste à garder un certain nombre d'arbres dont les graines vont favoriser la régénération de la forêt.

13 C La *coupe progressive* vise à récolter uniquement les arbres matures afin que les autres aient plus de lumière et qu'ils croissent plus rapidement.

13 D La *coupe de jardinage* se pratique dans les forêts où les arbres sont d'âges variés. Les arbres à couper sont choisis individuellement ou par petits groupes. La récolte se fait de façon à dégager les arbres plus prometteurs ou plus petits. On peut ainsi récolter régulièrement du bois.

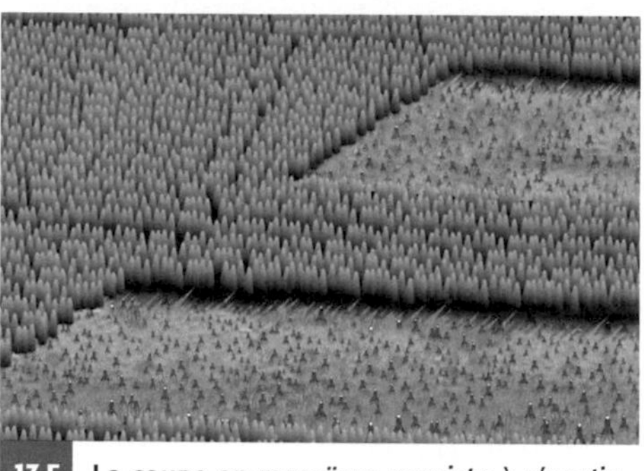

13 E La *coupe en mosaïque* consiste à répartir les coupes afin d'assurer la régénération de la forêt. Les arbres qui restent ont ainsi de meilleures conditions pour poursuivre leur croissance. Ce type de coupe permet de conserver l'habitat des animaux.

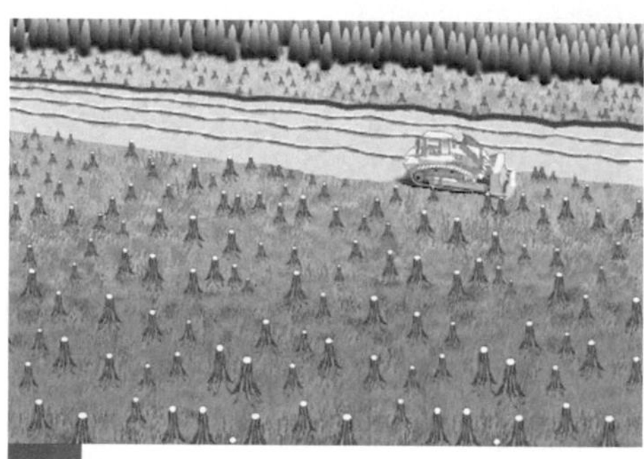

13 F Sur un territoire dépourvu de jeunes plants, la préparation du terrain précède le *reboisement* afin de favoriser leur adaptation et leur croissance.

Sylviculture : Science, technique et art qui consistent à traiter, à aménager et à exploiter la forêt de façon à lui assurer une production stable aussi élevée que possible.

La sylviculture vise un **aménagement** forestier durable. Elle permet de maintenir et d'améliorer la santé des **écosystèmes** forestiers afin que les générations actuelles et futures puissent en profiter, tant sur le plan écologique que sur les plans social et économique. Plusieurs techniques sont utilisées pour atteindre ces objectifs : les coupes d'aménagement et de régénération, la lutte contre les incendies de forêt, les travaux sylvicoles comme l'ensemencement et le reboisement, la protection contre les maladies et les insectes nuisibles, etc.

14 Des faits et des chiffres

L'exploitation forestière englobe non seulement la coupe des arbres, mais aussi la transformation du bois et la **commercialisation** des différents produits forestiers. Cette industrie a une grande importance économique au Québec et au Canada.

- Au Québec, cette industrie contribue directement au maintien de plus de 80 000 emplois.
- La transformation des produits forestiers constitue la principale industrie de 245 municipalités du Québec et elle est vitale pour une centaine d'entre elles.
- L'industrie forestière est l'un des plus grands employeurs au Canada : elle crée plus de 361 000 emplois directs et près de 920 000 emplois indirects.
- La valeur des exportations des produits du bois s'élève à plus de 50 milliards de dollars.

Sources : Environnement Canada 2004 ; ministère des Ressources naturelles, de la Faune et des Parcs du Québec, 2005.

15 De l'arbre aux produits finis

15 A **Une abatteuse-ébrancheuse-tronçonneuse-empileuse**

15 B **Un camion chargé de billots de bois**

15 C **Une scierie**

Les billots sont transportés par camion vers les scieries, qui en font du bois d'œuvre et du bois de menuiserie.

15 D **Du bois d'œuvre et de menuiserie**

@robas

10 000 produits forestiers

Il y a plus de 10 000 produits et sous-produits du bois. Reproduis les schémas de la page suivante et complète-les en ajoutant d'autres produits et sous-produits.

- Quels types d'arbres sont surtout utilisés pour faire des meubles ? des planchers ? du papier et du carton ? Pourquoi ?

15 E **Une usine de fabrication de portes et fenêtres**

Le bois de menuiserie est acheté par les usines de transformation (usines de portes et fenêtres, de meubles, etc.), qui l'utilisent pour fabriquer différents objets. Le bois d'œuvre est utilisé dans la construction.

15 F **Chez un détaillant de portes et fenêtres**

Les produits finis sont ensuite commercialisés, c'est-à-dire mis en marché par des détaillants (magasins-entrepôts, quincailleries, boutiques, etc.).

Observe et construis

e Pourquoi la sylviculture est-elle une pratique qui favorise l'aménagement forestier durable ? 13

f À ton avis, quelle donnée démontre le plus l'importance de l'exploitation forestière au Québec ou au Canada. 14

g Décris le parcours d'un arbre, de la forêt jusque chez toi. 15

16 Des produits forestiers variés

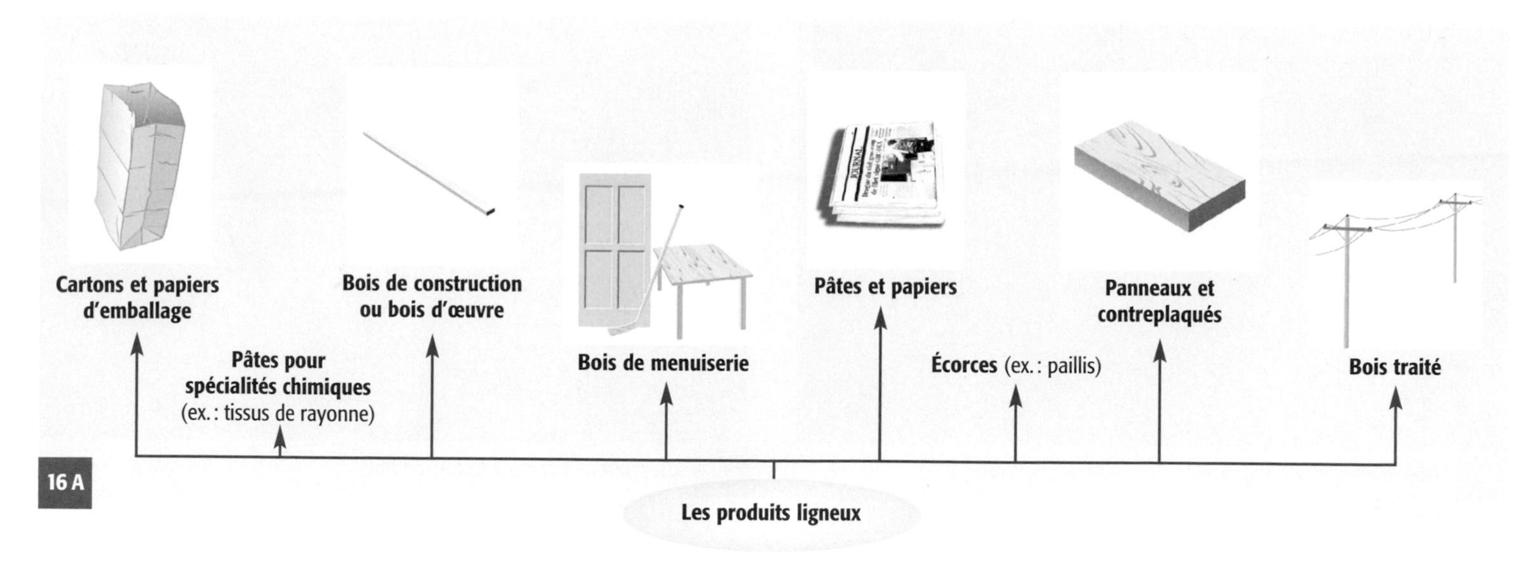

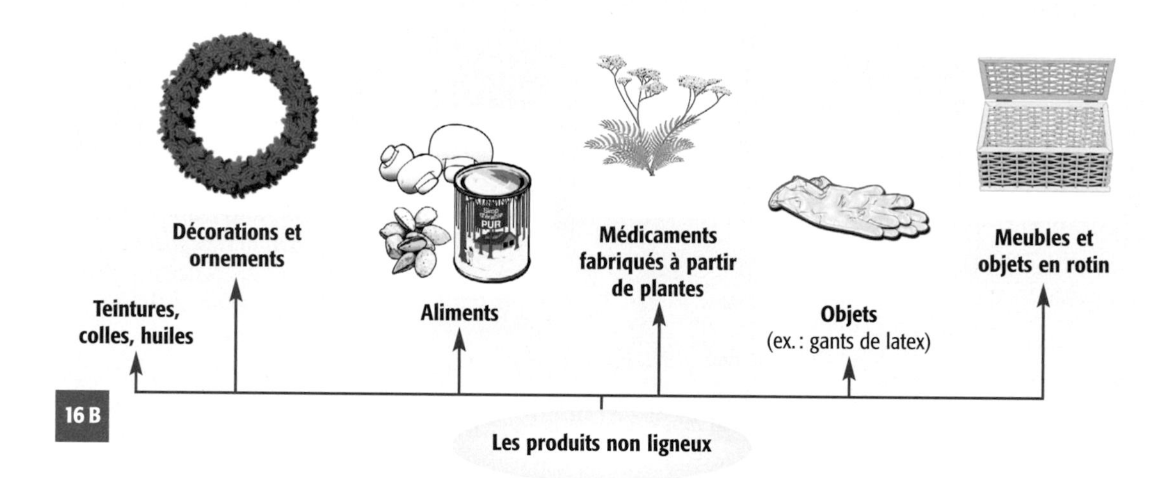

Les produits forestiers sont groupés en deux catégories : les produits ligneux et les produits non ligneux. La première comprend tous les produits forestiers fabriqués à partir de l'arbre. La seconde groupe tous les produits végétaux de la forêt qui peuvent être consommés, utilisés en médecine ou à des fins ornementales et industrielles.

17 Le bois : un combustible

Dans les **pays en développement**, le bois est très utilisé comme combustible pour la cuisson et le chauffage. Selon la **FAO**, la production mondiale de bois de feu ne cesse de s'accroître. Elle était de 1 885 millions de mètres cubes en 2000 et on prévoit qu'elle atteindra 1 921 millions de mètres cubes en 2010 et 1 954 millions en 2020.

Observe et construis

h Explique pourquoi l'exploitation du bois de nos forêts est une activité économique importante. 16

i Quelle autre utilisation du bois fait-on sans contribuer au développement économique ? 17

Ton défi

Fiche 4.1.5

À l'œuvre ! (Première partie)

Il est maintenant temps de finaliser la partie de ta planche descriptive qui traite de l'importance de la forêt.

1. Assure-toi que tu as sélectionné des données qui décrivent l'importance de la forêt :
   - sur le plan écologique ;
   - sur le plan social ;
   - sur le plan économique.
2. Ajoute des faits et des données qui intéresseront les lecteurs de ta planche descriptive.
3. Présente tes données à l'aide d'illustrations ou de photos.

Synthèse

Pour faire le point sur ce que tu as appris dans ce chapitre, réponds de nouveau aux questions des rubriques « Selon toi ».

ou

Construis un schéma organisateur en t'aidant des questions suivantes :

Quels sont les principaux utilisateurs du territoire forestier ? Quelles activités y pratiquent-ils ? Qu'est-ce que la forêt leur rapporte ?

Qu'est-ce qui a changé dans l'exploitation forestière au cours des 100 dernières années ?

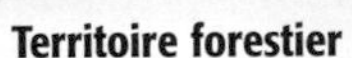

Territoire forestier

Quelles techniques sylvicoles assurent la régénération des forêts ?

Bilan

Fiche 4.1.7

1 Comment as-tu procédé pour organiser l'information recueillie ?

2 Que ferais-tu différemment si tu avais à réaliser une autre tâche semblable ?

3 Quelles ressources as-tu utilisées pour relever cette partie du défi ?

4 Si tu as travaillé en équipe, qu'as-tu fait pour améliorer le climat de travail ?

5 Quels gestes simples peux-tu faire pour aider à préserver les forêts ?

La planète et ses enjeux

A Le contexte planétaire

Notre mode de vie dépend en grande partie de l'exploitation de nos **ressources** naturelles. Nous consommons de plus en plus de biens, dont plusieurs sont des produits du bois et d'autres produits de la forêt. Par exemple, la consommation de papier et de carton a triplé depuis les années 1970. Pour répondre à cette demande, les territoires forestiers de la planète sont exploités de plus en plus intensivement. D'autres menaces pèsent sur ces territoires : incendies de forêt, pollution, etc. Les ressources forestières mondiales pourront-elles suffire à la demande croissante de bois et de produits du bois ? Quelles sont les conséquences écologiques, sociales et économiques de l'exploitation intensive de la forêt ? Est-il possible de protéger les territoires forestiers tout en continuant de les exploiter ?

Ton défi

Exploiter et protéger le territoire forestier
(Deuxième partie)

Pour réaliser cette deuxième partie de ton défi, tu présenteras sur un tiers de ta **planche descriptive** la problématique des territoires forestiers dans le monde.

L'élément le plus important de cette étape sera une carte du monde sur laquelle tu ajouteras du texte, des illustrations et des capsules d'information.

Pour y arriver,

1. Consulte au besoin les rubriques Ton défi – En marche (p. 181, 183, 187 et 190). Tu y trouveras des conseils pour réaliser ta carte.
2. Consulte au besoin la section Ressources géo (p. 338).
3. Utilise également d'autres sources : atlas, documentaires, sites Internet, etc.
4. Prends connaissance de la rubrique Ton défi – À l'œuvre ! (p. 191) pour finaliser cette deuxième partie de ta planche descriptive.

La forêt dans le monde

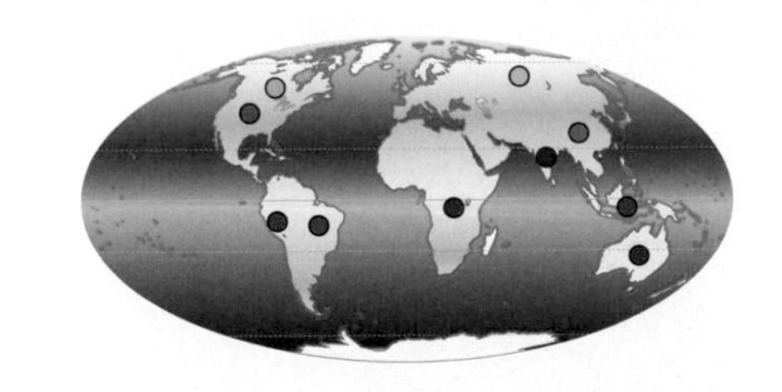

Selon toi,

- quels types de forêts trouve-t-on sur la Terre ?
- où trouve-t-on des forêts sur la Terre ?

1 L'importance de la forêt dans le monde

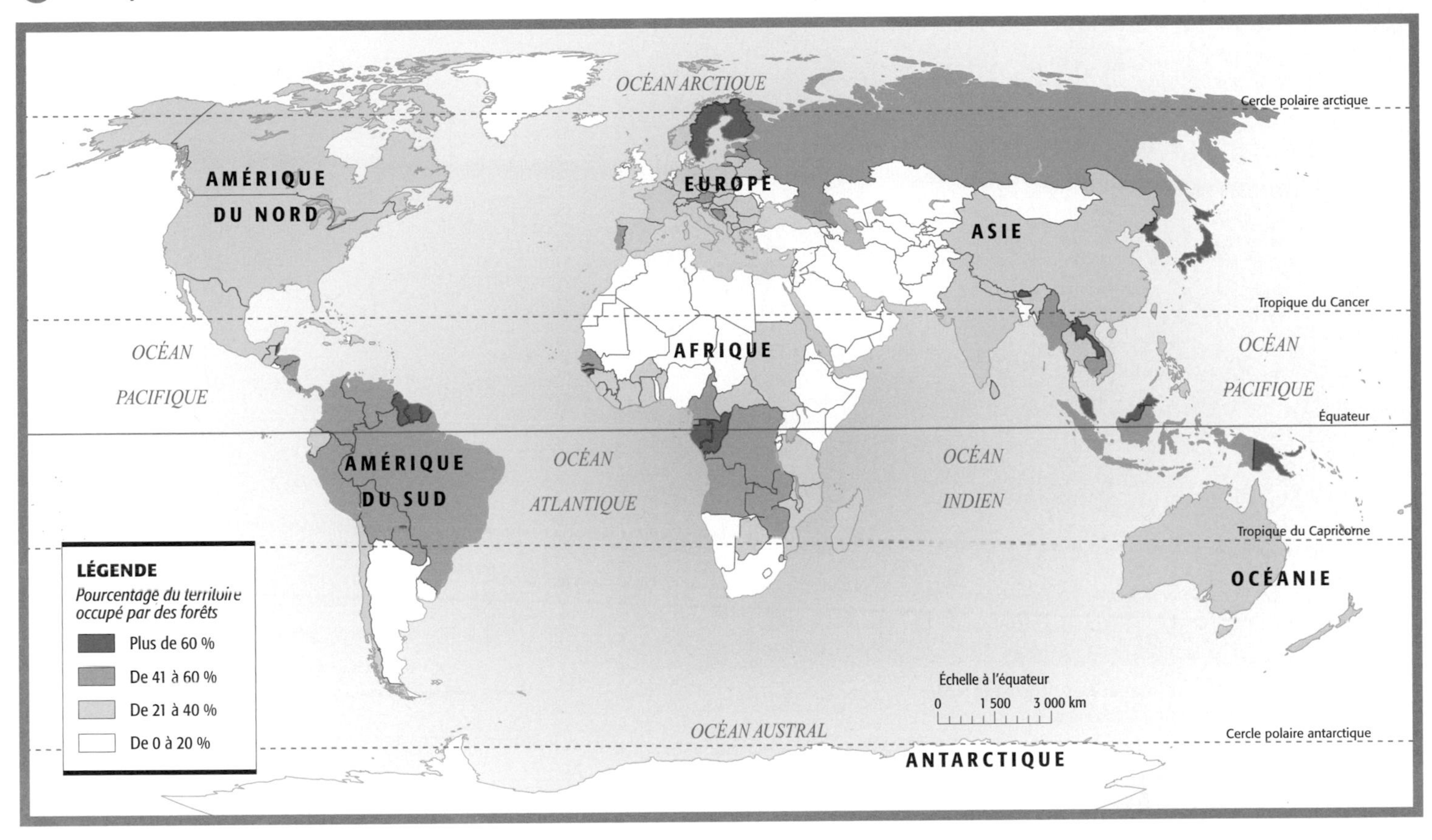

2 Les 10 pays dont la superficie forestière est la plus étendue

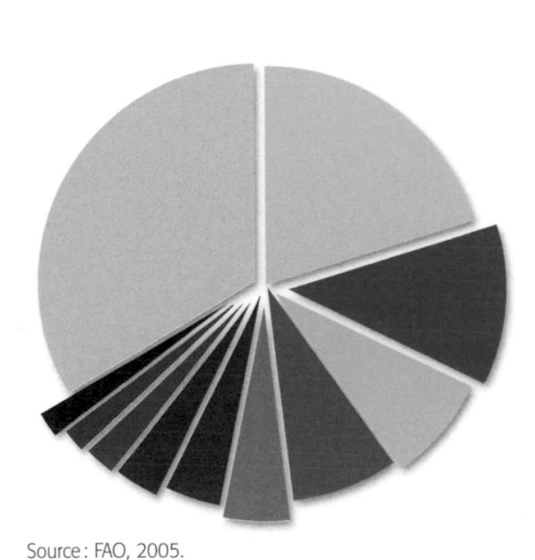

Pays	Millions d'hectares
Russie	809
Brésil	478
Canada	310
États-Unis	303
Chine	197
Australie	164
République démocratique du Congo	134
Indonésie	88
Pérou	69
Inde	68
Autres	1 333

Source : FAO, 2005.

Actuellement, 51 % des forêts de la planète sont exploitées pour leur bois. Environ 12 % sont protégées et 37 % ne sont pas exploitées parce qu'elles sont inaccessibles ou parce que leur exploitation n'est pas rentable.

Observe et construis

a Où sont situés les pays dont la superficie occupée par la forêt correspond à plus de 40 % du territoire ? à moins de 20 % du territoire ? 1

b Quels sont les trois pays qui ont la plus grande superficie forestière de la planète ? 2

3 Les principales forêts du monde

3A **Une forêt tropicale humide (arbres de grande taille comme le cacaoyer et le calebassier, lianes, etc.)**

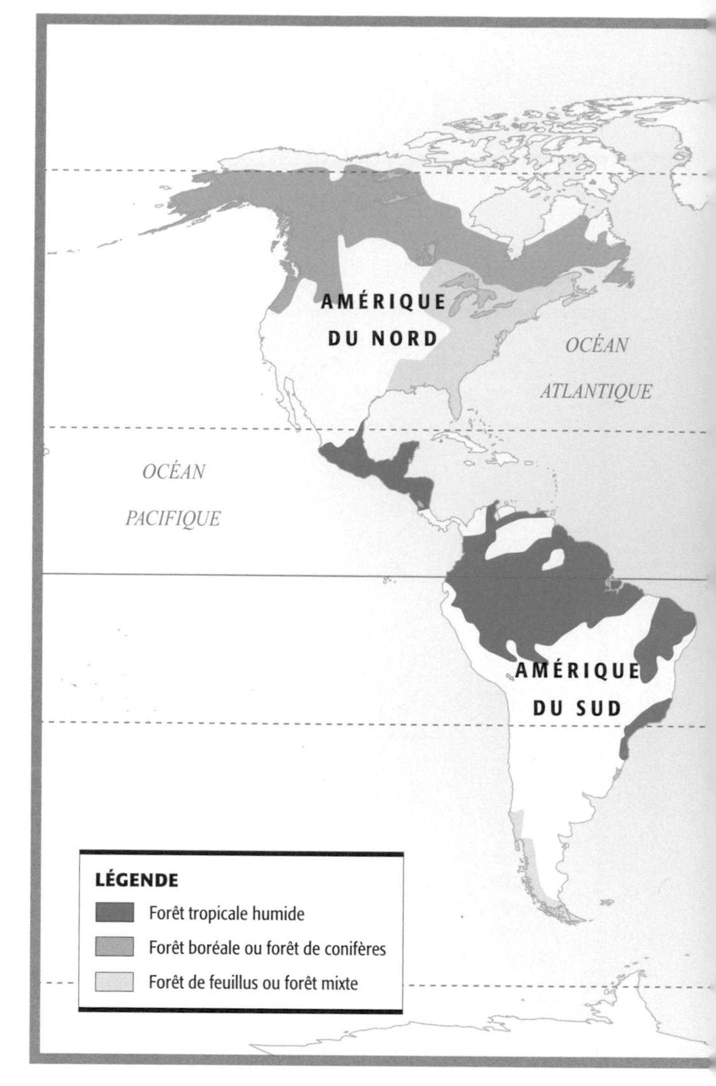

3B **Une forêt boréale (épinettes noires, sapins, pins, etc.)**

3C **Une forêt de feuillus (érables, bouleaux, etc.)**

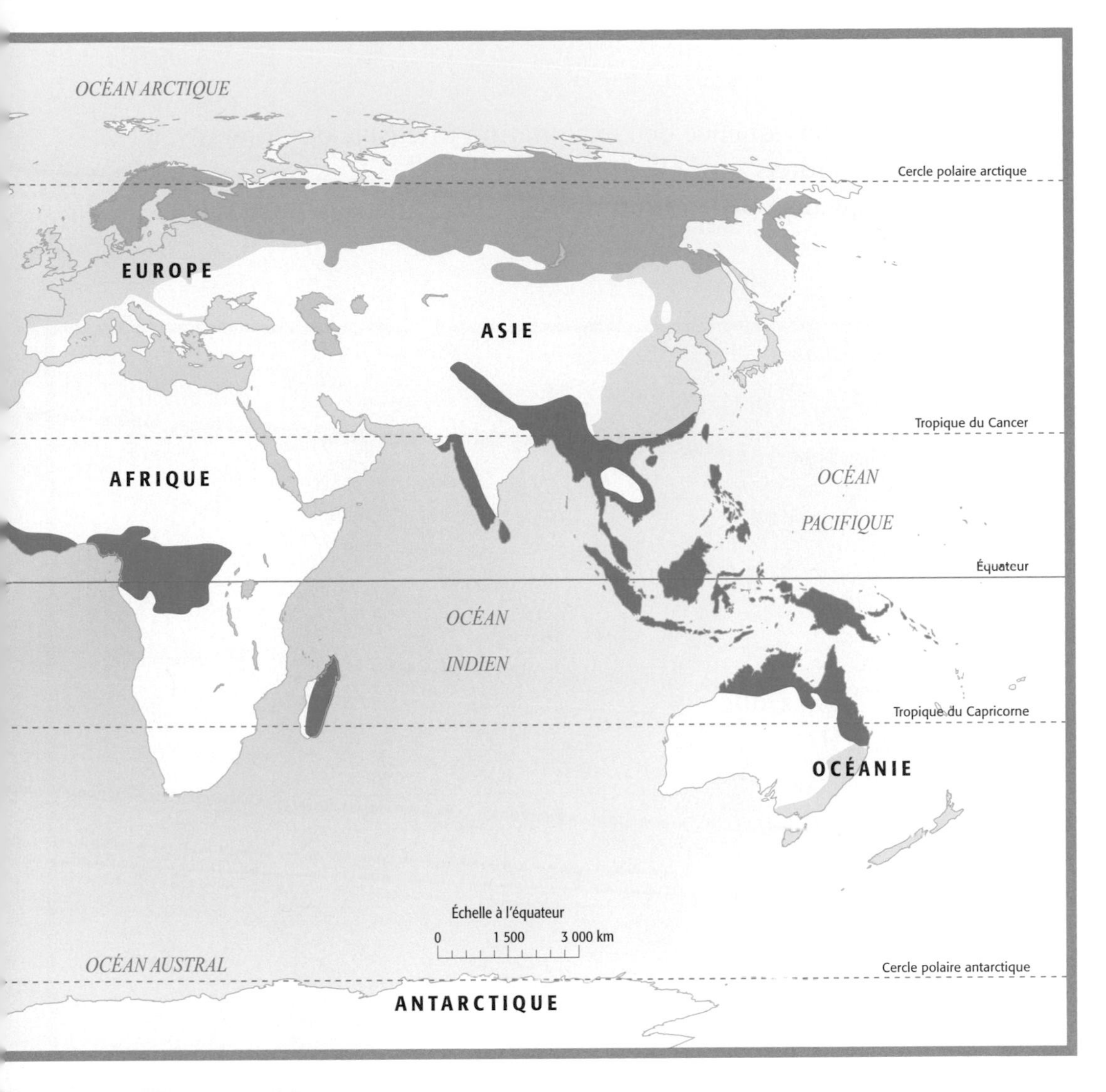

Ton défi

En marche

Situe les types de forêts sur ta carte et cherche des renseignements sur les forêts du monde que tu pourrais y ajouter. Trouve une façon intéressante de les intégrer à ton affiche.

Tous les arbres ont besoin de chaleur, de soleil et de **précipitations** pour croître. La végétation d'une région dépend donc en grande partie de son climat. Ainsi, les arbres de la forêt tropicale humide poussent toute l'année. Leur **croissance** est favorisée par des précipitations abondantes et des températures élevées. Les conifères de la forêt boréale ont un rythme de croissance beaucoup plus lent, car le climat y est froid et sec, et la **saison végétative** courte.

Observe et construis

c Dans un tableau, indique où sont situées les forêts tropicales humides et les forêts boréales. Pour chaque type de forêt, précise le type de climat des régions où il se trouve et les facteurs qui influencent sa végétation. ❸ Consulte au besoin la carte «Les climats de la Terre» (p. 372).

Type de forêt	Type de climat	Situation	Facteurs qui influencent sa végétation

d Choisis quatre pays parmi ceux qui ont la plus grande superficie forestière (voir le document 2, p. 179) et décris leur forêt et leur climat. Pour t'aider, consulte l'atlas de ton manuel (p. 384) et la carte «Les climats de la Terre» (p. 372).

La diminution des forêts dans le monde

Selon toi,

- quelle est la principale conséquence de l'exploitation intensive des forêts?
- pourquoi et par quoi les forêts sont-elles menacées?
- quelles sont les conséquences de la diminution des forêts dans le monde?

4 La forêt d'hier à aujourd'hui

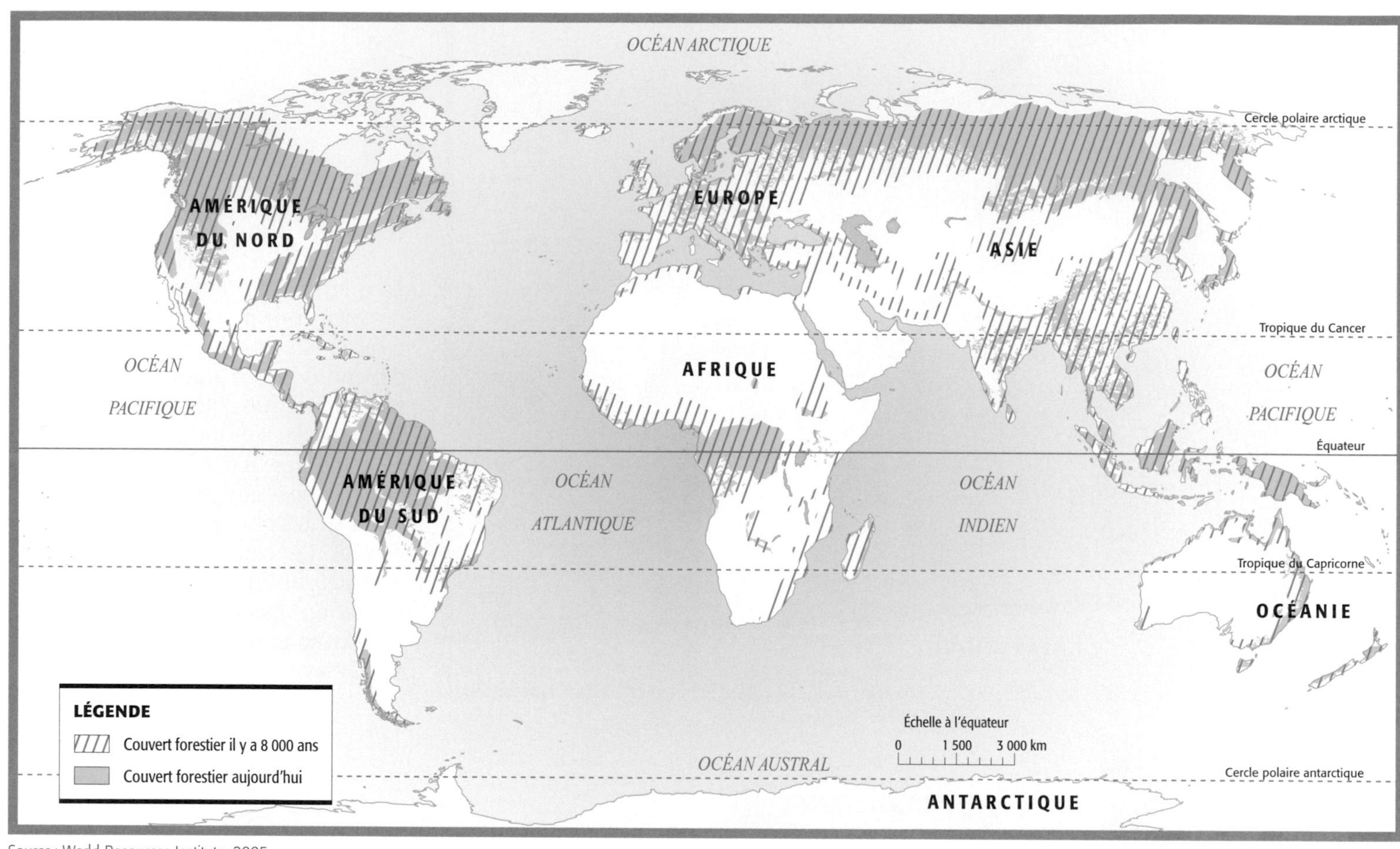

Source : World Resources Institute, 2005.

Il y a 8 000 ans, les deux tiers de la superficie terrestre étaient recouverts de forêts. Aujourd'hui, la superficie forestière est d'environ 4 milliards d'**hectares**, soit un peu moins du tiers de la superficie du globe.

5 La déforestation

La **déforestation** est le résultat d'un déboisement intensif fait dans le but de pratiquer l'exploitation commerciale du bois, de l'utiliser comme bois de chauffage ou de défricher de nouvelles terres agricoles pour nourrir une population croissante. Depuis 1990, environ 13 millions d'hectares de forêt disparaissent annuellement, soit l'équivalent d'un terrain de football toutes les deux secondes!
Ces pertes sont cependant ralenties grâce aux nouvelles plantations et à l'expansion naturelle des forêts existantes.

⑥ L'évolution du couvert forestier dans le monde entre 2000 et 2005 selon la FAO

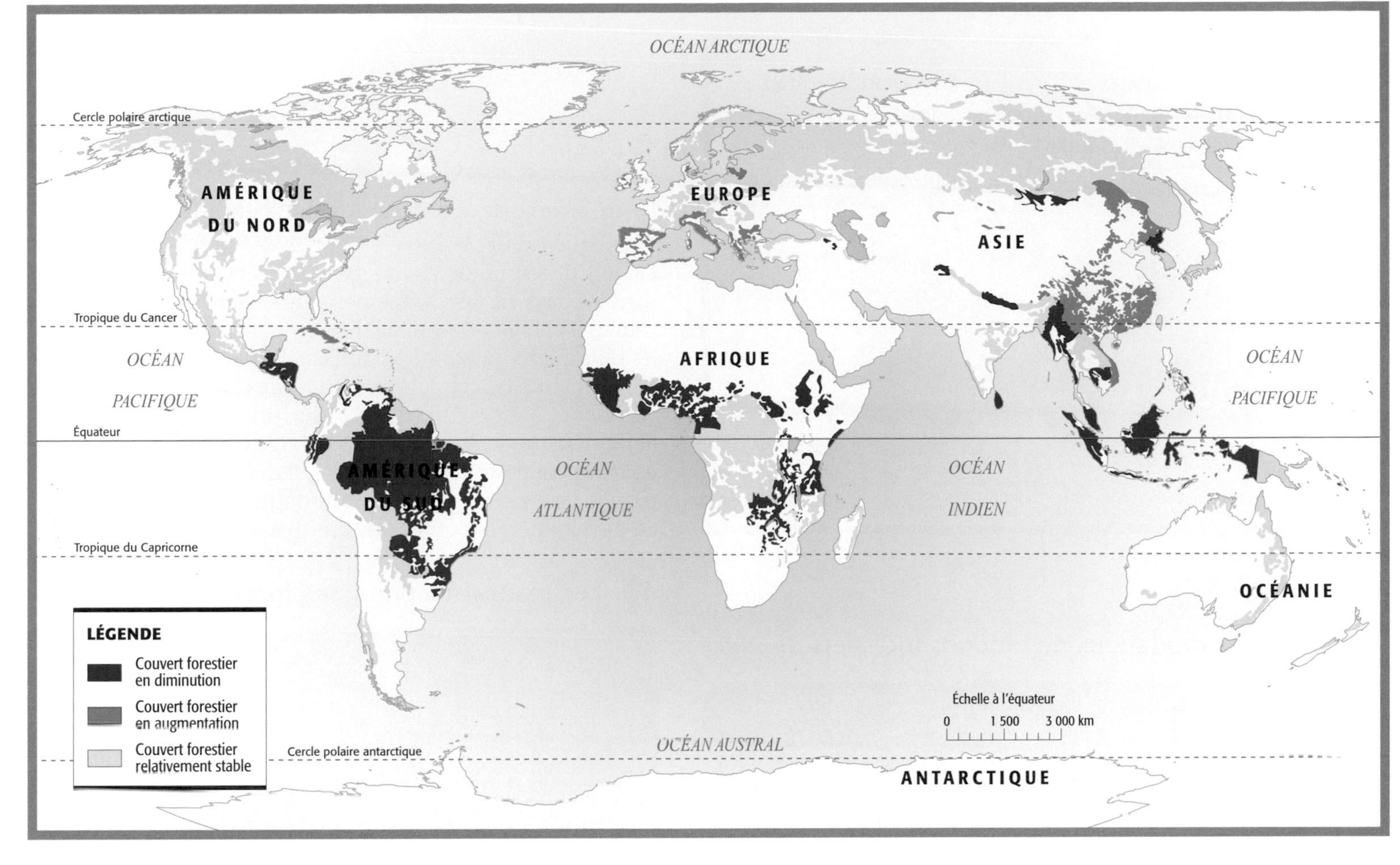

L'étendue du couvert forestier est un indicateur important de l'état de santé des forêts. Entre 1980 et 1990, environ 130 millions d'hectares de forêt ont disparu. Entre 1990 et 2000, certains **pays industrialisés** ont adopté des méthodes sylvicoles et ont planté beaucoup d'arbres. C'est la raison pour laquelle la diminution des forêts a été moins importante au cours de cette décennie : 94 millions d'hectares. Cependant, la déforestation s'accélère dans les régions tropicales, où sont situés la plus grande partie des **pays en développement**.

Ton défi

En marche

Indique sur ta carte du monde les plus importantes zones de déforestation. Ajoute des données ou des faits qui mettent en évidence son importance.

Observe et construis

a Dans quelles régions du monde le couvert forestier a-t-il le plus diminué depuis 8 000 ans ? ④

b Pourquoi défriche-t-on de façon intensive certains territoires forestiers ? ⑤

c Dans quelles parties du monde le couvert forestier a-t-il augmenté entre 2000 et 2005 ? ⑥

d Quel est le niveau de développement des pays où il y a le plus de déforestation ? Pourquoi, à ton avis ? ⑥

e À ton avis, qu'est-ce qui a permis de stabiliser le couvert forestier ? ⑤ ⑥

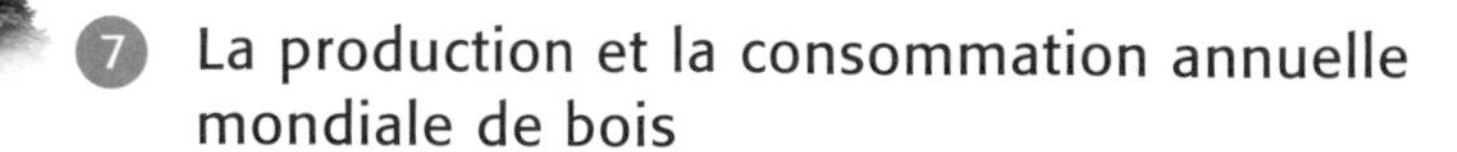

7 La production et la consommation annuelle mondiale de bois

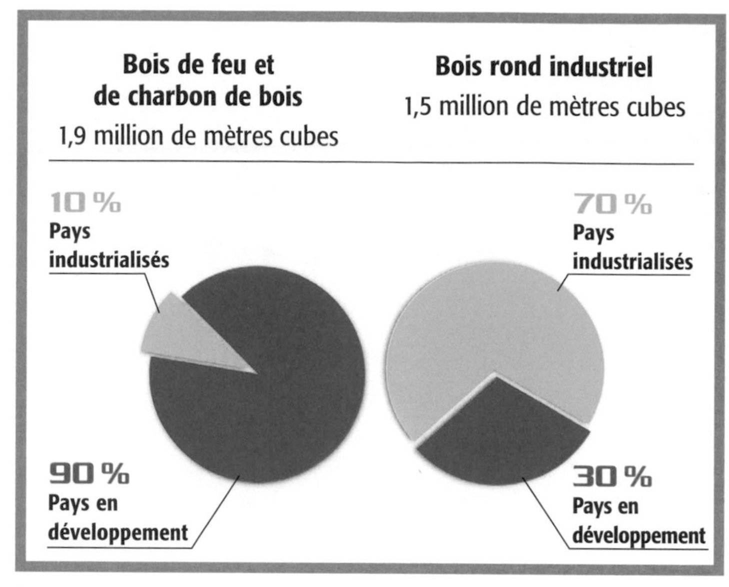

Source : FAO, 1999.

La **croissance** de la population mondiale entraîne une augmentation de la consommation de produits forestiers.

Le bois de feu ou de chauffage est généralement consommé dans les **pays en développement**, où il demeure la principale source d'énergie. Ensemble, l'Asie et l'Afrique consomment les trois quarts du bois de chauffage disponible dans le monde. Les habitants de ces parties du monde s'en servent pour cuisiner et dans certaines industries artisanales comme la fabrication de briques ou le séchage d'aliments. Afin de freiner la destruction des forêts, il devient pressant de trouver une source d'énergie alternative pour les pays en développement et les **pays moins avancés**.

8 Les exportations de produits forestiers en 2003

Partie du monde	Valeur des exportations (milliards $ US)
Europe	82,6
Amérique du Nord	38,6
Asie	17,1
Amérique du Sud	5,5
Afrique	3,4
Océanie	3,1

Source : FAO, 2003.

En 2003, la valeur totale des **exportations** de produits forestiers dans le monde se chiffrait à plus de 150 milliards de dollars américains. Les exportations des pays en développement ne comptaient que pour 15 % de ce total.

Avec la **mondialisation**, ce portrait risque de changer au cours des prochaines années. L'arrivée de concurrents à bas coûts d'approvisionnement et de production comme la Chine, le Brésil et l'Uruguay se fait de plus en plus sentir sur le marché international. Ces pays misent, entre autres, sur la plantation de forêts d'eucalyptus. Inaccessible en Amérique du Nord, l'eucalyptus, un arbre qui pousse rapidement, peut être récolté de huit à dix ans après sa mise en terre. De grandes **multinationales** nord-américaines et européennes pourraient alors être tentées d'importer de la pâte d'eucalyptus pour en faire du papier ou de s'implanter dans ces pays.

9 Les mauvaises pratiques forestières

Certaines pratiques forestières dégradent les sols et sont dommageables pour les **écosystèmes** forestiers. Par exemple, les camions lourds utilisés pour l'abattage des arbres tassent le sol et détruisent les jeunes pousses, rendant impossible la régénération naturelle.

⑩ L'exploitation légale et illégale des produits forestiers en Indonésie •

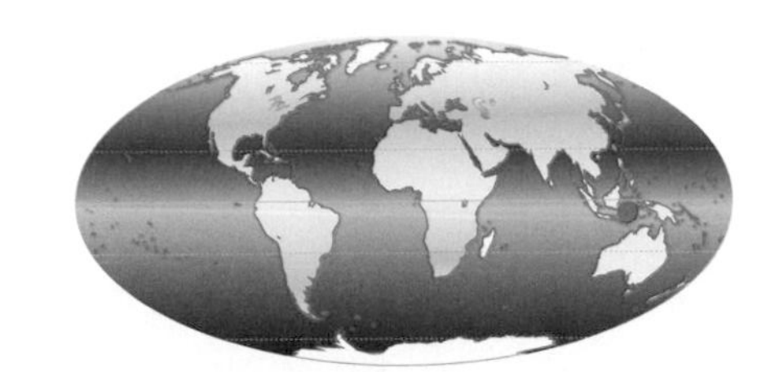

Caractéristiques	Concession forestière légale	Concession forestière illégale
Prix de vente du bois sur le marché ($ US/m³)	100 $	55 $
Permis de coupe	Oui	Non
Reboisement	Oui	Non
Taxe du gouvernement	Oui	Non
Coût total d'exploitation ($ US/m³)	63 $	23 $
Investissement	Élevé	Très faible

Source : Centre de recherche forestière, 2001.

L'exploitation illégale des forêts est l'une des causes de la **déforestation**. Les difficultés économiques de certains pays, le défrichage de terres agricoles et la demande pour le bois exotique dans les **pays industrialisés** peuvent avoir pour conséquences l'exploitation et l'exportation illégales de produits forestiers. Chaque année, ces activités illégales font perdre des centaines de millions de dollars aux gouvernements, en particulier dans les pays en développement. Parmi les responsables de cette situation, il y a des contrebandiers, des exploitants malhonnêtes et des gardes forestiers corrompus. De plus, les autorités chargées de réglementer l'industrie forestière ne prennent pas toujours les mesures nécessaires pour limiter les activités illégales. La plupart des gouvernements des pays industrialisés ont voté des règlements et des lois pour protéger leur territoire forestier et prennent des mesures pour les faire respecter, ce qui limite les exploitations illégales.

⑪ La menace liée à l'urbanisation en Asie

Les forêts des pays en développement sont actuellement les plus menacées au monde, notamment parce que ces pays connaissent une **urbanisation** rapide et une forte **croissance** démographique. Cette croissance de la population entraîne une augmentation de la demande de produits agricoles, ce qui explique le fait que le défrichage pour l'agriculture soit responsable d'environ 45 % de la diminution de la forêt tropicale humide.

Observe et construis

f Quelles sont les causes de la déforestation ? ⑦ ⑨ ⑩ ⑪

g Parmi ces causes, lesquelles sont particulièrement associées aux pays en développement ? ⑦ ⑩ ⑪

h Pourquoi l'exploitation illégale du bois est-elle répandue dans les pays en développement ? ⑩

i Comment la mondialisation pourrait-elle modifier les exportations dans le monde ? ⑧

⑫ Des ennemis de la forêt

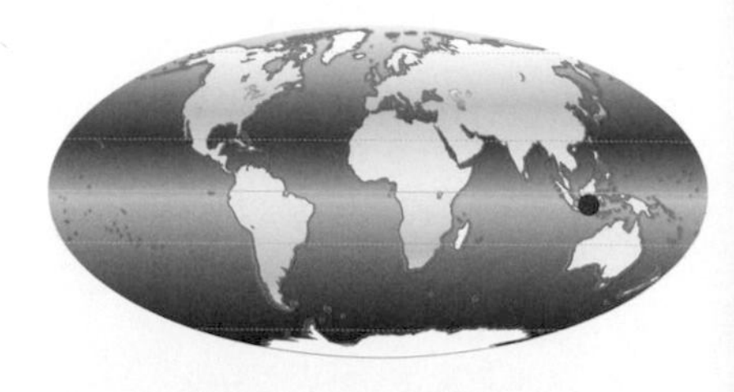

12 A **Des cochenilles sur des aiguilles de pin**

12 B **La lutte aux incendies de forêt**

Selon la FAO, une moyenne d'environ 104 millions d'**hectares** de forêts sont touchés chaque année dans le monde par des incendies, des ravageurs (notamment des insectes et des maladies), la sécheresse, le vent, la neige, le gel ou les inondations. Ce nombre ne tient cependant pas compte des perturbations survenues dans certains **pays en développement**, car les données sont souvent inconnues ou insuffisantes, notamment en ce qui concerne les incendies de forêts en Afrique.

⑬ Une forêt ravagée par les pluies acides

Les **pluies acides** brûlent les feuilles et réduisent considérablement la vigueur des arbres. Les forêts de la planète qui souffrent le plus de la pollution engendrée par les pluies acides sont situées près des grands centres urbains. Ces pluies menacent particulièrement les **pays industrialisés** et les pays qui connaissent actuellement un développement industriel rapide (Chine, Brésil, Inde, Malaisie, Nigeria, Venezuela, etc.).

⑭ Le travail forestier en Indonésie •

Selon la FAO, plus de 13 millions de personnes travaillaient dans le secteur forestier en 2000. Un rapport du Bureau international du travail (BIT) indique que plus d'un million de ces emplois pourraient disparaître, notamment à cause de la **déforestation**. En Indonésie, par exemple, un manque de matières ligneuses dans les usines de contreplaqué a entraîné la perte de 40 000 emplois cette année-là.

⑯ Une forêt abattue : une source de CO_2

Les scientifiques sont de plus en plus inquiets au sujet du réchauffement de la planète. Ils étudient le rôle que pourraient avoir les forêts dans ce phénomène. On sait déjà que les forêts emmagasinent de grandes quantités de gaz carbonique (CO_2) dans les arbres, le sous-bois, l'humus et le sol. À l'opposé, les forêts dégradées ou abattues dégagent d'importantes quantités de CO_2 dans l'atmosphère.

⑮ La déforestation et l'érosion des sols

L'une des conséquences négatives de la déforestation est l'érosion des sols. Les sols dénudés puis lessivés atteignent souvent un point de non retour. La déforestation fait aussi peser une grave menace sur l'équilibre écologique de la planète, car elle entraîne une diminution de la **biodiversité**. Les forêts tropicales humides, qui abritent de nombreuses espèces animales et végétales de la planète, sont particulièrement menacées. Selon plusieurs études, chaque année, une espèce végétale sur huit serait menacée d'extinction.

Ton défi

En marche

Sur ta planche descriptive, indique au moins quatre causes de la diminution de la forêt ainsi qu'au moins trois conséquences de ce phénomène sur l'environnement planétaire.

Observe et construis

j En plus de l'exploitation intensive, quelles autres menaces pèsent sur la forêt? ⑫ ⑬

k Quelles sont les principales conséquences de la déforestation sur le plan écologique? ⑮ ⑯ sur le plan économique? ⑭

Des pistes de solutions

Selon toi,

- quels moyens peuvent être utilisés pour ralentir la disparition des forêts sur la Terre?

17 Le reboisement pour éviter les risques d'inondation en Chine •

Entre 1949 et 2000, l'**urbanisation** croissante et l'exploitation forestière non contrôlée ont fait disparaître plus de 1,5 million d'**hectares** de forêt par année en Chine. À cause de cette **déforestation**, les inondations du fleuve Chang jiang, en 1998, ont été catastrophiques. Elles ont entraîné la mort de plus de 3 600 personnes et causé des dommages évalués à plus de 30 milliards de dollars US. Le gouvernement chinois a réagi à cette catastrophe en lançant un vaste projet de reboisement. En 2004, la superficie de la forêt replantée atteignait 10 millions d'hectares. Selon la **FAO**, la Chine est aujourd'hui le plus grand planteur d'arbres au monde. Sur l'ensemble de la planète, 187 millions d'hectares ont été reboisés en 2001, soit moins de 5 % de la superficie forestière totale.

@robas

Le congrès mondial forestier

Tous les six ans depuis 1926, un événement très important a lieu: le Congrès mondial forestier. En 2003, il réunissait des participants de plus de 140 pays. Trouve dans Internet le pays qui a été l'hôte du dernier congrès.

- Quel était le thème de ce congrès?
- Quelles en ont été les recommandations?

18 Une réserve naturelle pour protéger les cèdres du Liban •

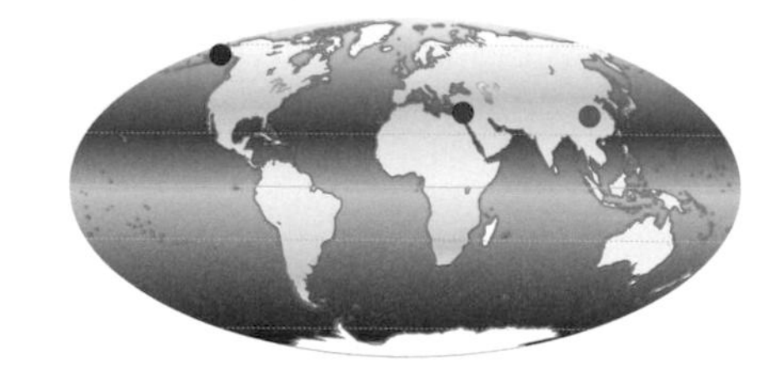

Les caractéristiques physiques et biologiques de la forêt peuvent être conservées grâce aux aires protégées. Dans ces zones, les activités humaines sont gérées de façon à assurer la conservation de la forêt. Lors de la Conférence des Nations Unies de 1992 sur l'environnement et le développement (CNUED), les 155 pays participants se sont mis d'accord pour protéger 12 % de leur territoire dans le but de conserver la flore et la faune. Par exemple, au Liban, la création d'une réserve naturelle dans la région d'Al-Shouf a permis de protéger le plus grand peuplement de cèdres, l'arbre emblématique du pays.

19 Un groupe de pression en Alaska, aux États-Unis •

De nombreux groupes environnementalistes unissent leurs efforts afin que les autorités s'intéressent de plus près à la protection de la forêt. Ces groupes ont pour mission de surveiller, d'informer, de sensibiliser, mais aussi d'exercer une pression sur tous les niveaux de gouvernement. Leurs actions ont obligé certains dirigeants à revoir leur politique en matière d'environnement. Sur la photo, des membres de l'organisme Greenpeace protestent contre les coupes effectuées dans l'une des plus anciennes forêts du monde, près de Petersburg, dans le sud-est de l'Alaska (États-Unis). La manifestation a pris fin lorsque les protestataires ont été chassés par des membres du *Forest Service* (Service de la forêt).

20 Les plantations : une solution d'avenir ?

La **sylviculture** est adoptée dans le but de favoriser la régénération des forêts et d'assurer une production continue. Dans le futur, il pourrait en être autrement. En effet, selon la FAO, une bonne partie de la production de bois pourrait être assurée par des plantations d'arbres bien gérées et bien planifiées plutôt que par la coupe de forêts naturelles. De plus, les plantations d'arbres, en particulier sous les tropiques, où la croissance de la végétation est très rapide, peuvent absorber de grandes quantités de CO_2 en très peu de temps. Actuellement, les plantations forestières représentent 3,8 % de la superficie forestière totale de la Terre, soit 140 millions d'hectares.

21 Les arbres transgéniques

Les arbres transgéniques sont des arbres génétiquement modifiés. Destinés au reboisement, ils renferment des gènes qui améliorent leur qualité et leur procurent les caractéristiques recherchées par l'industrie forestière : tronc droit et sans branches, **croissance** rapide, résistance aux insectes et aux maladies, etc. En 1999, le Fonds mondial pour la nature déclarait que la plantation d'arbres transgéniques était en hausse partout sur les territoires forestiers de la planète. Par exemple, en Chine, plus d'un million d'arbres génétiquement modifiés ont été plantés en 2002.

Observe et construis

a Quels moyens peuvent être utilisés pour favoriser le développement durable de la forêt? 17 18 19 20 21

b Pourquoi les plantations d'arbres et les arbres transgéniques pourraient-ils devenir une solution intéressante ? 20 21

c À ton avis, quelles différences y a-t-il entre une forêt primaire et une plantation d'arbres ?

TOPO

La consommation de papier

Selon la FAO, la production de papier et de carton a triplé depuis 1970.

- Combien de feuilles de papier utilises-tu au cours d'une semaine? d'un mois? d'une année?

22 L'écoétiquetage

Un nombre croissant de consommateurs sont prêts à tenir compte de l'**environnement** dans leurs achats. L'écoétiquetage, par exemple l'utilisation du logo FSC (*Forest Stewardship Council*) apposé sur les billots de bois, permet maintenant aux consommateurs de choisir des produits qui proviennent de forêts gérées de façon durable. Pour pouvoir apposer ce logo sur leur bois, les exploitants forestiers doivent se conformer aux lois du pays, détenir un droit de propriété, respecter les droits des populations autochtones et protéger le milieu naturel.

23 L'écotourisme

Les écotouristes représentent environ 7 % du **tourisme** mondial, soit 14 millions de touristes, et cette proportion est en constante augmentation. Les écotouristes cherchent des sites qui offrent des expériences de plein air enrichissantes. L'écotourisme peut être une source importante de revenus pour les communautés locales et devenir par conséquent une incitation économique à conserver leurs forêts.

TON défi

En marche

Sur ta planche descriptive, présente au moins deux solutions qui favorisent le développement durable de la forêt.

Observe et construis

d Qu'est-ce que l'écoétiquetage? 22 l'écotourisme? 23

e De quelle façon les consommateurs peuvent-ils contribuer au développement durable de la forêt? 22 23

Ton défi

À l'œuvre ! (Deuxième partie)

Il est maintenant temps de revoir la partie de ta planche descriptive consacrée à la présentation de la problématique des forêts dans le monde.

1. Vérifie d'abord si tous les renseignements demandés sont présents sur ta carte.
2. Assure-toi que tu as placé autour de ta carte les informations suivantes :
   - au moins quatre causes importantes de la déforestation sur la Terre ;
   - au moins trois conséquences de la déforestation sur la planète ;
   - au moins deux solutions pour favoriser le développement durable de la forêt.
3. Assure-toi que ta carte est accompagnée :
   - d'un titre approprié ;
   - d'une légende qui donne la signification des couleurs et des symboles utilisés.
4. Soigne la présentation de ta planche descriptive en ajoutant des photos, des illustrations, etc.

Synthèse

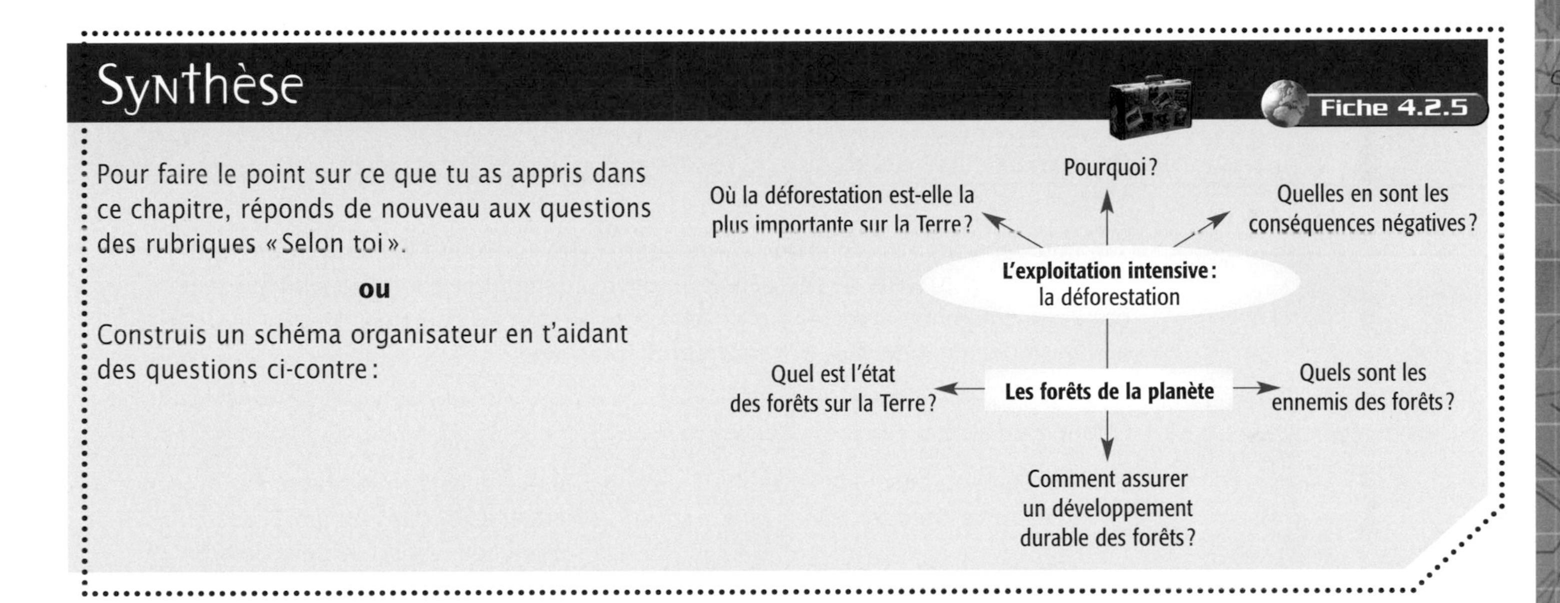

Pour faire le point sur ce que tu as appris dans ce chapitre, réponds de nouveau aux questions des rubriques « Selon toi ».

ou

Construis un schéma organisateur en t'aidant des questions ci-contre :

Bilan

1. Parmi les sources que tu as consultées, lesquelles considères-tu comme les plus fiables ? Lesquelles t'ont été les plus utiles ?
2. Comment as-tu procédé pour réaliser cette partie de ta planche descriptive ?
3. À ton avis, pourquoi faut-il adopter des mesures de conservation de la forêt ? Est-il possible de continuer d'exploiter la forêt tout en la protégeant ?

B Le territoire forestier et ses enjeux

La forêt joue un rôle important pour tous les êtres vivants de la planète. Pourtant, les **écosystèmes** forestiers sont menacés par l'exploitation intensive des forêts. Aujourd'hui, le défi des autorités gouvernementales consiste à gérer de façon responsable les territoires forestiers pour que les générations futures puissent également en profiter. Cette gestion doit évidemment tenir compte de tous les types d'activités qui se déroulent en forêt.

Cette partie du chapitre 2 te présente trois territoires forestiers qui doivent relever ce défi : l'Amazonie, la Colombie-Britannique et l'Abitibi-Témiscamingue.

Ton défi

Exploiter et protéger le territoire forestier
[Troisième partie]

Ton défi consiste à décrire l'un des trois territoires forestiers présentés dans cette partie sur ta **planche descriptive**. Tu devras démontrer comment on peut faire coexister différentes activités sur un territoire forestier ou comment on peut assurer un développement durable des ressources forestières.

Pour y arriver,

1. Consulte au besoin la section Ressources géo (p. 338).
2. Fais appel à d'autres sources : atlas, sites Internet, documentaires, etc.
3. Rassemble les informations essentielles dans un tableau semblable à celui qui est présenté ci-dessous.
4. Consulte la rubrique Ton défi – À l'œuvre! (p. 219) pour finaliser ta planche descriptive.

Territoire forestier choisi	
Caractéristiques qui en font un territoire attrayant	
Utilisateurs du territoire	
La coexistence de différents types d'activités en territoire forestier est-elle possible? Pourquoi? Si oui, comment? **ou** Comment peut-on assurer le développement durable de la forêt?	

Exploiter et protéger un territoire forestier

Territoire 1

L'Amazonie

pages 194 à 201

La région de l'Amazonie est située dans une vaste plaine traversée par le fleuve Amazone. D'une superficie de près de huit millions de kilomètres carrés, elle contient 20 % des forêts tropicales humides de la planète.

Territoire 2

La Colombie-Britannique

pages 202 à 209

Située dans la cordillère de l'Ouest, la province de la Colombie-Britannique est l'une des régions les plus montagneuses du Canada. Son économie repose principalement sur les richesses naturelles et la forêt, qui couvre plus de 60 % de son territoire.

Territoire 3

L'Abitibi-Témiscamingue

pages 210 à 218

La région de l'Abitibi-Témiscamingue est située au sud-ouest du Québec. La forêt représente plus de 85 % de son territoire. L'économie de cette région est directement liée à l'exploitation forestière.

Comment différents types d'activités peuvent-ils coexister en milieu forestier ? Comment assurer un développement forestier durable ?

Territoire 1

Exploiter et protéger un territoire forestier : l'Amazonie

Un portrait de l'Amazonie

Selon toi,

- où se trouve l'Amazonie ?
- quelles sont les caractéristiques de ce territoire forestier ?

1 Le territoire forestier de l'Amazonie

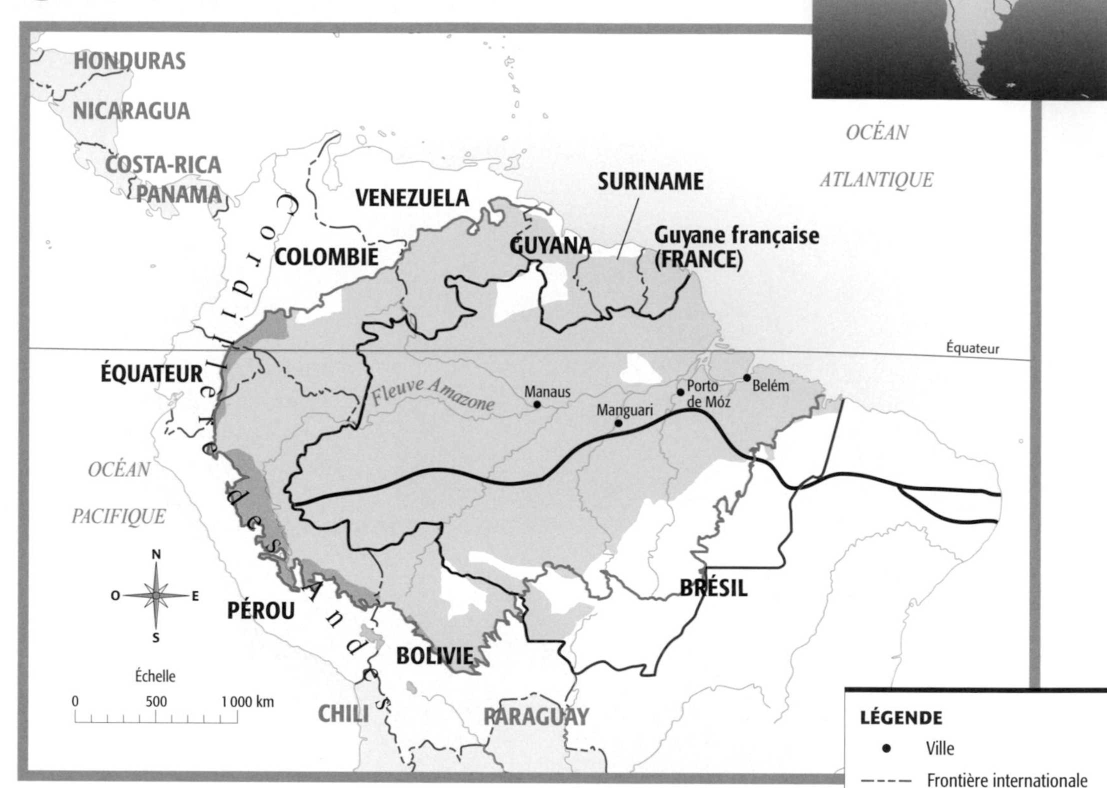

L'Amazonie est située au nord-est de l'Amérique du Sud, dans une vaste plaine d'une superficie de 7,9 millions de km². Elle est traversée par l'Amazone et est drainée par plus de 1 100 autres cours d'eau. La portion brésilienne de l'Amazonie porte le nom d'Amazonie légale brésilienne. La forêt amazonienne est la plus grande forêt tropicale humide de la Terre. On la surnomme « le poumon de la Terre » parce qu'elle absorbe beaucoup de gaz carbonique (jusqu'à 15 tonnes par **hectare** annuellement) et qu'elle dégage une grande quantité d'oxygène (environ 20 % de l'oxygène de la planète). Durant la journée, la transpiration des arbres de cette forêt est si abondante qu'elle couvre l'Amazonie de petits nuages. Cette humidité conditionne le climat de la région et il est fort possible que ses effets soient ressentis sur un territoire plus vaste.

Amazonie	
Pays de la région de l'Amazonie	Bolivie, Brésil, Colombie, Équateur, Guyana, Guyane française, Pérou, Suriname Venezuela,
Superficie de la forêt amazonienne	7,9 millions de km², dont 60 % au Brésil
Type de forêt	Tropicale humide
Population	20 millions
PIB/hab.	Entre 2 700 $ US (Bolivie) et 8 300 $ US (Guyane française)
Climats	Équatorial et tropical
Relief	Plaine

Sources : Unesco 2004 ; *CIA World Factbook*, 2005.

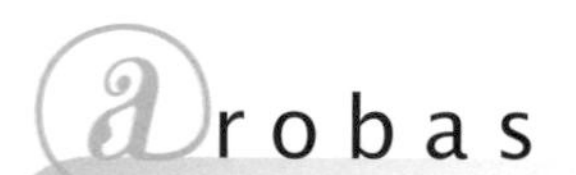

Le fleuve Amazone

L'Amazone est l'un des deux plus longs fleuves du monde. Trouve dans Internet des informations à son sujet.

- Où prend-il sa source ?
- Quel est son débit ?
- Quelle quantité d'eau rejette-t-il dans l'océan Atlantique ?
- Combien de kilomètres de ce fleuve sont navigables ?

② La forêt amazonienne : un milieu de vie riche

Le Brésil possède la **biodiversité** la plus riche de la planète. Il abrite de 14 à 20 % des espèces animales et de 20 à 22 % des espèces de plantes de la Terre. La forêt amazonienne contient environ 60 000 espèces de plantes, 1 000 espèces d'oiseaux, 500 espèces de reptiles et 300 espèces de mammifères, sans compter les insectes ! Par exemple, on y a déjà identifié 43 espèces de fourmis sur un seul arbre ! De plus, chaque année, de nouvelles espèces y sont découvertes. Il y pousse également une grande variété d'arbres. Pour trouver deux arbres d'une même essence, il faut parfois marcher 100 ou même 200 m ! La jungle amazonienne est un milieu exceptionnel. Elle constitue une richesse et un héritage à transmettre aux générations futures.

③ Des arbres aux racines développées

En Amazonie, le climat chaud et humide (entre 1 500 et 2 000 mm de **précipitations** par année) favorise la croissance rapide des arbres, qui peuvent atteindre plus de 60 m de hauteur. La couche de sol fertile est très mince. Les arbres, surtout des feuillus, se sont adaptés à ce sol pauvre en développant un réseau de racines qui s'étend en surface. L'Amazonie abrite une très grande variété d'arbres, et des centaines d'essences sont commercialisées. Le bois précieux comme l'acajou est très recherché et se vend très cher. Par exemple, un arbre peut valoir à lui seul plusieurs centaines de dollars à la scierie. Or, couper un arbre dans la forêt amazonienne risque d'en abîmer une trentaine d'autres.

④ La population autochtone

Plus de 20 millions de personnes, dont 1 million d'autochtones, vivent dans la forêt amazonienne. La population rurale amazonienne compte beaucoup sur la forêt pour l'alimentation, les matériaux des habitations et des outils agricoles, les colorants, les plantes médicinales, etc. Environ 1 500 plantes médicinales poussent dans cette forêt, dont une centaine sont commercialisées. Par exemple, 25 % des médicaments vendus aux États-Unis contiennent des extraits de plantes tropicales.

Observe et construis

a Pourquoi la forêt amazonienne est-elle attrayante pour les entreprises forestières ? ③

b En quoi est-elle importante pour l'environnement ? ① ② pour les autochtones ? ④ pour tous les habitants de la Terre ? ① ② ④

c Pourquoi surnomme-t-on l'Amazonie « le poumon de la Terre » ? ①

Une forêt aux multiples usages

Selon toi,

- quelles activités sont pratiquées dans la forêt amazonienne?
- quels sont leurs impacts?

5 Une déforestation alarmante en Amazonie

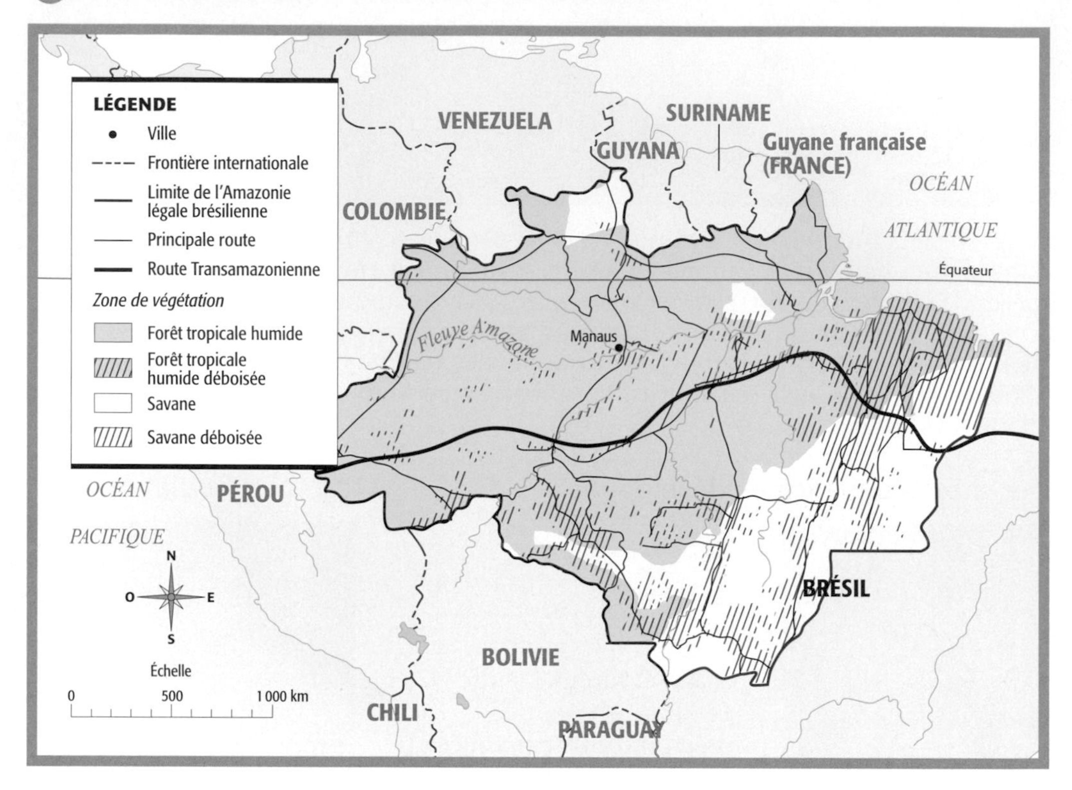

Parmi les activités pratiquées en Amazonie, plusieurs sont nuisibles à la forêt. Ainsi, la **déforestation** progresse à un rythme alarmant. Depuis les 30 dernières années, l'Amazonie a perdu plus de 13 % de son couvert forestier. Entre 2001 et 2004, la surface déboisée a augmenté de près de 45 %. En 2001, plus de 1 800 000 **ha** de forêt ont été abattus. En 2004, ce chiffre est passé à plus de 2 600 000 ha.

6 La route Transamazonienne

Avant les années 1950, le fleuve Amazone était la principale voie de communication dans la région. Aujourd'hui, l'Amazonie est traversée par plus de 63 000 km de routes officielles. La plus connue est la route Transamazonienne, qui relie l'océan Atlantique à la cordillère des Andes sur une distance d'environ 3 000 km. Cette route a été ouverte dans les années 1970 pour favoriser la colonisation et l'exploitation forestière. Des subventions étaient alors accordées aux paysans les plus démunis pour qu'ils puissent cultiver leur propre terre.

En plus des routes officielles, environ 95 000 km de routes illégales sillonnent l'Amazonie. Elles donnent accès à des territoires forestiers exploités sans autorisation. On estime que 80 à 90 % du bois récolté en Amazonie provient de ces exploitations. Les contrebandiers récoltent des arbres qui ont une grande valeur commerciale, tel l'acajou. Les billots sont débités sur place ou chargés sur des camions ou des bacs qui naviguent sur le fleuve Amazone. Ces exploitants illégaux n'ont pas beaucoup de difficulté à exporter ce bois vers l'Europe ou à le vendre dans leur propre pays.

7 Le bœuf dévore l'Amazonie !

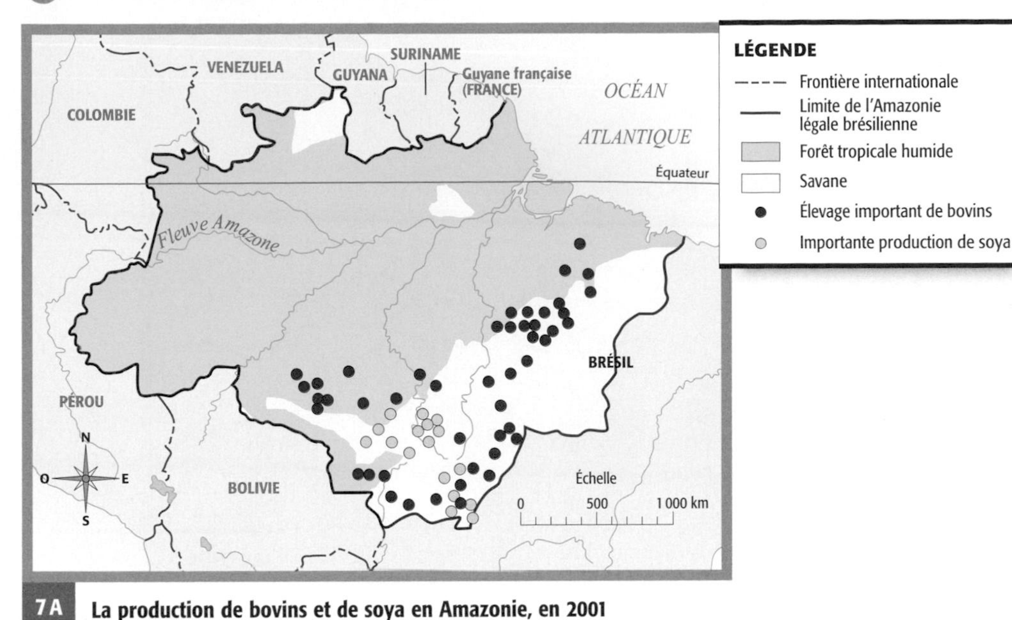

7A La production de bovins et de soya en Amazonie, en 2001

Manaus

Manaus est la principale ville de l'Amazonie.

- Qu'est-ce qui a favorisé le développement de cette ville ?
- Quelle est sa population ?
- Qu'est-ce qui caractérise Manaus aujourd'hui ?

Chaque année, en Amazonie, des milliers d'**hectares** de forêt sont brûlés, défrichés, puis aménagés pour la culture du soya et l'élevage du bœuf. Au début des années 1970, le soya n'était pas du tout cultivé dans la région. En 2004, plus de 21 millions d'hectares étaient consacrés à cette culture ! Le secteur de l'élevage a aussi connu une forte **croissance** : entre 1990 et 2004, le nombre de bêtes est passé de 26 millions à 164 millions ! L'augmentation phénoménale de l'élevage est due à la forte demande pour le bœuf brésilien depuis la crise provoquée par la maladie de Creutzfeld-Jakob (« maladie de la vache folle ») dans les troupeaux européens.

Cette demande croissante fait augmenter les prix et incite les éleveurs à produire de plus en plus de bœuf. Les agriculteurs doivent également produire une quantité croissante de soya comme nourriture pour le bétail. Or, des scientifiques brésiliens affirment que l'acquisition de chaque nouvelle tête de bétail entraîne la disparition d'un hectare de forêt ! Environ 40 % du soya et du bœuf sont exportés vers les pays d'Europe et 35 % vers l'Égypte, la Russie et l'Arabie Saoudite.

7B Un ranch brésilien

Observe et construis

a En Amazonie, où sont situées les zones de déforestation ? 5

b Quelles sont les causes de la déforestation en Amazonie ? 6 7

c À ton avis, que peuvent faire les pays industrialisés pour freiner la déforestation en Amazonie ? 6 7

8 L'exploitation forestière

8A Un travailleur dans une scierie

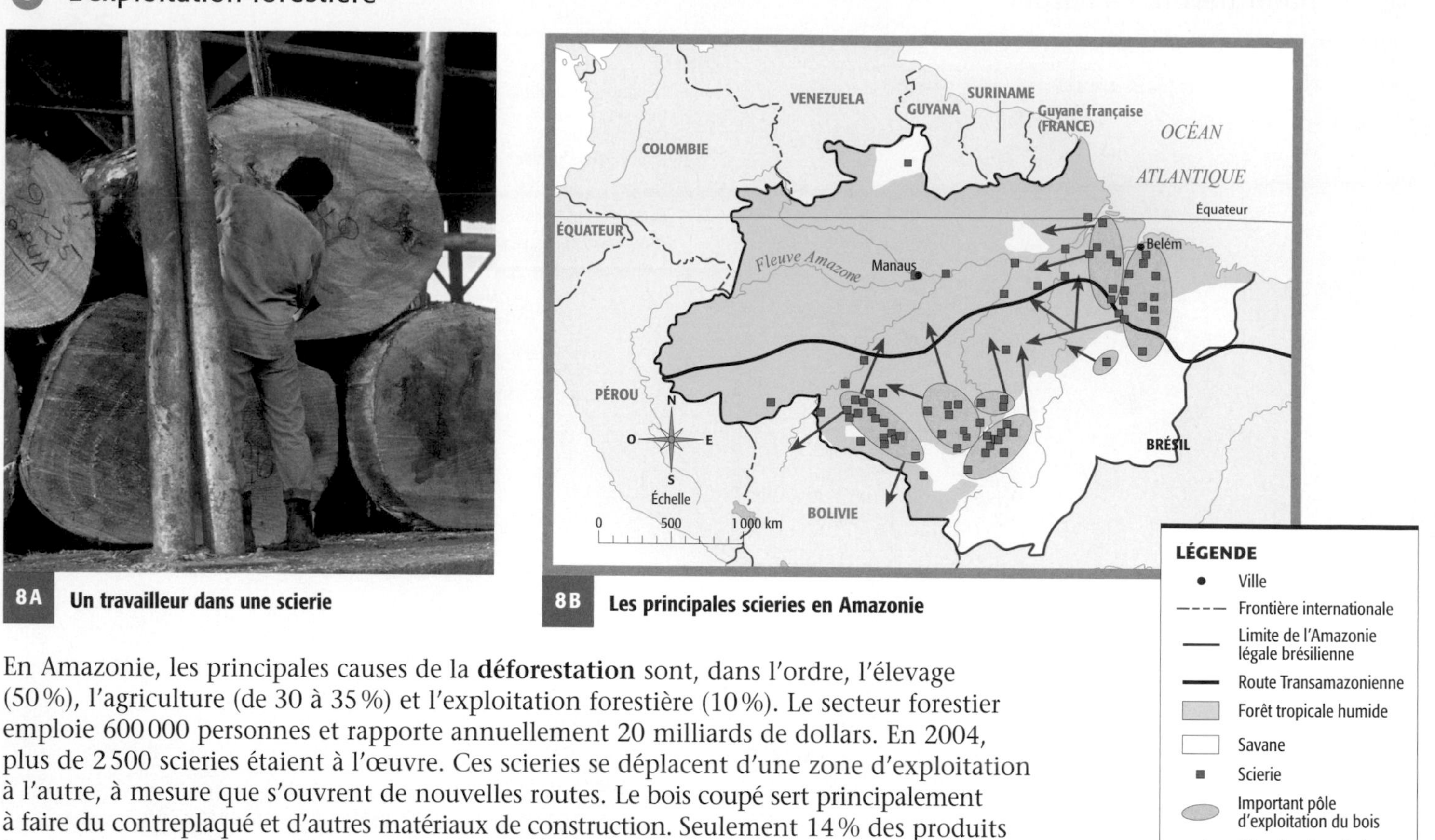

8B Les principales scieries en Amazonie

En Amazonie, les principales causes de la **déforestation** sont, dans l'ordre, l'élevage (50 %), l'agriculture (de 30 à 35 %) et l'exploitation forestière (10 %). Le secteur forestier emploie 600 000 personnes et rapporte annuellement 20 milliards de dollars. En 2004, plus de 2 500 scieries étaient à l'œuvre. Ces scieries se déplacent d'une zone d'exploitation à l'autre, à mesure que s'ouvrent de nouvelles routes. Le bois coupé sert principalement à faire du contreplaqué et d'autres matériaux de construction. Seulement 14 % des produits forestiers sont exportés. Le reste est consommé localement.

9 Les effets de la déforestation sur le sol et le climat

Selon les scientifiques, la diminution de la forêt amazonienne aurait pour effet de réduire le phénomène de la transpiration des forêts et de modifier le cycle de l'eau au-dessus des continents. De plus, les déchets provenant de l'abattage des arbres (troncs, branches, feuillage) produisent 25 % des émissions de gaz carbonique (CO_2) de l'Amazonie, contribuant ainsi au réchauffement climatique. Le déboisement intensif a aussi des effets sur le sol. Sans la protection du couvert forestier, le sol est exposé aux **précipitations**, qui entraînent alors une augmentation considérable du ruissellement et de l'érosion, car le sol est lessivé par la pluie. De plus l'absence de couvert forestier augmente la fréquence des inondations.

10 La diminution de la biodiversité

La déforestation entraîne annuellement la disparition de milliers d'espèces végétales. Cette perte est évidemment une catastrophe pour les populations rurales de l'Amazonie, mais aussi pour l'humanité entière. Les plantes de l'Amazonie fournissent des aliments (ex.: noix, baies, fruits) à des millions de personnes. De plus, de nombreuses variétés de plantes servent à fabriquer des médicaments (ex.: la chinchona, utilisée pour traiter la malaria), et les propriétés médicinales d'un grand nombre de plantes sont encore inconnues.

11 Points de vue

11 A L'Amazonie, terre de richesses ou de misère?

Belém, le principal port amazonien sur l'Atlantique, est la porte d'entrée de l'Amazonie pour de petits paysans sans terre ainsi que pour les bûcherons et les menuisiers, appelés *madeiros*. Ils vont dans la jungle amazonienne dans l'espoir d'acquérir une terre à faible coût ou pour couper du bois. Ils sont prêts à tout pour améliorer leur sort. Les conditions de vie sont pourtant très pénibles dans la jungle: il n'y a ni médecin, ni eau courante, ni commodités. De plus, les serpents venimeux, les risques de malaria et les accidents y sont fréquents. Couper un arbre pluricentenaire de 40 m ne rapporte que 20 reals (environ 10$ CAN). Le travail dans les grandes exploitations agricoles, les *fazendas*, n'est pas très bien payé non plus. Les travailleurs des *fazendas* doivent souvent acheter ce dont ils ont besoin au propriétaire terrien. Et comme ce dernier vend sa marchandise à prix fort, il ne leur reste presque rien. Il y a aussi les petits paysans qui disposent d'une parcelle de terre: l'industrie du soya gruge de plus en plus leurs terres et les réserves d'eau auxquelles ils ont accès. Bref, les richesses de l'Amazonie apportent rarement la richesse aux nouveaux arrivants!

Emilio Menari
Journaliste, Belém

11 B Les incendies de forêt

Les paysans qui arrivent en Amazonie coupent tous les arbres pour défricher leur terre. Ils vendent aux scieries le bois le plus précieux, puis ils brûlent leur parcelle. Malheureusement, des paysans allument ainsi des foyers d'incendie qu'ils n'arrivent plus à maîtriser. Dernièrement, deux incendies ont détruit près de 1 000 km² de forêt dans le sud de l'Amazonie. Dans les deux cas, le foyer d'incendie avait été allumé par des paysans. Pourtant, le brûlis est interdit durant la saison sèche. En 1998, près de 13 000 km² de forêt tropicale sont partis en fumée dans l'État de Roraima, au nord du Brésil.

Jules Oisbadru
Institut de recherche environnementale sur l'Amazonie

11 C Une culture menacée

Ce que j'ai vu dans la forêt amazonienne m'a profondément bouleversé. Plus de 5 000 autochtones sont directement menacés par la pression croissante de la « civilisation » sur leur territoire. En effet, ces autochtones qui vivaient jusqu'à maintenant complètement isolés se retrouvent coincés entre les exploitations forestières ou agricoles. Ceux qui n'avaient jamais vu d'autres civilisations sont désormais confrontés à la société moderne. Ils entrent en contact avec des agriculteurs, des exploitants forestiers, des religieux, des anthropologues et même des agents de tourisme! Je crains qu'il soit très difficile pour eux de maintenir leur mode de vie. Le gouvernement doit prendre des mesures, sinon la culture traditionnelle des peuples autochtones risque de disparaître.

William Kevin
Coopérant à l'Organisation des Nations Unies

Observe et construis

d Quelles causes de la déforestation s'ajoutent à celles déjà énumérées dans les pages précédentes? 8 11

e Quelles sont les conséquences de la déforestation sur le plan environnemental? 9 10 sur le plan social? 11

f Quelles activités sont pratiquées sur le territoire forestier de l'Amazonie? Lesquelles ont de la difficulté à coexister? Pourquoi? 8 11

Assurer un développement forestier durable en Amazonie

Fiche 4.2.10

Selon toi,

- peut-on à la fois exploiter la forêt et la protéger ?
- quelles mesures aideraient à assurer le développement durable de la forêt amazonienne ?

12 La lutte aux exploitations illégales

Même s'il est difficile de protéger la forêt amazonienne, les organismes non gouvernementaux (ONG), les populations locales, les environnementalistes et les autorités gouvernementales conjuguent leurs efforts pour traquer ceux qui exploitent illégalement la forêt. Par exemple, en 2002, les habitants de Porto de Móz, avec l'aide de l'organisme Greenpeace, ont bloqué deux barges qui contenaient plus de 200 troncs de bois précieux coupés illégalement. L'Agence environnementale brésilienne a saisi le bois et imposé une amende de 90 000 $ au propriétaire des deux bateaux.

13 Des nouvelles des médias

Le Brésil lance un vaste projet contre la dégradation de l'Amazonie

Le Brésil a lancé un vaste projet pour freiner la déforestation de l'Amazonie en créant des zones protégées de 13,5 millions d'hectares, situées essentiellement dans le nord de l'Amazonie [...]. Dans son communiqué, la ministre de l'Environnement a rappelé que le gouvernement avait déjà créé, en 2002, le parc national de Tumucumaque, qui couvre 3 800 000 ha. Il s'agit de la plus grande aire protégée de forêt tropicale au monde. La ministre a également rappelé que le gouvernement a adopté, l'an dernier, le plan « Amazonie durable », visant à combiner la préservation de la forêt et le développement économique. Ce plan constitue une solution à l'exploitation sauvage comme la coupe des essences précieuses et les brûlis sur de grandes étendues en vue d'activités d'élevage ou d'agriculture.

Ces mesures gouvernementales sont très positives. Mais le gouvernement prendra-t-il les moyens pour les mettre en œuvre sur des territoires aussi gigantesques ?

Source : *Brasília*, 2005.

14 L'écoétiquetage

En 2004, plus de 2,3 millions d'hectares de forêt (54 % de forêts naturelles et 46 % de plantations) étaient certifiés FSC (*Forest Stewardship Council*) en Amazonie légale brésilienne, ce qui représente un peu moins de 1 % de la superficie forestière de ce territoire. Cette certification garantit que le bois coupé provient d'une exploitation respectueuse des critères écologiques et sociaux.

15 Point de vue

Reboiser ma région

Je vis à Maguari, un village du nord du Brésil. Avant 2001, je travaillais dans une exploitation forestière et je gagnais 2 $ par jour à couper des arbres. Mais depuis qu'un membre de ma communauté a contacté un organisme non gouvernemental pour réaliser un projet de reboisement près de mon village, ma vie a complètement changé. Afin de reboiser, l'ONG a engagé un ingénieur forestier et demandé la collaboration de l'Institut brésilien de l'environnement pour superviser la plantation de 10 000 arbres. Aujourd'hui, je travaille à replanter des pins, des eucalyptus et du teck, des arbres qui poussent très rapidement. Je gagne 1 $ par arbre planté ! Naturellement, je dois respecter les quotas quotidiens définis par l'ingénieur forestier. Plus de 2 400 arbres ont été plantés à ce jour. J'aime beaucoup mieux gagner ma vie en plantant des arbres qu'en les coupant !

Frederico Eduicax
Travailleur forestier

16 La récolte du caoutchouc dans une réserve extractive

L'implication de la population locale est de plus en plus essentielle à la gestion durable des forêts. En 2005, l'Amazonie légale brésilienne comptait 25 réserves extractives, d'une superficie totale de 3,8 millions d'hectares. Les réserves extractives appartiennent au gouvernement, mais leur gestion est assurée par les communautés locales (en particulier des autochtones) dans le respect de l'**environnement**. Dans ces zones forestières, les communautés font surtout de l'**agriculture de subsistance** et exploitent des produits non ligneux (ex. : caoutchouc, noix). Elles peuvent aussi faire une exploitation commerciale du bois en respectant certaines conditions.

Observe et construis

a Dresse la liste des actions qui visent le développement durable de la forêt amazonienne. 12 13 14 15 16

b Est-il possible d'exploiter la forêt amazonienne tout en la protégeant ? Donne un exemple. 14 16

c À ton avis, pourquoi la forêt amazonienne n'est-elle pas toujours gérée de façon durable ?

Pour poursuivre, rends-toi à la page 219.

Une forêt aux multiples usages 

Selon toi,

- quelles activités sont pratiquées dans les forêts de la Colombie-Britannique ?
- quels sont leurs impacts ?

4 Des faits et des chiffres

L'industrie forestière est l'un des moteurs de l'économie de la Colombie-Britannique.

- Les activités forestières rapportent chaque année plus de 4 milliards de dollars au gouvernement. Plus de 60 % du bois coupé dans la province est exporté.
- En 2004, l'industrie forestière a généré environ 80 000 emplois directs.
- Dans plus de 90 communautés (villes, villages et villages autochtones), 50 % des emplois sont directement liés au domaine forestier (bûcherons, opérateurs de machinerie, etc.). Prince George, située au nord de la province, est la plus importante ville forestière de la Colombie-Britannique.
- En 2004, la valeur des exportations de produits forestiers a atteint 14,7 milliards de dollars. La Colombie-Britannique exporte principalement du bois d'œuvre et de la pâte de bois. Le bois d'œuvre sert à la fabrication de charpentes de maisons et à d'autres produits liés à la construction alors que la pâte de bois est utilisée, entre autres, dans la fabrication du papier et du carton.

Source : Ressources naturelles Canada, 2005.

5 Le récréotourisme

Les amateurs d'activités de plein air (randonneurs, campeurs, pêcheurs, etc.) sont très nombreux en Colombie-Britannique, où l'industrie du **récréotourisme** est en pleine expansion. En 2001, ce secteur a généré plus de 900 millions de dollars, soit environ 10 % des revenus liés au **tourisme**. Parmi les **aménagements** récréatifs des parcs provinciaux, on compte environ 1 700 km de sentiers pédestres et près de 11 000 sites de camping !

Près de 40 % des forêts de la Colombie-Britannique sont considérées comme de vieilles forêts. Sur la côte Ouest, les arbres sont vieux lorsqu'ils ont plus de 250 ans. Certaines essences, comme le cèdre jaune, peuvent vivre plus de 1 000 ans ! À l'intérieur des terres, où les incendies de forêt sont plus fréquents, un arbre est vieux à partir de 120 ans. Les forêts anciennes abritent des espèces animales et végétales qu'on ne trouve pas dans les forêts plus jeunes. Leur sauvegarde est donc essentielle pour conserver une grande **biodiversité**. Par ailleurs, à cause de la croissance rapide des arbres, ces forêts offrent un fort potentiel de **commercialisation**, ce qui entraîne des conflits entre les différents groupes qui s'y intéressent.

6 La culture autochtone

La forêt a toujours été au cœur de la culture des autochtones, qui représentent aujourd'hui 4,5 % de la population de la province (environ 175 000 personnes). Traditionnellement, ils utilisaient le bois, en particulier le cèdre, pour fabriquer des maisons, des canots, des totems, des masques, etc. Aujourd'hui, à la suite d'ententes conclues avec le gouvernement, les autochtones gèrent 8 % des coupes annuelles permises dans la province. En 2001, les autochtones occupaient 6 300 emplois dans l'industrie forestière de la Colombie-Britannique, ce qui représente près de 8 % de la main-d'œuvre dans ce domaine.

7 La lutte aux incendies de forêt

Chaque année, environ 2 500 incendies détruisent en moyenne 30 000 **ha** de forêt en Colombie-Britannique. La moitié de ces incendies sont causés par l'activité humaine (exploitation forestière, camping, etc.). L'intervention efficace des pompiers permet de maîtriser 94 % de ces incendies avant qu'ils ravagent de grandes superficies de forêt. Pour réduire davantage les dégâts causés par ce fléau, le gouvernement restreint les activités forestières durant les périodes où le risque d'incendie est élevé. L'année 2003 a été la pire de l'histoire de la province, à cause de l'été particulièrement chaud et sec. Cet été-là, les incendies ont détruit 265 000 ha de forêt !

8 La propriété de la forêt

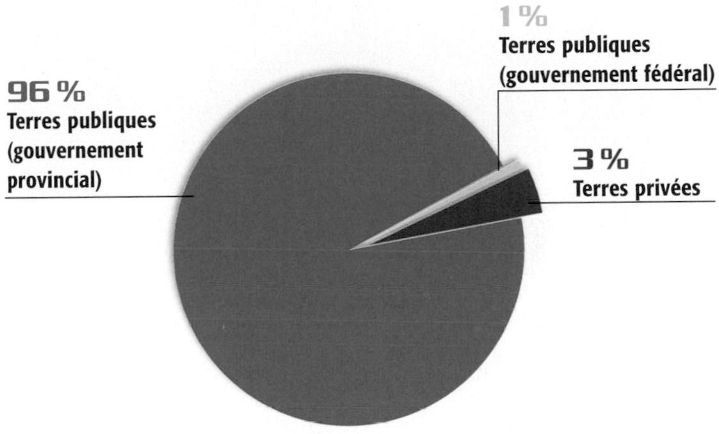

Source : Ressources naturelles Canada, 2005.

Le gouvernement de la Colombie-Britannique est propriétaire de la plus grande partie du territoire forestier de la province. Il accorde donc des droits de coupe aux entreprises qui exploitent le bois. Dans cette province, les coupes annuelles représentent moins de 0,33 % de la superficie forestière totale.

Observe et construis

a Qui sont les utilisateurs des forêts de la Colombie-Britannique ? Quels sont leurs intérêts ? 4 5 6

b Pourquoi les forêts anciennes de la côte Ouest sont-elles importantes ? 5

c Quel est le rôle du gouvernement de la Colombie-Britannique dans la gestion des forêts de la province ? 6 7 8

d Quels sont les impacts positifs et les impacts négatifs de l'exploitation forestière ? du récréotourisme ? 4 5 7

Assurer un développement forestier durable en Colombie-Britannique

Fiche 4.2.13

Selon toi,

- peut-on à la fois exploiter la forêt et la protéger ?
- quelles mesures devraient être mises en place pour favoriser le développement durable de la forêt en Colombie-Britannique ?

9 Les coupes à blanc

Pour assurer le développement à long terme de la forêt, il est nécessaire de bien planifier les coupes et d'adopter des pratiques forestières durables. En Colombie-Britannique, la coupe à blanc est la pratique la plus répandue. Toutefois, cette méthode traditionnelle de coupe a été modifiée (coupe à blanc par trouée, coupe à blanc avec réserves, coupe à blanc à rétention) de façon à réduire ses effets sur l'**environnement**. De plus, la superficie moyenne des coupes est passée de 43 à 23 **ha** entre 1988 et 2002. La coupe à blanc par trouée consiste à couper tous les arbres sur une étendue inférieure à un hectare. Dans les coupes à blanc avec réserves ou à rétention, on laisse en place un certain nombre d'arbres matures qui aideront la forêt à se régénérer naturellement.

10 Des lois pour encadrer l'exploitation forestière

Les entreprises forestières doivent suivre des règles très strictes pour avoir le droit d'exploiter la forêt sur les terres publiques. Ces règles concernent la gestion, la conservation et le **développement durable** de la forêt. Elles visent à sauvegarder la **biodiversité**, notamment en protégeant les animaux sauvages, certains vieux arbres, les sols et les cours d'eau. Par exemple, au moins une fois tous les cinq ans, les exploitants forestiers doivent présenter un plan d'**aménagement** forestier. Ce plan comporte un inventaire détaillé des **ressources** et des activités pratiquées sur le territoire : quantité de bois, nombre de poissons pêchés, animaux présents, loisirs pratiqués, etc. De plus, le gouvernement évalue tous les cinq ans les limites fixées pour la récolte de bois afin d'assurer le renouvellement de la ressource.

11 Des forêts convoitées

11 A La forêt de Clayoquot Sound

Située sur l'île de Vancouver, Clayoquot Sound est une forêt humide tempérée de plus de 350 000 ha peuplée d'arbres géants (voir le document 13, p. 208).

Au cours des années 1990, la forêt de Clayoquot Sound a été le théâtre d'affrontements entre différents groupes. Des centaines d'environnementalistes et d'autochtones ont bloqué des chemins forestiers pour empêcher les bûcherons de raser une partie de cette forêt. Les manifestants demandaient au gouvernement de protéger la forêt de Clayoquot Sound. Au plus fort de la contestation, 800 manifestants ont été arrêtés. Ils ont finalement gagné leur cause, et un accord historique a été conclu. L'entreprise forestière a formé une nouvelle compagnie avec cinq bandes autochtones, et les nouveaux partenaires se sont entendus pour réduire l'abattage et utiliser des méthodes de coupe sélective. Aujourd'hui, un parc national ainsi que 16 parcs provinciaux et réserves naturelles assurent la conservation de cette forêt. De plus, en 2000, l'**Unesco** a déclaré la forêt de Clayoquot Sound « réserve de la biosphère ».

11 B La forêt du Grand Ours

La forêt du Grand Ours est située sur la côte Ouest, au sud de l'Alaska (voir le document 13, p. 208). Elle est habitée par quelques petites communautés autochtones. On y trouve des cèdres millénaires et des épinettes de Sitka de 90 m de haut. Cette forêt abrite des milliers d'espèces de plantes et d'animaux. C'est l'habitat du grizzli et de l'ours kermode, une espèce rare au pelage blanc. Cette forêt constitue aussi une ressource considérable pour les produits ligneux et non ligneux. Avant les années 2000, des entreprises forestières y faisaient d'importantes coupes à blanc. Il aura fallu 10 ans de négociations entre les autochtones, l'industrie forestière, le gouvernement et les écologistes pour en arriver à une entente. En 2006, le gouvernement s'est engagé à limiter l'exploitation forestière et à protéger près de 30 % de ce territoire unique au monde.

Observe et construis

a Pourquoi la planification des coupes forestières est-elle importante? (9)

b Donne deux exemples de mesures prises pour assurer un développement forestier durable. (9) (10)

c Quels utilisateurs de la forêt de Clayoquot Sound s'opposaient à son sujet? (11) À ton avis, quels étaient les intérêts de chaque groupe?

⑫ Des bandes boisées le long des cours d'eau

Le gouvernement de la Colombie-Britannique oblige les exploitants forestiers à conserver, de chaque côté des cours d'eau et des routes, une bande boisée de 20 à 50 m de large. En plus de protéger les sols et l'eau, ces lisières d'arbres cachent les étendues déboisées aux personnes qui empruntent les routes traversant les zones de coupe.

⑬ La conservation du territoire forestier de la Colombie-Britannique

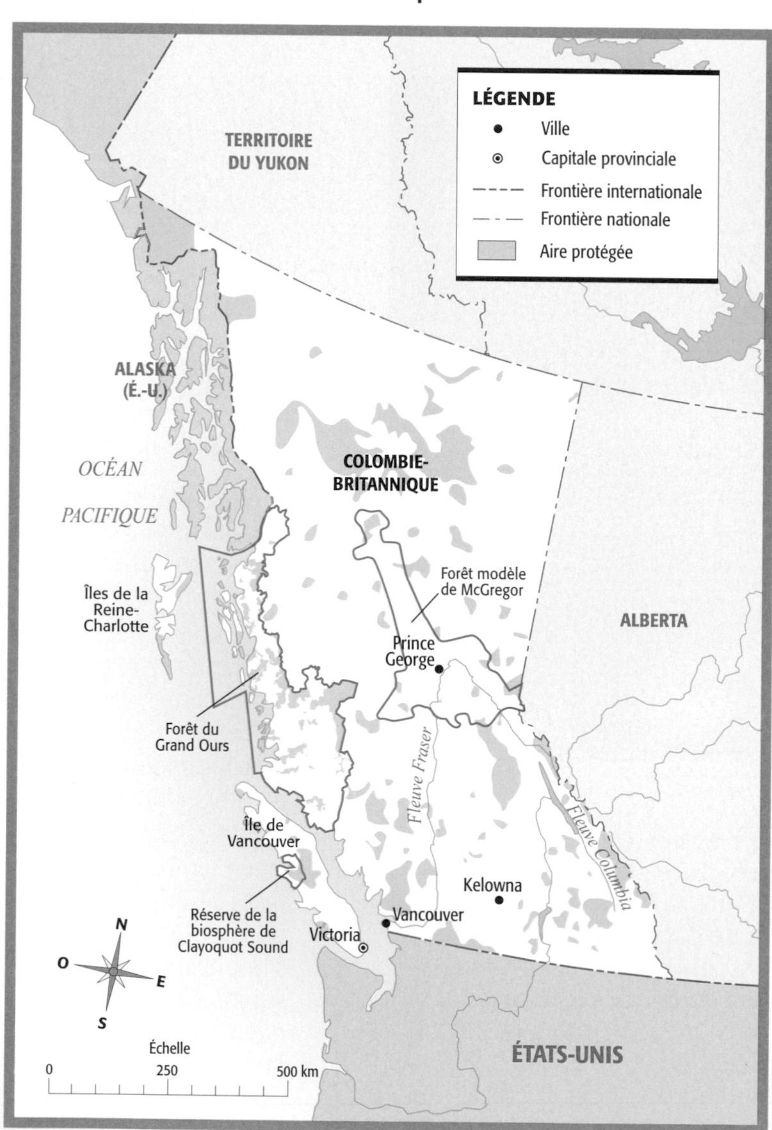

La Colombie-Britannique est la province canadienne qui a mis en place le plus grand réseau de territoires protégés pour veiller à la protection et à la conservation des **écosystèmes** forestiers. En 2005, elle comptait plus de 800 parcs naturels, aires protégées ou réserves écologiques, ce qui représente plus de 12 % de son territoire. Les 12 millions d'hectares de forêt ainsi protégés sont à l'abri de l'exploitation forestière, minière ou industrielle.

⑭ Le reboisement

Les entreprises forestières ont la responsabilité d'assurer la régénération des forêts après une coupe. La forêt se régénère parfois naturellement mais, la plupart du temps, il faut reboiser. Plus de 200 millions de petits arbres sont plantés chaque année en Colombie-Britannique. Pour conserver une certaine **biodiversité**, les entreprises replantent généralement de trois à cinq essences différentes.

15 Les forêts certifiées dans le monde

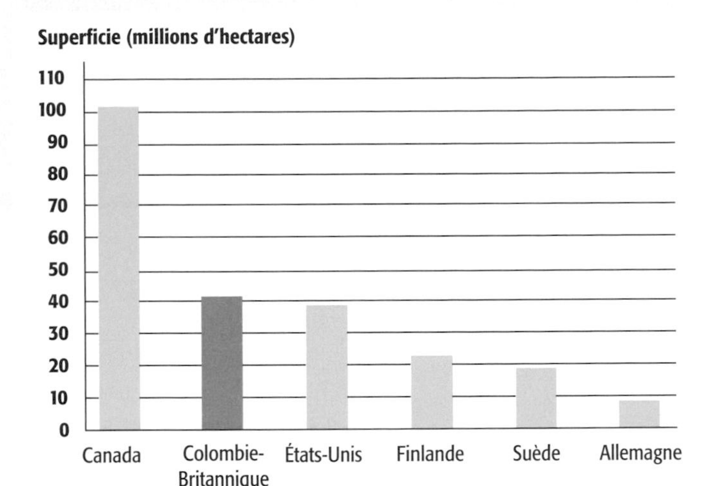

Source : BC Market Outreach Network, 2005.

16 Les forêts modèles

Au printemps 2005, il y avait en Colombie-Britannique 42 millions d'hectares de forêt certifiée. La certification garantit aux consommateurs que le bois coupé provient d'**aménagements** forestiers durables, c'est-à-dire où les superficies coupées ont été reboisées et où les entreprises forestières obéissent aux lois et ne font pas de coupes illégales. Elle garantit aussi que les entreprises prennent des mesures pour assurer la conservation de la biodiversité en protégeant les animaux, les sols et les cours d'eau.

@robas

La conservation du territoire forestier

Depuis 1992, le pourcentage d'aires protégées a augmenté en Colombie-Britannique. Trouve dans Internet cinq parcs parmi ces aires protégées et donne leur nom, leur superficie et leurs caractéristiques.

Assurer un développement forestier durable ne se résume pas à adopter de bonnes pratiques forestières. Il faut aussi que le développement tienne compte des intérêts de tous les utilisateurs. C'est le cas de la forêt modèle de McGregor, située dans le centre-est de la Colombie-Britannique. Cette forêt couvre une superficie de 7,7 millions d'hectares. Elle englobe la ville de Prince George, de même que plusieurs localités rurales, et compte une importante population autochtone. Dans cette zone, les différents intervenants et utilisateurs (gouvernement, entreprises forestières, chercheurs, autochtones, groupes récréatifs, chasseurs, trappeurs, etc.) travaillent ensemble à l'élaboration de meilleurs outils d'aménagement forestier. Les aménagements proposés doivent concilier les intérêts des différents groupes tout en protégeant les écosystèmes et la biodiversité.

Observe et construis

d Dresse la liste des actions qui visent le développement durable des forêts de la Colombie-Britannique. 12 13 14 15 16

e Comment la forêt modèle de McGregor aide-t-elle à assurer un développement durable de la forêt ? 16

f À ton avis, est-il possible d'exploiter la forêt tout en la protégeant ? Donne des exemples pour justifier ta réponse.

Pour poursuivre, rends-toi à la page 219.

Territoire 3

Exploiter et protéger un territoire forestier : l'Abitibi-Témiscamingue

Un portrait de l'Abitibi-Témiscamingue

Fiche 4.2.14

Selon toi,

- où se trouve l'Abitibi-Témiscamingue ?
- quelles sont les caractéristiques de ce territoire forestier ?

L'Abitibi-Témiscamingue	
Pays	Canada
Population de la région	145 000
Superficie	65 140 km², dont 55 060 km² de forêt
Types de forêts	Boréale et mixte
Climat	Continental humide
Relief	Plaine parsemée de quelques collines de faible altitude
Canada	
PIB/hab.	38 495 $
Superficie	9 970 000 km²

Sources : Institut de la statistique du Québec, 2004 ; Statistique Canada, 2004.

1 Le territoire forestier de l'Abitibi-Témiscamingue

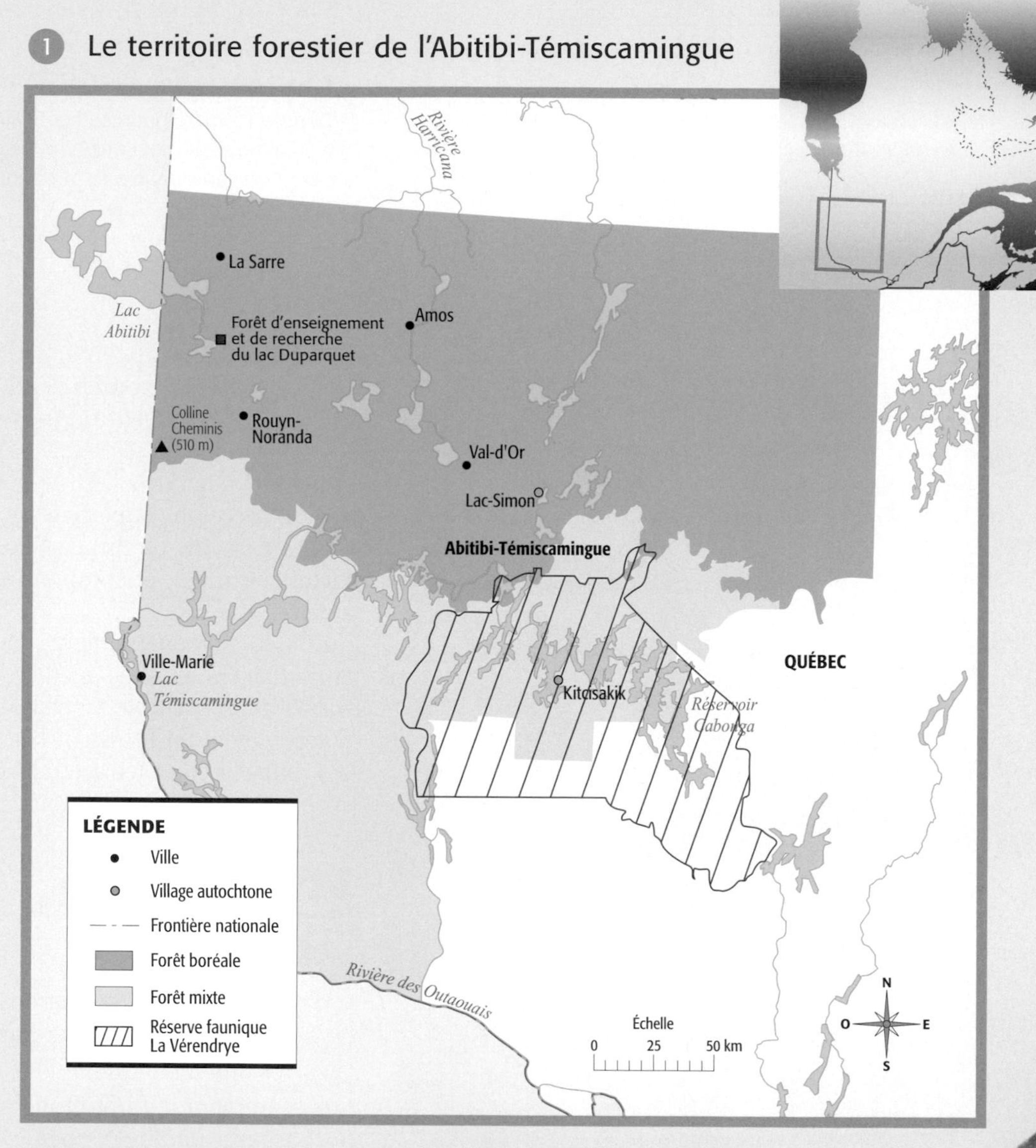

Située au sud-ouest du Québec, la **région administrative** de l'Abitibi-Témiscamingue est principalement constituée de forêts (près de 85 % du territoire). Dans la partie abitibienne se trouve la forêt boréale, peuplée de conifères comme l'épinette noire, le pin gris, le sapin baumier et de quelques feuillus comme le peuplier et le bouleau blanc. Dans le sud de la région, on trouve plutôt des forêts mixtes : bouleau jaune, bouleau blanc, chêne, érable et pin.

② Les particularités de la forêt boréale

La colline Cheminis, communément appelée « mont Chaudron »

En Abitibi-Témiscamingue, la **saison végétative** est courte, car les hivers sont longs. Les arbres de la forêt boréale poussent donc lentement. Par exemple, la **croissance** des épinettes noires peut s'étendre sur une centaine d'années ! On récolte celles qui sont âgées de 60 à 150 ans. Les conifères sont principalement destinés à la fabrication du papier et à la construction, alors que les feuillus sont surtout utilisés pour la fabrication de planchers, de meubles, de manches d'outils, etc.

③ Le rôle de la forêt boréale canadienne

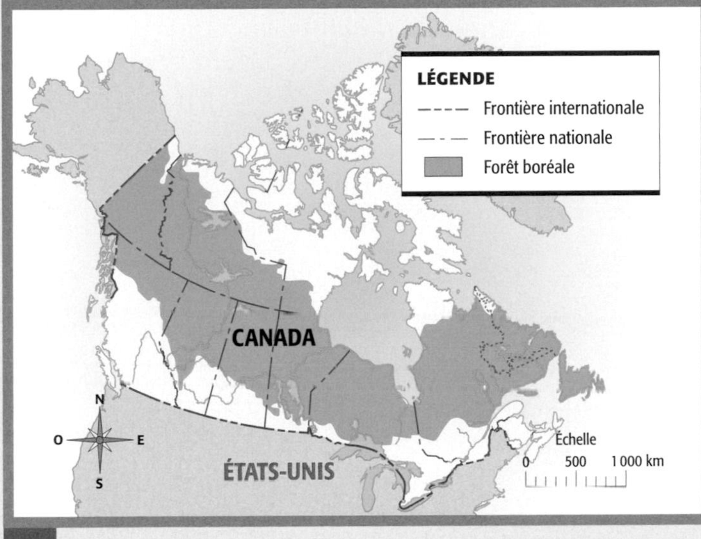

3 A L'étendue de la forêt boréale

3 B

L'importance de l'écosystème de la forêt boréale

Dans un monde de plus en plus industrialisé, la région boréale canadienne représente littéralement une bouffée d'air frais… Cet écosystème forestier, grâce à ses nombreux lacs et à ses multiples zones humides (marécages), régularise notre climat, produit de l'oxygène et purifie l'eau que nous buvons. C'est la source de vie des peuples autochtones et des milliers d'espèces d'animaux, d'oiseaux, de plantes et d'insectes qui y vivent. Cet écosystème est étonnamment puissant.

Source : *Initiative boréale canadienne*, 2005.

La forêt boréale est aussi présente à l'extérieur des limites de l'Abitibi-Témiscamingue. De Terre-Neuve-et-Labrador au Territoire du Yukon, elle couvre près de 30 % du territoire canadien. La forêt boréale canadienne constitue 25 % des dernières forêts primaires ou vierges de la planète.

④ Une grande biodiversité animale

La forêt boréale abrite une faune très diversifiée. Environ 400 espèces animales vivent dans les forêts et les 20 000 lacs de l'Abitibi-Témiscamingue : 49 espèces de poissons, 22 espèces d'amphibiens et de reptiles, 280 espèces d'oiseaux et près de 50 espèces de mammifères.

Observe et construis

a Pourquoi les forêts de l'Abitibi-Témiscamingue sont-elles attrayantes pour les entreprises forestières ? ① ②

b Pourquoi la forêt boréale canadienne est-elle importante pour l'environnement ? ③ ④

c Qu'est-ce qui t'impressionne le plus au sujet des forêts de l'Abitibi-Témiscamingue ?

Une forêt aux multiples usages

Selon toi,

- quelles activités sont pratiquées dans les forêts de l'Abitibi-Témiscamingue ?
- quels sont leurs impacts ?

5 Des faits et des chiffres

La forêt constitue un levier économique important pour la région de l'Abitibi-Témiscamingue.

- Le territoire forestier de l'Abitibi-Témiscamingue représente environ 27 % du territoire forestier du Québec.
- Environ 12 % du bois récolté par l'industrie forestière du Québec provient des forêts de l'Abitibi-Témiscamingue.
- En 2005, on comptait environ 340 entreprises forestières en Abitibi-Témiscamingue. Elles employaient près de 7 400 personnes, dont plusieurs autochtones, ce qui représente 11 % des emplois de la région. Les scieries, les usines de panneaux et les industries papetières employaient 57 % de ces travailleurs.
- En 2003, les retombées économiques liées à l'exploitation forestière se chiffraient à près de 1,3 milliard de dollars en Abitibi-Témiscamingue.

Sources : Ressources humaines et Développement des compétences Canada, juin 2005 ; Gouvernement du Québec, 2003.

6 Les activités récréotouristiques dans la région en 2000

Activités récréotouristiques	Nombre d'utilisateurs
Chasse	21 624
Pêche	40 868
Plein air	51 713
Observation de la nature	21 972

Source : Observatoire de l'Abitibi-Témiscamingue, 2005.

L'immense milieu naturel qu'offre l'Abitibi-Témiscamingue attire de nombreux adeptes du **récréotourisme**. En 2000, ces amateurs de nature y ont dépensé plus de 129 millions de dollars. Les activités de plein air (randonnée pédestre, observation de la faune, etc.) sont les plus populaires. Elles sont facilitées par la présence de plus de 5 620 km de sentiers récréatifs (motoneige, vélo, ski de fond, raquette, randonnée pédestre, etc.) et de 4 000 km de rivières accessibles en canot. La pêche sportive et la chasse sont également populaires dans cette région.

Les essences d'arbres

Les différentes essences d'arbres possèdent des caractéristiques qui déterminent l'usage qu'on en fait. Par exemple, l'épinette noire convient parfaitement à la fabrication du papier.

- À quel usage destine-t-on les autres essences qui poussent dans les forêts de l'Abitibi-Témiscamingue ?

Fais une recherche dans Internet pour découvrir à quoi servent le pin gris, le sapin baumier, le bouleau jaune, l'érable, etc.

7 Une réserve autochtone

En 2003, près de 5 800 autochtones, répartis dans sept communautés, vivaient sur le territoire de l'Abitibi-Témiscamingue. La culture, la spiritualité et l'économie de ces communautés ont toujours été étroitement liées à la forêt. En 1998, le gouvernement du Québec a signé deux ententes avec les communautés autochtones de la région. La première visait à concilier l'exploitation forestière avec les activités traditionnelles des Algonquins de Kitcisakik. La seconde avait pour but d'harmoniser les pratiques d'exploitation forestière dans la réserve faunique La Vérendrye avec le **développement** touristique souhaité par la communauté autochtone de la réserve de Lac-Simon. En général, les communautés autochtones réclament une plus grande autonomie pour gérer, exploiter, aménager et développer la forêt sur leur territoire.

8 La propriété de la forêt

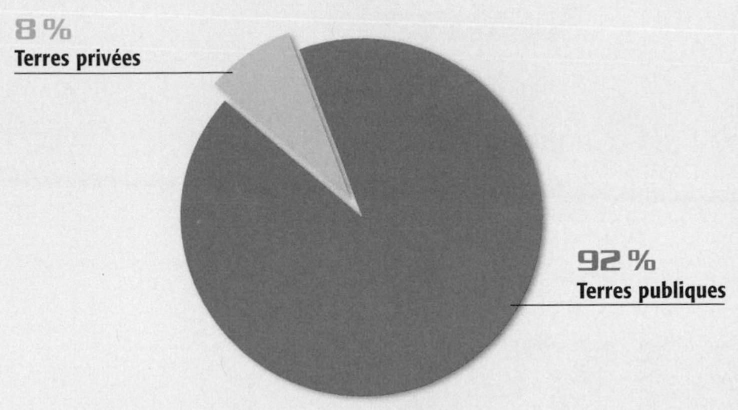

Source : Ministère des Ressources naturelles et de la Faune, 2003.

Le gouvernement du Québec est propriétaire de la plus grande partie du territoire forestier de l'Abitibi-Témiscamingue. Les entreprises forestières ont conclu avec le gouvernement des ententes à long terme qui leur permettent de couper des arbres sur les terres publiques. En échange, ces entreprises doivent payer des droits de coupe chaque année. Le gouvernement les oblige aussi à préparer, tous les cinq ans, un plan d'**aménagement** forestier qu'il doit approuver. Les entreprises forestières ont également l'obligation d'entreprendre des travaux sylvicoles après chaque coupe pour permettre la régénération de la forêt.

10 Les causes des incendies de forêt en Abitibi-Témiscamingue

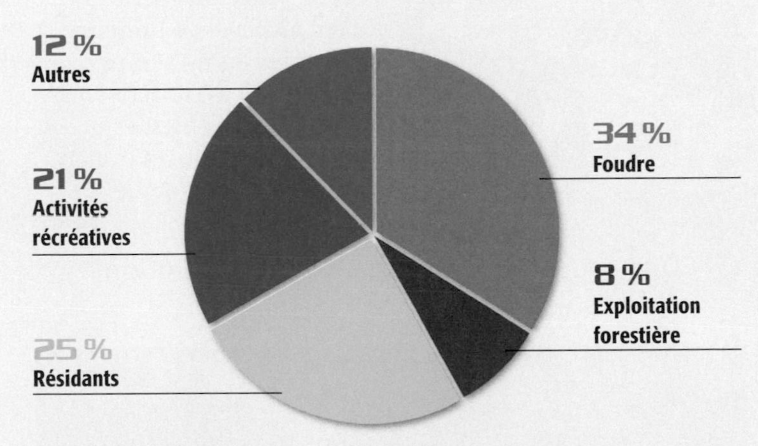

Source : Société de protection des forêts contre le feu, 2005.

Entre 1984 et 2005, les incendies de forêt causés par la foudre ont été de loin les plus ravageurs en Abitibi-Témiscamingue : ils ont été responsables de 94 % de la superficie brûlée, soit plus de 300 000 **ha**. Les feux allumés au printemps par les résidants pour brûler les déchets sur les terrains ont détruit environ 6 000 ha. Au cours de la même période, les feux de camp des amateurs de plein air ont fait disparaître en fumée plus de 5 000 ha de forêt.

9 Kanasuta, une forêt convoitée

Située près de la ville de Rouyn-Noranda, la forêt de Kanasuta a une grande valeur écologique et historique. D'une superficie de 107 km^2, elle abrite l'une des plus vieilles cédrières du Québec et de nombreux sites archéologiques autochtones. Les amateurs de plein air l'apprécient pour ses sentiers de randonnée. La forêt de Kanasuta est aussi très attrayante pour l'industrie forestière. Par ailleurs, la protection de cette forêt tient à cœur à l'Action boréale en Abitibi-Témiscamingue (ABAT), un mouvement qui groupe des personnes préoccupées par la sauvegarde de la forêt de cette région. En 2004, l'ABAT a organisé une manifestation pour dénoncer la présence d'exploitants forestiers dans la forêt de Kanasuta. Les exploitants ont par la suite accepté de se retirer de ce territoire.

Observe et construis

a Quels sont les utilisateurs de la forêt de l'Abitibi-Témiscamingue ? Quels sont leurs intérêts ? 5 6 7 9

b Quel est le rôle du gouvernement du Québec dans la gestion des forêts de l'Abitibi-Témiscamingue ? 7 8

c Quels sont les impacts positifs et les impacts négatifs de l'exploitation forestière ? 5 10 du récréotourisme ? 6 10

Assurer un développement forestier durable en Abitibi-Témiscamingue

Fiche 4.2.16

Selon toi,

- peut-on à la fois exploiter la forêt et la protéger ?
- quelles mesures devraient être mises en place pour favoriser le développement durable de la forêt en Abitibi-Témiscamingue ?

11 L'exploitation forestière à l'époque des chantiers

Pour assurer le **développement durable** de la forêt, il faut planifier les coupes forestières et adopter des pratiques sylvicoles. Ces mesures s'imposent, puisque la machinerie ultramoderne permet de couper, d'ébrancher et de tronçonner les arbres en un temps record. On est loin de l'époque des chantiers, où les bûcherons n'avaient que des outils manuels !

12 Des coupes qui protègent la régénération et les sols

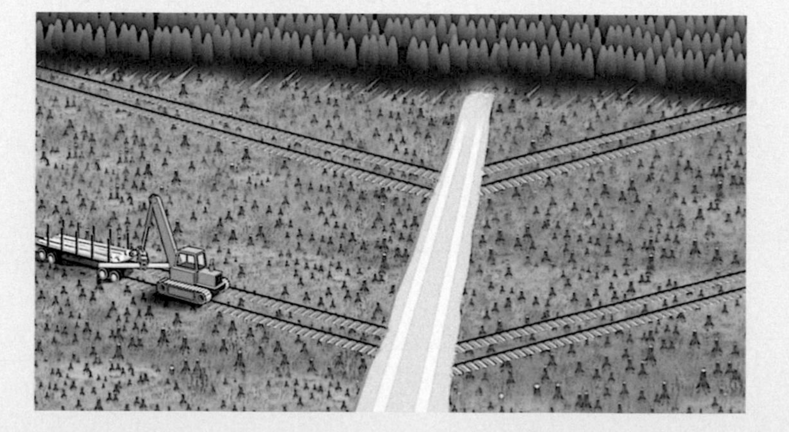

Au Québec, ce que certains prennent pour des coupes à blanc sont en fait des coupes avec protection de la régénération et des sols (CPRS). Cette méthode de coupe, qui remplace la coupe à blanc, est imposée depuis 1995 par le ministère des Ressources naturelles du Québec dans les forêts publiques. Dans une CPRS, on coupe les arbres adultes (10 cm de diamètre et plus) en prenant toutes les précautions nécessaires pour éviter d'écraser les jeunes pousses et de perturber le sol. Quatre ou cinq ans après la récolte, on peut déjà voir, du haut des airs, une jeune forêt verdoyante ! L'aspect dénudé de la forêt naissante ne représente qu'une brève étape de sa vie. Peu à peu, on verra apparaître un peuplement riche et vigoureux.

13 Des nouvelles des médias

13 A

Changer le monde

[...] il arrive [...] qu'un film prétende à autre chose et rame à contre-courant des tendances du jour. Si, si, ça se peut. Surgit tout à coup une fiction ou un documentaire qui secoue la cage [...], pose des questions, met le poing sur la table et essaie d'améliorer les choses au lieu d'imposer la loi du fusil. Après tout, *L'erreur boréale* de Desjardins a bien débouché sur une opération sauvetage de la forêt et mis le gouvernement sur la sellette. Le cinéma engagé n'est plus monnaie courante, par chez nous du moins. Quand ça passe, ça étonne et ça sonne.

Source : Odile Tremblay, *Le Devoir*, 4 septembre 1999.

Le film *L'erreur boréale* (1999), du chanteur-compositeur, poète et cinéaste Richard Desjardins et du cinéaste Robert Monderie, dénonce l'exploitation abusive de la forêt boréale et les coupes à blanc. Le film a provoqué un important débat au Québec et n'a pas fait l'unanimité auprès des spécialistes en foresterie (entreprises forestières, chercheurs et travailleurs forestiers). En 2003, le gouvernement du Québec a enquêté sur les pratiques de l'industrie forestière à la suite des pressions exercées par la population. La commission Coulombe a consulté divers groupes un peu partout au Québec (industriels, écologistes, citoyens, autochtones, etc.) pour conclure, notamment, que l'on coupait trop de bois au Québec. Le gouvernement a alors décidé de réduire de 20 % les coupes dans la forêt boréale.

13 B

Commentaires du ministre des Ressources naturelles sur *L'erreur boréale*

[...] Le problème de *L'erreur boréale*, c'est qu'il fait abstraction de beaucoup trop de faits qui ne relèvent pas du détail. [...]

[...] les coupes se font en protégeant la régénération déjà en place (80 % des territoires de coupe) et [...] la plantation est réservée aux territoires où la régénération naturelle est absente ou insuffisante (20 % des cas). Dans les forêts abitibiennes, par exemple, des suivis réalisés sur le terrain, dix ans après les coupes, ont démontré que les niveaux de régénération sont excellents et permettent, en règle générale, la reconstitution de peuplements au moins équivalents à ceux récoltés. Notons enfin que la récolte en forêt boréale équivaut, chaque année, à environ 1 % de sa superficie. [...]

Source : Lettre de Jacques Brassard, ministre des Ressources naturelles, à Richard Desjardins et Robert Monderie, auteurs du film *L'erreur boréale*, 31 mars 1999.

Observe et construis

a Pourquoi la planification des coupes forestières est-elle importante ? 11 12

b Qu'est-ce qui caractérise la coupe avec protection de la régénération et des sols ? 12

c Pourquoi Richard Desjardins et Robert Monderie sont-ils inquiets pour la forêt boréale ? 13A Comment a réagi le ministre des Ressources naturelles au film *L'erreur boréale* ? 13B

14 Des bandes boisées le long des cours d'eau

Les racines des arbres retiennent l'eau dans le sol. En leur absence, le sol s'assèche et est emporté vers les cours d'eau par la pluie. Les effets de ce phénomène, qu'on appelle l'érosion, peuvent nuire à la respiration, à la migration et à l'alimentation des poissons. Pour limiter l'érosion, le gouvernement québécois oblige les entreprises forestières à laisser une bande boisée de 20 m de chaque côté des cours d'eau. Une loi oblige également ces entreprises à construire les routes forestières à un minimum de 100 m de distance des cours d'eau. Elles doivent également conserver une lisière boisée de 60 m de chaque côté des routes et des **aménagements** récréatifs (plage, site d'observation de la nature, etc.). Ainsi, les autres utilisateurs de la forêt ne voient pas les surfaces déboisées.

15 La conservation du territoire forestier en Abitibi-Témiscamingue

Désignation	Superficie (ha)
Aires de concentration d'oiseaux aquatiques	635
Aires de confinement du cerf de Virginie	1 800
Colonie d'oiseaux sur une île ou une presqu'île	3
Habitat d'une espèce menacée ou vulnérable	1
Héronnières	782
Parcs québécois	24 170
Réserves écologiques	4 040
Sites protégés par un organisme privé	24
Total	**31 455**

Source : Fernand Miron, *Abitibi-Témiscamingue. De l'emprise des glaces à un foisonnement d'eau et de vie : 10 000 ans d'histoire*, 2001.

Il est essentiel de créer des aires protégées pour assurer la protection et la conservation du territoire forestier. En 2001, l'Abitibi-Témiscamingue comptait une quarantaine d'aires protégées d'une superficie totale d'environ 31 500 **ha**, soit seulement 0,48 % du territoire. En juillet 2005, le gouvernement du Québec a annoncé la création ou l'agrandissement de trois aires protégées dans la région, ce qui augmentera cette proportion à 3,7 %. Il s'est donné pour objectif de protéger 8 % du territoire québécois d'ici 2008, ce qui représente plus de 500 000 ha pour la région de l'Abitibi-Témiscamingue.

16 L'écoétiquetage

La certification forestière est une mesure qui permet de savoir si le bois acheté a été produit dans le respect des pratiques forestières durables. En 2005, le Fonds mondial pour la nature Canada (WWF–Canada) a accordé la certification FSC (*Forest Stewardship Council*) à une **multinationale** forestière établie en Abitibi-Témiscamingue. C'est la première fois qu'une entreprise qui exploite la forêt publique québécoise obtenait la certification FSC. Cette entreprise a su démontrer qu'elle respectait les normes de protection environnementale et les droits des autochtones.

17 La forêt d'enseignement et de recherche du lac Duparquet

La forêt du lac Duparquet est l'une des 12 forêts d'enseignement et de recherche du Québec. Des professeurs et des étudiants de l'Université du Québec tentent d'y découvrir les meilleures façons d'assurer la régénération après une coupe. Chaque **hectare** de cette forêt a été exploré, cartographié et étudié dans le but de comprendre les impacts des perturbations naturelles (ex. : feu, insectes) et humaines (ex. : coupe) sur le milieu naturel. La gestion de cette forêt est un bel exemple de coopération entre le milieu universitaire et les entreprises forestières.

Observe et construis

d Dresse la liste des actions qui favorisent le développement durable des forêts de l'Abitibi-Témiscamingue. 14 15 16 17

e Comment la présence d'une bande boisée le long des cours d'eau et des aménagements récréatifs peut-elle assurer une meilleure coexistence des activités en milieu forestier? 14

18 La gestion intégrée des ressources en Abitibi-Témiscamingue

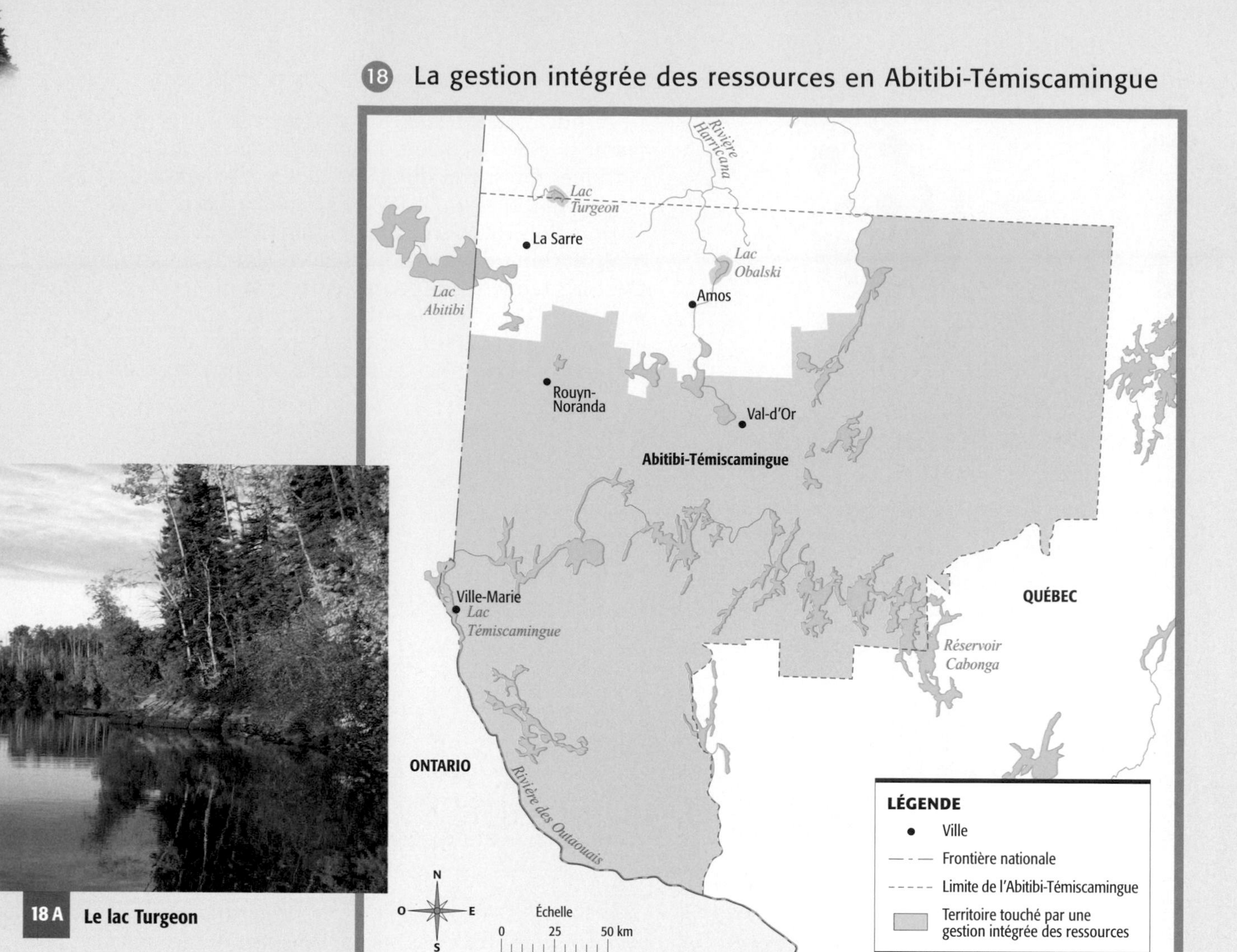

18 A Le lac Turgeon

18 B La gestion intégrée des ressources dans les forêts de l'Abitibi-Témiscamingue

Les bonnes pratiques d'exploitation ne peuvent assurer seules le développement forestier durable : il faut aussi que tous les utilisateurs de la forêt puissent profiter pleinement de ce milieu. C'est pourquoi on a appliqué un programme de gestion intégrée des **ressources** (GIR) à plus de 60 % des terres publiques de l'Abitibi-Témiscamingue. Dans les groupes de GIR, tous les utilisateurs d'un territoire sont représentés. Par exemple, le territoire forestier situé autour du lac Turgeon, près de la municipalité de La Sarre, est un lieu très apprécié des amateurs de plein air. De leur côté, les entreprises forestières veulent en exploiter le bois. Les représentants des différents utilisateurs se rencontrent pour s'informer et discuter. De cette façon, la planification des activités pratiquées sur le territoire tient compte des préoccupations de tous (ex. : limiter les coupes près d'une pourvoirie).

Pourvoirie : Entreprise qui fournit des installations et des services pour la pratique d'activités de plein air.

Observe et construis

f Comment la gestion intégrée des ressources permet-elle d'assurer un développement durable de la forêt ? 18

g À ton avis, est-il possible d'exploiter la forêt tout en la protégeant ? Donne des exemples pour justifier ta réponse.

Pour poursuivre, rends-toi à la page 219.

Ton défi

À l'œuvre ! (Troisième partie)

Il est maintenant temps de finaliser ta planche descriptive.

1. Assure-toi que ta planche descriptive est divisée en trois parties. La première partie doit traiter de l'importance de la forêt. La deuxième doit présenter la problématique des territoires forestiers de la planète et une carte du monde. La troisième doit être consacrée au territoire forestier choisi en tenant compte des aspects suivants :
   - les caractéristiques de ce territoire ;
   - ses utilisateurs ;
   - la coexistence de différents types d'activités sur ce territoire ;

   ou

   - le développement durable de la forêt.
2. Rassemble toutes les informations que tu as recueillies dans les chapitres 1 et 2. Au besoin, consulte la première et la deuxième parties de la rubrique Ton défi – À l'œuvre ! (p. 177 et 191).
3. Ajoute au besoin d'autres informations que tu juges importantes.
4. Présente ta planche descriptive à ta classe.

Synthèse

Fiche 4.2.17

Pour faire le point sur ce que tu as appris dans ce module, réponds de nouveau aux questions des rubriques « Selon toi ».

ou

Construis un schéma organisateur à l'aide des questions suivantes :

Territoire forestier
- Importance environnementale et économique de ce territoire
- Activités pratiquées sur ce territoire
- Menaces qui pèsent sur ce territoire
- Conséquences d'une mauvaise exploitation forestière
- Mesures pour assurer un développement durable
- Type de forêt

Bilan

Fiche 4.2.18

1 Quelles difficultés as-tu éprouvées en relevant ce défi ? Comment les as-tu surmontées ?
2 Que ferais-tu différemment si tu avais à relever un nouveau défi semblable à celui-ci ?
3 Qu'est-ce que tu as particulièrement bien réussi dans cette tâche ? Pourquoi, selon toi ?
4 Quels comportements peux-tu adopter pour contribuer à la conservation des forêts ?

Module 5

Le territoire autochtone

Le mot « autochtone » est le terme général utilisé pour désigner les nations originaires des régions qu'elles habitent. Au Canada, les autochtones sont les Amérindiens, aussi appelés « Premières Nations », les Inuits et les Métis. Les territoires autochtones sont occupés par les descendants des premiers habitants d'une région. Ils revendiquent ou ont obtenu leur autonomie sur ces territoires.

Le **chapitre 1** décrit des territoires autochtones du Québec et du Canada, les particularités des peuples qui y vivent et la nature de leurs revendications.

Le **chapitre 2** présente la diversité culturelle et les revendications de quelques peuples autochtones du monde. De plus, pour t'aider à comprendre le territoire autochtone et ses enjeux, il trace un portrait de trois territoires autochtones canadiens : le territoire des Naskapis, le territoire des Cris du Québec et le Nunavut. Cette partie du chapitre 2 traite des particularités de ces territoires, de leur partage avec des non-autochtones et de leur développement en harmonie avec un mode de vie traditionnel.

Kangiqsualujjuaq, au Québec

Qu'est-ce qui caractérise un territoire autochtone ?

Table des matières

Un pow-wow à Kahnawake

Concepts à l'étude

Territoire autochtone

- Autochtone
- Bande
- Convention
- Culture
- Droits ancestraux
- Nation
- Nordicité
- Revendication

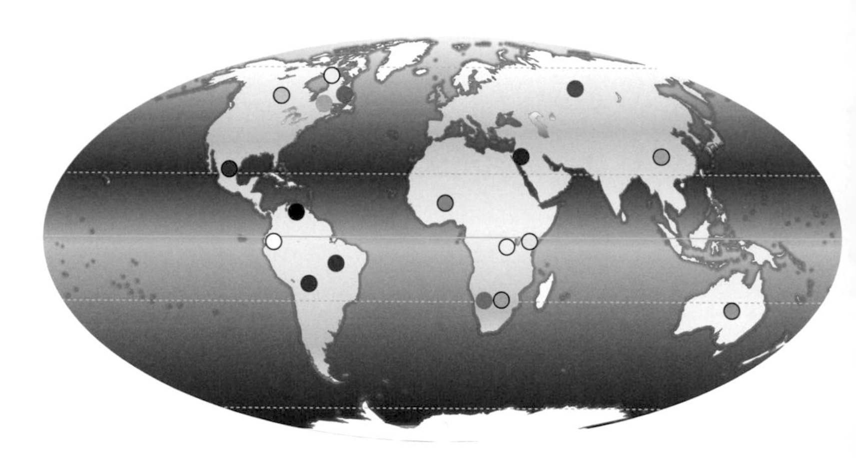

Pays mentionnés dans le chapitre 2

Australie	Canada	Mexique
Bolivie	Chine	Namibie
Botswana	Équateur	Russie
Brésil	Jordanie	Rwanda
Burkina Faso	Kenya	Venezuela

Ressources géo

Techniques à développer

Chapitre 2
La planète et ses enjeux 236

1. Le territoire des Naskapis

2. Le territoire des Cris du Québec

3. Le Nunavut

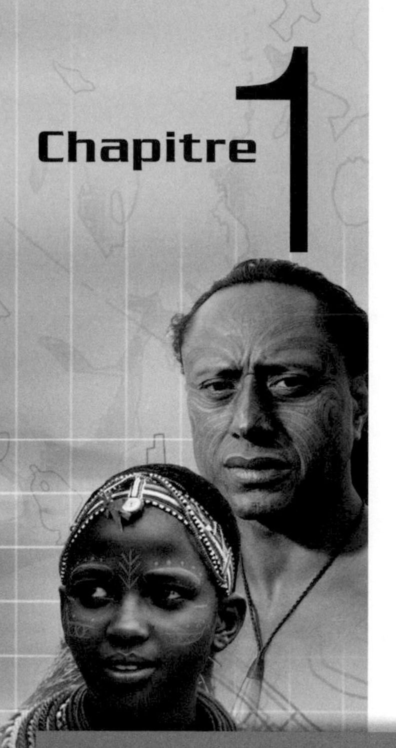

Chapitre 1 Le territoire autochtone au Canada

On dénombre près d'un million d'autochtones au Canada. Ils habitent des territoires de superficies variables, dispersés dans tout le pays. La population autochtone constitue une riche mosaïque culturelle. Cependant, elle est confrontée à de nombreux problèmes économiques, sociaux et politiques. Qui sont les autochtones du Québec et du Canada? Où vivent-ils? Quelle est leur réalité? Quelles sont leurs **revendications**?

Ton défi

Un regard sur la situation des autochtones (Première partie)

Au Canada, le 21 juin est la Journée nationale des autochtones. C'est l'occasion de rendre hommage au patrimoine, à la culture et à la contribution des groupes autochtones du pays. Ton défi consiste à écrire un **article de journal** pour souligner cet événement et approfondir ta compréhension des peuples autochtones.

Ce défi se divise en trois parties. Dans la première partie, tu présenteras les autochtones du Canada, leurs caractéristiques et leurs revendications. Dans la deuxième partie, tu décriras la situation des peuples autochtones de la planète. Dans la dernière partie, après avoir sélectionné un des trois territoires proposés, tu répondras aux questions suivantes: Comment les autochtones du territoire choisi partagent-ils leur territoire avec d'autres groupes? Que font-ils pour le développer en harmonie avec leur mode de vie?

Pour y arriver,

1. Questionne les gens de ton entourage. Demande-leur ce qu'ils savent des autochtones du Québec et du Canada, de leurs territoires et de leurs revendications. Leurs commentaires pourront servir de point de départ pour ton article.
2. Détermine le genre d'article que tu veux écrire: un éditorial? un reportage? une entrevue? etc.
3. Tout au long de l'étude de ce module, note les faits, les données, etc., qui susciteront l'intérêt de tes lecteurs tout en les informant.
4. Pense à la documentation qui accompagnera ton article pour le rendre plus percutant: photos, statistiques, etc.
5. Utilise un tableau comme celui ci-dessous pour t'aider à consigner les informations que tu recueilleras sur les autochtones.

Autochtones du Canada	Description
Portrait des peuples autochtones du Canada	Combien sont-ils? Où vivent-ils? Qu'est-ce qui caractérise leur culture, leur économie et leur société?
Revendications des autochtones	

6. Repère les rubriques Ton défi – En marche (p. 229 et 232). Tu y trouveras des conseils pour rédiger ton article de journal.
7. Consulte au besoin la section Ressources géo (p. 338) et d'autres sources pertinentes.

Un portrait des peuples autochtones

Selon toi,

- depuis quand les autochtones habitent-ils le continent nord-américain ?
- où vivent-ils ?

Culture : Ensemble de manifestations intellectuelles, artistiques, sociales et religieuses qui définissent une société ou un groupe par rapport à un autre.

Revendication : Réclamation de ce que l'on considère comme un droit.

1 Les premiers autochtones du Canada

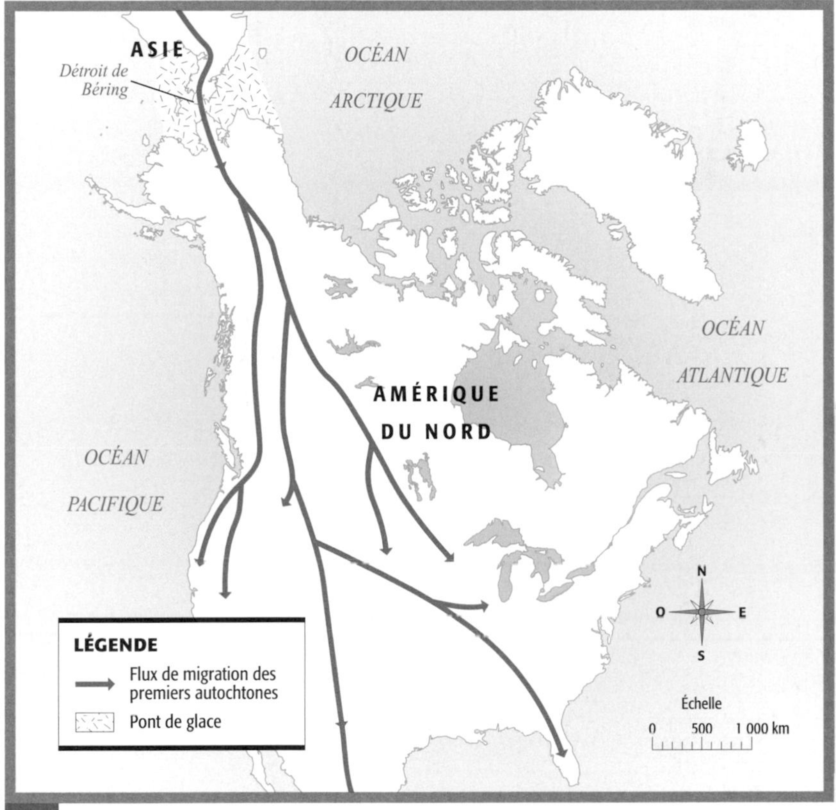

1 A L'arrivée des premiers habitants du continent nord-américain

Les ancêtres des autochtones qui habitent aujourd'hui le Canada sont arrivés en Amérique il y a plus de 15 000 ans. Ils seraient venus d'Asie en passant par la Russie et l'Alaska. Ces premiers habitants étaient probablement des chasseurs de mammouths et de bisons.

Selon l'hypothèse la plus répandue, ils auraient traversé le détroit de Béring, alors recouvert de glace. Beaucoup plus tard, les explorateurs européens ont découvert ces populations qui vivaient depuis longtemps sur le territoire et possédaient leurs propres cultures.

1 B Des chasseurs de mammouths

Observe et construis

a Dans quelles régions de l'Amérique du Nord se sont installés les premiers groupes d'autochtones ? 1

② Les nations autochtones du Québec

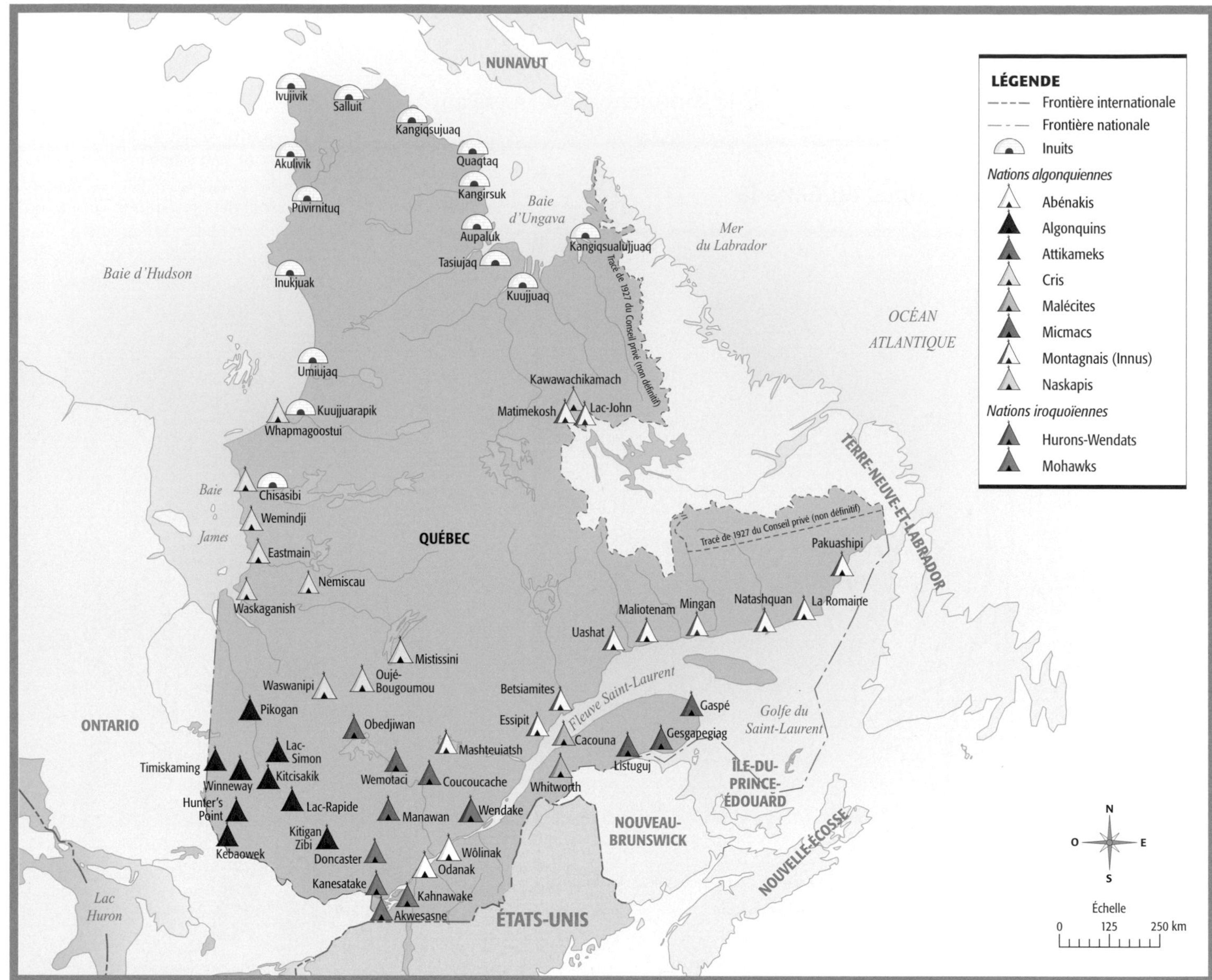

Source : Affaires indiennes et du Nord Canada, 2004.

Convention : Traité, entente ou accord officiel entre des groupes ou des États.

Nation : Groupe d'individus d'une même origine. Ce terme peut désigner un peuple, une patrie ou un pays.

Le Québec compte deux peuples autochtones : les Inuits et les Amérindiens.

Les Amérindiens du Québec, qu'on désigne aussi sous le nom de « Premières Nations », sont groupés en deux familles linguistiques et culturelles : les familles algonquienne et iroquoïenne. Les Abénaquis, les Algonquins, les Attikameks, les Cris, les Malécites, les Micmacs, les Montagnais (Innus) et les Naskapis appartiennent à la famille algonquienne, alors que les Hurons-Wendats et les Mohawks font partie de la famille iroquoïenne. Le peuple amérindien est constitué de 10 **nations** réparties dans une quarantaine de communautés autochtones.

La population inuite est dispersée dans 15 villages nordiques situés au nord du Québec. Les Inuits forment un groupe ethnique distinct et ont leur propre langue, l'inuktitut.

3 Les autochtones du Canada en 2001

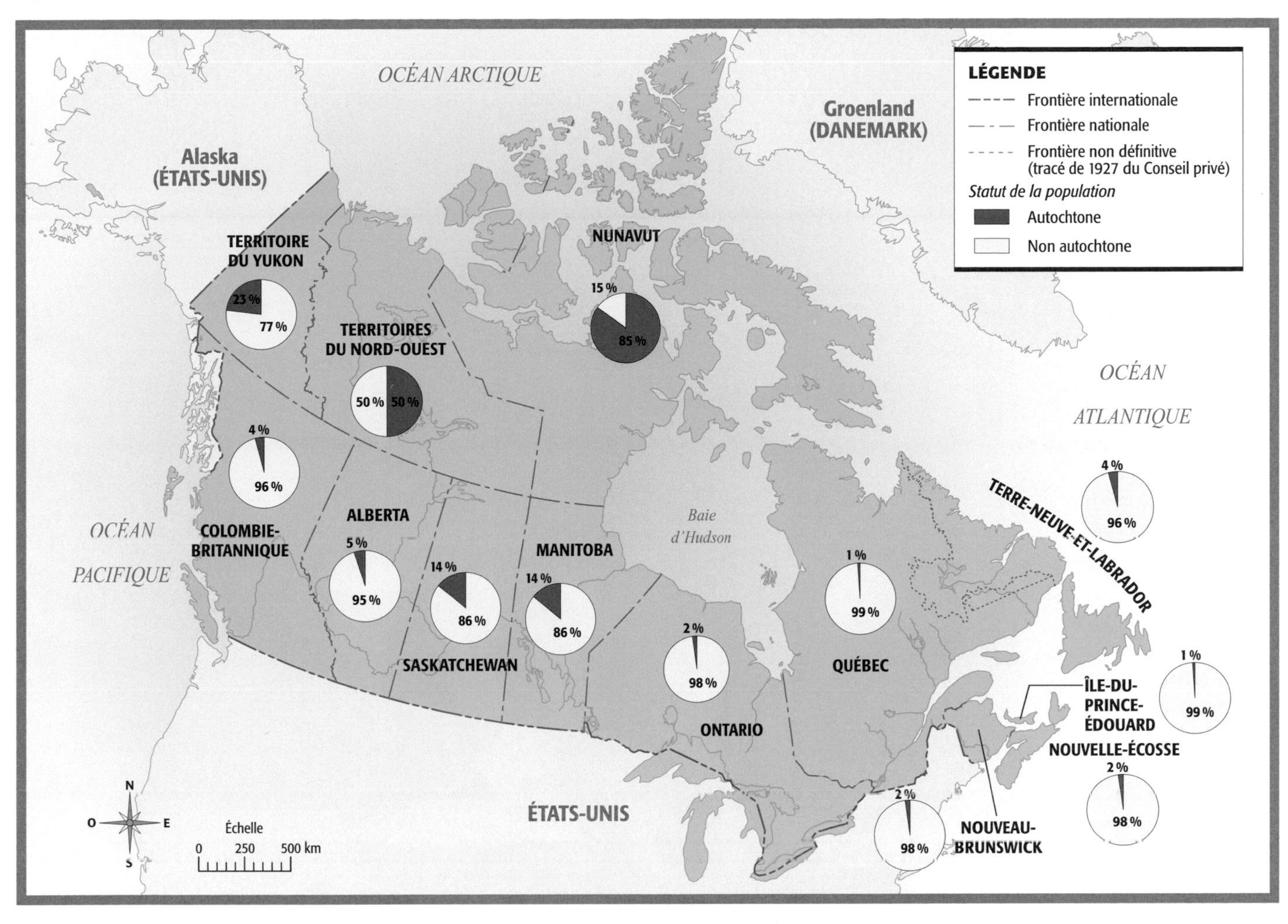

Le gouvernement canadien utilise le terme «autochtones» pour désigner les Amérindiens et les Inuits, mais aussi les Métis et leurs descendants, qui ont à la fois des ancêtres européens et autochtones. Au Canada, la plupart des autochtones sont régis par la Loi sur les Indiens (qu'on appelle aujourd'hui «Amérindiens»). Cette loi, qui date de 1876, a été modifiée à plusieurs reprises. Pour obtenir le statut d'Indien, une personne doit fournir la preuve qu'il y a, parmi ses ancêtres, un «Indien» déjà reconnu comme tel par le gouvernement.

Plusieurs Amérindiens ne possèdent cependant pas le statut d'Indien. Dans la plupart des cas, ce sont des descendants d'Indiennes qui ont perdu leur statut en épousant des non-Indiens. Au Québec, depuis la signature de récentes conventions, les Cris du Québec (1975) et les Naskapis (1978) ne sont plus touchés par la Loi sur les Indiens. Par ailleurs, les Inuits ne sont pas soumis à cette loi.

Observe et construis

- **b** Dans quelles parties du Québec vit chacune des trois grandes familles linguistiques et culturelles autochtones? 2
- **c** Quelles personnes le gouvernement canadien désigne-t-il par le terme «autochtones»? 3
- **d** Dans quelles provinces ou territoires du Canada trouvait-on la plus forte concentration d'autochtones en 2001? 3
- **e** La majorité des communautés autochtones sont situées loin des grands centres urbains. À ton avis, quelles sont les conséquences de cette situation?

Une personne qui obtient le statut d'Indien devient automatiquement membre d'une bande. Dans les sociétés amérindiennes traditionnelles, une bande était généralement composée de quelques familles de 20 à 50 personnes qui vivaient et travaillaient ensemble. Aujourd'hui, le gouvernement canadien utilise ce terme pour décrire une communauté autochtone.

Il existe plus de 615 bandes autochtones au Canada, dont près d'une quarantaine au Québec. Les affaires de la communauté sont gérées par un chef et un conseil de bande élus par les membres. Le fait d'être membre d'une bande donne, entre autres, le droit de voter sur les décisions du conseil de bande.

4 Les bandes et les conseils de bande

L'immeuble du Conseil de bande de Natuashish, à Terre-Neuve-et-Labrador

Bande : Communauté amérindienne reconnue par le gouvernement et généralement établie dans une réserve.

Réserve : Terres mises de côté par le gouvernement fédéral pour l'usage et le bénéfice des Amérindiens.

Les bandes vivent généralement dans des réserves, qui sont en quelque sorte de petites municipalités. Certaines communautés vivent dans une seule réserve, tandis que d'autres disposent de plusieurs réserves. Même si le gouvernement est propriétaire des réserves, les bandes sont responsables de leur administration. Les réserves ne représentent qu'une fraction des terres qu'occupaient jadis les Amérindiens.

5 Les autochtones des réserves et les autochtones hors réserves au Canada

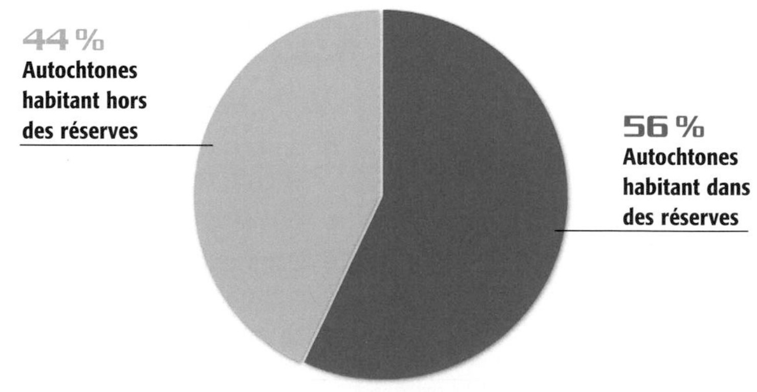

Source : ministère des Affaires indiennes et du Nord Canada, 2005.

6 Les droits des Amérindiens des réserves

Les Amérindiens qui habitent une réserve ont des droits différents des autres citoyens du Canada. Par exemple, ils ne paient pas d'impôt sur les revenus gagnés dans la réserve ni de taxe de vente sur les biens et services qui y sont acquis ou livrés. Plusieurs d'entre eux sont logés gratuitement, quoiqu'ils soient de plus en plus nombreux à payer un loyer au conseil de bande.

Les biens des Amérindiens qui habitent une réserve ne peuvent pas être saisis pour acquitter leurs dettes et ne peuvent donc pas servir de garantie lors d'emprunts. Il peut donc être difficile pour eux d'obtenir du financement pour acheter, par exemple, un ordinateur ou une auto, car leurs créanciers n'auraient aucun recours contre eux s'ils ne les remboursaient pas. Cette situation peut entraîner des inconvénients pour les Amérindiens qui voudraient emprunter pour financer une entreprise.

Les Amérindiens qui n'habitent pas une réserve n'ont aucun de ces droits et privilèges.

La réserve de Skidegate aux Îles-de-la-Reine-Charlotte, en Colombie-Britannique

7 Des faits et des chiffres

- En 2005, le Québec comptait plus de 80 000 autochtones (Amérindiens et Inuits), qui représentaient environ 1 % de la population québécoise.
- En 2001, la population autochtone du Canada totalisait près d'un million de personnes, soit environ 3 % de la population canadienne.
- Entre 1901 et 2001, la population autochtone a décuplé, tandis que la population totale du Canada a sextuplé.
- Environ 50 % des Amérindiens qui ont le statut d'Indien ont moins de 30 ans, comparativement à 40 % pour l'ensemble de la population canadienne.

Source : Statistique Canada, 2001 ; Secrétariat aux affaires autochtones, 2005.

Ton défi

En marche

Prends note de certaines données qui décrivent les peuples autochtones du Canada.

Observe et construis

f Explique le lien qui existe entre une bande, un conseil de bande et une réserve. 4 5 6

g À ton avis, quels inconvénients peut entraîner le fait de ne pas pouvoir emprunter facilement de l'argent lorsqu'on habite une réserve ? 6

h Quelle est l'importance numérique de la population autochtone au Canada ? 7

Nordicité : Mot qui désigne les régions nordiques et toutes les questions qui ont rapport avec le froid, la neige, l'isolement, etc.

La diversité culturelle des groupes autochtones

Fiche 5.1.3

Selon toi,

- comment les premiers autochtones ont-ils réussi à adapter leur mode de vie au territoire ?
- qu'est-ce qui caractérise la vie des autochtones aujourd'hui ?

8 La diversité culturelle chez les autochtones

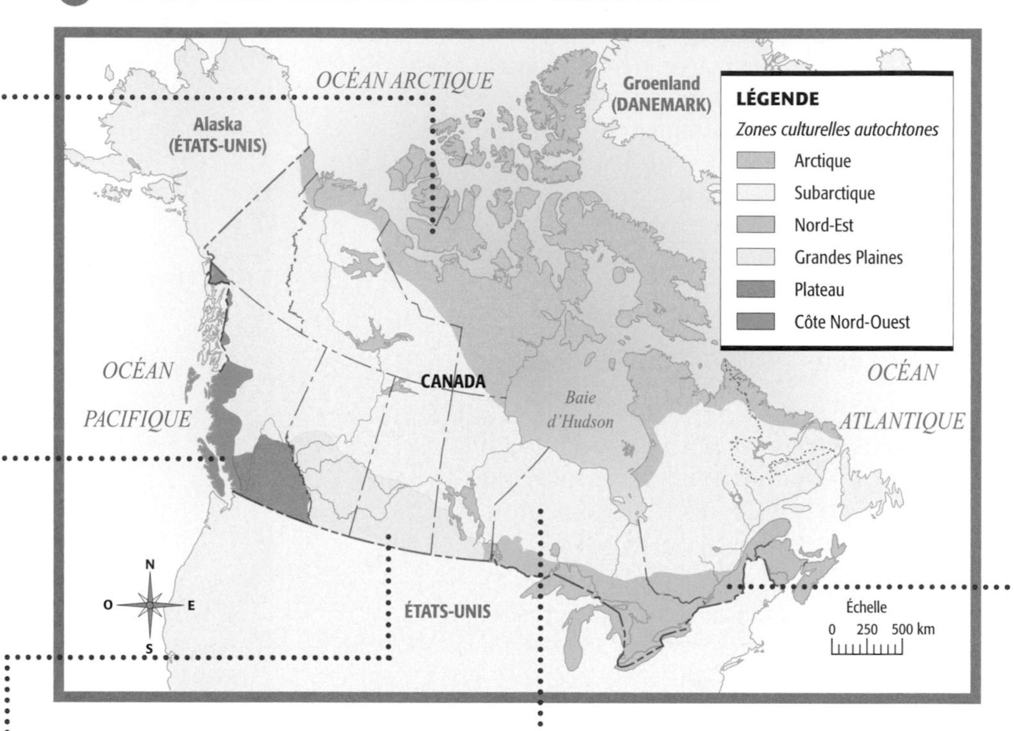

Pour s'adapter à la **nordicité**, les autochtones qui se sont établis sur le territoire arctique ont mis au point le kayak, qui leur a notamment permis de se faufiler entre les glaces.

Dans cette région au climat plus doux, où la nourriture est abondante et variée, les autochtones ont bâti des villages permanents et développé un art particulier dont les totems constituent une expression éloquente.

Les autochtones établis dans cette région se déplaçaient en suivant la migration des troupeaux de bisons. Ces animaux leur fournissaient l'essentiel de ce dont ils avaient besoin pour assurer leur subsistance. En plus de se nourrir de leur chair, ils utilisaient leurs os pour fabriquer des outils, leur peau pour confectionner des vêtements et des tipis (habitations légères faciles à transporter), etc.

Comme les forêts sont denses et les cours d'eau nombreux, les autochtones qui se sont établis sur ce territoire ont mis au point le canot d'écorce, souple et résistant, qui facilitait leurs déplacements sur les rivières. Pour se déplacer sur la neige, ils ont inventé les raquettes.

Les différents groupes d'autochtones qui ont migré en Amérique du Nord il y a des milliers d'années ont développé au fil du temps des modes de vie distincts, adaptés au climat, aux particularités et aux **ressources** du territoire. La diversité de leurs modes de vie a favorisé les échanges commerciaux entre les différents groupes, mais elle a aussi donné lieu à de nombreuses guerres de territoires.

9 Tradition et modernité

Au cours des 400 dernières années, l'arrivée de non-autochtones, la création de **réserves** et l'**urbanisation** ont profondément perturbé les valeurs et le mode de vie des autochtones.

Il y a à peine 60 ans, les Inuits et une grande partie des Amérindiens menaient une vie **nomade**. Aujourd'hui, la plupart des autochtones vivent toute l'année dans des villages dotés d'infrastructures de base et de services sociaux, notamment dans les domaines de la santé et de l'éducation. Malgré ce mode de vie moderne, les activités traditionnelles de chasse, de pêche et de piégeage sont encore pratiquées par un bon nombre d'autochtones qui y trouvent parfois un complément de revenus.

De plus, plusieurs autochtones qui vivent et travaillent dans les villes retournent souvent dans la nature pour chasser, pêcher et sécher le poisson, et cueillir des petits fruits.

Les autochtones qui se sont établis dans la vallée fertile du Saint-Laurent construisaient des habitations permanentes, les maisons longues, et cultivaient le maïs, le tabac, les courges, les haricots, etc. Ils utilisaient des techniques de conservation, par exemple le séchage, qui leur permettaient d'assurer leur alimentation pendant l'hiver.

10 Les croyances des autochtones

Avant l'arrivée des Européens, la spiritualité des autochtones se manifestait dans tous les aspects de leur vie, c'est-à-dire dans leur rapport avec la terre, avec leurs semblables et avec les animaux. Au 17e siècle, les missionnaires européens les ont amenés à remplacer leurs croyances par le christianisme. Plus tard, avec l'adoption de la Loi sur les Indiens, certaines pratiques religieuses autochtones ont même été interdites.

Aujourd'hui, un grand nombre d'autochtones sont chrétiens, mais on assiste à un retour au mode de pensée traditionnelle et à la spiritualité autochtone.

Une église à Kuujjuaq

Observe et construis

a Comment les autochtones se sont-ils adaptés aux territoires où ils se sont établis? Donne des exemples. 8

b Pourquoi certains peuples autochtones étaient-ils nomades? 8

c Quels aspects de leur culture traditionnelle les autochtones ont-ils conservés? 9 10

d Qu'est-ce qui a incité les autochtones à mettre de côté leurs croyances? 10

11 L'art autochtone

***La mère terre et ses enfants*, une œuvre de Norval Morisseau, 1990**

L'art a toujours été très présent dans la vie des autochtones. Les objets d'usage courant ou cérémoniels étaient peints, sculptés, gravés, brodés, etc.

Avec l'arrivée des Européens, les autochtones ont perdu certains de leurs modes d'expression artistique traditionnels, mais ils en ont créé de nouveaux à partir de nouvelles matières.

Aujourd'hui, l'art autochtone se caractérise par l'importance et la qualité des productions dans les domaines de la sculpture, de la peinture, de la musique, du théâtre et du cinéma. Cet art est à la fois un véhicule d'expression personnelle et d'affirmation culturelle collective.

12 La vie sociale

Depuis des milliers d'années, les autochtones se rassemblent pour prier, honorer les morts, chasser, discuter et commercer. Ces rencontres prennent des noms divers selon les nations : danses du soleil, festins, potlatchs, pow-wow, etc. Elles constituent des occasions de renouer des liens, de présenter les enfants à des parents, d'organiser des mariages et de participer à des compétitions sportives.

De 1885 à 1952, le gouvernement a interdit les potlatchs de même que les autres danses et cérémonies des autochtones. Malgré cette interdiction, ceux-ci ont poursuivi ces rassemblements en secret, souvent au risque de se retrouver en prison.

En 2002, des centaines de pow-wow qui ont attiré des milliers de personnes ont eu lieu en Amérique du Nord. Ces pow-wow modernes prennent l'allure de festivals où les célébrations traditionnelles se mêlent aux loisirs populaires.

Un pow-wow à Kahnawake

13 Une grande diversité linguistique

Quelques mots désignant la neige en inuktitut	
Aniu	Neige que l'on fait fondre pour obtenir de l'eau
Aniugaviniq	Neige très dure, compacte et gelée
Aput	Neige au sol
Katakartanaq	Neige à croûte dure qui cède sous le pas
Masak	Neige mouillée qui tombe
Natiruvaaq	Neige fine poussée ou déposée par le vent, neige en rafale

Au Canada, seulement trois des 53 langues autochtones sont suffisamment parlées pour ne pas être menacées de disparition : le cri, l'inuktitut et l'ojibway.

De nos jours, plusieurs **nations** autochtones sont dotées d'organismes culturels qui visent à sauvegarder et à promouvoir leur langue, car chaque langue traduit une réalité et une vision du monde uniques. Les Inuits ont un vocabulaire riche et abondant. Par exemple, ils disposent de plus de 20 mots pour décrire la neige ! Dans une région où la chasse et les déplacements sont depuis toujours liés aux conditions d'enneigement, il est essentiel de décrire la neige avec précision.

TON défi

En marche

Pour bien décrire la réalité des autochtones du Canada, explique quelques particularités de leur culture et les problèmes auxquels ils sont confrontés.

⓮ Des faits et des chiffres

Aujourd'hui, la qualité de vie des autochtones est inférieure à celle de la population canadienne en général.

- L'**espérance de vie** des autochtones est inférieure de six ans à la moyenne nationale.
- Le taux de suicide chez les jeunes autochtones est de trois ou quatre fois supérieur à la moyenne canadienne. Les taux d'alcoolisme et de toxicomanie y sont également plus élevés.
- Près de 60 % des autochtones n'ont pas terminé leurs études secondaires, comparativement à 31 % dans la population canadienne.
- Chez les autochtones, le taux de chômage frôle 20 %. Il est environ trois fois plus élevé que celui du reste du Canada (7,4 %).
- Environ 40 % des familles autochtones vivent sous le seuil de la pauvreté.
- Le taux de diabète est de trois à cinq fois plus élevé dans la population autochtone que dans la population canadienne en général.

Sources : Statistique Canada, 2001 ; Santé Canada, 2006.

⓯ La mauvaise qualité de vie des autochtones

La réserve de Kashechewan, en Ontario

Plusieurs facteurs expliquent la mauvaise qualité de vie des autochtones.

L'isolement : la plupart des communautés autochtones sont petites et établies loin des marchés. Plusieurs d'entre elles ne sont pas reliées au réseau routier.

Le manque d'instruction : près de 60 % des autochtones ne possèdent pas de diplôme d'études secondaires et ont difficilement accès à la formation technique et universitaire.

Le secteur d'emploi : les autochtones occupent deux fois plus d'emplois que les autres Canadiens dans le secteur primaire (domaine forestier, chasse et piégeage), et les salaires sont généralement peu élevés.

Le manque d'emploi dans les **réserves** : il y a peu d'emplois spécialisés et bien rémunérés dans les réserves, et le financement des entreprises est problématique.

La piètre qualité de vie explique en partie les taux élevés de toxicomanie, d'alcoolisme et de suicide chez les autochtones.

⓰ Des entrepreneurs autochtones

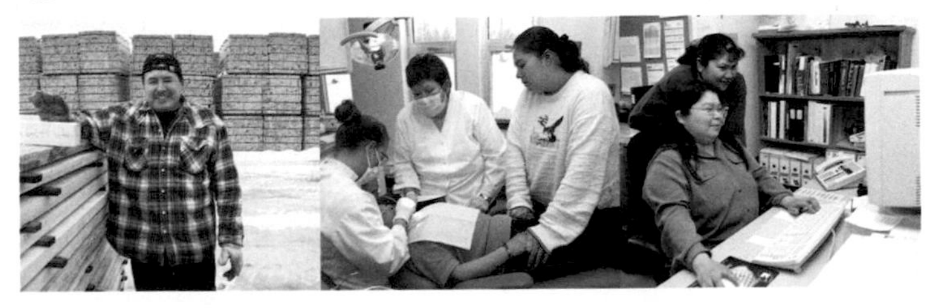

Partout au pays, les entreprises fondées par un nombre croissant de jeunes entrepreneurs autochtones stimulent la création d'emplois et le **développement** économique local et national. L'alimentation, la mode, la production vidéo, le transport et la **haute technologie** ne constituent que quelques secteurs dans lesquels de jeunes autochtones dynamiques commencent à s'imposer.

Observe et construis

e Décris quelques aspects des cultures autochtones. ⓫ ⓬ ⓭

f Quelle est la réalité socioéconomique des autochtones aujourd'hui ? ⓮

g Qu'est-ce qui peut expliquer la mauvaise qualité de vie des autochtones du Canada ? ⓯

h Qu'est-ce qui indique que la situation socioéconomique des autochtones peut s'améliorer ? ⓰

Les principales revendications des autochtones

Fiche 5.1.4

Selon toi,

- que revendiquent les autochtones ? Pourquoi ?

17 Des alliances et des traités

Les Européens qui ont colonisé l'Amérique du Nord ont négocié avec les autochtones de nombreuses ententes ou traités. Les premiers étaient des traités de paix, de commerce, d'alliance, de neutralité ou d'appui militaire. Puis, à mesure que leurs établissements prenaient de l'expansion, les nouveaux arrivants ont conclu des traités qui visaient à assurer une coexistence pacifique avec les autochtones ou à acquérir des terres et des **ressources** qui leur appartenaient. Aujourd'hui, les traités négociés entre les autochtones et les gouvernements s'appellent des **conventions.** Les plus récentes concernent le partage du territoire et des ressources.

Droits ancestraux : Droits que détiennent les descendants des premiers habitants du Canada (ex. : droits de pêche, de chasse, de piégeage, etc.).

18 Des revendications

Les **revendications** des autochtones du Canada visent essentiellement trois buts : sauvegarder leur identité et leur **culture**, obtenir des territoires plus vastes et jouir d'une plus grande autonomie. Certaines de leurs démarches ont conduit à l'adoption de la Loi constitutionnelle de 1982, qui confirme les droits existants des autochtones, leurs droits ancestraux et les droits qui proviennent de traités anciens.

Pour pêcher légalement au Canada, il faut posséder un permis et respecter la saison de pêche. En Nouvelle-Écosse, en 1996, le Micmac Donald Marshall a été accusé d'avoir pêché sans permis. Il a alors invoqué son droit de pêche ancestral et a présenté pour preuve un traité signé en 1760, qui reconnaissait aux communautés autochtones de l'Atlantique la permission de pêcher. Donald Marshall a été acquitté.

Aujourd'hui, tous les autochtones de l'Atlantique peuvent pêcher et chasser hors saison. Cependant, si le gouvernement démontrait la nécessité de préserver une espèce de gibier ou de poisson, il pourrait limiter les droits de chasse ou de pêche des autochtones.

18 A L'affaire Marshall : le respect des droits ancestraux

18 B Le passeport Haudenosaunee

Les autochtones désirent être maîtres de leur destin afin de pouvoir se développer, s'épanouir et survivre comme collectivité. Ils veulent avoir leur propre gouvernement, c'est-à-dire prendre toutes les décisions qui touchent leurs collectivités (culture, langue, exploitation des ressources de leurs territoires, etc.).

Pour affirmer son indépendance et sa souveraineté politique, la Confédération Haudenosaunee, ou Confédération des Six-Nations iroquoises (composée d'une nation canadienne et de cinq nations américaines), émet son propre passeport.

Observe et construis

a Quels types de traités concluait-on autrefois ? En quoi consistent aujourd'hui les conventions ? ⑰

b Que revendiquent les peuples autochtones du Canada ? ⑱

Ton défi

Fiche 5.1.5

À l'œuvre ! (Première partie)

Il est maintenant temps de faire le point sur les données que tu as recueillies.

1. Assure-toi d'avoir consigné dans ton tableau des données qui décrivent les peuples autochtones du Canada et leurs principales revendications.
2. Ajoute des faits et des données qui intéresseront tes lecteurs.

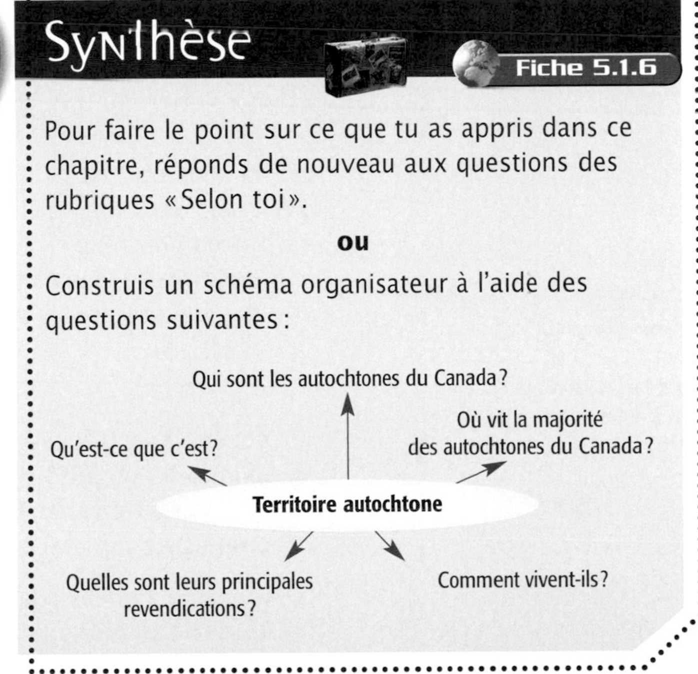

Synthèse

Fiche 5.1.6

Pour faire le point sur ce que tu as appris dans ce chapitre, réponds de nouveau aux questions des rubriques « Selon toi ».

ou

Construis un schéma organisateur à l'aide des questions suivantes :

Bilan

Fiche 5.1.7

1 Comment as-tu procédé pour consigner les informations que tu voulais retenir pour ton article ?
2 Qu'as-tu appris sur les autochtones du Canada dans ce chapitre ?
3 Quelles autres informations te seront nécessaires pour compléter ton article ?
4 Comment prévois-tu capter l'intérêt de tes lecteurs dans ton article ?

Chapitre 2

La planète et ses enjeux

A Le contexte planétaire

Les peuples autochtones du monde subissent de toutes parts des pressions qui les poussent à se « moderniser ». Jusqu'à présent, ils ont tout de même réussi à conserver certaines de leurs particularités sociales, culturelles, économiques et politiques. Par ailleurs, ces peuples autochtones, très différents d'une région à l'autre du monde, se heurtent aux mêmes problèmes lorsqu'il s'agit de protéger leurs droits. Quels sont les peuples autochtones du monde ? Où vivent-ils ? Quelle est leur réalité ? Quels problèmes doivent-ils affronter ? Quelles sont leurs principales revendications ?

Anthropologue : Spécialiste qui étudie l'évolution de l'être humain.

Ton défi

Un regard sur la situation des autochtones
(Deuxième partie)

Pour la deuxième partie de ton défi, tu décriras dans ton article de journal la situation des peuples autochtones du monde. Prends connaissance des informations présentées dans cette partie du chapitre 2. Tu auras alors une vue d'ensemble sur la situation des autochtones de la planète, que tu pourras compléter par des recherches personnelles.

Pour y arriver,

1. Repère les rubriques Ton défi – En marche (p. 239, 241 et 244). Tu y trouveras des suggestions pour écrire ton article.
2. Consulte au besoin la section Ressources géo (p. 338) et d'autres sources pertinentes.
3. Pense à la documentation (photos, statistiques, etc.) qui pourra faire augmenter l'intérêt des lecteurs pour ton article.
4. Utilise un tableau semblable à celui qui suit pour rassembler tes informations.

Peuples autochtones du monde	
Où ces peuples vivent-ils ?	
Quel est leur nombre ?	
Réalité planétaire des autochtones	
Comment vivent-ils ?	
En quoi leur mode de vie est-il adapté à leur milieu de vie ?	
À quels problèmes doivent-ils faire face ?	
Revendications des autochtones	
Que revendiquent-ils ?	
À quels moyens recourent-ils pour faire valoir leurs droits ?	

Les peuples autochtones du monde

Selon toi,

- quels sont les autres peuples autochtones du monde?
- où ces peuples vivent-ils?

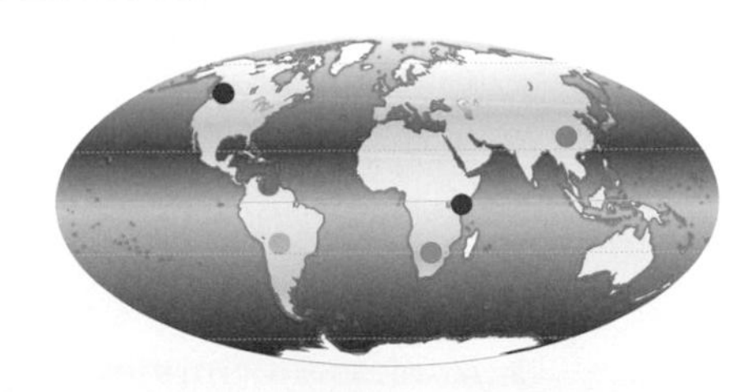

1 Les peuples autochtones

1 A Des Bais, en Chine

1 B Des Haïdas, en Colombie-Britannique, au Canada

1 C Une Aymara, en Bolivie

1 D Un Yanomami, au Venezuela

1 E Un Masaï, au Kenya

1 F Une Bochiman, au Botswana

Les peuples autochtones, aussi appelés « aborigènes », « peuples indigènes » ou « peuples tribaux », vivaient sur leurs terres avant que des colons venus d'ailleurs s'y installent ou avant l'établissement des frontières actuelles d'un pays ou d'un État.

Il est difficile d'obtenir des données exactes sur le nombre de peuples autochtones du monde. Certains d'entre eux vivent dans des régions difficiles d'accès. D'autres évitent tout contact avec les étrangers afin de poursuivre l'existence isolée qu'ils mènent depuis des siècles. Les anthropologues s'entendent pour dire qu'il y a des peuples autochtones sur tous les continents à l'exception de l'Antarctique. Ils se distinguent par leur **culture**, leur langue, leurs croyances, leur organisation sociale et leurs moyens de subsistance (nourriture, habitation, vêtements, etc.). Dans certains pays, ils forment la majorité de la population, alors que dans d'autres pays, ils constituent une minorité. Cependant, les autochtones sont tous unis par un même sentiment d'appartenance à leur communauté.

Observe et construis

a Qu'est-ce qui caractérise les peuples autochtones du monde? 1

b Quelle photo t'impressionne le plus? Pourquoi? 1

2 Des faits et des chiffres

Les peuples autochtones participent à la diversité culturelle mondiale par leurs traditions, leurs langues, leurs modes de vie, etc.

- En 2003, on estimait à près de 300 millions le nombre d'autochtones dans le monde. Les communautés, réparties dans plus de 70 pays, constituent environ 4 % de la population mondiale.
- Les peuples autochtones sont dispersés sur cinq continents. La majorité d'entre eux (70 %) vit en Asie.
- Les langues autochtones représentent 85 % des langues parlées dans le monde, soit environ 5 000 langues.

Source : ONU, 2003 ; Droits et démocratie, 2004.

3 Quelques peuples autochtones du monde

3 A Les Yanomamis du Brésil ●

Comme d'autres tribus de l'Amazonie, les Yanomamis ont pu conserver leurs coutumes ancestrales, car ils ont été peu touchés par la colonisation. Les tribus amazoniennes vivent surtout d'**agriculture**, de chasse et de pêche. La forêt et les cours d'eau leur fournissent tous les aliments et les matériaux dont ils ont besoin.

Pour pratiquer l'agriculture, les Yanomamis doivent d'abord aménager une clairière dans la forêt. Ils abattent et brûlent les arbres. Les cendres enrichissent le sol, mais les terres s'épuisent vite. Tous les deux ou trois ans, ils doivent donc déménager et déboiser ailleurs pour créer une nouvelle clairière où ils cultiveront du manioc (tapioca), du maïs, des patates douces, etc.

Le gouvernement brésilien reconnaît aujourd'hui les droits des Yanomamis sur leurs terres. Par ailleurs, ces autochtones subissent d'énormes pressions de la part des éleveurs et des entrepreneurs forestiers et miniers, qui veulent aussi exploiter ces terres. Cette situation pourrait compromettre l'avenir des Yanomamis.

3 B Les Bochimans du Botswana et de la Namibie ●

Les Bochimans, un nom qui signifie « hommes de la brousse », se distinguent par leur petite taille. Selon les **anthropologues**, ils seraient les plus anciens habitants de l'Afrique. La plaine semi-désertique où ils vivent est privée d'eau de surface 10 mois sur 12. Pourtant, les Bochimans savent découvrir des tubercules dans le sol dont ils peuvent extraire du jus. Ils sont également habiles à détecter les nappes d'eau souterraines, si petites soient-elles, en observant la présence de certaines plantes. Jusque dans les années 1980, ils se consacraient à la chasse et à la cueillette. Aujourd'hui, la majorité des Bochimans travaillent comme gardiens de troupeaux ou ouvriers agricoles.

3C Les aborigènes de l'Australie

Les différentes tribus de chasseurs-cueilleurs qui vivent en Australie (les Arandas, les Walbiris, les Karieras, etc.) sont désignées par le terme « aborigènes ». Ces peuples ont survécu grâce à leur connaissance de leur milieu naturel. Par exemple, ils savent extraire l'eau des arbres, mais aussi celle que contient le corps d'une grenouille ! Ils imitent à la perfection les cris des oiseaux, un art qu'ils utilisent pour attirer leurs proies. Désormais sédentarisés, les aborigènes d'Australie constituent moins de 2 % de la population australienne.

3D Les Bédouins de la Jordanie

Les Bédouins sont un peuple **nomade** du désert. Ils se déplacent constamment avec leur troupeau de dromadaires, sauf en été, car il fait trop chaud. Les Bédouins suivent un itinéraire précis qui comprend des oasis, des puits et des pâturages. Ils scrutent le ciel avant de diriger leur troupeau vers un endroit où la pluie est tombée. Aujourd'hui, les autorités tentent de sédentariser ce peuple. Un grand nombre de Bédouins mettent à profit leur connaissance du désert en devenant guides touristiques ou agriculteurs.

3E Les Saamis de la Scandinavie et de la Russie

Les Saamis, qu'on appelait auparavant « Lapons », habitent les régions arctiques et subarctiques du nord de l'Europe. Ils ont longtemps été un peuple de chasseurs et de pêcheurs avant de se consacrer à l'élevage des rennes. La maîtrise des troupeaux de rennes exige une grande coopération entre les membres de cette société. Autrefois, les Saamis utilisaient les rennes comme moyen de transport et source de nourriture. Avec la peau, ils fabriquaient leurs vêtements et leurs tentes. Depuis une cinquantaine d'années, leur mode de vie s'est beaucoup transformé. Leurs terres ont été prises d'assaut par les industriels (mines, usines hydroélectriques et scieries), tandis que leur milieu a été envahi par les touristes.

Ton défi

En marche

Cherche d'autres informations sur les peuples autochtones du monde : leurs croyances, leurs techniques, leurs rites, leurs fêtes, etc. Voici quelques exemples de peuples autochtones qui pourraient faire l'objet de ta recherche : Penans, Uwas, Quechuas, Nahuas, Dogons, Pygmées, Masaïs, Maoris.

Observe et construis

c En quoi les peuples autochtones présentés dans ces pages se ressemblent-ils ? En quoi sont-ils différents ? 3

La réalité autochtone planétaire

Fiche 5.2.3

Selon toi,

- quelles sont les conditions de vie des autochtones de la Terre?

4 Le savoir traditionnel

La cueillette de plantes médicinales au Venezuela

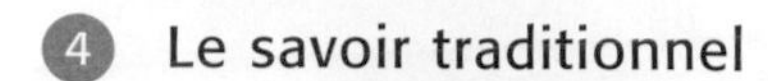

Les peuples autochtones développent depuis des siècles des connaissances basées sur des principes écologiques et environnementaux. Le savoir-faire des autochtones dans ces domaines est d'ailleurs reconnu à l'extérieur de leurs communautés. Par exemple, des recherches démontrent que plusieurs plantes utilisées dans l'industrie pharmaceutique étaient déjà connues des autochtones pour leurs vertus médicinales.

5 Des pratiques ancestrales en agriculture

La technique traditionnelle du *zaï* au Burkina Faso

Les peuples autochtones vivent en étroite relation avec leur **environnement**. Ils ont accumulé au fil du temps un vaste savoir sur les climats, les sols, les plantes, etc. Certains de ces peuples utilisent encore aujourd'hui les techniques ancestrales qui leur ont permis d'assurer leur survie. Par exemple, au Burkina Faso, les agriculteurs pratiquent la technique traditionnelle du *zaï* pour améliorer le rendement agricole. Cette technique consiste à creuser des trous de 30 cm de diamètre afin de recueillir les eaux de ruissellement et d'améliorer ainsi l'infiltration de l'eau dans le sol.

6 Les langues et la culture

Ces autochtones te disent: «Bonjour!»

Près de 3000 des 6000 langues parlées dans le monde sont menacées de disparition. Une grande majorité des langues menacées sont des langues autochtones. Comme la plupart des **cultures** traditionnelles se transmettent oralement, d'une génération à l'autre, un trésor de connaissances risque de disparaître à jamais. De plus, les langues constituent un signe d'identité unique: une langue autochtone qui s'éteint, c'est une perte pour la diversité culturelle mondiale!

7 La situation des enfants autochtones du monde

De jeunes Quechuas, en Bolivie

Les enfants autochtones sont extrêmement vulnérables. Chez les autochtones, particulièrement chez ceux qui vivent dans les **pays en développement**, le taux de vaccination est l'un des plus bas de la planète, alors que le taux de mortalité infantile figure parmi les plus élevés. De plus, 90 % des enfants autochtones sont analphabètes, et la proportion de ceux qui abandonnent l'école est dramatique. Plusieurs organismes internationaux travaillent à l'amélioration des conditions de vie de ces enfants, qui constituent l'avenir des peuples autochtones.

8 Des peuples autochtones déracinés

Un village traditionnel chez les Batwas du Rwanda

Plusieurs peuples autochtones sont déracinés, car ils ont été expulsés de leurs terres ancestrales en raison de conflits armés ou de la demande croissante de terres agricoles et de matières premières (bois, combustibles fossiles, minéraux, etc.). En 1960, les Batwas du Rwanda ont été forcés de céder leurs terres pour permettre la création d'un parc de conservation. Depuis, ils vivent à la limite du parc et leurs conditions de vie se sont considérablement dégradées, car leur mode de vie traditionnel est basé sur les **ressources** de la forêt.

9 La disparition de peuples autochtones

Une Trio de l'Amazonie

Selon l'Organisation mondiale de la santé (OMS), l'**espérance de vie** des peuples autochtones se situe au-dessous de la moyenne mondiale bien qu'elle progresse avec l'amélioration des conditions de vie. Par exemple, elle demeure inférieure de trois ans à celle du Mexique et de 17 ans à celle du Guatemala. D'autre part, les membres de plusieurs tribus continuent de vivre isolés du reste du monde. Lorsqu'ils rencontrent des étrangers, ils peuvent contracter des maladies contre lesquelles ils ne sont pas immunisés. Des épidémies peuvent alors se propager et mettre en péril leur survie. Pas moins de 64 groupes autochtones de la forêt amazonienne sont ainsi menacés de disparition.

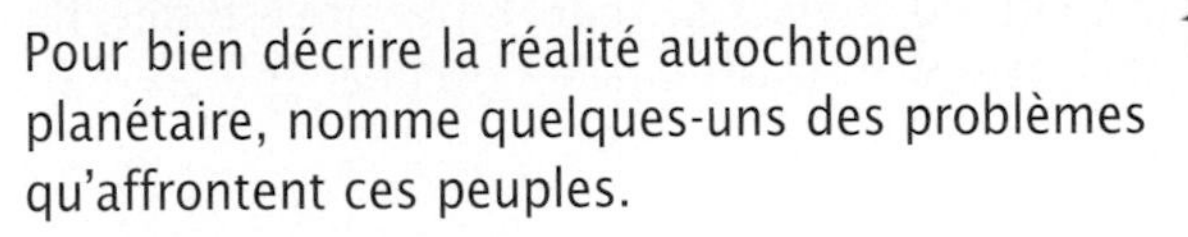

Ton défi

En marche

Pour bien décrire la réalité autochtone planétaire, nomme quelques-uns des problèmes qu'affrontent ces peuples.

Observe et construis

a À ton avis, pourquoi est-il important de protéger les peuples autochtones et leur culture ? 4 5 6

b Quels dangers menacent les peuples autochtones ? 6 7 8 9

Les principales revendications des autochtones

Fiche 5.2.4

Selon toi,

- que revendiquent les peuples autochtones?

10 Des revendications territoriales

Une manifestation dans l'État du Chiapas, au Mexique

La possession des terres compte énormément pour les peuples autochtones, car la terre est à la fois la base de leur identité spirituelle, culturelle et sociale, ainsi que le moyen d'assurer leur subsistance.

Généralement, les **revendications** territoriales des autochtones font l'objet d'un processus juridique, mais il arrive qu'elles se traduisent par des affrontements. Ainsi, le Chiapas, l'État le plus pauvre du Mexique, a connu en 1994 une vague de violence qui a opposé les autochtones et l'armée mexicaine. Les autochtones, qui forment le tiers de la population du Chiapas, avaient été chassés de leurs terres ancestrales. Ils réclamaient notamment le droit de les occuper et d'en utiliser les **ressources** naturelles.

11 Des revendications économiques

L'exploitation pétrolière en Équateur

La plupart des terres habitées par les peuples autochtones offrent d'importantes possibilités de **développement** économique, car on y trouve de nombreuses **ressources** naturelles (eau, **combustibles fossiles**, forêts, minéraux, etc.) et une grande **biodiversité**. Cependant, ce potentiel économique profite peu aux peuples autochtones: en général, les profits vont directement aux entreprises qui exploitent ces ressources naturelles. De plus, les autochtones doivent subir les impacts négatifs de ces activités d'exploitation sur leur **environnement**.

Les autochtones dénoncent de plus en plus ce type de situation. Par exemple, les Cofanes ont poursuivi une entreprise américaine qui exploitait un puits de pétrole sur leur territoire, en Équateur. La pétrolière, que les Cofanes accusaient de pollution environnementale, a été condamnée par la Cour et a dû cesser ses opérations sur leur territoire.

⑫ Des revendications culturelles

Des Tjapukais en Australie

Aujourd'hui, partout dans le monde, des groupes autochtones s'efforcent de revaloriser leur langue et leur **culture**. C'est le cas des Tjapukais, en Australie. En 1985, il ne restait que deux personnes capables de parler couramment le tjapukai. En 1987, la communauté a produit du matériel pédagogique et organisé des cours de langue avec l'aide d'un **anthropologue** et de quelques artistes. La culture et la langue tjapukaises sont aujourd'hui enseignées dans des écoles publiques australiennes.

⑬ Les revendications des peuples autochtones sur le plan international

Au cours des dernières années, les peuples autochtones ont tout fait pour sensibiliser les organismes internationaux à leur cause : débats, reportages, conférences, manifestations, etc. Ces années de revendications ont permis à la communauté internationale de mieux comprendre leurs demandes. Les autochtones sont déterminés à ne pas se laisser imposer un autre mode de vie. C'est pourquoi ils revendiquent leur autonomie dans les pays où ils vivent.

Observe et construis

a Que revendiquent les peuples autochtones du monde ? ⑩ ⑪ ⑫

b Quels sont les différents moyens utilisés par les autochtones pour revendiquer leurs droits ? ⑩ ⑬

14 D'autres revendications

Les peuples autochtones se distinguent par leur grande diversité culturelle et ethnique. Cependant, leurs problèmes, leurs **revendications** et leurs intérêts sont très semblables. Voici quelques-uns des droits qu'ils ont revendiqués au cours de la Décennie internationale des peuples autochtones (1995-2004):

- Tous les peuples autochtones peuvent librement déterminer leur développement politique, économique, social, religieux et culturel.
- Les usages et coutumes des peuples autochtones doivent être respectés par les États où ils vivent.
- Les peuples autochtones ont le droit de déterminer la forme, la structure et les rôles de leurs institutions.
- Les peuples autochtones ont le droit de participer à la vie politique de l'État dans lequel ils vivent.
- Les droits des peuples autochtones sur leurs terres englobent le sol, le sous-sol, ainsi que les eaux côtières et intérieures.
- Tous les peuples autochtones ont le droit de recevoir un enseignement dans leur propre langue et d'avoir leurs propres établissements d'enseignement.
- La commercialisation de tout végétal et de tout médicament traditionnel des peuples autochtones doit être administrée par les peuples qui ont hérité de ces connaissances.
- Les objets culturels autochtones détenus par les musées doivent être retournés gratuitement aux communautés propriétaires.

Source: CRDI, 1994-2005.

La Décennie internationale des populations autochtones

En 1993, l'Organisation des Nations Unies (ONU) proclamait la «Décennie internationale des populations autochtones» (1995-2004). En 2004, elle annonçait une deuxième «Décennie internationale des populations autochtones» (2005-2014).

- Quels sont les objectifs de ces décennies?
- Quels sont leurs thèmes?

Ton défi

En marche

Note les revendications des peuples autochtones de la planète.

Observe et construis

c Quelles sont les autres revendications des autochtones du monde? 14

Ton défi

À l'œuvre ! (Deuxième partie)

Il est maintenant temps de faire le point sur les données que tu as recueillies pour ton article.

1. Assure-toi d'avoir sélectionné dans ton tableau des données qui décrivent la réalité des peuples autochtones du monde ainsi que leurs revendications.
2. Présente un peuple autochtone de ton choix : son mode de vie, ses croyances, ses rites, les dangers qui menacent sa culture, etc.
3. Ajoute des photos et des informations qui sensibiliseront tes lecteurs au sort des autochtones du monde.

Synthèse

Fiche 5.2.5

Pour faire le point sur ce que tu as appris dans ce chapitre, réponds de nouveau aux questions des rubriques « Selon toi ».

ou

Construis un schéma organisateur à l'aide des questions suivantes :

- **Territoire autochtone**
  - Qu'est-ce qui caractérise le mode de vie et la culture des peuples autochtones du monde ?
  - Quelles sont les conditions de vie des autochtones dans le monde ?
  - Où vivent les autochtones sur la Terre ?
  - Que revendiquent les autochtones du monde ?
  - Quelles menaces pèsent sur les peuples autochtones du monde ?

Bilan

1 Comment as-tu procédé pour trouver de l'information sur les peuples autochtones ?

2 Comment prévois-tu présenter la réalité autochtone planétaire dans ton article ?

3 Quelles techniques de recherche as-tu utilisées pour trouver de l'information sur un sujet ?

4 Que penses-tu des revendications des autochtones du monde ?

B Le territoire autochtone et ses enjeux

À l'arrivée de Jacques Cartier, en 1534, le Canada était loin d'être une région déserte. Il était habité depuis des siècles par différents peuples qui possédaient leurs propres traditions et leurs propres modes de vie. À titre de descendants des peuples fondateurs, aussi appelés « Premières Nations », les autochtones partagent aujourd'hui leur territoire avec des non-autochtones et revendiquent le droit de le développer en harmonie avec leur mode de vie.

Cette partie du chapitre 2 présente le territoire de trois **nations** autochtones du Canada qui ont à relever ces défis : le territoire des Naskapis, le territoire des Cris du Québec et le Nunavut. Où sont situés ces territoires ? Quelles sont leurs caractéristiques ? Quel est le mode de vie des autochtones qui y vivent ? Comment ces territoires sont-ils gérés ?

TON défi

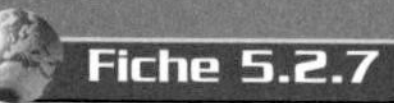

Fiche 5.2.7

Un regard sur la situation des autochtones
(Troisième partie)

Pour rédiger la dernière partie de ton article de journal, tu devras présenter un territoire autochtone et répondre à une des deux questions suivantes :

- Avec qui les autochtones du territoire que tu as choisi partagent-ils leur territoire ?
- Quels défis doivent-ils relever pour développer leur territoire tout en respectant leur mode de vie ?

Pour y arriver,

1. Consulte, au besoin, les techniques de la section Ressources géo (p. 338).
2. Fais appel à d'autres sources : atlas, sites Internet, documentaires, etc.
3. Utilise un tableau comme celui ci-contre pour rassembler les informations essentielles.
4. Prends connaissance de la rubrique Ton défi – À l'œuvre ! (p. 261) pour finaliser ton article de journal.

Territoire autochtone choisi :
Caractéristiques de ce territoire :
Mode de vie des autochtones qui habitent ce territoire :
Avec qui les autochtones partagent-ils leur territoire ? **ou** Comment développent-ils leur territoire en harmonie avec leur mode de vie ?

Partager et développer un territoire autochtone

Territoire 1

Le territoire des Naskapis

pages 248 à 251

Kawawachikamach, au Québec ●

En 1978, les Naskapis signent la Convention du Nord-Est québécois et deviennent ainsi les propriétaires exclusifs d'un territoire de près de 327 km^2. Ils disposent également d'un territoire de chasse, de pêche et de piégeage qui s'étend sur 4 144 km^2.

Territoire 2

Le territoire des Cris du Québec

pages 252 à 255

Chisasibi, au Québec ●

En 1975, les Cris ont signé avec les Inuits et les gouvernements du Québec et du Canada la Convention de la Baie-James et du Nord québécois. Depuis, les Cris ont la propriété et l'usage exclusif de territoires d'une superficie de 5 544 km^2 et des droits de pêche, de chasse et de piégeage sur une superficie de 69 995 km^2, soit environ le cinquième de l'étendue du Québec.

Territoire 3

Le Nunavut

pages 256 à 260

Grise Fiord, sur l'île d'Ellesmere, au Nunavut ○

Le Nunavut a été créé en 1999 à la suite de la division des Territoires du Nord-Ouest. Cet immense territoire s'étend sur environ deux millions de kilomètres carrés, soit près d'un cinquième de la superficie du Canada. Il comprend également les îles de la baie d'Hudson. Sa population est composée de 85 % d'Inuits.

Avec qui les autochtones partagent-ils leur territoire? Comment développent-ils leur territoire en harmonie avec leur mode de vie?

Territoire 1

Partager et développer le territoire des Naskapis

Un portrait du territoire des Naskapis du Québec

Fiche 5.2.8

Le territoire des Naskapis	
Population	Environ 850
Langues	Naskapi, anglais
Climat	Subarctique
Superficie	327 km² (terres de catégorie 1)

Source : Gouvernement du Canada, 2005.

Selon toi,

- où se trouve le territoire des Naskapis ?
- quelles sont les caractéristiques de ce territoire autochtone ?

1 Le territoire des Naskapis

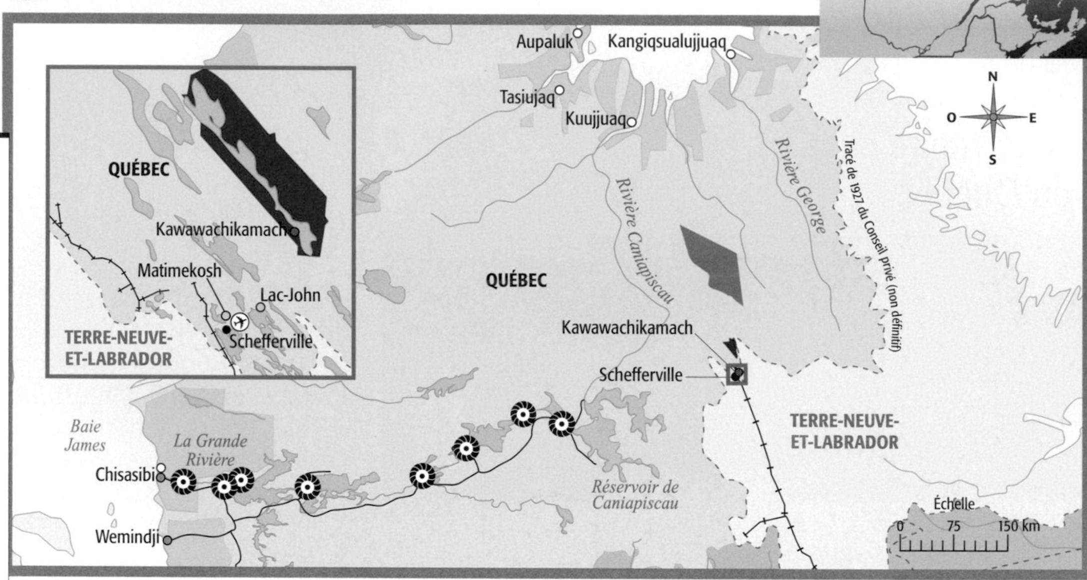

LÉGENDE

- Village naskapi
- Village cri
- Village inuit
- Village montagnais (innu)
- Ville
- Route
- Voie ferrée
- Aéroport
- Centrale hydroélectrique

Catégories de terres

- Catégorie 1 : terres à l'usage exclusif des Naskapis
- Catégorie 2 : terres publiques où les Naskapis ont l'exclusivité pour la chasse, la pêche et le piégeage
- Catégorie 3 : terres publiques où les autochtones (Cris, Inuits et Naskapis) ont le droit de chasser, de pêcher et de piéger, mais qui sont en général accessibles à l'ensemble des Québécois
- Terres de catégories 1 et 2 des Cris ou des Inuits

Il n'existe qu'un village naskapi au Québec : Kawawachikamach. Pour certains, ce nom signifie « lac venteux », et pour d'autres, « rivière sinueuse se transformant en grand lac ». La **nation** naskapie partage ce territoire avec des autochtones de la nation montagnaise et des non-autochtones établis à Schefferville. En 2005, le nombre de Montagnais (Innus, en langue algonquienne) qui habitaient la réserve de Matimekosh et la réserve de Lac-John s'élevait à 785, soit trois fois plus que la population de Schefferville.

2 La préservation de la langue naskapie

Caractères syllabiques	Caractères romains	Signification
ᑲᐱᒥᔮᔅᑦ	Kaapimiyaast	Une chose qui vole, avion
ᑲᒥᓯᓇᐃᑲᒐᐱᐃᒡ	Kaamisinaaikaachaapiich	Une chose pour écrire, ordinateur
ᑲᒋᑕᐸᐸᑕᑭᓄᒡ	Kaachitaapaataakinuuch	Une chose à regarder, télévision
ᑲᐃᔨᒥᑦ	Kaaiyimit	Une chose ou une personne qui parle, avocat

Source : Bibliothèque et Archives Canada.

La nation naskapie communique dans sa propre langue. Bien que les Naskapis lisent et écrivent leur langue depuis un siècle, elle n'est enseignée que depuis la fin des années 1970. Le naskapi et l'anglais sont les deux langues d'enseignement utilisées dans l'unique école de Kawawachikamach.

❸ Du nomadisme à la sédentarité

Un camp de chasse au début du 20e siècle

À l'arrivée des Européens, les Naskapis étaient des **nomades** qui vivaient de la chasse au caribou, dont ils tiraient leur nourriture, leurs vêtements et leurs outils. Pour survivre, ils suivaient les déplacements des troupeaux. Ce n'est que vers 1831 que le commerce des fourrures avec les Européens a commencé sur l'ancien site de Fort Chimo, près de l'actuel village de Kuujjuaq. Les Naskapis se sont alors mis à fréquenter régulièrement les postes de traite de la région, où ils échangeaient des fourrures contre des armes à feu, divers objets pratiques et des denrées alimentaires (sucre, farine, etc.). Les Naskapis, qui sont devenus de plus en plus dépendants de ces échanges, ont suivi le déplacement des commerçants de la région jusqu'aux années 1950.

Vers 1952, avec le déclin du piégeage, ils ont quitté Fort Chimo. À pied ou en canot, ils sont partis avec les Montagnais pour s'installer 500 km au sud, près du lac John, dans l'espoir de trouver du travail dans une mine qui venait d'ouvrir à Schefferville. C'est à ce moment qu'a débuté leur cohabitation de près de 30 ans. Plusieurs ont trouvé du travail à la mine de Shefferville, mais d'autres n'ont pas été embauchés parce qu'ils n'avaient pas de formation suffisante. Ils se sont néanmoins installés dans la région, abandonnant leur mode de vie nomade.

❹ Un mode de vie axé sur la nature

Le mode de vie des Naskapis est fortement marqué par les activités traditionnelles. Au rythme des saisons, les familles naskapies partent chasser le caribou ou cueillir des petits fruits sauvages. Cependant, les Naskapis qui travaillent ou qui étudient ont parfois du mal à trouver le temps nécessaire pour ces activités. C'est pourquoi le Conseil de la nation naskapie accorde à certains chasseurs une compensation financière pour le temps passé à chasser. Grâce à ce programme, les familles des chasseurs et les aînés de la communauté peuvent manger du gibier frais. Une partie de la viande sert aussi à cuisiner des plats traditionnels à l'occasion des fêtes communautaires. Quand arrive le mois de mai, c'est toute la communauté qui part chasser les « oies », c'est-à-dire les outardes, aussi appelées bernaches du Canada. Durant le *Goose Break* (« congé des oies »), même l'école est fermée !

Un camp de chasse aujourd'hui

Observe et construis

- **a** Où est situé le territoire des Naskapis ? ❶
- **b** Nomme des éléments qui caractérisent la culture des Naskapis. ❷ ❸ ❹
- **c** Avec qui les Naskapis partagent-ils leur territoire ? ❶

La création d'un nouveau territoire autochtone et les défis à relever

Fiche 5.2.9

Selon toi,

- quand et comment est né le nouveau territoire des Naskapis ?
- quels défis devront relever les Naskapis ?

5 La Convention du Nord-Est québécois

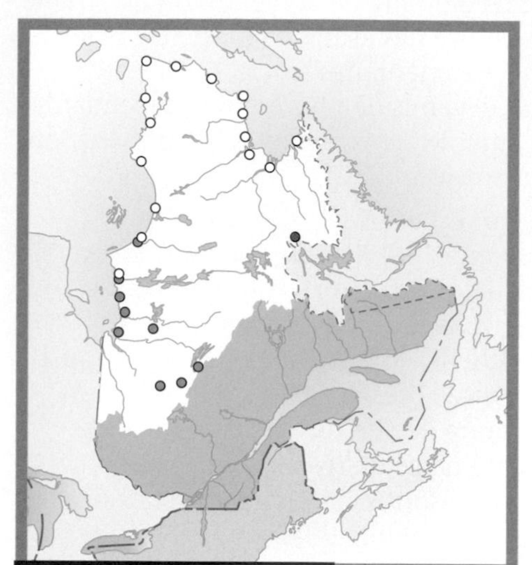

LÉGENDE
- Territoire régi par la Convention de la Baie-James et du Nord québécois ou par la Convention du Nord-Est québécois
- Village cri
- Village inuit
- Village naskapi

En 1971, le gouvernement du Québec amorçait les travaux d'**aménagement** d'un vaste complexe hydroélectrique sur la Grande Rivière. Ces travaux ont soulevé la colère des autochtones du nord du Québec. Les Cris, les Inuits et les Naskapis ont reproché au gouvernement de ne pas tenir compte de leurs **droits ancestraux**. Le projet du complexe La Grande prévoyait le détournement de la rivière Caniapiscau afin de créer le réservoir de Caniapiscau sur les terres ancestrales des Naskapis.

En 1975, les Cris et les Inuits ont signé avec les gouvernements canadien et québécois la Convention de la Baie-James et du Nord québécois. Les Naskapis ont à leur tour signé, en 1978, la Convention du Nord-Est québécois. Par cette entente, ils ont cédé leurs droits territoriaux en échange de compensations financières qu'ils ont utilisées pour développer leur économie et préserver leur **culture**. De plus, en vertu de cette entente, les terres du nord du Québec ont été divisées en trois catégories (voir le document 1, p. 248).

6 Le village de Kawawachikamach

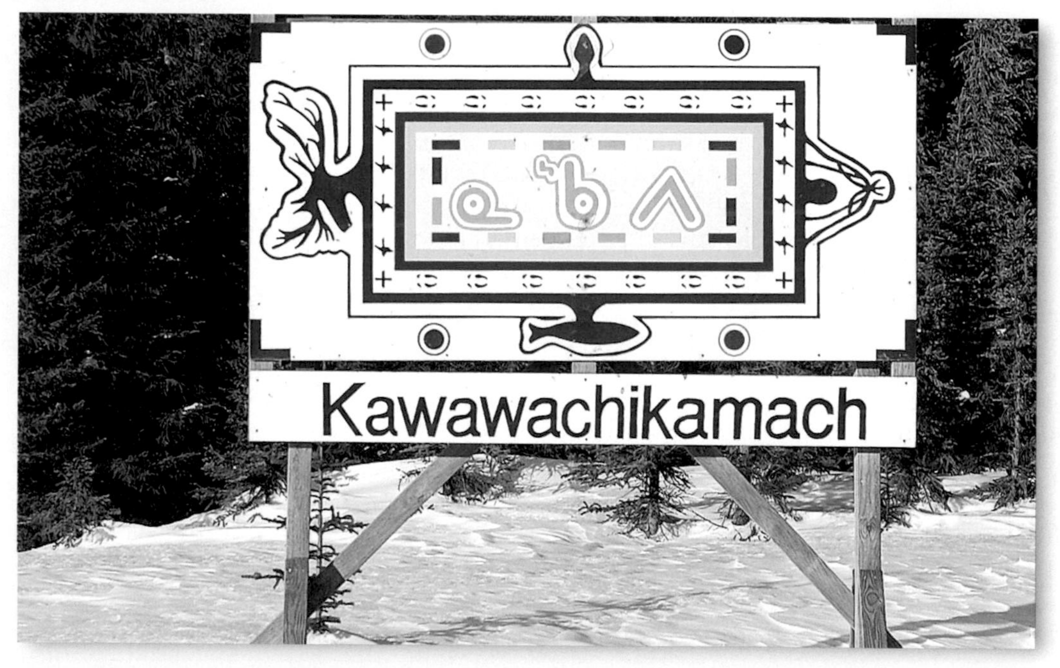

La Convention du Nord-Est québécois prévoyait aussi la création d'un village naskapi au nord de Schefferville. En 1983, les Naskapis ont entrepris la construction de Kawawachikamach, un village dans lequel ils se sont installés en 1984.

Selon la Convention, la Société de développement des Naskapis prenait en charge l'essor socioéconomique et l'administration de la communauté. En 2005, elle administrait, entre autres, une **pourvoirie**, un centre commercial et une entreprise de construction.

arobas

La Société de développement des Naskapis

La Société de développement des Naskapis administre les fonds qu'elle a reçus en vertu de la Convention du Nord-Est québécois. Cherche dans Internet des informations sur cet organisme.

- Quelle est la date de sa fondation ?
- Quelle est sa mission ?
- Quels projets a-t-elle réalisés ?

7 Les types d'emplois

62 %
Saisonniers

28 %
Temps plein

10 %
Temps partiel

Source : Gouvernement du Canada, 2001.

Malgré les subventions gouvernementales, la création d'organismes et la volonté de se prendre en main, la **nation** naskapie est aux prises avec plusieurs problèmes qui nuisent à son développement économique. Les emplois sont en majorité saisonniers et les principales activités gravitent autour du **tourisme**, de la construction, du piégeage d'animaux à fourrure et de l'artisanat. Ces emplois ne suffisent pas à combler les besoins de la population, qui compte beaucoup de jeunes.

9 Un chemin de fer géré par les Naskapis et les Montagnais

8 Le développement du secteur récréotouristique

Le **récréotourisme** est en pleine expansion dans le Nord-Est du Québec. Plusieurs activités y sont proposées : longs trajets en motoneige, descente de la rivière Caniapiscau en canot, pêche au saumon sur la rivière George, etc. Depuis 1989, les Naskapis sont propriétaires du club de chasse et de pêche de Tuktu. Les Naskapis et des agences touristiques autochtones et non autochtones se partagent l'exploitation touristique dans la région de Schefferville.

En 2005, une compagnie minière a cédé aux nations naskapie et montagnaise le service de transport ferroviaire de passagers entre Sept-Îles, sur la Côte-Nord, et Schefferville. Le train est un moyen de transport essentiel pour ces communautés autochtones, car aucune route ne relie Schefferville et Kawawachikamach aux autres villes de la province. Pour quitter la région, l'avion et le train sont les seuls moyens de transport ! Le gouvernement a accordé aux Naskapis et aux Montagnais une subvention de 20 millions de dollars pour l'achat de nouveaux rails, ce qui a permis la création d'une quarantaine d'emplois. C'était la première fois dans l'histoire du Canada que des autochtones devenaient propriétaires d'une compagnie ferroviaire.

Observe et construis

a Qu'est-ce que les Naskapis ont accepté de céder lors de la signature de la Convention du Nord-Est québécois ? Qu'ont-ils obtenu en échange ? 5 6

b Quel est le principal défi que devront relever les Naskapis ? 7

c À ton avis, quelles initiatives devraient permettre le développement de ce territoire en harmonie avec le mode de vie des Naskapis ? 7 8 9

Pour poursuivre, rends-toi à la page 261.

Territoire 2

Partager et développer le territoire des Cris du Québec

Un portrait du territoire des Cris

Fiche 5.2.10

Selon toi,

- où se trouve le territoire des Cris ?
- quelles sont les caractéristiques de ce territoire autochtone ?
- qu'est-ce qui caractérise la culture crie ?

Le territoire des Cris du Québec	
Population	Environ 13 000 Cris, répartis dans 9 villages 17 000 non-autochtones
Langues	Cri (96 %), anglais, français
Climat	Subarctique
Superficie	5 544 km² (terres de catégorie 1)

Source : Gouvernement du Québec, 2005.

1 Le territoire des Cris du Québec

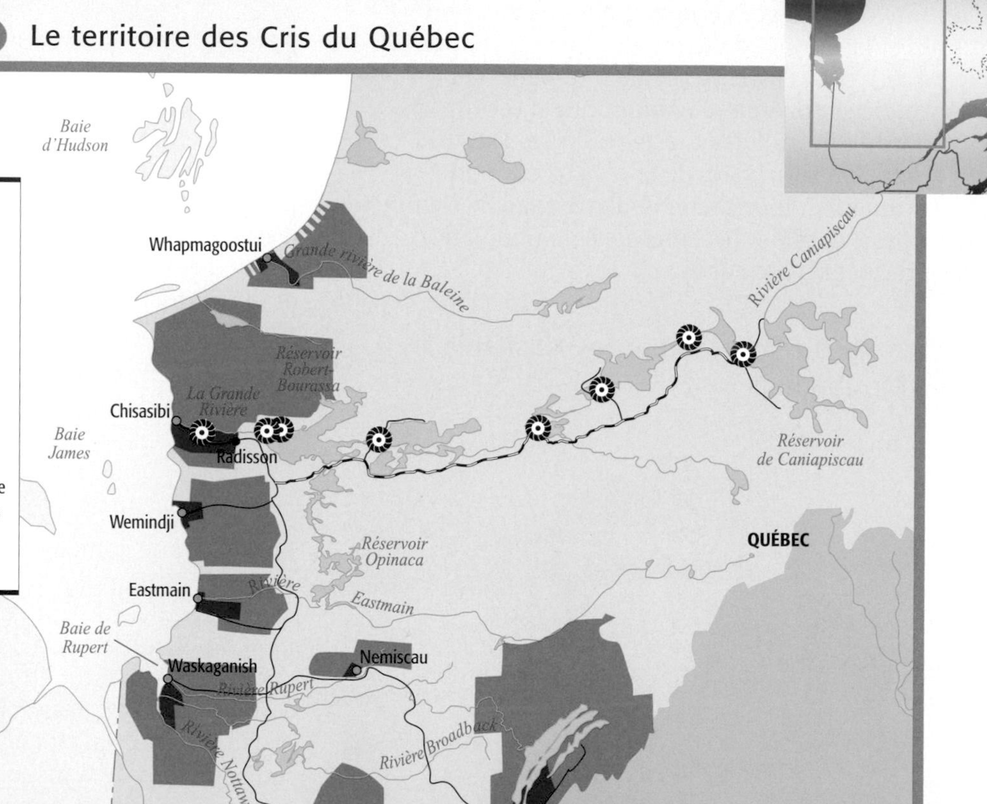

Les Cris appellent leur territoire *Eeyou Istchee*, qui signifie « notre territoire ». D'autres communautés cries sont établies au nord de l'Ontario, en Saskatchewan et au Manitoba. Les Cris établis au sud du territoire vivent près de villages habités par des non-autochtones. On trouve sur ce territoire d'imposantes rivières, par exemple les rivières Broadback, Nottaway et Rupert, d'innombrables lacs, d'immenses forêts d'épinettes et une faune riche (caribous, orignaux, ours noirs, castors, lynx, etc.). Des baleines, des phoques et plusieurs espèces de poissons peuplent les eaux de la baie James.

Chisasibi et Eastmain

Les villages cris de Chisasibi et Eastmain (*Wapanoutauw* en langue crie) sont liés à l'époque de la traite des fourrures et à celle de la construction du complexe de la Baie-James.

Trouve dans Internet les réponses aux questions suivantes :

- Quels liens ces deux villages ont-ils avec ces deux époques ?

Chaque année, les habitants de Chisasibi célèbrent la fête de *Mamoweedow*.

- Que rappelle cette fête ?
- Comment la souligne-t-on ?

② Du nomadisme à la sédentarité

Les Cris sont installés autour de la baie James depuis environ 5 000 ans. Ils ont longtemps pratiqué un mode de vie **nomade**, axé sur la chasse, la pêche et le piégeage.

Un premier poste de traite a été établi à Fort Charles (aujourd'hui Waskaganish) en 1670. Jusqu'au 20e siècle, la traite des fourrures a constitué une activité économique importante pour les Cris. Au cours de cette période, ils vendaient leurs surplus de fourrures aux comptoirs de traite pour acheter certains objets d'usage courant.

Vers les années 1950, la construction de maisons permanentes par le gouvernement fédéral, l'école obligatoire et le déclin du commerce de la fourrure ont incité les Cris à modifier leur mode de vie. Ce passage rapide d'un mode de vie nomade à un mode de vie **sédentaire**, avec une habitation fixe, un travail et un salaire, a entraîné de grands bouleversements dans les communautés cries.

③ Un mode de vie axé sur la nature

Même s'ils habitent dans des villages, les Cris ont une identité fortement marquée par les activités traditionnelles liées à la chasse, à la pêche et au piégeage. D'ailleurs, plus de 30 % des Cris gagnent leur vie en s'adonnant à ces activités. Au printemps, pendant le *Goose Break* (« congé des oies »), tous les établissements scolaires ferment pour deux semaines afin de permettre à tous les Cris de participer à la chasse à l'« oie », aussi appelée outarde ou bernache du Canada. Les produits de cette chasse représentent environ le quart du gibier consommé par les Cris en une année.

④ La préservation de la culture crie

Caractères syllabiques	Caractères romains	Signification
ᐙᒋᔦ	Waachiye!	Bonjour!
ᒋᓂᔅᑯᒥᑎᓐ	Chiniskumitin	Merci
ᒉ ᒥᔫᐦᐧᑳᒦᓐ	Che miyuuhkwaamiin!	Bonne nuit!
ᒋ ᓂᑐᒥᑎᓈᓐ	Chi mituurmitinaan!	Bienvenue chez nous!

La grande majorité de la population crie parle la langue crie à la maison et à l'intérieur des communautés. De la maternelle à la troisième année, une partie de l'enseignement se donne en langue crie. Les programmes scolaires tiennent également compte de la **culture**, des coutumes et des valeurs de la communauté. Par exemple, chaque semaine, les élèves passent quelques heures à découvrir le mode de vie traditionnel des Cris. Les jeunes apprennent à fabriquer des raquettes, des traîneaux et s'initient à l'artisanat en confectionnant des mocassins et des mitaines.

Observe et construis

a Où est situé le territoire des Cris? Où sont situés les principaux villages cris? ❶

b Avec quelle autre population les Cris partagent-ils leur territoire? Où vit cette population? ❶

c Quel est le principal changement survenu dans le mode de vie des Cris au cours du 20e siècle? ❷

d Quels éléments de la culture crie sont encore présents dans leur mode de vie? ❸ ❹

e Comment la langue et les traditions sont-elles valorisées dans le système scolaire des Cris? ❹

La création d'un nouveau territoire autochtone et les défis à relever

Fiche 5.2.11

Selon toi,

- quand et comment est né le nouveau territoire des Cris?
- quels défis devront relever les Cris?

5 La Convention de la Baie-James et du Nord québécois

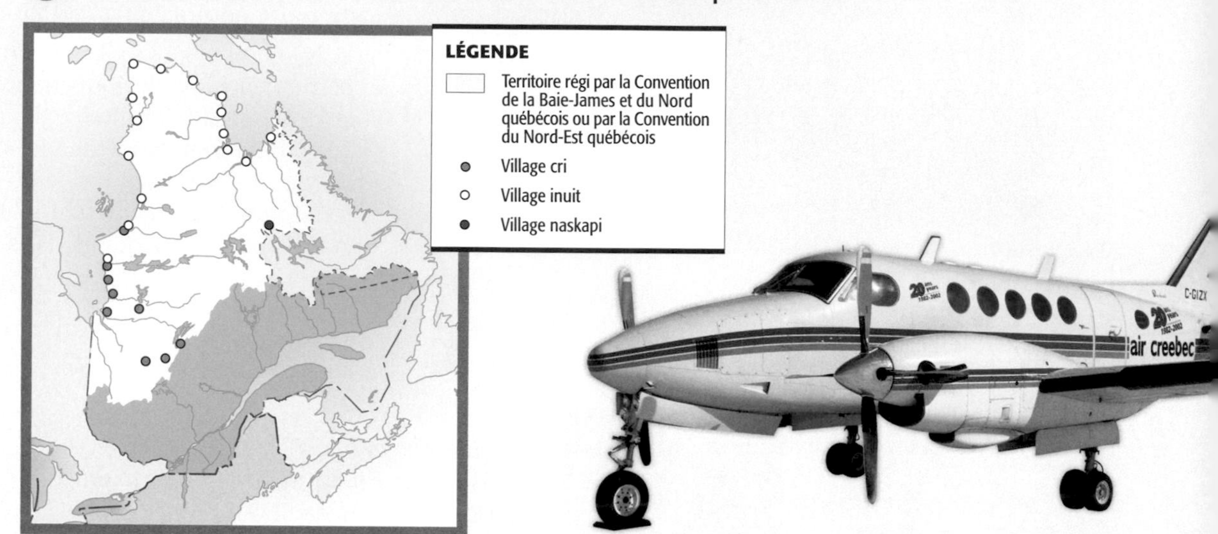

Dans les années 1970, les travaux de construction du complexe hydroélectrique La Grande, à la Baie-James ont engendré de nombreux conflits. Selon les autochtones (Cris et Inuits), ces **aménagements** auraient violé leurs droits ancestraux, détruit leurs ressources naturelles et entraîné l'inondation d'une partie de leur territoire de chasse.

En 1975, les négociations entre les Cris, les Inuits et les gouvernements canadien et québécois ont abouti à la signature de la Convention de la Baie-James et du Nord québécois. Une entente semblable est intervenue avec les Naskapis en 1978, la Convention du Nord-Est québécois. En plus du versement d'importantes compensations en échange de leurs droits, ces **conventions** ont prévu l'établissement de territoires de chasse et de pêche pour les Cris, les Inuits et les Naskapis. En vertu de ces ententes, les terres du nord du Québec ont été divisées en trois catégories (voir le document 1, p. 252).

Les autochtones ont également obtenu que le **développement** nordique se fasse désormais avec l'accord des **nations** concernées. Les indemnités obtenues par les Cris leur ont notamment permis de développer des entreprises dans les domaines du transport aérien (création d'Air Creebec), de l'exploitation forestière et des **pourvoiries**.

6 La composition du Grand Conseil des Cris

Grand chef

Grand chef adjoint

Chef élu par chacune des neuf communautés

Personne déléguée par chacune des neuf communautés

Le Grand Conseil des Cris est l'organisme politique qui représente la **nation** crie et gère son développement. Ce conseil régional élu par la population veille à promouvoir et à protéger le style de vie, les valeurs et les traditions des Cris. Il agit aussi à titre de gouvernement et assiste les membres des communautés dans différents domaines tels que l'éducation, l'**environnement** et la **culture**.

7 La Paix des braves

L'application de la Convention engendre cependant de nombreux problèmes qui ont fait l'objet de la Paix des braves, une entente conclue entre la nation crie et le gouvernement du Québec en 2002. Cette entente favorise la cohabitation et la collaboration entre les autochtones et les autres résidants du Québec. Sur la photo ci-contre, on voit le premier ministre du Québec, Bernard Landry, et le chef cri Ted Moses, en 2002.

8 Le portrait socioéconomique des autochtones du Québec

Caractéristique	Autochtones du Québec	Population du Québec
Population âgée de moins de 25 ans (2000)	45,0 %	31,0 %
Population détenant un diplôme d'études secondaires (2001)	43,0 %	69,0 %
Population détenant un diplôme d'études postsecondaires (2001)	13,0 %	32,0 %
Taux de croissance de la population (2001)	10,3 %	1,4 %
Taux de chômage (1996)	19,0 %	12,0 %

Sources : Ministère des Affaires indiennes et du Nord, 2001 ; Gouvernement du Québec, 2004.

Les Cris représentent environ 16 % de la population autochtone du Québec. Leur territoire recèle de nombreuses ressources naturelles. Hydro-Québec y produit plus de la moitié de son électricité. L'exploitation forestière et minière y est aussi très importante. Cependant, en 2004, les Cris ne représentaient qu'une très faible proportion de la main-d'œuvre dans la région : 10 % des emplois du secteur des mines, 2 % du secteur de l'hydroélectricité et 5 % du secteur de la foresterie. De plus, les emplois occupés par les Cris sont souvent saisonniers ou de courte durée. Ces conditions nuisent au développement d'une main-d'œuvre qualifiée et abondante.

9 Le développement du tourisme et du récréotourisme

9A **La pêche sportive attire de nombreux touristes.**

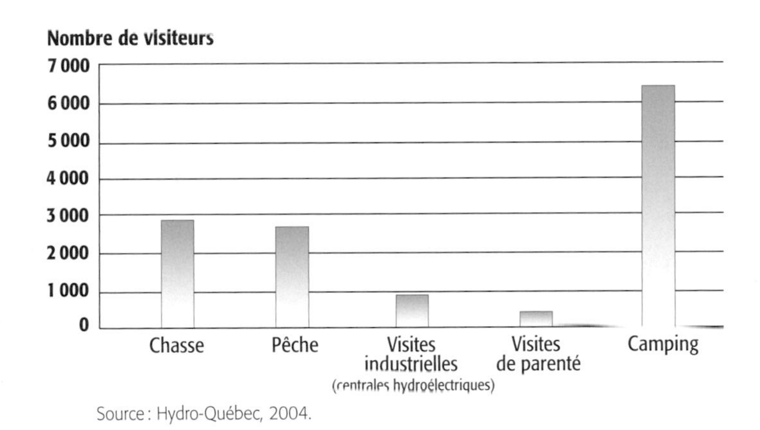

Source : Hydro-Québec, 2004.

9B **Les activités touristiques en 2001**

Le **récréotourisme**, une activité relativement nouvelle dans cette région, est en plein essor. De nombreux adeptes de la nature y vont pour pêcher, chasser, camper, etc. L'Association crie de pourvoirie et de tourisme (ACPT), créée en 2000, est responsable de la promotion du potentiel récréotouristique de la région auprès de clientèles locales, nationales et internationales. À Chisasibi, un site a été aménagé afin que les touristes voient le type d'habitation que les Cris utilisaient lorsqu'ils se déplaçaient autrefois sur leur territoire de chasse.

@robas

La Transtaïga

La Transtaïga est une route du Québec. Fais une recherche dans Internet pour répondre aux questions suivantes :

- Quel est son tracé ?
- À quel moment a-t-elle été construite ?
- En quoi cette route est-elle particulière ?

Observe et construis

a Quelles ententes sont intervenues au cours des 25 dernières années entre le gouvernement québécois et les Cris ? 5 7

b Qu'ont obtenu les Cris en signant la Convention de la Baie-James et du Nord québécois ? Qu'a obtenu le gouvernement québécois ? 5

c Quels sont les principaux problèmes que doivent affronter les Cris ? 8

d Quel organisme cri gère la protection de la culture et des intérêts cris ? 6

e Comment s'oriente le développement du territoire des Cris ? 9

f Quelles activités sont pratiquées sur ce territoire ? 9

Pour poursuivre, rends-toi à la page 261.

Territoire 3

Partager et développer le Nunavut

Un portrait du Nunavut

Selon toi,

- où se trouve le Nunavut?
- quelles sont les caractéristiques de ce territoire autochtone?
- qu'est-ce qui caractérise le mode de vie des Inuits?

	Nunavut
Population	29 384 répartis dans 28 villages
Langues parlées	Inuktitut, anglais, français
Climat	Arctique
Superficie	1 900 000 km²

Source : Gouvernement du Nunavut, 2005.

1 Le territoire du Nunavut

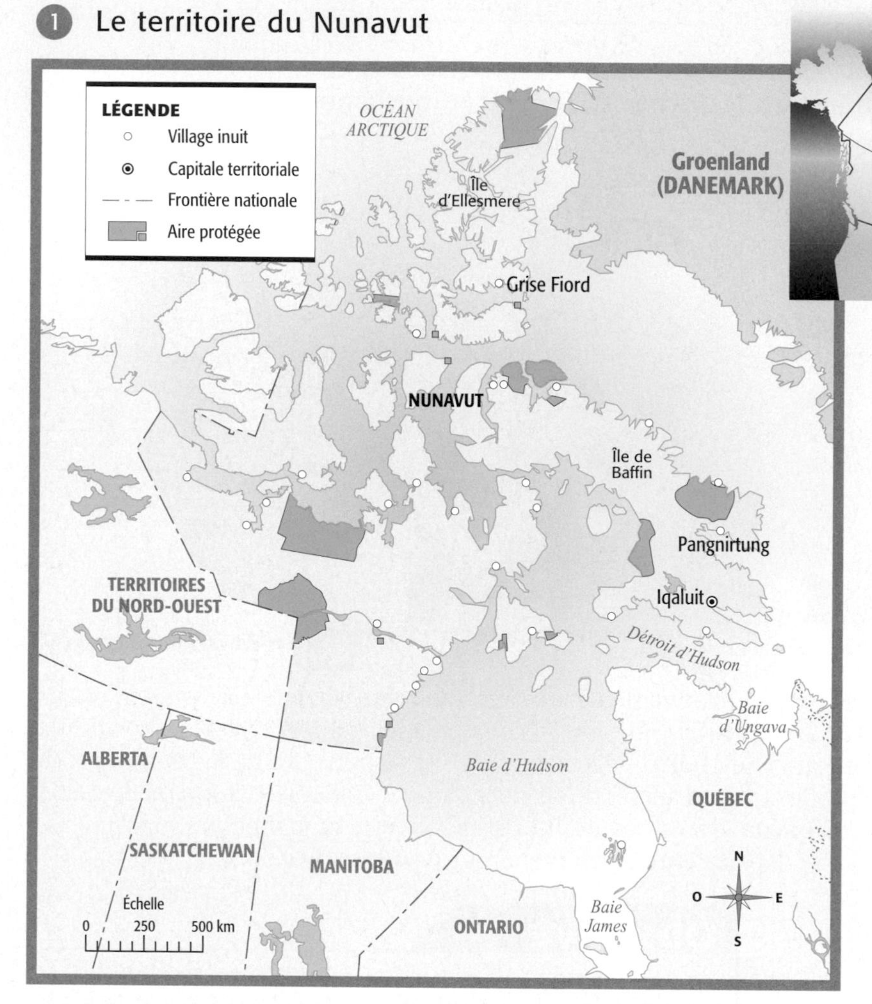

@robas

La signification du drapeau du Nunavut

La création d'un nouveau territoire entraîne la création d'un drapeau et d'armoiries. Cherche dans Internet la signification du drapeau et des armoiries du Nunavut.

Nunavut signifie «notre terre» en langue inuktitute. C'est la région la plus nordique du Canada. Dans cette région où le climat est extrêmement rigoureux, les hivers s'étendent de septembre à la mi-mai. Durant cette période, les températures oscillent entre –20 °C et –50 °C. Les **précipitations**, rares au Nunavut, sont de 100 à 600 mm par année. Comme le sol est gelé en permanence, il y a peu d'écoulement des eaux lors de la fonte des neiges, ce qui crée d'innombrables lacs peu profonds, des étangs et des marais. Sous ce climat, les arbres ne poussent pas, mais on trouve une grande variété de plantes. Les principaux animaux qui vivent au Nunavut sont le phoque, le caribou, l'ours polaire ainsi que plusieurs espèces de baleines et de poissons.

Les deux plus grandes villes du Nunavut, Iqaluit et Pangnirtung, sont situées sur l'île de Baffin, la plus grande île du Canada. Les Inuits qui sont installés au nord du territoire sont privés de la lumière du jour pendant deux mois en hiver. Pendant les mois d'été, par contre, ils connaissent des journées de clarté de 24 heures!

❷ Du nomadisme à la sédentarité

Un camp de chasse au début des années 1960

Les Inuits ont migré du territoire actuel de l'Alaska il y a environ 1 000 ans. Ce peuple de **nomades** se déplaçait d'un campement à l'autre, poursuivant des troupeaux de caribous et chassant la baleine et le phoque. Ils tiraient de ces animaux l'essentiel de ce dont ils avaient besoin pour assurer leur subsistance. Les Inuits transmettaient leurs connaissances et leur savoir-faire de génération en génération.

L'établissement d'un poste de traite vers 1750 et l'intensification de cette activité, vers la fin des années 1800, ont modifié leur mode de vie. Les Inuits ont progressivement abandonné leurs **migrations** pour échanger des fourrures contre des objets et des aliments dans les postes de traite. La chasse, qui avait toujours été un aspect de leur **culture** et un moyen d'assurer leur subsistance est devenue rentable, ce qui a progressivement modifié leur mode de vie.

Au cours des années 1960, l'instauration de l'école obligatoire et la construction de maisons permanentes par le gouvernement fédéral ont accéléré le processus de sédentarisation. En moins de 50 ans, les Inuits ont délaissé leurs igloos et leurs tentes d'été pour s'installer dans des maisons préfabriquées où ils ont souvent des ordinateurs branchés sur Internet! Le passage rapide de la vie nomade à la vie **sédentaire** a chambardé leur société et l'a privée de ses fondements.

❸ La préservation de la culture inuite

3 A **Un *inuksuk***

Pendant des milliers d'années, l'*inuksuk*, un monument de pierres qui évoque une silhouette humaine, a servi de repère dans l'Arctique.

3 B **Un panneau d'arrêt en inuktitut et en anglais**

Aujourd'hui, au Nunavut, on peut voir d'autres signaux que l'*inuksuk*. L'inuktitut, l'une des trois langues officielles du Nunavut, apparaît, par exemple, sur des panneaux d'arrêt.

L'inuktitut est la langue maternelle de 70 % de la population du Nunavut. L'apprentissage de l'inuktitut fait partie du programme scolaire de ce territoire. La plupart des émissions de radio et de télévision sont aussi diffusées en inuktitut. Cependant, la deuxième langue du territoire, l'anglais, gagne du terrain.

Observe et construis

a Qu'est-ce qui caractérise le territoire du Nunavut? ❶

b Quel est le principal changement survenu dans le mode de vie des Inuits au cours du 20e siècle? ❷

c Quels éléments de la culture inuite sont encore présents dans leur mode de vie? ❸

L'**aménagement** d'infrastructures routières est l'un des plus grands défis de ce territoire difficile d'accès. En 2004, il n'y avait que 20 km de routes, aménagées presque exclusivement dans la région d'Iqaluit. Il n'existe aucun lien routier entre les villages: les seuls moyens de transport sont l'avion et le bateau. De plus, compte tenu de la **croissance** de la population, la construction de logements et la gestion des déchets sont également des préoccupations majeures.

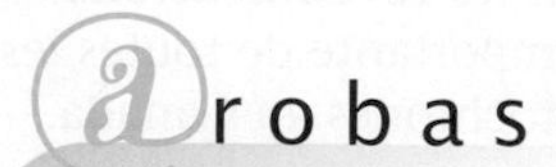

Pangnirtung

L'administration des Parcs nationaux du Nunavut est concentrée à Pangnirtung («lieu du caribou mâle»), une ville qu'on surnomme «Pang». Trouve dans Internet les réponses aux questions suivantes:

- Quels sont ces parcs?
- Où sont-ils situés?
- Quels sont leurs attraits et leurs particularités?

6 L'amélioration du réseau routier: un véritable défi!

Pangnirtung, la deuxième ville en importance au Nunavut

7 Le développement des ressources: les mines et le tourisme

Le sous-sol du Nunavut regorge de **ressources** minières (cuivre, or, argent, zinc, plomb, diamant) et de **combustibles fossiles** (pétrole, gaz naturel). L'accès à ces ressources demeure cependant difficile, notamment à cause du climat et de l'éloignement. Les statistiques de 2000 montrent une situation économique encourageante pour le Nunavut, avec une croissance du **PIB** de 4,5 % et une croissance du secteur minier de 10,1 %.

Le Nunavut commence aussi à exploiter le potentiel économique que représente le secteur touristique. Cette région encore sauvage attire une clientèle à la recherche de grands espaces et d'aventures. Près de 11 % du territoire est constitué d'aires protégées (réserves fauniques, refuges fauniques, parcs naturels, etc.). Cependant, le Nunavut demeure difficilement accessible et les coûts de transport y sont très élevés.

Observe et construis

e Quels autres défis devra relever le gouvernement du Nunavut au cours des prochaines années? 6 7

Ton défi

À l'œuvre ! (Troisième partie)

Il est maintenant temps de finaliser ton article de journal.

1. Assure-toi d'avoir consigné les données essentielles sur le territoire choisi :
   - les caractéristiques de ce territoire ;
   - quelques aspects du mode de vie de la nation choisie ;
   - les revendications et les prochains défis à relever.
2. Rappelle-toi que ton texte doit répondre à l'une des questions suivantes :
   - Avec qui les autochtones du territoire choisi partagent-ils leur territoire ?
   - Comment développent-ils leur territoire en harmonie avec leur mode de vie ?
3. Rédige ton article en prenant soin d'ajouter des faits et des données qui intéresseront tes lecteurs. Au besoin, relis les réponses des gens que tu as questionnés au début de ce module pour vérifier si tu as bien répondu aux attentes de tes lecteurs.
4. Fais lire ton article à des camarades, révise-le en tenant compte de leurs commentaires et affiche-le en classe afin que tous puissent le lire.

Synthèse

Pour faire le point sur ce que tu as appris dans ce chapitre, réponds de nouveau aux questions des rubriques « Selon toi ».

ou

Construis un schéma organisateur à l'aide des questions suivantes :

Territoire autochtone
- Quelles sont ses caractéristiques ?
- Comment vivent les autochtones de ce territoire ?
- Quels éléments de leur culture sont encore présents ?
- Que font-ils pour développer leur territoire ?
- Quels problèmes doivent-ils affronter ?
- Avec qui partagent-ils leur territoire ?
- Où est situé le territoire autochtone choisi ?

Bilan

1 Qu'as-tu appris sur les autochtones en réalisant ce défi ?

2 Quels sont les points forts de ton article de journal ? les points faibles ?

3 Parmi tes habiletés et tes aptitudes, lesquelles ont pu t'aider à relever ce défi ?

4 En quoi ta perception des autochtones a-t-elle changé ?

Module 6

Un territoire urbain : la ville patrimoniale

Le territoire urbain est un espace où l'on trouve une forte concentration de population, de bâtiments, de rues, etc. Plusieurs de ces territoires sont reconnus à travers le monde pour leur patrimoine culturel exceptionnel. On les appelle « villes patrimoniales ».

Le **chapitre 1** t'invite à explorer le patrimoine culturel de Québec, la seule ville fortifiée au nord du Mexique. Il t'entraîne au cœur des défis d'organisation qu'affronte une ville dont le patrimoine est protégé par des lois.

Le **chapitre 2** te présente des villes patrimoniales du monde. Il t'informe également sur des menaces qui pèsent sur certaines de ces villes, sur le rôle de l'Unesco dans leur protection et sur l'importance de la diversité culturelle mondiale.

Dans la section **Dossiers**, tu pourras te documenter sur quatre villes patrimoniales du monde : Athènes, Beijing, Paris et Rome. Tu y trouveras des exemples de mesures de conservation et de protection du patrimoine culturel urbain.

Le Vieux-Québec

Qu'est-ce qui caractérise les villes patrimoniales ?

Table des matières

Le Vieux-Québec

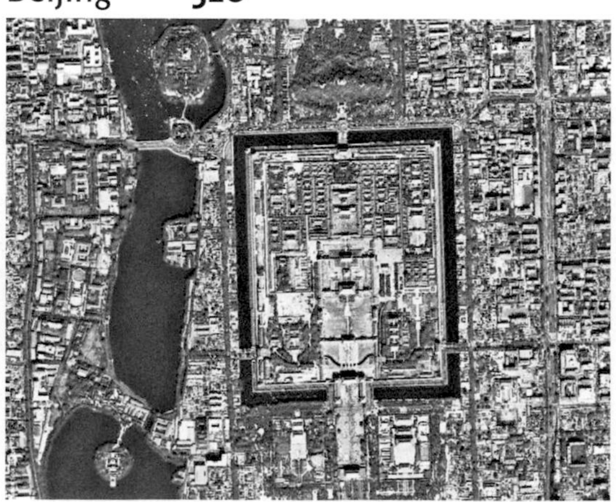

Chapitre 2
La planète et ses enjeux

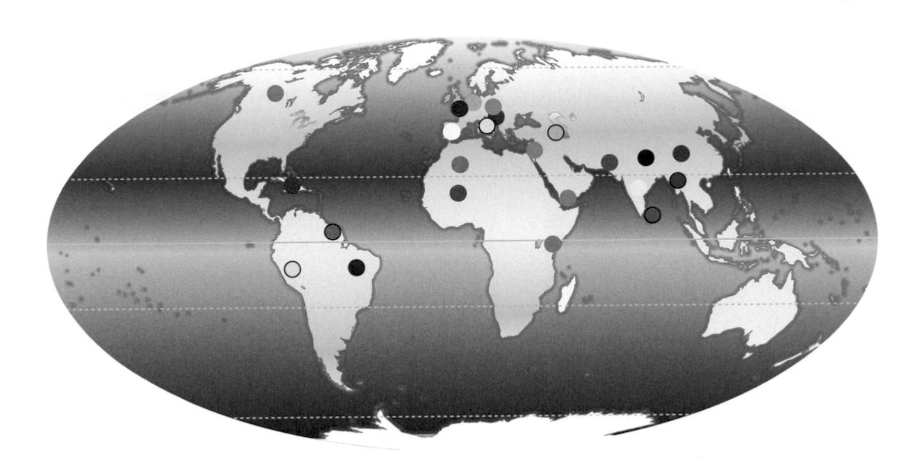

Pays mentionnés dans le chapitre 2

- Allemagne
- Algérie
- Azerbaïdjan
- Belgique
- Brésil
- Canada
- Chine
- Cuba
- Croatie
- Espagne
- Inde
- Israël
- Italie
- Kenya
- Mali
- Myanmar
- Népal
- Pakistan
- Pérou
- République tchèque
- Sri Lanka
- Suriname
- Yémen

Concepts à l'étude

Territoire urbain
- Aménagement
- Banlieue
- Concentration
- Densité
- Étalement urbain
- Urbanisation

Patrimoine
- Changement
- Conservation
- Continuité
- Restauration
- Site

Ressources géo

Techniques à développer

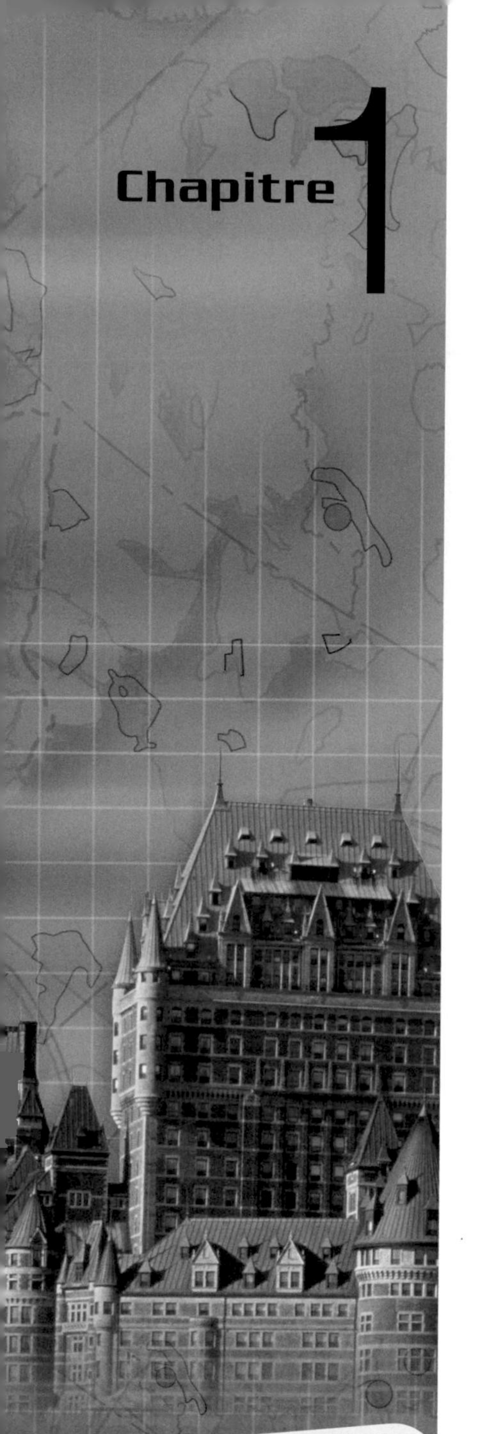

Chapitre 1

Une ville patrimoniale et ses enjeux

A Québec

Le Vieux-Québec est un arrondissement historique reconnu par l'Unesco depuis 1985 pour son patrimoine culturel exceptionnel. Pourquoi Québec est-elle considérée comme une ville patrimoniale ? Qu'est-ce qui caractérise le patrimoine culturel du Vieux-Québec ? À quels problèmes sont confrontés les résidants de ce quartier ? Comment conserver et restaurer le **patrimoine bâti** du Vieux-Québec ?

Ton défi

Fiche 6.1.1

Des vacances à Québec !

Cette année, ta famille et toi avez décidé de passer vos vacances à Québec. Pour être bien préparés, vous devez planifier votre séjour. Pour ce faire, sélectionne les sites que vous allez visiter.

Ton défi consiste à préparer un **circuit patrimonial** piétonnier dans le Vieux-Québec.

1. Choisis la façon dont tu présenteras ton circuit patrimonial : oralement ? dans un dépliant touristique ? dans un site Internet ?
2. Ton circuit devra être tracé sur un plan du Vieux-Québec. Tu pourras utiliser celui qu'on te remettra.
3. Tu devras t'assurer de présenter les caractéristiques du Vieux-Québec, ainsi que cinq éléments patrimoniaux et leur intérêt historique.

Pour réaliser ton circuit patrimonial,

1. Repère les rubriques Ton défi – En marche (p. 269, 273 et 275) et, au besoin, suis les étapes proposées.
2. Consulte la section Ressources géo (p. 338) pour acquérir les techniques qui t'aideront à relever ce défi.
3. Consulte d'autres sources : cartes du Vieux-Québec, guides touristiques, sites Internet, atlas, etc.
4. Consulte la rubrique Ton défi – À l'œuvre ! (p. 277) pour finaliser ton circuit patrimonial.

Patrimoine culturel : Bien, ensemble urbain, site ou paysage représentatif d'une époque de l'histoire qu'une société souhaite protéger, mettre en valeur et transmettre aux générations futures.

Site : Lieu, terrain considéré du point de vue de sa configuration géographique et de son utilisation (historique, esthétique, économique, scientifique, etc.) par l'être humain.

Le territoire 

Selon toi,

- pourquoi Québec est-elle une ville patrimoniale?
- pourquoi Samuel de Champlain a-t-il choisi d'implanter sa colonie à Québec?

1 Le cap Diamant

1 A Le cap Diamant en 1608

1 B Le cap Diamant aujourd'hui

Lorsqu'il a fondé Québec en 1608, Samuel de Champlain a construit sa première habitation au pied du cap Diamant, sur le site actuel de la place Royale. À cette époque, l'endroit était fréquenté par des groupes d'Amérindiens qui y faisaient le commerce des fourrures. Le cap Diamant est une falaise d'environ 100 m de hauteur qui surplombe le fleuve Saint-Laurent à l'endroit où il se rétrécit pour ne faire qu'un kilomètre de largeur. Du haut du cap Diamant, il était facile d'observer les déplacements des bateaux sur le fleuve. À cause de son importance historique, ce site est aujourd'hui reconnu comme un site patrimonial.

Observe et construis

a Pour les premiers colons, quels étaient les avantages de s'établir près du cap Diamant? 1

b Décris ce qui est demeuré semblable dans le paysage du cap Diamant entre 1608 et aujourd'hui. 1

2 La ville de Québec en 1744

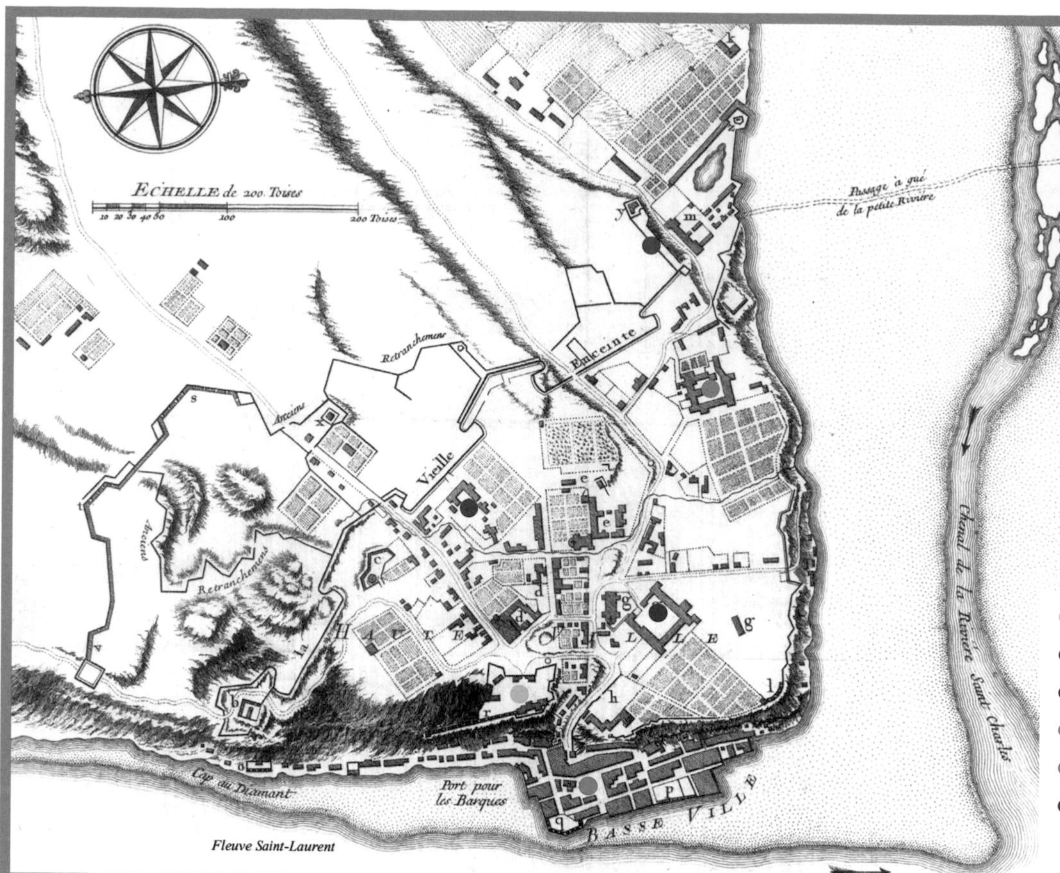

En 1744, la ville de Québec était le centre administratif de la Nouvelle-France. Le fort Saint-Louis, construit au sommet du cap Diamant, était l'édifice le plus important. Il servait à défendre la ville contre les attaques d'ennemis venus par le fleuve Saint-Laurent. Le château Saint-Louis, qui servait de résidence au gouverneur de la Nouvelle-France, a été construit à l'intérieur du fort.

- **Fort Saint-Louis**
- **Monastère des Ursulines**
- **Séminaire de Québec**
- **Hôtel-Dieu**
- **Place Royale**
- **Coteau de la Potasse** (aujourd'hui côte de la Potasse)

3 Québec, ville du patrimoine mondial

- **Citadelle de Québec**
- **Cap Diamant**
- **Fleuve Saint-Laurent**
- **Château Frontenac**
- **Place Royale**
- **Séminaire de Québec**

Le Vieux-Québec couvre une superficie d'environ 1 km^2. Près de la moitié de ses édifices ont été construits avant 1850, et certains datent de l'époque de la Nouvelle-France. La ville de Québec est surnommée le « berceau de la civilisation française en Amérique ». Elle se distingue des autres vieilles villes situées au nord du Mexique par le fait qu'elle est la seule à avoir conservé ses remparts, construits au 18e siècle. On emploie l'expression latine *intra-muros* pour désigner la partie du Vieux-Québec qui est située à l'intérieur des remparts.

④ Le Vieux-Québec aujourd'hui

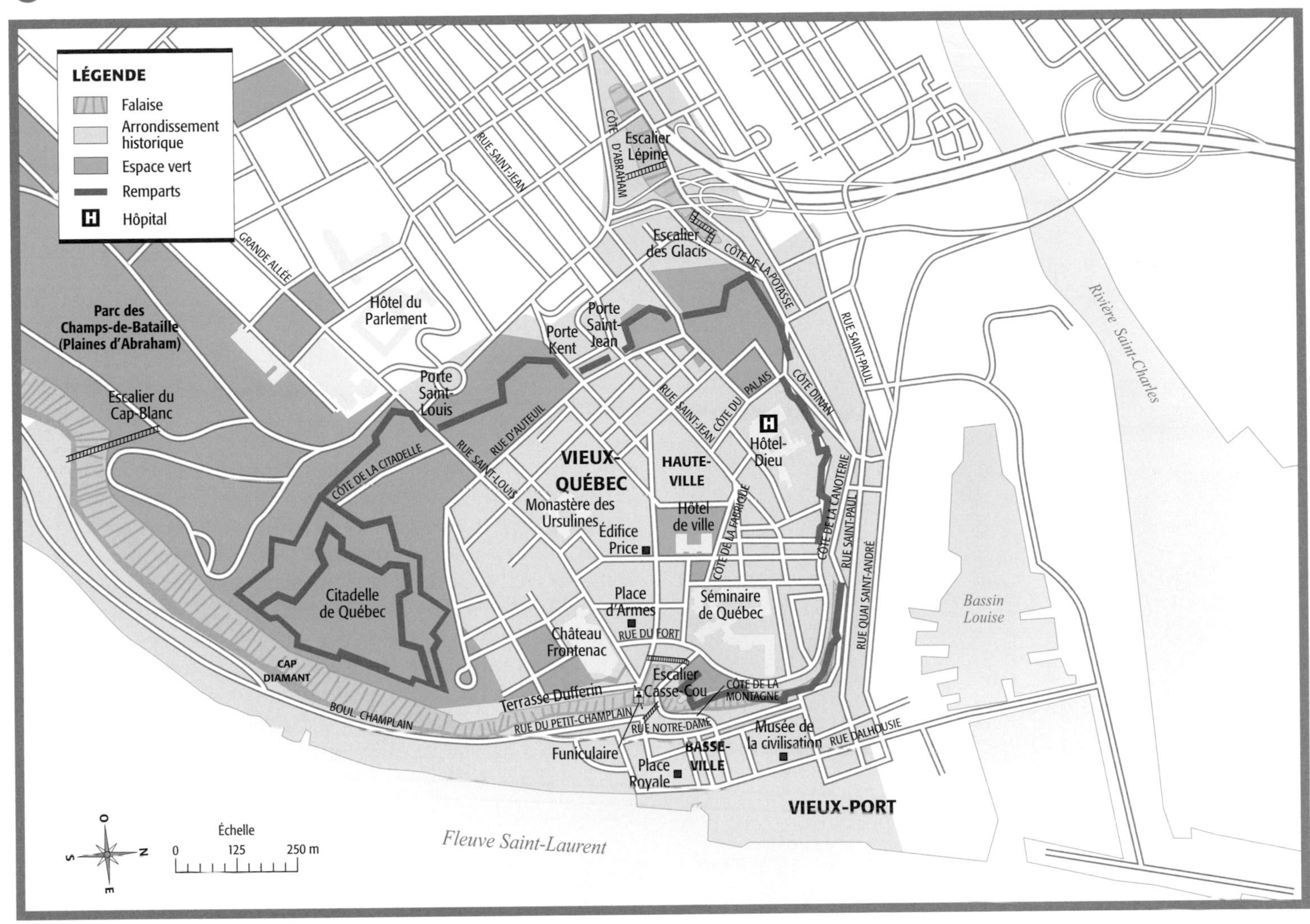

Depuis le 18e siècle, plusieurs changements sont survenus dans le paysage urbain de Québec. En 1744, par exemple, les eaux de la rivière Saint-Charles se rendaient jusqu'à l'actuelle rue Saint-Paul. Ce n'est qu'au 19e siècle que le bassin Louise et les quais du port ont été aménagés. En raison de sa **topographie** particulière, le Vieux-Québec a toujours été divisé en Haute-Ville et en Basse-Ville. Pour communiquer entre les deux secteurs, on a aménagé au fil des années des côtes, des rues, des escaliers et un funiculaire. La rue Saint-Louis est l'une des plus vieilles de la ville, et l'escalier Casse-Cou, construit aux environs de 1635, est le plus ancien. Encore visibles aujourd'hui, ces éléments s'inscrivent en continuité avec les **aménagements** du passé.

Changement : État de ce qui évolue, se modifie.

Continuité : Caractère de ce qui est ininterrompu dans le temps ou dans l'espace.

Ton défi

En marche

Assure-toi de situer les caractéristiques de la ville (remparts, cours d'eau, falaise, etc.) sur ton plan de ville du Vieux-Québec.

Observe et construis

c Pourquoi désigne-t-on les deux parties de Québec sous les noms de « Basse-Ville » et « Haute-Ville » depuis le 18e siècle? ④

d Quels bâtiments et lieux reconnais-tu sur les trois documents? ② ③ ④

e Quels bâtiments se sont ajoutés au fil des années? ② ③ ④

Un patrimoine culturel diversifié

Selon toi,

- qu'est-ce qui a une valeur patrimoniale dans le Vieux-Québec ? Pourquoi ?

5 Des vestiges archéologiques sous la terrasse Dufferin

À Québec, on dénombre environ 800 sites archéologiques. Les archéologues qui étudient ces vestiges enfouis sous la terre peuvent reconstituer l'évolution de la ville et mieux comprendre son importance dans l'histoire de la Nouvelle-France. Par exemple, les vestiges du fort Saint-Louis se trouvent sous la terrasse Dufferin, une vaste place publique aménagée au 19e siècle. Les travaux de rénovation de cette terrasse ont permis aux archéologues de fouiller ces ruines. Ils espèrent ainsi en apprendre davantage sur les habitudes de vie des gouverneurs de la Nouvelle-France qui y ont habité.

6 Un patrimoine architectural diversifié

6 A **Des maisons d'architecture traditionnelle française**

6 B **Le Musée de la civilisation**

6 C **L'édifice Price**

L'observation de l'architecture diversifiée des quelque 1400 bâtiments du Vieux-Québec permet de retracer l'histoire et le mode de vie des gens. Au début de la colonie, on construisait des bâtiments qui ressemblaient beaucoup à ceux que l'on trouvait en France à cette époque (6A). Le Vieux-Québec compte aussi des édifices plus modernes, par exemple l'édifice Price (6C), inauguré en 1929, et le Musée de la civilisation (6B), qui a ouvert ses portes en 1988. L'édifice Price est le seul gratte-ciel du Vieux-Québec, car les constructions en hauteur sont interdites dans ce secteur depuis 1937.

⑦ Un patrimoine militaire marquant

7 A Les remparts

Les remparts et la Citadelle ont une valeur patrimoniale parce qu'ils rappellent le passé militaire de Québec. Les remparts actuels ont été construits vers 1745 pour défendre la ville et pour améliorer les fortifications qui existaient déjà depuis la fin du 17e siècle. La Citadelle a été érigée sur le cap Diamant entre 1820 et 1850 par l'armée britannique, qui voulait consolider le système de défense de la ville.

7 B La Citadelle de Québec

Observe et construis

a Qu'est-ce qui donne une valeur patrimoniale à un site ou à un bâtiment? Au besoin, consulte la définition de «patrimoine culturel» donnée à la p. 266.

b Pourquoi les vestiges archéologiques sont-ils importants? ⑤

c Fais un croquis d'une maison d'architecture traditionnelle française. Prête attention aux détails de l'architecture (forme du toit, lucarnes, etc.). 6A

d À ton avis, pourquoi le patrimoine militaire est-il important à Québec? ⑦

Fiche 6.1.4

Des sites patrimoniaux dans ton milieu?

Fais une recherche pour découvrir s'il existe un site ou un bâtiment patrimonial dans ta municipalité ou ta région. Si c'est le cas, nomme-le et fais-en une courte description.

- Où est-il situé?
- S'il s'agit d'un bâtiment, en quelle année a-t-il été construit?
- Quelle est l'histoire de ce site ou de ce bâtiment?
- Pourquoi est-ce un site ou un bâtiment patrimonial?

8 Un patrimoine religieux omniprésent: le Monastère des Ursulines

La religion a joué un rôle important dans l'histoire du Québec. À une époque, les communautés religieuses avaient la responsabilité de l'éducation, de la pratique religieuse, des hôpitaux, etc. Les bâtiments historiques tels que le Monastère des Ursulines rappellent cette caractéristique de notre passé.

9 Le monument de la Foi, sur la place d'Armes

La place d'Armes servait de lieu d'entraînement pour les militaires à l'époque de la Nouvelle-France. En 1865, l'espace a été aménagé en parc public. En 1916, on y a érigé un monument pour commémorer les 300 ans de l'arrivée des Récollets à Québec. Les Récollets ont été la première communauté religieuse à s'installer dans cette ville. Aujourd'hui, ils n'y sont plus présents.

10 Des rues étroites

Le **patrimoine culturel**, c'est aussi le paysage urbain. Les rues étroites et les maisons rapprochées rappellent l'**aménagement** urbain de l'époque où les gens se déplaçaient à pied, en charrette ou en calèche. De plus, en cas d'attaque, une ville à l'aménagement compact était plus facile à défendre qu'une ville étendue.

⓫ Le Château Frontenac et la terrasse Dufferin

Le Château Frontenac a l'architecture d'un château, mais n'en a jamais eu la fonction. C'est plutôt un hôtel de luxe inauguré en 1893 par une compagnie de chemin de fer. Ce symbole mondialement connu de la ville de Québec est probablement l'hôtel le plus photographié du monde! Son architecte, Bruce Price, s'est inspiré des châteaux érigés en France pendant la période de la Renaissance. Il a également fait les plans de la gare Viger, à Montréal.

Ton défi

En marche

- Nomme les cinq éléments patrimoniaux (monument, bâtiment, site, etc.) que tu présenteras dans ton circuit patrimonial. Essaie de choisir des éléments d'époques différentes. Tu peux consulter d'autres sources et trouver des sites qui ne sont pas présentés dans ton manuel.
- Décris les cinq éléments en mettant en évidence leurs caractéristiques patrimoniales.
- Situe-les sur ton plan de ville.

Observe et construis

e Pourquoi a-t-on choisi d'ériger un monument en l'honneur des Récollets à Québec? ❾

f Nomme cinq éléments du patrimoine culturel du Vieux-Québec. Que nous rappellent ces éléments? N'hésite pas à consulter les pages précédentes de ton manuel pour trouver des réponses. ❺ ❻ ❼ ❽ ❾ ❿

g À ton avis, le Château Frontenac est-il un édifice patrimonial? Pourquoi? ⓫

Vivre dans un arrondissement historique

Fiche 6.1.5

Selon toi,

- quels bâtiments actuels du Vieux-Québec sont tels qu'ils étaient à l'origine ? lesquels ont changé ?
- est-il agréable de vivre dans un arrondissement historique ? Pourquoi ?

Conservation : Ensemble des actions qui visent à préserver un bien de toute détérioration pour qu'il garde son état original.

Restauration : Ensemble des actions prises pour redonner à un bien son allure d'antan.

12 La place Royale et l'église Notre-Dame-des-Victoires au fil du temps

12 A **Vers 1830**

12 B **Au début du 20e siècle**

Avec ses édifices en pierre et l'église Notre-Dame-des-Victoires, achevée en 1723, la place Royale rappelle l'époque de la Nouvelle-France. Pourtant, la plupart des bâtiments datent des années 1970 ! En 1967, le gouvernement du Québec a entrepris un vaste programme de restauration pour redonner à la place Royale l'allure qu'elle avait sous le Régime français. Le gouvernement a restauré certains édifices, en a démoli d'autres qui s'étaient ajoutés au 19e siècle et en a reconstruit plusieurs dans le style architectural du Régime français. De plus, tous les éléments décoratifs ajoutés à l'intérieur de l'église Notre-Dame-des-Victoires au 19e siècle ont été enlevés.

12 C **Aujourd'hui**

⑬ La conservation des fortifications

13 A **La porte Saint-Louis**

13 B **Lord Dufferin**

Après le départ des troupes britanniques de Québec, en 1871, les fortifications qui protégeaient la ville sont devenues inutiles. Les autorités ont alors voulu les démolir, car elles estimaient que ces fortifications nuisaient à la modernisation de la ville. C'est Lord Dufferin, le gouverneur général de l'époque, qui les a convaincues de sauver les fortifications et qui a empêché leur démolition. Les fortifications sont donc demeurées intactes, à l'exception des portes, qui ont été reconstruites pour faciliter l'accès à la partie *intra-muros* de Québec. L'action de Lord Dufferin est l'une des premières interventions vouées à la conservation d'un arrondissement historique au Canada.

⑭ Les Fêtes de la Nouvelle-France

La restauration de la place Royale a fait l'objet d'une vive controverse. Aujourd'hui, les résidants ont déserté le secteur, notamment à cause du coût très élevé des loyers et du manque de services à proximité. On reproche à la place Royale de constituer un musée à ciel ouvert qui n'attire que les touristes, comme c'est le cas durant les Fêtes de la Nouvelle-France, qui ont lieu chaque année dans le Vieux-Québec.

Ton défi

En marche

Assure-toi d'inclure dans ton circuit patrimonial au moins un site ou un monument restauré. Fais une courte description de sa restauration.

Observe et construis

a Quelles différences vois-tu entre les bâtiments de la place Royale à différentes époques? ⑫

b Que penses-tu de l'initiative de Lord Dufferin de conserver les remparts? ⑬

c Pourquoi la place Royale n'est-elle pas un exemple de conservation du patrimoine bâti? ⑫ ⑭ Pourquoi le projet du gouvernement a-t-il suscité la controverse?

⓯ Des faits et des chiffres

Si l'on veut éviter qu'une ville patrimoniale ressemble à un musée à ciel ouvert, il faut qu'elle soit habitée. Ce sont les habitants qui maintiennent la vie de **quartier** et les activités commerciales en dehors des périodes d'affluence touristique. Qui habite le Vieux-Québec?

- Entre 1961 et 1981, la population du Vieux-Québec a chuté de façon importante, passant de 10 252 à 4 083 habitants. Cependant, grâce à la construction de nouveaux logements dans la Basse-Ville, la population a augmenté à plus de 4 900 personnes en 2001.
- Les habitants du Vieux-Québec sont en moyenne beaucoup plus scolarisés et plus âgés que ceux de l'ensemble de la ville de Québec.
- Les habitants du Vieux-Québec apprécient surtout la beauté du **site**, la proximité de certains services (dépanneurs, restaurants, magasins de livres et de disques, etc.), le cachet historique et patrimonial et la vie de quartier.
- Les résidants du Vieux-Québec se plaignent surtout de la présence des autocars de touristes, des problèmes de stationnement, de la circulation et du bruit.

Source: *Vivre dans le Vieux-Québec*, Rapport d'enquête du Comité des citoyens du Vieux-Québec, mai 2002.

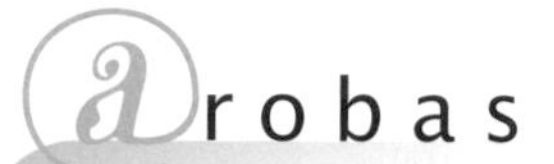

Les toponymes

Les toponymes sont les noms que l'on donne aux lieux. Quelle est l'origine des toponymes suivants:

- Québec?
- rue Saint-Louis?
- côte de la Canoterie?
- rue du Fort?
- escalier Casse-Cou?

Pour t'aider dans ta recherche, tu peux consulter le site de la Commission de toponymie du Québec et celui de la Ville de Québec.

⓰ L'intégration du neuf dans l'ancien

Dans le Vieux-Québec, les nouvelles constructions doivent s'intégrer harmonieusement aux bâtiments historiques de leur **environnement**. L'aile Marie-Guyart de l'École des Ursulines est un excellent exemple d'intégration du neuf dans l'ancien: utilisation de la pierre comme revêtement extérieur, forme du toit, taille des fenêtres, etc. Cette aile abrite des salles de cours et des gymnases.

Observe et construis

d Pourquoi les résidants du quartier aiment-ils vivre dans une ville patrimoniale? ⓯

e À ton avis, pourquoi fait-on des efforts pour intégrer le neuf dans l'ancien lorsqu'on construit de nouveaux bâtiments dans le Vieux-Québec? ⓰

f À ton avis, quelle partie de l'École des Ursulines est l'aile Marie-Guyart, qui s'est ajoutée au bâtiment historique? ⓰

Ton défi

Fiche 6.1.6

À l'œuvre !

Il est maintenant temps de finaliser ton circuit patrimonial.

1. Prépare le plan de ville du Vieux-Québec.
   - Sur le plan de ville qu'on t'a remis, assure-toi d'avoir indiqué les caractéristiques physiques du Vieux-Québec.
   - Trace le trajet qui permet de relier les éléments patrimoniaux que tu as choisis en précisant le point de départ et le point d'arrivée de ton parcours ainsi que l'ordre des visites.
   - Indique sur ton plan de ville le nom des rues et des artères importantes qu'il te faudra emprunter.
2. Prépare les descriptions des sites choisis.
   - Révise la description des cinq éléments patrimoniaux (bâtiments, monuments, sites, etc.) que tu as choisis et assure-toi qu'ils sont bien situés sur ton plan. N'oublie pas qu'un de ces éléments doit avoir fait l'objet d'une restauration.
   - Assure-toi que chaque description présente l'élément patrimonial et précise ce qu'il rappelle sur le plan historique.
   - Choisis une façon de présenter tes descriptions : sur de petites fiches, au verso de ton plan de ville, à l'aide d'illustrations ou de photos, etc.
3. Présente ton circuit patrimonial à des camarades afin d'en vérifier l'intérêt.

Synthèse

Fiche 6.1.7

Fais la synthèse de tes apprentissages en répondant de nouveau aux questions des rubriques « Selon toi ».

ou

Construis un schéma organisateur à partir du modèle ci-contre.

La ville patrimoniale de Québec
- Qu'est-ce qui lui donne une valeur patrimoniale ?
- Quelles sont les particularités de son territoire ?
- Qu'est-ce qui a marqué son passé ?
- Comment préserver son patrimoine ?
- Pourquoi préserver son patrimoine ?

Bilan

Fiche 6.1.8

1 En quoi ton circuit est-il original ?

2 Comment as-tu procédé pour réaliser ton circuit patrimonial ? Que ferais-tu autrement si tu avais à refaire un projet semblable ?

3 En quoi le travail d'équipe t'a-t-il permis d'améliorer ta production ?

4 Qu'est-ce qui devrait être amélioré dans votre façon de travailler en équipe ?

5 Pourquoi est-il important de respecter et de protéger le patrimoine culturel d'une ville ?

B Des enjeux territoriaux

Québec est une ville patrimoniale, notamment parce qu'elle est la seule ville encore fortifiée au nord du Mexique. Le Vieux-Québec regorge de **sites** patrimoniaux, et la mise en valeur de son **patrimoine culturel** urbain dépend de mesures de **conservation** et de **restauration**.

Les villes historiques sont généralement habitées : des gens y résident, y travaillent ou y étudient. Elles sont également fréquentées par de nombreux touristes. Même si ce sont des sites historiques, ces villes doivent répondre aux besoins de leur population. Si certains projets de construction ou d'**aménagement** font l'unanimité, d'autres suscitent d'importantes controverses. Que faire pour assurer la conservation du patrimoine culturel dans ces villes ?

Par ailleurs, la cohabitation des citadins et des nombreux touristes qui fréquentent les villes historiques n'est pas toujours facile, car ces deux groupes ont souvent des besoins incompatibles. Que faire pour répondre à leurs besoins tout en respectant les particularités du site ?

Ton défi

Fiche 6.1.9

Vivre dans le Vieux-Québec

Maintenant que tu connais mieux la valeur patrimoniale du Vieux-Québec, il est temps de t'intéresser aux enjeux qui touchent cette partie de la ville.

Ton défi consiste à écrire un **article** qui vise à sensibiliser les gens de ton milieu (parents, élèves de ton école, population de ta ville, etc.) à l'un des enjeux auxquels sont confrontés les habitants du Vieux-Québec. Ton article pourra servir de complément d'information aux personnes qui s'intéresseront à ton circuit patrimonial ou aux habitants de ta ville si elle possède un riche patrimoine culturel.

Utilise un tableau semblable au suivant pour préparer ton article.

Titre de l'enjeu :	
Énoncé :	
Ce que j'en sais :	
Mon opinion :	
Aspects importants du problème :	
Intervenants :	Points de vue des intervenants :
Solution que je privilégie : Pourquoi ?	

Deux enjeux liés à la protection d'une ville patrimoniale

Enjeu 1

Conserver le patrimoine culturel dans une ville moderne

pages 280 à 283

La place Royale (côté nord)

Même si le Vieux-Québec est un arrondissement historique, il se trouve confronté à la vie moderne comme tous les autres quartiers de la ville. Les projets de rénovation et de nouveaux aménagements y sont nombreux. Cependant, les propriétaires et les commerçants doivent respecter des règles très strictes lorsqu'ils modifient les constructions existantes. Et il est parfois difficile de concilier conservation du patrimoine culturel et développement...

La conservation du patrimoine culturel nuit-elle au développement d'une ville ?

Enjeu 2

Vivre avec les particularités d'un site

pages 284 à 288

La côte de la Montagne

Chaque jour, des milliers de personnes se déplacent à pied, en auto ou en transport en commun dans le Vieux-Québec parce qu'elles vivent, travaillent ou étudient dans cet arrondissement historique. De plus, cette partie de la ville est visitée par un grand nombre de touristes. Cependant, certaines particularités du Vieux-Québec rendent difficile la gestion du grand nombre de déplacements qui y ont lieu.

Comment répondre aux besoins des habitants de Québec et des touristes tout en respectant les particularités d'un site patrimonial ?

Enjeu 1

Conserver le patrimoine culturel dans une ville moderne

Fiche 6.1.10

Des contraintes liées à l'aménagement

Selon toi,

- quelles contraintes doivent respecter les propriétaires lorsqu'ils veulent réparer ou rénover leurs propriétés dans le Vieux-Québec ?
- qui est responsable des coûts liés à la conservation du patrimoine culturel dans le Vieux-Québec ?

1 La ville de Québec

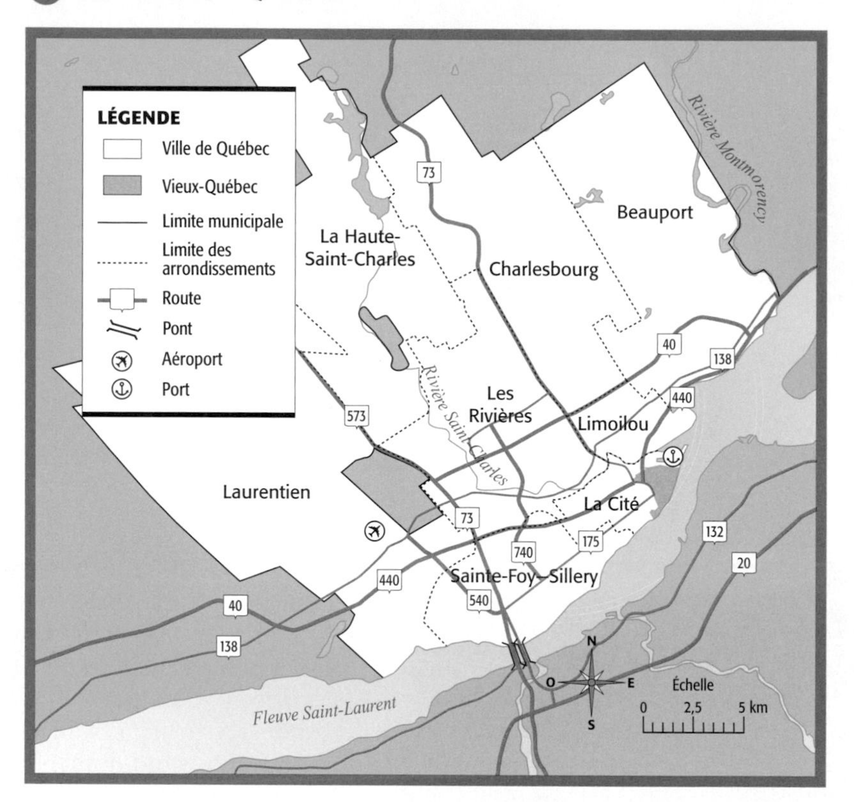

Le Vieux-Québec fait partie de la ville de Québec. Cependant, à cause de son statut patrimonial, les gouvernements fédéral et provincial et la Ville de Québec interviennent dans sa gestion et en partagent les coûts. Le gouvernement du Canada gère le **patrimoine culturel** sur ses propriétés (Lieu historique national du Canada et des Fortifications-de-Québec, Centre d'interprétation du Vieux-Port-de-Québec, etc.). Le gouvernement du Québec est responsable de la sauvegarde de l'arrondissement historique, en vertu de la Loi sur les biens culturels. Pour sa part, la Ville de Québec est responsable, entre autres, de l'**aménagement** du territoire, du **zonage**, de la circulation, de l'entretien des espaces publics et du développement économique.

François-Xavier Garneau

- Qui est ce personnage ? Pourquoi est-il important dans l'histoire du Québec ?
- Pourquoi la maison François-Xavier-Garneau porte-t-elle ce nom ?
- Quelle institution scolaire de Québec porte ce nom ?

② Les contraintes architecturales du Vieux-Québec

Éléments à protéger	Exemples de critères à respecter
Espaces publics	Limiter la hauteur des édifices près des espaces publics pour assurer un bon ensoleillement des rues, des places publiques et des parcs.
Végétation urbaine	Éviter la coupe d'arbres et remplacer les arbres qui doivent absolument être coupés afin de protéger la végétation du Vieux-Québec.
Vestiges archéologiques	Protéger les vestiges archéologiques au moment des travaux d'excavation.
Murs extérieurs	Utiliser des matériaux compatibles avec l'architecture du quartier (ex. : de la pierre ou de la brique, pas de béton, pas de revêtement d'aluminium ou de plastique).
Toiture	Respecter la forme des toits du quartier. Ne pas les recouvrir de goudron ou d'asphalte. Privilégier la couleur gris ou argent.

2 A Quelques contraintes pour les propriétaires d'édifices

Source : Adaptation de *Conserver et mettre en valeur le Vieux-Québec*, Ville de Québec, 1998.

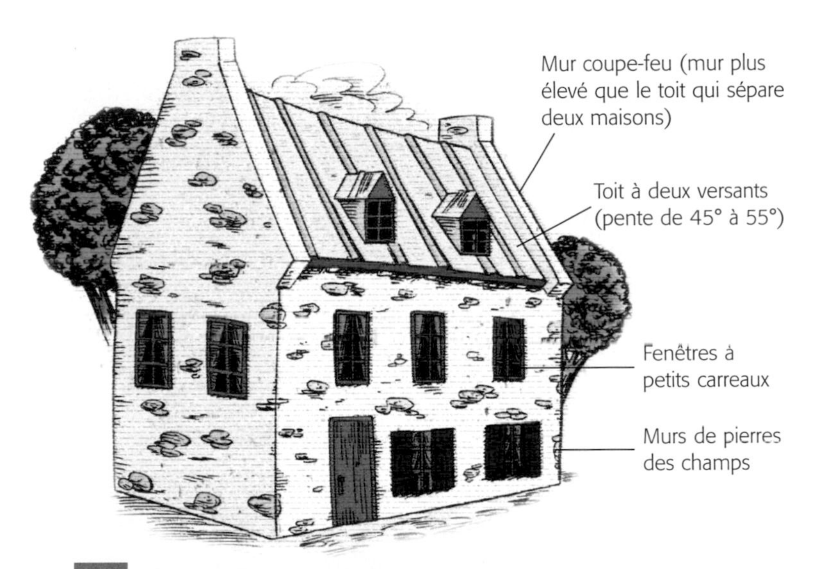

2 B L'architecture urbaine du Régime français

Les gens qui habitent le Vieux-Québec ou qui y possèdent des immeubles doivent s'engager à prendre soin du patrimoine culturel urbain. Avant de modifier l'apparence extérieure de leur propriété, ils doivent obtenir l'autorisation de la Ville de Québec. Par la suite, ils sont obligés de respecter les caractéristiques architecturales des autres bâtiments de l'arrondissement historique.

2 C La maison François-Xavier-Garneau

La Loi sur les biens culturels impose des contraintes additionnelles aux propriétaires de maisons classées monuments historiques. Ce sont des immeubles qui présentent un intérêt historique par leur utilisation ou leur architecture. En plus de conserver l'apparence extérieure de leur maison, ces propriétaires doivent garder les caractéristiques d'origine à l'intérieur (poutres, foyers, planchers, murs, etc.). Cependant, ils peuvent la décorer de meubles modernes. Certaines maisons anciennes, par exemple la maison François-Xavier-Garneau, construite en 1862, ont gardé leur mobilier original et sont devenues des musées.

Observe et construis

a Qui a la responsabilité de conserver le patrimoine culturel du Vieux-Québec ? ❶ ❷

b À quelles obligations doivent se conformer les propriétaires qui veulent rénover leur propriété dans le Vieux-Québec ? ❷

c À ton avis, qu'arriverait-il si les propriétaires n'avaient pas de normes à respecter lorsqu'ils rénovent leurs bâtiments ?

Des projets de développement

Selon toi,

- qu'est-ce qui peut amener les autorités, les commerçants et les résidants du Vieux-Québec à vouloir modifier les bâtiments historiques ou à ériger de nouvelles constructions ?

3 Un quartier qui change au fil du temps

La porte Saint-Jean

En 1871, on voulait démolir les fortifications parce qu'elles nuisaient à la circulation et au développement de la ville. Afin de les sauver, Lord Dufferin a proposé l'élargissement des portes de ces fortifications pour faciliter l'accès à la partie *intra-muros* de Québec. Les portes Saint-Louis et Kent ont donc été reconstruites entre 1878 et 1881, et la porte Saint-Jean a été réaménagée en 1938-1939. Cette porte avait été démolie en 1897 pour permettre la circulation d'un tramway électrique.

4 Le terminal de croisière dans le Vieux-Port

Entre 1998 et 2000, le projet de construction d'un terminal de croisière a suscité une vive controverse, même si cette section du Vieux-Port ne fait pas partie de l'arrondissement historique du Vieux-Québec. La Ville de Québec désirait modifier son port afin qu'il puisse accueillir les gros bateaux de croisière. Le projet consistait, entre autres, à construire une passerelle pour permettre la circulation entre les bateaux et le bâtiment d'accueil du terminal de croisière et à rénover ce bâtiment. Certaines personnes ont jugé que la passerelle et les autres **aménagements** du port auraient un impact négatif sur le paysage du Vieux-Port et sur la circulation routière de ce coin de la ville. Les responsables du projet ont alors modifié leurs plans pour amoindrir les impacts visuels de la passerelle. En 2001, un expert international du **patrimoine culturel** a tranché la question en affirmant que les aménagements ne nuisaient pas au caractère patrimonial du Vieux-Québec. Le terminal de croisière est en activité depuis 2002.

5 Points de vue

5A Patrimoine culturel et développement économique : un heureux mélange

Trop souvent, on pense que la protection du patrimoine culturel nuit au développement d'une ville. Pourtant, ce n'est pas le cas ! La qualité du patrimoine culturel attire les touristes et donne à notre ville une image de marque sur la scène internationale. Par exemple, la ville de Québec est la destination préférée des amateurs de croisières qui sillonnent le fleuve Saint-Laurent, à cause du charme du Vieux-Québec. Ces touristes contribuent à faire rouler l'économie touristique de la ville en dépensant de l'argent dans les musées, les galeries d'art, les restaurants et les hôtels. De cette façon, ils participent au développement social, culturel et économique de la ville. Peut-être pourrait-on imposer une taxe spéciale aux touristes qui visitent le Vieux-Québec. Cette taxe servirait à financer la protection du patrimoine culturel.

Maude Julien
Membre d'un groupe de protection du patrimoine, Québec

5B La protection et la conservation du patrimoine, ça coûte cher !

Je suis propriétaire d'un petit commerce et je considère qu'il est important de préserver notre patrimoine culturel. Cependant, je trouve que les contraintes imposées pour la rénovation de nos bâtiments sont trop importantes. Si je veux apporter des modifications à l'extérieur de mon commerce, je devrai payer plus cher que le propriétaire d'un commerce dans une autre partie de la ville parce que je dois respecter des normes d'architecture et de choix de matériaux très strictes. Par exemple, une fenêtre ordinaire coûte entre 200 $ et 300 $, alors que celles que je dois installer peuvent coûter entre 1 100 $ et 1 400 $! Bien sûr, il existe des programmes gouvernementaux de subventions pour nous aider, mais les subventions sont insuffisantes, et nous payons quand même plus cher que les autres citoyens de Québec. Il faudrait qu'il y en ait davantage ! De plus, le processus de rénovation est plus long, car le projet doit être approuvé par la Ville de Québec, qui doit demander les permissions nécessaires au gouvernement du Québec. Bref, à cause de ces contraintes, je pense que la préservation du patrimoine culturel peut freiner le développement urbain.

Marc Gilbert
Propriétaire d'un commerce dans le Vieux-Québec

Observe et construis

a Pourquoi est-il parfois nécessaire de modifier un bâtiment historique ? 3

b Pourquoi la construction de nouveaux bâtiments suscite-t-elle la controverse même lorsqu'ils ne sont pas situés dans le Vieux-Québec ? 4

c À ton avis, est-ce que la conservation du patrimoine culturel nuit au développement d'une ville ?

d Quelle solution pourrait rassembler les points de vue exprimés ? 5

Pour poursuivre, rends-toi à la page 289.

Enjeu 2

Vivre avec les particularités d'un site

Fiche 6.1.12

Les particularités du Vieux-Québec

Selon toi,

- quelles sont les particularités du Vieux-Québec ?
- qui se déplace dans le Vieux-Québec ?
- pourquoi les déplacements y sont-ils difficiles ?

1 Un milieu de vie, d'étude et de travail

Le Vieux-Québec est le milieu de vie de plus de 4900 habitants. Ces résidants doivent être en mesure de se déplacer aisément pour aller au travail ou tout simplement pour faire leurs courses. De plus, chaque jour, au-delà de 20000 travailleurs et étudiants se rendent dans le Vieux-Québec. On estime qu'environ 80 % des déplacements sont effectués par des gens qui habitent à l'extérieur de cet arrondissement historique.

2 Une zone commerciale dynamique

La rue Saint-Jean est reconnue pour ses multiples boutiques, cafés et restaurants. Elle attire des citoyens qui habitent le Vieux-Québec et les autres **quartiers** de la ville ainsi que des touristes.

4 Une circulation difficile

Chaque jour, environ 230 autobus de transport en commun, 1 000 camions et 24 000 automobiles circulent dans le Vieux-Québec, en plus des autocars de touristes. La **topographie** du Vieux-Québec et les tempêtes de neige hivernales compliquent la circulation : les autobus et les autocars se déplacent avec difficulté dans les rues étroites et sinueuses et ils ne peuvent pas emprunter certaines rues. De plus, les **remparts** qui entourent la partie *intra-muros* de Québec limitent le nombre de points d'accès en voiture. Enfin, la petite taille du territoire (1 km²) complique la circulation automobile. Par contre, elle facilite les déplacements piétonniers.

3 Un moteur de l'économie touristique de la région

Chaque année, plus de 4 millions de touristes visitent le Vieux-Québec, soit plus de 800 touristes pour un résidant ou une résidante ! En été, environ 300 autocars touristiques circulent chaque jour dans le Vieux-Québec. En septembre, la saison des croisières, on en dénombre jusqu'à 700 !

Observe et construis

a Qui circule dans le Vieux-Québec ? 1 2 3 4

b Quelles sont les particularités du Vieux-Québec qui y rendent la circulation difficile ? 4

c Pourquoi est-il facile de se déplacer à pied dans le Vieux-Québec ? 4

Des solutions aux problèmes de transport

Selon toi,

- quels sont les problèmes liés au transport dans le Vieux-Québec?
- quelles solutions sont envisageables?

5 Les déplacements dans le Vieux-Québec

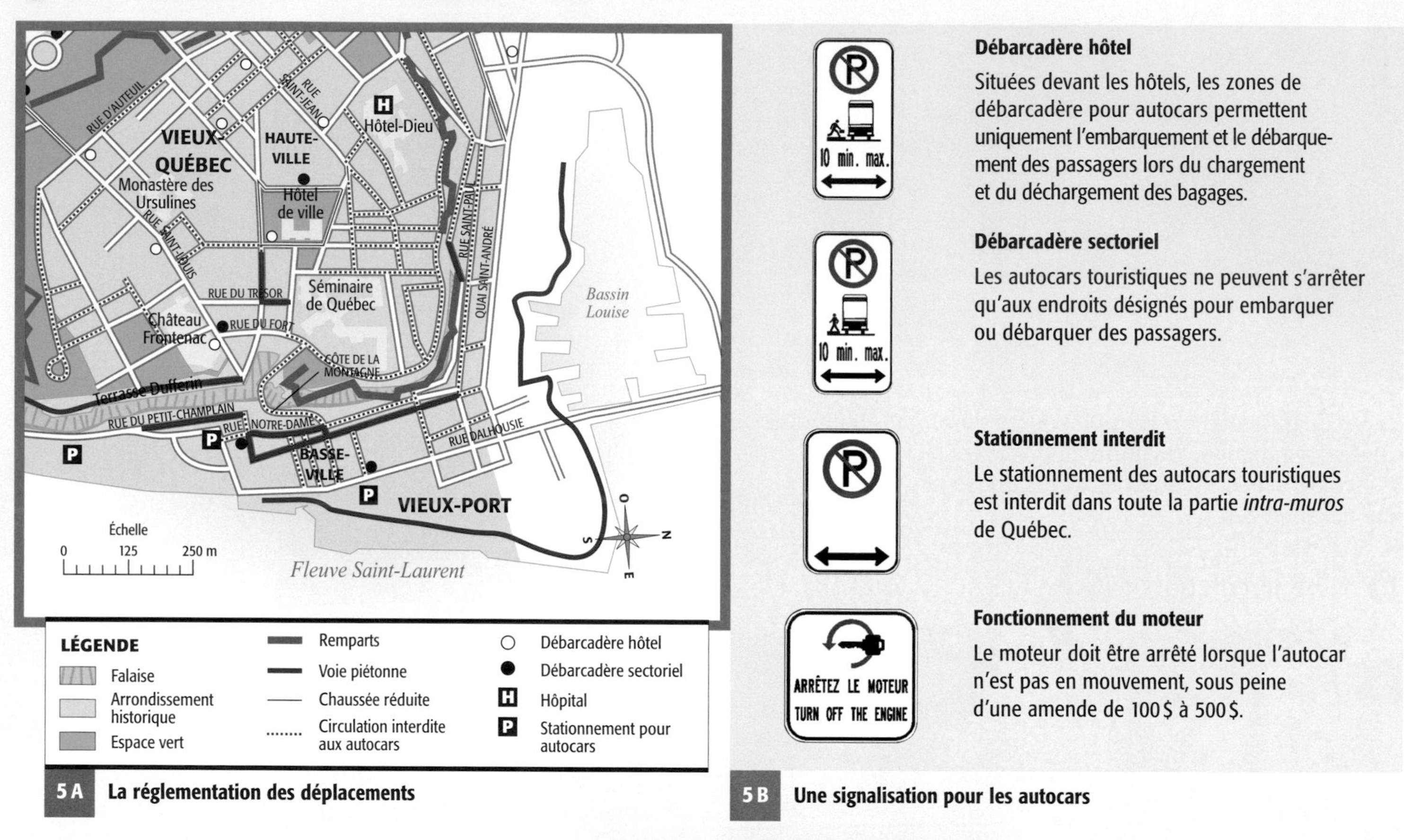

5 A La réglementation des déplacements

Débarcadère hôtel
Situées devant les hôtels, les zones de débarcadère pour autocars permettent uniquement l'embarquement et le débarquement des passagers lors du chargement et du déchargement des bagages.

Débarcadère sectoriel
Les autocars touristiques ne peuvent s'arrêter qu'aux endroits désignés pour embarquer ou débarquer des passagers.

Stationnement interdit
Le stationnement des autocars touristiques est interdit dans toute la partie *intra-muros* de Québec.

Fonctionnement du moteur
Le moteur doit être arrêté lorsque l'autocar n'est pas en mouvement, sous peine d'une amende de 100$ à 500$.

5 B Une signalisation pour les autocars

Au cours des 15 dernières années, la Ville de Québec a transformé certains tronçons de rues en espaces piétonniers (5 C). À d'autres endroits, elle a réduit la surface de la chaussée réservée aux automobiles et élargi les trottoirs et les espaces réservés aux piétons (5 D).

5 C La rue du Petit-Champlain

5 D La côte de la Potasse

6 Le centre piétonnier de Copenhague, au Danemark •

La partie *intra-muros* du Vieux-Québec pourrait-elle devenir entièrement piétonnière comme d'autres centres historiques de villes patrimoniales du monde? Par exemple, le centre historique de Copenhague, constitué de rues étroites qui datent du Moyen Âge, est entièrement réservé aux piétons et aux cyclistes. Pour y arriver, à partir de 1962, la Ville a progressivement réduit le nombre de places de stationnement et les a transformées en places publiques. Elle a également développé un important réseau de pistes cyclables pour encourager les déplacements à vélo et met même gratuitement des vélos à la disposition des résidants et des touristes! Actuellement, 34% des habitants de Copenhague vont travailler tous les jours à bicyclette, et les 6800 résidants du centre historique se déplacent très rarement en automobile. Au début, les commerçants de cette partie de la ville étaient réticents au projet. Depuis, ils ont vu leurs ventes augmenter de 25 à 40%!

7 Des nouvelles des médias

LA VILLE VEUT RÉDUIRE LA CIRCULATION LOURDE DANS LE VIEUX-QUÉBEC

La Ville de Québec propose un plan de gestion intégrée des déplacements dans le Vieux-Québec. Le projet prévoit une diminution importante du nombre d'autobus, autant des autocars que des véhicules du RTC (Réseau de transport de la Capitale).

On mettrait en place un service gratuit de minibus écologiques, notamment pour les touristes et les résidants du quartier. Plus petits et moins polluants que les autobus classiques, ces minibus hybrides (électricité-diesel) pourraient facilement emprunter les rues étroites et sinueuses du quartier.

Le projet vise aussi à interdire aux gros camions de livraison de circuler dans ce secteur. Ils n'y auraient accès qu'entre 7 h et 11 h.

Le projet, estimé à un peu plus de 17 millions de dollars sur trois ans, serait financé à parts égales par les trois paliers de gouvernement. [...]

Le gouvernement fédéral juge cependant le projet de minibus écologiques dans le Vieux-Québec trop cher et difficilement exportable dans les autres villes canadiennes et refuse de le financer.

Source: Radio-Canada, 2003.

Observe et construis

a Quels secteurs du Vieux-Québec sont actuellement piétonniers? 5

b Quelles mesures ont déjà été prises pour réduire la circulation lourde dans le Vieux-Québec? 5 Quelles mesures voudrait-on mettre en place? 7

c Parmi les solutions adoptées à Copenhague, lesquelles pourraient être appliquées dans le Vieux-Québec pour faciliter les déplacements? 6

d À ton avis, quelle particularité du site rend l'usage du vélo difficile dans le Vieux-Québec?

8 Points de vue

8A Oui à un Vieux-Québec totalement piétonnier !

Le plus gros problème de circulation dans notre quartier, ce sont les autocars de touristes ! Ils polluent l'air, font du bruit, obstruent la vue et bloquent les rues étroites lorsqu'ils sont stationnés. Comme plusieurs de mes concitoyens, je souhaite que la Ville adopte une réglementation pour rendre le Vieux-Québec entièrement piétonnier tout en conservant un accès limité aux véhicules motorisés pour les livraisons et les résidants. Mais je sais bien que ce n'est pas du jour au lendemain que les 24000 voitures qui pénètrent quotidiennement dans le quartier vont disparaître. Déjà, si l'on réduisait la limite de vitesse à 30 km/h et que l'on interdisait totalement la circulation des autocars touristiques à l'intérieur des murs, ce serait beaucoup mieux. Sur papier, le projet de minibus écologiques est bien intéressant, mais présentement, personne n'a d'argent pour le réaliser. Qu'est-ce qu'il faut faire en attendant ? Si aucune action n'est entreprise, le quartier risque de perdre encore des résidants.

Myra Talbot
Résidante du Vieux-Québec

Rue du Trésor

8B Le Vieux-Québec doit rester ouvert aux autocars de touristes !

Plusieurs rêvent du jour où les autocars touristiques seront bannis du Vieux-Québec, mais il n'est absolument pas question que cela arrive ! Le tourisme est le moteur économique du Vieux-Québec, et les tours guidés en sont une importante composante. En 2003, plus de 4 millions de touristes ont dépensé en moyenne 627 $ dans les hôtels, les restaurants et les boutiques au cours de leur séjour. En 2003, près de 25 % des touristes européens et 15 % des touristes américains ont visité le Vieux-Québec en autocar.

L'utilisation de ces véhicules est due à plusieurs facteurs. Tout d'abord, la falaise entre la Basse-Ville et la Haute-Ville constitue une barrière physique importante. De plus, les touristes nord-américains et européens ont l'habitude de visiter les villes en autocar et non à pied. Les touristes qui optent pour les tours guidés sont souvent âgés et donc moins mobiles. Finalement, pour ne pas devoir annuler une visite à cause de la pluie ou du mauvais temps, les organisateurs de tours guidés préfèrent souvent les déplacements en autocar.

Paul Simard
Organisateur de tours guidés

9 Des nouvelles des médias

TRANSFORMER LA RUE SAINT-JEAN EN RUE PIÉTONNIÈRE DURANT L'ÉTÉ ?

La Ville de Québec propose de transformer en rue piétonnière le tronçon *intra-muros* de la rue Saint-Jean durant l'été entre dix-huit heures et minuit. Les commerçants, qui n'étaient pas tous favorables à ce projet, sont maintenant prêts à faire un compromis, car on leur a assuré que les livraisons à leurs commerces pourraient être effectuées durant la nuit et en matinée.

Source : *Le Soleil*, 1er juin 2005.

Observe et construis

- **e** Pourquoi est-il compliqué d'interdire les autocars dans le Vieux-Québec ? 8
- **f** Quels sont les points de vue des intervenants ? 8 9
- **g** Quelle solution pourrait rassembler les différents points de vue ? 8 9

Pour poursuivre, rends-toi à la page 289.

Ton défi

À l'œuvre !

Il est maintenant temps de finaliser ton article sur l'enjeu que tu as choisi.

1. Utilise les données que tu as recueillies dans ton tableau pour rédiger ton article.
2. Expose clairement l'enjeu choisi.
3. Mets en évidence les points de vue qui s'opposent dans cet enjeu et les arguments de chaque partie.
4. Une fois que tu auras présenté les différents points de vue, tu exposeras la solution que tu privilégies et tu la justifieras. Aide-toi des questions suivantes :
   - Qui tirera avantage de chaque proposition ?
   - Qui en subira les désagréments ? les coûts ?
   - Quelles seront les conséquences des différentes propositions pour les résidants ? pour les touristes ?
   - Quel compromis permettrait de rallier tous les intervenants ?
5. Relis ton texte, révise-le et améliore-le. N'hésite pas à le soumettre à d'autres lecteurs pour avoir leur avis.
6. Choisis l'endroit où tu diffuseras ton article : le site Internet de l'école, un babillard, un journal de classe, etc.

Synthèse

Fiche 6.1.15

Pour faire le point sur ce que tu as appris, réponds de nouveau aux questions des rubriques « Selon toi ».

ou

Construis un schéma organisateur à l'aide des énoncés suivants :

Quels sont les aspects du problème ?

Quels sont les intervenants ?

Quel est l'enjeu ?

Quelles solutions privilégies-tu ?

Quels sont les points de vue des intervenants ?

Bilan

Fiche 6.1.16

1. Que retiens-tu de l'enjeu que tu as présenté ?
2. Qu'est-ce qui a changé dans ta façon de voir cet enjeu ?
3. Comment as-tu procédé pour énoncer une opinion éclairée ?
4. Quels documents t'ont été les plus utiles pour relever ce défi ?
5. Qu'est-ce que tu améliorerais dans ta façon de procéder si tu avais à refaire une activité semblable ?
6. Pourquoi est-il important que les citoyens puissent donner leurs points de vue sur des projets liés à leur quartier ?

Chapitre 2

La planète et ses enjeux

A Le contexte planétaire

Plusieurs villes du monde souhaitent voir leur nom sur la Liste du **patrimoine culturel** mondial. Elles pourraient ainsi obtenir l'aide d'organismes internationaux pour préserver leur patrimoine culturel. De plus, elles seraient davantage connues à l'échelle internationale, ce qui attirerait les touristes et stimulerait leur économie. Qu'est-ce qui caractérise les villes du patrimoine culturel mondial ? Quelles menaces pèsent sur les villes patrimoniales du monde ?

Ton défi

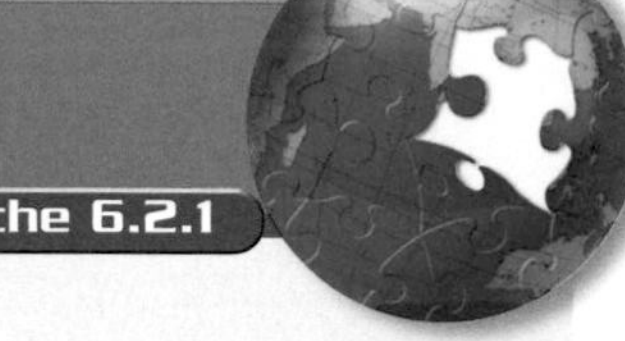

Fiche 6.2.1

Les villes patrimoniales du monde (Première partie)

Ton défi consiste à participer à la rédaction et à la production d'une revue sur les villes du patrimoine culturel mondial en écrivant un article sur une de ces villes. Pour bien présenter cette ville, assure-toi d'abord de comprendre les principales caractéristiques du patrimoine culturel mondial.

Pour rédiger ton article,

1. Note ce que tu apprendras sur les aspects suivants :
   - les caractéristiques des villes patrimoniales selon l'Unesco ;
   - les menaces qui pèsent sur le patrimoine culturel mondial.

   Ces informations pourront t'être utiles pour ton introduction.
2. Choisis une des villes présentées dans la partie Dossiers (p. 312 à 337). N'hésite pas à consulter d'autres sources pour enrichir la description de la ville que tu choisiras.
3. L'article sur la ville choisie devra aborder les aspects suivants :
   - la localisation de la ville sur une carte du monde ;
   - la description des particularités de cette ville (site, population, nombre de touristes, sites patrimoniaux, etc.) et des critères qui en font une ville du patrimoine culturel mondial ;
   - la présentation d'un enjeu territorial ou des enjeux territoriaux liés à cette ville ;
   - la description des menaces qui pèsent sur le patrimoine culturel de la ville et des mesures de conservation mises en place pour assurer sa protection.
4. Consulte au besoin la section Ressources géo (p. 338).
5. N'hésite pas à consulter des sources documentaires variées : atlas, cartes, guides touristiques, sites Internet, revues, magazines, etc.

Le patrimoine culturel mondial

Selon toi,

- qu'est-ce qui caractérise les villes du patrimoine culturel mondial?

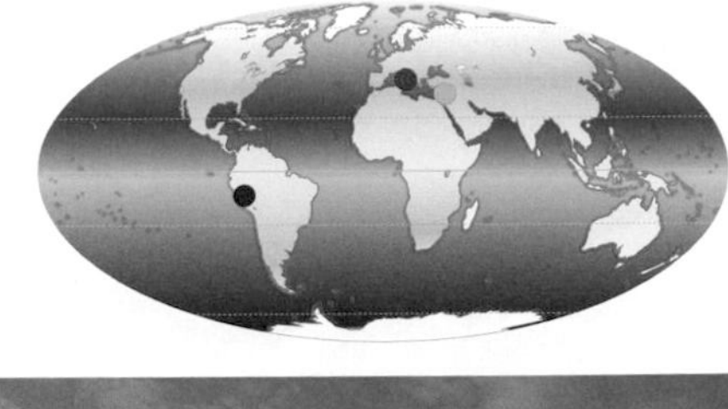

1 Les types d'ensembles urbains selon la Convention pour la protection du patrimoine mondial

1 A

L'**Unesco** considère comme patrimoine culturel mondial les monuments, les ensembles de constructions et les **sites** qui ont une valeur universelle exceptionnelle sur le plan historique, esthétique, archéologique, scientifique, etc. La Convention pour la protection du patrimoine mondial définit plus spécifiquement les ensembles de constructions situés en milieu urbain:

- Les *villes mortes* comme Pompéi, en Italie, entièrement ensevelie lors de l'éruption du Vésuve, en l'an 79 av. J.-C. Parce que la ville n'est plus habitée, il est relativement facile de contrôler l'état de **conservation** de ses vestiges archéologiques (voir 1 B).
- Les *villes historiques vivantes* comme Cuzco, au Pérou, ancienne capitale de l'empire inca. Au 16e siècle, la ville a été conquise par les Espagnols, qui ont construit des palais et des églises sur les ruines incas. Cuzco abrite aujourd'hui plus de 300 000 habitants, ce qui rend les efforts de conservation difficiles (voir 1 C).
- Les *villes nouvelles du 20e siècle* comme la ville blanche de Tel-Aviv, en Israël. Construite entre 1930 et 1950, elle constitue un exemple remarquable d'urbanisme et d'architecture de cette époque. Cette ville est située au milieu d'une grande **agglomération** en constante évolution. À cause de cette situation particulière, sa conservation entraîne de nombreux problèmes. Par exemple, certains propriétaires voudraient modifier des bâtiments protégés (voir 1 D).

1 B Les vestiges de Pompéi, en Italie

1 C La ville de Cuzco, au Pérou

1 D La ville blanche de Tel-Aviv, en Israël

Observe et construis

a Quels types d'ensembles de constructions situés en milieu urbain sont habituellement protégés par l'Unesco? 1

b Quels liens établis-tu entre les types d'ensembles urbains et leur conservation? 1

Les menaces qui pèsent sur les villes patrimoniales

Fiche 6.2.3

Selon toi,

- quelles menaces pèsent sur les villes patrimoniales?

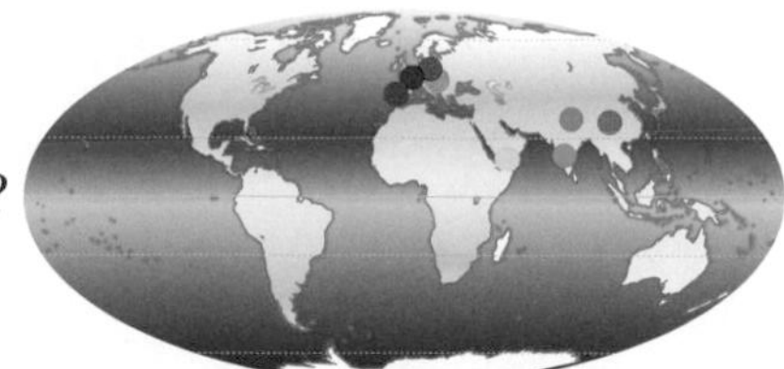

3 L'inondation du centre-ville historique de Prague, en République tchèque, en 2002

Les villes patrimoniales sont particulièrement vulnérables aux **catastrophes naturelles** (éruptions volcaniques, séismes, inondations, ouragans, etc.). Les matériaux de leurs bâtiments, qui datent souvent de plusieurs siècles, sont fragilisés à cause des moisissures, de la corrosion, des insectes et de l'érosion des sols. Ces phénomènes agissent de façon continue, causant le vieillissement et l'usure des bâtiments. C'est ainsi que plusieurs bâtiments historiques du centre-ville de Prague ont été fortement endommagés par l'eau lors des inondations de l'été 2002, les plus graves à survenir dans cette ville depuis 1890.

4 La dégradation du Tāj Mahal à Agra, en Inde

Tout comme de nombreux autres bâtiments et monuments anciens en pierre et en métal, le Tāj Mahal se détériore lentement sous l'effet des **pluies acides** et de la pollution de l'air (perte de couleur, destruction de la couche superficielle du marbre, etc.). À cause de la quantité de plus en plus grande de polluants dans l'air au 20e siècle, certains édifices anciens ont subi plus de dommages au cours des dernières années que durant les siècles précédents!

5 Des menaces dues au développement

Lieu	Exemples
• Ville de Cologne (Allemagne)	La construction d'un gratte-ciel menace l'intégrité du paysage visuel dans le centre historique, autour de la cathédrale.
• Centre historique de la ville d'Ávila (Espagne)	La construction de stationnements et de nouveaux immeubles en plein cœur du centre historique diminue la valeur historique du site.
• Vallée du fleuve Chang jiang (Chine)	D'ici 2009, le nouveau barrage hydroélectrique des Trois Gorges aura fait disparaître sous l'eau 12 villes, 600 sites archéologiques et plus de 8 000 sites culturels.
• Ville historique de Zabid (Yémen)	À cause de mesures de conservation mal appliquées, près de 40 % des maisons historiques ont été remplacées par des habitations modernes en béton.
• Vallée de Kathmandu (Népal)	Le style architectural des villes royales de Kathmandu, Patan et Bhaktapur a progressivement disparu en raison de l'étalement urbain incontrôlé.

Une **urbanisation** rapide et des **aménagements** mal planifiés ou inadéquats constituent des menaces pour les villes patrimoniales. Ces villes risquent en effet de perdre les caractéristiques qui en font des endroits uniques au monde.

6 Le tourisme de masse à Bruges, en Belgique •

Certaines villes patrimoniales attirent chaque année des millions de touristes. Des mesures appropriées en matière de tourisme y favorisent la mise en valeur et la **conservation** des **sites** patrimoniaux. Il en va souvent autrement du **tourisme de masse**, qui peut nuire au **patrimoine culturel** et va même parfois jusqu'à faire fuir les résidants. C'est le cas de Bruges, considérée comme l'une des plus belles villes de l'Europe. Surnommée la « Venise du Nord » à cause de ses canaux, de ses ponts et de ses vieilles maisons, Bruges est la ville la plus visitée de la Belgique. Cependant, plusieurs de ses 120 000 habitants en ont assez. Ils trouvent que les aménagements conçus pour accueillir les très nombreux touristes (grands hôtels, circuits pour autocars dans le centre historique, etc.) accélèrent la dégradation des sites patrimoniaux et augmentent la pollution sonore et visuelle, en plus de nuire à leur qualité de vie.

Observe et construis

a Qu'est-ce qui menace le patrimoine culturel urbain?
3 4 5 6

b Quelles menaces sont liées à des risques naturels? Lesquelles sont le résultat de l'action humaine?
3 4 5 6

c À ton avis, est-ce que certaines menaces sont évitables? Donne un exemple pour expliquer ton point de vue.

7 La destruction de la vieille ville de Dubrovnik, en Croatie •

7 A Dubrovnik, aujourd'hui

Les guerres peuvent avoir des effets dévastateurs sur le **patrimoine culturel**. Par exemple, en 1991, à Dubrovnik, 563 des 824 bâtiments de la vieille ville ont été touchés par des bombes et des tirs d'artillerie (7 B). Heureusement, des efforts de **restauration** ont permis de redonner à la ville son aspect d'autrefois (7 A).

7 B Dubrovnik touchée par les bombardements, en 1991

Ton défi

En marche

Fais une recherche en vue de découvrir les menaces qui pèsent sur la ville que tu as choisie et inscris cette information dans ton tableau.

Observe et construis

d À ton avis, quels travaux de restauration ont dû être entrepris pour redonner à Dubrovnik son visage d'antan? 7

e À ton avis, quelles sont les menaces les plus difficiles à éviter?

3 4 5 6 7

Ton défi

À l'œuvre ! (Première partie)

Fais le point sur l'avancement de ta recherche.

1. Vérifie si tu as l'information nécessaire pour rédiger une introduction qui présente les deux aspects suivants :
   - les caractéristiques des villes patrimoniales selon l'Unesco ;
   - les menaces qui pèsent sur le patrimoine culturel mondial.
2. Assure-toi d'avoir choisi une ville patrimoniale présentée dans la section Dossiers et d'avoir commencé ta collecte d'information.

DOSSIERS

3. À l'aide de la section Dossiers (p. 312 à 337), poursuis ta recherche sur la ville patrimoniale de ton choix.

   Tiens compte des aspects suivants :
   - la localisation de la ville sur une carte du monde ;
   - la description des particularités de cette ville (site, population, nombre de touristes, sites patrimoniaux, etc.) et des critères qui en font une ville du patrimoine culturel mondial ;
   - la présentation d'un enjeu ou des enjeux territoriaux liés à cette ville ;
   - la description des menaces qui pèsent sur le patrimoine culturel de cette ville et des mesures de conservation mises en place pour assurer la protection de son patrimoine.

Synthèse

Fiche 6.2.5

Pour faire le point sur ce que tu as appris, réponds de nouveau aux questions des rubriques « Selon toi ».

ou

Construis un schéma organisateur à l'aide des énoncés suivants :

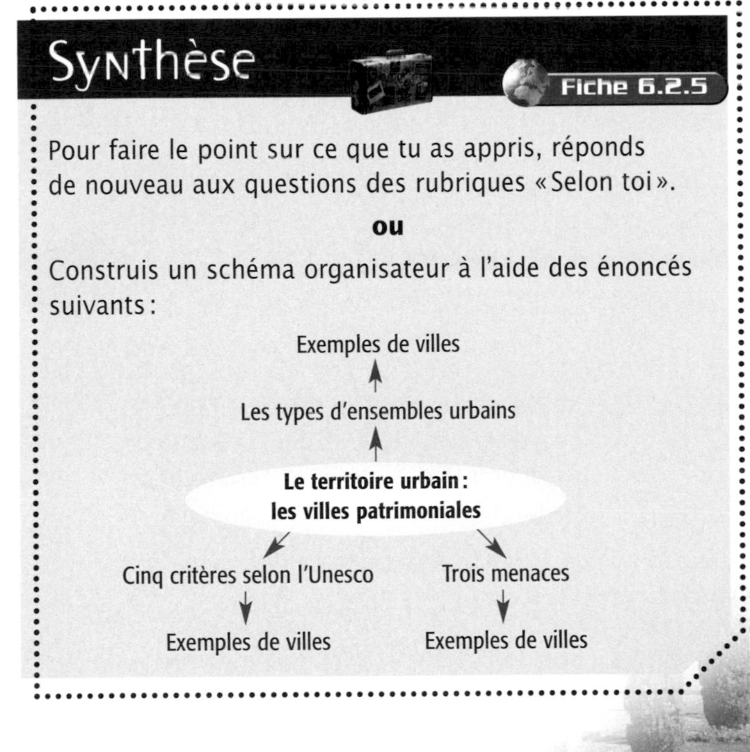

B Des enjeux planétaires

Environ 200 villes font partie de la Liste du **patrimoine culturel** mondial. Même si plusieurs lois les protègent, ces villes sont menacées par l'**urbanisation**, le **tourisme de masse**, les **catastrophes naturelles**, la pollution, etc.

Cette partie du chapitre 2 te présente deux aspects de la problématique liée à la protection des villes patrimoniales du monde. Premièrement, quel est le rôle de l'**Unesco** dans la protection des villes patrimoniales ? Quelles sont ses actions ? Celles-ci sont-elles toujours efficaces ? Deuxièmement, pourquoi est-il important de conserver la diversité culturelle mondiale ? Comment la protection des villes patrimoniales peut-elle contribuer à sauvegarder cette diversité ?

Ton défi

Fiche 6.2.6

Les villes patrimoniales du monde
(Deuxième partie)

Pour faire ta collecte de données sur la ville choisie,

1. Consulte la section Dossiers (p. 312 à 337), mais aussi d'autres sources documentaires (atlas, cartes, guides touristiques, sites Internet, magazines, etc.).
2. Classe l'information trouvée et note tes sources.
3. Pense à ajouter des photos, des tableaux, etc.

Dans la conclusion de ton article, tu présenteras un des deux aspects de la problématique de la conservation du patrimoine culturel mondial :

- la protection des villes par l'Unesco ;
- la protection des villes et la diversité culturelle mondiale.

4. Consulte la rubrique Ton défi – À l'œuvre ! (p. 311) pour finaliser ton défi.

Protéger les villes patrimoniales

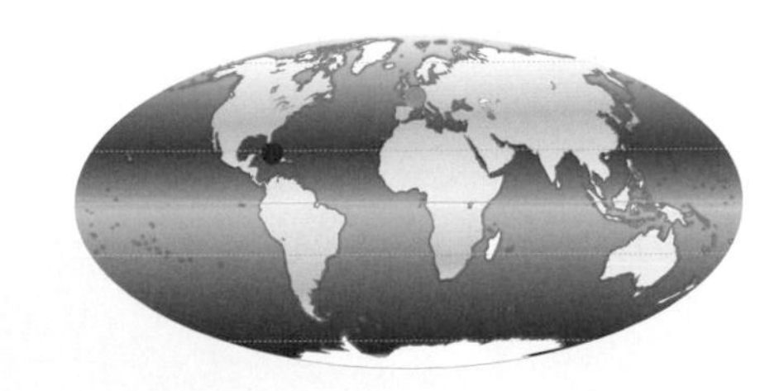

Enjeu 1

La protection des villes par l'Unesco

pages 300 à 305

La Havane, à Cuba

L'Unesco reconnaît la valeur patrimoniale universelle et exceptionnelle de certains ensembles urbains situés un peu partout dans le monde. Les villes où sont situés ces ensembles sont considérées comme des villes patrimoniales. Qu'est-ce que l'Unesco ? Quel rôle cet organisme joue-t-il dans la protection des villes ?

En quoi le rôle de l'Unesco est-il important pour la protection des villes patrimoniales ?

Enjeu 2

La protection des villes et la diversité culturelle mondiale

pages 306 à 310

Hambourg, en Allemagne

Il existe environ 6 000 communautés culturelles dans le monde. Chacune a ses valeurs, ses croyances et ses pratiques. Ces particularités culturelles se reflètent, entre autres, dans l'aménagement des villes. Qu'est-ce que la culture ? La diversité culturelle mondiale est-elle menacée ? Comment la protection des villes patrimoniales peut-elle mener à la protection de cette diversité ?

Pourquoi est-il important de conserver des villes représentatives de différentes cultures ?

Enjeu 1

La protection des villes par l'Unesco

Fiche 6.2.7

L'Unesco, gardienne du patrimoine culturel mondial

Selon toi,

- quel est le rôle de l'Unesco dans la protection du patrimoine culturel ?
- quelles mesures prend l'Unesco pour protéger les villes patrimoniales ?

1 L'Unesco et le patrimoine culturel mondial

1A Qu'est-ce que l'Unesco ?

Le siège social de l'Unesco, à Paris

L'Organisation des Nations Unies pour l'éducation, la science et la culture (Unesco) a vu le jour le 16 novembre 1945. L'objectif de cette agence spécialisée des Nations Unies est vaste et ambitieux : construire la paix dans le monde grâce à l'éducation, à la science, à la culture et à la communication. Pour cet organisme, la paix n'est pas seulement l'absence de conflits. La paix signifie également :

- des budgets consacrés à construire et non pas à tuer et à détruire ;
- des infrastructures et des services qui fonctionnent et s'améliorent ;
- des populations qui font des projets d'avenir ;
- des esprits libérés de vengeance et réceptifs aux idées de solidarité.

La paix est une démarche volontaire qui repose sur le respect de la différence et sur le dialogue.

Source : Unesco, 2005.

1B Le rôle de l'Unesco

- Encourager les pays à proposer des sites qui pourraient être inscrits sur la Liste du patrimoine culturel mondial.
- Aider les pays à sauvegarder les trésors du patrimoine culturel mondial.
- Fournir une assistance dans les situations d'urgence (catastrophes naturelles, guerres, etc.) afin de protéger les sites du patrimoine culturel mondial.
- Appuyer les activités menées par les pays pour sensibiliser le public à la préservation du patrimoine culturel mondial.
- Encourager la participation des populations locales à la préservation de leur patrimoine culturel.

Source : Unesco, 2005.

1C

L'ICOMOS

International Council on Monuments and Sites

Conseil International des Monuments et des Sites

L'ICOMOS est le conseiller scientifique de l'Unesco. Il évalue les nouvelles propositions de sites, fait des rapports sur l'état de conservation des sites déjà inscrits sur la Liste et apporte une aide technique et scientifique lorsque cela est nécessaire.

1D

Quelques obligations d'une ville patrimoniale

Depuis 1987, la Charte internationale pour la sauvegarde des villes historiques adoptée par l'ICOMOS indique ce que doivent faire les villes patrimoniales pour assurer leur conservation :

- Élaborer un plan de sauvegarde qui décrit les actions à entreprendre pour assurer la conservation du patrimoine culturel et qui désigne les bâtiments à protéger
- Entretenir en permanence les bâtiments et les monuments de la ville historique
- Respecter le caractère historique de la ville lors de la transformation ou de la construction d'immeubles
- Encourager les recherches archéologiques
- Interdire la construction de nouveaux grands axes routiers (boulevards, autoroutes) à l'intérieur de la ville historique
- Adopter des mesures préventives contre les catastrophes naturelles et la pollution

1E

Les principales étapes pour l'inscription d'un site sur la Liste du patrimoine culturel mondial

Un pays ayant un site culturel exceptionnel propose son inscription sur la Liste du patrimoine culturel mondial.

Les experts de l'ICOMOS visitent le site.

Les experts de l'ICOMOS évaluent la proposition à partir des critères de l'Unesco.

L'Unesco décide d'inscrire ou non le site sur la Liste en fonction de l'évaluation des experts.

Observe et construis

a Quel est l'objectif général de l'Unesco? 1A

b Qui décide si un site culturel doit être inscrit sur la Liste du patrimoine culturel mondial de l'Unesco? 1E

c À ton avis, quelle obligation est la plus importante pour une ville patrimoniale? 1D

d Que penses-tu de la définition de la paix donnée par l'Unesco ? 1A

2 Les sites du patrimoine culturel mondial en péril en 2005

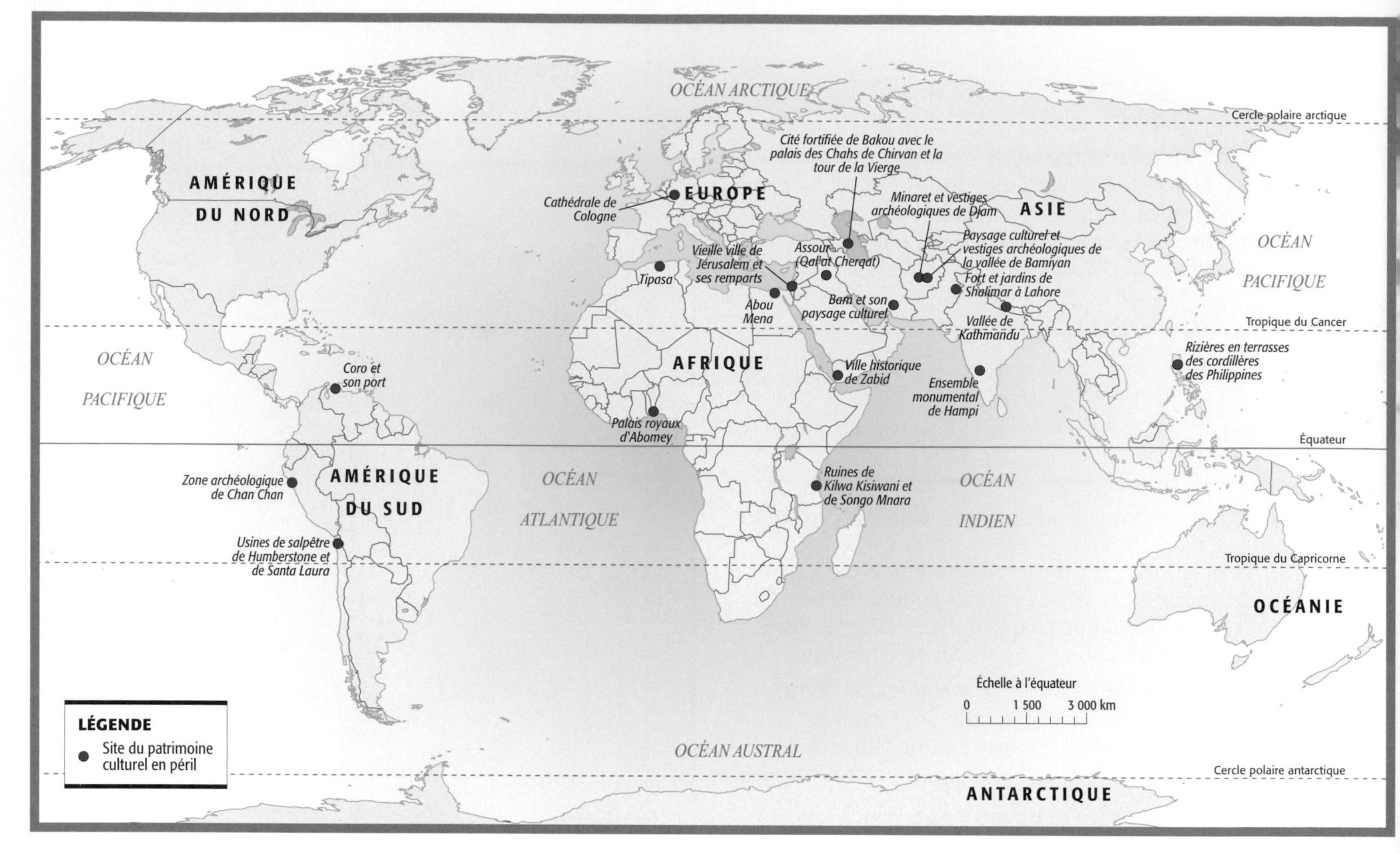

L'**Unesco** n'a pas les moyens financiers de protéger tous les biens menacés de la Terre. Cependant, elle a la possibilité d'inscrire un **site** sur la Liste du patrimoine mondial en péril dès qu'elle considère que son caractère exceptionnel est en danger. Cette liste a pour but d'attirer l'attention du monde entier sur la ville menacée. Elle sert aussi à encourager l'implantation de mesures d'urgence en matière de **conservation**.

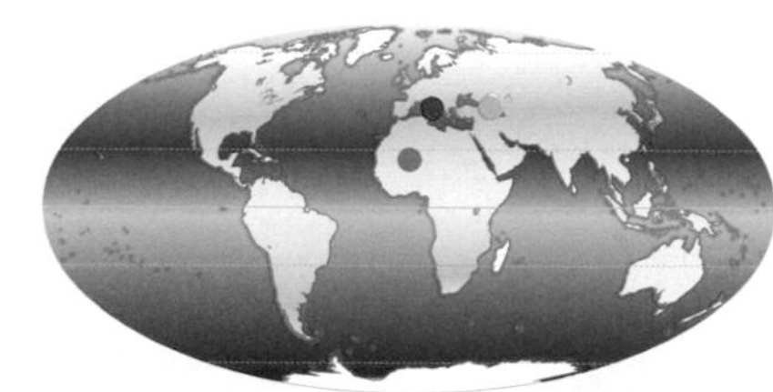

3 La menace d'ensablement à Tombouctou, au Mali •

Située dans le désert du Sahara, la ville de Tombouctou, capitale intellectuelle et spirituelle de l'Afrique aux 15e et 16e siècles, fait partie du **patrimoine culturel** mondial depuis 1988.

Date d'inscription du site sur la Liste du patrimoine mondial en péril : 1990

Menace : envahissement de la ville par les sables du désert.

Mesures prises : travaux de restauration des bâtiments résidentiels et des mosquées endommagés par le sable, plantation d'arbres et de végétation autour de la ville pour réduire l'érosion et l'accumulation de sable.

État de la situation en 2005 : les mesures mises en place par le gouvernement malien et la ville sont suffisantes. Tombouctou a été retirée de la Liste en 2005.

④ Les pressions de l'urbanisation à Bakou, en Azerbaïdjan •

La cité fortifiée de Bakou, construite sur un site habité depuis la préhistoire, a conservé une grande partie de ses remparts du 12e siècle. Elle fait partie du patrimoine culturel mondial depuis 2000. Le palais des Chahs de Chirvan, dans la ville fortifiée, est l'une des merveilles de l'architecture du pays.

Date d'inscription du site sur la Liste du patrimoine mondial en péril : 2003

Menaces : dégâts lors du tremblement de terre de novembre 2000, pression croissante de l'urbanisation, absence de mesures de conservation et de restauration.

Mesures à prendre : a) élaborer un plan d'action pour s'attaquer aux problèmes de conservation et de restauration ; b) appliquer les lois existantes pour empêcher la démolition des monuments historiques et la construction d'aménagements inappropriés ; c) gérer le tourisme sur le site patrimonial.

État de la situation en 2005 : Bakou figure toujours sur la Liste, car les mesures prises par l'Azerbaïdjan ne sont pas suffisantes pour assurer la survie du site patrimonial.

⑤ La campagne de sauvegarde internationale de Venise, en Italie •

La place Saint-Marc, lors de l'inondation de 1966

Depuis les années 1960, l'**Unesco** a lancé plusieurs campagnes internationales pour sauver des sites patrimoniaux menacés. Ces campagnes coûtent des millions de dollars. La plus longue dure depuis 1966, année où l'Unesco a décidé d'aider la ville de Venise à sauver son patrimoine culturel à la suite d'une inondation catastrophique qui a détruit 5 000 maisons et plusieurs œuvres d'art. Il s'agit d'un travail de longue haleine, car même avant l'inondation, Venise était dans un mauvais état de conservation. Les gouvernements de plusieurs pays membres de l'Unesco ont fourni de l'argent, du matériel et des services. Les mesures et les règlements adoptés au cours des 40 dernières années (**restauration** de plus de 80 monuments, interdiction de construire de nouvelles routes, augmentation du nombre de logements abordables pour limiter l'exode des Vénitiens, etc.) ont grandement contribué à la sauvegarde des trésors culturels de Venise.

Observe et construis

e Que peut faire l'Unesco pour protéger les villes patrimoniales ? Donne un exemple.

Conserver le centre-ville historique de Paramaribo

Le Suriname est une ancienne colonie hollandaise située au nord-est de l'Amérique du Sud. Paramaribo, sa capitale, est la seule ville entièrement hollandaise implantée dans cette partie du monde. Son centre historique a été dessiné et construit par des Hollandais, aux 17e et 18e siècles. Le tracé des rues de Paramaribo, caractéristique de l'aménagement hollandais, a été conservé.

La situation

Les bâtiments de Paramaribo ont été conçus par des architectes hollandais, mais construits par des artisans locaux qui ont utilisé les variétés de bois tropicaux de la région. Ils constituent un exemple exceptionnel du mélange d'influences entre deux peuples.

Les grands édifices publics de la ville (dont le fort de Zeelandia, le Palais présidentiel et la cathédrale catholique) ont été construits à l'origine en pierre et en brique, dans le style hollandais. Ils ont été modifiés avec le temps en intégrant des éléments d'architecture locale. Par exemple, le rez-de-chaussée du Palais présidentiel est bâti en pierre, mais les étages supérieurs sont en bois. La plupart des autres édifices de Paramaribo sont faits de bois, ce qui les rend vulnérables au feu et aux termites. La plupart des édifices ont été construits après 1821 ou 1832, années au cours desquelles des incendies majeurs ont détruit environ 450 maisons.

Les mesures de conservation

Dès 1993, des mesures de **conservation** ont été mises en place afin de transmettre le **patrimoine culturel** exceptionnel et fragile de cette ville aux générations futures. En 1997, la Fondation du patrimoine urbain du Suriname a dressé un plan pour conserver et développer le centre-ville de Paramaribo et gérer son patrimoine culturel. Par la suite, en 1998, les autorités ont fait une demande pour que le centre historique soit inscrit sur la Liste du patrimoine culturel mondial. L'ICOMOS a reconnu la valeur culturelle de Paramaribo. Cependant, il a jugé que les politiques de conservation étaient insuffisantes. En 1999, l'ICOMOS recommandait que des mesures supplémentaires de conservation et de gestion soient prises afin que le **site** puisse être inclus sur la Liste.

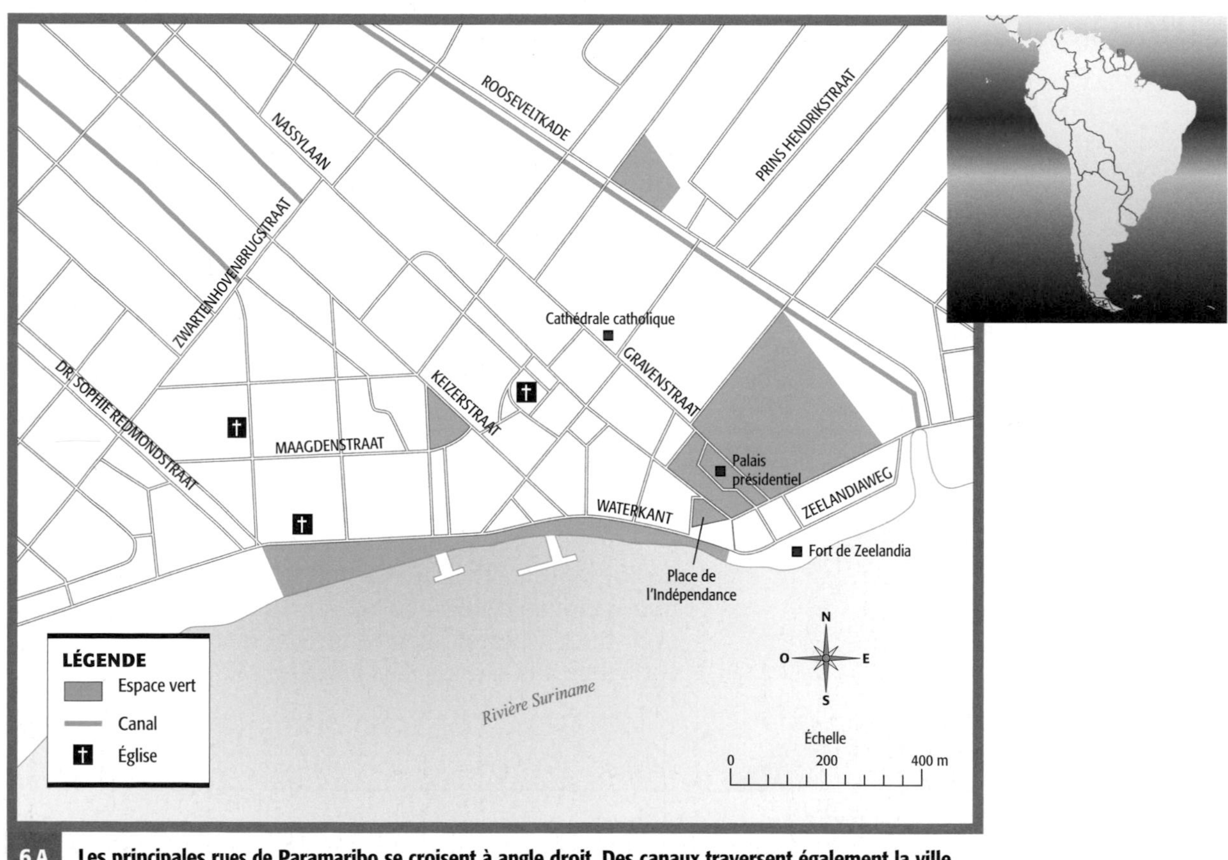

6 A **Les principales rues de Paramaribo se croisent à angle droit. Des canaux traversent également la ville. Les Hollandais les ont construits en s'inspirant des nombreux canaux présents dans leur pays d'origine.**

Des solutions

Attentif aux recommandations de l'ICOMOS, le gouvernement du Suriname a adopté une loi destinée à protéger les **quartiers** historiques. Cette loi impose des contraintes aux personnes qui veulent modifier des bâtiments historiques. Des mesures gouvernementales permettent également aux propriétaires d'emprunter de l'argent pour financer des travaux de conservation et de **restauration**.

Grâce aux nouvelles actions entreprises par le gouvernement du Suriname, le centre-ville historique de Paramaribo est inscrit depuis 2002 sur la Liste du patrimoine culturel mondial de l'Unesco en fonction des critères 2 et 4 de la Convention du patrimoine culturel mondial (voir p. 292).

6B **Construit en 1730, le Palais présidentiel est aujourd'hui au cœur du centre historique protégé.**

6C **Les maisons en bois typiques de Paramaribo se reconnaissent à leur façade blanche, à leur base rectangulaire et à leur toit pentu.**

Observe et construis

f Pour quelles raisons le centre-ville de Paramaribo est-il remarquable? ⑥

g Quelles mesures ont été prises par le gouvernement du Suriname pour sauvegarder son patrimoine culturel? ⑥

h Quel rôle joue l'Unesco dans la protection du patrimoine culturel de Paramaribo? ⑥

La protection des villes et la diversité culturelle mondiale

La diversité culturelle mondiale

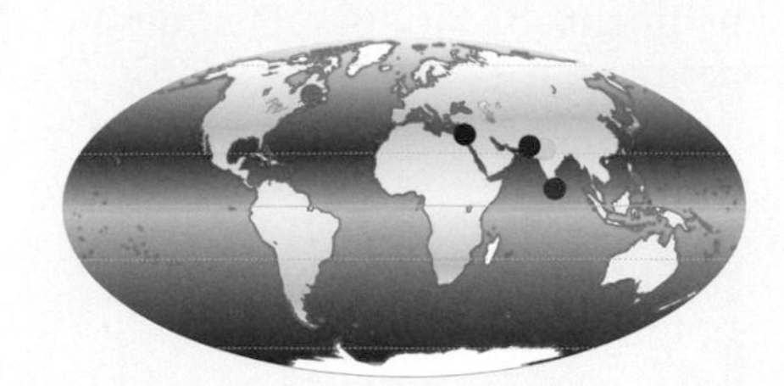

Selon toi,

- comment la culture s'exprime-t-elle dans les villes ?

1 La diversité linguistique dans le monde

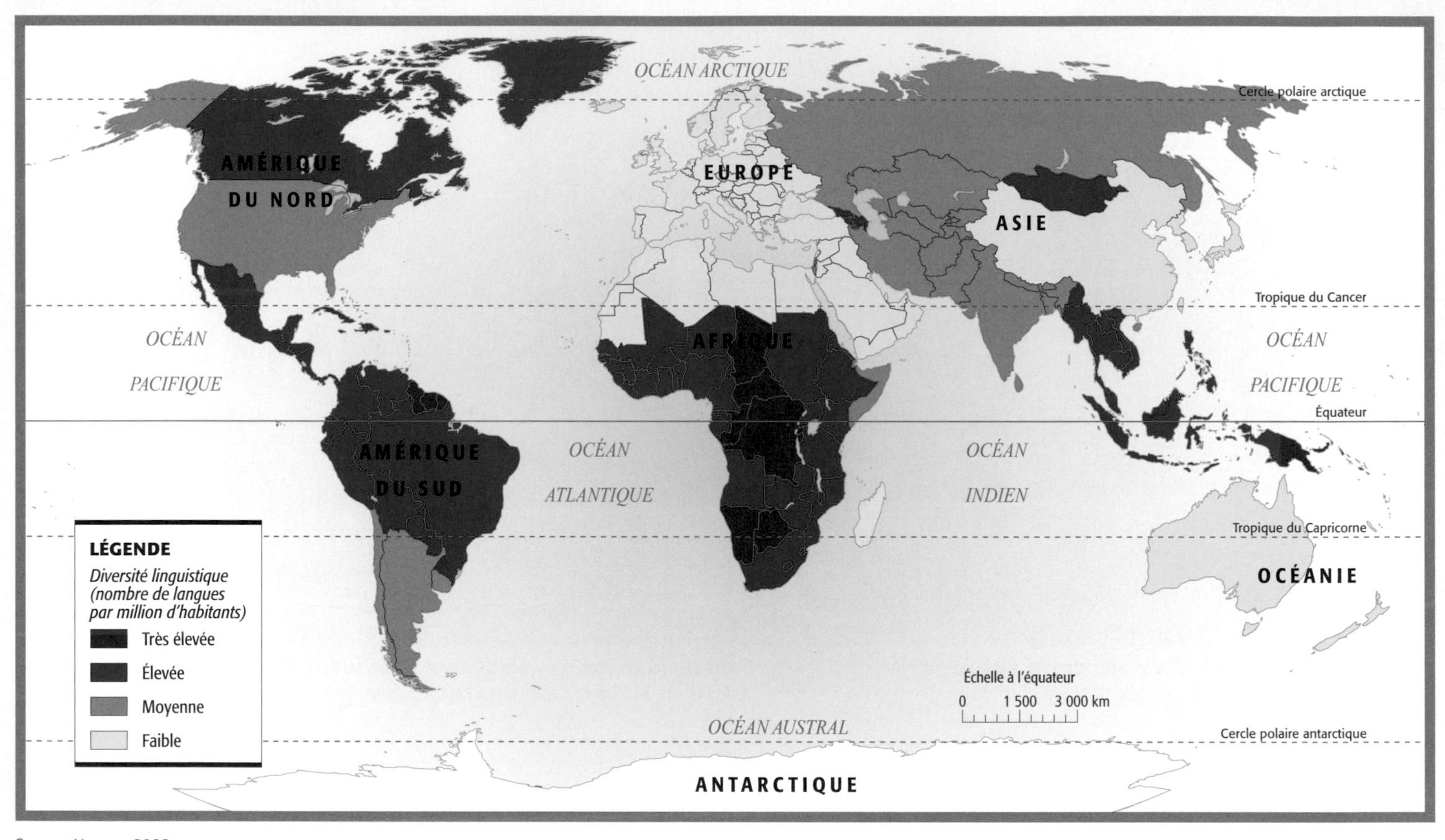

Source : Unesco, 2002

La **culture** s'exprime dans le mode de vie (langue, religion, alimentation, vêtements, constructions, etc.). Entre 6000 et 7000 langues sont parlées dans le monde, dont la moitié sont menacées de disparition. Cette menace tend à s'accentuer dans le contexte de la **mondialisation**. Les langues maternelles les plus parlées sont, dans l'ordre, le chinois, l'anglais, l'espagnol, l'hindi et l'arabe. La diversité linguistique est présente dans la plupart des grandes villes. Par exemple, dans le **quartier** Côte-des-Neiges, à Montréal, 110 langues sont parlées, ce qui en fait le quartier le plus multiethnique au Canada !

La diversité linguistique est le nombre de langues parlées dans un pays par rapport au nombre d'habitants de ce pays. Par exemple, Vanuatu, un archipel de l'océan Pacifique, est l'endroit où la diversité linguistique est la plus élevée au monde. Une centaine de langues y sont parlées par un peu moins de 200000 personnes ! Le nombre de langues parlées dans un pays ne se limite pas à ses langues officielles. C'est ce qui explique que la diversité linguistique soit élevée au Canada, où l'anglais et le français sont les langues officielles, mais où un million d'autochtones s'expriment dans plus de 50 langues différentes ! De plus, on parle au-delà d'une centaine d'autres langues au Canada.

② La diversité des religions dans le monde

2A **L'Oratoire Saint-Joseph à Montréal, au Canada** ●

2B **Le mur des Lamentations à Jérusalem, en Israël** ●

2C **Un temple bouddhiste à Kandy, au Sri Lanka** ●

2D **Le temple hindou de Lakshmi Narayan, à New Delhi, en Inde** ●

2E **La Mosquée rouge de Badshahi à Lahore, au Pakistan** ●

L'architecture et l'**aménagement** urbain des villes reflètent la diversité des valeurs et des croyances de leurs habitants. Le patrimoine religieux est présent dans la plupart des sociétés, puisque presque tous les peuples de la Terre pratiquent une ou plusieurs religions. Ce patrimoine comprend notamment des **sites** sacrés, des sépultures, des édifices et des sites de pèlerinage. Plusieurs de ces sites religieux sont situés dans des villes. Jérusalem a la particularité d'être à la fois une ville sainte du judaïsme, du christianisme et de l'islam. Le mur des Lamentations délimite les quartiers des différentes communautés religieuses de la ville.

Observe et construis

a Comment s'exprime la diversité culturelle dans les villes du monde? ❶ ❷

b Où sont situés les pays où l'on trouve la plus grande diversité linguistique? ceux où l'on trouve la plus faible diversité? ❶

Les menaces qui pèsent sur la diversité culturelle dans les villes

Fiche 6.2.9

Selon toi,

- pourquoi est-il important de protéger la diversité culturelle ?
- comment la diversité culturelle peut-elle être menacée ?

3 La diversité culturelle et la diversité du patrimoine

La diversité des cultures et du patrimoine culturel constitue une richesse intellectuelle et spirituelle irremplaçable pour toute l'humanité. Elle doit être reconnue comme un aspect essentiel de son développement. Non seulement sa protection, mais aussi sa promotion demeurent des facteurs fondamentaux du développement de l'humanité.

Les cultures et les sociétés s'expriment dans des formes et des modalités d'expression qui constituent leur patrimoine. Ces formes et ces modalités doivent être respectées.

En conséquence, il est de la plus haute importance et de la plus grande urgence que soient reconnus les caractères spécifiques se rapportant aux valeurs du patrimoine de chaque culture.

Source : ICOMOS, *Document Nara sur l'authenticité*, 1994.

Il est essentiel de prendre des mesures pour protéger la diversité culturelle. En octobre 2005, les pays membres de l'**Unesco** ont adopté une convention visant à protéger et à promouvoir la diversité culturelle dans le monde (musique, cinéma, patrimoine, etc.).

4 L'architecture traditionnelle à Sanaa, au Yémen •

L'architecture traditionnelle est l'expression fondamentale de la **culture** d'une société. Pourtant, le **patrimoine bâti** mondial devient de plus en plus uniforme, ce qui constitue une menace pour la diversité culturelle. En effet, partout dans le monde, on utilise de moins en moins de matériaux traditionnels et on privilégie les matériaux modernes comme le béton, le plastique et l'aluminium pour la construction de bâtiments neufs. De plus, dans plusieurs pays, de nombreuses constructions traditionnelles sont démolies et remplacées par des édifices modernes.

5 L'expression de la diversité culturelle dans les villes

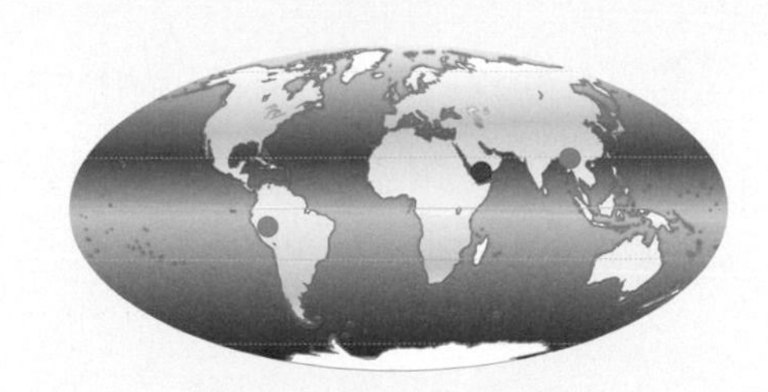

Comme touriste, aimerais-tu visiter des villes toutes pareilles ? Afin d'assurer la protection de la diversité culturelle mondiale, l'Unesco s'efforce de protéger les **sites** et les ensembles urbains représentatifs du **patrimoine culturel** des minorités ou ceux qui sont menacés de disparition.

6 La culture dans les villes

6 A **La fête traditionnelle de l'Inti Raymi, à Cuzco, au Pérou**

6 B **Un marché à Kalaw, au Myanmar**

Dans les villes, la culture ne s'exprime pas seulement dans l'architecture. Elle s'affirme aussi à travers le mode de vie des habitants. Par exemple, les lieux et les activités traditionnels tels que les marchés publics et les fêtes témoignent du mode de vie des citadins. Dans certaines villes, le mode de vie moderne menace cette facette de la diversité culturelle.

Observe et construis

a Pourquoi est-il important de prendre des mesures pour assurer la protection de la diversité culturelle mondiale ? 3

b En quoi la protection des villes par l'Unesco aide-t-elle à protéger la diversité culturelle mondiale ? 5

c Comment s'exprime la culture dans les villes ? 4 6

d Qu'est-ce qui menace la diversité culturelle dans les villes ? 4 6

7 L'influence de la culture occidentale dans le monde

Taipei, à Taiwan, en Chine ●

L'avenir de chaque ville historique dépend de la préservation de son identité. À cause de la **mondialisation**, la forte influence de la **culture** occidentale se fait sentir partout dans le monde et menace l'authenticité culturelle de nombreuses villes historiques. Cependant, les experts souhaitent que cette menace sensibilise les populations locales à l'importance de conserver leur **patrimoine culturel** avant qu'il ne soit trop tard.

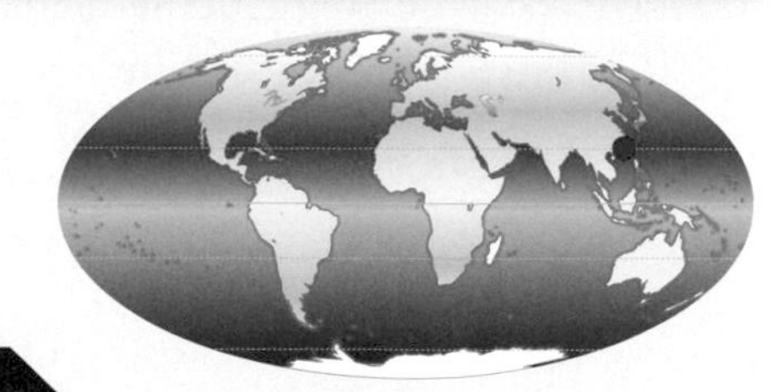

Observe et construis

e Comment l'influence de la culture occidentale se fait-elle sentir à Taipei? 7

Ton défi

Fiche 6.2.4

À l'œuvre ! (Deuxième partie)

Il est maintenant temps de finaliser le texte de ton article et de soigner la présentation de la revue. Si le projet a été fait en équipe, il faut aussi rassembler le travail de tous les élèves de la classe et assembler les différentes parties de la revue.

1. Rédige ton texte à partir des données recueillies.
2. Rappelle-toi que ton article doit contenir :
   - une introduction qui tient compte de ce que tu as appris sur le patrimoine culturel mondial ;
   - la présentation d'une ville patrimoniale (localisation, histoire, sites patrimoniaux, menaces qui pèsent sur le patrimoine culturel, mesures de conservation mises en place) ;
   - la description de la façon dont cette ville fait face à l'un des enjeux territoriaux traités dans le chapitre 1 (conserver le patrimoine culturel dans une ville moderne ou vivre avec les particularités d'un site) ;
   - une conclusion qui met l'accent sur le rôle de l'Unesco dans la protection des villes patrimoniales ou sur l'importance de préserver la diversité culturelle de la Terre.
3. Soumets ton texte à d'autres lecteurs et améliore-le en tenant compte de leurs commentaires. Révise-le à l'aide des outils dont tu disposes et de la démarche de rédaction que tu utilises habituellement.
4. Ajoute des photos et soigne la présentation de ton article en utilisant tous les moyens techniques auxquels tu as accès.

Synthèse

Fiche 6.2.10

DOSSIERS

Pour démontrer ta compréhension des enjeux planétaires,

- trouve deux documents qui démontrent la cohabitation de l'ancien et du moderne dans les villes patrimoniales de la section Dossiers (p. 312 à 337) ;
- décris deux menaces qui pèsent sur le patrimoine des villes présentées dans cette section.

Bilan

Fiche 6.2.11

1. Comment l'ordinateur t'a-t-il aidé à relever ce défi ?
2. De quelle façon as-tu respecté les règles sur la propriété intellectuelle ?
3. En quoi l'article que tu as rédigé ou auquel tu as contribué est-il original ?
4. Quelles modalités as-tu trouvé efficaces dans le travail de groupe ?
5. Qu'est-ce qui pourrait être amélioré dans le fonctionnement de ton équipe de travail ?
6. Qu'as-tu fait pour rendre ta production attrayante ?
7. Que penses-tu maintenant de la conservation du patrimoine culturel ?

DOSSIERS

Paris

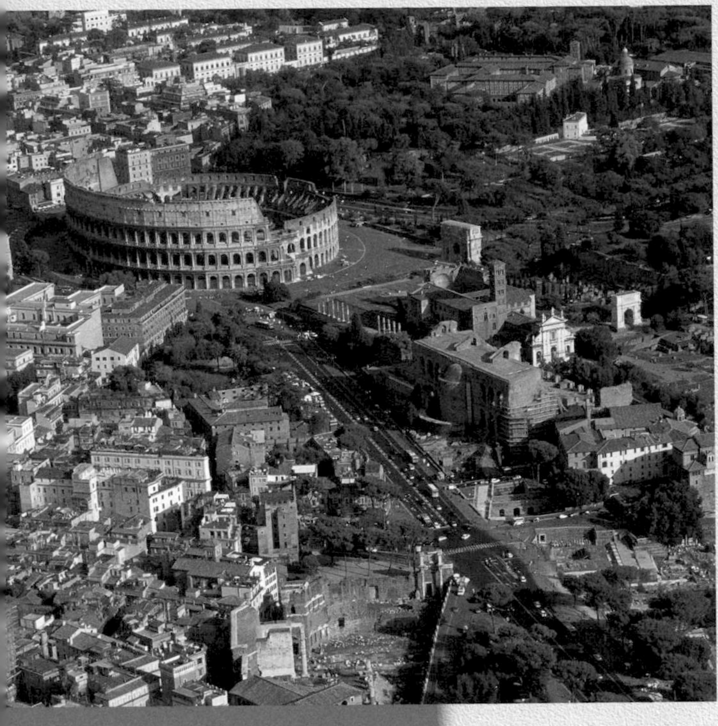

Rome

Beijing

Athènes

Athènes	
Caractéristique	Capitale de la Grèce
Population de la région métropolitaine	1950 : 1,8 million 1975 : 2,7 millions 2003 : 3,2 millions
Nombre de touristes par année	1,6 million
Grèce	
Population	11 millions
PIB/hab.	20 362 $
Langue officielle	Grec moderne
Principale religion	Orthodoxe

Sources : *Athens International Airport* ; *CIA World Factbook*, 2005 ; *L'état du monde 2006* ; *Population Division of the Department of Economic and Social Affairs of the United Nations Secretariat*, 2005.

Athènes

Le territoire

Athènes est située dans la plaine Attique et est entourée de montagnes et de collines. Son histoire est liée à celle des civilisations occidentales. Dans la Grèce antique, au 5e siècle av. J.-C., la ville a vu naître la démocratie et le théâtre grec. Aujourd'hui, Athènes est la capitale de la Grèce. Le centre de la ville moderne s'est développé autour de l'Acropole et de la colline de Lycabette.

1 Athènes, capitale de la Grèce

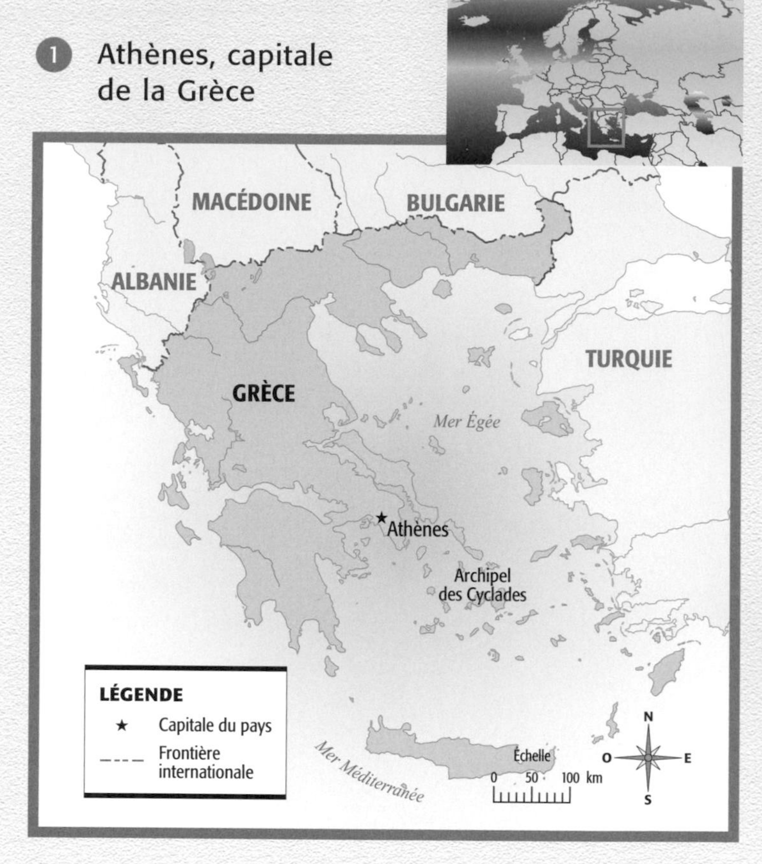

La Grèce est située au sud-est de l'Europe. Elle comprend la majorité des îles de la mer Égée.

2 L'Acropole

UNESCO

L'Acropole d'Athènes, aussi appelée « rocher sacré », est un promontoire rocheux de 156 m de hauteur. Le Parthénon et d'autres monuments célèbres de la Grèce antique se dressent sur ce **site**, habité depuis au moins le deuxième millénaire av. J.-C. Érigé au 5e siècle av. J.-C., le Parthénon était consacré à la déesse Athéna, protectrice de la cité d'Athènes. Son fronton (la partie supérieure de sa façade) et ses colonnades ont inspiré les architectes du monde entier. Le Parthénon est un édifice tellement connu du patrimoine culturel mondial que l'**Unesco** s'en est inspiré pour son logo !

3 Le centre historique d'Athènes

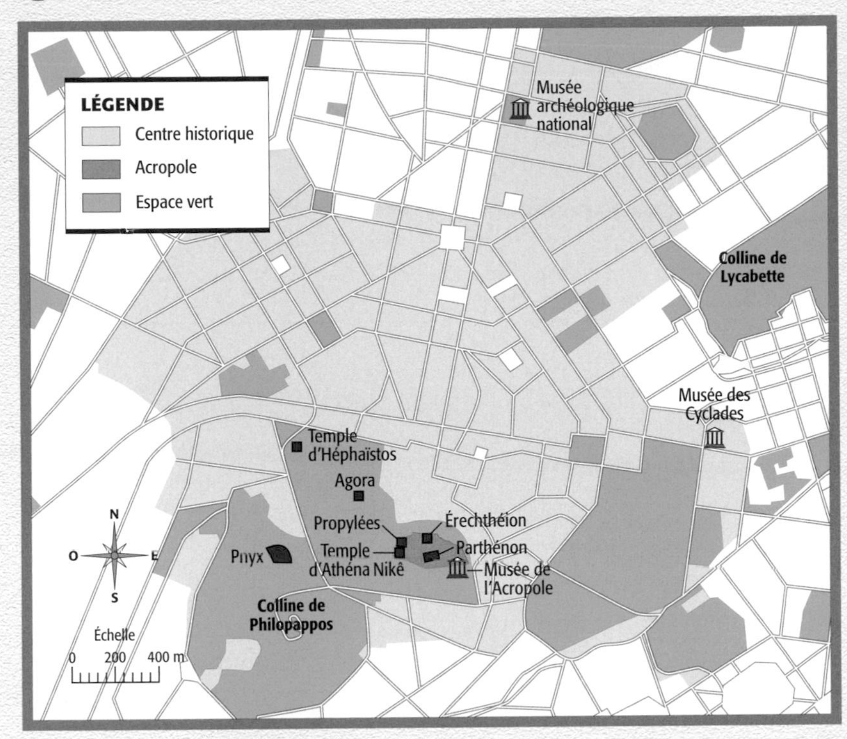

Les sites patrimoniaux d'Athènes sont concentrés dans le centre historique, entre l'Acropole et la colline de Lycabette.

4 La Pnyx

La colline de la Pnyx, située à l'ouest de l'Acropole, accueillait les assemblées publiques dans la Grèce antique. Aujourd'hui, on peut y voir les vestiges d'une esplanade en demi-cercle qui servait de tribune aux orateurs lorsqu'ils s'adressaient à la foule.

Les sites patrimoniaux

En plus du Parthénon, trois monuments de l'Acropole comptent parmi les plus grands chefs-d'œuvre de la Grèce antique : les Propylées, l'Érechthéion et le temple d'Athéna Nikê.

Au pied de l'Acropole s'étend l'ancienne Agora. Ce vaste espace public servait à la fois de place de marché et de lieu de rencontre pour les citoyens. Aujourd'hui, on y voit les vestiges de plusieurs monuments. Le plus impressionnant est le temple dédié à Héphaïstos (dieu grec du feu et des métaux). C'est aussi le seul temple qui soit encore debout.

Le **patrimoine culturel** athénien ne se résume pas aux monuments, même s'ils sont importants ! Des dizaines de milliers d'objets (sculptures, céramiques, etc.) ensevelis sous la ville moderne sont découverts chaque année à l'occasion de fouilles archéologiques.

5 L'Agora

Au cours de l'Antiquité, l'Agora était le centre politique, économique, administratif et culturel d'Athènes. On y trouvait des commerces ainsi que des édifices administratifs, culturels et religieux. Avec les années, de nouveaux bâtiments ont été édifiés sur le site. Entre 1890 et 1891, lors des travaux d'excavation liés à la construction de la première ligne de métro, on a découvert les vestiges de plusieurs anciens bâtiments publics. Depuis, environ 400 édifices modernes construits sur les ruines de l'Agora ont été démolis, ce qui a permis de poursuivre les fouilles archéologiques et d'aménager le site tel qu'on le voit aujourd'hui.

6 L'Acropole, site du patrimoine culturel mondial

Critère de l'Unesco (voir p. 292)	Description
1	L'Acropole constitue l'adaptation idéale de l'architecture à un site naturel.
2	À plusieurs époques, le Parthénon et les autres chefs-d'œuvre de la Grèce antique ont inspiré les architectes du monde entier.
3	Les temples et les statues de l'Acropole apportent un témoignage unique sur les religions et la culture de la Grèce antique.
4	L'Acropole illustre les civilisations de la Grèce qui se sont succédé sur son site pendant plus d'un millénaire.

Le site de l'Acropole est mondialement connu. Il fait partie de la Liste du patrimoine culturel mondial de l'**Unesco** depuis 1987.

Les menaces qui pèsent sur le patrimoine de la ville

Comme plusieurs autres grandes villes du monde, Athènes est aux prises avec des problèmes de pollution de l'air. Les Athéniens appellent *néphos* le nuage brunâtre de **smog** qui se forme au-dessus de leur ville certains jours de l'année. Les polluants émis par les voitures et les industries retombent sous forme de **pluie acide** sur le marbre des monuments et des édifices historiques. Une réaction chimique entre les pluies acides et le marbre transforme ce dernier en gypse, une substance qui se désagrège facilement. Cette transformation entraîne la destruction de la couche superficielle du monument. On estime que, depuis 25 ans, la pollution a davantage endommagé l'Acropole que 25 siècles d'usure naturelle causée par la pluie et le vent!

Au cours des siècles, les monuments de l'Acropole ont été particulièrement éprouvés par les tremblements de terre, les incendies et les guerres. La destruction de la partie centrale du Parthénon a d'ailleurs été causée par une explosion au cours d'un conflit, en 1687. En 1981, un tremblement de terre a aussi endommagé les monuments de l'Acropole. Des travaux de **restauration** ont alors été entrepris en vue de les solidifier.

Les nombreux touristes constituent également une menace pour le **patrimoine culturel** athénien. En effet, le piétinement de milliers de visiteurs (770 000 en 2003) a accéléré la dégradation du revêtement de sol des monuments de l'Acropole. Par mesure de prévention, l'intérieur du Parthénon est désormais interdit aux visiteurs.

7 Les effets de la pollution atmosphérique

Pour protéger de la pollution les Caryatides qui ornaient l'entrée de l'Érechthéion, ces statues ont été déménagées dans un musée où la température et l'humidité sont contrôlées. Celles que l'on voit aujourd'hui sur le site sont des copies.

Des mesures de conservation et de restauration

Athènes compte plusieurs musées consacrés à la **conservation** et à la promotion de l'art grec ancien (Musée archéologique national, musée de l'Acropole, musée des Cyclades, etc.).

Au début du 19e siècle, Lord Elgin, un diplomate britannique, a fait transporter à Londres plusieurs éléments décoratifs du Parthénon, qui sont aujourd'hui exposés au British Museum. Depuis 1829, le gouvernement grec demande que ces trésors soient rapatriés en Grèce, estimant qu'ils font partie du patrimoine culturel de ce pays. Ceux qui s'opposent au rapatriement de ces pièces affirment qu'elles appartiennent au patrimoine culturel mondial et qu'elles sont mieux conservées à Londres qu'à Athènes, où les installations sont jugées moins adéquates. Depuis quelques années, les autorités grecques multiplient les demandes pour récupérer le patrimoine culturel de leur pays. Elles ont d'ailleurs fait construire un nouveau musée moderne pour les accueillir. Seul l'avenir nous dira si Athènes reverra un jour ces trésors…

Malgré les travaux de conservation et de restauration réalisés au 19e siècle, le Parthénon et les autres monuments de l'Acropole étaient jusqu'à récemment dans un piètre état de conservation. Des travaux de restauration majeurs ont commencé en 1975 et se poursuivent encore aujourd'hui. Certaines parties ont dû être reconstruites, et le marbre a été traité pour mieux résister à la pollution de l'air. On a aussi remplacé des morceaux de frises et des sculptures par des copies. Les pièces originales sont maintenant à l'abri, au musée de l'Acropole.

8 L'art cycladique

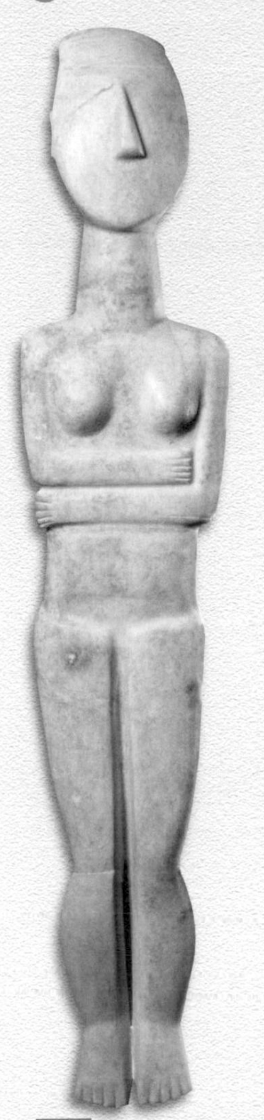

8 A **Figurine de l'art cycladique**

8 B ***Caryatide*, dessin d'Amedeo Modigliani, 1912**

Plusieurs de ces figurines de marbre (8 A) sont exposées au musée des Cyclades, à Athènes. Elles constituent l'élément le plus caractéristique de la **culture** des Cyclades (3e millénaire av. J.-C.), un peuple qui vivait dans l'**archipel** du même nom. Ces élégantes figurines ont inspiré des artistes du 20e siècle tels que Constantin Brancusi, Pablo Picasso et Amedeo Modigliani (8 B).

9 Le fronton du Parthénon

Les sculptures originales qui ornaient les deux frontons du Parthénon ont été très endommagées. Ici, on peut voir une reconstitution du fronton (côté est) qui est exposée dans un musée d'Athènes. La scène représente la naissance de la déesse Athéna.

⑩ La restauration du Parthénon

La **restauration** d'un monument comme le Parthénon constitue une entreprise colossale. On doit solidifier les colonnes, nettoyer le marbre, protéger de la pollution les sculptures et les éléments décoratifs, etc. Dans le cadre de ces travaux, les archéologues doivent aussi inscrire dans une base de données des informations sur chacun des fragments trouvés sur le site (lieu où il a été trouvé, forme, état de conservation, etc.). Il y en aurait entre 50 000 et 70 000 !

Des enjeux territoriaux

Vivre avec les particularités d'un site

Il arrive souvent que des découvertes archéologiques accidentelles paralysent des projets de construction pendant plusieurs mois ou même plusieurs années. C'est la raison pour laquelle Athènes n'a eu qu'une seule ligne de métro jusqu'en 1999. Pour cette ville aux prises avec des problèmes de congestion automobile et de pollution atmosphérique, la construction de lignes supplémentaires de métro a cependant été une condition nécessaire à l'obtention des Jeux olympiques de 2004. En 2000, la Ville a donc inauguré deux nouvelles lignes de métro.

Les travaux sont vite devenus un véritable casse-tête, faisant naître le plus grand projet de fouilles archéologiques jamais entrepris dans la ville. Le tracé du métro a dû être modifié à trois reprises pour contourner les sites de fouilles, mais ces travaux en ont valu la peine ! Les archéologues ont découvert plus de 50 000 objets (vases, assiettes, sculptures, stèles, bijoux, outils, etc.), d'anciennes routes, des bains romains, des aqueducs et d'autres vestiges témoignant du passé de la ville.

Les responsables du chantier du métro ont dû s'adapter aux contraintes du **site**. Les stations et les tunnels ont été creusés à plus de 20 m, car les archéologues ont jugé que l'on risquait moins de détruire les vestiges à cette profondeur.

⑪ Les aménagements dans l'agglomération d'Athènes

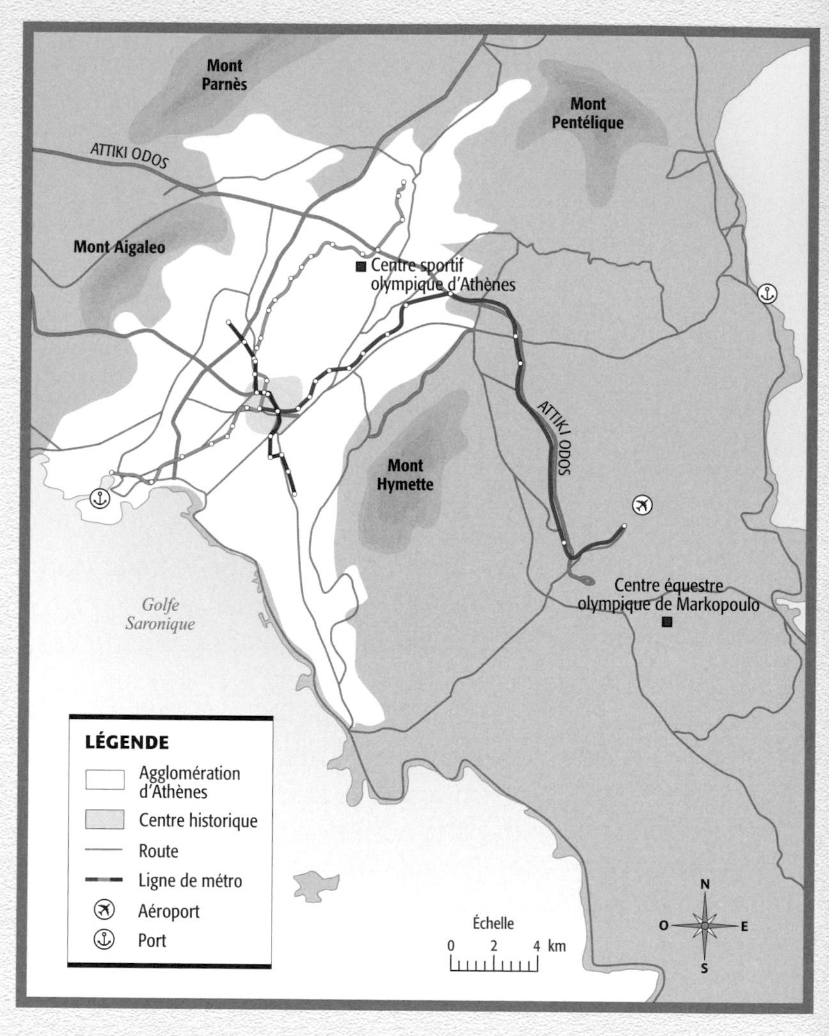

Depuis l'inauguration des deux nouvelles lignes de métro, en 2000, on évalue à 500 000 le nombre de personnes qui utilisent quotidiennement le métro. Il y aurait aussi 250 000 voitures de moins dans les rues chaque jour. Ainsi, la qualité de l'air s'est grandement améliorée.

Cette décision a également permis de ne pas trop perturber la vie à la surface. Évidemment, à cause des travaux archéologiques, le nouveau métro a coûté beaucoup plus cher que prévu…

Conserver le patrimoine dans une ville moderne

Pour accueillir les Jeux olympiques de 2004, Athènes s'est empressée de mettre en chantier d'autres projets de développement majeurs : un nouvel aéroport international et une nouvelle autoroute pour y accéder (l'Attiki Odos), un tramway reliant la ville à la mer, 120 km de nouvelles routes, des parcs, des trottoirs, etc. Sans compter les 29 projets d'infrastructures sportives indispensables à la présentation des Jeux !

Dans une ville comme Athènes, la création de nouvelles infrastructures ne se fait pas sans difficulté. En effet, le moindre projet de construction doit d'abord obtenir l'autorisation du ministère de la Culture, ce qui fait augmenter les coûts et entraîne des retards. Les travaux « olympiques » ont pourtant été réalisés avec l'approbation des archéologues. Par exemple, le nouvel aéroport a été construit sur les ruines d'un village préhistorique. Une exposition permanente aménagée dans l'aéroport permet d'ailleurs d'admirer de nombreux objets déterrés lors des fouilles.

12 Le complexe sportif olympique d'Athènes

Parmi les 29 projets d'infrastructures sportives réalisés pour les Jeux olympiques de 2004, on compte l'aménagement du site du centre sportif olympique d'Athènes et celui du centre équestre olympique de Markopoulo. La construction du centre équestre a conduit à une importante découverte archéologique. Les archéologues ont déterré des routes anciennes, des fermes, des tombes familiales, de petits temples et des céramiques datant du 8e siècle av. J.-C. Ces découvertes leur ont permis de mieux comprendre comment vivait une communauté agricole dans l'Antiquité. Cependant, ces heureuses découvertes ont aussi fait grimper la facture des travaux…

13 Un patrimoine mis en valeur dans le métro

Plus de 69 000 m² de terrain ont été fouillés lors de l'excavation des tunnels. Les plus importantes stations du réseau, par exemple la station Acropolis, située dans le centre historique, exposent des vestiges découverts au cours des travaux.

Beijing	
Caractéristique	Capitale de la République populaire de Chine
Population de la région métropolitaine	1950: 3,9 millions 1975: 8,5 millions 2005: 15,2 millions
Nombre de touristes par année	120 millions (3,1 millions de touristes étrangers)
République populaire de Chine	
Population	1,3 milliard
PIB/hab.	6 642 $
Langue officielle	Mandarin (chinois)
Principales religions	Taoïsme, islam, bouddhisme

Sources: *CIA World Factbook*, 2005; Ville de Beijing, 2004; *L'état du monde 2006*; *Population Division of the Department of Economic and Social Affairs of the United Nations Secretariat*, 2005; *Beijing this Month*.

Beijing

Le territoire

Le territoire de la ville actuelle de Beijing est habité depuis le 1er millénaire av. J.-C. Beijing a été la capitale des dynasties Ming (1368-1644) et Qing (1644-1911) avant de devenir la capitale de la République populaire de Chine, en 1949. Aujourd'hui, elle est le centre politique, culturel et scientifique de la Chine.

Depuis le début du 15e siècle, le cœur de Beijing se trouve autour de la Cité interdite, aussi appelée Palais impérial des Ming et des Qing. Il s'agit du plus vaste complexe architectural de Chine: une véritable ville dans la ville! Elle couvre 740 000 m² et compte 9 999 pièces et 50 **ha** de jardins. La construction de la Cité interdite a duré 14 ans, et plus d'un million d'ouvriers y ont travaillé! Entre 1420 et 1911, un total de 24 empereurs chinois y ont résidé. On l'appelle la Cité interdite parce qu'elle était réservée à l'empereur, à sa famille et aux gens qui travaillaient pour lui. Avant 1924, année où elle a été ouverte au public, personne d'autre n'avait le droit de s'en approcher ni même de la regarder. Aujourd'hui, la Cité interdite est l'un des **sites** les plus visités en Chine.

1 Beijing, capitale de la République populaire de Chine

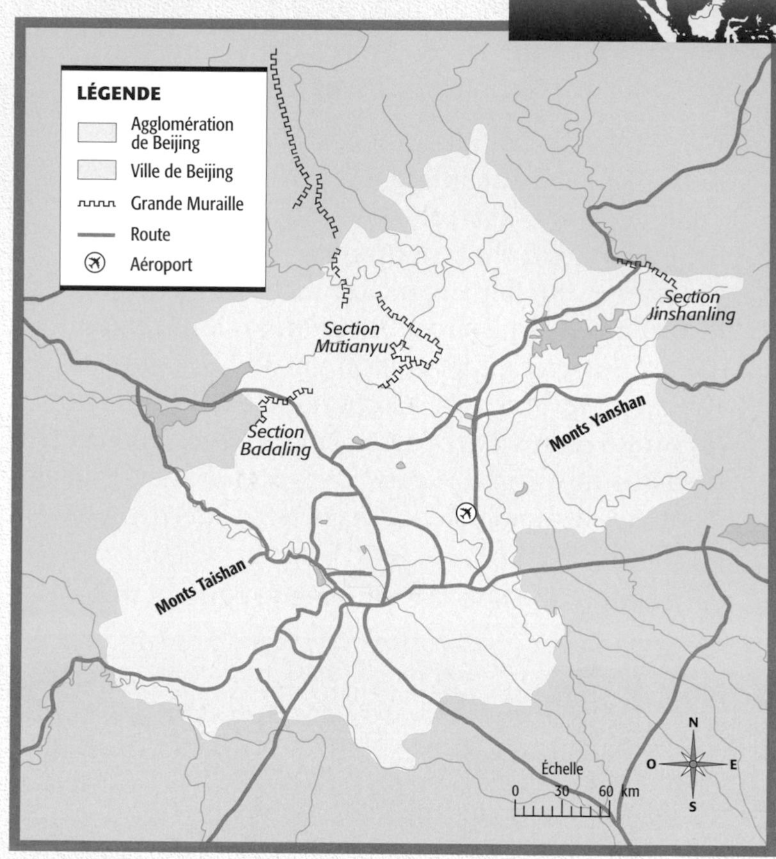

Beijing, parfois appelée Pékin, est située dans une plaine encerclée de montagnes, au nord-est de la Chine. Son nom signifie d'ailleurs «capitale du Nord». Les montagnes couvrent environ 62 % du territoire de l'**agglomération** de cette ville.

2 La Cité interdite

3 Au cœur de Beijing

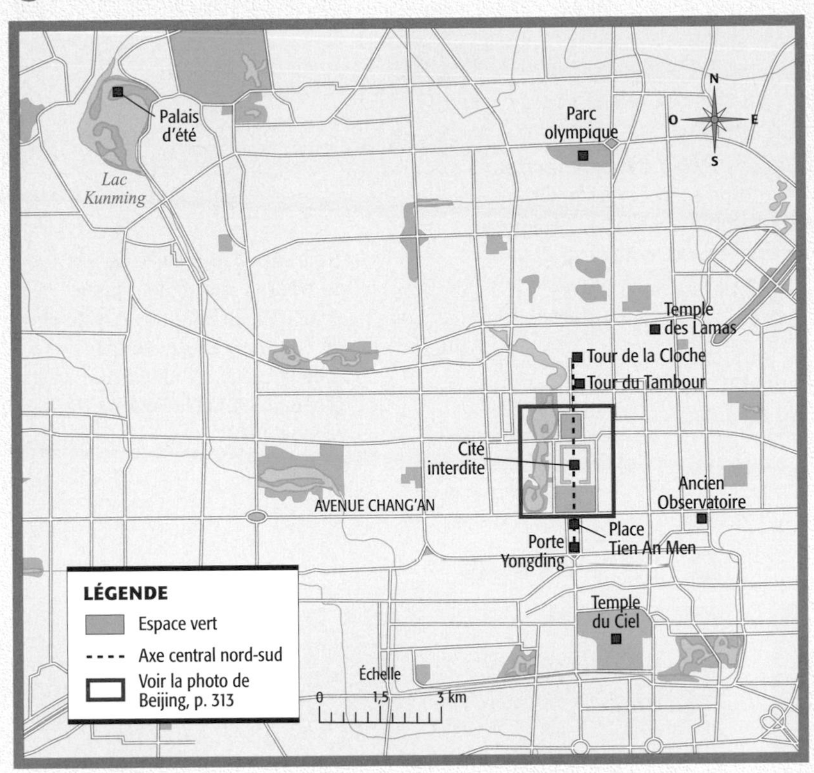

Le plan de Beijing est relativement carré. La ville s'est développée en suivant deux axes: l'axe central (nord-sud) et l'axe de l'avenue Chang'an, qui traverse la ville d'est en ouest. L'axe central, aussi appelé « axe historique », n'est pas une rue, mais plutôt une ligne imaginaire. À l'origine, au 15e siècle, cet axe reliait la tour de la Cloche (au nord) et la porte Yongding (au sud) en passant par la Cité interdite. La ville s'est ainsi trouvée divisée en deux parties égales. Des boutiques et des maisons ont été construites de chaque côté de cette ligne imaginaire, ce qui explique la forte **concentration** d'édifices historiques qu'on y trouve aujourd'hui.

Les sites patrimoniaux

On dénombre environ 3 500 **sites** du **patrimoine culturel** à Beijing. La Cité interdite et le Palais d'été sont sans doute les plus connus. Plusieurs autres bâtiments historiques sont groupés dans les environs de la Cité interdite: le temple du Ciel, le temple des Lamas, la tour du Tambour et l'Ancien Observatoire.

Au nord de l'**agglomération** de Beijing, on peut admirer plusieurs sections d'un monument historique exceptionnel: la Grande Muraille de Chine. C'est de loin la plus importante fortification jamais construite sur la Terre. La Grande Muraille serpente à travers la Chine sur une distance d'environ 6 700 km. Sa construction a débuté il y a plus de 2 000 ans et s'est poursuivie sous la dynastie des Ming. À bien des endroits, il n'en reste que des ruines. Les parties les mieux conservées sont situées dans les environs de Beijing. La Grande Muraille de Chine fait partie de la Liste du patrimoine culturel mondial de l'**Unesco** depuis 1987.

4 La Grande Muraille à Badaling

Les sections de la Grande Muraille situées à Badaling et à Mutianyu, respectivement à 70 et 90 km du centre de Beijing, sont les plus visitées.

5 Beijing, ville du patrimoine mondial

Critère de l'Unesco (voir p. 292)	Description
1	La Cité interdite, le temple du Ciel et le Palais d'été sont des chefs-d'œuvre d'architecture et d'aménagement paysager chinois.
2	Les jardins impériaux du Palais d'été ont joué un rôle déterminant dans le développement de la culture des jardins chinois en Extrême-Orient. Pendant plusieurs siècles, l'agencement du temple du Ciel a également exercé une grande influence sur l'architecture en Extrême-Orient.
3	L'ensemble des palais, des paysages, du mobilier et des objets d'art des trois sites offre un témoignage exceptionnel sur la civilisation chinoise des dynasties Ming et Qing.
4	La Cité interdite est un exemple exceptionnel d'ensemble de palais impériaux de l'époque des dynasties Ming et Qing.

Trois **sites** patrimoniaux situés au cœur de Beijing font partie de la Liste du patrimoine culturel de l'Unesco : la Cité interdite (depuis 1987), le temple du Ciel (depuis 1998) et le Palais d'été (depuis 1998).

6 Le temple du Ciel

Le temple du Ciel est un ensemble majestueux de bâtiments dédiés au culte religieux. Son agencement global symbolise la relation entre le monde humain et le monde divin.

7 Le Palais d'été

Le Palais d'été est situé en retrait du centre-ville, près du lac Kunming. Il servait autrefois de résidence secondaire aux empereurs de la dynastie Qing. L'endroit est surtout connu pour son vaste jardin impérial ouvert au public depuis 1924. Ce chef-d'œuvre de l'art paysager chinois couvre près de 90 % de la superficie du site.

Les menaces qui pèsent sur le patrimoine de la ville

Certains experts estiment qu'au moins 25 des 30 sites du patrimoine mondial de la Chine sont menacés par la pollution de l'air et les **pluies acides**. Selon l'Organisation mondiale de la santé (OMS), Beijing est l'une des villes les plus polluées de la planète. La pollution de l'air y est principalement causée par la combustion du charbon et la circulation automobile.

Les bâtiments historiques en bois sont particulièrement vulnérables au feu. Les autorités de Beijing estiment que près de 600 d'entre eux sont menacés par ce fléau. La plupart de ces bâtiments sont utilisés comme habitation: la cuisine, le chauffage et les installations électriques constituent par conséquent un grand danger. Pour réduire les risques d'incendie, les autorités doivent trouver des solutions: c'est ainsi que les résidants d'un immeuble situé dans un temple construit en 1577 ont été obligés de déménager.

L'**urbanisation** est sans doute l'une des plus importantes menaces pour le **patrimoine culturel** de Beijing. Pendant les années 1950, le visage de Beijing a complètement changé, notamment en raison du développement économique. Les anciennes murailles qui encerclaient la ville impériale depuis son origine et plusieurs constructions historiques ont été détruites pour élargir les rues et moderniser la ville. Malheureusement, en 2005, cette menace est encore présente dans certains **quartiers** de *hutongs*.

Les mesures de conservation et de restauration

Avant les années 1980, les autorités municipales chinoises accordaient plus d'importance à la **croissance** économique de la ville qu'à la protection de son patrimoine culturel. Cependant, pour accueillir les Jeux olympiques de 2008, la Ville a voulu lui redonner son aspect historique. En 2000, Beijing a donc investi 300 millions de yuans (environ 43 millions de dollars) dans la **conservation** et la **restauration** de ses sites historiques. C'est la somme qu'elle avait dépensée en 30 ans pour ce type de travaux!

8 Des quartiers de *hutongs*

8 A Un quartier vivant

8 B Un quartier qui sera bientôt sous le pic des démolisseurs

À Beijing, le patrimoine culturel est présent jusqu'au fond des ruelles. La ville compte en effet quelques milliers de *hutongs*, ces ruelles étroites qui serpentent autour de la Cité interdite ainsi qu'au sud et au nord de la ville. Certaines ont plus de 800 ans! Typiques de Beijing, les *hutongs* possèdent une valeur patrimoniale certaine. Pourtant, depuis les années 1950, des quartiers complets de *hutongs* ont été démolis. Aujourd'hui, seuls quelques *hutongs* situés autour de la Cité interdite sont protégés. Ils attirent un grand nombre de touristes.

En 2002, Beijing s'est dotée d'un plan pour protéger son centre historique situé autour de la Cité interdite. Aujourd'hui, 30 % de la superficie totale des vieux **quartiers** est protégée par des règles très strictes. Par exemple, il est interdit de construire de nouveaux bâtiments, d'agrandir ceux qui existent déjà ou de modifier la couleur des maisons. Même les noms traditionnels des rues et des *hutongs* sont protégés et ne peuvent être changés. En cas d'infraction, on prévoit des amendes allant de 14 500 $ à 29 000 $ CAN. Pour la majorité des Chinois, de telles amendes représentent plusieurs années de salaire !

Même si, depuis 2002, certains quartiers historiques voisins de la Cité interdite sont protégés, ce n'est pas le cas de ceux qui sont à l'extérieur de cette zone. Plusieurs ont été démolis et remplacés par des quartiers où l'on voit maintenant des tours de bureaux, de nouvelles résidences et des centres commerciaux semblables à ceux que l'on trouve en Amérique du Nord. Un grand nombre de personnes déplorent la perte de ces quartiers témoins d'une ancienne civilisation. Elles affirment que la ville a ainsi perdu une partie de son identité culturelle. La majorité des résidants de ces quartiers ont dû déménager en banlieue, car ils n'avaient pas les moyens d'habiter les nouveaux logements. Malgré tout, comme plusieurs de ces quartiers étaient très vieux, sales et délabrés, certains locataires étaient bien heureux de déménager pour aller vivre en banlieue, dans un logement moderne et propre.

9 Les travaux à la Cité interdite

En 2001, la Ville a entrepris un vaste programme de **restauration** (remplacement des tuiles sur les toits, peinture des murs, etc.) pour redonner à la Cité interdite son apparence originale en vue des Jeux olympiques de 2008. Cependant, l'ensemble de ces travaux ne sera terminé qu'en 2020.

10 La place Tien An Men

La place Tien An Men, la plus vaste place publique au monde (44 **ha**), se trouve au sud de la Cité interdite. Aménagée en 1959 à la demande du président Mao Zedong, elle peut accueillir jusqu'à un million de personnes. En 1989, ce lieu a été le théâtre d'affrontements entre les étudiants et le gouvernement chinois.

Des enjeux territoriaux

Conserver le patrimoine dans une ville moderne

À Beijing, les édifices modernes côtoient les bâtiments historiques. À partir des années 1950, la ville a commencé à se moderniser, et les **banlieues** ont fait leur apparition. À la même époque, on a aménagé l'avenue Chang'an, centrée sur la célèbre place Tien An Men. Cette avenue est bordée d'édifices modernes.

11 L'ancien et le moderne à Beijing

La Cité interdite est encerclée par des gratte-ciel.

Vivre avec les particularités d'un site

Pour préserver les particularités de son **aménagement** urbain, Beijing mise sur la **continuité** en poursuivant son développement le long de son axe historique. C'est ainsi que le Parc olympique est aménagé dans la partie moderne de la ville, à l'extrémité nord de cet axe. Près de la moitié des installations olympiques sont situées le long de l'axe historique. Ce plan permet de faire coexister de façon harmonieuse l'ancien et le moderne.

Le Village olympique abrite des appartements, un hôpital, une bibliothèque, une piste d'athlétisme, des restaurants, des piscines et des courts de tennis. Après les Jeux, les installations conservées serviront à développer un vaste espace commercial et résidentiel. Les appartements des 42 immeubles qui accueilleront les athlètes seront vendus aux habitants de la ville.

12 Le Parc olympique de Beijing

L'emplacement choisi pour le Parc olympique permet de réutiliser une partie des installations qui ont servi lors des 11e Jeux asiatiques, en 1990. Il s'agit d'une autre façon de composer avec les particularités d'un site.

Paris	
Caractéristique	Capitale de la France
Nombre de touristes par année	25 millions
Population de la région métropolitaine	1950 : 5,4 millions 1975 : 8,6 millions 2005 : 9,8 millions

France	
Population	60 millions
PIB/hab.	27 913 $
Langue officielle	Français
Principale religion	Catholicisme

Sources : Ville de Paris, 2005 ; *CIA World Factbook*, 2005 ; *L'état du monde 2006* ; *Population Division of the Department of Economic and Social Affairs of the United Nations Secretariat*, 2005.

Le territoire

Paris est la **métropole** et la capitale de la France. De forme circulaire, la ville est traversée par la Seine, un fleuve qui la divise en deux parties : la rive gauche et la rive droite. Les *Parisii*, une tribu celte, se sont installés sur les rives de la Seine au 3e siècle av. J.-C. Puis, en 52 av. J.-C., les Romains ont officiellement fondé la ville, qu'ils ont appelée Lutèce. Aujourd'hui, l'île de la Cité est le cœur de la ville. Elle est reliée à la rive par plusieurs ponts, dont le Pont-Neuf. Construit entre 1578 et 1607, le Pont-Neuf est le plus vieux pont de Paris.

1 L'île de la Cité

2 Le musée du Louvre

Les sites patrimoniaux

Paris est mondialement reconnue pour sa vie artistique et culturelle trépidante de même que pour la grande variété de ses monuments, tant historiques que modernes.

Sur l'île de la Cité sont érigés deux chefs-d'œuvre de l'architecture gothique du Moyen Âge : la cathédrale Notre-Dame de Paris et la Sainte-Chapelle. La plupart des bâtiments situés sur les rives de la Seine ont été construits depuis la Renaissance.

Aménagé en 1793 dans un ancien palais royal dont la construction avait débuté vers l'an 1190, le Louvre est aujourd'hui le plus grand musée du monde, tant par sa taille que par la richesse de ses collections (plus de 35 000 œuvres). L'aspect moderne de la pyramide de verre du Louvre contraste avec l'ancien palais. Inaugurée en 1989, cette pyramide a suscité de nombreuses critiques. Cependant, on s'accorde aujourd'hui pour dire que la pyramide s'intègre de façon harmonieuse à l'architecture ancienne du musée. Elle sert d'entrée principale au musée.

3 Au cœur de Paris

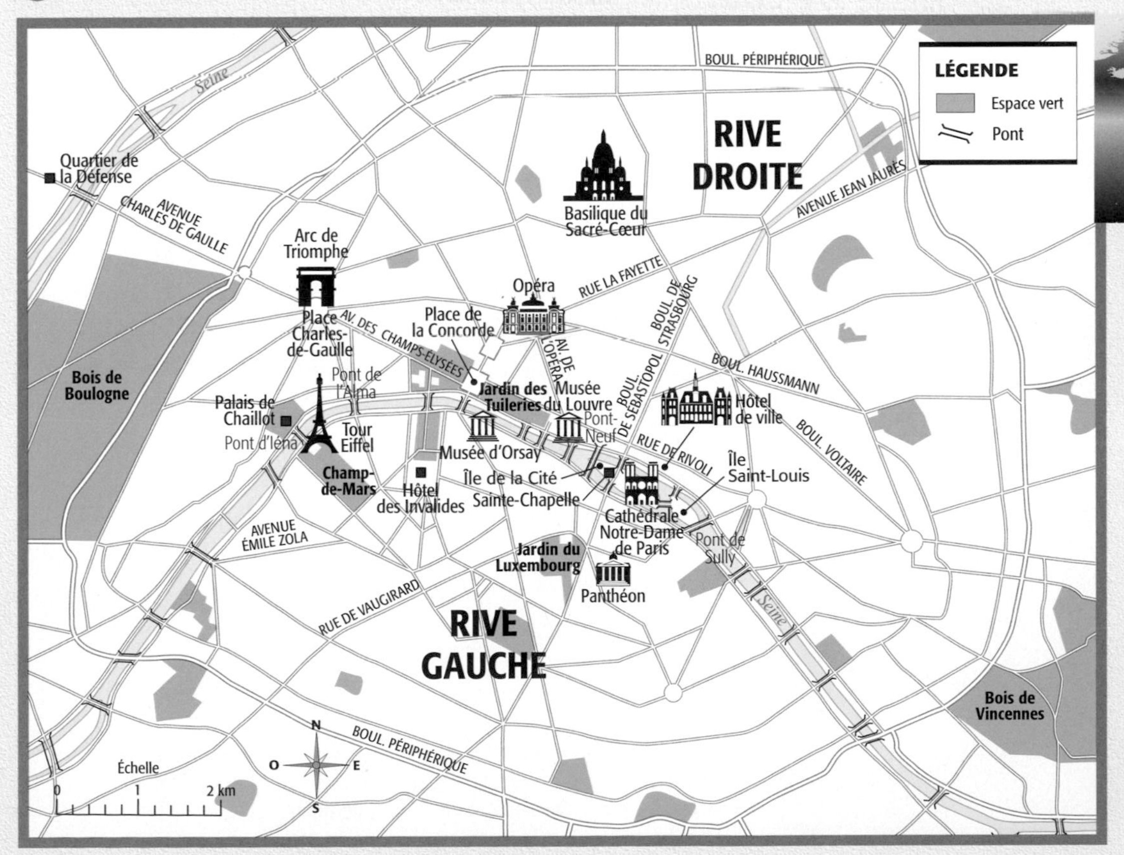

La liste des sites et monuments patrimoniaux parisiens est pour le moins impressionnante : le Panthéon, l'hôtel des Invalides, l'Opéra, la basilique du Sacré-Cœur, la place de la Concorde, le palais de Chaillot, la tour Eiffel, le musée du Louvre, le Pont-Neuf, la cathédrale Notre-Dame de Paris, etc.

4 Paris, ville du patrimoine mondial

Depuis 1991, les rives de la Seine, entre le pont d'Iéna et le pont de Sully, avec ses quais et les monuments qui les bordent, font partie du **patrimoine culturel** mondial de l'**Unesco**.

Critère de l'Unesco (voir p. 292)	Description
1	Les rives de la Seine sont jalonnées de chefs-d'œuvre d'architecture (cathédrale Notre-Dame de Paris, Sainte-Chapelle, musée du Louvre, tour Eiffel, etc.).
2	L'aménagement urbain de la ville, avec ses vastes places et ses larges avenues, a inspiré l'urbanisme de plusieurs grandes villes du monde.

5 Robert Doisneau

Cette photo, intitulée *Bal populaire*, a été prise en 1955 par le photographe français Robert Doisneau. Doisneau est mondialement reconnu pour ses images du quotidien des Parisiens au 20e siècle.

6 Les effets de la pollution atmosphérique

Située en banlieue parisienne, la basilique Saint-Denis a servi de lieu d'inhumation aux rois de France. On voit ici le portail des Valois en cours de **restauration.** On remarque une grande différence entre la partie qui a été nettoyée et la partie toujours noircie par la pollution.

Des menaces qui pèsent sur le patrimoine de la ville

De 1960 à 1990, le patrimoine culturel parisien a beaucoup souffert parce que certains édifices étaient peu ou mal protégés. Cette période a vu se propager la mode du « façadisme », qui consiste à conserver uniquement la façade des immeubles anciens et à tout refaire derrière. En agissant ainsi, on perd la trace de certains éléments de l'histoire de la ville (exemples : escaliers anciens, moulures et plafonds peints d'époque, etc.).

Les matériaux de la plupart des statues et des monuments (pierre, métal, ciment, verre, etc.) noircissent sous l'effet de la pollution de l'air et de l'usure du temps. Bien que particulièrement présent de nos jours, ce phénomène n'est pas récent. Des spécialistes ont en effet découvert, sur les statues des rois de Juda, des croûtes grises dues à la pollution par la fumée il y a plus de 200 ans ! Ces statues ont orné la façade de la cathédrale Notre-Dame de Paris pendant plus de 700 ans avant d'être en partie détruites et enfouies sous terre à la fin du 18e siècle. Elles ont été accidentellement découvertes en 1977, lors de travaux routiers. Aujourd'hui, elles sont conservées dans un musée. Les répliques des rois de Juda qui ornent la cathédrale ont été installées au 19e siècle.

Des mesures de conservation et de restauration

Avec son nouveau plan local d'urbanisme (PLU) adopté en 2006, la mairie de Paris compte encadrer davantage la démolition, la transformation et la protection du **patrimoine bâti**. Ces mesures touchent les bâtiments de toutes les époques. Par exemple, la Ville pourra refuser un permis de démolition si elle juge qu'un bâtiment a une valeur patrimoniale. Elle pourra aussi interdire la démolition de certains éléments particuliers tels une façade, une porte ou un élément de décor. Avec ces mesures, la mairie entend protéger de 12 à 15 % du territoire de la ville.

Si l'on peut conserver certaines statues originales dans l'atmosphère contrôlée d'un musée, il est impossible de protéger tous les monuments historiques de la pollution. Il faut donc les entretenir. Le microsablage et le laser permettent de nettoyer les monuments noircis. Ces techniques sont cependant dispendieuses : à lui seul, le nettoyage du Louvre a coûté 6,4 millions de dollars en 1995. De plus, le nettoyage affaiblit les matériaux déjà fragilisés par l'usure du temps.

Par ailleurs, des scientifiques ont trouvé une solution originale pour protéger les bâtiments : des bactéries capables de produire du calcaire ! Ces bactéries sont cultivées dans un liquide nutritif, puis vaporisées sur les monuments. Au bout d'environ une semaine, lorsque le liquide nutritif est épuisé, les bactéries meurent en laissant derrière elles une mince pellicule de calcaire durci. Cette pellicule solidifie la surface de la pierre et assure sa **conservation** sans toutefois la réparer. Ce procédé a été employé avec succès sur divers monuments, dont la cathédrale Notre-Dame de Paris.

7 Les sites protégés à Paris

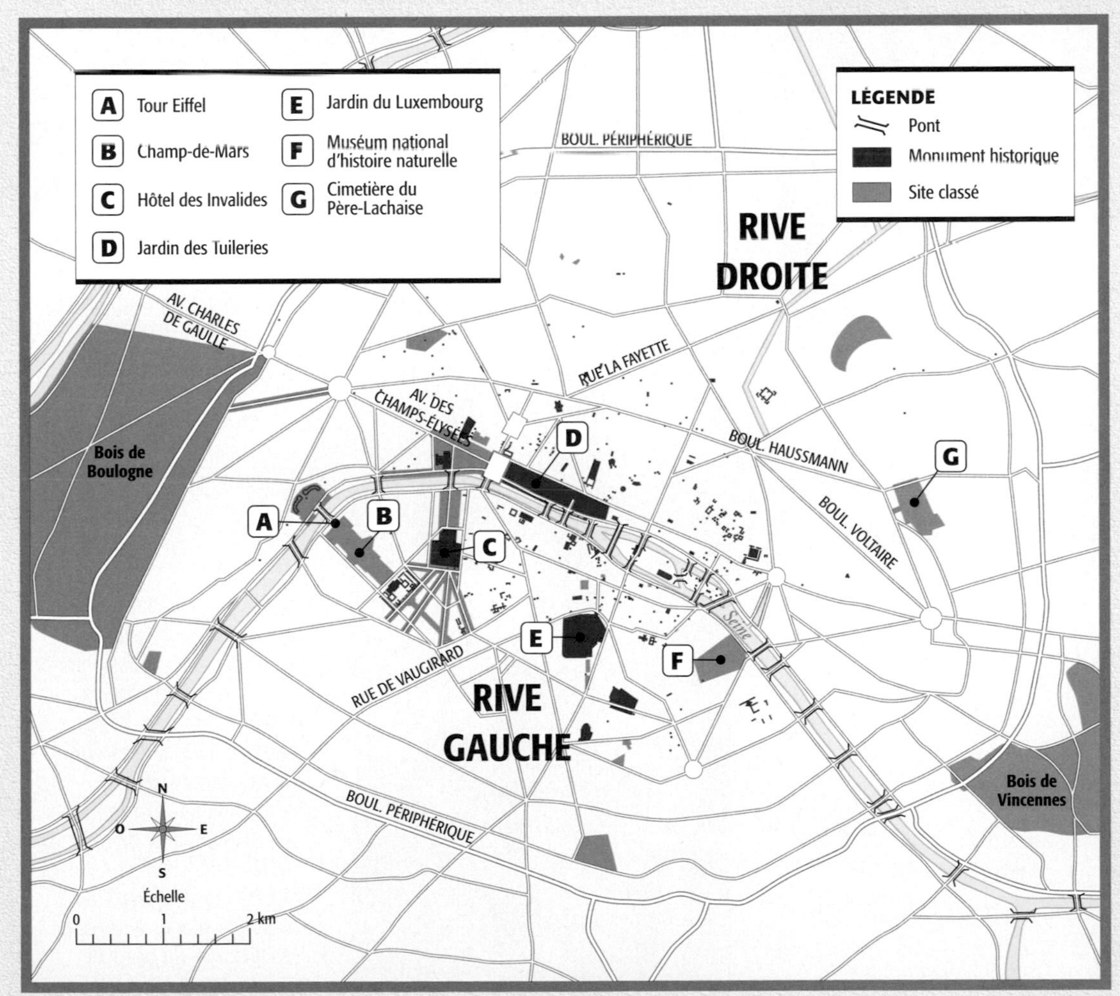

En 2005, on comptait à Paris 1 912 monuments historiques protégés par l'État. Ces monuments sont surtout des églises, des palais et des hôtels concentrés dans les quartiers centraux. Les sites classés incluent des sites naturels et des sites ayant un intérêt du point de vue scientifique, artistique, historique, légendaire ou pittoresque. Les monuments historiques et les sites classés ne peuvent pas être détruits ou modifiés à moins d'une autorisation spéciale.

Des enjeux territoriaux

Vivre avec les particularités d'un site

Paris sans la Seine ne serait pas Paris… Le développement de la ville est intimement lié à ce fleuve qui la traverse sur plus de 12 km. Jusqu'au 19e siècle, la Seine était la principale voie de communication. Elle permettait l'approvisionnement de la ville en nourriture et en matériaux de construction. Des ports, des entrepôts et des industries s'alignaient sur ses deux rives. Puis on a déménagé les industries en **banlieue** et réaménagé les rives, aujourd'hui très fréquentées par les touristes qui apprécient les balades le long des quais.

Cependant, la Seine n'est pas un fleuve parfaitement tranquille. Les Parisiens doivent composer avec le risque d'inondation même si, de nos jours, les **crues** majeures sont de plus en plus rares. En effet, le **débit** de la Seine est contrôlé par de nombreux barrages et réservoirs. Toutefois, selon les scientifiques, des crues exceptionnelles comme celles qu'a connues la ville en 1910 pourraient se reproduire et endommager les **sites** patrimoniaux. Comme mesure de prévention, plusieurs musées, dont le Louvre et le musée d'Orsay, ont sorti leurs réserves d'œuvres d'art de leurs sous-sols pour les mettre à l'abri dans un lieu situé à l'extérieur de la ville.

8 Un outil pour mesurer le niveau de la Seine

Depuis longtemps, les Parisiens se fient à la statue du Zouave qui orne le pont de l'Alma pour connaître le niveau d'eau de la Seine même si, aujourd'hui, il existe des mesures beaucoup plus précises. L'alerte est donnée quand le socle du Zouave disparaît (3,20 m). En 1910, lors de la plus grave inondation du 20e siècle, seule la tête du Zouave émergeait de l'eau ! Heureusement, en période de crue, le niveau de la Seine monte lentement. Les autorités ont donc eu le temps de construire des digues pour empêcher l'eau d'atteindre le Louvre.

Conserver le patrimoine dans une ville moderne

Paris doit son allure actuelle aux **aménagements** entrepris au 19e siècle par le baron Georges Eugène Haussmann. Il a révolutionné l'architecture et l'urbanisme de la ville et amené une ère de **changement**. Avant son passage, la ville présentait un visage à peu près inchangé depuis le Moyen Âge. Les aménagements du baron Haussmann ont nécessité l'expropriation et la démolition de **quartiers** historiques entiers pour faire place aux grandes artères de la ville. Aujourd'hui, de telles façons de faire ne seraient plus possibles, car des lois protègent le **patrimoine culturel** de la ville.

9 L'architecture haussmannienne

Les immeubles haussmanniens sont construits en pierre de taille, selon des règles d'architecture strictes qui ont donné naissance au style haussmannien. Sur la plupart de ces bâtiments, on peut voir un balcon courant sur toute la longueur des deuxième et dernier étages ainsi que des lucarnes en bordure du toit.

10 L'aménagement de l'avenue de l'Opéra par Haussmann

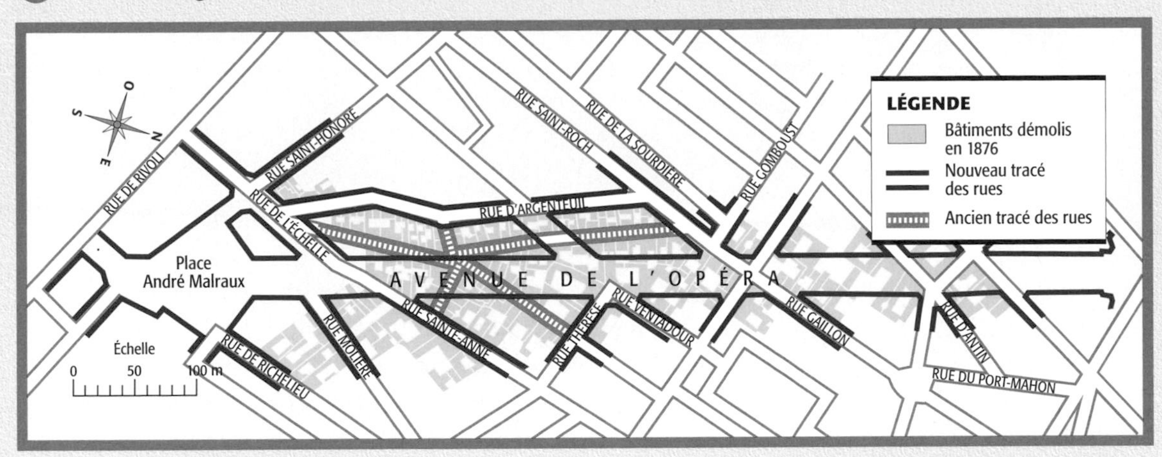

Haussmann a réalisé, entre autres, l'aménagement des grandes places publiques et l'élargissement de nombreux grands boulevards dont les boulevards de Sébastopol, de Strasbourg et Voltaire. On lui doit aussi l'allure actuelle de la célèbre avenue des Champs-Élysées. À la suite des travaux d'Haussmann, 60 % du visage de Paris a changé. L'aménagement de l'avenue de l'Opéra a nécessité l'expropriation et la démolition de nombreux bâtiments.

Paris est une ville historique, mais également une ville moderne. Au cours des années 1950, il est devenu évident que Paris devait avoir son propre quartier des affaires, car le centre historique situé sur les rives de la Seine ne suffisait plus à répondre à ses besoins. En 1958, plutôt que de détruire des quartiers du centre, la Ville a érigé un nouveau quartier dans sa banlieue ouest, qui était jusqu'alors constituée de bâtiments délabrés, d'usines, de quartiers pauvres et de quelques fermes. Le quartier de la Défense est aujourd'hui le plus important quartier d'affaires de l'Europe.

11 Le quartier de la Défense

Le quartier de la Défense s'étend sur 750 **ha** et offre 3 millions de mètres carrés d'espaces à bureaux. Le contraste de ce quartier avec les quartiers plus anciens est saisissant.

12 L'avenue des Champs-Élysées et l'Arc de Triomphe

L'avenue des Champs-Élysées, avec ses cinémas, ses cafés et ses boutiques de luxe, est connue dans le monde entier. Elle mène à l'Arc de Triomphe, un monument érigé au 19e siècle pour commémorer les victoires de l'armée française.

Rome	
Caractéristique	Capitale de l'Italie
Population de la région métropolitaine	1950 : 1,6 million 1975 : 3,0 millions 2003 : 2,7 millions
Nombre de touristes par année	14,1 millions

Cité du Vatican	
Caractéristiques	Siège de l'Église catholique État indépendant au centre de la ville de Rome
Date de fondation	1929
Population	785

Italie	
Population	58 millions
PIB/hab.	28 172 $
Langue officielle	Italien
Principale religion	Catholicisme

Sources : *CIA World Factbook*, 2005 ; *L'état du monde 2006* ; *Population Division of the Department of Economic and Social Affairs of the United Nations Secretariat*, 2005 ; *International Railway Journal*.

Rome

Le territoire

Selon la légende, Rome a été fondée en 753 av. J.-C. par Romulus sur les rives du fleuve Tibre. Concentrée sur la rive gauche du fleuve, la ville était composée à l'origine de villages perchés sur sept collines : le Palatin, le Capitole, le Quirinal, le Viminal, l'Esquilin, le Caelius et l'Aventin. Aujourd'hui, le centre historique de Rome est limité par le mur érigé autour des sept collines par l'empereur Aurélien au 3e siècle apr. J.-C. La ville moderne s'étend au-delà du mur d'Aurélien et englobe plusieurs **banlieues**.

2 Le centre historique de Rome

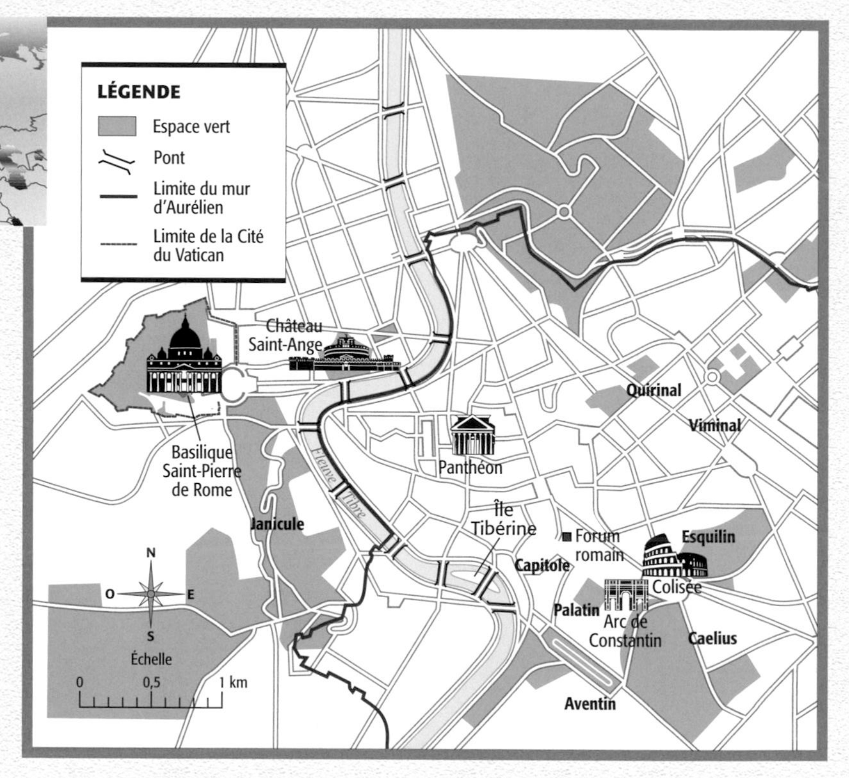

Le centre historique occupe moins de 1 % de la superficie totale de la ville, mais il englobe la majorité de ses principaux monuments historiques.

1 Rome, capitale de l'Italie

LÉGENDE
Agglomération de Rome
Route
Aéroport
Voir le document 2
Quartier de l'EUR
Fleuve Tibre
Mer Tyrrhénienne
Échelle 0 5 10 km
N O E S

Rome est située au centre de l'Italie, à environ 25 km à l'est de la mer Tyrrhénienne. Au 19e siècle, la plupart des régions du territoire (Vénétie, Toscane, Sicile, Lombardie, etc.) étaient indépendantes et autonomes. Ces régions se sont finalement unifiées en 1870 pour former l'Italie que l'on connaît aujourd'hui. Rome est alors devenue la capitale de l'Italie. La création de l'État italien a été rendue possible grâce, notamment, à un mouvement littéraire et politique très important (entre 1815 et 1870) appelé *Risorgimento*, qui signifie « renaissance » ou « résurrection ».

Les sites patrimoniaux

À Rome, il y a des villes anciennes sous la ville actuelle. Les vestiges de la Rome antique se trouvent à environ 6 m de profondeur. Ainsi, chaque fois que l'on creuse le sol, on déterre des *cocci* (fragments de poteries, de vases ou de statues) et parfois même des vestiges archéologiques importants comme des fresques ou d'anciens temples.

Rome compte tellement de **sites** patrimoniaux que l'on croirait un musée à ciel ouvert ! Le Colisée, construit entre 72 et 80 apr. J.-C., est certainement le symbole le plus connu de la ville antique. Près du Colisée, le vaste ensemble que constitue le Forum romain servait à la fois de centre politique, religieux et administratif ainsi que de lieu de rassemblement. On y trouvait de nombreux bâtiments, dont plusieurs temples. Après la chute de l'Empire, en 476 apr. J.-C., le Forum a été peu à peu abandonné, puis pillé et détruit. C'est pourquoi il n'en subsiste aujourd'hui pratiquement que des ruines.

Au Moyen Âge, Rome est devenue le centre de la chrétienté. Plusieurs monuments, dont le château Saint-Ange, datent de cette époque. À la Renaissance, la ville a connu un développement artistique et culturel intense. La construction de la basilique Saint-Pierre de Rome a débuté durant cette période. De grands maîtres tels que Michel-Ange et Raphaël ont participé à la création de cette œuvre grandiose.

3 Le Colisée

Le Colisée est un chef-d'œuvre d'architecture. Ce vaste amphithéâtre pouvait accueillir plus de 50 000 spectateurs, répartis sur trois étages de gradins. Les Romains adoraient assister aux combats de gladiateurs et d'animaux sauvages qu'on y présentait.

4 Le Forum romain

Le Forum romain était le point de départ de très nombreuses routes qui traversaient le territoire de l'Empire romain. Certaines de ces routes allaient aussi loin que l'Écosse ou l'Iran. C'est de là que provient l'expression bien connue : « Tous les chemins mènent à Rome. »

5 Le Panthéon

Le Panthéon était un temple dédié à toutes les divinités de l'Antiquité romaine. C'est le monument le mieux conservé de cette époque.

6 Rome et la Cité du Vatican, sites du patrimoine culturel mondial

Critère de l'Unesco (voir p. 292)	Description
1	Plusieurs monuments, dont le Colisée et la basilique Saint-Pierre de Rome, sont des chefs-d'œuvre d'architecture et d'aménagement de l'espace.
2	Les anciens monuments romains, tout comme ceux du Vatican, ont fortement influencé le développement de l'architecture et des arts pendant des siècles.
3	Depuis sa fondation, la ville est constamment associée à l'histoire de l'humanité (capitale de l'Empire romain, centre de la chrétienté, centre culturel et artistique à la Renaissance, capitale de l'Italie, etc.).
4	Les monuments du centre historique témoignent encore de la grandeur de la Rome antique. Ceux du Vatican illustrent la splendeur de l'art et de l'architecture de la Renaissance.

Le centre historique de Rome est sur la Liste du **patrimoine culturel** mondial depuis 1980 ; la Cité du Vatican, depuis 1984.

Des menaces qui pèsent sur le patrimoine de la ville

Les monuments historiques romains, comme ceux d'autres grandes villes populeuses, sont fortement menacés par la pollution de l'air, due notamment aux gaz d'échappement des 2,5 millions de voitures qui circulent à Rome chaque jour. Heureusement, depuis que les autorités municipales ont limité l'usage de l'automobile dans le centre historique tout en encourageant le transport à vélo, le niveau de pollution a diminué de 25 %. Ce n'est cependant pas suffisant pour assurer la bonne **conservation** des monuments et la santé des Romains. Aujourd'hui, des autobus électriques desservent le centre historique de Rome, mais des mesures supplémentaires devront être prises pour réduire davantage la pollution et améliorer la qualité de l'air.

7 L'Arc de Constantin

Cet arc, situé près du Colisée et du Forum romain, a été érigé en 315 apr. J.-C. pour souligner la victoire de l'empereur Constantin sur l'un de ses rivaux. L'Arc de Constantin avait subi les assauts de la pollution, mais sa surface noircie a récemment été nettoyée.

8 Des graffitis sur le Colisée

Le vandalisme est une véritable menace pour le patrimoine culturel romain. Plusieurs monuments historiques sont la cible de vandales qui décapitent les statues et de graffiteurs qui endommagent la surface des édifices.

Des mesures de conservation et de restauration

Rome bénéficie d'un important programme de conservation et de **restauration** géré par le ministère italien de la Culture et la municipalité de Rome. En 1999, environ 700 sites (des édifices publics et privés) ont été restaurés, en partie grâce aux subventions accordées par la ville pour les projets de restauration.

Abandonné peu après la chute de l'Empire romain, le Colisée a été fortement endommagé par les tremblements de terre et les vandales. À la Renaissance, on y prélevait sans gêne des matériaux : le Colisée était devenu une carrière de pierre et de marbre ! En effet, les bâtisseurs de l'époque n'ont pas hésité à défaire le Colisée pour construire des palais, des églises et d'autres bâtiments. Les parties qui ont subsisté ont été sauvées par le pape Benoît XIV. En 1744, il a déclaré le Colisée lieu sacré. Depuis, ce monument inestimable a été restauré à plusieurs reprises. Une importante campagne de restauration réalisée entre 1992 et 2003, au coût d'environ 21 millions de dollars, a d'ailleurs permis de rendre accessible au public 85 % du monument, comparativement à 15 % avant les travaux. On a notamment restauré les sections souterraines, où les animaux et les gladiateurs étaient gardés avant les combats.

9 L'intérieur du Colisée

L'intérieur du Colisée a été restauré et aménagé pour en permettre l'accès aux touristes.

Des enjeux territoriaux

Vivre avec les particularités d'un site

Avec une superficie de seulement 0,44 km^2, la Cité du Vatican constitue le plus petit État du monde ! Situé au cœur de la ville de Rome, sur la rive ouest du Tibre, le Vatican est le siège de l'Église catholique romaine. On y trouve, entre autres splendeurs architecturales, la basilique Saint-Pierre de Rome, qui attire chaque année des millions de touristes et de pèlerins. En raison de sa taille, la Cité du Vatican n'a pas les infrastructures nécessaires pour accueillir ses nombreux visiteurs (hébergement, transport, restaurants, etc.). La ville de Rome a donc dû composer avec cette particularité en améliorant ses propres infrastructures afin d'arriver à gérer l'affluence touristique.

C'est ainsi qu'en 1999, en collaboration avec le Vatican, la ville de Rome a entrepris la construction d'un vaste stationnement sous la colline du Janicule. Lors des travaux de construction, la découverte de fresques d'une villa romaine du 2e siècle a cependant retardé les travaux. En effet, à Rome, comme dans d'autres villes historiques, les projets de construction sont souvent retardés, modifiés ou même abandonnés à cause de découvertes archéologiques accidentelles. Cette découverte a suscité un grand débat : devait-on poursuivre les fouilles ou la construction du stationnement ? Finalement, le ministère de la Culture a tranché : les fresques ont été déplacées, et les travaux ont pu continuer.

10 La basilique Saint-Pierre de Rome

⑪ Des fouilles archéologiques à Rome

Conserver le patrimoine culturel crée souvent des problèmes à Rome. En effet, les vestiges archéologiques rendent plus complexes les travaux de construction ou de modernisation dans la ville. Les découvertes de ces traces de civilisations anciennes forcent les autorités de faire des choix, car il n'est pas toujours possible de tout conserver.

Conserver le patrimoine dans une ville moderne

Dès le 19e siècle, alors que la ville connaissait une période de forte **croissance**, les autorités de Rome ont décidé de ne pas détruire les vieux **quartiers** pour en ériger de nouveaux. Elles ont plutôt choisi d'ériger les nouvelles constructions autour des **sites** patrimoniaux et des monuments avoisinants. C'est pourquoi on trouve aujourd'hui, dans le centre historique de la ville, un mélange de bâtiments modernes et anciens parfaitement intégrés.

Rome compte également des quartiers entièrement modernes comme celui de l'EUR, situé au sud du centre historique. Conçu dans les années 1930, l'EUR était destiné à accueillir l'Exposition universelle de Rome (EUR) en 1942, mais cet événement n'a pas eu lieu à cause de la Seconde Guerre mondiale. Les travaux de construction ont repris après la guerre, et ce quartier abrite aujourd'hui des bureaux, des musées et des résidences. Il constitue le centre administratif de Rome.

⑫ L'ancien et le moderne

⑬ Le quartier de l'EUR

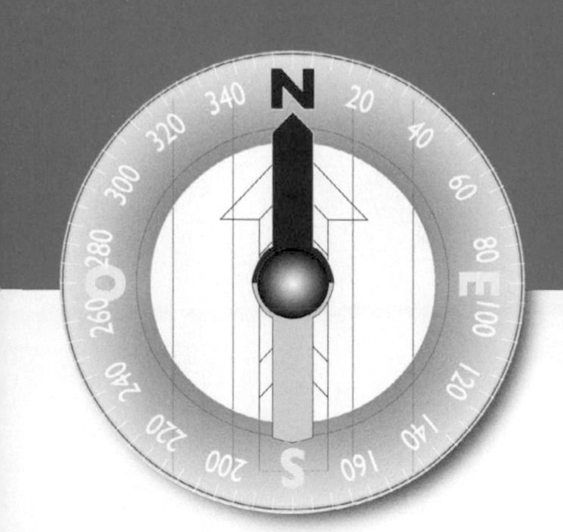

Table des matières

Ressources géo

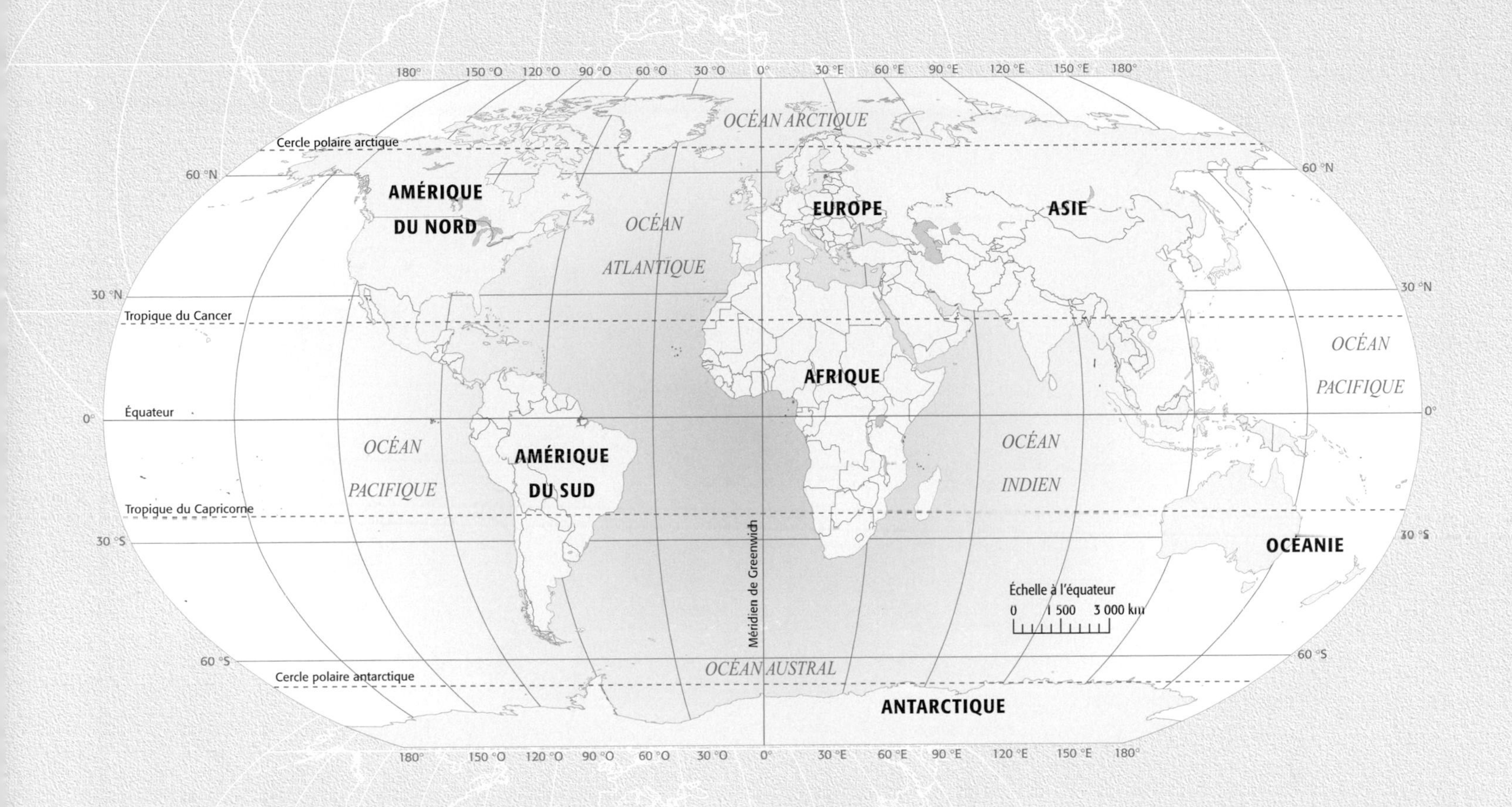
180°
150 °O
120 °O
90 °O
60 °O
30 °O
0°
30 °E
60 °E
90 °E
120 °E
150 °E
180°
OCÉAN ARCTIQUE
Cercle polaire arctique
60 °N
AMÉRIQUE
DU NORD
OCÉAN
ATLANTIQUE
EUROPE
ASIE
30 °N
Tropique du Cancer
OCÉAN
PACIFIQUE
AFRIQUE
Équateur
0°
OCÉAN
PACIFIQUE
AMÉRIQUE
DU SUD
OCÉAN
INDIEN
Tropique du Capricorne
30 °S
OCÉANIE
Méridien de Greenwich
Échelle à l'équateur
0
1 500
3 000 km
60 °S
Cercle polaire antarctique
OCÉAN AUSTRAL
ANTARCTIQUE

1 LES CARTES

Lire et interpréter une carte géographique

1 **Observe cette carte géographique.**

Le sud du Québec

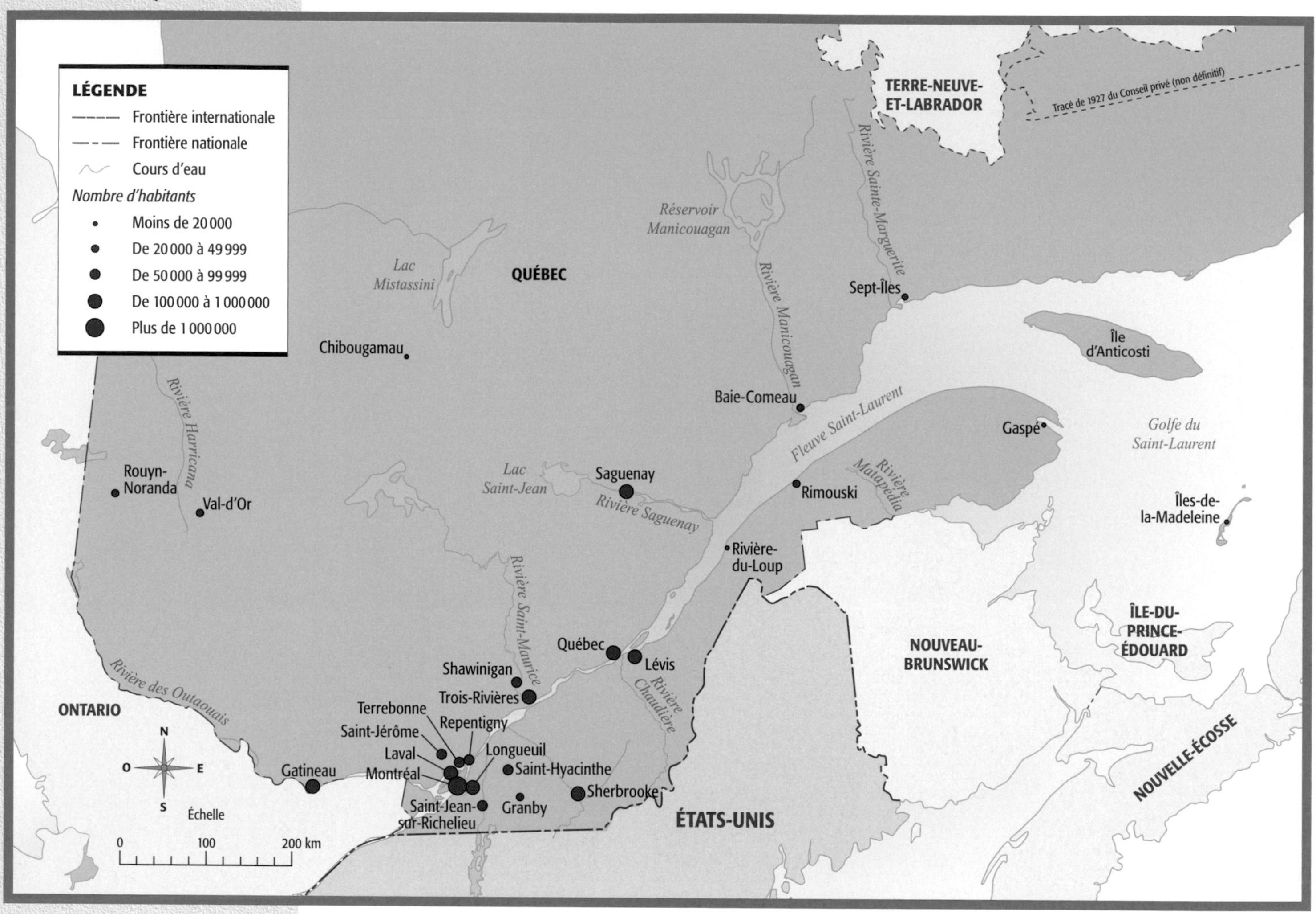

2 **Fais part de tes observations.**

a Que trouves-tu sur cette carte? Qu'est-ce qui te l'indique?

b Comment cette carte est-elle orientée?

c Comment pourrais-tu évaluer la distance entre deux lieux sur cette carte?

d Quelle est la signification des couleurs et des symboles utilisés sur cette carte?

3 Apprends à lire et à interpréter une carte géographique.

Une carte géographique est une représentation de la Terre ou d'une de ses parties à échelle réduite. Elle montre certains éléments que l'on trouve dans le monde ou dans une de ses parties. Elle peut aussi représenter des caractéristiques des populations et des sociétés.

Le titre
Le titre renseigne sur le contenu d'une carte.

La légende
La légende comprend l'ensemble des symboles utilisés sur une carte.

Le symbole d'orientation
Sur une carte, le nord se trouve souvent en haut. Par conséquent, le sud est en bas, l'est à droite et l'ouest à gauche, comme l'indique la rose des vents.

Sur certaines cartes, le nord géographique est désigné par une flèche.
Exemple :

Le sud du Québec

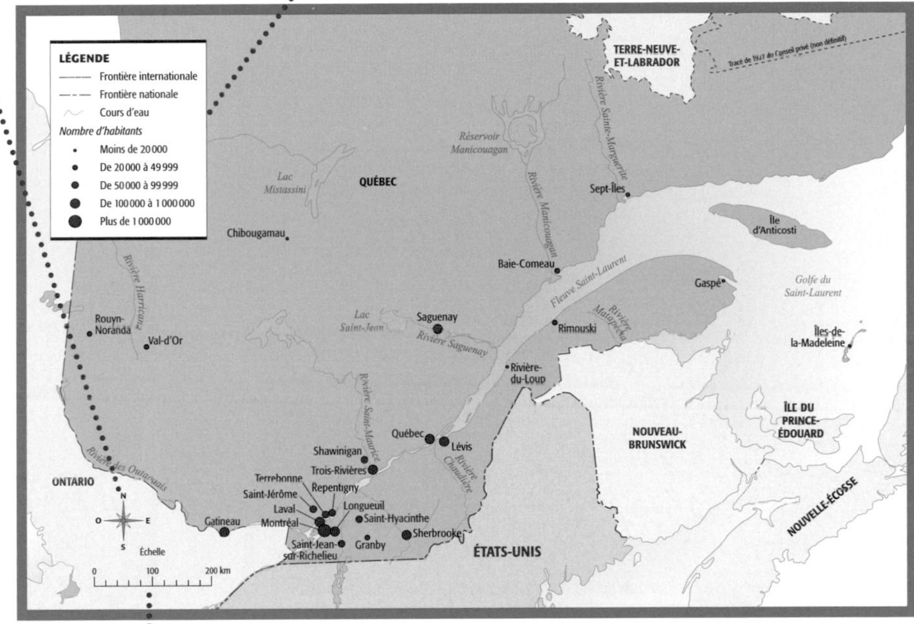

L'échelle
L'échelle indique le rapport entre une distance sur la carte et la distance réelle à la surface de la Terre.

Quelques symboles

- Les pictogrammes représentent un élément concret (lieu, activité, service, etc.). Exemples :

 Terrain de camping

 Activité de baignade

- Les symboles proportionnels décrivent le niveau d'importance d'un fait ou d'un phénomène. Exemples :
  - De 20 000 à 49 999 hab.
  - De 50 000 à 99 999 hab.
  - Plus de 100 000 hab.
- Les types de lettrages désignent divers éléments en révélant leur niveau d'importance. Exemples :

  Montréal **ÉTATS-UNIS**
- Les zones de couleur désignent des espaces, des territoires ou des quantités. Exemple :

 Étendue d'eau

- Les traits de couleur représentent le plus souvent des limites ou des frontières. Exemple :

  —— - - —— Frontière internationale

Les trois types d'échelles

- L'échelle verbale (ex. : 1 cm = 50 km)

  1 cm sur la carte correspond à 50 km à la surface de la Terre.
- L'échelle numérique ou fractionnaire (ex. : 1 : 1 000 000)

  1 cm sur la carte correspond à 1 000 000 cm (ou 10 km) à la surface de la Terre.
- L'échelle graphique

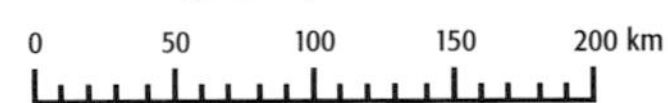

Chaque section de l'échelle correspond à une distance de 50 km à la surface de la Terre.

Les échelles et les cartes

Une carte à grande échelle représente en général un territoire de dimensions restreintes. Le rapport entre une distance sur une carte à grande échelle et la même distance sur la Terre est donc grand. Par exemple, une carte à échelle de 1 : 10 000 ou de 1 : 50 000 est à grande échelle. Ce type de carte convient bien à la représentation d'un quartier ou d'une ville, car on peut y faire figurer un grand nombre de détails.

1 Le centre-ville de Trois-Rivières (1 : 10 000)

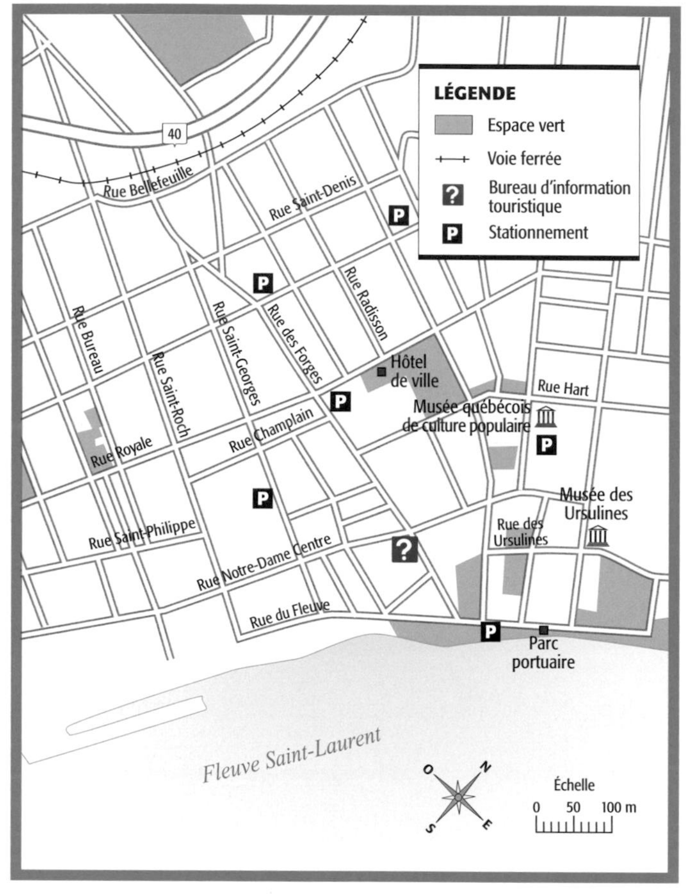

2 Une partie de la ville de Trois-Rivières (1 : 50 000)

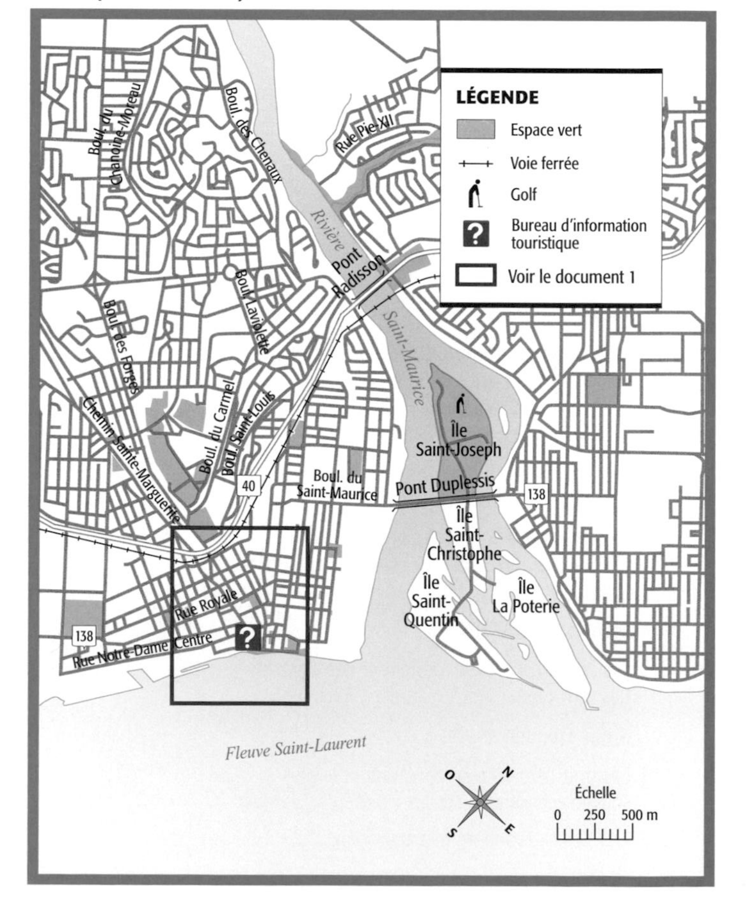

Une carte à petite échelle représente en général un vaste territoire. Le rapport entre une distance sur une carte à petite échelle et la même distance sur la Terre est donc petit. Par exemple, une carte à échelle de 1 : 25 000 000 ou de 1 : 80 000 000 est à petite échelle. Ce type de carte offre une vue d'ensemble de vastes territoires, de pays ou de grandes régions du monde et se prête moins bien à une représentation détaillée de ce que l'on y trouve.

③ Trois-Rivières dans la région administrative de la Mauricie, au Québec (1 : 25 000 000)

④ La région administrative de la Mauricie dans l'Amérique du Nord (1 : 80 000 000)

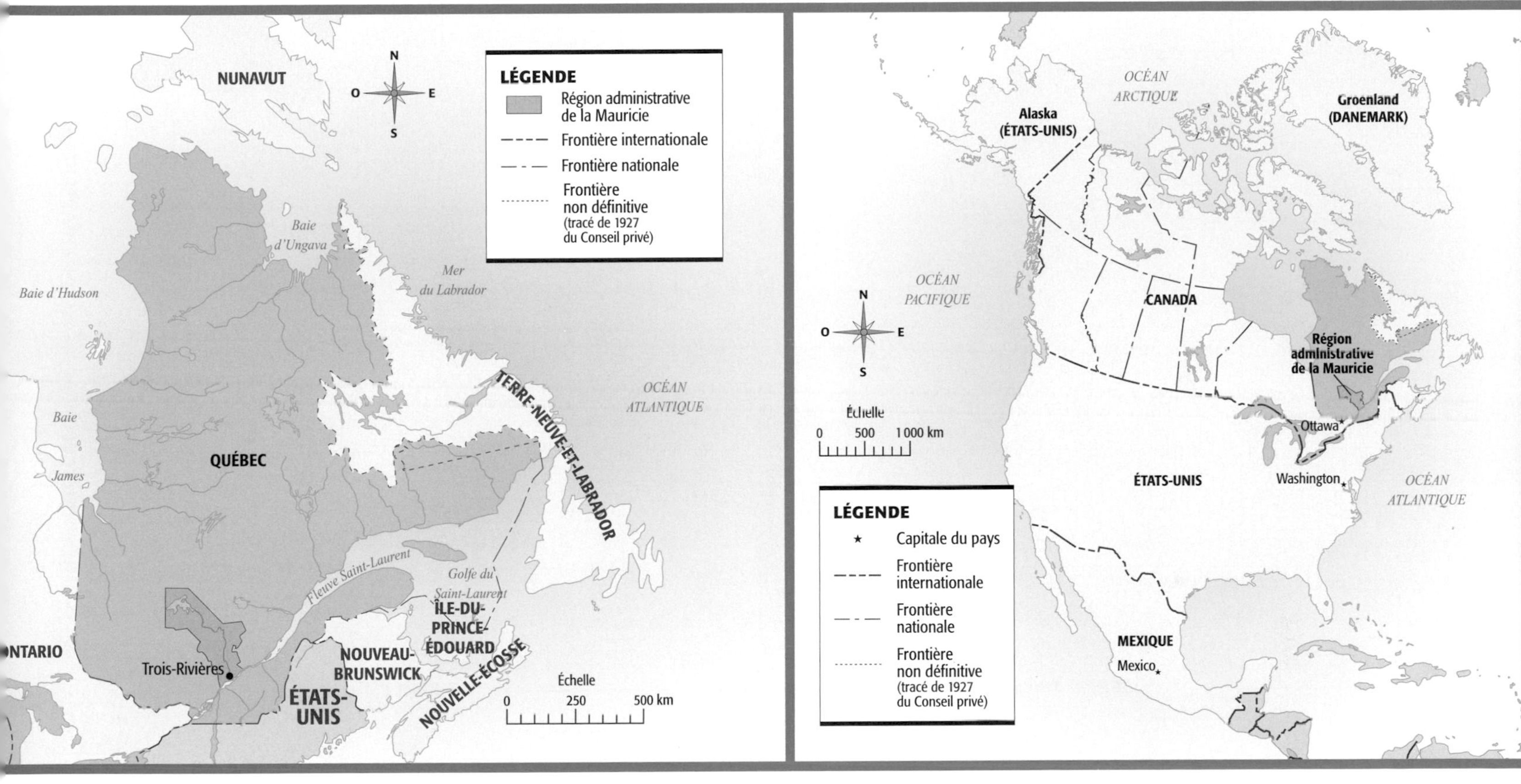

4 Vérifie ta compréhension.

a Qu'est-ce qui différencie une carte à grande échelle d'une carte à petite échelle?

b Quel type d'échelle peux-tu observer sur les différentes cartes qui te sont présentées?

c As-tu besoin d'une carte à grande ou à petite échelle pour situer le terrain de golf dans la ville de Trois-Rivières? pour déterminer la distance entre les grandes métropoles du monde? pour repérer les principaux cours d'eau du Québec?

Trouver les coordonnées géographiques d'un lieu sur un planisphère

1 Observe ce planisphère.

Le monde

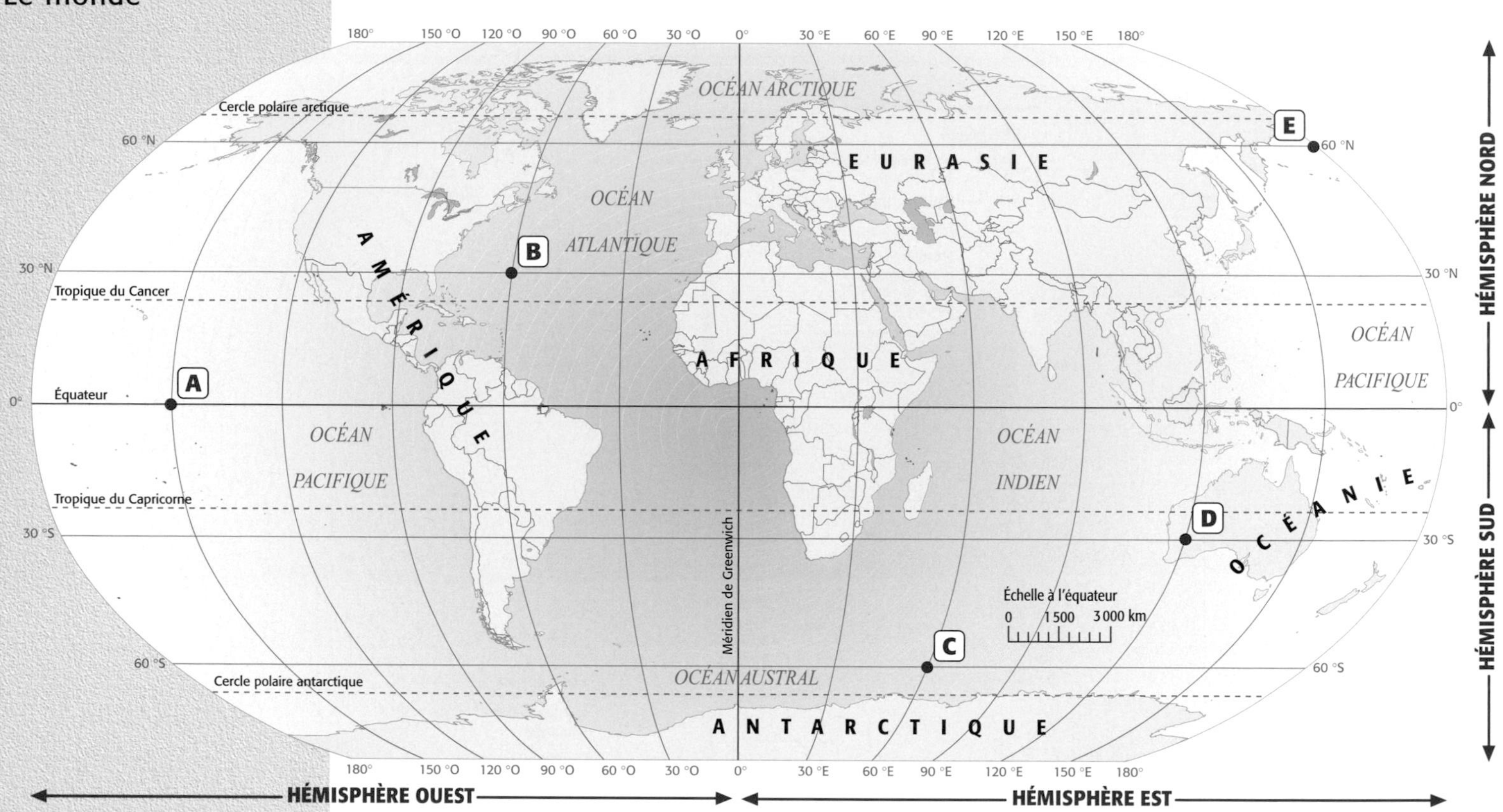

2 Fais part de tes observations.

a À quoi servent les lignes verticales et horizontales sur cette carte?

b Quelle est la principale utilité des coordonnées géographiques sur une carte?

3 Apprends à trouver les coordonnées géographiques d'un lieu sur un planisphère.

Un planisphère est une représentation de l'ensemble du globe terrestre sur une surface plane.

Les continents

Les continents sont de grandes étendues de terre limitées par un ou plusieurs océans. Chaque continent constitue une ou des parties du monde.

Les océans

Les océans sont de vastes étendues d'eau salée qui couvrent une grande partie de la surface de la Terre.

Les parallèles

Les parallèles sont des cercles imaginaires qui entourent la Terre. L'équateur est un parallèle situé à égale distance du pôle Nord et du pôle Sud. Il sépare la terre en deux hémisphères. Les parallèles servent à déterminer la **latitude** d'un lieu, qui est exprimée en degrés.

Le monde

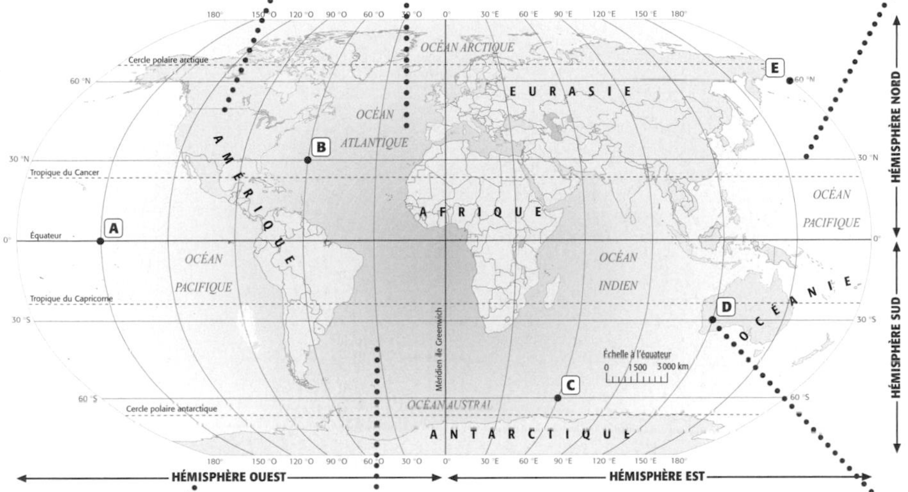

Latitude : Position en degrés d'un lieu par rapport à l'équateur.

Longitude : Position en degrés d'un lieu par rapport au méridien de Greenwich.

Les hémisphères

Les hémisphères correspondent à chacune des moitiés de la sphère terrestre. L'hémisphère Nord et l'hémisphère Sud sont séparés par l'équateur. L'hémisphère Est et l'hémisphère Ouest sont séparés par le méridien de Greenwich (0°) et le méridien 180°.

Les méridiens

Les méridiens sont des demi-cercles qui relient les deux pôles. Ils servent à déterminer la **longitude** d'un lieu, qui est aussi exprimée en degrés. Le méridien d'origine, situé à 0° de longitude, est appelé « méridien de Greenwich ».

Pour trouver les coordonnées géographiques du point D,

tu dois déterminer l'intersection de son parallèle (latitude) et de son méridien (longitude).

Éléments importants

Tu dois toujours indiquer d'abord la latitude d'un lieu et ensuite sa longitude.

Tu dois toujours indiquer par une lettre (N, S, E ou O) dans quel hémisphère se trouve le parallèle (Nord ou Sud) et le méridien (Est ou Ouest), à l'exception du parallèle 0° (équateur) et des méridiens 0° (Greenwich) et 180°. Par exemple, les coordonnées géographiques du point D sont (30 °S, 120 °E).

4 Vérifie ta compréhension.

a Les coordonnées géographiques sont un système de repérage basé sur le croisement de lignes horizontales et verticales. Comment se nomment ces lignes ?

b Quelle expression détermine la position d'un lieu par un parallèle ? par un méridien ?

c Explique dans tes mots la démarche qui te permet de trouver les coordonnées géographiques d'un lieu sur un planisphère.

d Quelles sont les coordonnées géographiques des points A, B, C et E ?

Lire et interpréter une carte du relief

1 Observe cette carte du relief.

Le relief du monde

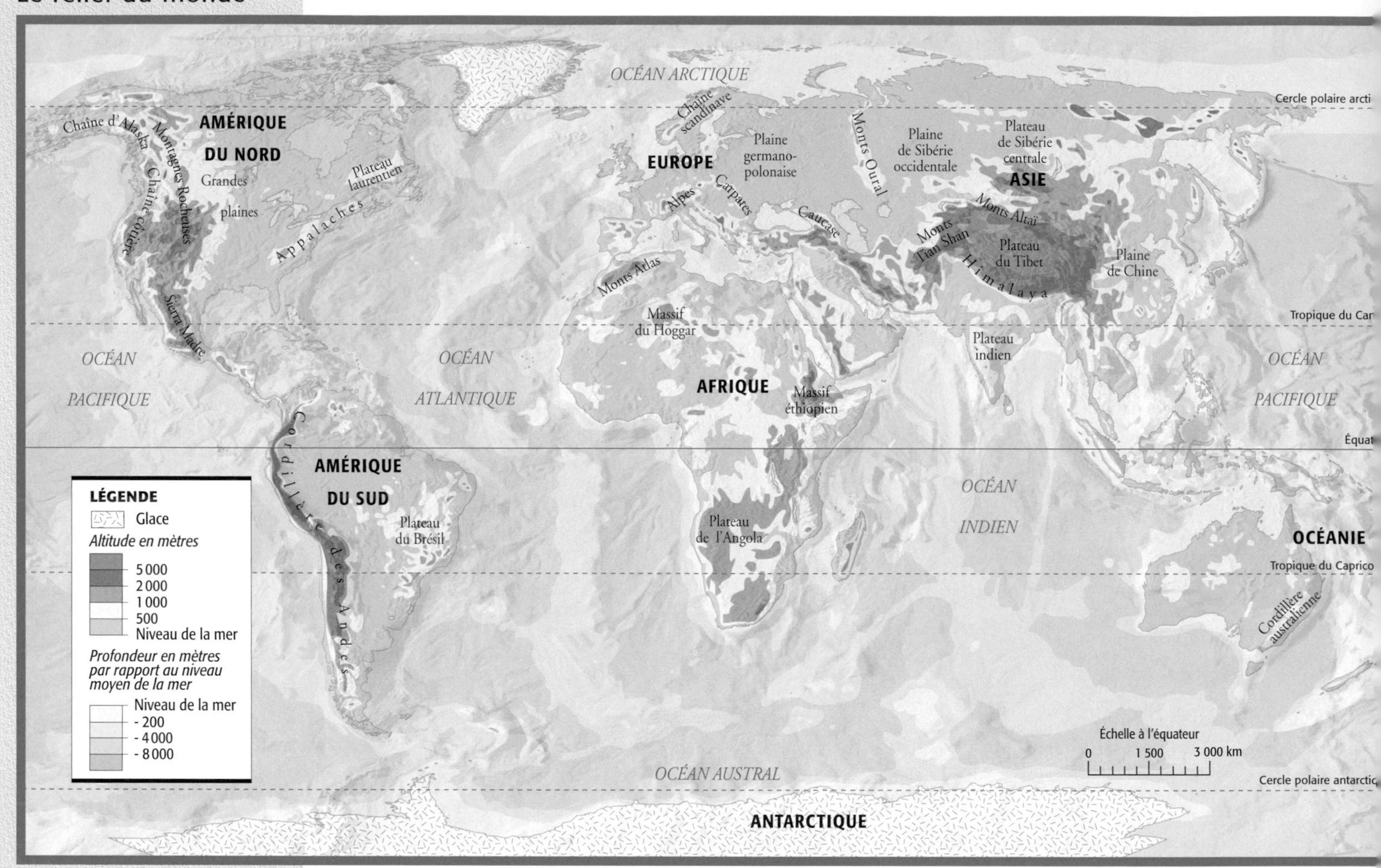

2 Vérifie ta compréhension.

a Quel type de relief domine l'Océanie ?

b Quels types de relief y a-t-il en Afrique ?

c Comment peux-tu décrire le relief du Canada ?

d Quelle information de la carte te permet de trouver les montagnes ?

3 Apprends à lire et à interpréter une carte du relief.

Une carte du relief présente l'altitude des ensembles d'un territoire à l'aide de couleurs, d'ombres ou des deux. Dans les grands ensembles de la Terre, on trouve des plaines, des plateaux, des collines, des montagnes et des vallées.

La cordillère des Andes
La montagne est une élévation de forte altitude.

La Prairie canadienne
La plaine est une étendue généralement plate et peu accidentée.

Le plateau du Tibet
Le plateau est une surface surélevée et légèrement ondulée.

> **Altitude :** Élévation par rapport au niveau moyen de la mer.

Le relief du monde

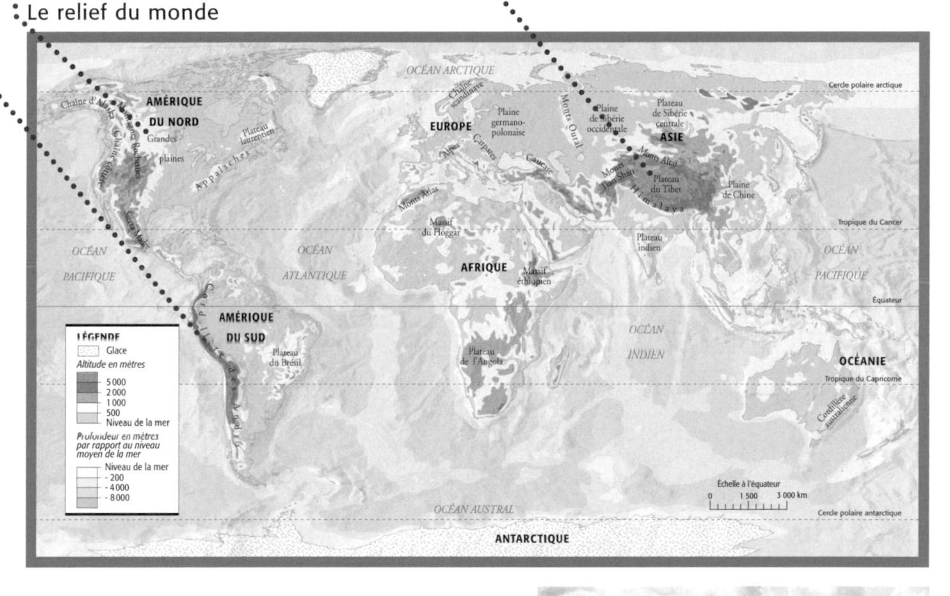

Le mont Saint-Grégoire, au Québec
La colline est une élévation de forme arrondie et de faible altitude.

> Comme la colline est souvent de faible altitude et que la superficie d'une vallée est limitée, ces types de relief n'apparaissent pas sur une carte à petite échelle comme celle qui est présentée ci-dessus.

La vallée de la Matapédia, au Québec
La vallée s'étend entre deux régions de plus haute altitude et est souvent occupée par un cours d'eau.

4 Vérifie ta compréhension.

a Où sont situés les plus hauts sommets du monde ? Comment le sais-tu ?

b Nomme cinq chaînes de montagnes de la Terre.

c Quels types de relief y a-t-il en Amérique du Nord ?

d Comment peux-tu décrire le relief du Québec ?

Lire et interpréter une carte topographique

1 Observe cette carte topographique.

LÉGENDE

Éléments humains

- Route, revêtement dur, plus de deux voies
- Route, revêtement dur, deux voies
- Route, revêtement dur, moins de deux voies
- Route de gravier
- Chemin de fer (voie unique et voies multiples)
- Pont
- Tunnel
- Limite de première classe
- Limite de deuxième classe
- Limite de troisième classe
- Agglomération
- Bâtiment, bâtiment à l'échelle
- Église
- École
- Cimetière
- Installations électriques
- Ligne de transport d'énergie électrique
- Terrain de camping
- Terrain de pique-nique
- Piste de course
- Station de ski
- Mine
- Gravière, sablière, glaisière
- Carrière
- Déblai, remblai
- Barrage
- Barrage portant une route

Éléments physiques

- Cours d'eau ou rive
- Lac ou étang
- Marais ou marécage
- Chutes
- Rapides
- Zone inondée
- Région boisée
- Courbe de niveau

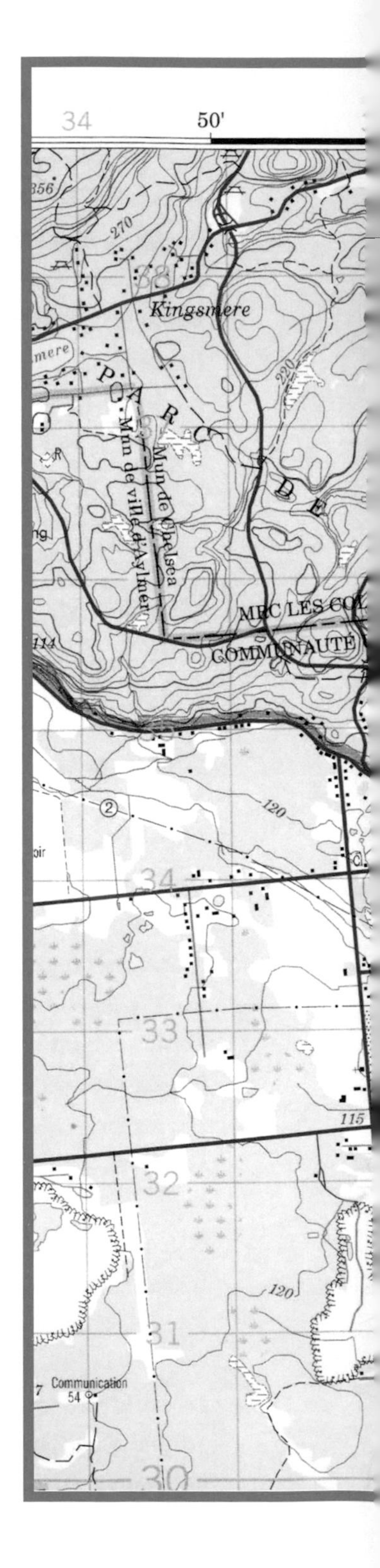

2 Fais part de tes observations.

a À ton avis, qu'est-ce qu'une carte topographique?

b Quels renseignements donne ce type de carte?

c En quoi une carte topographique peut-elle être utile?

Une partie de la ville de Gatineau*, en Outaouais (1 : 50 000)

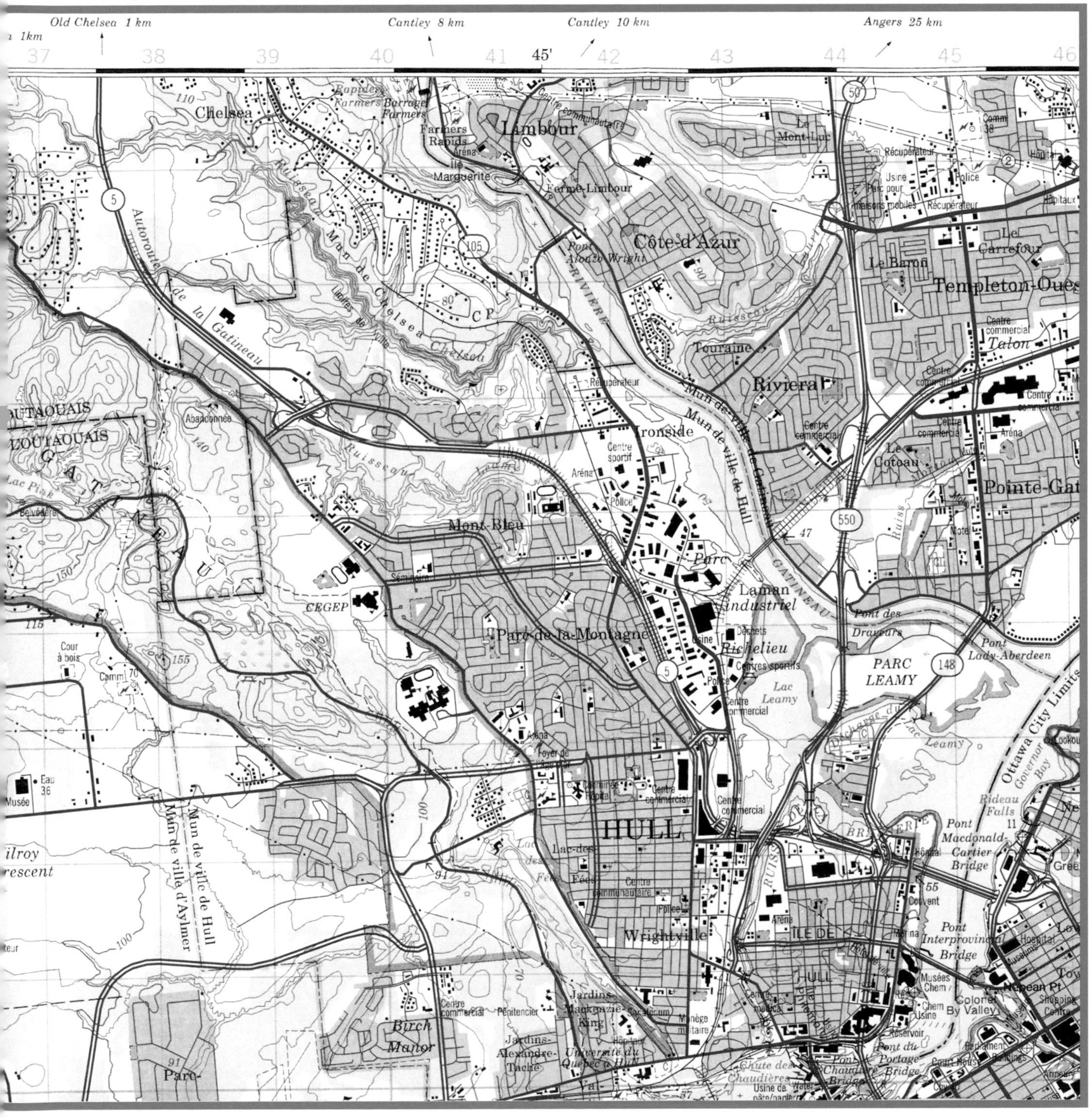

*La fusion des municipalités de Hull et de Gatineau est officielle depuis janvier 2006.

3 Apprends à lire et à interpréter une carte topographique.

La carte topographique présente la topographie d'un territoire et ses aménagements humains de manière précise et détaillée. Elle donne des renseignements sur les éléments physiques (cours d'eau, falaise, région boisée, etc.), les types d'infrastructures de transport (route de gravier, chemin de fer, etc.), les frontières ou les limites (frontière internationale, réserve indienne, etc.) et les types de bâtiments (école, église, etc.) de ce territoire.

Le titre
Le titre indique le territoire représenté.

Une partie de la ville de Gatineau, en Outaouais (1 : 50 000)

Une courbe de niveau
Une courbe de niveau est une ligne sinueuse de couleur brune qui relie tous les points de même altitude.

Une courbe maîtresse
Une courbe maîtresse est une courbe de niveau qui permet de calculer rapidement l'altitude d'un lieu à l'aide d'une cote (chiffre).

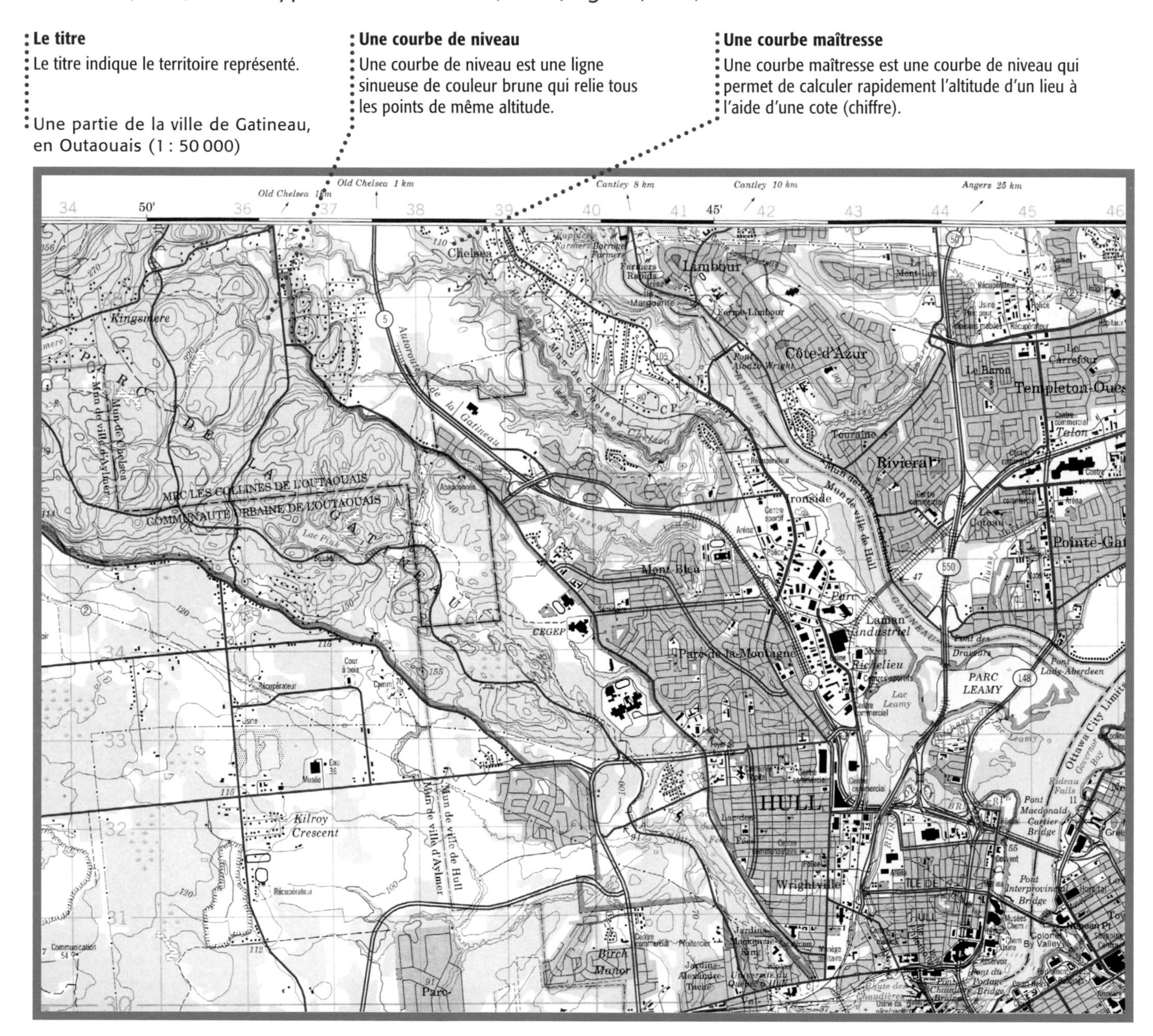

L'équidistance
L'équidistance indique la distance verticale qui sépare deux courbes de niveau consécutives. Cette distance est constante. Par exemple, l'équidistance des courbes de niveau de cette carte est de 10 m.

Les coordonnées topographiques
Les coordonnées topographiques constituent un système de repérage formé de lignes horizontales et verticales de couleur bleue. Elles permettent de situer précisément un lieu sur une carte.

Topographie : Configuration de la surface du terrain.

4 Apprends à trouver les coordonnées topographiques d'un point sur une carte.

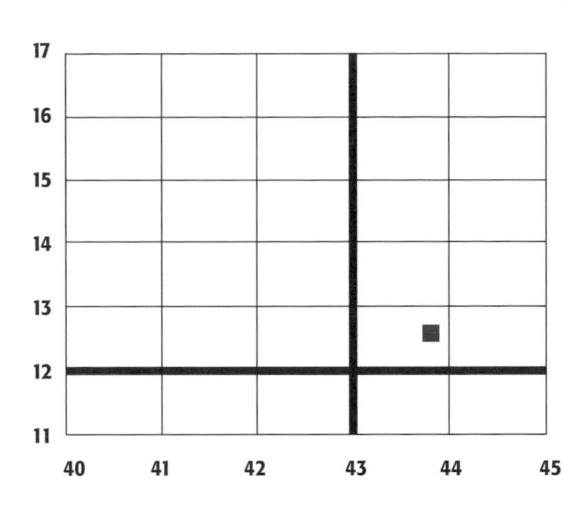

Pour trouver les coordonnées à quatre chiffres d'un bâtiment, par exemple, tu dois:

a Repérer le numéro de la ligne verticale à gauche du bâtiment.

b Repérer le numéro de la ligne horizontale au-dessous du bâtiment.

c Réunir les deux numéros. Mis ensemble, ils forment les coordonnées topographiques à quatre chiffres du bâtiment. Les coordonnées du bâtiment de l'exemple ci-contre sont: 4312.

Le centre-ville de Gatineau (secteur de Hull). Au premier plan, on peut voir le pont Interprovincial.

5 Vérifie ta compréhension.

a Quelles sont les coordonnées topographiques à quatre chiffres du barrage de Farmers Rapids?

b Sur quelle rivière est situé ce barrage?

c Est-ce qu'il y a des écoles sur le territoire couvert par cette carte? Si oui, qu'est-ce qui te l'indique?

d Trouve deux édifices municipaux sur la carte.

e Repère dans la case 4032 une courbe maîtresse et indique sa cote.

f À quelle altitude se trouve le récupérateur situé en bordure de la rivière Gatineau?

g Repère sur la carte le centre-ville de Gatineau (secteur de Hull), qui est représenté sur la photo.

Lire et interpréter une carte politique

1 Observe cette carte politique.

Le nord-est des États-Unis

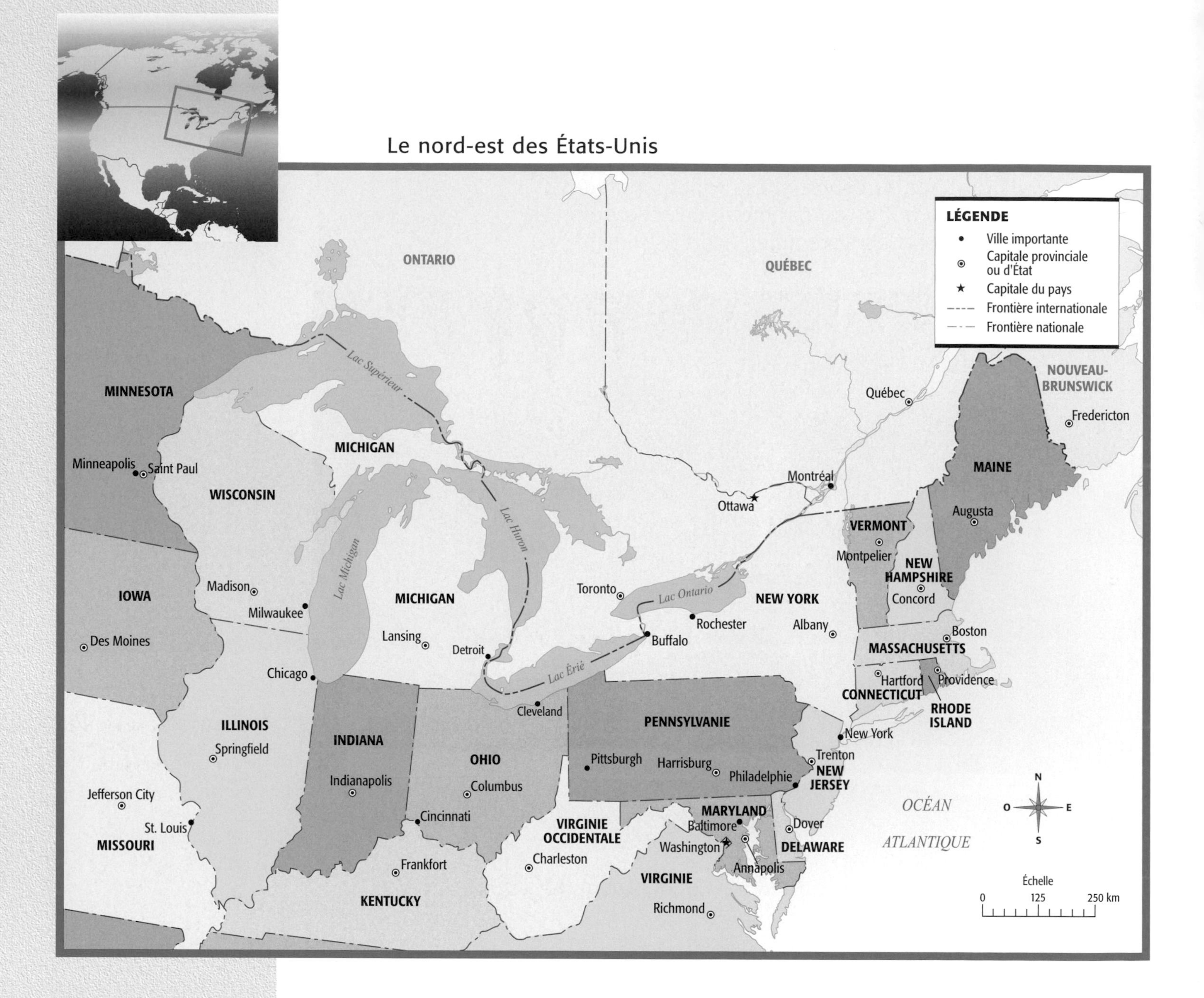

2 Fais part de tes observations.

a Que reconnais-tu sur cette carte?

b À ton avis, pourquoi est-ce une carte politique?

c Quels renseignements cette carte donne-t-elle?

3 Apprends à lire et à interpréter une carte politique.

Une carte politique présente le plus souvent les frontières nationales et les frontières internationales d'un territoire. Ce type de carte montre également des éléments tels que les capitales et les villes les plus importantes. La quantité d'informations fournies dépend de l'échelle de la carte.

Le carton
Le carton montre le territoire représenté sur une carte dans un ensemble beaucoup plus vaste (pays, partie du monde). Il peut aider à mieux comprendre la carte.

Le titre
Le titre indique le territoire représenté.

La légende
La légende présente des symboles et des couleurs qui permettent l'interprétation de divers éléments de la carte : frontières, lieux (capitales, autres villes, etc.).

Le nord-est des États-Unis

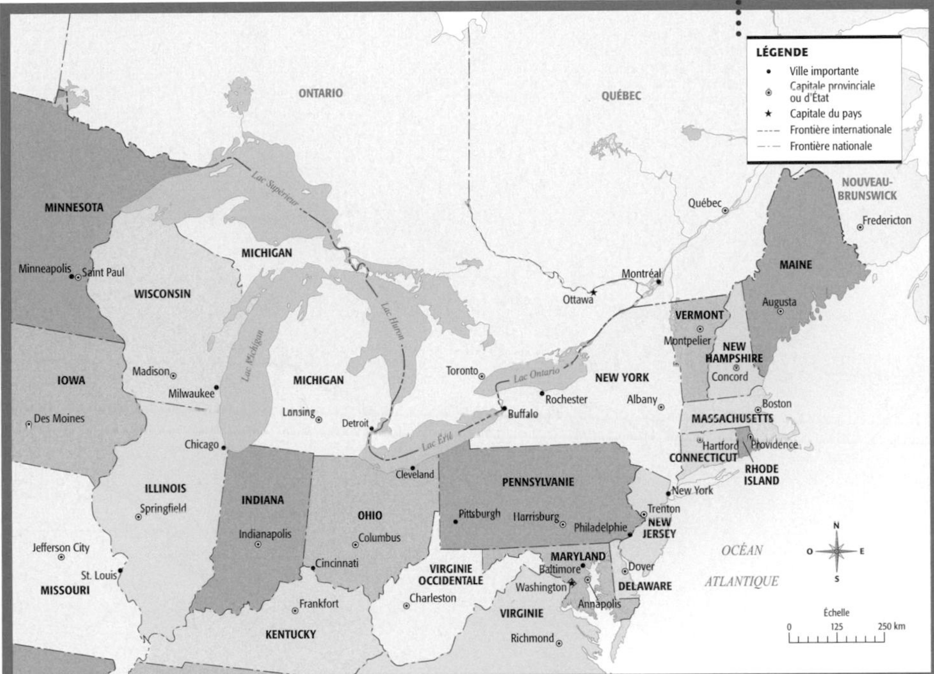

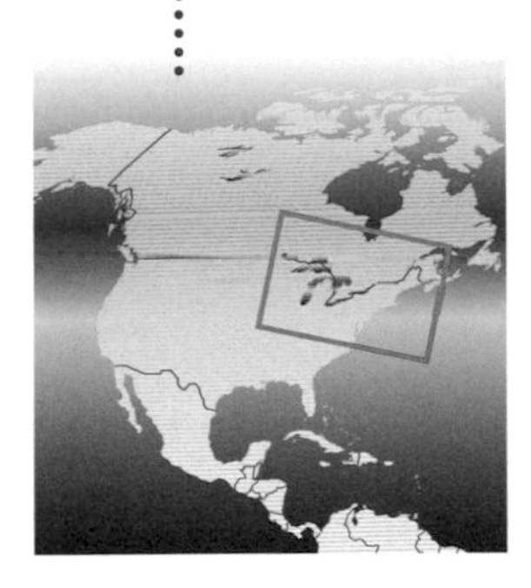

Frontière nationale : Limite territoriale à l'intérieur d'un pays (ex. : la frontière entre le Québec et l'Ontario).

Frontière internationale : Limite territoriale qui sépare deux pays (ex. : la frontière entre le Canada et les États-Unis).

4 Vérifie ta compréhension.

a Nomme l'État le plus au nord-est des États-Unis.

b Quelle est la capitale de l'État du Michigan ?

c Quel type de frontière sépare les États-Unis du Canada ?

d Nomme trois États américains qui ont une frontière commune avec le Canada.

Lire et interpréter une carte routière

1 **Observe cette carte routière.**

Le Centre-du-Québec

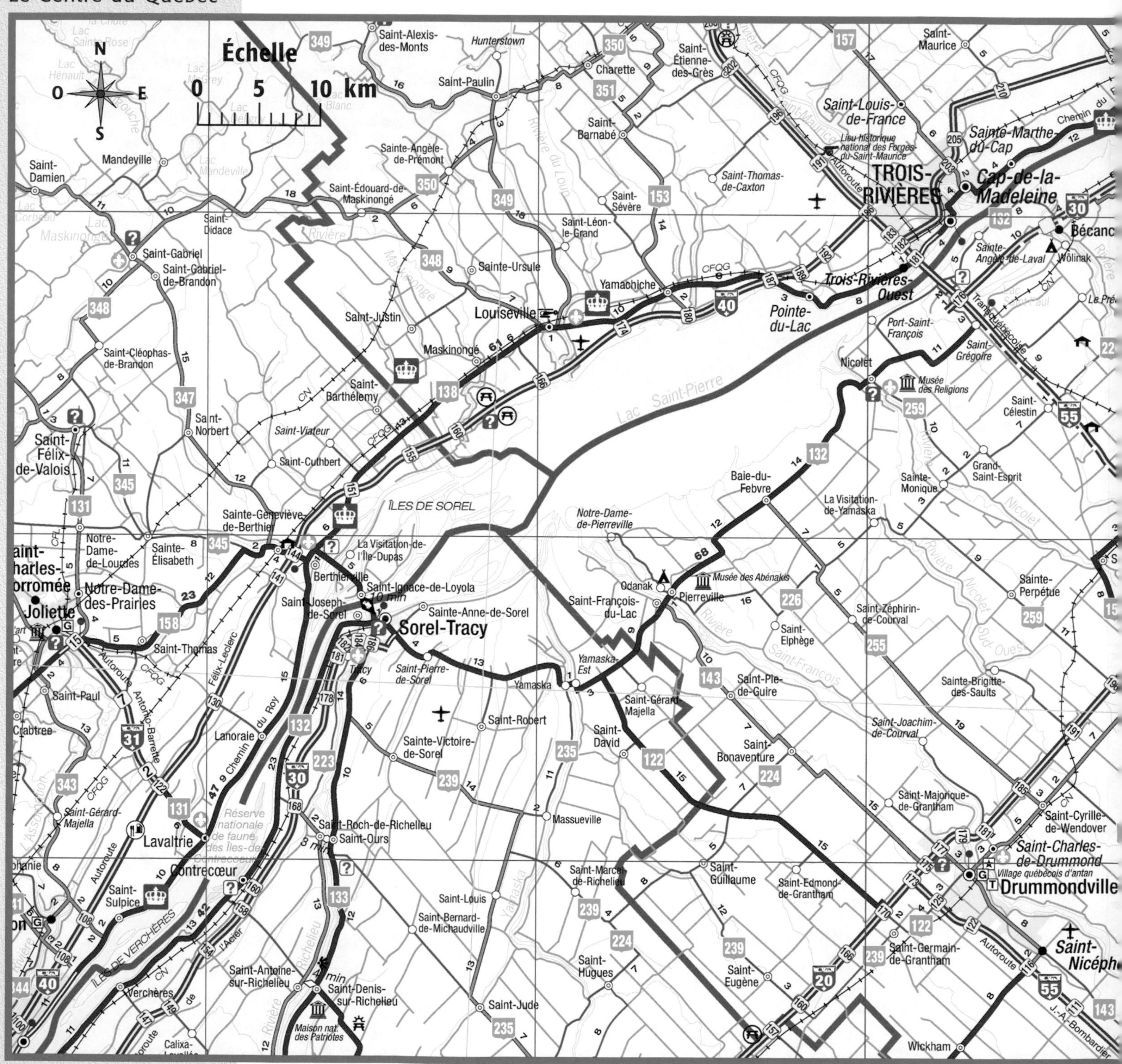

2 Fais part de tes observations.

a Quel territoire est illustré sur cette carte routière?

b Quels renseignements cette carte donne-t-elle?

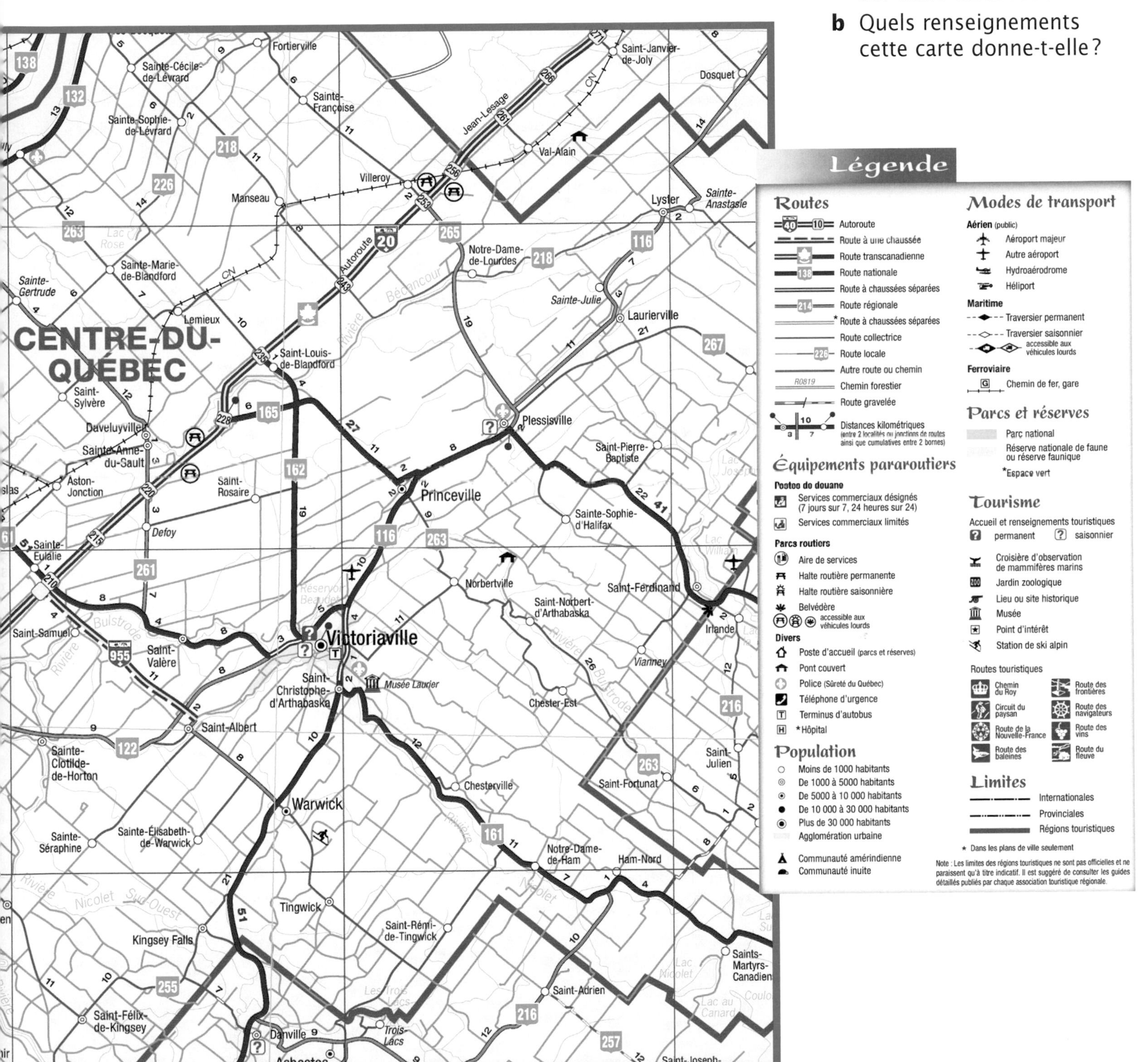

3 Apprends à lire et à interpréter une carte routière.

La carte routière présente le réseau routier d'un territoire. De plus, elle donne des renseignements sur les équipements et les attraits touristiques (parcs, réserves, musées, centres d'interprétation, etc.), les lieux (villes et villages), les frontières, les cours d'eau, les principales montagnes, etc.

Le titre
Le titre indique le territoire représenté.

Le Centre-du-Québec

Le tracé des routes
La couleur, le nombre et l'épaisseur des tracés permet de différencier les classes de routes.

Les distances
Ce nombre donne la distance entre deux lieux en suivant la route.

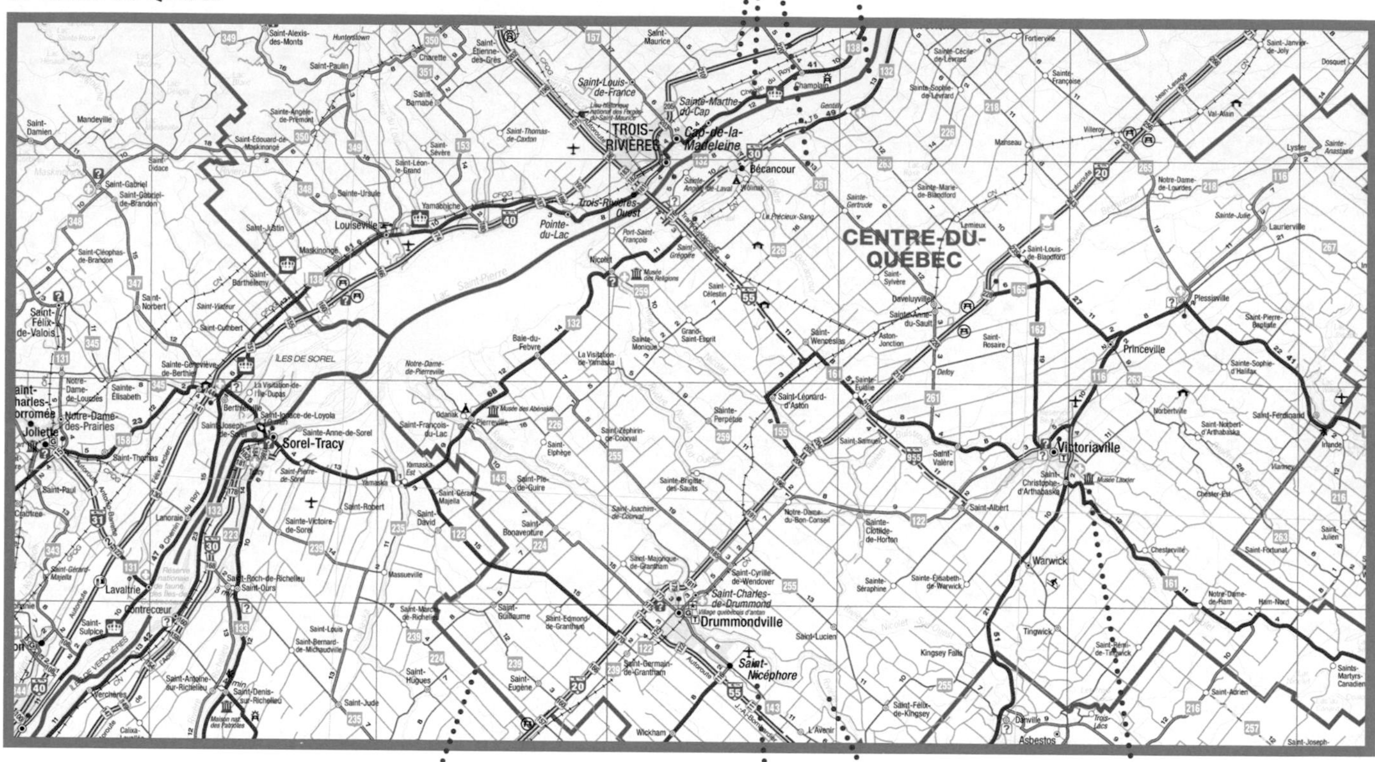

Les classes de routes

Au Québec, les routes qui vont du nord au sud ont des numéros impairs (ex. : la route 161) et celles qui vont de l'est vers l'ouest ont des numéros pairs (ex. : l'autoroute 20).

Les numéros 1 à 99 sont réservés aux autoroutes. Les numéros 100 à 199 correspondent aux routes principales ou provinciales. Les numéros 200 à 300 désignent les routes secondaires ou régionales.

Les chiffres noirs dans un rectangle jaune désignent les numéros des sorties d'autoroute. Chacun de ces numéros indique la distance en kilomètres entre cette sortie et le début de l'autoroute.

Les limites
Ce trait indique les limites territoriales entre deux régions touristiques, la Montérégie et le Centre-du-Québec.

Les infrastructures
Cette indication renseigne sur les installations qui permettent des déplacements par un moyen de transport.

Les cours d'eau
Ce trait ondulé permet de situer les principaux cours d'eau.

Les attraits touristiques
Cette indication désigne un lieu aménagé pour les touristes.

4 Apprends à évaluer les distances sur une carte routière.

Pour évaluer la distance entre deux lieux sur une carte routière, tu peux procéder de différentes manières. Tu peux mesurer une distance en ligne droite comme celle de Sainte-Eulalie à Warwick. Tu peux aussi mesurer une distance dont le tracé est une ligne courbe ou irrégulière comme celui de Sainte-Eulalie à Victoriaville.

Avec l'échelle graphique

Le tracé en ligne droite

a Sur la carte, dépose une feuille de papier de manière à joindre les deux points avec le bord de la feuille. Marque la position des deux points sur la feuille.

b Place le bord de la feuille de papier le long de l'échelle de la carte. Assure-toi que le premier point marqué correspond au zéro de l'échelle. Indique sur la feuille l'endroit où se termine l'échelle, puis note la distance mesurée.

c Si la distance à mesurer est plus longue que l'échelle, répète l'opération précédente jusqu'à ce que tu atteignes la deuxième marque sur ta feuille de papier.

d Additionne les distances obtenues (10 + 10 + 8 = 28 km).

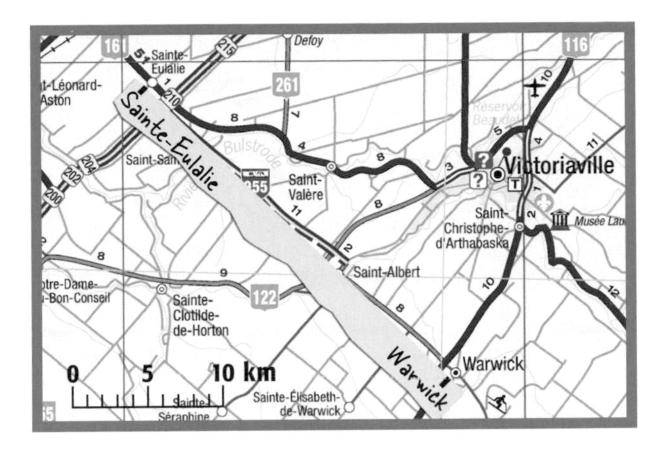

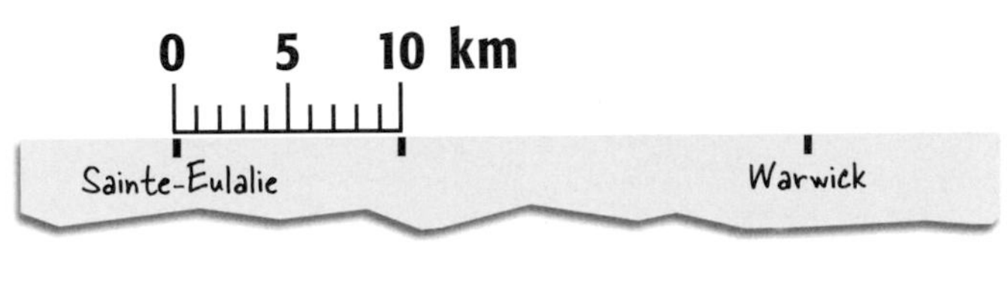

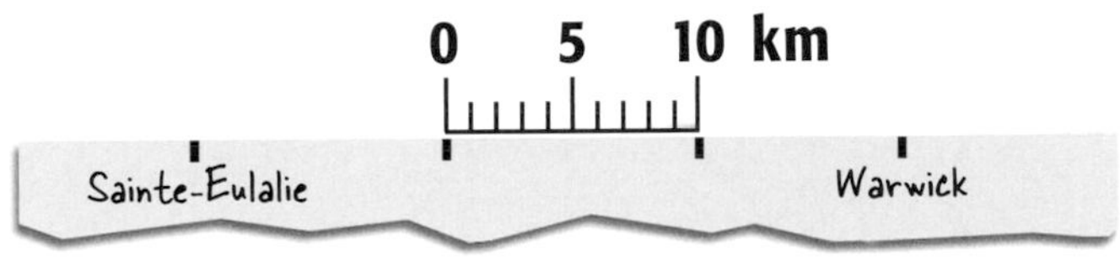

Le tracé en courbe ou irrégulier

a Superpose un bout de ficelle au tracé de la route.

b Sur la ficelle, marque le début et la fin du tracé à mesurer.

c Utilise l'échelle pour déterminer la distance qui sépare les deux marques que tu as faites sur la ficelle.

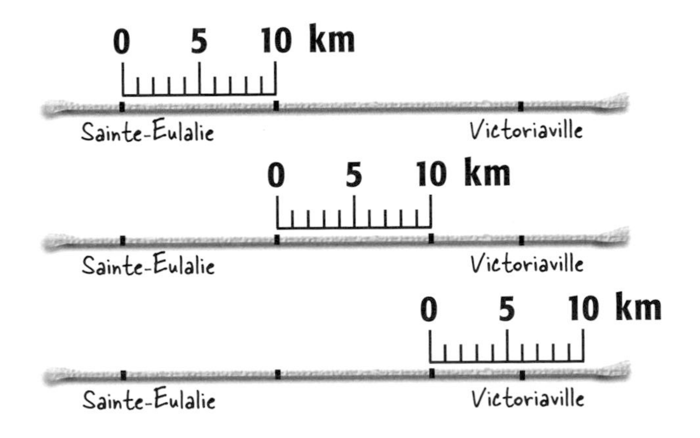

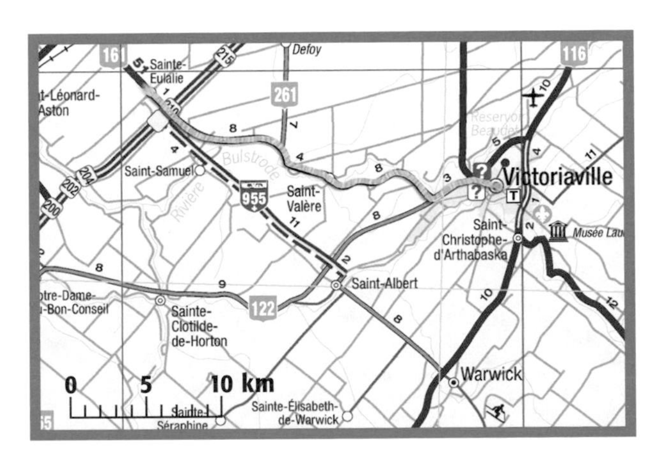

Avec les distances kilométriques

a Trouve sur la carte le lieu de départ (la ville de Sorel-Tracy) et le lieu d'arrivée (la municipalité de Baie-du-Febvre). Repère les nombres inscrits en noir le long de la route qui relie ces deux lieux. Ces nombres indiquent la distance entre deux localités.

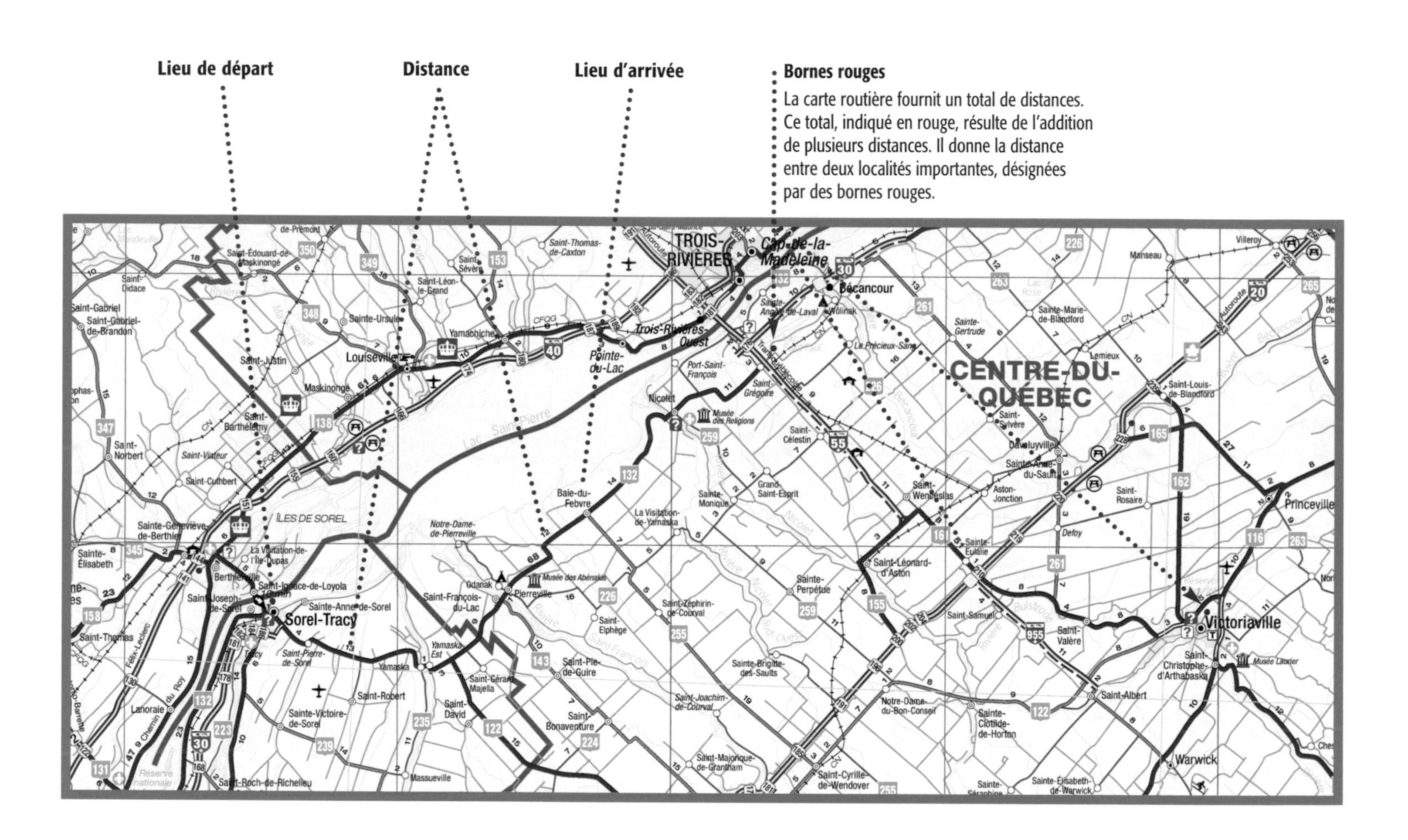

b Additionne les nombres en noir que tu as notés entre le lieu de départ et le lieu d'arrivée (4 + 13 + 1 + 3 + 9 + 1 + 12 = 43).

c Le total indique la distance recherchée : 43 km.

Avec la table des distances

a Trouve Québec et Drummondville dans la table des distances.

b Cherche le point de rencontre entre ces deux localités dans les colonnes et les rangées de la table des distances. Le chiffre obtenu donne la distance qui les sépare (153 km) en suivant le chemin le plus court.

Québec	Montréal	Montmagny	Mont-Laurier	Mirabel	Matane	La Tuque	La Malbaie	Joliette	Gatineau	Granby	Gaspé	Drummondville	Saguenay	Chibougamau	Baie-Comeau	Amos
																1 274
															792	482
														357	435	839
													364	668	561	708
												859	636*	1 214*	293*	1 560
											1 006	80	511	815	708	685
										291	1 166	314	671	819	868	473
									281	158	922	181	427	656	624	675
								352	602	442	525*	295*	169	657	266	996
							381	252	533	539	945	239	249	404	647	886
						651	238*	628	872	712	294	565	348*	927*	6*	1 266
					712	373	584	121	254	131	1 006	154	511	815	708	554
				193	905	566	635	314	196	324	1 199	347	704	707	901	361
			573	380	332	319	222	296	540	380	626	233	291	595	330*	934
		333	240	47	665	452	395	74	207	84	959	107	464	768	661	601
	253	80	493	300	412	239	142	216	460	300	706	153	211	515	408	854

* Il est nécessaire d'emprunter un traversier pour parcourir ces distances.

5 Vérifie ta compréhension.

a Tu pars de Trois-Rivières et tu dois te rendre le plus directement possible à Drummondville. Quelles routes dois-tu emprunter?

b Nomme une autoroute de la région. Son numéro respecte-t-il la règle des numéros pairs et impairs? Pourquoi?

c À l'aide de la table des distances, trouve la distance entre Drummondville et Matane, entre La Tuque et Joliette, puis entre Québec et Amos.

d En excluant le réseau routier, par quel mode de transport est-il possible d'accéder à la ville de Sorel-Tracy?

Lire et interpréter une carte thématique

1 Observe cette carte thématique.

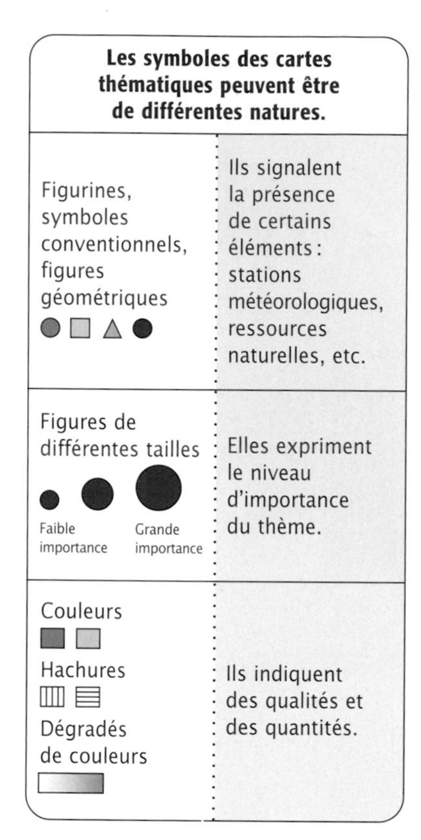

Les symboles des cartes thématiques peuvent être de différentes natures.	
Figurines, symboles conventionnels, figures géométriques	Ils signalent la présence de certains éléments : stations météorologiques, ressources naturelles, etc.
Figures de différentes tailles (Faible importance – Grande importance)	Elles expriment le niveau d'importance du thème.
Couleurs Hachures Dégradés de couleurs	Ils indiquent des qualités et des quantités.

Le titre
Le titre indique la nature du thème.

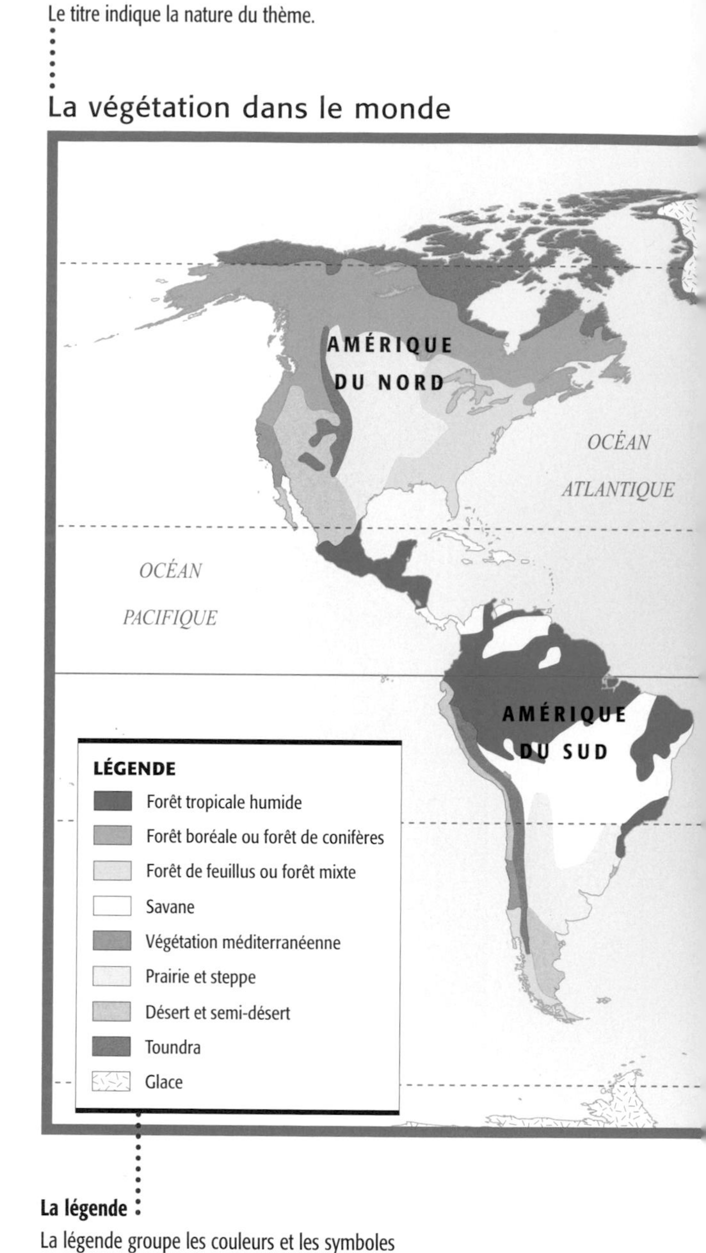

La légende
La légende groupe les couleurs et les symboles utilisés sur la carte thématique.

2 Fais part de tes observations.

a Que représente cette carte ? Comment le sais-tu ?
b De quoi est-il question sur cette carte ?
c À ton avis, pourquoi est-ce une carte thématique ?

Forêt tropicale humide (nombreux arbres de grande taille, acajou, ébène, hévéa, lianes, etc.)

Forêt boréale (épinettes noires, sapins, pins, etc.)

Forêt mixte (érables, bouleaux, sapins, etc.)

Savane (herbe, arbres isolés)

3 Apprends à lire et à interpréter une carte thématique.

La carte thématique présente un thème et la répartition de ses données sur un territoire. Ce thème peut être le climat, la végétation, les ressources naturelles, l'aménagement du territoire, etc.

Pour mettre en évidence le thème et sa répartition, on omet d'indiquer certains éléments tels que des cours d'eau et des lieux qui pourraient surcharger la carte. On procède donc à une simplification de l'information pour laisser place au message principal de la carte.

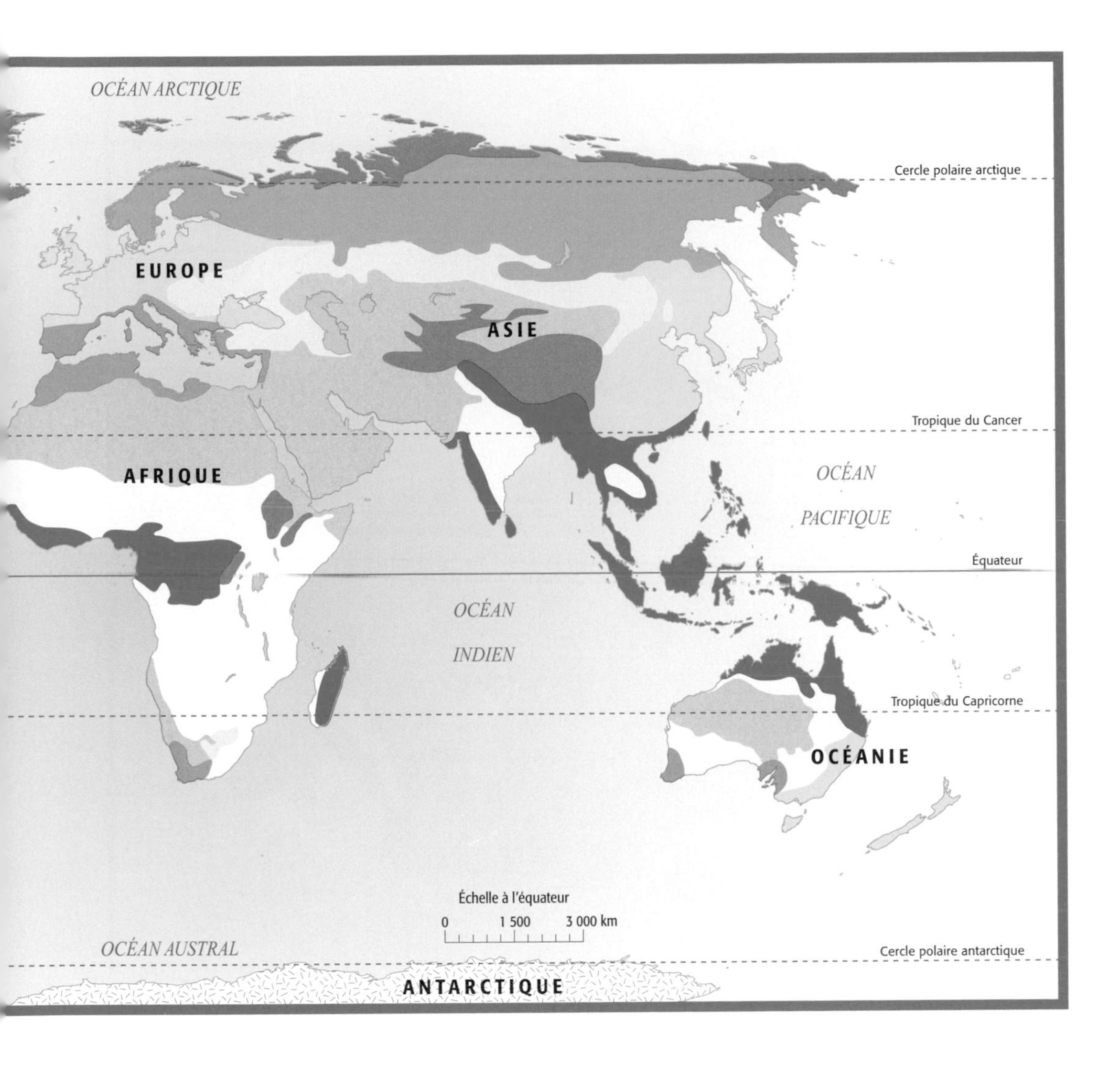

Végétation méditerranéenne (oliviers, chênes-lièges, etc.)

Prairie (plantes herbacées)

Désert (sable et pierres, végétation concentrée dans les oasis)

Toundra (mousse, lichen, quelques arbres rabougris)

4 Vérifie ta compréhension.

a Comment reconnais-tu les types de végétation sur la carte?

b Où sont situées les zones de végétation méditerranéenne?

c Combien y a-t-il de zones de végétation dans le monde? Quel élément de la carte t'a permis de répondre à cette question?

Réaliser une carte schématique

1 Observe cette carte schématique.

Les principales sources d'énergie du Canada

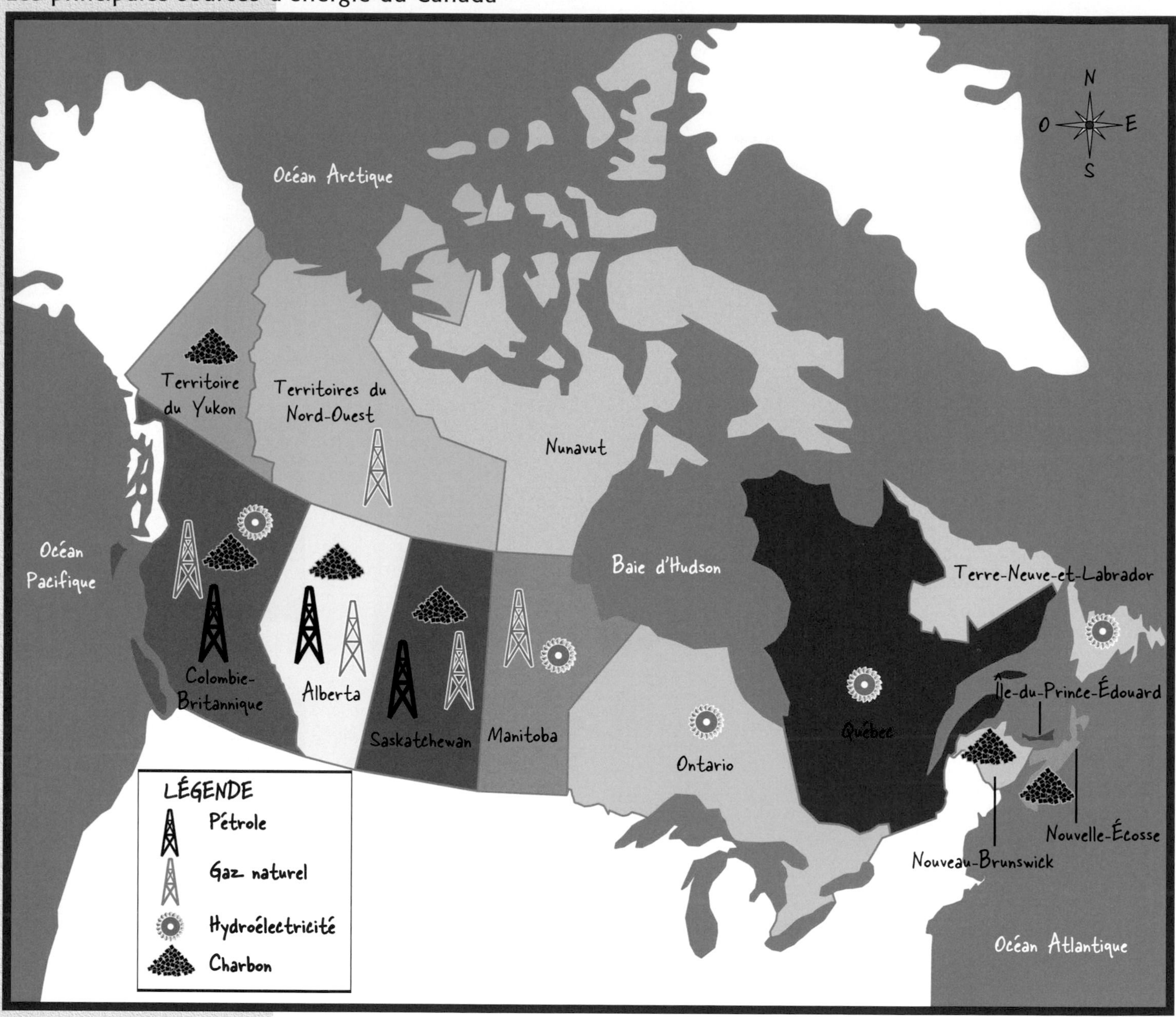

2 Fais part de tes observations.

a De quoi est-il question sur cette carte? Qu'est-ce qui te l'indique?

b Que représentent les différents éléments de la légende?

3 Apprends à réaliser une carte schématique.

Une carte schématique est un dessin d'un territoire exécuté de manière simple. Pour réaliser une carte schématique, on présente un thème et les données correspondantes sur ce territoire.

La démarche de réalisation d'une carte schématique

Avant de tracer ta carte

a Détermine ton intention pour choisir ce que tu veux représenter (ex.: montrer sur une carte la répartition des différentes ressources énergétiques du Canada).

b Consulte différentes sources d'information (cartes, tableaux, statistiques).

c Sélectionne les renseignements les plus utiles, qui apparaîtront sur ta carte. Tu peux noter ces éléments sur une feuille de papier.

d Trouve une carte modèle qui te servira à tracer ta carte. Choisis les symboles et les couleurs que tu utiliseras.

Pendant que tu traces ta carte

e Rappelle-toi ce que tu veux représenter sur cette carte.

f Intègre les informations recueillies à l'aide des couleurs ou des symboles que tu as choisis.

Après avoir tracé ta carte

g Donne-lui un titre.

h Indique l'orientation et la signification des couleurs et des symboles dans une légende.

LES PRINCIPALES SOURCES D'ÉNERGIE DU CANADA

Source d'énergie	Province ou territoire producteur
Pétrole	Colombie-Britannique, Alberta, Saskatchewan
Gaz naturel	Colombie-Britannique, Alberta, Saskatchewan, Manitoba, Territoires du Nord-Ouest
Hydroélectricité	Québec, Terre-Neuve-et-Labrador, Ontario, Manitoba, Colombie-Britannique
Charbon	Territoire du Yukon, Colombie-Britannique, Alberta, Saskatchewan, Nouveau-Brunswick, Nouvelle-Écosse

Quelques symboles

Figurines, symboles conventionnels, figures géométriques	Figures de différentes tailles	Couleurs
● ■ ▲ ●	Faible importance — Grande importance	Hachures
		Dégradés de couleurs

4 Vérifie ta compréhension.

a Explique dans tes mots la démarche à suivre pour réaliser une carte schématique. Que dois-tu faire en premier et en dernier?

b Pourquoi est-il important d'indiquer dans une légende la signification des couleurs et des symboles utilisés sur une carte schématique?

Mettre en relation un texte et une carte

1 Lis ce texte.

Waswanipi : bâtir sur le savoir traditionnel

Comme son nom l'indique, une forêt modèle doit servir d'exemple. Et la nouvelle forêt modèle des Cris de Waswanipi, qui s'étend sur 209 600 ha, à mi-chemin entre Matagami et Chibougamau dans le nord du Québec, est un exemple particulièrement fascinant. Établie en 1997, cette forêt démontre, par de nombreux moyens, les avantages que l'on obtient en intégrant aux pratiques d'aménagement forestier le savoir écologique issu de la tradition autochtone.

À cet égard, le système des réseaux de piégeage des Cris est une source d'enseignement particulièrement intéressante, car il repose sur des siècles d'observation de la productivité saisonnière de l'écosystème boréal. Ce savoir des trappeurs fournira certainement des indications essentielles pour mieux protéger les habitats fauniques et guidera les Cris de Waswanipi au moment d'élaborer leur plan d'aménagement forestier.

Il importe de souligner que la forêt modèle des Cris de Waswanipi cherche à marier les valeurs des communautés autochtones et celles de l'aménagement forestier. Le mécanisme choisi pour réaliser cette intégration est la « table d'harmonisation », un organe consultatif représentant les multiples facettes de la bande. C'est ainsi que tous les points de vue sont pris en considération dans les décisions visant les activités de la forêt modèle.

Les peuples autochtones du Canada en général, et les Cris de Waswanipi en particulier, connaissent la foresterie depuis fort longtemps. C'est pourquoi la forêt modèle traduit les préoccupations fondamentales de la communauté en matière de gestion des ressources naturelles. Les Cris de Waswanipi accordent la priorité à un développement économique axé sur les ressources forestières et conçu selon les principes de l'aménagement forestier durable. C'est ainsi que la société Mishtuk (une compagnie crie d'aménagement forestier), par exemple, tente déjà de répondre à certaines préoccupations en faisant appel à des pratiques de gestion non conventionnelles pour remplacer la coupe à blanc sur une grande échelle. Voilà qui aide à diminuer l'appréhension de la communauté à l'égard de l'exploitation commerciale de la forêt.

Source : Ressources naturelles Canada, 1998.

2 Fais part de ta compréhension.

a De quoi est-il question dans ce texte ?
b Où est située cette forêt ?
c Que sais-tu des lieux dont parle ce texte ?
d Que sais-tu des Cris du Québec ?
e Pourquoi la forêt de Waswanipi est-elle considérée comme une forêt modèle ?

3 Apprends à mettre en relation un texte et une carte.

Un texte et une carte qui décrivent le même lieu peuvent se compléter. Si tu les mets en relation, ils peuvent t'aider à mieux comprendre un sujet.

La démarche de mise en relation d'un texte et d'une carte

Le territoire des Cris du Québec

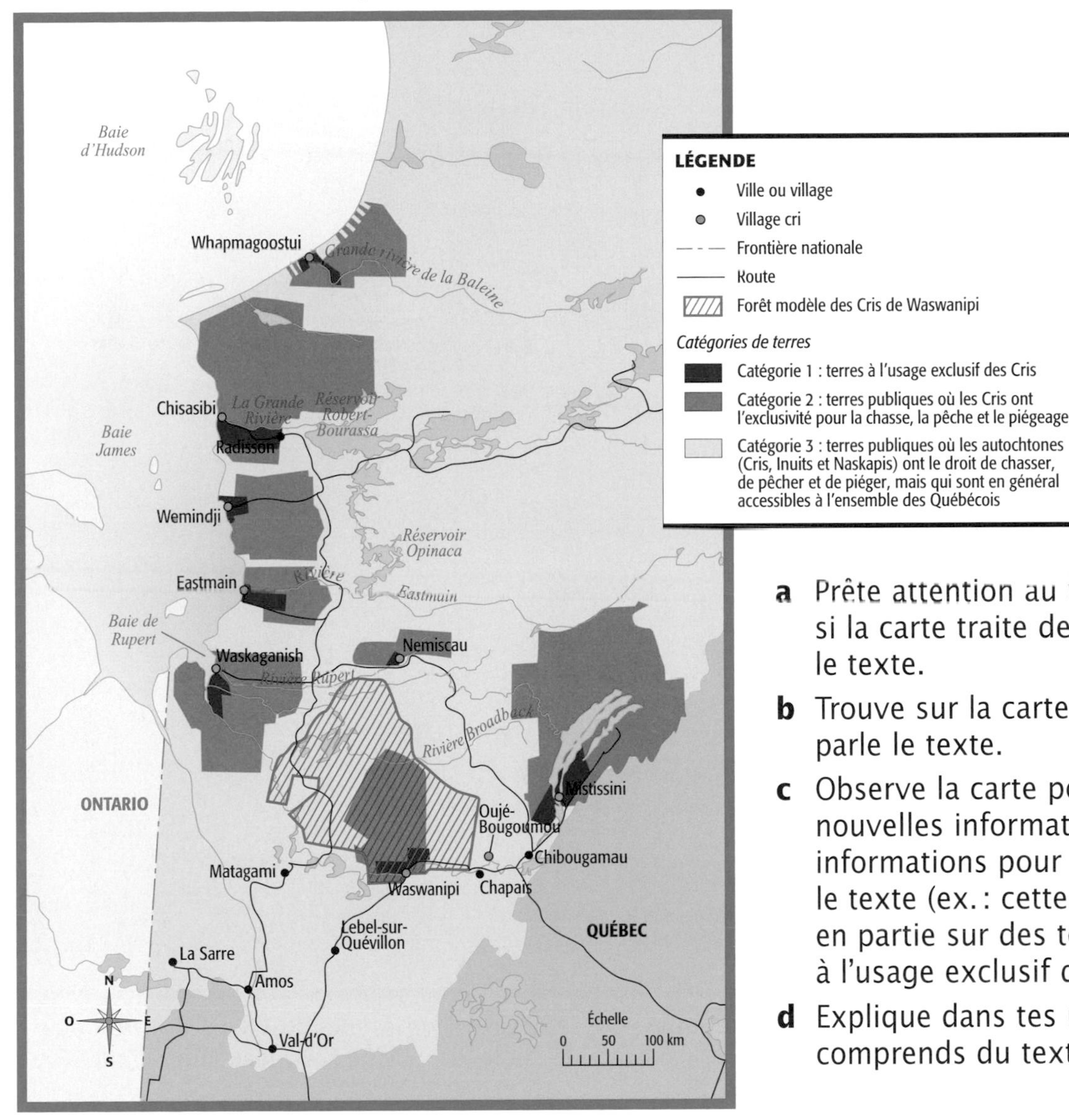

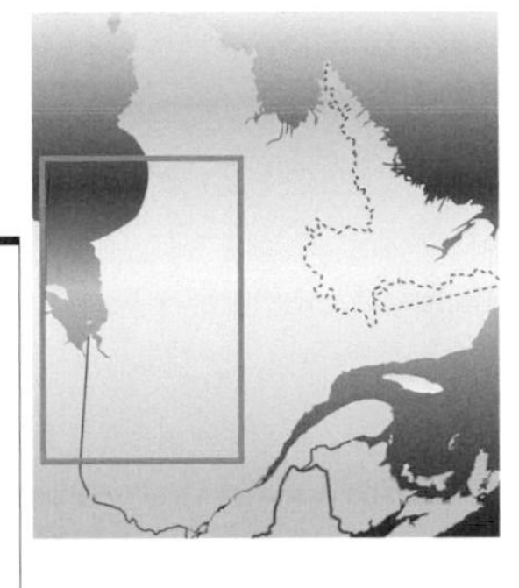

- **a** Prête attention au titre et demande-toi si la carte traite des mêmes lieux que le texte.
- **b** Trouve sur la carte les lieux dont parle le texte.
- **c** Observe la carte pour trouver de nouvelles informations. Utilise ces informations pour mieux comprendre le texte (ex. : cette forêt est située en partie sur des terres réservées à l'usage exclusif des autochtones).
- **d** Explique dans tes mots ce que tu comprends du texte et de la carte.

4 Vérifie ta compréhension.

- **a** En quoi la carte t'a-t-elle permis de mieux comprendre le texte ?
- **b** À vol d'oiseau, combien de kilomètres séparent Matagami et Chibougamau ?
- **c** Par rapport à Val-d'Or, où est situé Chibougamau ?

Lire et interpréter un plan de ville

1 Observe ce plan de ville.

Le Vieux-Montréal

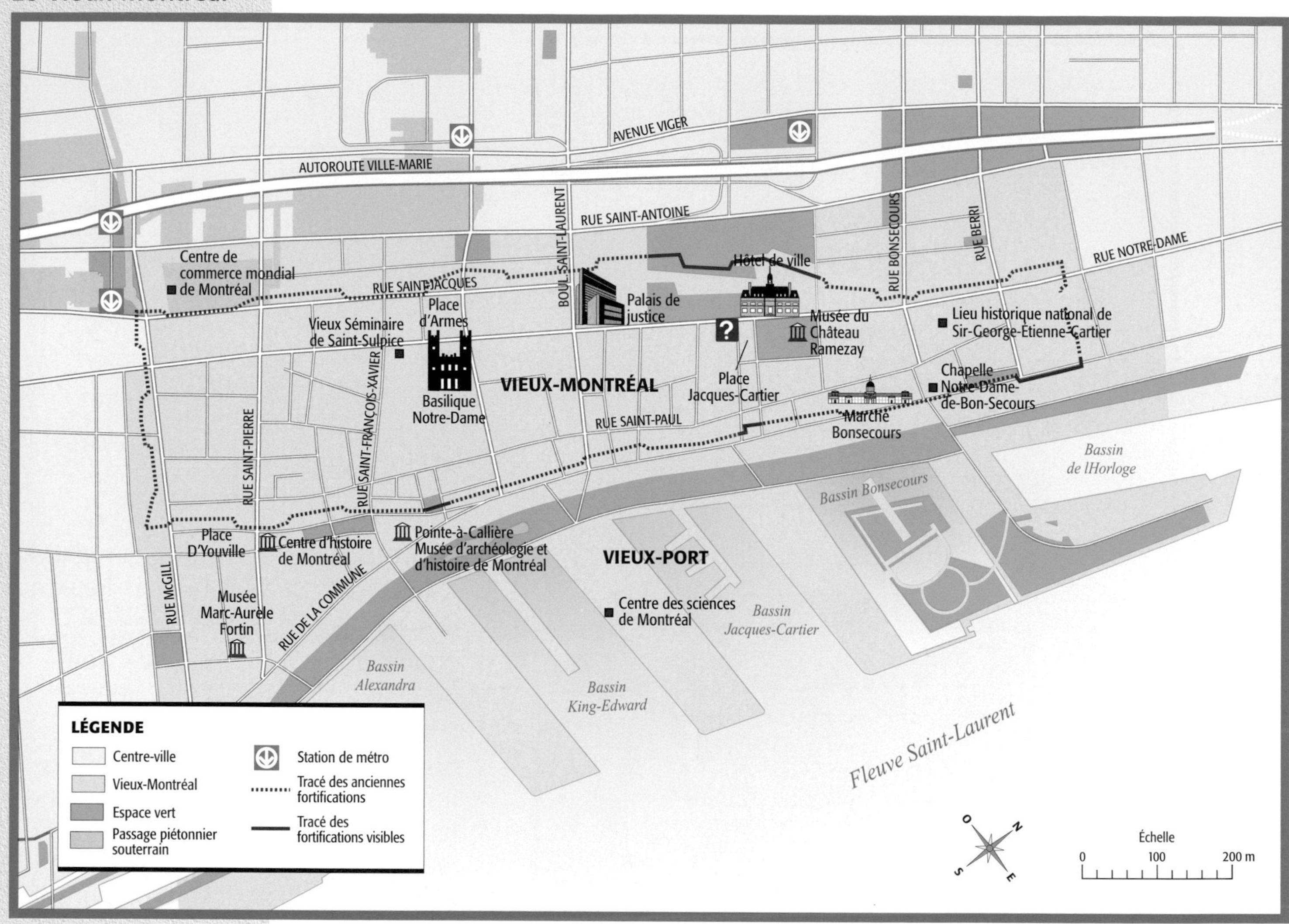

Ce plan est très utile pour se repérer dans les rues du Vieux-Montréal ou y trouver des lieux précis, par exemple l'hôtel de ville de Montréal, la basilique Notre-Dame, des stations de métro, etc.

2 Fais part de tes observations.

a Quel territoire est représenté sur ce plan de ville?

b À quoi ce plan de ville peut-il servir?

c Est-ce que ce plan de ville est à grande ou à petite échelle? Pourquoi?

3 Apprends à lire et à interpréter un plan de ville.

Le plan de ville est une carte à très grande échelle. Il représente habituellement un petit territoire (quartier, arrondissement, ville, etc.). On y trouve surtout le réseau routier (autoroutes, boulevards, rues, etc.), les édifices publics, les espaces verts et la majorité des services publics. Un plan de ville peut être réalisé à différentes échelles selon l'information que l'on veut y mettre et l'utilisation de la carte.

Le Vieux-Montréal

4 Vérifie ta compréhension.

a Qu'est-ce que ce plan t'apprend sur le Vieux-Montréal ?

b Sur quelle rue est situé le palais de justice de Montréal ?

c Nomme les musées que tu pourrais visiter dans le Vieux-Montréal.

d Nomme des éléments de la photo qui sont représentés sur la carte.

2 LES TABLEAUX ET LES DIAGRAMMES

Lire et interpréter un tableau et un diagramme circulaire

1 Observe les documents suivants.

Les conséquences que pourrait avoir une élévation de la mer due au réchauffement planétaire dans quelques pays asiatiques

Pays	Élévation potentielle du niveau de la mer (cm)	Pertes de terres potentielles		Populations exposées	
		km²	%	millions	%
Bangladesh	45	15 668	10,9	5,5	5,0
Inde	100	5 763	0,4	7,1	0,8
Indonésie	60	34 000	1,9	2,0	1,1
Japon	50	1 412	0,4	2,9	2,3
Malaisie	100	7 000	2,1	Moins de 0,05	Moins de 0,3
Pakistan	20	1 700	0,2	Donnée non disponible	Donnée non disponible
Viêtnam	100	40 000	12,1	17,1	23,1

Source : Intergovernmental Panel on Climate Change, Bilan 2001.

La consommation d'énergie par secteurs au Québec en 2002

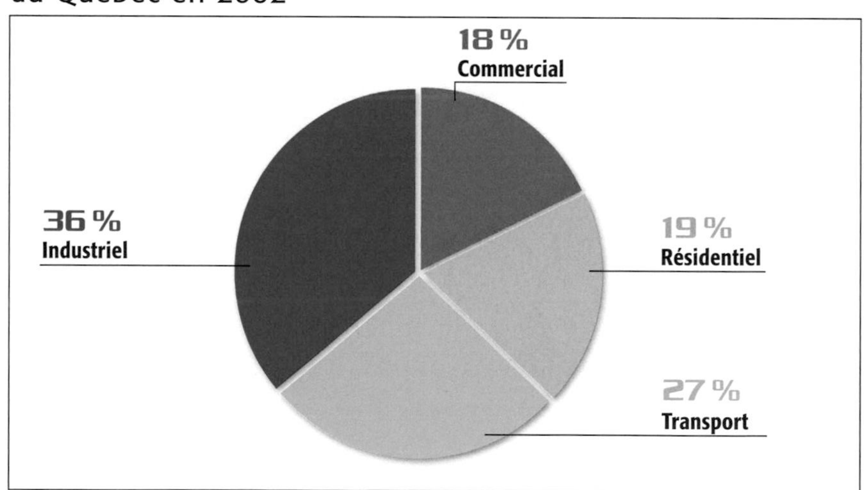

Source : Institut de la statistique du Québec, 2002.

2 Fais part de tes observations.

Quelle différence y a-t-il entre un tableau et un diagramme circulaire ?

3 Apprends à lire et à interpréter différents documents.

Les tableaux et les diagrammes présentent des informations classées et organisées. Ils sont faciles à consulter, car ils permettent de saisir l'ensemble d'une situation en un coup d'œil.

Le tableau

Le tableau contient des données disposées en rangées et en colonnes.

Les titres des colonnes et des rangées

Les titres des colonnes et des rangées du tableau désignent les éléments sur lesquels porte l'information.

La source

La source indique d'où proviennent les données du tableau.

Les conséquences que pourrait avoir une élévation de la mer due au réchauffement planétaire dans quelques pays asiatiques

Pays	Élévation potentielle du niveau de la mer (cm)	Pertes de terres potentielles		Populations exposées	
		km²	%	millions	%
Bangladesh	45	15 668	10,9	5,5	5,0
Inde	100	5 763	0,4	7,1	0,8
Indonésie	60	34 000	1,9	2,0	1,1
Japon	50	1 412	0,4	2,9	2,3
Malaisie	100	7 000	2,1	Moins de 0,05	Moins de 0,3
Pakistan	20	1 700	0,2	Donnée non disponible	Donnée non disponible
Viêtnam	100	40 000	12,1	17,1	23,1

Source : Intergovernmental Panel on Climate Change, Bilan 2001.

Le diagramme circulaire

Le diagramme circulaire illustre des données sous forme de disque partagé en sections.

Les sections

Chacune des sections représente une partie de l'ensemble formé par le diagramme. Le contenu de chaque section est habituellement exprimé en pourcentages ou en unités. La somme de tous les secteurs correspond donc à la superficie du cercle, soit à 100 % ou au total des unités.

La consommation d'énergie par secteurs au Québec en 2002

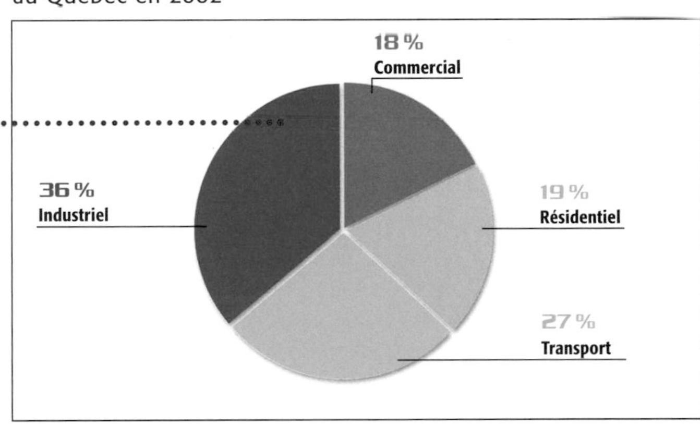

Source : Institut de la statistique du Québec, 2002.

4 Vérifie ta compréhension.

a De quoi est-il question dans le tableau ?

b Qu'arriverait-il s'il y avait une hausse du niveau de la mer dans les pays asiatiques ?

c Quel secteur est le plus grand consommateur d'énergie au Québec ?

d Lequel de ces documents te semble le plus facile à consulter ? Pourquoi ?

Lire et interpréter un diagramme à bandes et un diagramme à ligne brisée

1 Observe les documents suivants.

Les secteurs d'activité au Canada

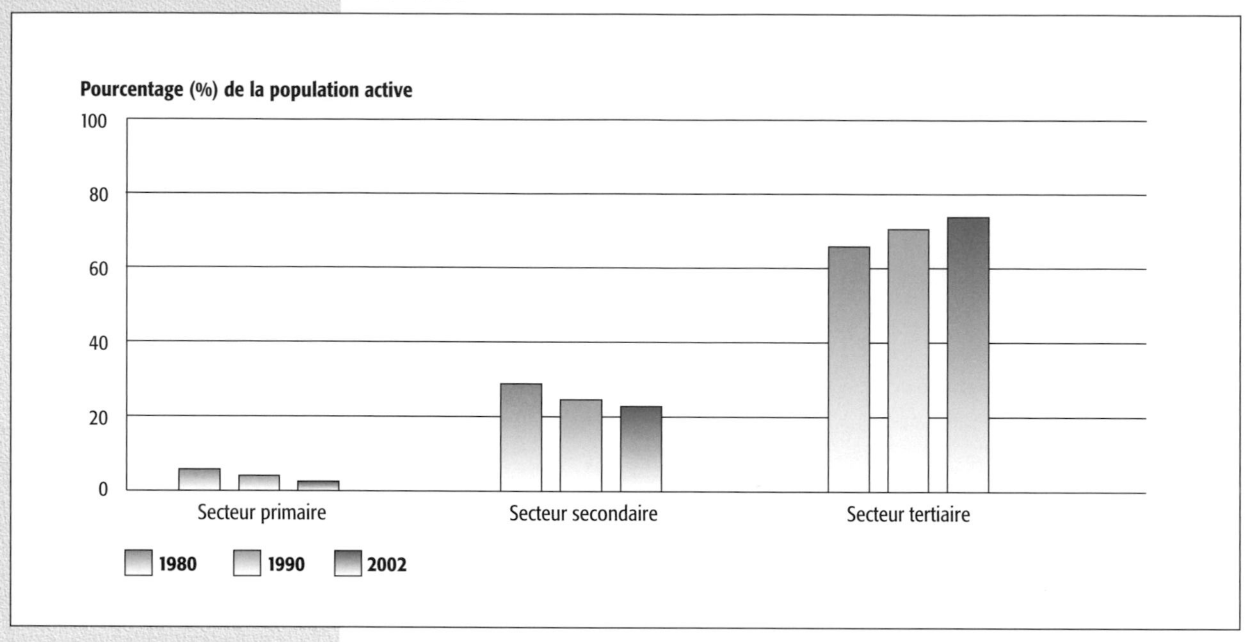

Source : *L'état du monde 2005.*

Les ventes canadiennes de produits certifiés équitables

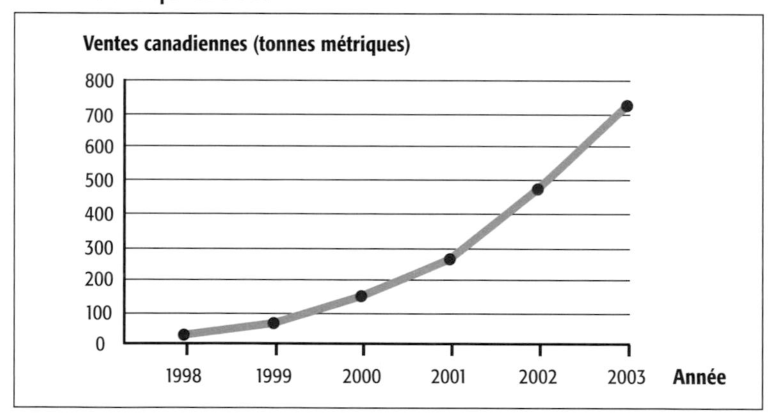

Source : Transfair Canada, 2004.

2 Fais part de tes observations.

À ton avis, quelles sont les principales différences entre un diagramme à bandes et un diagramme à ligne brisée ? Explique ta réponse.

3 Apprends à lire et à interpréter un diagramme à bandes et un diagramme à ligne brisée.

Le diagramme à bandes

Le diagramme à bandes présente des quantités à l'aide de bandes horizontales ou verticales. Ces quantités sont divisées en catégories.

Les axes
L'axe vertical et l'axe horizontal renseignent sur la graduation ou les classes utilisées. Ils informent aussi sur les éléments décrits et la signification des intervalles du diagramme.

Les bandes
La hauteur de la bande indique la quantité ou la valeur de chacune des catégories.

Les secteurs d'activités au Canada

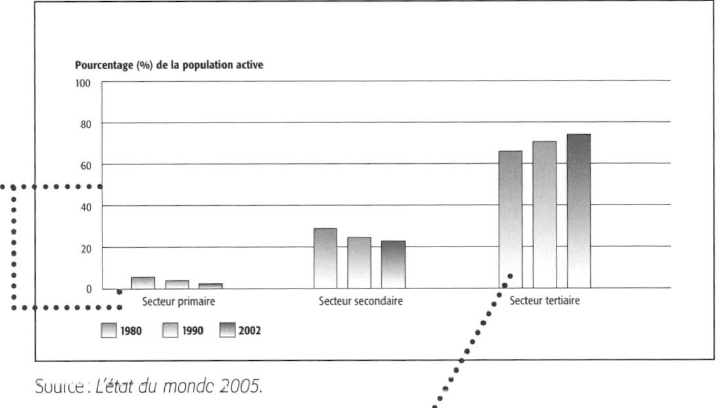

Source : *L'état du monde 2005.*

Le diagramme à ligne brisée

Le diagramme à ligne brisée renseigne sur l'évolution d'un phénomène géographique, social, économique, etc. La ligne brisée est formée par des points reliés consécutivement sur le diagramme.

Les axes
L'axe vertical et l'axe horizontal renseignent sur les éléments mis en relation. Les axes de ce diagramme indiquent la quantité de produits certifiés équitables vendus au Canada entre 1998 et 2003.

La ligne brisée
La ligne brisée est tracée à partir d'une suite de points. Les points correspondent ici aux ventes canadiennes de produits certifiés équitables entre 1998 et 2003.

La vente canadienne de produits certifiés équitables

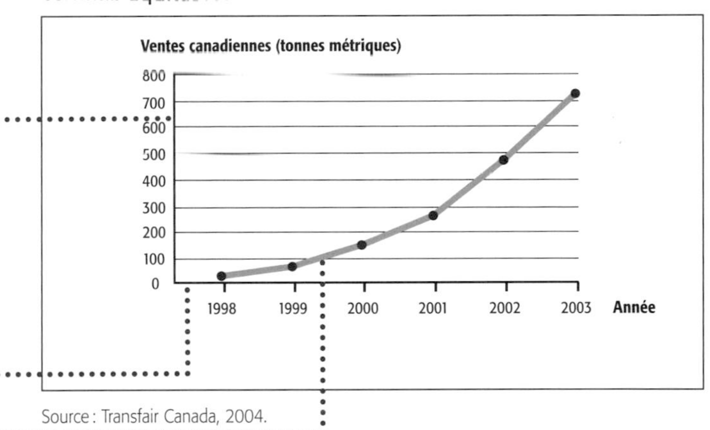

Source : Transfair Canada, 2004.

4 Vérifie ta compréhension.

a Quel secteur d'activité a connu une croissance entre 1980 et 2002?

b À ton avis, pourquoi a-t-on illustré les bandes de différentes couleurs sur le diagramme à bandes?

c Combien de tonnes métriques de produits certifiés équitables le Canada a-t-il vendues en 2002?

d De combien de tonnes métriques ont augmenté les ventes de produits certifiés équitables entre 2000 et 2003?

Lire et interpréter un climatogramme

1 Observe cette carte et ces climatogrammes.

Les climats de la Terre

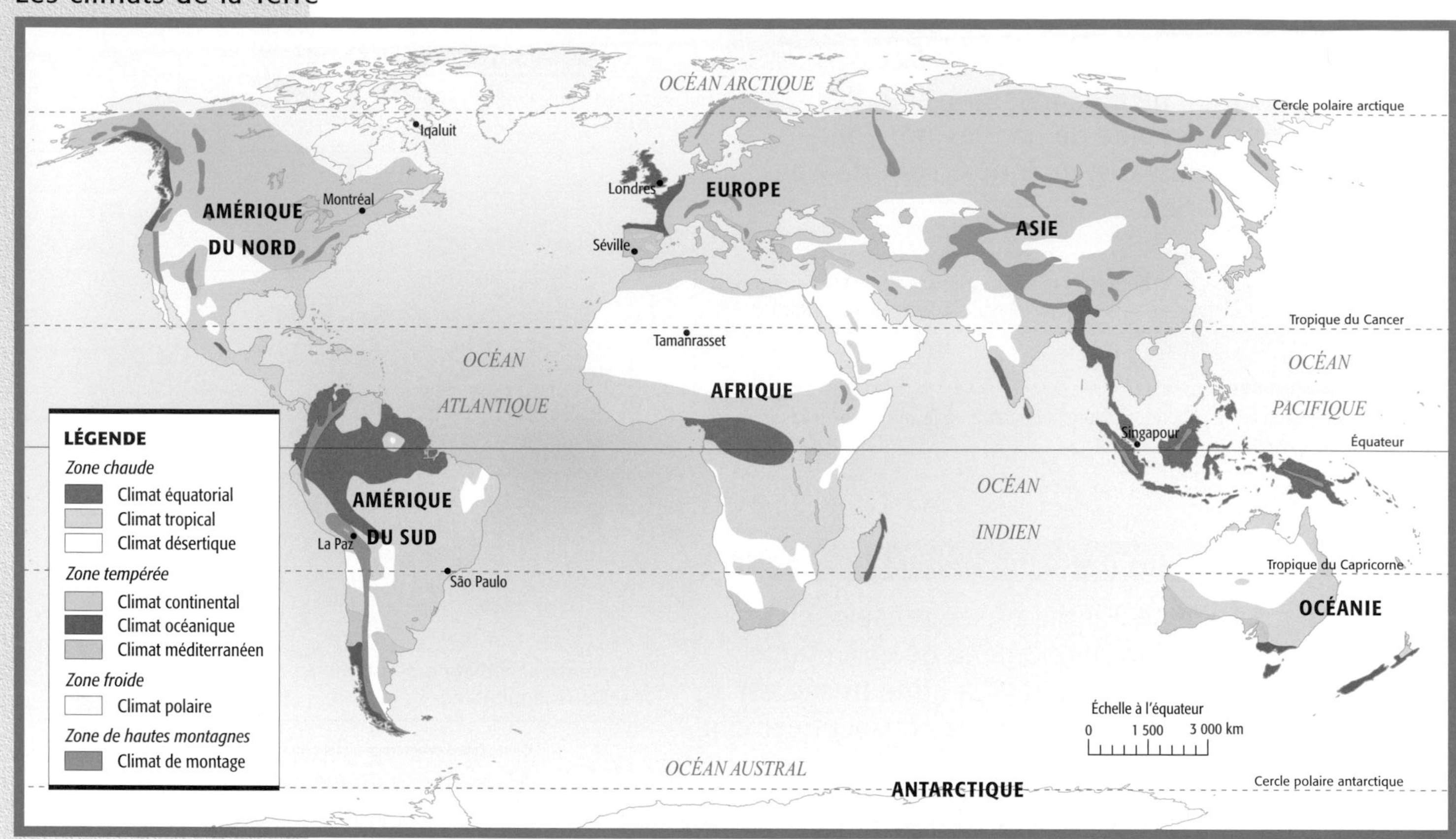

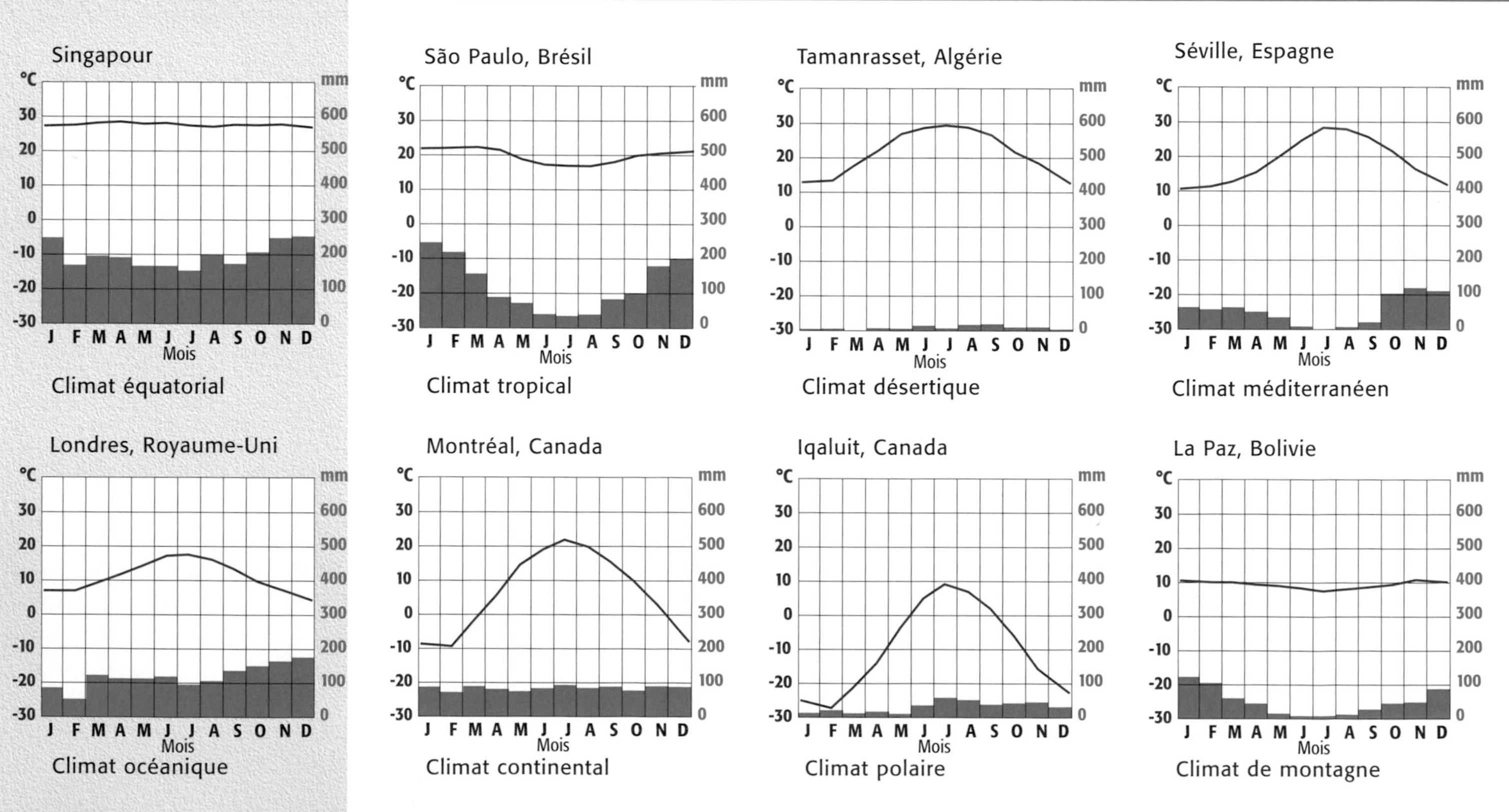

2 Fais part de tes observations.

a Quelles informations fournit un climatogramme?

b À quoi servent les chiffres et les lettres placés autour d'un climatogramme?

3 Apprends à lire et à interpréter un climatogramme.

Un climatogramme aide à comprendre les caractéristiques d'un climat en indiquant les moyennes mensuelles des températures et des précipitations. Ces données sont enregistrées dans une station météorologique au cours d'une année.

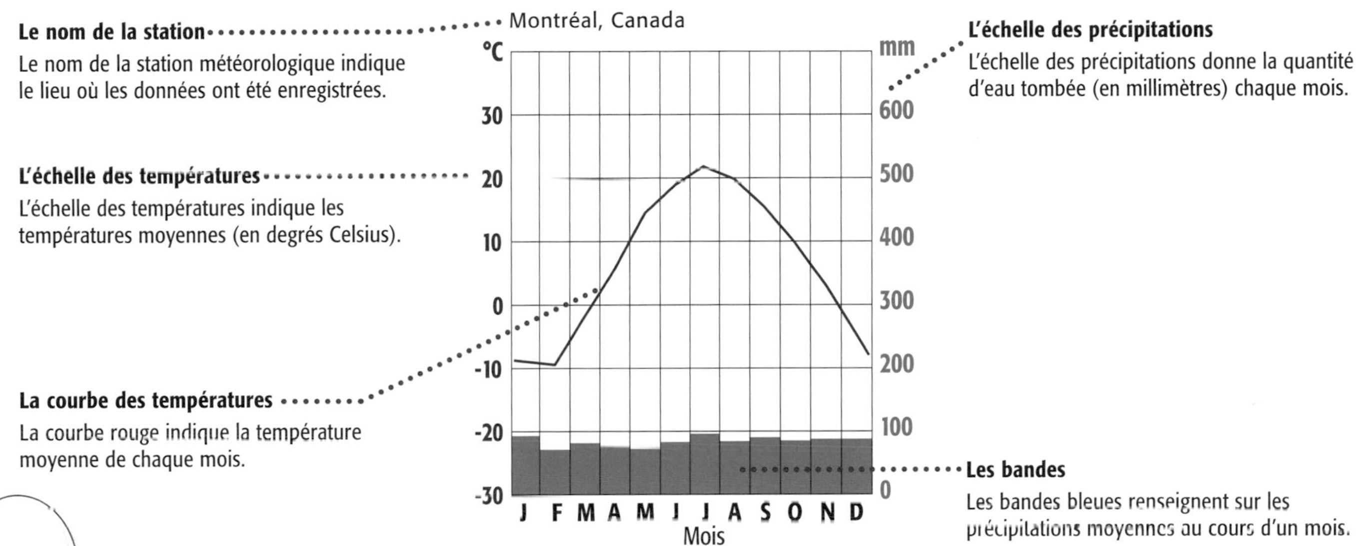

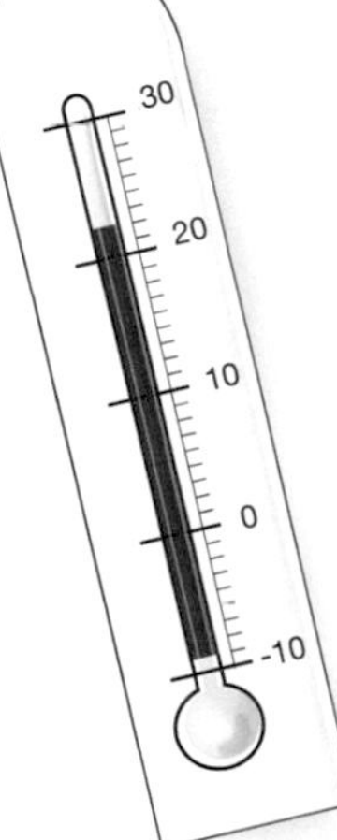

À partir d'un climatogramme, tu peux trouver l'amplitude thermique. L'amplitude thermique est l'écart absolu entre la température moyenne la plus chaude et la plus froide d'un lieu, au cours d'une année. Par exemple, pour obtenir l'amplitude thermique de Montréal, il faut trouver la différence entre 22 °C (juillet) et –9 °C (février). L'amplitude thermique de Montréal est de 31 °C.

Précipitations : Chutes d'eau provenant de l'atmosphère. Les chutes d'eau se manifestent sous diverses formes (pluie, grêle, brouillard, neige, etc.).

4 Vérifie ta compréhension.

a Au cours de quel mois y a-t-il le moins de précipitations à Montréal? À ton avis, est-ce que ces précipitations tombent sous forme de pluie ou de neige? Justifie ta réponse.

b Quelle est l'amplitude thermique de Séville, en Espagne? Quelle est la température moyenne mensuelle à Séville en décembre?

c À l'aide de la carte, nomme la zone climatique dans laquelle se trouve São Paulo.

3 LES PHOTOS

Observer une photo

1 **Observe cette photo.**

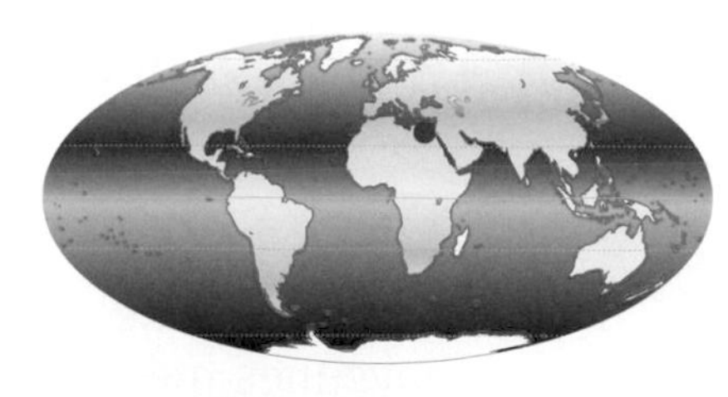

Le Caire, en Égypte •

2 **Fais part de tes observations.**

a Quel est le sujet de cette photo ?

b Quels éléments y vois-tu ?

c Sur cette photo, quels éléments démontrent une cohabitation entre le passé (ancien) et le présent (moderne) ?

3 Apprends à observer et à interpréter une photo.

La démarche d'observation d'une photo

a Examine la photo dans son ensemble. De quoi est-il question sur cette photo?

b Analyse la photo en observant chacun des plans.

La pyramide de Khéphren

L'arrière-plan
De quoi est composée la portion de paysage la plus éloignée?

Le plan moyen
Quels autres éléments un peu moins éloignés peux-tu reconnaître?

Le plan rapproché
Quel bâtiment ou quels éléments reconnais-tu facilement? Quels détails peux-tu voir?

c Qu'est-ce que cette observation minutieuse t'a permis de découvrir sur la photo?

4 Vérifie ta compréhension.

a Dans quel plan est localisée la pyramide de Khéphren sur la photo? Est-ce que cette localisation te permet d'observer beaucoup ou peu de détails? Explique ta réponse.

b Analyse la photo de la page précédente en utilisant cette démarche d'observation. Explique ta façon de procéder à une ou à un camarade.

c Selon ce que tu peux observer sur cette photo, qu'est-ce qui menace les pyramides?

Décrire un paysage à partir d'une photo aérienne

1 **Observe les photos aériennes suivantes.**

Un camp forestier près de Val-d'Or

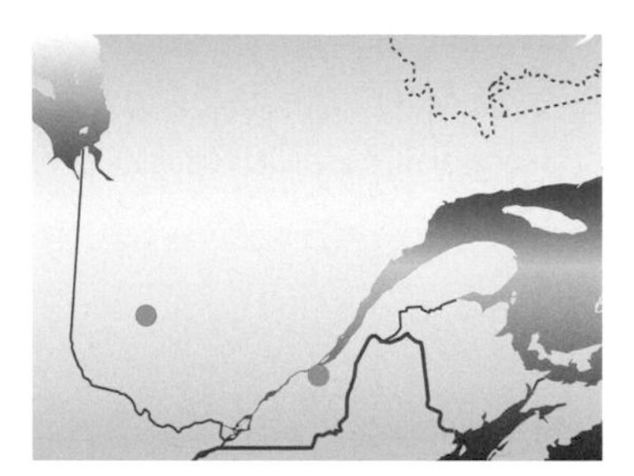

La raffinerie et les installations portuaires de Lévis

2 Fais part de tes observations sur ces photos aériennes.

a Que vois-tu sur ces photos aériennes?

b En quoi sont-elles semblables? En quoi sont-elles différentes?

c S'agit-il de photos aériennes obliques? verticales? d'images satellites?

3 Apprends à décrire un paysage à partir d'une photo aérienne.

Les photos aériennes sont prises à partir d'un endroit qui n'est pas au sol (satellite, avion, hélicoptère ou montgolfière). Les photos qu'on peut prendre, par exemple, du haut de la tour du stade olympique de Montréal ou du haut d'une montagne ne sont donc pas des photos aériennes.

La démarche d'observation d'un paysage sur une photo aérienne

a Regarde chaque photo dans son ensemble.

- Quel type de territoire peux-tu observer sur chacune de ces photos? Comment le sais-tu?

b Décode le paysage de chacune des photos.

- Quels éléments naturels vois-tu? Quels aménagements humains vois-tu?
- Quelle activité pratique-t-on dans chacun de ces milieux?
- La plupart des bâtiments sont-ils groupés ou dispersés? Où sont-ils situés?

c Décris l'organisation du territoire.

- Que peux-tu dire sur l'organisation de ces deux territoires?

4 Vérifie ta compréhension.

a Qu'est-ce qui différencie une photo aérienne des autres types de photos?

b Quels sont les avantages d'utiliser des photos aériennes pour comprendre l'organisation d'un paysage?

c Décris les sites où sont situés le camp forestier et la raffinerie.

d Quels avantages présentent ces deux sites pour ces entreprises?

Réaliser un croquis géographique

1 Observe cette photo.

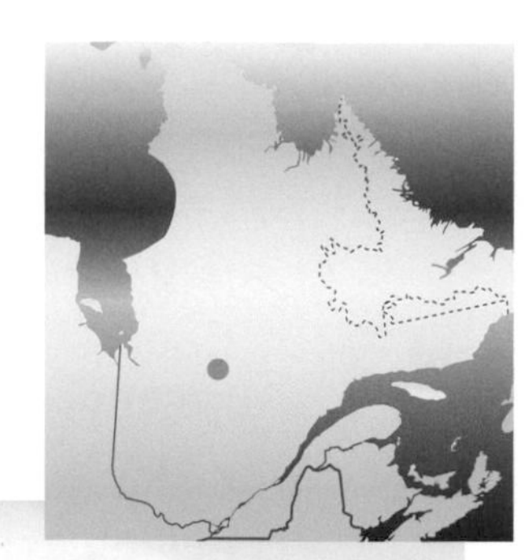

Le village cri de Mistissini

Le village cri de Mistissini est situé à l'extrémité sud-ouest du lac Mistassini.

2 Fais part de tes observations.

a Quel est le lieu représenté sur cette photo? Que vois-tu au plan rapproché? au plan moyen? à l'arrière-plan?

b Qu'est-ce qui caractérise l'organisation territoriale de ce village autochtone?

3 Apprends à réaliser un croquis géographique.

Pour réaliser un croquis géographique, tu dois dessiner à main levée les principaux éléments d'un paysage. Un croquis géographique est toujours effectué dans un but précis. Il reflète la façon dont une personne décode un paysage.

La démarche de réalisation d'un croquis géographique

a Précise ton intention en te demandant ce que tu veux représenter sur ton croquis (ex. : l'organisation territoriale d'un village autochtone).

b Choisis les éléments essentiels de chacun des plans de la photo en fonction de ton intention pour que ton croquis soit simple.

Exemple :

- L'arrière-plan : le lac, la partie éloignée de la forêt
- Le plan moyen : les limites du village, les maisons et les chemins
- Le plan rapproché : la forêt

c Choisis des couleurs et des symboles s'il y a lieu, puis ajoute la légende de ton croquis.

d Donne un titre qui traduit bien ton intention.

e Vérifie si ton croquis a un titre et une légende. Regarde si sa présentation est soignée.

L'organisation territoriale d'un village autochtone

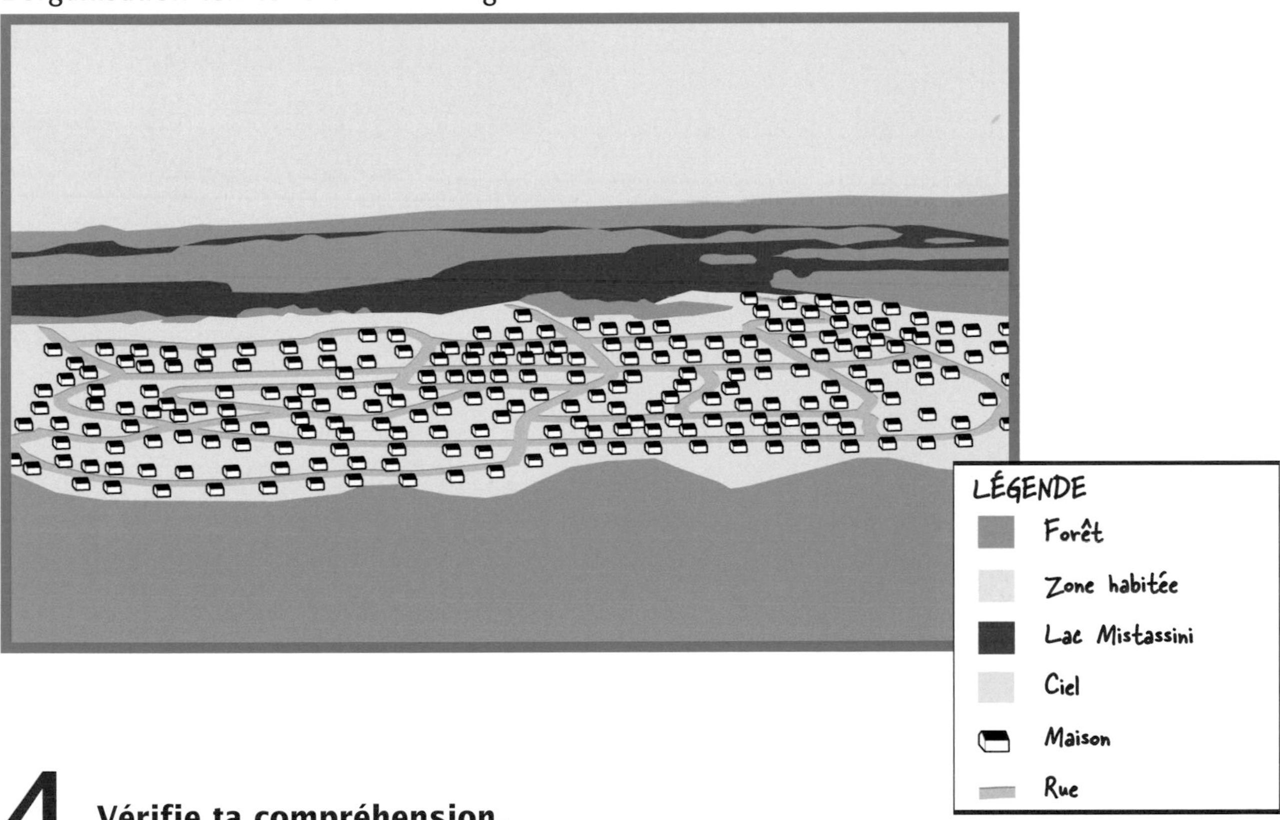

4 Vérifie ta compréhension.

a Quels éléments de la photo n'apparaissent pas sur le croquis ? Pourquoi ?

b En quoi l'organisation du territoire de ce village cri est-elle différente de celle de ta ville ?

c Choisis une photo dans ton manuel et utilise-la pour réaliser un croquis géographique. Explique ensuite à une ou à un camarade la démarche que tu as utilisée pour tracer ton croquis.

4 LA RECHERCHE

Recourir à la démarche de recherche

Prends connaissance d'un problème

- Comment peux-tu expliquer ce problème dans tes mots?
- Que sais-tu déjà sur le sujet?
- Comment peux-tu t'y prendre pour trouver des solutions à ce problème?

Interroge-toi

- Quelles questions liées au problème te viennent spontanément en tête?
- Comment peux-tu grouper tes questions?

Si tu avais à refaire cette démarche de recherche, que ferais-tu différemment?

Communique les résultats de ta recherche

- De quel matériel as-tu besoin pour faire ta présentation?
- Comment peux-tu t'assurer de bien te faire comprendre?
- Que penses-tu des résultats de ta recherche? Qu'as-tu appris en la faisant?
- As-tu trouvé une solution satisfaisante au problème de départ? Quelles autres idées ta recherche te donne-t-elle?

Organise l'information

- Quel moyen as-tu choisi pour transmettre les informations (ex.: travail écrit, illustration, exposé en classe, reportage, page Web, diaporama)?
- Quel est ton plan de travail pour organiser l'information recueillie et communiquer tes résultats?
- Quelles informations sont les plus importantes, à ton avis?
- Comment peux-tu présenter tes informations (ex.: textes, tableaux, listes, diagrammes)?

Comment lire une adresse Internet

Exemple : *www.vivelageographie.ca*

Les trois *w* signifient : World Wide Web (réseau mondial de communication).

Les lettres qui suivent les trois *w* indiquent le nom du site. Il peut s'agir d'un organisme, d'une école, d'un musée, d'un ministère, d'une entreprise, etc. Ce nom peut être complet ou abrégé.

La dernière partie de l'adresse désigne généralement le lieu d'où provient ce site. Exemples : *qc* désigne le Québec, *ca* le Canada et *fr* la France.

Planifie ta recherche

- Quelle sera la première étape de ta recherche ? Quelles seront les étapes suivantes ?
- Où peux-tu trouver les informations nécessaires à ta recherche (ex. : livres, journaux, revues, Internet, cédéroms, reportages télévisés) ?
- Comment noteras-tu ces informations ?

Comment écrire les mots dans la boîte de dialogue d'un moteur de recherche

Tape dans la boîte de dialogue des mots liés au sujet de ta recherche.
Exemple : *Les conséquences de l'industrialisation sur l'environnement.*

Élimine les mots inutiles (verbes, adjectifs, adverbes, pronoms).Tu peux utiliser les accents s'il s'agit d'un moteur de recherche francophone.
Tu obtiens : *industrialisation environnement*

Utilise des guillemets pour effectuer la recherche par groupes de mots.
Tu peux également employer le signe +. Ces deux techniques permettent de trouver rapidement de l'information. Tu obtiens :
« les conséquences de l'industrialisation sur l'environnement »
ou
« conséquences industrialisation + environnement »

Quel mot écrire pour lancer une recherche dans Internet

Un nom qui désigne une personne (politicien, scientifique, géographe, etc.)
Un nom géographique (lieu, phénomène, etc.)
Un nom d'association (ONU, OTAN, Greenpeace, etc.)
Un terme général (ville, industrialisation, économie mondiale, etc.)

Les sites les plus fiables

Les sites des organismes, des gouvernements, des maisons d'enseignement, des associations et des musées sont les plus fiables.

Les adresses de ces sites se terminent, par exemple, par :

.gouv ou .gov (gouvernement) ;
.u ou .univ (université) ;
.org (organisation).

Recueille et traite l'information

- Pourquoi as-tu sélectionné ces informations plutôt que d'autres ?
- Comment peux-tu classer ces informations ?
- Comment peux-tu consigner tes sources ?

Comment distinguer un fait d'une opinion

On peut vérifier ou prouver l'authenticité d'un fait. Exemple : Entre 1993 et 2002, l'importance du secteur manufacturier dans l'économie canadienne a augmenté de 3 %.

Une opinion exprime un point de vue, un parti pris ou un sentiment.
On peut reconnaître un texte d'opinion à la présence de certains pronoms personnels (je, me, moi, nous, etc.) et de certains verbes (croire, penser, aimer, détester, etc.). Exemple : Je pense que les pays industrialisés devraient augmenter leur aide économique aux pays en développement et aux pays moins avancés.

Comment reconnaître un document pertinent

Les documents pertinents sont directement liés au sujet.

Un document n'est pas pertinent s'il contient des statistiques dépassées alors que ton sujet nécessite des statistiques récentes. Il n'est pas non plus pertinent si tu as de la difficulté à comprendre l'information qu'il contient.

5 LES ATLAS

Utiliser un atlas

1 Observe ces parties d'un atlas.

La table des matières

L'index

2 Fais part de tes observations.

a De quelle façon sont classées les informations dans la table des matières ? Comment sont présentées ces informations ?

b De quelle façon sont classées les informations dans l'index ?

3 Apprends à utiliser un atlas.

Un atlas est un recueil de cartes géographiques : cartes politiques, cartes du relief, cartes thématiques, cartes schématiques, etc. On y trouve aussi des données statistiques présentées sous forme de tableaux, de diagrammes, de schémas, etc.

La table des matières

Le contenu de la table des matières est d'abord classé par parties du monde, puis par sujets ou par thèmes.

Pour utiliser la table des matières

a Établis le lieu de ta recherche (ex.: l'Amérique du Sud).

b Établis le sujet de ta recherche (ex.: le climat et la végétation naturelle).

c Repère la page de référence.

L'index

Le contenu de l'index est classé par ordre alphabétique en fonction des toponymes (noms de lieux). Chaque toponyme physique est suivi du type d'entité qu'il représente, par exemple *riv.* (rivière), *î.* (île), *fl.* (fleuve) ou *mt* (mont). Chaque toponyme politique est suivi du nom de l'entité où il est situé. Dans certains atlas, l'index comporte deux sections : une pour le principal pays exploré et une pour le monde.

Pour utiliser l'index

a Établis le lieu de la recherche à l'aide de son toponyme (ex.: la rivière Azoum, au Tchad).

b Repère la page de référence.

c Repère la coordonnée alphanumérique (lettre et chiffre) de ce lieu.

4 Vérifie ta compréhension.

a À quelle page se trouve la carte thématique des risques naturels ?

b À quelle page se trouve la ville d'Ayod, au Soudan ?

c À quelle page se trouve la carte politique de l'Amérique du Sud ?

d À quelle page se trouve le site historique de Babylon, en Iraq ? Quelle coordonnée alphanumérique permet de le situer ?

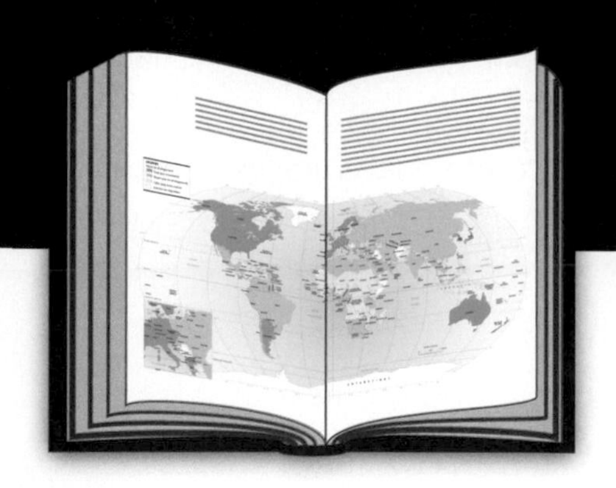

Table des matières

Atlas

1 Les niveaux de développement des pays du monde

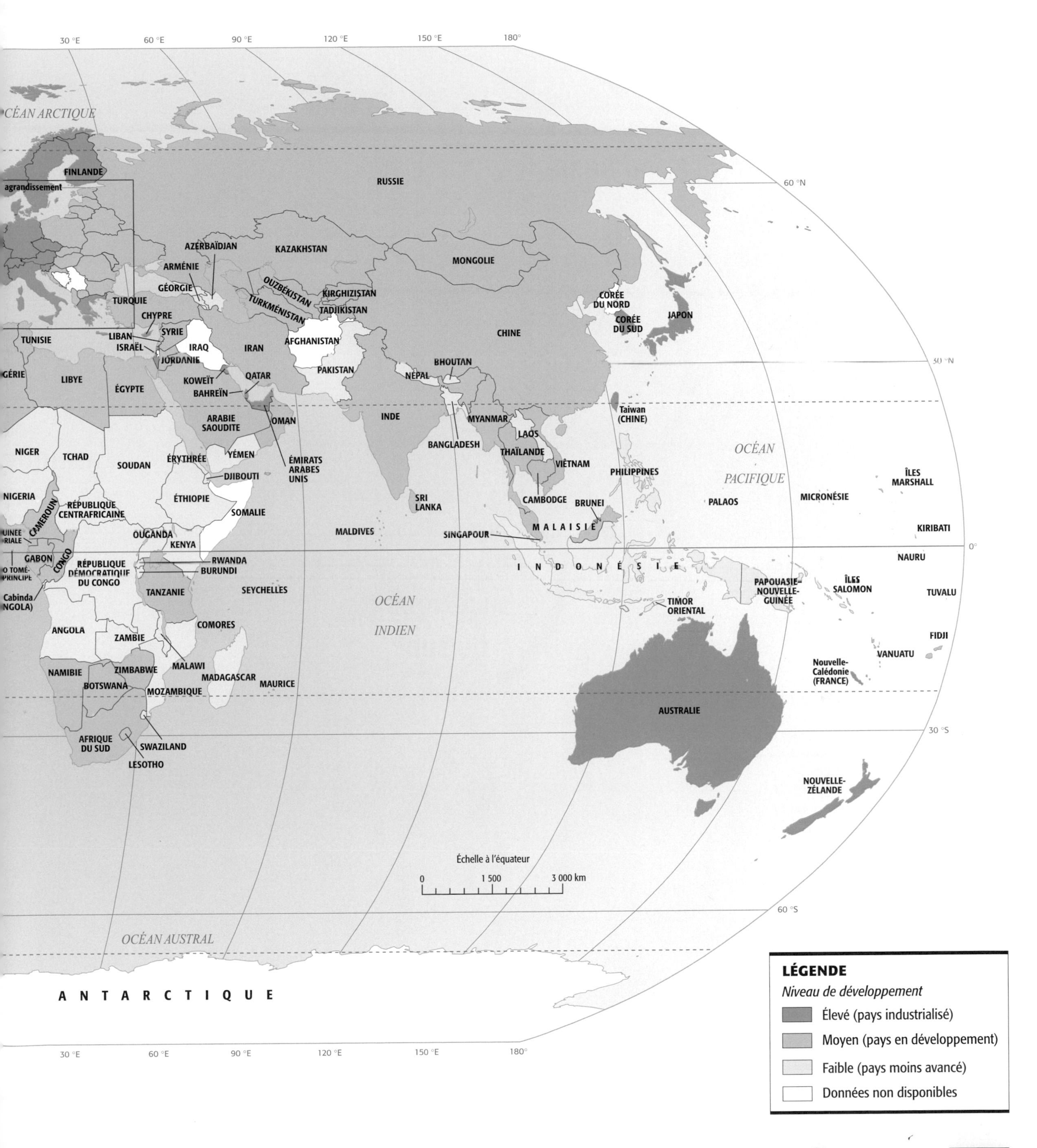

30 °E
60 °E
90 °E
120 °E
150 °E
180°
OCÉAN ARCTIQUE
FINLANDE
agrandissement
RUSSIE
60 °N
AZERBAÏDJAN
KAZAKHSTAN
MONGOLIE
ARMÉNIE
GÉORGIE
OUZBÉKISTAN
KIRGHIZISTAN
TURKMÉNISTAN
TADJIKISTAN
TURQUIE
CORÉE DU NORD
CORÉE DU SUD
JAPON
CHYPRE
SYRIE
LIBAN
ISRAËL
IRAQ
IRAN
AFGHANISTAN
CHINE
TUNISIE
JORDANIE
PAKISTAN
BHOUTAN
NÉPAL
30 °N
LIBYE
ÉGYPTE
KOWEÏT
QATAR
BAHREÏN
ARABIE SAOUDITE
OMAN
INDE
MYANMAR
Taiwan (CHINE)
BANGLADESH
LAOS
THAÏLANDE
NIGER
TCHAD
SOUDAN
ÉRYTHRÉE
YÉMEN
ÉMIRATS ARABES UNIS
VIÊTNAM
OCÉAN PACIFIQUE
DJIBOUTI
PHILIPPINES
ÎLES MARSHALL
NIGERIA
CAMEROUN
RÉPUBLIQUE CENTRAFRICAINE
ÉTHIOPIE
SRI LANKA
CAMBODGE
BRUNEI
PALAOS
MICRONÉSIE
SOMALIE
OUGANDA
MALDIVES
SINGAPOUR
MALAISIE
KIRIBATI
KENYA
0°
GABON
CONGO
RWANDA
BURUNDI
INDONÉSIE
NAURU
RÉPUBLIQUE DÉMOCRATIQUE DU CONGO
PAPOUASIE-NOUVELLE-GUINÉE
ÎLES SALOMON
Cabinda
TANZANIE
SEYCHELLES
OCÉAN INDIEN
TIMOR ORIENTAL
TUVALU
COMORES
ANGOLA
ZAMBIE
FIDJI
MALAWI
VANUATU
NAMIBIE
ZIMBABWE
MADAGASCAR
Nouvelle-Calédonie (FRANCE)
BOTSWANA
MAURICE
MOZAMBIQUE
AUSTRALIE
AFRIQUE DU SUD
SWAZILAND
30 °S
LESOTHO
NOUVELLE-ZÉLANDE
Échelle à l'équateur
0
1 500
3 000 km
60 °S
OCÉAN AUSTRAL
ANTARCTIQUE
30 °E
60 °E
90 °E
120 °E
150 °E
180°
LÉGENDE
Niveau de développement
Élevé (pays industrialisé)
Moyen (pays en développement)
Faible (pays moins avancé)
Données non disponibles

2 Le monde physique

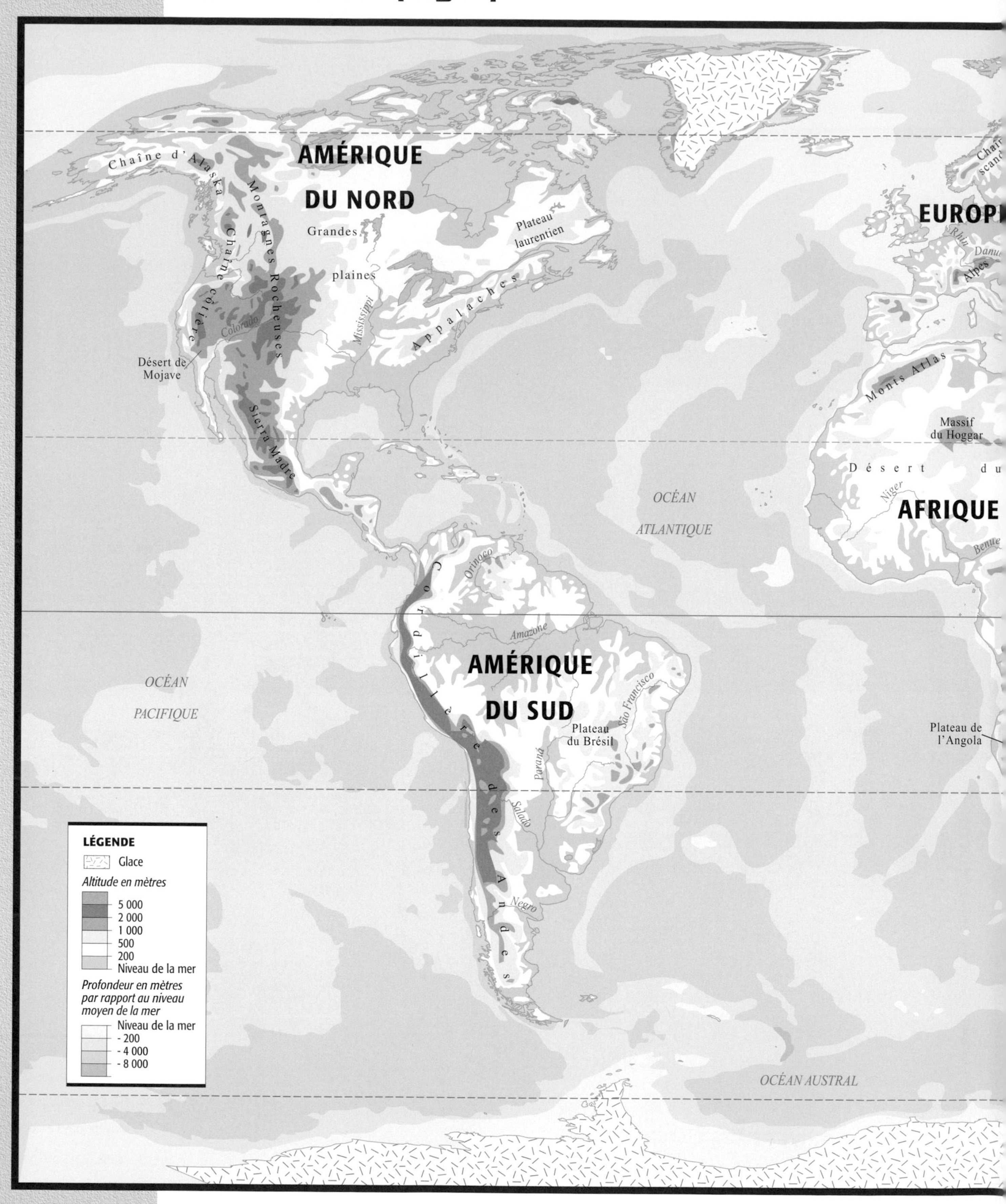

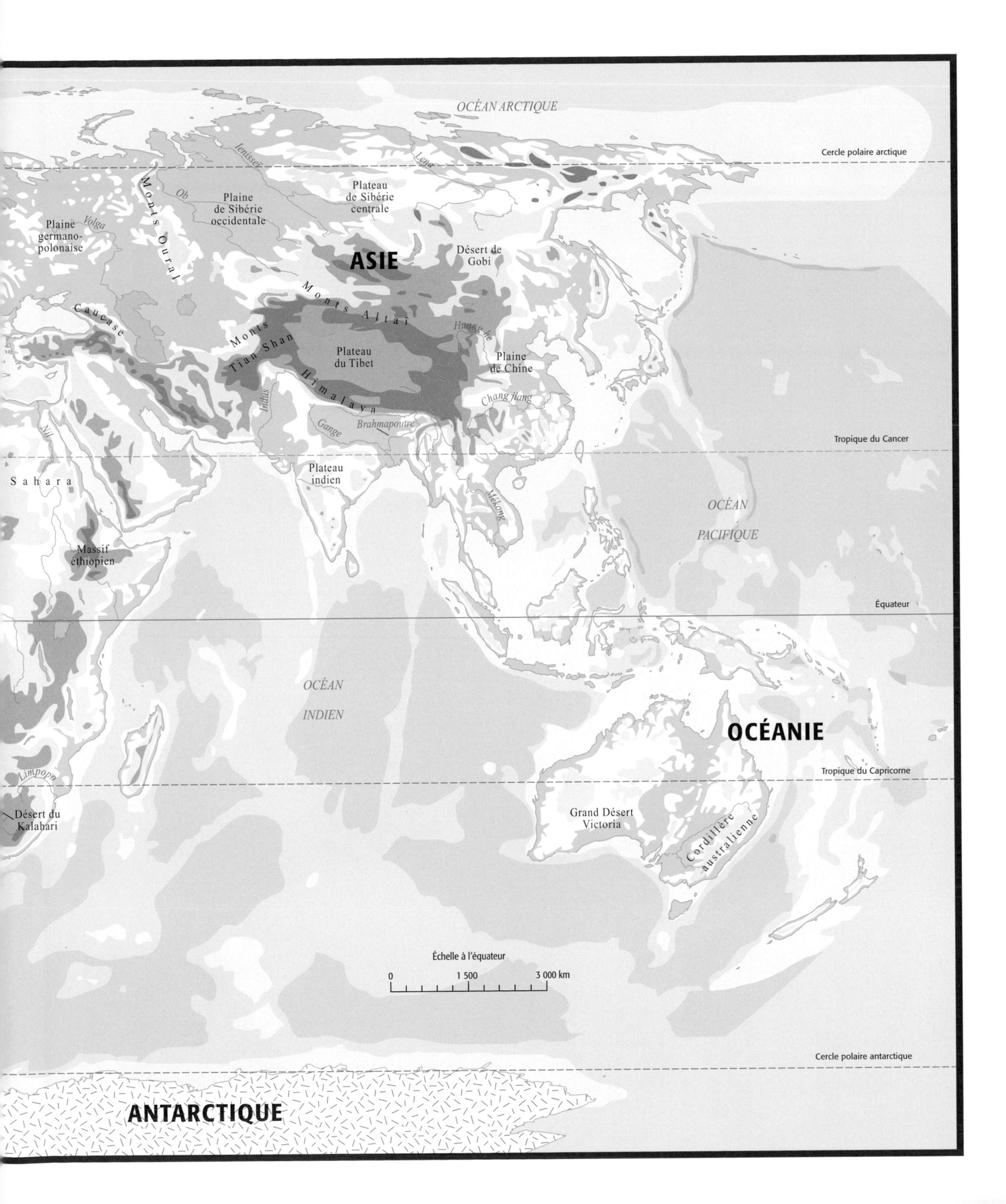
OCÉAN ARCTIQUE
Cercle polaire arctique
Ienisseï
Lena
Ob
Monts Oural
Plaine de Sibérie occidentale
Plateau de Sibérie centrale
Plaine germano-polonaise
Volga
ASIE
Désert de Gobi
Caucase
Monts Altaï
Monts Tian Shan
Huang he
Plateau du Tibet
Plaine de Chine
Himalaya
Indus
Chang jiang
Gange
Brahmapoutre
Tropique du Cancer
Nil
Sahara
Plateau indien
Mékong
OCÉAN PACIFIQUE
Massif éthiopien
Équateur
OCÉAN INDIEN
OCÉANIE
Limpopo
Tropique du Capricorne
Désert du Kalahari
Grand Désert Victoria
Cordillère australienne
Échelle à l'équateur
0
1 500
3 000 km
Cercle polaire antarctique
ANTARCTIQUE

3 Le Canada

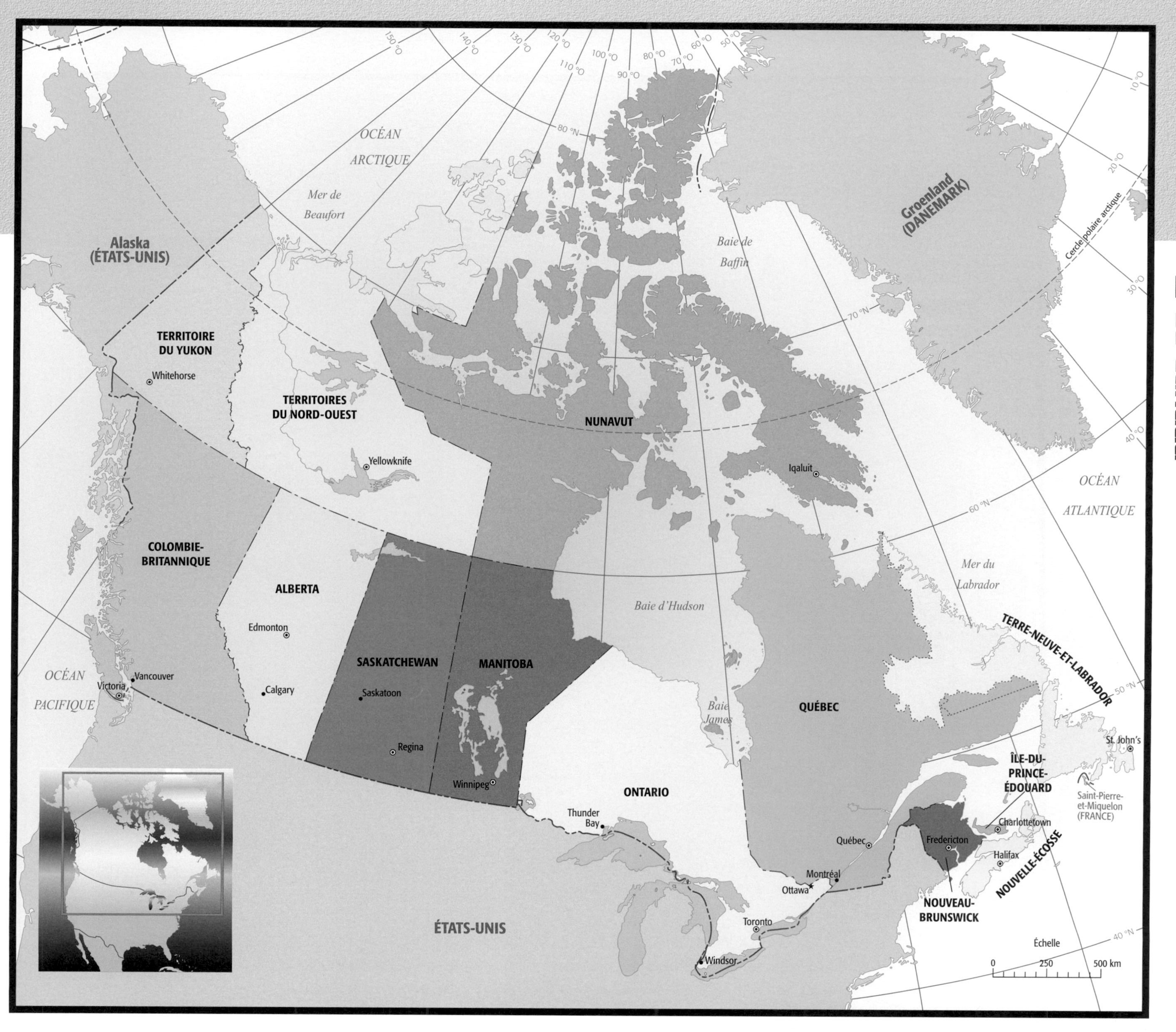
Alaska (ÉTATS-UNIS)
OCÉAN ARCTIQUE
Mer de Beaufort
Groenland (DANEMARK)
Cercle polaire arctique
Baie de Baffin
TERRITOIRE DU YUKON
Whitehorse
TERRITOIRES DU NORD-OUEST
Yellowknife
NUNAVUT
Iqaluit
OCÉAN ATLANTIQUE
Mer du Labrador
COLOMBIE-BRITANNIQUE
ALBERTA
Edmonton
Calgary
SASKATCHEWAN
Saskatoon
Regina
MANITOBA
Winnipeg
Baie d'Hudson
Baie James
QUÉBEC
TERRE-NEUVE-ET-LABRADOR
St. John's
ÎLE-DU-PRINCE-ÉDOUARD
Saint-Pierre-et-Miquelon (FRANCE)
Charlottetown
Halifax
NOUVELLE-ÉCOSSE
Fredericton
NOUVEAU-BRUNSWICK
OCÉAN PACIFIQUE
Vancouver
Victoria
ONTARIO
Thunder Bay
Québec
Montréal
Ottawa
Toronto
Windsor
ÉTATS-UNIS
Échelle
0
250
500 km
80 °N
70 °N
60 °N
50 °N
40 °N
10 °O
20 °O
30 °O
40 °O
50 °O
60 °O
70 °O
80 °O
90 °O
100 °O
110 °O
120 °O
130 °O
140 °O
150 °O

4 Le Québec

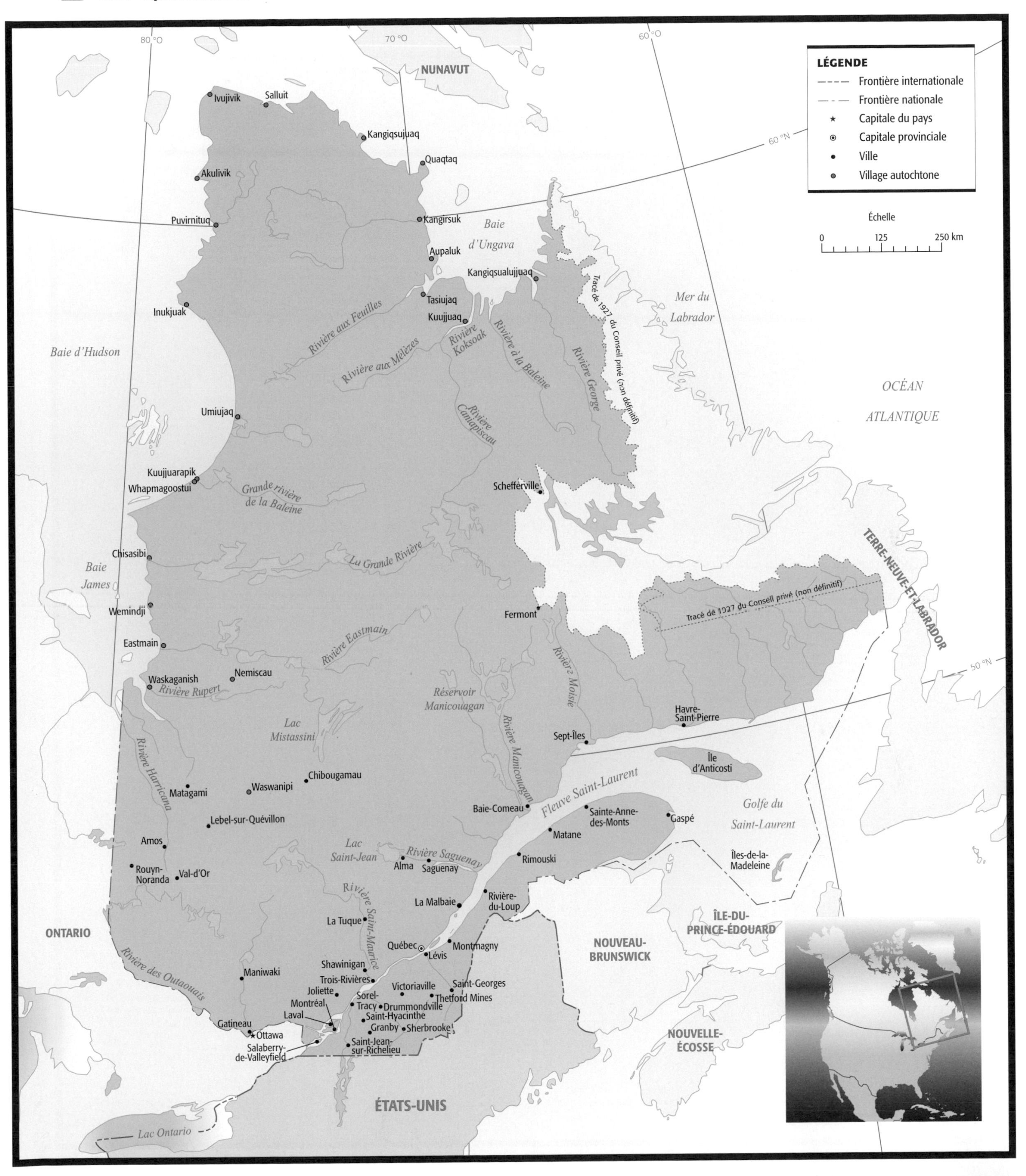

LÉGENDE
Frontière internationale
Frontière nationale
Capitale du pays
Capitale provinciale
Ville
Village autochtone
Échelle
0
125
250 km
80 °O
70 °O
60 °O
60 °N
50 °N
NUNAVUT
Ivujivik
Salluit
Kangiqsujuaq
Quaqtaq
Akulivik
Puvirnituq
Kangirsuk
Baie d'Ungava
Aupaluk
Kangiqsualujjuaq
Tasiujaq
Kuujjuaq
Inukjuak
Baie d'Hudson
Rivière aux Feuilles
Rivière aux Mélèzes
Rivière Koksoak
Rivière à la Baleine
Rivière George
Tracé de 1927 du Conseil privé (non définitif)
Mer du Labrador
OCÉAN ATLANTIQUE
Umiujaq
Rivière Caniapiscau
Kuujjuarapik
Whapmagoostui
Grande rivière de la Baleine
Schefferville
Chisasibi
La Grande Rivière
Baie James
Wemindji
Fermont
TERRE-NEUVE-ET-LABRADOR
Eastmain
Rivière Eastmain
Rivière Moisie
Waskaganish
Nemiscau
Rivière Rupert
Réservoir Manicouagan
Lac Mistassini
Havre-Saint-Pierre
Sept-Îles
Rivière Manicouagan
Île d'Anticosti
Rivière Harricana
Chibougamau
Matagami
Waswanipi
Lebel-sur-Quévillon
Fleuve Saint-Laurent
Baie-Comeau
Sainte-Anne-des-Monts
Gaspé
Golfe du Saint-Laurent
Matane
Amos
Lac Saint-Jean
Rivière Saguenay
Rimouski
Alma
Saguenay
Îles-de-la-Madeleine
Rouyn-Noranda
Val-d'Or
Rivière Saint-Maurice
Rivière-du-Loup
La Malbaie
La Tuque
ONTARIO
ÎLE-DU-PRINCE-ÉDOUARD
Québec
Montmagny
Lévis
NOUVEAU-BRUNSWICK
Rivière des Outaouais
Maniwaki
Shawinigan
Trois-Rivières
Victoriaville
Saint-Georges
Joliette
Sorel-Tracy
Thetford Mines
Montréal
Drummondville
Laval
Saint-Hyacinthe
Gatineau
Granby
Sherbrooke
Ottawa
NOUVELLE-ÉCOSSE
Saint-Jean-sur-Richelieu
Salaberry-de-Valleyfield
ÉTATS-UNIS
Lac Ontario

5 L'Amérique du Nord, l'Amérique centrale et les Antilles

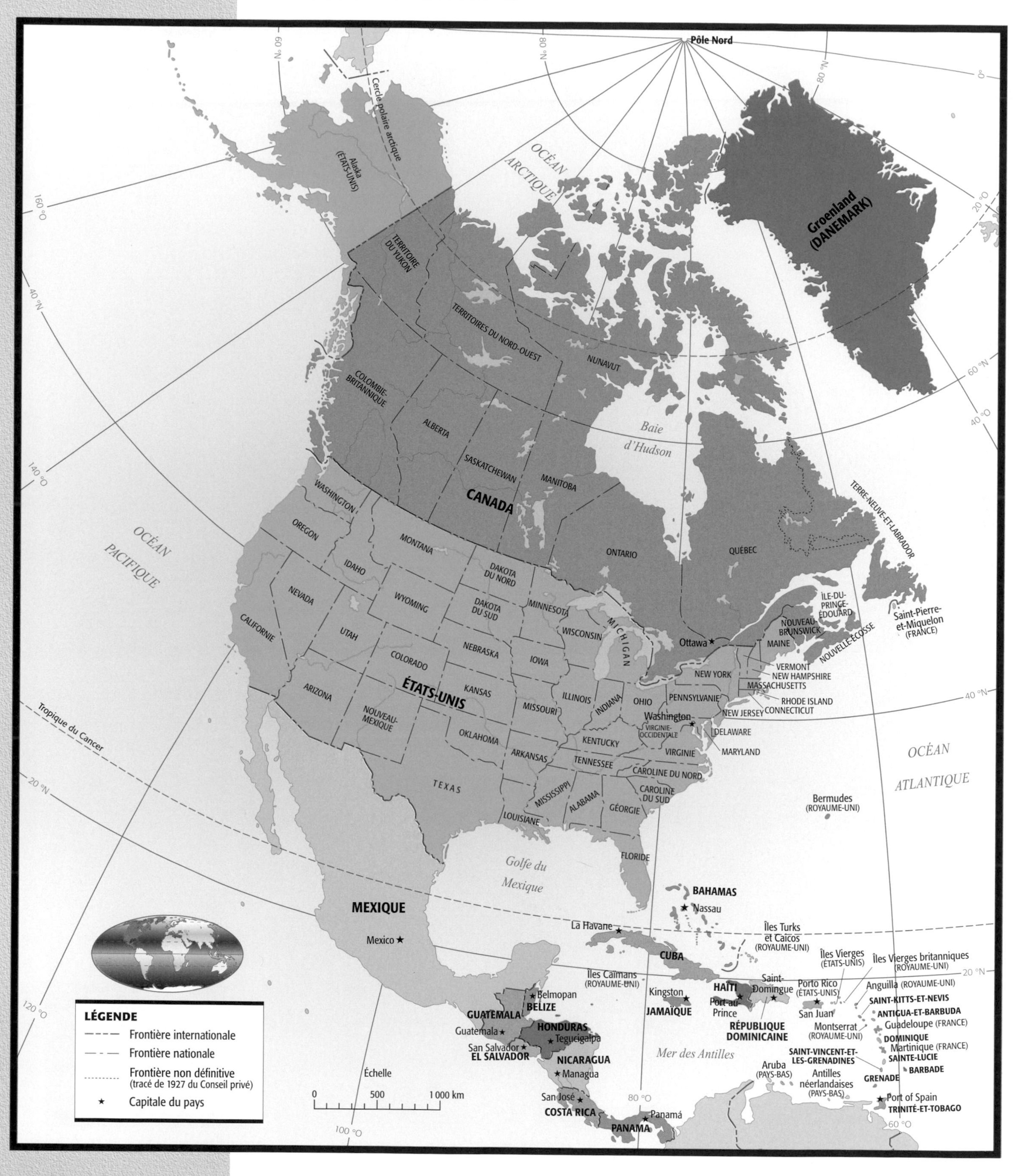

6 L'Amérique du Sud

7 L'Europe

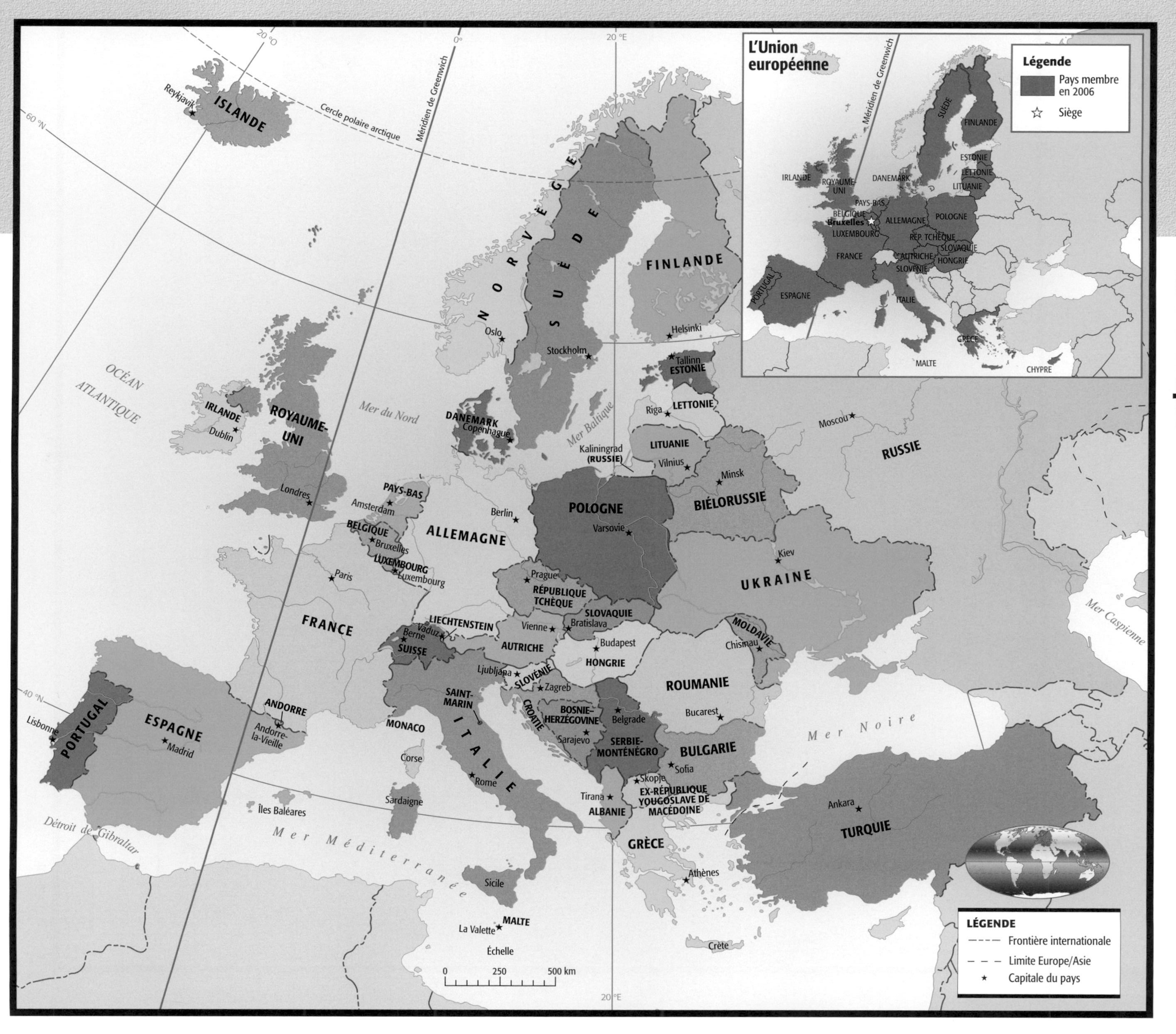

L'Union européenne
Légende
Pays membre en 2006
Siège
Méridien de Greenwich
SUÈDE
FINLANDE
ESTONIE
LETTONIE
LITUANIE
IRLANDE
ROYAUME-UNI
DANEMARK
PAYS-BAS
BELGIQUE
Bruxelles
LUXEMBOURG
ALLEMAGNE
POLOGNE
RÉP. TCHÈQUE
SLOVAQUIE
AUTRICHE
HONGRIE
SLOVÉNIE
FRANCE
PORTUGAL
ESPAGNE
ITALIE
GRÈCE
MALTE
CHYPRE
ISLANDE
Reykjavik
Cercle polaire arctique
Méridien de Greenwich
NORVÈGE
Oslo
SUÈDE
Stockholm
FINLANDE
Helsinki
ESTONIE
Tallinn
LETTONIE
Riga
LITUANIE
Vilnius
Kaliningrad (RUSSIE)
Mer Baltique
OCÉAN ATLANTIQUE
IRLANDE
Dublin
ROYAUME-UNI
Londres
Mer du Nord
DANEMARK
Copenhague
PAYS-BAS
Amsterdam
BELGIQUE
Bruxelles
LUXEMBOURG
Luxembourg
ALLEMAGNE
Berlin
POLOGNE
Varsovie
BIÉLORUSSIE
Minsk
RUSSIE
Moscou
UKRAINE
Kiev
Mer Caspienne
FRANCE
Paris
LIECHTENSTEIN
Vaduz
Berne
SUISSE
RÉPUBLIQUE TCHÈQUE
Prague
SLOVAQUIE
Bratislava
AUTRICHE
Vienne
HONGRIE
Budapest
MOLDAVIE
Chisinau
ROUMANIE
Bucarest
Ljubljana
SLOVÉNIE
Zagreb
CROATIE
BOSNIE-HERZÉGOVINE
Sarajevo
Belgrade
SERBIE-MONTÉNÉGRO
BULGARIE
Sofia
Skopje
EX-RÉPUBLIQUE YOUGOSLAVE DE MACÉDOINE
Tirana
ALBANIE
GRÈCE
Athènes
Crète
Mer Noire
TURQUIE
Ankara
PORTUGAL
Lisbonne
ESPAGNE
Madrid
ANDORRE
Andorre-la-Vieille
MONACO
SAINT-MARIN
ITALIE
Rome
Corse
Sardaigne
Îles Baléares
Sicile
MALTE
La Valette
Détroit de Gibraltar
Mer Méditerranée
Échelle
0
250
500 km
LÉGENDE
Frontière internationale
Limite Europe/Asie
Capitale du pays
20 °O
0°
20 °E
60 °N
40 °N

8 L'Asie

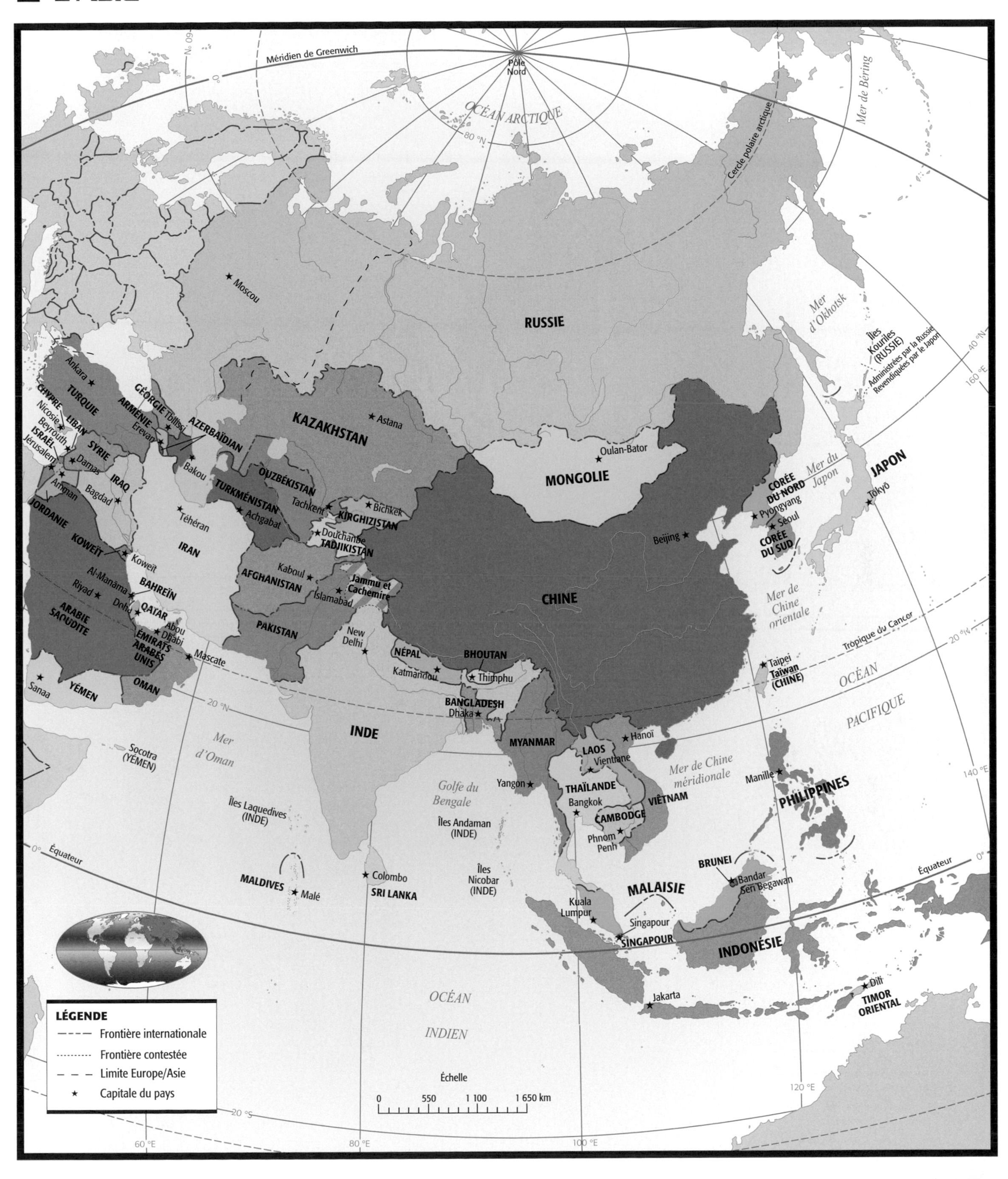
Méridien de Greenwich
Pôle Nord
OCÉAN ARCTIQUE
80 °N
Cercle polaire arctique
Mer de Béring
Moscou
RUSSIE
Mer d'Okhotsk
Îles Kouriles (RUSSIE)
Administrées par la Russie Revendiquées par le Japon
40 °N
160 °E
Ankara
TURQUIE
CHYPRE
Nicosie
LIBAN
Beyrouth
ISRAËL
Jérusalem
GÉORGIE
Tbilissi
ARMÉNIE
Erevan
AZERBAÏDJAN
Bakou
SYRIE
Damas
Amman
JORDANIE
IRAQ
Bagdad
KAZAKHSTAN
Astana
OUZBÉKISTAN
Tachkent
TURKMÉNISTAN
Achgabat
Bichkek
KIRGHIZISTAN
Douchanbé
TADJIKISTAN
Oulan-Bator
MONGOLIE
Mer du Japon
CORÉE DU NORD
Pyongyang
Séoul
CORÉE DU SUD
JAPON
Tokyo
Téhéran
IRAN
KOWEÏT
Koweït
Al-Manâma
BAHREÏN
Riyad
Doha
QATAR
ARABIE SAOUDITE
Abou Dhabi
ÉMIRATS ARABES UNIS
Mascate
OMAN
Sanaa
YÉMEN
Kaboul
AFGHANISTAN
Islamabad
Jammu et Cachemire
PAKISTAN
Beijing
CHINE
Mer de Chine orientale
Tropique du Cancer
20 °N
New Delhi
NÉPAL
Katmandou
BHOUTAN
Thimphu
Taipei
Taiwan (CHINE)
OCÉAN PACIFIQUE
BANGLADESH
Dhaka
INDE
Hanoï
MYANMAR
LAOS
Vientiane
Socotra (YÉMEN)
Mer d'Oman
Mer de Chine méridionale
Manille
140 °E
Yangon
THAÏLANDE
Golfe du Bengale
Bangkok
VIÊTNAM
PHILIPPINES
Îles Laquedives (INDE)
Îles Andaman (INDE)
CAMBODGE
Phnom Penh
0°
Équateur
BRUNEI
Bandar Seri Begawan
MALDIVES
Malé
Colombo
SRI LANKA
Îles Nicobar (INDE)
MALAISIE
Kuala Lumpur
Singapour
SINGAPOUR
INDONÉSIE
Dili
TIMOR ORIENTAL
Jakarta
OCÉAN INDIEN
LÉGENDE
Frontière internationale
Frontière contestée
Limite Europe/Asie
Capitale du pays
Échelle
0
550
1 100
1 650 km
120 °E
20 °S
60 °E
80 °E
100 °E

9 L'Afrique

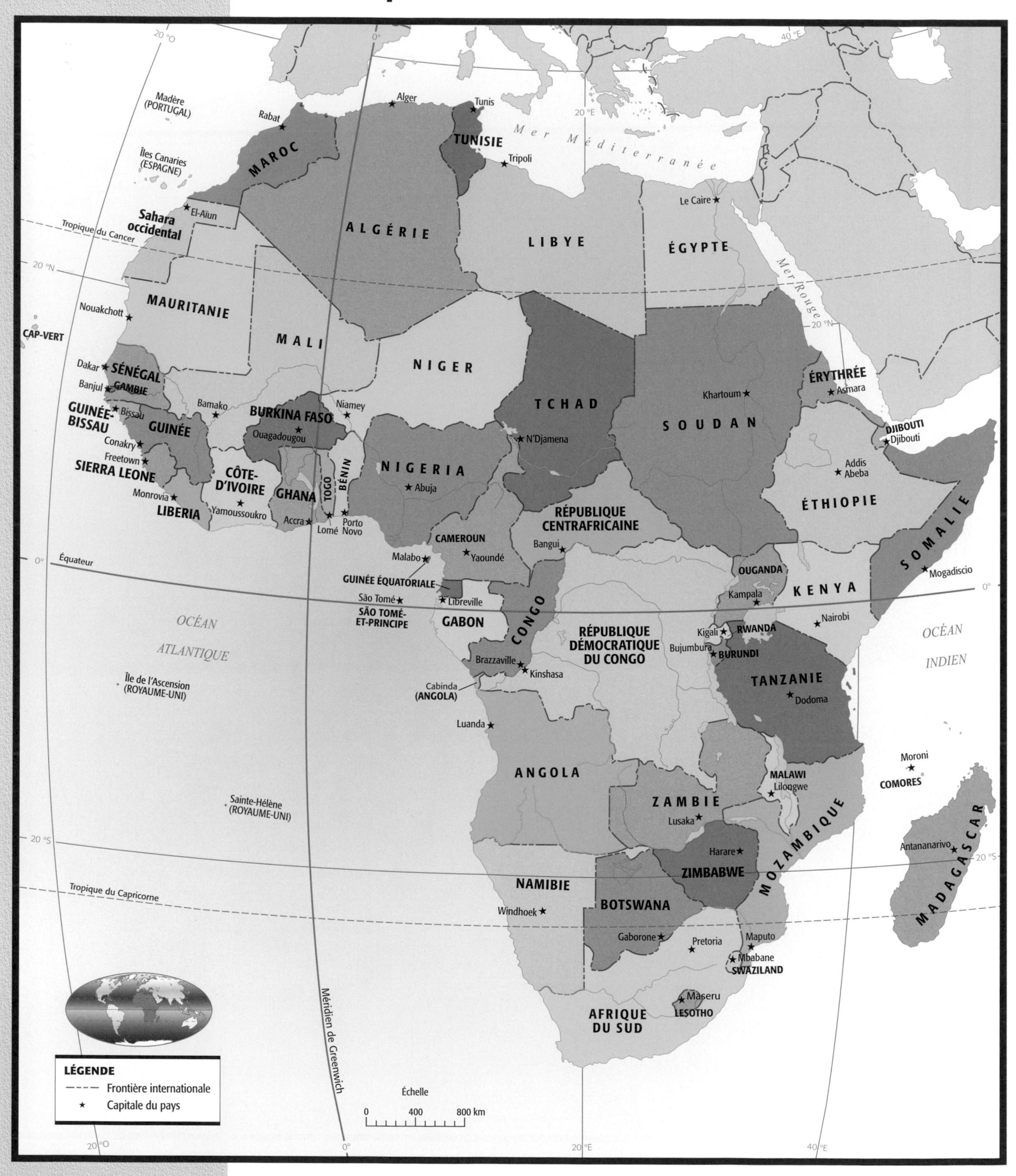

Madère (PORTUGAL)
Îles Canaries (ESPAGNE)
Rabat
MAROC
Alger
Tunis
TUNISIE
Tripoli
Mer Méditerranée
El-Aïun
Sahara occidental
Tropique du Cancer
ALGÉRIE
LIBYE
Le Caire
ÉGYPTE
Mer Rouge
MAURITANIE
Nouakchott
CAP-VERT
MALI
NIGER
TCHAD
SOUDAN
Khartoum
ÉRYTHRÉE
Asmara
Dakar
SÉNÉGAL
Banjul
GAMBIE
GUINÉE-BISSAU
Bissau
GUINÉE
Conakry
Freetown
SIERRA LEONE
Monrovia
LIBERIA
Bamako
BURKINA FASO
Ouagadougou
Niamey
N'Djamena
DJIBOUTI
Djibouti
Addis Abeba
ÉTHIOPIE
CÔTE-D'IVOIRE
Yamoussoukro
GHANA
Accra
TOGO
Lomé
BÉNIN
Porto Novo
NIGERIA
Abuja
RÉPUBLIQUE CENTRAFRICAINE
Bangui
CAMEROUN
Yaoundé
Malabo
GUINÉE ÉQUATORIALE
São Tomé
SÃO TOMÉ-ET-PRINCIPE
Libreville
GABON
CONGO
Brazzaville
Kinshasa
RÉPUBLIQUE DÉMOCRATIQUE DU CONGO
OUGANDA
Kampala
KENYA
Nairobi
SOMALIE
Mogadiscio
Équateur
OCÉAN ATLANTIQUE
OCÉAN INDIEN
Kigali
RWANDA
Bujumbura
BURUNDI
TANZANIE
Dodoma
Île de l'Ascension (ROYAUME-UNI)
Cabinda (ANGOLA)
Luanda
ANGOLA
Moroni
COMORES
MALAWI
Lilongwe
ZAMBIE
Lusaka
MOZAMBIQUE
Sainte-Hélène (ROYAUME-UNI)
Harare
ZIMBABWE
Antananarivo
MADAGASCAR
NAMIBIE
Windhoek
BOTSWANA
Gaborone
Pretoria
Maputo
Mbabane
SWAZILAND
Tropique du Capricorne
Maseru
LESOTHO
AFRIQUE DU SUD
Méridien de Greenwich
LÉGENDE
Frontière internationale
Capitale du pays
Échelle
0 400 800 km
20 °O
0°
20 °E
40 °E
20 °N
20 °S

10 Le Moyen-Orient

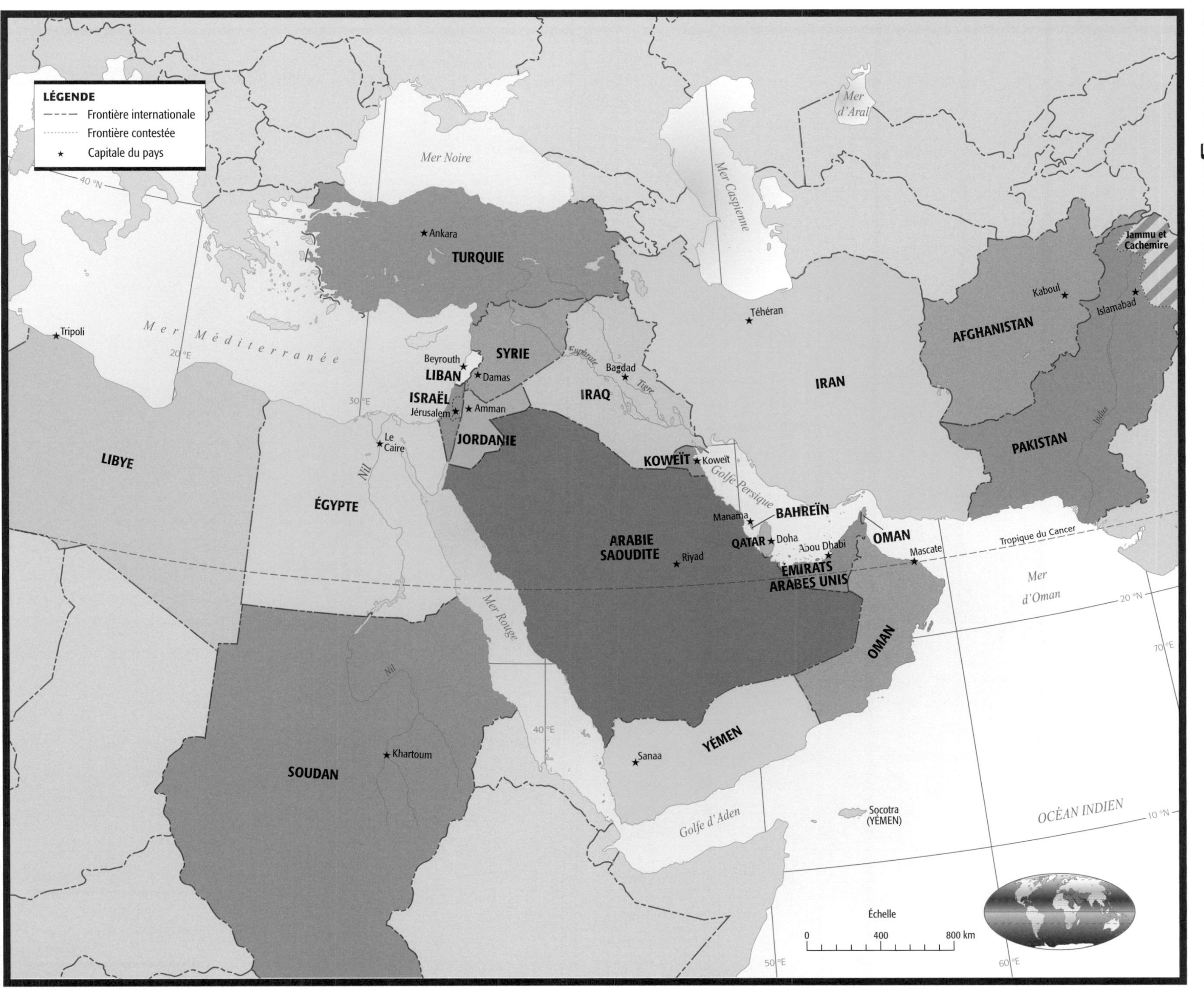

11 L'Océanie

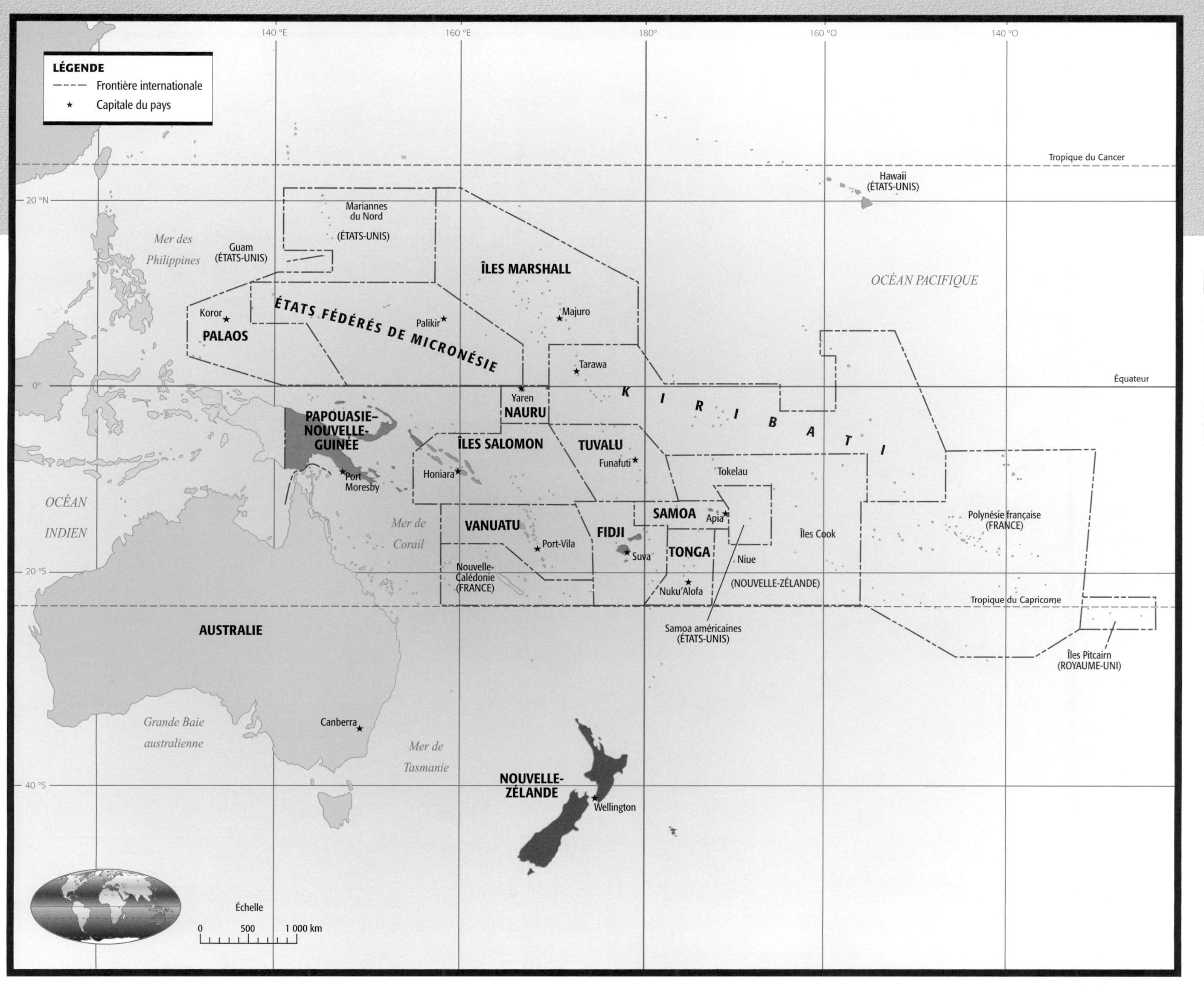

LÉGENDE
Frontière internationale
Capitale du pays
140 °E
160 °E
180°
160 °O
140 °O
20 °N
0°
20 °S
40 °S
Tropique du Cancer
Équateur
Tropique du Capricorne
Hawaii (ÉTATS-UNIS)
OCÉAN PACIFIQUE
Mariannes du Nord (ÉTATS-UNIS)
Mer des Philippines
Guam (ÉTATS-UNIS)
ÎLES MARSHALL
Majuro
Koror
PALAOS
ÉTATS FÉDÉRÉS DE MICRONÉSIE
Palikir
Tarawa
Yaren
NAURU
KIRIBATI
PAPOUASIE-NOUVELLE-GUINÉE
Port Moresby
ÎLES SALOMON
Honiara
TUVALU
Funafuti
Tokelau
OCÉAN INDIEN
Mer de Corail
VANUATU
Port-Vila
FIDJI
Suva
SAMOA
Apia
TONGA
Nuku'Alofa
Niue
Îles Cook
(NOUVELLE-ZÉLANDE)
Polynésie française (FRANCE)
Nouvelle-Calédonie (FRANCE)
Samoa américaines (ÉTATS-UNIS)
Îles Pitcairn (ROYAUME-UNI)
AUSTRALIE
Grande Baie australienne
Canberra
Mer de Tasmanie
NOUVELLE-ZÉLANDE
Wellington
Échelle
0
500
1 000 km

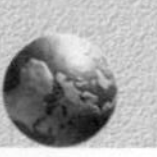

Glossaire

Afrique subsaharienne* **(p. 39) :** Partie de l'Afrique située au sud du désert du Sahara.

Agglomération** **:** Territoire urbain qui comporte une ville et l'espace urbanisé des **banlieues** environnantes.

Agriculture : Ensemble des travaux par lesquels on transforme le milieu naturel pour la production de végétaux et d'animaux utiles aux êtres humains.

Agriculture commerciale : Agriculture dont la production est destinée à la vente et non à la consommation de la famille propriétaire de la ferme. Dans ce cas, la distribution des produits est assurée par des intermédiaires (grossistes, marchands, etc.).

Agriculture de subsistance : Agriculture dont l'objectif principal est de nourrir la famille propriétaire d'une ferme.

Agriculture mixte : Agriculture consacrée à la fois à la culture (ex. : céréales) et à l'élevage (ex. : porcs).

Altitude (p. 347) : Élévation par rapport au niveau moyen de la mer.

Aménagement : Modification du territoire faite par les êtres humains pour le rendre habitable et exploitable (ex. : rues, ponts, parcs, résidences, etc.).

Anthropologue (p. 236) : Spécialiste qui étudie l'évolution de l'être humain.

Archipel : Groupe d'îles qui forment un ensemble.

Aride : Qui manque d'eau.

Arrondissement : Division administrative d'une ville.

Bande (p. 228) : Communauté amérindienne reconnue par le gouvernement et généralement établie dans une réserve.

Banlieue : Zone urbanisée éloignée du centre-ville.

Baril de pétrole (p. 40) : Unité qui correspond à 159 L.

Biodiversité : Diversité des espèces vivantes présentes sur un territoire.

Biomasse (p. 20) : Matière organique (bois de chauffage, déchets agricoles, déjections animales, etc.).

Canton : Mode de division des terres en carrés d'environ 16 km de côté.

Catastrophe naturelle : Effets désastreux liés au déclenchement d'un risque naturel.

Centrale thermique (p. 23) : Centrale qui produit de l'énergie électrique. Cette énergie est générée par les combustibles fossiles ou la biomasse.

Changement (p. 269) : État de ce qui évolue, se modifie.

Combustibles fossiles : Matières non renouvelables qui peuvent brûler et fournir de l'énergie (ex. : charbon, pétrole, gaz naturel).

Commercialisation : Action de mettre en marché un produit ou un service.

Concentration : Grand nombre d'éléments dans un espace déterminé.

Conservation (p. 274) : Ensemble des actions qui visent à préserver un bien de toute détérioration pour qu'il garde son état original.

Conservation : Protection d'un milieu naturel pour prévenir sa dégradation.

Continuité (p. 269) : Caractère de ce qui est ininterrompu dans le temps ou dans l'espace.

Convention (p. 226) : Traité, entente ou accord officiel entre des groupes ou des États.

Croissance : Augmentation d'un phénomène (ex. : la croissance démographique est la croissance de la population).

Crue (p. 84) : Période de montée des eaux qui peut se traduire exceptionnellement par une inondation.

Culture (p. 225) : Ensemble de manifestations intellectuelles, artistiques, sociales et religieuses qui définissent une société ou un groupe par rapport à un autre.

Culture vivrière : Produits destinés à l'alimentation de la population locale.

Débit (p. 26) : Volume d'eau qui s'écoule en un endroit donné d'un cours d'eau par rapport à une unité de temps. Le débit s'exprime généralement en mètres cubes par seconde (m^3/s).

Déforestation (p. 95) : Nette diminution de la forêt.

Délocalisation (p. 142) : Changement d'implantation géographique des activités d'une entreprise, notamment pour réduire les coûts de production.

Delta : Zone de terres fertilisées par les sédiments transportés par un fleuve, là où il se jette dans la mer.

Densité: Rapport entre le nombre d'éléments et la superficie (ex. : il y a 200 habitants par km^2 dans cette région).

Désertification (p. 87) : Transformation de terres fertiles en déserts. Ce phénomène survient surtout dans les régions **arides** et semi-arides de la Terre.

Développement (p. 125) : Processus global d'amélioration des conditions de vie (économie, société, culture, etc.) dans une ville, une région ou un pays.

Développement durable (p. 32) : Développement qui répond aux besoins du présent sans compromettre la capacité des générations futures de répondre aux leurs.

Droits ancestraux (p. 234) : Droits que détiennent les descendants des premiers habitants du Canada (ex. : droits de pêche, de chasse, de piégeage, etc.).

Écosystème : Ensemble des organismes vivants et de leur milieu de vie. Une forêt, un lac et une rivière sont des écosystèmes.

Environnement : Cadre de vie comprenant des éléments naturels et humains.

Éolienne (p. 30) : Machine qui sert à capter l'énergie du vent.

* Les termes en bleu sont de nouveaux mots clés. Les numéros de pages entre parenthèses indiquent la première apparition d'un mot clé.

**Les termes en noir sont des mots clés définis dans le manuel A.

Espérance de vie : Nombre d'années qu'une personne peut espérer vivre à partir de sa naissance.

Étalement urbain : Expansion du territoire urbain en périphérie d'une ville. Cet étalement est dû au développement des banlieues et à la construction des autoroutes.

Exportation : Vente de produits à d'autres pays.

FAO : Organisation des Nations Unies pour l'alimentation et l'agriculture. Cet organisme lutte contre la faim et la pauvreté dans le monde.

Fjord (p. 202) : Vallée glaciaire étroite et profonde envahie par la mer après la fonte d'un glacier.

Foyer de population : Partie du monde où il y a une importante **concentration** de population.

Frontière internationale (p. 353) : Limite territoriale qui sépare deux pays (ex. : la frontière entre le Canada et les États-Unis).

Frontière nationale (p. 353) : Limite territoriale à l'intérieur d'un pays (ex. : la frontière entre le Québec et l'Ontario).

Gazoduc (p. 23) : Canalisation qui sert au transport du gaz naturel. Ce type de canalisation peut être souterrain.

Géothermie (p. 20) : Chaleur interne de la Terre.

ha : Voir hectare.

Haute technologie (p. 130) : Technologie qui utilise les procédés scientifiques et techniques les plus récents dans des domaines tels que la microélectronique, le traitement de l'information, le génie génétique, l'ingénierie et les télécommunications. On l'appelle aussi « technologie de pointe ».

Hauteur de chute (p. 26) : Différence d'altitude entre la prise d'eau et la sortie d'eau. La hauteur de chute est aussi appelée « dénivellation ».

Hectare (ha) : Unité de mesure agraire de 10 000 m^2, équivalente à la surface d'un terrain de soccer.

Immigration : Déplacement de populations qui s'établissent dans un pays différent de leur pays d'origine.

Importation : Achat de produits à d'autres pays.

Industrialisation (p. 124) : Processus d'extension et d'intensification des activités industrielles dans une région ou un pays.

Instabilité : Caractère imprévisible des phénomènes naturels et humains.

Irrigation : Procédé qui permet l'apport d'eau aux plantes cultivées quand les **précipitations** sont insuffisantes. Cet apport se fait sous forme d'arrosage, d'écoulement dirigé ou de pompage des eaux souterraines.

Jachère (p. 97) : Terre cultivable qu'on laisse en repos pendant un certain temps afin qu'elle se régénère.

kWh (kilowatt/heure) (p. 25) : Quantité d'électricité utilisée ou produite au cours d'une période d'une heure. Un kilowatt correspond à 1 000 watts.

Latitude (p. 345) : Position en degrés d'un lieu par rapport à l'équateur.

Longitude (p. 345) : Position en degrés d'un lieu par rapport au méridien de Greenwich.

Marée noire (p. 48) : Vaste nappe de pétrole répandue à la surface de la mer à la suite d'un accident maritime.

Ménage : Personne ou groupe de personnes qui habitent à la même adresse (appartement, maison, etc.).

Métropole : Ville qui a une influence sur un vaste territoire.

Migration : Mouvement qui mène un grand nombre de personnes à quitter un endroit pour un autre.

Mise en marché : Ensemble des opérations (emballage, publicité, distribution, etc.) nécessaires à la vente de produits ou de services.

Mode de culture : Ensemble des techniques utilisées en **agriculture**. Lorsque le mode de culture vise un rendement élevé, on l'appelle « agriculture intensive ». Quand il est peu productif, on le désigne sous le nom d'« agriculture extensive ».

Mondialisation : Étendue des activités commerciales et des communications à toute la planète, sans égard aux frontières.

Mousson (p. 84) : Vent soufflant de la mer vers le continent (mousson d'été) ou du continent vers la mer (mousson d'hiver) dans les régions tropicales d'Asie du Sud et du Sud-Est. La mousson d'été apporte de très fortes pluies.

Mt (mégatonne) (p. 142) : Unité de mesure qui désigne les millions de tonnes.

Multinationale : Entreprise qui pratique des activités commerciales dans plusieurs pays.

Nation (p. 226) : Groupe d'individus d'une même origine. Ce terme peut désigner un peuple, une patrie ou un pays.

Niveau de dépendance énergétique (p. 40) : Rapport entre la consommation et la production énergétique d'un territoire. Par exemple, un pays qui consomme plus de ressources énergétiques qu'il n'en produit a une dépendance énergétique.

Niveau de développement : Le niveau de développement d'un pays est déterminé par son **PIB/hab.**, par l'**espérance de vie** de ses habitants et par leur **taux d'alphabétisation**.

Nomade (p. 116) : Se dit d'un groupe d'êtres humains ou d'animaux qui se déplace à la recherche de nourriture et d'eau.

Nordicité (p. 230) : Mot qui désigne les régions nordiques et toutes les questions qui ont rapport avec le froid, la neige, l'isolement, etc.

Nutriment : Substance nutritive nécessaire aux organismes vivants.

Oléoduc (p. 23) : Canalisation servant au transport du pétrole brut. Ce type de canalisation peut être souterrain.

OPEP (p. 39) : Organisation des pays exportateurs de pétrole. Elle groupe 11 pays membres : l'Algérie, l'Arabie Saoudite, les Émirats arabes unis, l'Indonésie, l'Iran, l'Iraq, le Koweït, la Libye, le Nigeria, le Qatar et le Venezuela.

Patrimoine : Objet, ensemble d'objets ou éléments naturels qu'une société souhaite protéger, mettre en valeur et transmettre aux générations futures.

Patrimoine bâti : Constructions anciennes qui témoignent du mode de vie de nos ancêtres.

Patrimoine culturel (p. 266) : Bien, ensemble urbain, **site** ou paysage représentatif d'une époque de l'histoire qu'une société souhaite protéger, mettre en valeur et transmettre aux générations futures.

Paysage (p. 10) : Partie d'un territoire telle que perçue par ceux qui l'observent.

Pays atelier (p. 144) : Pays qui accueille les activités de production d'une entreprise à la suite d'une **délocalisation**.

Pays en développement : Pays où la majorité de la population travaille à l'exploitation des ressources naturelles et n'atteint pas un niveau de vie convenable.

Pays industrialisés : Pays où la majorité de la population travaille à la production de biens et de services et gagne un salaire convenable.

Pays moins avancés : Pays les plus pauvres parmi les **pays en développement**.

PIB : Voir **produit intérieur brut par habitant**.

Pluies acides (p. 155) : Phénomène de pollution atmosphérique caractérisé par la présence d'un degré trop élevé d'acidité (acide nitrique et sulfurique) dans les précipitations.

Pourvoirie (p. 218) : Entreprise qui fournit des installations et des services pour la pratique d'activités de plein air.

Précipitations (p. 373) : Chutes d'eau provenant de l'atmosphère. Les chutes d'eau se manifestent sous diverses formes (pluie, grêle, brouillard, neige, etc.).

Productivité (p. 92) : Quantité de produits fabriquée par unité de ressource utilisée (ex. : 100 automobiles/10 ouvriers ; 2 tonnes de riz/hectare).

Productivité : Rendement par **hectare** de terre cultivée.

Produit intérieur brut par habitant (PIB/hab.) : Montant total de la production d'un pays divisé par le nombre de ses habitants. Un PIB/hab. élevé signifie généralement que la population d'un pays a un bon niveau de vie.

Quartier : Partie d'une ville qui se distingue par certaines caractéristiques (ex. : quartier chinois, quartier des affaires) ; milieu de vie et d'activités.

Récréotourisme (p. 170) : Activités de plein air qui présentent un potentiel touristique.

Région administrative : Division du territoire québécois en fonction de ses particularités sociales et culturelles.

Réserve (p. 228) : Terres mises de côté par le gouvernement fédéral pour l'usage et le bénéfice des Amérindiens.

Réserves possibles (p. 25) : Portion des **combustibles fossiles** qu'il serait possible d'extraire si les moyens techniques étaient plus avancés ou si le coût de la matière première augmentait suffisamment pour en rendre l'exploitation rentable.

Réserves prouvées (p. 25) : Portion des **combustibles fossiles** qui est extraite à l'aide de la technologie existante.

Ressource : Élément naturel, humain ou économique qui fait la richesse d'une région.

Restauration (p. 274) : Ensemble des actions prises pour redonner à un bien son allure d'antan.

Revendication (p. 225) : Réclamation de ce que l'on considère comme un droit.

Révolution industrielle (p. 126) : Période (1750-1900) qui a complètement bouleversé l'histoire du travail. La révolution industrielle a donné lieu à des transformations techniques, économiques, sociales et culturelles importantes.

Risque naturel : Danger lié à un phénomène naturel, auquel sont exposées une population et ses installations.

Sables bitumineux (p. 53) : Mélange principalement composé de bitume, de sable, d'eau et d'argile.

Saison végétative : Nombre de jours où la température atteint plus de 5 °C. Cette saison permet la pratique de l'**agriculture** si elle est d'une durée minimale de 100 jours.

Salinisation (p. 97) : Processus d'accumulation des sels dans le sol.

Sédentaire (p. 116) : Se dit d'un groupe d'êtres humains ou d'animaux dont le lieu de vie est fixe.

Sidérurgie (p. 138) : Ensemble des opérations de fonte et de transformation du fer en acier.

Site (p. 266) : Lieu, terrain considéré du point de vue de sa configuration géographique et de son utilisation (historique, esthétique, économique, scientifique, etc.) par l'être humain.

Smog : À l'origine, le terme *smog*, formé des mots anglais *smoke* et *fog*, désignait un brouillard très dense. Maintenant, il désigne un mélange de polluants atmosphériques dangereux pour la santé (gaz et particules). Ce mélange se manifeste souvent sous l'aspect d'une épaisse fumée jaune brunâtre ou gris blanchâtre.

Sous-traitant (p. 144) : Entreprise qui exécute une commande pour le compte d'une autre.

Sylviculture (p. 174) : Science, technique et art qui consistent à traiter, à aménager et à exploiter la forêt de façon à lui assurer une production stable aussi élevée que possible.

Taux d'alphabétisation : Pourcentage de la population âgée de 15 ans et plus qui sait lire et écrire.

Tep (tonne équivalent pétrole) (p. 35) : Mesure qui correspond à la quantité d'énergie contenue dans une tonne de pétrole. On utilise cette mesure pour exprimer et comparer différentes sources d'énergie (pétrole, charbon, électricité, gaz naturel, etc.). Par exemple, une tep correspond à 1 000 m^3 de gaz naturel et à 11 626 kWh d'électricité.

Topographie (p. 350) : Configuration de la surface du terrain.

Tourisme : Activité des gens qui séjournent à 80 km ou plus de leur domicile pendant plus de 24 heures pour le plaisir, les affaires ou d'autres motifs.

Tourisme de masse : Voyages accessibles à un grand nombre de personnes. Cette situation entraîne une grande fréquentation de certains lieux touristiques.

Trillion (p. 59) : Milliard de milliards (10^{18}).

Unesco : Organisation des Nations Unies pour l'éducation, la science et la culture.

Urbanisation : Processus de croissance de la population urbaine et d'expansion des villes.

Zonage : Division d'un territoire en zones où certaines activités sont permises.

Liste des cartes

Module 1

Module 2

Module 3

Module 4

Module 5

Module 6

Ressources géo

Atlas

Liste des repères culturels

Module 1

L'Alberta

Le golfe Persique

La Côte-Nord

La Jamésie

Module 2

La Prairie canadienne

Le Bangladesh

Le Sahel

Module 3

La région des Grands Lacs américains et canadiens

Une région industrielle du Québec

Module 4

L'Amazonie

La Colombie-Britannique

Une région forestière du Québec

Module 5

Le territoire des Naskapis

Le territoire des Cris

Le Nunavut

Module 6

Québec intra-muros

Athènes

Beijing

Paris

Rome

Sources
des photographies

Abréviations

M	Module	E	Enjeu
C	Chapitre	D	Dossier
B	Bloc commun	RG	Ressources géo

Action boréale
M4, C2, E3, doc. 9
Agence spatiale canadienne
M2, C2, B, doc. 6 A
Agence Stock Photos
M4, C2, p. 165 (en bas) • J. F. Leblanc; M5, C1, B, doc. 16 (à gauche) • J. F. Leblanc; M5, C1, B, doc. 16 (au centre) • J. F. Leblanc; M5, C1, B, doc. 16 (à droite) • J. F. Leblanc; M5, C2, B, doc. 1 A • J. F. Leblanc; M5, C2, E1, doc. 9 • Caroline Hayeur
Air Imex
RG, p. 367
Akg-images
M3, C2, B, doc. 2 D
Alamy
M1, C2, E1, p. 51 (2e photo) • Trip; M4, C2, E1, doc. 10 • SuperStock
Alcan
M3, C2, p. 149 (en bas); M3, C2, p. 123 (en bas); M3, C2, E2, doc. 5 (en bas, à droite)
Alpha Presse
M1, p. 16, 20, 34 et 50 • Jorgen Schytte; M1, C1, B, doc. 6 A • Peter Frischmuth; M1, C1, B, doc. 14 A • Ron Giling; M1, C1, B, doc. 20 • Markus Dlouhy; M1, C2, B, doc. 5 • Mark Edwards/Still Pictures; M1, C2, B, doc. 23 • Paul Harrison; M2, C2, E, p. 101 (3e photo) • Mark Edwards; M2, C2, E2, doc. 7 • Jorgen Schytte; M2, C2, E2, doc. 9 • Mark Edwards; M2, C2, E3, doc. 4 B • Henning Christoph; M2, C2, E3, doc. 4 C • Glen Christian; M2, C2, E3, doc. 6 • Ron Giling; M2, C2, E3, doc. 7 • © Yann Arthus-Bertrand; M2, C2, E3, doc. 8 A • Still Pictures; M2, C2, E3, doc. 8 B • Still Pictures; M3, C1, B, doc. 1 • Estate of D. Greenberg; M3, C1, B, doc. 1 C • Jeff Greenberg; M3, C1, B, doc. 6 • Helga Lade; M3, C2, B, doc. 2 D • Jorgen Schytte; M4, C1, B, doc. 2 B • Frebet Julien/BIOS; M4, C1, B, doc. 4 • Carlo Dani & Ingrid Jeske; M4, C1, B, doc. 15 B • Paul Glendell; M4, C1, B, doc. 17 • Mark Edwards; M4, C2, B, doc. 11 • Lee Chui Yee/UNEP; M4, C2, B, doc. 18 • Gunther Michel/BIOS; M4, C2, B, doc. 20 • J. P. Delobelle; M4, C2, E1, doc. 4 • Mark Edwards; M4, C2, E1, doc. 7 B • Mark Edwards; M4, C2, E1, doc. 8 • Jacques Jangoux; M5, C2, B, doc. 1 D • Mark Edwards/Still Pictures; M5, C2, B, doc. 3 C • John Cancalosi/Peter Arnold; M5, C2, B, doc. 9 • Ron Giling/lineair; RG, p. 360 (2e, à partir du haut) • Carl R. Sams II; RG, p. 360 (en bas) • © Anne Montfort/Photononstop; RG, p. 361 (en haut) • Otto Stadler; RG, p. 361 (2e, à partir du haut) • Peter Frischmuth
Altitude
Rappel: Les types de territoires, p. 14 (à gauche) • © Guido Alberto Rossi; M1, C1, B, 11 B • © Mario Faubert; M1, C1, B, doc. 13 • © Yann Arthus-Bertrand; M2, C1, B, doc. 2 • © Yann Arthus-Bertrand; M2, C1, B, doc. 6 • © Yann Arthus-Bertrand; M2, C2, E3, doc. 5 • © Yann Arthus-Bertrand; M3, p. 120-121 • Yann Arthus-Bertrand; M4, C2, E1, doc. 9 • Yann Arthus-Bertrand; M6, 1er D, doc. 2 • © Yann Arthus-Bertrand; M6, 3e D, p. 312, à gauche • © Yann Arthus-Bertrand; M6, 3e D, doc. 1 • © Yann Arthus-Bertrand • M6, 4e D, doc. 3 • © Guido Alberto Rossi
Aluminerie Alouette
M1, C2, E3, doc. 8; M1, C1, B, doc. 6 B • Martin Bond; M6, C2, E1, doc. 4 • Knut Mueller; M6, C2, E2, doc. 2 C Yvan Travert/Photononstop; M6, 3e D, doc. 8 • Rosine Mazin/Photononstop
Ancient Art & Architecture Collection Ltd
M6, 1er D, doc. 9
Associated Press
Rappel: Les types de territoires, p. 12 (en haut); M2, C1, B, doc. 4 A • Wally Santana; M3, C1, B, doc. 1 B • Molly Gordy; M3, C2, B, doc. 2 B • Eugene Hoshiko; M3, C2, doc. 12; M3, C2, p. 149 (en haut); M3 et C2, p. 123 (en haut) • Mark Duncan; M3, C2, E1, doc. 2 • General Motors Corp.; M3, C2, E1, doc. 7 • Yonhap, Kang Jong-ku; M5, C2, B, doc. 13 • Ed Bailey; M6, C2, B, doc. 3 • Heribert Proepper; M6, 1er D, doc. 12 • Space Imaging; M6, 2e D, doc. 8 A • Elizabeth Dalziel; M6, 2e D, doc. 9 • Greg Baker; M6, 2e D, doc. 10 • Xinhua, Huang Jingwen
Aquin, Benoit
M6, C1, B, doc. 14
Archives du Monastère et de l'École des Ursulines
M6, C1, B, doc. 16
Archives *La Presse*
M2, C1, B, doc. 4 D
Archives nationales du Québec
M5, C2, E2, doc. 2 • Archives nationales du Québec à Québec, série Office du film du Québec, nº 79129-50. Photo G. Bédard; M6, C1, B, doc. 1 A • N874-271; Bryan and Cherry Alexander Photography
Archives photographiques Notman/Musée d'histoire canadienne McCord
M4, C1, B, doc. 10 B • view-5806; M4, C2, E3, doc. 11 • MP-0000. 25. 867; M6, C1, B, doc. 13 B; M6, C1, B, doc. 12 B • view-3233
Artic Photos
M1, C2, E4, doc. 9 • © Bryan & Cherry Alexander Photography; M4, C1, B, doc. 8 • Bryan and Cherry Alexander Photography; M5, C2, p. 223 (en bas) • Bryan and Cherry Alexander Photography; M5, C2, p. 247 (en bas) • Bryan and Cherry Alexander Photography; M5, C2, B, doc. 3 E • Bryan and Cherry Alexander Photography; M5, C2, E3, doc. 3 E • Bryan and Cherry Alexander Photography; M5, C2, E3, do. 3 D • Bryan and Cherry Alexander Photography; M5, C2, E3, doc. 7 • Bryan and Cherry Alexander Photography
Art Resource, NY
M6, 1er D, doc. 8 A • John Bigelow Taylor; M6, 1er D, doc. 8 B • Erich Lessing; M6, 4e D, doc. 5 • Vanni
Awashish Outdoor Adventures
M5, C2, E2, doc. 9 A
Bibliothèque et Archives du Canada
M3, C1, B, doc. 8 A • ANC-C13328; M3, C1, B, 8 B • PA-202383; M4, C1, B, doc. 10 A • Ronny Jaques/Office national du film du Canada. Photothèque; M5, C1, B, doc. 8 (1re à partir du haut) • C001912; M5, C1, B, doc. 8 (3e à partir du haut) • C010500k; M5, C1, B, doc. 8 (2e à partir du haut) • C102057K
Bibliothèque nationale du Québec
M1, C2, E3, p. 66 (en bas) • Collection de la Bibliothèque Nationale du Québec; M6 C1, B, doc. 2
Bombardier
M3, C2, B, doc. 2 • Bombardier aéronautique; M3, C2, B, doc. 8 B • Tous droits réservés à Bombardier Produits Récréatifs inc. (BRP)
Bridgeman Art Library
M4, C1, B, doc. 9 • © Art Gallery of Ontario, Toronto, Canada; M5, C1, B, doc. 17 • Private Collection
Brousseau, Luc
M5, C2, E2, p. 254 (à droite)
Centre de recherche sur les céréales
M2, C1, B, doc. 10 B; M2, C1, B, doc. 10 E
Chapdelaine, Claude
M5, C1, p. 231 (à gauche) • Université de Montréal
Cliché LRMH-Orial
M6, 3e D, doc. 6
Club de pêche de Tuktu
M5, C2, E1, doc. 8
CNES/Dist Spot Image/Explorer
M6, 2e D, p. 313 (à droite)
Collection MELS
M5, C2, E1, doc. 4
Collection Parcs Canada
M6, C1, B, doc. 5 • Conseil des Anicinapek de Kitcisakik et CDRHAAM4, C2, E3, doc. 7
Corbis
Rappel: Les types de territoires, p. 12 (au centre) • © Pablo Corral; Rappel: Les types de territoires, p. 13 (en bas) • © Pete Saloutos; Couverture (en haut, à droite) • © Nik Wheeler; Couverture (en bas, à droite) • © Roger Ressmeyer; Couverture (en bas, à gauche) • © George Steinmetz; M1, C1, B, doc. 3 B (en bas) • © Paul A. Souders; M6, C1, B, doc. 1 B • © Bruce Adams/Eye Ubiquitous; M1, C1, B, doc. 3 E (en haut) • © Klaus Hackenberg/zefa; M1, C1, B, doc. 4 • © Bettmann; M1, C1, B, doc. 18 A • © Kerstin Geier; Gallo Images; M1, C2, E1, doc. 2 • Lara Solt/Dallas Morning News; M1, C2, E2, doc. 2 • © Reuters; M1, C2, E2, doc. 9 B • © Reuters; M1, C2, E2 doc. 10 • © Durand-Hudson-Langevin-Orban/Sygma; M2, p. 78, 82, 90 et 100 (en marge) • © Sergio Pitamitz; M2, C1, B, doc. 1• © Paul Almasy; M2, C1, B, doc. 4 B • © Reuters; M2, C1, B, doc. 8 • © David Turnley; M2, C1, B, doc. 10 A • © Tony Wharton; Frank Lane Picture Agency; M2, C2, B, doc. 5 • © Kazuyoshi Nomachi; M2, C2, E, p. 101 (2e photo) • © Yann Arthus-Bertrand; M2, C2, E2, doc. 4 • © Yann Arthus-Bertrand; M2, C2, E2, doc. 5 • © Yann Arthus-Bertrand; M2, C2, E2, doc. 11 • © Liba Taylor; M2, C2, E3, doc. 4 A • © Tiziana and Gianni Baldizzone; M3, C2, B, doc. 2 B • © Bettmann; M3, C2, B, doc. 2 E • © Bettmann; M3, C2, B, doc. 8 A • © Brownie Harris; M3, C2, B, doc. 10 • © Reuters; M4, C1, B, doc. 1 B • © John and Lisa Merrill; M4, C1, B, doc. 6 A • © Ilya Naymushin/Reuters; M4, C1, B, doc. 6 B • © Karl Weatherly; M4, C1, B, doc. 6 C • © Hans Strand; M4, C1, B, doc. 7: • © Philip Gould; M4, C1, B, doc. 11 B • © Neil Rabinowitz; M4, C1, B, doc, 12 B • © Natalie Fobes; M4, C1, B, doc. 15 E • © Layne Kennedy; M4, C2, B, doc. 5 • © Joel W. Rogers; M4, C2, B, doc. 12 B • © Andreu Dalmau/epa; M4, C2, B, doc. 13 • © Will & Deni McIntyre; M4, C2, B, doc. 16 • © Martin Harvey; Gallo Images; M4, C2, B, doc. 17 • © China Features/Sygma; M4, C2, B, doc. 23 • © Bob Krist; M4, C2, B, doc. 19 • © Les Stone/Zuma /Corbis; M4, C2, E1, doc. 3 • © Staffan Widstrand; M4, C2, E2, doc. 2 B • © Christopher Morris; M4, C2, E2, doc. 3 • © Paul A. Souders; M4, C2, E2, doc. 9 • © Neil Rabinowitz; M5, C1, B, doc. 6 • © Dewitt Jones; M5, C1, B, doc. 9 • © Tom Nebbia; M5, C2, B, doc. 1 F • © Loretta Steyn; Gallo Images; M5, C2, B, doc. 3 B • © Louise Gubb; M5, C2, B, doc. 4 • © Keith Dannemiller; M5, C2, B, doc. 6 (à gauche) • © Anthony Bannister; Gallo Images; M5, C2, B, doc. 1 B • © Dewitt Jones; M5, C2, B, doc. 10 • © Bernard Bisson; M5, C2, B, doc. 12 • © Free Agents Limited; M5, C2, B, p. 244 (à gauche) • © Bowers Museum of Cultural Art; M5, C2, B, p. 244 (au centre) • © North Carolina Museum of Art; M5, C2, B, p. 244 (à droite) • © Bowers Museum of Cultural Art; M6, C2, B, doc. 1 B • © Roger Ressmeyer; M6, C2, B, doc. 2 E • © Pascal Parrot; M6, C2, B, doc. 6 • © Jon Hicks; M6, C2, B, doc. 7 B • © Jon Jones; M6, C2, B, p. 299 (en bas) • © Richard Klune; M6, C2, E1, doc. 3 • © Nik Wheeler; M6, C2, E1, doc. 5 • © Bettmann; M6, C2, E2, doc. 2 D • © Ric Ergenbright; M6, C2, E2, doc. 2 E; M6, C2, E2, doc. 4 • © Chris Lisle; M6, C2, E2, doc. 6 B • © Keren Su; M6, C2, E2, doc. 7 • © Jose Fuste Raga; M6, 1er D, p. 312-313 (au centre) • © Ladislav Janicek/zefa; M6, 2e D, doc. 2 • © Free Agents Limited; M6, 1er D, doc. 10 • © Patrick Ward; RG, p. 347 (en haut, à gauche) • © Robert Holmes; RG, p. 347 (en haut, au centre) • © Tiziana and Gianni Baldizzone; RG, p. 347 (en haut, à droite) • © Richard List; RG, p. 347 (en bas, à gauche) • © Wolfgang Kaehler; RG, p. 360 (3e à partir du haut) • © Paul A. Souders
Côté, Gaston
M6, p. 262-263; M6, C1, B, doc. 6 A; M6, C1, B, doc. 6 C; M6, C1, B, doc. 7 A; M6, C1, B, doc. 8; M6, C1, B, doc. 10; M6, C1, B, doc. 11; M6, C1, E1, p. 279 (en haut); M6, C1, E2, doc. 1; M6, 1er D, doc. 5; M6, 1er D, doc. 7; M6, 4e D, doc. 13; M6, 4e D, doc. 4; M6, 4e D, doc. 10; M6, 4e D, doc. 9; M6, 4e D, doc. 7; M6, 4e D, doc. 12
CRDI
M2, C2, B, doc. 7 • M. Cairns; M2, C2, B, doc. 10 • N. McKee; M2, C2, B, doc. 12 • M. Cairns; M4, C2, E1, doc. 16 • D. Marchand
Cree Outfitting and Tourism Association (COTA)
M5, C2, E2, doc. 9
CSIRO
M2, C2, B, doc. 8 • © Copyright CSIRO Land and Water
Cycles Devinci
M3, C2, E2, doc. 5 (en haut, à droite)
Digital Globe
M6, C2, B, doc. 2 A

DK images
M5, C1, B, doc. 1B • Dorling Kindersley
Dorst, Adrian
M4, C2, E2, doc. 11 A
Ecotumucumaque
M4, C2, E1, doc. 13
Environnement Canada
M3, C2, B, p. 142
Europaid
M2, C2, B, doc. 6 B • c2004 EC/F. Jacobs; M3, C2, B, doc. 2 C • © 2004 EC/A. Alonso Martinez
Exceldor
M3, C1, B, doc. 4 D
Firstlight
M1, C2, E1, p. 51 (1re photo) • Darwin Wiggett; M2, C1, B, doc. 12 • Libre de droits; M2, C2, E1, doc. 5 A • Grambo; M2, C2, E1, doc. 5 B • Larry Macdougal; M2, C2, E1, doc. 7 • Dave Reede; M2, C2, E1, doc. 8 • Grambo; M2, C2, E1, doc. 9 • Brian Summers; M4, C2, p. 165 (en haut) • Photoresearchers; M4, C2, E2, doc. 6 • Photoresearchers; M4, C2, E2, doc. 10 • Thomas Kitchin & Victoria Hurst; M4, C2, E2, doc. 14 • Libre de droits; M5, C2, B, doc. 11 • Photoresearchers; M5, C2, E3, doc. 3 • Brian Summers; M6, C1, E2, doc. 3 • Ron Watts; M6, C1, E2, doc. 6 • A.G.E. Foto Stock; M6, C2, E2, doc. 2 A • A.G.E. Foto Stock; M6, 2e D, doc. 4 • Picture Finders Ltd; M6, 2e D, doc. 11 • Panorama Stock; RG, p. 361 (3e à partir du haut) • A.G.E. Foto Stock; RG, p. 361 (en bas) • Brigitte Marcon
Flextronics
M3, C1, doc. 4 E • Gracieuseté de Flextronics
FlickR
M1, C2, B, doc. 18 C • Eric Petersen
Forestryimages.org
M4, C2, B, doc. 12 • R. Scott Cameron, International Paper
FSC Canada
M4, C2, B, doc. 22; M4, C2, E3, doc. 16 (à gauche)
Gamma Ponopresse
M6, C2, B, doc. 7 A • © Guis Patrick Productions
Getty Images
M1, C1, B, doc. 3 B (en haut) • Donovan Reese; M1, C1, B, doc. 3 D • Libre de droits; M1, C1, B, doc. 18 B • Steve Winter; M1, C2, E2, doc. 4 • Françoise De Mulder; M3, C2, B, doc. 2 C • Hulton Archive; M3, C2, B, doc. 11 • 2004; M3, C2, E2, doc. 5 (en haut, à gauche) • Luis Castaneda Inc; M4, p. 162, 166, 178 et 192 (en marge) • National Geographic; M4, C1, B, doc. 1 A • Jean du Boisberranger; M4, C1, B, doc. 12 A; M4, C1, B, doc. 15 D • Pete Turner; M4, C2, B, doc. 3 C; M4, C2, E1, doc. 2 • Anthony Boccaccio; M4, C2, E1, doc. 6 • Donald Nausbaum; M5, C2, B, doc. 1 E • James Martin; M5, C2, B, doc. 3 A • Time Life Pictures; M5, C2, B, doc. 6 (au centre) • Burgess Blevins; M5, C2, B, doc. 6 (à droite) • Mike Powell; M6, C2, B, doc. 2 B • Julia Bayne; M6, C2, E1, p. 299 (en haut) • David Noton; M6, C2, E2, doc. 6 B • Angelo Cavalli; M6, 2e D, doc. 7 • Glen Allison; M6, 2e D, doc. 6 • Jean-Marc Truchet; M6, 2e D, doc. 8 B • Robyn Beck; M6, 2e D, doc. 12 • Peter Parks; M6, 3e D, doc. 2 • Kathy Collins; M1, C1, B, doc. 7 • Steve Allen
Glenbow Museum
M5, C1, B, doc. 8 (en bas, à droite)
Global Aware
M2, C2, B, doc. 9 • Sebastian Bolesch; M5, C2, B, doc. 7 • Brian Atkinson
Grandmaison, Mike
M2, C2, E, p. 101 (1re photo)
Greenpeace
M4, C2, E1, doc. 14; M4, C2, E1, doc. 12
GREMM
M3, C1, B, doc. 9 • R. Michaud
Hachette Photos
M2, p. 78-79 (à droite) • Rapho-Gerster; M4, C2, B, doc. 3 B • Denis-Huot Michel/Hoaqui; M5, C2, B , doc. 3 D • Christian Sappa/Hoaqui; M6, 4e D, p. 313 (en haut, à gauche) • Georg Gerster/Rapho; M6, 3e D, doc. 12 • J.-P. Lescourret/Explorer /Hoaqui; M6, 3e D, doc. 5 • Robert Doisneau/Rapho; M6, 3e D, doc. 11 • G. Morand-Grahame/Hoaqui
Hydro-Québec (archives)
M1, C2, E2, p. 51 (3e photo); M1, C2, E1, p. 51 (4e photo); M1, C2, E3, doc. 7; M1, C2, E4, doc. 7; M1, C2, E4, doc. 8
ICOMOS
M6, C2, E1, doc. 1 C
Ideaquaculture
M2,C2, E2, doc. 10 • Images du Québec; M3, C2, E2, doc. 2 • Photo de Gilles Potvin; M3, C2, E2, doc. 2 B • Photo de Gilles Potvin
INRA
M2, C1, B, doc. 10 D • Rémi Coutin/OPIE
IPNSTOCK
M2, C2, B, doc. 6 C • © Ira Block
jpsviewfinder.com
M5, C2, B, doc. 1 C • Jean-Philippe Soule/www.jpsviewfinder.com
K. Franklin, Evans
M1, C1, B, doc. 16 • Susanna Gross
Lemoine, Roger
M5, C1, B, doc. 18 B
Louis Garneau Sports
M6, C1, E1, doc. 2 C
Magnum Photos
M1, C2, E2, doc. 9 C • © Stuart Franklin
Maxx Images
M1, C2, E4, doc. 11; M6, C2, B, doc. 1 D • Libre de droits; RG, p. 360 (1re à partir du haut); RG, p. 375 • Pixtal
McGregor Model Forest Association
M4, C2, E2, doc. 16
McMorrow, Bryan
M6, 3e D, doc. 9
Megapress
M4, C1, B, doc. 3 • Abboud; M4, C1, B, doc. 15 F • Pharand; M4, C2, E3, doc. 4 • Newman; M5, C2, E2, doc. 3 • philiptchenko
Miall, Andrew
M4, C2, E2, doc. 12
Ministère de la culture de la Grèce
M6, 1er D, doc. 4
Ministère des Ressources naturelles et de la Faune du Canada
M4, C2, E3, doc. 14
Mongeau, Nathalie
M5, C2, p. 223 (en haut); M5, C2, p. 247 (en haut); M5, C2, E1, doc. 6
Musée de la civilisation de Québec
M5, C2, E1, doc. 3; M6, C1, B, doc. 6 B
Musée des beaux-arts du Canada
M5, C1, B, doc. 11 • © Norval Morrisseau
Musée royal de l'Ontario © ROM
M6, C1, B, doc. 12 A
Nacef, Boubakeur
M6, C1, B, doc. 9
NASA
M1, p. 16-17 (à droite); Atlas, p. 385
National Renewable Energy Laboratory (NREL)
M1, C1, B, doc. 14 B • Warren Gretz
NHPA
M2, C1, B, doc. 3 • © Hellio Van Ilingen; M4, C2, B, doc. 15 • © David Woodfall
Ouellet, Nichole
RG, p. 379
Panos Pictures
M5, C2, B, doc. 5 • J. B. Russell; M5, C2, B, doc. 8 • Betty Press
Parcs Canada
M5, C2, E3, doc. 6 • G. Klassen
PBASE
M1, C1, B, doc. 11 A • Murray R. McCulloch
Photoalberta.ca
M1, C2, E1, doc. 12
PhotoDisc
M4, C1, B, doc. 2A; M6, C2, B, doc. 4
Photo Library
M2, C1, B, doc. 9 • Claver Carroll; M2, C2, E2, doc. 8 • B. Paul McCullagh
PiJoly
M4, C2, E3, doc. 2
Ponopresse
M1, C2, B, doc. 24 • © Xurxo Lobato – Voz de Galacia/Gamma; M2, C2, B, doc. 11 • © Nusca Antonello/Gamma; M6, 4e D, doc. 11 • © Anticoli Livio/Gamma; M6, 4e D, doc. 8 • © Nusca Antonello/Gamma
Port de Québec
M6, C1, E1, doc. 4
Publiphoto
Rappel: Les types de territoires, p. 11 (en haut) • Paul G. Adam; M1, C1, B, doc. 3 A • David Parker/SPL; M1,C2, E3 doc. 3 • C. Girouard; M3, C2, B, doc. 2 A • SPL; M3, C2, B, doc. 4 A • C. Girouard; M3, C1, B, doc. 4 B; M3, C1, p. 122 • Daniel Ouellettte; M4, p. 162-163 • D. Ouellette; M4, C1, B, doc. 11 A • © Ronald Maisonneuve; M4, C1, B, doc. 15 A • © Yves Beaulieu; M4, C1, B, doc. 15 C • © C. A. Girouard; M4, C2, B, doc. 3 C • Gary Parker/SPL; M4, C2, B, doc. 9 • © Ronald Maisonneuve; M4, C2, B, doc. 14 • Nancy Sefton/PR; M4, C2, E2, doc. 5 • © Patrick Hattenberger; M5, C2, E3, doc. 3 C • J. P. Danvoye; M6, C1, B, doc. 7 B • Daniel Ouellette; M6, C1, B, doc. 13 A • Daniel Ouellette; M6, C1, B, doc. 12 C • Daniel Ouellette; M6, C1, E2, doc. 5 C • P. G. Adam; RG, p. 376 (à gauche) • D. Ouellette; Y. Marcoux
Precicast
M3, C2, E2, doc. 5 (en bas, à gauche)
Presse canadienne
M1, C1, B, doc. 3 C • Jacques Boissinot; M1, C1, B, doc. 3 E (en bas) • Andrew Vaughan; M1, C2, E1, doc. 4 A • Jeff McIntosh; M1, C2, E1, doc. 4 B • Larry MacDougal; M1, C2, E3, p. 69 • Barry Tessman/National Geographic Image Collection; M1, C2, E4, p. 70 • Douglas Ball; M1, C2, E4, doc. 14 • AP Photo; M2, C1, B, doc. 4 C • Saint John's Telegram – Keith Gosse; M2, C2, E1, doc. 11 • Photo by Annette & Basil Zarov; M3, C1, B, doc. 4 C • Jacques Boissinot; M3, C2, E2, doc. 4 • Jacques Boissinot; M4, C2, E2, doc. 7 • CP Photo/Victoria Times-Colonist/ Darren Stone; M5, C1, B, doc. 4 • Andrew Vaughan; M5, C1, B, doc. 15 • Jonathan Hayward; M5, C1, B, doc. 18 • Jacques Boissinot; M5, C2, E3, doc. 2 • Bibliothèque et Archives du Canada/A. P. Low • C-005591; M5, C2, E3, doc. 3B; M5, C2, E2, p. 254 (à droite); M5, C2, E2, doc. 7 • Jacques Boissinot; M6, C2, B, doc. 2 D • Len Wagg
Racine, Gérald
M4, C2, E3, à droite
RNC
M2, C2, E1, doc. 4 A et M2, C2, E1, doc. 4 B • Les images fournies par le CCRS sont reproduites avec la permission du ministères des Travaux publics et Services Canada (2006); RG, p. 348, p. 350 • © 2006. Données gratuites en vertu d'une licence de Sa Majesté la Reine du chef du Canada, avec la permission de Ressources naturelles Canada; RG, p. 364 (en haut, à gauche) • Service canadien des forêts, Centre de foresterie des Laurentides
Russ Heinl Group
M4, C2, E2, doc. 2 A
Sam, Jimmy
M5, C2, p. 223 (au centre); M5, C2, E, p. 247 (au centre)
San Marcos
M6, C2, B, doc. 2 C • S. Janini; M6, C2, E1, doc. 6 B • T. Vives; M6, C2, E1, doc. 6 C • S. Janini
Search4Stock
M4, C1, p. 164 • Louise Tanguay; M6, C1, E2, doc. 2 • Louise Tanguay; RG, p. 347 (en bas, à droite) • Michel Gingras; RG, p. 351 • Louise Tanguay
SIME
Couverture (en haut, à gauche)
Slide Farm
M4, C2, B, doc. 11 B
SNAP/Rendez-vous boréal
M1, C2, E3, doc. 4
Société de transport de Montréal (STM)
M1, C1, B, doc. 15
SuperStock
M6, C2, B, doc. 1 C • Yoshio Tomii; M6, C2, E2, doc. 2 B • Steve Vidler
Telegraphe.com
M6, C1, E2, doc. 4 • Gracieuseté de Maurice Chamberland
Tessier, Yves/Tessima
M6, C1, B, doc. 3; M6, C1, E1, p. 279 (en bas); M6, C1, E1, doc. 3; M6, C1, E2, doc. 8 A
Tips Images
M6, 4e D, doc. 13 • Guido Alberto Rossi; RG, p. 374 • Guido Alberto Rossi
Tourisme Nunavut
M5, C2, E3, doc. 4
Transport Québec
M6, C1, E2, doc. 5 B (3e panneau) • Ville de Québec; RG, p. 354-355 • Reproduction autorisée par Les publications du Québec
Unesco
M6, C2, E1, doc. 1 A • Yann Arthus Bertrand
UQAT
M4, C2, E3, doc. 17 (en haut, à droite) • Annie Boudreau; M4, C2, E3, doc. 17 (au centre) • Claude Bouchard
USDA
M2, C1, B, doc. 10 C
Ville de Québec
M6, C1, E2, doc. 5 D • Chantal Gagnon; M6, C1, E2, doc. 5 B (1er, 2e et 4e panneau)
Visuals Unlimited
M4, C2, p. 165 (au milieu) • Julian Worker; M4, C1, B, doc. 5 • Gerard Fuehrer
Witenborn, Heiko
M5, p. 220-221; M5, C1, p. 222; M5, C1, B, doc. 12; M5, C1, B, doc. 10
WWF
M4, C2, E3, doc. 16 (à droite)